d

Daß Literaturgeschichte nicht abstrakt und theoretisch sein muß, daß sie lebendig, erzählerisch und unterhaltend sein kann – nicht weniger will diese Geschichte der deutschen Literatur beweisen. Vom Mittelalter bis zur Gegenwart schildert sie die großen Strömungen der deutschsprachigen Dichtung, beschreibt daneben, in kürzester Zusammenfassung, die ideengeschichtlichen, politischen und gesellschaftlichen Veränderungen, die sie begleitet und beeinflußt haben. Die Lektüre erfordert kein spezielles Vorwissen: Es ist das Ziel der Verfasser, so gradlinig und allgemeinverständlich wie nur möglich zu schreiben, zwar auf der Höhe der wissenschaftlichen Kenntnisse, doch ohne Kompliziertheit und akribische Weitschweifigkeit.
Die bedeutendsten Dichtungen jeder Epoche werden ausführlich nacherzählt und interpretiert, woran sich Hinweise auf die Umstände ihrer Entstehung knüpfen. Manches Geschichtliche, manches aus dem Leben und der Gedankenwelt der Autoren kommt dabei zur Sprache. Eingeflochten ist außerdem eine stattliche Zahl von Zitaten, dazu gedacht, den besonderen Stil, die Tonlage und Atmosphäre der Werke eingehend zu belegen. Dergestalt entsteht ein Bild der geistigen Bewegungen, in dem beides – Erklärung und Original, Kommentar und Kommentiertes – zusammenwirkt, um den Leser auf anschaulichste Weise durch die verschiedenen Epochen der deutschen Literatur zu führen.

Heinz Forster, geb. 1938, Studium der Germanistik und der klassischen Philologie, arbeitet in Würzburg als Gymnasiallehrer, Seminarlehrer und Dozent. Mitarbeit am ›Schülerduden Literatur‹.
Dr. Paul Riegel, geb. 1927, Studium der Germanistik, Anglistik und Geschichte, war Gymnasiallehrer, Seminarleiter, Dozent und Fachberater für Seminarausbildung. Mitarbeit an Lehrwerken für den Deutschunterricht, diverse Publikationen in Fachzeitschriften.

Deutsche Literaturgeschichte
Band 11

Heinz Forster und Paul Riegel

Nachkriegszeit 1945–1968

Deutscher Taschenbuch Verlag

DEUTSCHE LITERATURGESCHICHTE

Band 1: Erika und Ernst von Borries: Mittelalter, Humanismus, Reformationszeit, Barock
Band 2: Erika und Ernst von Borries: Aufklärung und Empfindsamkeit, Sturm und Drang
Band 3: Erika und Ernst von Borries: Die Weimarer Klassik, Goethes Spätwerk
Band 4: Erika und Ernst von Borries: Zwischen Klassik und Romantik: Hölderlin, Kleist, Jean Paul
Band 5: Erika und Ernst von Borries: Romantik
Band 6: Annemarie und Wolfgang van Rinsum: Frührealismus 1815–1848
Band 7: Annemarie und Wolfgang van Rinsum: Realismus und Naturalismus
Band 8: Ingo Leiß und Hermann Stadler: Wege in die Moderne 1890–1918
Band 11: Heinz Forster und Paul Riegel: Nachkriegszeit 1945–1968
Band 12: Heinz Forster und Paul Riegel: Gegenwart 1968–1990

IN VORBEREITUNG:

Band 9: Ingo Leiß und Hermann Stadler: Weimarer Republik 1918–1933
Band 10: Paul Riegel und Wolfgang van Rinsum: Drittes Reich und Exil 1933–1945

Originalausgabe
Oktober 1995
2. Auflage Februar 1999

Umschlagkonzept: Balk & Brumshagen
Umschlagbild: Malbrief an Böll vom 21. 10. 1965 von HAP Grieshaber
(© VG Bild-Kunst, Bonn 1998)
Gesamtherstellung: C. H. Beck'sche Buchdruckerei, Nördlingen
Gedruckt auf säurefreiem, chlorfrei gebleichtem Papier
Printed in Germany · ISBN 3-423-03351-7

Vorwort

Wer die Nachkriegszeit von 1945 bis 1968 dauern läßt, muß sich auf die Frage gefaßt machen, ob es mit der Bezeichnung und der zeitlichen Abgrenzung der Epoche seine Richtigkeit habe. Dauerte die »Nachkriegszeit« tatsächlich 23 Jahre?

In der deutschen Literatur schon.

Gerade diese Literatur wollte das Unheil, das unter der nationalsozialistischen Herrschaft in Deutschland angerichtet wurde und dann im zweiten Weltkrieg innerhalb eines halben Jahrhunderts unendlich viel Not und Leid über Millionen Menschen brachte, nicht einfach geschehen sein lassen. Die Literatur zeigte die Auswirkungen auf die Schicksale einzelner, lieh der Klage und der Anklage ihre Stimme; sie wurde – bis in die sechziger Jahre hinein – mit dem Geschehenen im doppelten Sinn des Wortes nicht fertig. Als die Bundesrepublik ihrer Verfassung nach ein demokratischer Rechtsstaat geworden war, da beruhigte sich die Literatur noch lange nicht. Hartnäckig verwies sie darauf, daß die alten Übel mancherorts fort- oder wiederauflebten.

Die Deutschen, die Hitlers Krieg geführt oder hingenommen hatten, waren die gleichen Deutschen, die danach ihr Land rasch wiederaufbauten und sich für diese Leistung gern loben ließen. Die Wörter »Wiederaufbau« und »Neuanfang« hatten eine Zeitlang fast die gleiche Bedeutung; erst in der sogenannten Adenauerzeit zog man einen Trennungsstrich. Wiederaufbau bezog sich nun überwiegend auf Materielles: Trümmer beseitigen, Häuser bauen, für normale Verhältnisse sorgen, am Bewährten festhalten und alles tun, damit die Menschen wieder satt und zufrieden wurden.

Wenn dann die andere Seite, auf der auch die meisten Literaten zu finden waren, von Restauration sprach, so war darin der Vorwurf enthalten, daß die Chancen zu einem Neuanfang nicht genutzt worden seien: man hätte das Gebäude von Grund auf anders planen und errichten sollen.

In den sechziger Jahren wandte sich die Literatur erneut der unbewältigten Vergangenheit zu, deckte Versagen und Schuld auf und bewies, daß sie mit dem Gewesenen auch jetzt noch nicht fertig war.

Da hielten bereits die in der Wohlstandsgesellschaft aufgewachsenen Jungen der Kriegs- und Aufbaugeneration ihren Eltern vor, daß sie zuviel Unvereinbares für sich verträglich und erträglich gemacht hätten. Und die Literaten, die so schwer von der Vergangenheit loskamen, sahen sich unversehens an die Seite der Eltern gestellt. Nicht wenige schwiegen eine Weile verdutzt.

Noch anderes macht das Jahr 1968 zu einer Zeitgrenze. Was lange bestanden hatte, verschwand, falsche Einstellungen und Standpunkte waren zu revidieren. Dies mögen drei Beispiele illustrieren.

– Die Ära Adenauer gehörte der Vergangenheit an. Eine Rückkehr zu Denkungsart und Lebensstil der fünfziger Jahre war kaum zu erwarten.

– Die Gruppe 47 trat 1967 endgültig ab. Eine für 1968 in Prag geplante Tagung fiel den politischen Ereignissen zum Opfer.

– Die »Achtundsechziger« rechneten noch mit einem unerschöpflichen Wirtschaftswachstum; es war genug da, man mußte es nur gerecht verteilen. Wo »grünes« Bewußtsein aufzukeimen begann, sah man Umwelt und Natur schon mit anderen Augen.

INHALT

III. Die Literatur in der DDR

Anhang

I. Einführung in die Epoche

1. Teilung und Trennung: Die politische Situation

»Laßt uns den Krieg genießen, denn der Friede wird furchtbar sein!« Diese zynische Parole war Anfang 1945 in vieler Munde; sie mag die Stimmung kennzeichnen, mit der die von den Schrecken der Bombennächte, von Flucht und Vertreibung, von Not und Leid gebeutelten Deutschen dem nahenden Zusammenbruch entgegensahen. Was war von den aus allen Richtungen vordringenden Gegnern zu erwarten? Würde man die überlebenden Deutschen das anderen Völkern angetane Unrecht gnadenlos entgelten lassen, würde man grausam Rache üben?

Auch wenn sich solche Befürchtungen nach dem 8. Mai 1945, dem Tag der Kapitulation, nicht im vollen Ausmaß bewahrheiteten, war der Friede vor allem für die Stadtbevölkerung zwar nicht gerade furchtbar, aber doch schlimm genug. »In fast allen Großstädten war die Gas-, Wasser- und Stromversorgung zusammengebrochen, die Kanalisation zerstört. Es gab keine Post. Straßenbahnen, Busse und Züge fuhren nicht. Wohnungen waren zerbombt oder beschädigt, in den Räumen hausten vier- oder fünfmal so viel Menschen wie in den Jahren zuvor.

›Draußen vor der Tür‹ (so der Titel des Heimkehrerdramas von Wolfgang Borchert) standen die Ausgebombten, die Vertriebenen, die Flüchtlinge, die ersten Heimkehrer, die im Chaos aus Mauerresten, Kratern und Kellerlöchern ihre früheren Wohnungen oder doch wenigstens ein Obdach zu finden hofften ... Krankheiten wie Tuberkulose und Typhus fanden ihre Opfer massenweise. Wer ihnen erlag, durfte nicht mit einem Sarg rechnen. Eine Papiertüte mußte ausreichen...« (Jürgen Grünhagen)

Deutschland war ein besiegtes, besetztes, zerstörtes Land, über dessen Zukunft die Siegermächte auf der Potsdamer Konferenz im Sommer 1945 entschieden.

Das Gebiet des ehemaligen Deutschen Reiches wurde in Besatzungszonen aufgeteilt. Über sie geboten Militärgouverneure; die Durchführung der Befehle war Militärregierungen und nachgeordneten deutschen Behörden übertragen. Der Alliierte Kontrollrat in Berlin, über den die vier Siegermächte Deutschland nach einheitlichen Richtlinien verwalten wollten, erwies sich als unwirksames Instrument. Die Beschlüsse mußten einstimmig gefaßt werden, ein Veto konnte alles blockieren. Da man sich aber nur selten einig war, ging jede Besatzungsmacht schließlich dazu über, bei der Neuordnung der deutschen Verhältnisse nach eigenem Gutdünken zu verfahren.

Am einschneidendsten waren die Veränderungen in der sowjetrussischen Besatzungszone. Noch vor Ende des Krieges war unter Leitung des ehemaligen KPD-Funktionärs Walter Ulbricht eine Gruppe Emigranten in Berlin eingetroffen, die die Um- und Neugestaltung nach sowjetischen Plänen und Instruktionen vorbereiten und durchführen sollte. In fast allen Lebensbereichen wurden alsbald russische Vorbilder beflissen studiert und kopiert.

Die Betriebe der Großindustrie wurden für »volkseigen« erklärt und verstaatlicht. Im Zuge einer Bodenreform zerschlug man die großen Güter, nachdem die Besitzer enteignet worden waren. Es entstanden Kleinwirtschaften für Neubauern, die sich oft schwertaten, produktiv zu arbeiten; später wurden Landwirtschaftliche Produktionsgenossenschaften (LPGs) eingerichtet, für die die sowjetische Organisationsform das Vorbild abgab. 1946 wurde die Sozialdemokratische Partei mit der Kommunistischen Partei zur Sozialistischen Einheitspartei (SED) zwangsvereinigt.

Ganz anders entwickelten sich die Dinge in den »Westzonen«. Besonders die Amerikaner betrieben mit Eifer Entnazifizierung und Umerziehung (reeducation). Beide Maßnahmen waren von der Überzeugung getragen, daß die zwölf Jahre Hitlerdeutschland den Deutschen als moralische Verfehlung angelastet werden müßten. Die Entnazifizierung wurde bald an deutsche Spruchkammern übergeben. Eine Gleichheit der Behandlung war wegen der unterschiedlichen Zusammensetzung dieser Kammern nie gegeben; vor allem aber blieb ungewiß, wie die Deutschen die Jahre unter Hitler innerlich bewältigt hatten. Auch deshalb war die Reeducation ein offen erklärtes Ziel amerikanischer Politik im besetzten Deutschland. Die Deutschen sollten die freiheitliche Demokratie kennenlernen, die durch die amerikanische Verfassung verbrieft und im »American way of life« lebendig war. Diesem Zweck dienten vielerlei Veranstaltungen, die großenteils von eigens eingerichteten »Amerikahäusern« organisiert und angeboten wurden.

Ab 1947 schuf das amerikanische European Recovery Program, nach dem Initiator George Marshall meist Marshall-Plan genannt, auch in Deutschland Voraussetzungen und Chancen für einen schnelleren Wiederaufbau. 17 Milliarden Dollar wurden von der US-Regierung aufgeboten, die in notleidenden europäischen Ländern die Verbesserung der Güterversorgung und die Gesundung der Wirtschaft vorantreiben sollten. Da die Sowjetunion eine Mitwirkung verweigerte, wurde ihre Besatzungszone in das Programm nicht einbezogen.

Ab 1947 schien immer mehr auf die Vereinigung der drei westalliierten Zonen zu einem westdeutschen Staat hinzudeuten. Um solches zu verhindern, ließ der sowjetische Diktator Stalin im Sommer 1948 die Zufahrtswege nach Berlin sperren. Im Gegenzug richteten die USA und Großbritannien zur Versorgung der Millionenstadt eine

Luftbrücke ein. 277000 Flüge sorgten dafür, daß die russischen Maßnahmen ohne Wirkung blieben. Der Kalte Krieg war längst im Gange.

Im März 1948 wurde der bis dahin unbekannte Professor Ludwig Erhard zum Direktor der Verwaltung für Wirtschaft im Frankfurter Wirtschaftsrat gewählt. Noch im gleichen Jahr wagte es Erhard, entgegen alliierten Weisungen, die Währungsreform mit einer Wirtschaftsreform zu verbinden. Er wollte die bestehende Zwangswirtschaft mit Rationierung und einer Menge von Auflagen und Vorschriften möglichst rasch abbauen und den Markt dem Wettbewerb öffnen. Diese Politik war um die Wende 1948/49 äußerst umstritten; vieles lag noch im argen und die Zukunft fast ganz im dunkeln.

Trotzdem wurde 1949 auf Betreiben der drei Westalliierten die Bundesrepublik Deutschland ins Leben gerufen, aus drei Besatzungszonen wurde ein Staat. Die junge Republik sollte ein Grundgesetz erhalten, das eine Wiederholung des unter Hitler angerichteten Unheils unmöglich machte. Das Grundgesetz wurde von zumeist älteren Staatsrechtlern und Politikern erarbeitet, die die Endphase der Weimarer Republik und die zwölf Jahre NS-Diktatur miterlebt hatten und die aus ihren Erfahrungen Folgerungen zogen. Das Hauptanliegen dieses Gesetzes war es, die Menschen- und Bürgerrechte unantastbar zu machen.

Nach den Bestimmungen dieses Grundgesetzes wurden Bundestag, Bundespräsident und Bundesregierung gewählt. Es begann die »Ära Adenauer«. Der 73jährige CDU-Politiker Konrad Adenauer wurde mit einer Stimme Mehrheit der erste Bundeskanzler. Er machte bereits in seiner Regierungserklärung deutlich, daß der neue Staat nach Herkunft und Gesinnung zur »westeuropäischen Welt« gehöre. Durch klaren Kurs und eindeutige Aussagen wollte er das Vertrauen der Westalliierten gewinnen, die jetzt Schutzmächte waren und nicht viel später Verbündete in einem militärischen Allianz- und Verteidigungssystem werden sollten. Die Sowjetunion zog nach, sie machte aus ihrer Zone die Deutsche Demokratische Republik. So gab es seit dem 7. Oktober 1949 zwei deutsche Staaten. Beide Republiken standen unter dem Einfluß von Großmächten, die sie in ihrem Sinne lenkten. Sicher hatte die Regierung der Bundesrepublik von Anfang an mehr Handlungsspielraum, aber es blieb bei der Teilung Deutschlands. Der Eiserne Vorhang, der die Macht- und Einflußsphären der beiden Weltmächte trennte und nun auch Deutschland durchzog, hob sich nicht mehr.

Der Kalte Krieg wurde auch an anderen Fronten geführt. Bedeutende Atomwissenschaftler des westlichen Lagers verrieten in den vierziger Jahren Laborgeheimnisse an die Sowjetunion; 1949 stand auch der kommunistischen Welt- und Vormacht die Atombombe zur Verfügung. In den USA schürte der ehrgeizige Senator McCarthy Mißtrauen und Angst, indem er behauptete, wichtige Bundesbehörden seien von Mitgliedern und Sympathisanten der kommunistischen Partei unterwandert. McCarthys Kampagne führte zu hysterischen Reaktionen und belastete die Vereinigten Staaten beträchtlich.

Der Verlauf des Volksaufstandes in der DDR in den Tagen um den 17. Juni 1953 ließ erkennen, wie starr die weltpolitische Lage geworden war. Der kommunistische ostdeutsche Staat konnte eine schwere innere Krise nur mit Hilfe seiner Schutzmacht überleben. In dem auf Planwirtschaft eingeschworenen Land ließ die Arbeitsproduktivität zu wünschen übrig. Die Regierung verfügte Lohnsenkung und Normerhöhung. Noch gingen Reparationsleistungen an die UdSSR, das Anziehen der Steuerschraube und eine streng überwachte Ablieferungspflicht trieb Zehntausende noch selbständiger Bauern zur »Republikflucht«. Am 17. Juni 1953 ging der Regierung Übersicht und Kontrolle verloren, aus einer Protestdemonstration aufgebrachter Arbeiter, die zum Generalstreik aufriefen und freie Wahlen forderten, drohte eine Revolution zu werden, die nur durch das Eingreifen sowjetischer Truppen unterdrückt werden konnte. Die Westmächte hielten ihrerseits still; die westdeutsche Regierung mußte und wollte es bei der Bekundung von Verständnis, Anteilnahme und bei verbaler Entrüstung belassen. Das gute Einvernehmen mit den Westmächten sollte um der nationalen Sache willen nicht aufs Spiel gesetzt werden. Adenauers Ziele waren klar abgesteckt: Sie hießen Souveränität und Aufnahme in ein westliches Verteidigungsbündnis. Beides war binnen weniger Jahre erreicht. Die Bundesrepublik wurde 1955 ein souveräner Staat und Mitglied der NATO; die Aufstellung einer Bundeswehr, die im atlantischen Bündnis bereits für besondere Aufgaben vorgesehen war, ging ohne Rücksicht auf den Protest der SPD-Opposition und auf die öffentliche Meinung planmäßig vonstatten.

Im Zuge des Anschlusses der Bundesrepublik an Westeuropa betrieb Konrad Adenauer auch die Aussöhnung mit Frankreich. Gefördert durch die Sympathien, die sich zwei Staatsmänner von Rang, Konrad Adenauer und Charles de Gaulle, entgegenbrachten, bahnte sich ein besseres Verhältnis der beiden Nationen an. Feindschaft und Mißtrauen schwanden: begegnete man sich zunächst sachlich-aufgeschlossen, so war bald darauf schon von enger und freundschaftlicher Zusammenarbeit auf immer mehr Gebieten die Rede.

Noch vor der Mitte der fünfziger Jahre sprach und las man vom deutschen Wirtschaftswunder. Die anhaltend günstige wirtschaftliche Entwicklung hatte viele Ursachen. In Westdeutschland blieb das Privateigentum an Produktionsmitteln erhalten. Bald stiegen in vielen Branchen die Produktionsziffern; auf dem Inlandsmarkt, wo die Nachfrage nach Konsumgütern anhaltend groß war, und beim Export wurden gute Geschäfte gemacht. Die Preise blieben stabil, Lohnforderungen orientierten sich am Produktivitätszuwachs; Investitionen durch Selbstfinanzierung waren möglich. Gut ausgebildete, motivierte und mobile Arbeitskräfte sorgten für ein hohes Leistungsniveau, die Heimatvertriebenen und die DDR-Flüchtlinge stellten große Kontingente. Daß die meisten Angehörigen dieser Gruppen bald Arbeit fanden, beschleunigte ihre Integration. Die Flüchtlinge wurzelten in ursprünglich fremden Lebenswelten ein und fühlten sich als Bundesbürger. Die SPD konnte als Oppositionspartei keine Mehrheit gewinnen, sie büßte von Wahl zu Wahl Stimmen ein. Um für die Wähler attraktiver zu werden, verzichtete sie auf Verstaatlichungs- und Umverteilungspläne und stellte sich auf den Boden der Wirtschafts- und Sozialordnung der Bundesrepublik.

Wie stark prägte Konrad Adenauer die oft nach ihm benannte »Ära« der fünfziger und frühen sechziger Jahre? Gewiß flößten das feste Glaubensfundament, die Bindung an traditionelle Werte und die Pflichtauffassung des Beamten, die seine Amts- und Lebensführung bestimmten, weiten Teilen der Bevölkerung Vertrauen ein, boten Halt und Orientierung. Der nüchterne Mann umgab sich mit ebenso nüchternen Mitarbeitern, die meisten waren Juristen. In wirtschaftlichen und finanziellen Fragen ließ er sich gern von Bankiers in seinen Jahren beraten. Was er von seinem Privatleben preisgab, war tadelfrei und brachte Adenauer Respekt ein; vielen Bundesbürgern war es recht, daß er das Land nach »gut christlicher Hausväterart« (Hans Mayer) regierte. Kultur und Kulturpolitik überließ er den Zuständigen, er selbst nahm kaum Anteil und Einfluß.

Anfang der sechziger Jahre mehrten sich Widrigkeiten und Pannen, und es kam Unbehagen auf. Die Errichtung der Berliner Mauer am 13. August 1961 konnte nicht verhindert werden, der gesamte »Westen« verhielt sich ähnlich passiv wie am 17. Juni 1953. Man schien sich damit abfinden zu müssen, daß die Sowjetunion in ihrem Machtbereich auch den treu ergebenen Vasallen Handlungsfreiheit gewährte. Das DDR-Regime riegelte sein Land endgültig hermetisch ab.

Scharfe Kritik zog die Regierungskoalition aus CDU/CSU und FDP in der sogenannten Spiegel-Affäre gegen Ende 1962 auf sich. War eine atomare Bewaffnung der Bundeswehr entgegen allen Bedenken und Protesten schon beschlossene Sache? ›Der Spiegel‹ berichtete über eine Manöverpleite, die Regierung warf dem Nachrichtenmagazin Landesverrat vor und ordnete Verhaftungen und eine Polizeiaktion an. Danach mußte sie zum Mißfallen der Öffentlichkeit zugeben, sie habe sich »etwas außerhalb der Legalität« bewegt.

1966 legte der Philosoph Karl Jaspers seine Mahn- und Warnschrift ›Wohin treibt die Bundesrepublik?‹ vor. Dem angesehenen Professor, der nicht in das politische Tagesgeschäft und in den

Kampf konkurrierender Interessen verwickelt war, traute man ein unparteiisches und abgewogenes Urteil zu. Jaspers zeigte sich beunruhigt:

Der Bevölkerung der Bundesrepublik geht es wirtschaftlich so gut wie noch nie, mit Ausnahme der Schlechtweggekommenen, von denen man selten spricht. Es herrscht Zufriedenheit im Eifer des Lebensgenusses bei ständig geringer werdender Arbeitszeit und Vermehrung der Konsumgüter, der Reisemöglichkeiten und Vergnügungen. Trotzdem gibt es eine Unruhe. Ist das Leben auch sicher? Man fürchtet sich. Die Denkenden sehen die politische Faktizität mit Sorgen.

Gab die »politische Faktizität« tatsächlich Anlaß zur Sorge? Eine 1966 geschlossene Große Koalition zwischen CDU/CSU und SPD sollte die bisher so stabile und erfolgreiche Republik vor Gefahren schützen. Um eine spürbare Flaute nicht zu einer bedrohlichen Krise werden zu lassen, wollte die Regierung mehr Einfluß auf die Wirtschaft nehmen und mit nunmehr sicheren Mehrheiten Gesetze verabschieden, die sie von den Alliierten vollends unabhängig machte. Da eine Opposition, die diesen Namen verdiente, im Parlament nicht mehr bestand, erklärte sich die rebellische Linke zur »Außerparlamentarischen Opposition« (APO) und gab sich den Auftrag, darüber zu wachen, daß der Demokratie nicht auf dem Weg über Notstandsgesetze der Garaus gemacht wurde.

Jaspers hat die Jugendrevolte nicht vorausgesagt. Auch viele andere hatten eine Protestbewegung, wie sie sich in den Jahren 1967 und 1968 formierte, nicht erwartet. Die Bewegung war studentischen Ursprungs; von amerikanischen Hochschulen kamen Anstöße und Formen der Artikulation. Es ging von Anfang an nicht nur um studentische Angelegenheiten, aber Widerspruch und Protest, z.B. gegen die militärische Intervention der USA in Vietnam, wurden zunächst so vorgebracht, wie es bei Auseinandersetzungen im Bereich der Universität üblich war. Komitees beriefen Vollversammlungen ein, forderten zu Diskussionen auf, verfaßten Infos und »Papers«. Bei alledem suchten sie in »linken« Theorien verschiedener Herkunft Argumentationshilfe und Bestätigung. Durch »Go-ins«, »Sit-ins« und »Teach-ins« wurden Vorlesungen gestört und »umfunktioniert«; der Hochschullehrer sollte über die gesellschaftliche Relevanz seiner Lehrinhalte und über seine politische Einstellung Rechenschaft ablegen.

Der Protest weitete sich aus, wurde grundsätzlicher, aggressiver. Die Machtverteilung in Staat und Wirtschaft, das autoritäre Verhalten von »Bossen«, Lehrern und Eltern, die bestehende politische Ordnung wurden gleichermaßen für schlecht und änderungsbedürftig befunden; Mängel und Defizite im einzelnen führten rasch zu Pauschalurteilen und Pauschalverurteilung. Antiautoritäres Gebaren hielt die

Rebellen nicht davon ab, sich neuen Autoritäten zu unterwerfen. Sie wählten sich ihre Kultfiguren aus den Helden des Widerstands gegen den »US-Imperialismus« in der Dritten Welt; Mao mit seiner »Bibel« und die Konterfeis von Ho-Chi-Minh und Che Guevara eroberten die deutsche Szene.

Die Angegriffenen reagierten des längeren unsicher und oft überhart, die Jungen fühlten sich stark und im Recht. Einer von ihnen erinnert sich: »Wenn wir von ›Ausbeutung‹ und ›Unterdrückung‹, von ›Verdrängung‹ und ›Bedürfnis‹ sprachen, bekamen unsere Worte plötzlich einen Klang und ein Gewicht, als könnten sie die Verhältnisse in Bewegung bringen.« Da und dort – vielerorts? – brachten sie die Verhältnisse schon in Bewegung; undeutlich war, worauf das Ganze hinauswollte. Wie ernst war die Lage? War gar eine Revolution zu befürchten? In der Bundesrepublik wurde weiter regiert und debattiert, weiter produziert und gearbeitet, weiter Urlaub gemacht; die meisten sahen nur im Fernsehen, wie Demonstranten und Polizei aneinandergerieten. Während Steine flogen und Polizisten in martialischer Ausrüstung Knüppel und Wasserwerfer einsetzten, wurde über die Verhältnismäßigkeit der Mittel diskutiert. Einem Attentat auf Rudi Dutschke, der als Redner zu einer herausragenden Figur der Protestbewegung geworden war, folgten im April 1968 Aktionen gegen die Bildzeitung und gegen den Springer-Verlag.

Doch es blieb bei Revolten; das geschmähte »System« reagierte letztlich doch elastisch, die Bundesrepublik hielt stand. Schon ein Jahr später wurde Willy Brandt an der Spitze einer sozialliberalen Regierung zu einer Integrationsfigur und zum Hoffnungsträger.

Ihre Spuren hat die Revolte dennoch hinterlassen. Revoltierende Studenten waren einst auch jene, die aus fanatischem Haß gegen Staat und System ein paar Jahre später Terroristen wurden. In den achtziger Jahren veröffentlichte das demoskopische Institut in Allensbach als Ergebnis einer Befragung, daß die deutsche Bevölkerung »das Mißtrauen gegen jede Art von Autorität verinnerlicht« habe. Auch das ist ein Stück Erbe der Revolte von 1968.

2. Die Deutschen nach dem Krieg: Eine Gesellschaft im Wandel

Im Jahr 1945 blieb im Leben der Deutschen wenig so, wie es vorher gewesen war. Das Selbstgefühl war ebenso gelähmt wie der Wille, sich das Geschehene in vollem Umfang bewußt zu machen. Die meisten hatten gezwungenermaßen, halbherzig, oft auch aus dem Gefühl einer patriotischen Verpflichtung heraus mitgemacht oder sich mittreiben lassen. Nun hatten sie überlebt und waren erleichtert, der Friede war ihr größter Gewinn und Bedrohung zugleich.

Die Frage, wie es weitergehen sollte, stellte sich sofort und fast täglich von neuem, vor allem in der Bedrängnis durch materielle Not. Sie mußten sehen, wie sie satt wurden, ein Dach über den Kopf bekamen. Und die Deutschen mußten zusammenrücken, Millionen von Flüchtlingen und Vertriebenen waren unterzubringen. Sie rückten aber erneut auch als »Volksgemeinschaft« enger zusammen, die sich durch ein gemeinsames Schicksal verbunden fühlte. Vorbehalte und Mißtrauen gegenüber allem Fremden und Neuen waren groß; sich nach zwölf Jahren Abgeschlossenheit der Welt zu öffnen, war nicht leicht. In unguter Weise mischten sich oft Trotz und Berührungsängste; man fürchtete Vorwürfe, erneute Anfeindung; so begann manchmal schon früh eine Restauration im engsten Kreis.

Schlimm war der Hunger. Ein Münchener Geschäft stellte am 19. April 1947 die Tagesration für »Normalverbraucher« ins Schaufenster: 214 Gramm Brot, 21,4 Gramm Fleisch, 7,1 Gramm Fett und ebenso geringe Mengen Nährmittel und Zucker. Immer wieder einmal waren die Rationen wegen diverser Schwierigkeiten überhaupt nicht zu bekommen. Für den deutschen Normalverbraucher verband sich mit dem Namen Marshall-Plan bald der Traum, Empfänger eines Care-Pakets zu werden. Verpackt in einer solchen »Liebesgabe«, die meist aus den USA kam, waren Fleischdosen und Schätze wie Kakao, Kaffeepulver, Dosenmilch, Marmelade und Kekse. Solche Geschenke nahmen in dem ausgehungerten Land natürlich für die »Amis« ein. Auch die amerikanischen Besatzungssoldaten wurden bald nicht mehr als Feinde angesehen, vor denen man auf der Hut sein mußte. Vor allem die Jungen waren von deren Lebensart, ihrer Lässigkeit fasziniert. Einer Umerziehung bedurfte es da gar nicht. Der Schriftsteller Ludwig Harig, der damals achtzehn war, erinnert sich:

> Die GIs standen, die Helme ins Genick geschoben, sie redeten und lachten, und an ihren Lippen hing die süße Virginia. Aus dem geöffneten Fahrerhaus tönte unaufhörlich die weiche Musik, es waren Geigen und Saxophone, deren Klänge in Wellen aus der Kabine drängten und mich mit eigenartigem frem-

den, aber bezaubernden Wohllaut überrieselten. ... Die Freiheit ... sah dunkelhäutig und khakifarbig aus. Es war eine Freiheit, die mir nicht hätte gefallen dürfen, doch sie gefiel mir.

Schon vor der Währungsreform entwickelte sich wohl jener Sinn für das Materielle, die »Existenzweise des Habens« wurde, so Erich Fromm, »die Basis der Gesellschaft«. Arbeit und Interesse galten dem Sattwerden, dem Renovieren der Wohnung, Anschaffungen, kurzum: dem Privatleben. Daß dem Politiker Konrad Adenauer 1949 zum erstenmal von alliierten Soldaten militärische Ehrenbezeugungen erwiesen wurden, war den meisten Deutschen höchst gleichgültig. Überhaupt das Militär! »Ohne mich!« war ein oft gehörter Ausspruch, er klang ablehnend, mürrisch, auch zornig. Es war zu spüren, daß der »kleine Mann« »denen da oben« nicht traute. Die allermeisten, Männer wie Frauen, Deutsche aller Altersgruppen, Berufe und Konfessionen, waren sich einig: Nicht nur mit dem Militarismus sollte es, wie die Alliierten gewünscht hatten, vorbei sein, sondern auch mit dem Militär; Uniform und militärisches Gehabe sollten nie wieder soviel Eindruck machen können wie ehedem.

Der Publizistin und späteren Professorin Hannah Arendt, die nach Jahren des Exils 1949 erstmals wieder in Deutschland unterwegs war, fiel auf, daß die Deutschen den neuerlichen Konflikt der Weltmächte ohne spürbare Anteilnahme beobachteten. War das Gefühl im Wachsen, man habe vielleicht nicht das allerschlechteste Los gezogen?

Populär war, was die Währungsreform brachte; die D-Mark war bald als gutes Geld geschätzt. Und immer populärer wurde auch Wirtschaftsminister Ludwig Erhard, der, stattlich gerundet und mit dicker Zigarre im Mund, das beginnende Wirtschaftswunder geradezu leibhaft verkörperte. Bereits 1951 sagte er seinen Bundesbürger-Landsleuten, daß sie wieder wer seien: »Durch unsere Wirtschaftspolitik haben wir das deutsche Volk befreit, wir haben aus Untertanen wieder freie Staatsbürger werden lassen, aus Normalverbrauchern Konsumenten mit freier Konsumwahl, und wir haben das deutsche Volk aus der Hörigkeit einer blindwütigen Planungsbürokratie erlöst.«

In den fünfziger Jahren wurden drei Bücher geschrieben, deren Verfasser ermitteln und bewußt machen wollten, wie es in der gerade gelebten Gegenwart um Deutschland und die Deutschen stand. Von Friedrich Sieburg erschien 1954 ›Die Lust am Untergang. Selbstgespräche auf Bundesebene‹. Fritz René Allemann legte 1956 sein vielbeachtetes Buch ›Bonn ist nicht Weimar‹ vor, und Erich Kuby kündigte schon mit dem Titel seines 1957 veröffentlichten Reports ›Das ist des Deutschen Vaterland: 70 Millionen Deutsche in zwei Wartesälen‹ an, daß er in sein Deutschlandbild auch die DDR einzubeziehen gedachte. Die drei Autoren – alle von Haus aus Journalisten – unterscheiden sich in ihrer Schreib- wie in ihrer Wesensart beträchtlich, es braucht also nicht zu verwundern, daß auch ihr Urteil verschieden ausfällt.

Der nüchtern wägende Schweizer Allemann glaubt um die Mitte der fünfziger Jahre der Bundesrepublik und ihren Bürgern ein gutes Zeugnis ausstellen zu können: »Alle Linien, die von der bundesrepublikanischen Staatsgründung in die Gegenwart führen, verlaufen in sauberen und überschaubaren Kurven, und alle diese Kurven weisen aufwärts: außenpolitisch zur Souveränität, innenpolitisch zur Stabilität, wirtschaftlich zur Prosperität.« Dieser für Allemann höchst erfreuliche Gang der Dinge wurde möglich, weil die »revolutionären Energien« der Deutschen – endlich – erloschen zu sein schienen. Und über die »nachrevolutionäre Mentalität« der Bundesbürger bemerkt er:

»Dieser Mentalität ... war der Bonner Neo-Liberalismus geradezu auf den Leib geschnitten: ihrem Desinteresse an großen gesellschaftlichen Strukturproblemen und vollends Strukturreformen, ihrer Konzentration auf das Nächstliegende, ihrem Rückzug aus kollektiven Mythen auf den Bereich des Persönlichen ... und ihrem oft robusten, vom Bewußtsein gesellschaftlicher Verpflichtungen unberührten Nützlichkeits-Denken, dem als sittlicher Ausgleich nur ein hochentwickeltes, fast selbstzweckhaft gewordenes Arbeitsethos gegenübersteht.«

Die Macht sei so verteilt und die Anteile der Institutionen und Personen, die die Macht innehaben, seien so gewichtet, wie es den Deutschen der »Adenauerzeit« guttue. »Die rationale Mechanik des Parlamentarismus kommt, solange sie funktioniert, dem Geist der Epoche ... doch noch am nächsten, besonders wenn sie von einer starken autoritären Persönlichkeit gehandhabt wird und einiges von der sachlichen Apparatur (und Kompetenz) des ›autoritären Verwaltungsstaates‹ in sich aufnimmt.«

Friedrich Sieburg, Feuilletonchef der Frankfurter Allgemeinen Zeitung, war nach 1945 wegen opportunistischer Anwandlungen in der Zeit der NS-Diktatur nur kurz ins Zwielicht geraten. In den fünfziger Jahren erscheint er wieder als der kultivierte und weltoffene Journalist, der an seinem Prestige und an der Redlichkeit seiner Meinung keinen Zweifel aufkommen läßt. Deutschland, so wie es sich ihm gegenwärtig darstellt, bereitet ihm Sorge, ja »Leiden«. Mißmutig nennt er die Bundesrepublik »dies seltsam gereckte Gebilde, das schlampig um eine Nordsüdachse gruppiert ist«. Nur dieses Land und seine Bewohner interessieren ihn, für den anderen Teil Deutschlands fallen gerade ein paar Sätze ab.

Warum spricht er von der »Lust am Untergang«? Lag der Untergang nicht schon Jahre zurück, hatte die Bundesrepublik nicht einen

Aufstieg vorzuweisen, der vom Ausland mit Erstaunen und Neid verfolgt wurde? Für Sieburg zählt das wenig. Ist nicht zu befürchten, daß in einer Konjunkturkrise das rasch Gewonnene, das nur wirtschaftlich zu Buche schlägt, ebenso rasch zerrinnt? Aber Untergang bedeutet für Sieburg noch Schlimmeres. Im Untergang befinden sich Werte, Traditionen, Kultur, die die Deutschen zu seinem Schmerz »über Bord geworfen haben«. Und so kanzelt er seine Landsleute ab: »Am 1. Mai wurden vor der Stuppacher Madonna* weit über tausend Personen gezählt, ein längerer Vortrag erscholl dazu pausenlos vom Tonband.« Warum sind die Tausend gekommen? »Es handelt sich ja nicht um den Drang zu Grünewalds Kunst, sondern um den Zwang, den Ausflug mit einem Ziel zu versehen. Gerast, gefahren, gesaust muß werden, und wenn am Ende der Langstrecke ein berühmtes Bauwerk steht, um so besser.« Sie konsumieren alles: Kilometer, Kaffee und Kuchen, Kunstwerke von Weltrang.

»Aus dem Produktionsapparat fallen Gebrauchsartikel, Gewohnheiten, Trachten, Genußmittel, Spiele und sogar Denkweisen wie aus einem Automaten, und die Menschen müssen diese Güter in Gebrauch nehmen, ob sie wollen oder nicht.« Und sie wollten durchaus, Sieburg vermerkt es mit Mißbilligung, ja mit Abscheu.

Erich Kuby, ein Radikaldemokrat, der immer wieder zu erkennen gibt, daß er nach sechs Jahren Kriegsdienst vom Militär und von Großdeutschland-Träumen ein für allemal genug hat, entfaltet auf der Grundlage von Reportagen ein buntes Panorama: Deutschland in West und Ost Mitte der fünfziger Jahre. Kuby verwendet im Untertitel die Wartesaal-Metapher. Warten seiner Ansicht nach die Deutschen darauf, daß die Sache der Einheit doch noch in Gang kommt? In jedem Fall sitzen sie in Wartesälen, die sich in Ausstattung und Service qualitativ beträchtlich unterscheiden.

Der Wartesaal 1. Klasse ist Westdeutschland. Hat hier das Wirtschaftswunder die Wohlstandsgesellschaft schon zuwege gebracht? Ende der fünfziger Jahre hatte sich in der Gesellschaft noch nicht allzuviel bewegt, die meisten Deutschen befanden sich auf der gleichen sozialen Stufe wie vor dem Krieg. Aber die Anhebung des Lohnniveaus quer durch die Schichten beschleunigte Angleichungsprozesse bei der Lebenshaltung und beim Konsum. Viele hatten endlich den Mangel hinter sich gelassen und brauchten nicht mehr jeden Pfennig umzudrehen.

Um 1960 änderte sich mit steigendem Lebensstandard auch der Lebensstil, zunächst in materieller Hinsicht. In den fünfziger Jahren wurde noch kräftig gespart, Ratenkauf galt als unsolide, und nicht allzuviele ließen sich Lohn und Gehalt schon auf ein Girokonto über-

* Der Ort liegt im Taubertal unweit von Bad Mergentheim

weisen. Jetzt will man nicht mehr nur Entbehrtes, sondern auch Begehrtes kaufen. Die Motorisierung schreitet weiter fort; man fährt mit mehr Unternehmungslust auch ins Ausland in Urlaub. Kühlschränke, elektrische Haushaltsgeräte und Fernseher werden zu erschwinglichen Preisen angeboten und auch angeschafft. Bald hat über die Hälfte der Haushalte ein Fernsehgerät. Besonders begehrt sind auch Kühlschränke und wenig später Kühltruhen; sie ermöglichen eine unkompliziertere, längerfristige Vorratshaltung. In den frühen sechziger Jahren stellt sich der Handel verhältnismäßig rasch auf Selbstbedienung um, ein neues Wort damals und eine neue Art des Einkaufens. Die Hersteller von Markenartikeln sind froh darüber, sie können nun ihre eingeführten Produkte in größeren Mengen herstellen, zum Kauf anbieten und absetzen. Die Werbung erhält den Auftrag, mit Bild und Wort für Kaufanreize zu sorgen.

Auch in den Eßgewohnheiten bahnt sich ein Wandel an. Die Deutschen fangen an, Gerichte aus fremden Küchen zu schätzen und auch zu Hause aufzutischen; Frauenzeitschriften und Illustrierte bieten viele verlockende Rezepte an. Eine wachsende Zahl von Verbrauchern achtet auf Gesundheit und »schlanke Linie«, bevorzugt vitaminreiche und kalorienarme Kost. Alles ist auf dem Markt erhältlich.

Und im Wartesaal 4. Klasse? Daß die Deutschen in der DDR gezwungen sein würden, ein anderes Leben zu führen als die Deutschen in der Bundesrepublik, war seit 1945 abzusehen. Zum wichtigsten Ziel wurde der Aufbau des Sozialismus erklärt, die Gesellschaft sollte nach der Theorie des Marxismus-Leninismus von Grund auf umgestaltet werden. Von einer zentralen Planwirtschaft war laut Propaganda die Befriedigung aller Bedürfnisse auf der Grundlage der Gleichheit zu erwarten. Die Voraussage trog; die Planumsetzung erwies sich als mühevoll, die dazu erforderlichen Maßnahmen waren nicht populär. Zwar brauchte bald niemand mehr materielle Not zu leiden, irgendwelche Güter waren aber immer knapp. Alle konnten und sollten arbeiten, immer mehr Frauen wurden in den Produktionsprozeß eingegliedert. Die Werktätigen brachten täglich achtdreiviertel Stunden im Betrieb zu. Das Arbeiten in Kollektiven schuf unter Kollegen immerhin das Gefühl einer Gemeinsamkeit, das für die oft schlechten Arbeitsbedingungen entschädigte. Der Freiheitsspielraum des DDR-Bürgers war und blieb karg bemessen. Er wurde eingeengt durch Abhängigkeiten und Verpflichtungen; meist war Mitgliedschaft und Mitarbeit in mehreren Gruppen und Organisationen gefordert. In einem solchen System war ohne Kontrolle nicht auszukommen, Staat und Einheitspartei überwachten ihre Bürger, wo es nur ging. Der immer stärker aufgeblähte Staatssicherheitsdienst sorgte dafür, daß kaum ein Gedanke an Widerstand gegen ein noch so ungeliebtes, gefürchtetes Regime aufkam. Gewohnheit ließ vielen schließlich auch ein Leben in Unfreiheit erträglich erscheinen. Die meisten fanden sich ab und wollten die Normalität und ihre ganz persönliche Alltagsroutine nicht aufs Spiel setzen. Bei öffentlich zur Schau getragener loyaler Gesinnung war es möglich, sich in »Nischen« zurückzuziehen und dort, etwa bei privater Geselligkeit oder der Ausübung eines Hobbys, ein bescheidenes Glück zu finden.

Nach der Errichtung der Mauer im Jahr 1961 schienen Teilung und Trennung unwiderruflich zu sein. »Die im Westen« dachten seltener an »die drüben«; was im Inneren der DDR geschah, wurde ihnen zusehends fremder. Hie und da wurde wohl noch ein »Systemvergleich« gezogen. Aus einem solchen Vergleich, der 20 Jahre nach der Trennung in der Zeitschrift ›Arbeitgeber‹ erschien, ist schon jener selbstgerechte Ton herauszuhören, der nach der Vereinigung so viel böses Blut machen sollte. »Hier (in der Bundesrepublik; der Verf.) hat ein ›System‹ seine Funktionsfähigkeit bewiesen, oder einfacher: Hier ist ein Laden, der läuft. Wie das wohl kommt? Weil jeder will, daß es ihm gut und besser geht. Weil alle arbeiten, wie es nur möglich ist, und fleißig sind, wie es die Sache fordert. Weil Intelligenz, Pflichtbewußtsein und strebsames Bemühen die Menschen auszeichnet. Weil sie technisches know-how die Menge haben, Erfindungsgeist und gute Tradition. Da ist was dran. Nur offenbar nicht alles. Das Wesentliche nämlich nicht.

Nichts nämlich von dem ist anders in der DDR. Aber alles ist anders, was das Ergebnis angeht. Man muß es gesehen, gerochen, gefühlt, geschmeckt haben. Vor nicht langer Zeit, damit die Erinnerung nicht in ein Nichtglaubenkönnen – oder Nichtglaubenwollen – untergeht. Es ist auch durch Zeitungsreportagen oder Fernsehfeatures nicht vorstellbar zu machen. Aus vielerlei Gründen ... Vor allem aber, weil das Phänomen dieses Staates mit unseren Kategorien nicht zu fassen ist.

Was nützt die statistische Tatsache, daß die DDR im östlichen Wirtschaftsblock Tabellenführer ist, wenn man in einer ehemals reichen Landgemeinde dieser DDR nicht ein Gespräch führen kann ohne den Satz: ›Wenn man doch wenigstens einen Sack Zement bekommen könnte!‹ Was nützen billige Mieten, wenn sie nur mit staatlichen Subventionen zu halten sind ... Was nützen preiswerte Grundnahrungsmittel, wenn alles, was über das biologische Existenzminimum hinausgeht, überhaupt nicht oder nur zu praktisch unbezahlbaren Preisen zu haben ist. Einkommen – in der DDR das Niveau unserer frühen fünfziger Jahre. Und zwar durch alle Schichten gleich. Bis auf die paar Privilegierten der Neuen Klasse.

... Was es mit dem Staat DDR auf sich hat, müssen Politiker und Staatsrechtler miteinander ausmachen. Was es mit dem Wirtschaftsgebilde DDR auf sich hat, müssen die Menschen ›drüben‹ mit sich ausmachen. Es ist damit nicht viel Staat zu machen. Darin liegt Tragik. Denn die Menschen in der DDR haben keine Möglichkeit, ihren jämmerlichen Zustand zu ›verändern‹. Sie sind ausgeliefert. Wir müssen dem zusehen. Eine unerträgliche Situation, die ertragen werden muß.«

Am Schluß des Artikels treten »die hüben« und »die drüben« bereits in »wir« und »sie« auseinander. Der letzte Satz markiert ein bitteres Pathos; das Paradox hatte sich jedoch längst als Scheinwiderspruch erwiesen. Man hatte sich im Westen mit der »unerträglichen Situation« abgefunden. Die Wunde war dabei zu vernarben, aber die Narbe war häßlich anzusehen.

Die 68er-Revolte hat das politische System der Bundesrepublik nicht zu verändern vermocht. Die Achtundsechziger haben aber andere Zeichen der Veränderung gesetzt. Bemerkenswert ist, daß die Geschehnisse der Jahre um 1968 ununterbrochen von einer intakten Berichterstattung und Kommentierung durch die Medien begleitet wurden. Bilder, Reportagen, Porträts und Interviews zeigten den Akteuren, daß man sie wichtig nahm; kein Wunder, daß sie sich auch selber wichtig vorkamen. Ein Gruppenporträt vom Oktober 1968 in der Wochenzeitung ›Die Zeit‹ etwa ist nicht ohne Wohlwollen gezeichnet. »...Eine luxuriöse Generation hat man sie genannt; das Wort ist mir zu vieldeutig, zu schillernd, um das Phänomen zu fassen, aber sicher ist, daß ihr Lebensgefühl, diese skurrile Mischung aus Heiterkeit und Aggressivität, nicht ohne unsere Wohlstandsgesellschaft denkbar ist. Obwohl sie gegen die Konsumform der Gesellschaft im Überfluß protestierten, blieben sie doch deren Geschöpfe.... Schließlich fällt die Geste kindlich-großartiger Selbstsicherheit auf, die mitunter blitzschnell Züge von Terrorismus annehmen kann, wie immer bei Kindern. Ein leidenschaftlicher Aktionswille paart sich mit einem Machtanspruch, der Heiterkeit auslösen müßte, wäre das Establishment nicht so verdutzt und ratlos.

Zivilcourage muß man ihnen attestieren. Keine Institution ist ihnen zu mächtig – prominente Schriftsteller, kapitale Verleger, etablierte Staatsmänner, von der Justiz und Polizei ganz zu schweigen: je stabiler die Macht, um so stolzer der Stil der Provokation....«

Diese »Kinder« haben maßgeblich an einem neuerlichen Modernitätsschub mitgewirkt; der letzte hatte wohl in den zwanziger Jahren stattgefunden. In Kleidung und Haartracht verwischten sich die Unterschiede zwischen den Geschlechtern, man gewöhnte sich an ein von Prüderie weitgehend befreites Partner- und Sexualverhalten, an lockerere Umgangsformen. Die Jungen gaben den Ton an, die Alten gaben nach und zogen mit. Auf längere Sicht aber orientierten sich die Westdeutschen weiterhin an äußeren Werten, wandten ihre Kraft an Besitz, Karriere, Prestige und profitierten von Wirtschaftsexpansion und technischem Fortschritt. Nach zwanzig Jahren Bundesrepublik brauchten sie auch weiterhin nicht auf das zu verzichten, woran sie sich gewöhnt hatten. Und für das ganze Deutschland galt nach wie vor: »Eine unerträgliche Situation, die ertragen werden muß.«

3. Zwischen Existentialismus und Kritischer Theorie: Philosophisches

In einer Episode seines Romans ›Rituale‹ schildert der in den neunziger Jahren stark beachtete holländische Autor Cees Nooteboom, wie sich in den späten vierziger Jahren die Mode der Existenzphilosophie bemächtigt hatte. Es waren wohl nur wenige, die die Bücher der Philosophen lasen, und noch weniger verstanden sie, aber als es »Existentialisten« gab, die in Paris eine Art Szene bildeten, wurde deren Treiben und Gebaren bemerkt, bestaunt und vielerorts kopiert. Der ehemalige Internatsschüler Inni erzählt einem älteren Bekannten, wie er unter seinesgleichen mit dem Existentialismus Bekanntschaft machte.

Als er das letzte Jahr im Internat war, hatten sie sich an drei Diskussionsabenden damit befaßt. Sartre, die Wahl der Möglichkeiten, Juliette Gréco, Kellerräume mit Kerzen, schwarze Pullover, junge Burschen, die in Paris gewesen waren und Gauloises mitgebracht hatten, die man in den Niederlanden nicht bekommen konnte. Kalter Camembert und Weißbrot, wovon eben diese Freunde behaupteten, daß es mit echtem französischem Weißbrot nicht im entferntesten zu vergleichen sei. Das sei nämlich viel knuspriger. Verzweiflung und Ekel waren da auch mit im Spiel. Der Mensch war auf die Erde geworfen worden. Dabei mußte er immer an Ikarus denken, und auch an die anderen großen Abstürzer, Ixion, Phaeton, Tantalus, alle diese Abspringer, ohne Fallschirm aus einer Welt der Götter und Helden, die ihn viel mehr interessierten als diese seltsamen Abstraktionen, unter denen er sich nichts vorstellen konnte. Eine sinnlose Welt, in die man hineingeworfen worden war, ein Dasein, das bedeutungslos war, es sei denn, man ordnete ihm von sich aus eine Bedeutung zu. Das klang noch immer nach Kirche, dem haftete der verdächtige, kaum wahrnehmbare Geruch des Märtyrertums an. Am besten, so dachte Inni, kam das doch noch durch den Geschmack und den Geruch der Gauloises zum Ausdruck: stark, bitter, mit nichts anderem zu vergleichen. Ein Geruch, der etwas Gefährliches an sich hatte. Tabak, der mit bitteren, kleinen Stacheln an der Zunge hängenblieb, dieses unförmige Päckchen, blau wie Billardkreide. Damit konnte man sich die Angst wegrauchen.

In Innis Kopf geht da vieles durcheinander: die Gréco, eine betörende Diseuse und Interpretin bekannter Chansons, das Szenenkostüm, die legendären starken Gauloises im hellblauen Päckchen und ein paar Vorstellungen und Schlagworte, die den Schriften der Philosophen entstammten. Inni erinnert sich auch an den »kleinen, schiefäugigen Gelehrten, dessen Bild jetzt so regelmäßig in Zeitungen und Zeitschriften auftauchte«, und kennt dessen Namen, Sartre.

Was Jean Paul Sartre (1905–1980) im Jahr 1947 über die Erfahrungen seiner Generation in den zurückliegenden zwei Jahrzehnten schrieb, kann erklären helfen, warum der Existentialismus die Gemüter so sehr erregte.

Von 1930 ab öffneten uns die Weltkrise (Weltwirtschaftskrise; der Verf.), die Machtergreifung des Nazismus, die Ereignisse in China und der Spanische Bürgerkrieg die Augen, der Boden schien uns unter den Füßen weggezogen zu werden; ...jeder Tag, den wir gelebt hatten, enthüllte sein wahres Gesicht: wir hatten uns ihm ohne Mißtrauen überlassen, er führte uns mit heimlicher Schnelligkeit ... auf einen neuen Krieg zu, und unser individuelles Leben, das zunächst von unserem Fleiß, von unseren Tugenden und unseren Fehlern abzuhängen schien, von unserem Glück und von unserem Pech, von dem guten und von dem schlechten Willen sehr weniger Menschen, das schien uns jetzt bis in die kleinsten Einzelheiten hinein von dunklen kollektiven Mächten beherrscht zu werden... Mit einem Schlag fühlten wir – wir waren mittendrin.

In der Tat: Die geschichtlichen Ereignisse jener Jahre griffen unberechenbar in das Leben von Millionen Menschen ein; viele gerieten in Lagen, die ihnen gänzlich unvertraut waren, nicht wenige kamen dabei um. Im Machtbereich diktatorischer Regime und in den Kriegen wurden Menschenrechte und Menschenwürde unzählige Male verletzt, ein Menschenleben war wenig wert. Für eine immer größere Zahl von Menschen wurde die Bedrohung durch materielle Verluste, durch Schmerz und Leid zur täglichen Erfahrung. Die Philosophie der Zeit hatte weder Erklärung noch Trost anzubieten, aber sie schien, blickte man jene zwei Jahrzehnte zurück, der Wirklichkeit näher gekommen zu sein als je zuvor.

Begründer und Vordenker der Existenzphilosophie war Martin Heidegger. Von ihm wußte man, daß er bei seinen Überlegungen vom Alltagsleben ausging. Heidegger sah sich veranlaßt, unberührt von bisherigen philosophischen Deutungen eine »Fundamentalanalyse des Daseins« vorzunehmen. Dasein ist für ihn die Form des Lebens, die dem Menschen eigen ist. Solange es währt, ist es gekennzeichnet durch Unbestimmtheit und Bewegtheit, durch Offenheit des Zukünftigen. Die Handlungs- und Entscheidungsmöglichkeiten, vor die sich der Mensch gestellt sieht, sind immer so zahlreich, daß nur einige gewählt werden können, andere bleiben außer Betracht. Die Notwendigkeit, immer wieder wählen zu müssen und dabei vielleicht das Richtige und Wichtige zu verfehlen, erklärt die Grundstimmung der Angst, die das Dasein begleitet. Natürlich gibt es Denk- und Handlungsweisen, die im Miteinander mit anderen schon erprobt und eingeübt sind; ihre Anwendung ist mit geringerem Risiko verbunden. Im »Man«, wie Heidegger diese Daseinsform nennt, regeln Normen und Konventionen das Verhalten. Die Unbestimmtheit des Daseins bringt es aber mit sich, daß Menschen immer wieder in Situationen geraten, in denen sie, ohne zu reflektieren, spontan Entscheidungen treffen, von denen sie nicht wissen, wie sie ihnen ausschlagen. Bei solchem Handeln in außergewöhnlichen, oft schier unerträglichen Lagen kann dem Menschen seine individuelle Eigenart, sein Selbst oder Ich aufgehen, dem er sich vorher noch gar nicht zu stellen wagte. Das Verhalten in solchen Situationen ist mitbestimmt vom Verstehen des Daseins, das z.B. fordert, daß die Möglichkeit des Todes als stets gegeben im Bewußtsein bleibt und nicht verdrängt wird. Bei all diesen Forderungen und Herausforderungen kann sich der Mensch nicht der Unterstützung durch höhere Mächte versichern und von solchen Mächten Anerkennung erwarten; er ist mit sich allein und für sich verantwortlich.

Viele Deutsche wurden nach dem Zweiten Weltkrieg nicht durch die schwierige Lektüre der Schriften Heideggers, sondern über die Literatur, im Theater, mit dem Existentialismus bekannt. Jean Paul Sartre, der Heideggers Philosophie viel verdankte, entwarf Demonstrationsmodelle für die Bühne. Am bekanntesten wurde sein 1943 entstandenes Stück ›Die Fliegen‹, das in den fünfziger Jahren auch in deutschen Theatern aufgeführt wurde. Sartre machte aus den antiken Atridentragödien, die Goethe den Stoff für sein Drama ›Iphigenie auf Tauris‹ geliefert hatten, eine »philosophische Parabel« (Hans Egon Holthusen).

In Argos hat seit 15 Jahren das Mörderpaar Klytämnestra und Ägisth den Thron inne. Sie haben die Bewohner der Stadt für mitschuldig am Tod König Agamemnons erklärt und ihnen entwürdigende Sühneleistungen auferlegt. Ein Schwarm ekelhafter Fliegen peinigt die Menschen, bestraft sie für die ruchlose Tat ihrer Herrscher, hält die Unterdrückung aufrecht. Dem schurkischen Königspaar steht der Gott Jupiter zur Seite, auch er kann seine Herrschaft nur behaupten, solange sich Menschen vor der Bestrafung ihrer Sünden fürchten. Jupiter weiß: »Wenn einmal die Freiheit in einer Menschenseele aufgebrochen ist, können die Götter nichts mehr gegen diese Menschen.«

Orest, der Königssohn, ist aus der Fremde nach Argos zurückgekehrt. Schön, gebildet, aufgeklärt, ist er ein junger Intellektueller, den die demütigenden Rituale anwidern; mit seinem Schwert hat er noch nie gefochten oder gar getötet. Aber er macht den Mord an der Mutter und ihrem Geliebten zu seiner Tat. Orest kündigt Jupiter den Gehorsam auf, handelt in eigener Verantwortung und erlebt dabei eine Art zweiter Geburt.

Aber plötzlich ist die Freiheit auf mich herabgestürzt, und ich erstarrte, die Natur tat einen Sprung zurück, und ich hatte kein Alter mehr, und ich habe mich ganz allein gefühlt ...und es war nichts mehr am Himmel, weder Gut noch Böse, noch irgendeiner, um mir Befehle zu geben.

Orest hat sich selbst und eine Welt von vielen gewählt. In dieser Welt wird er sogleich die Fliegen auf sich ziehen und als Muttermörder ausgestoßen und geächtet sein. Wann die nächste Situation kommt, in der er erneut sich selber wählen muß, ist ungewiß. Freiheit bedeutet für Sartre die Möglichkeit, den Akt der Selbstbestimmung jederzeit neu zu vollziehen.

Etwas vom Ungeheuerlichen dieser Erfahrung war auch Inni aufgegangen, wenn er sich erinnerte: »Eine sinnlose Welt, in die man hineingeworfen worden war, ein Dasein, das bedeutungslos war, es sei denn, man ordnete ihm von sich aus eine Bedeutung zu.«

Als Sartres Stück nach Deutschland kam, traf es bei der jungen Generation auf eine besondere Gefühls- und Stimmungslage. Viele spürten, daß es trotz eines beschränkten Handlungsspielraums an der Zeit war, mit sich ins reine zu kommen und unabhängig von Glaubenslehren und Ideologien neu und anders anzufangen. Es läßt sich denken, daß ihnen eine Philosophie, die so sehr auf den einzelnen setzte und die Wahl- und Handlungsmöglichkeiten so vielfältig erscheinen ließ, gelegen kam und zusagte.

Bereits Anfang der sechziger Jahre wurde jedoch auch Kritik an dieser philosophischen Richtung laut. Theodor W. Adorno, Professor der Philosophie und Soziologie an der Universität Frankfurt am Main, zog gegen den Einfluß zu Felde, den existentialistisches Denken und Schreiben im öffentlichen Deutsch hinterlassen hatte; der eigentliche Stein des Anstoßes waren aber dieses Denken selbst und sein Begründer Martin Heidegger.

Adorno veröffentlichte 1964 in der bereits sehr populären edition suhrkamp eine Schrift mit dem Titel ›Jargon der Eigentlichkeit‹. Was er unter diesem Jargon versteht, demonstriert er an einer Satire des Journalisten Christian Schütze. Dieser hatte das rhetorische Bemühen deutscher Festredner parodiert, die sich gern in einer hochgestochenen, aber längst phrasenhaft gewordenen Sprache ergingen. Ein Abschnitt macht rasch deutlich, worauf es Schütze und Adorno ankam.

In einer Zeit wie der unseren – ich sagte es bereits –, in der die Optik der Dinge gleichsam allenthalben ins Wanken geraten ist, kommt es mehr denn je auf den einzelnen an, der um das Wesen der Dinge selbst weiß, der Dinge als solcher, der Dinge in ihrer Eigentlichkeit. Wir brauchen aufgeschlossene Menschen, die dazu in der Lage sind. Wer sind diese Menschen? – werden Sie mich fragen, und ich antworte Ihnen: Sie! Indem Sie sich hier versammelt haben, beweisen Sie deutlicher, als Worte es könnten, daß Sie bereit sind, ihrem Anliegen Nachdruck zu verleihen. Dafür möchte ich Ihnen danken. Aber auch dafür, daß Sie mit diesem Bekenntnis zu einer guten Sache der Flut des Materialismus, in der um uns herum alles zu versinken droht, ein energisches Halt entgegensetzen.

Um es gleich vorweg zu sagen: Sie sind hierher gekommen, um Wegweisung zu empfangen, um zu hören. Sie erwarten von dieser Begegnung auf zwischenmenschlicher Ebene einen Beitrag zur Wiederherstellung des mitmenschlichen Klimas, der Nestwärme, die unserer modernen Industriegesellschaft in so erschreckendem Maße zu fehlen scheint...

Mit dem »Jargon der Eigentlichkeit« soll, wie Adorno bemerkt, der »Seinsgrund des Höheren« beschworen werden, und dieses Höhere findet sich am ehesten und ausgeprägtesten in der Sprache der Philosophie. »Das Wesen der Dinge als solche ... der Dinge in ihrer Eigentlichkeit«, das klang hinreichend feierlich und bedeutungsvoll. Auch Wertungen werden vorgenommen. Materialismus und Industriegesellschaft gehören einer niederen Sphäre an, besser steht es schon um »den einzelnen«, der sich einem Anliegen verpflichtet fühlt. In der »gestanzten Festansprache«, so Schützes Titel, verwirft man pauschal die schlechte Welt draußen und schmeichelt den »einzelnen« im Saale.

Der Jargon der Eigentlichkeit ist nicht nur stilistische Mode und Marotte oder bloße Wichtigtuerei. In diesem Jargon, der, nach Adorno, leicht »überfließt von der Prätention tiefen menschlichen Angerührtseins«, verstecken sich auch oft Unwahrheit und Täuschung. »Jegliche eigennützige Praxis kann sich mit Hilfe des Jargons als Gemeinnutz, als Dienst am Menschen maskieren, ohne daß wider Not und Bedürftigkeit der Menschen im Ernst etwas geschähe.«

Und mit dem folgenden Satz bezieht sich Adorno direkt auf Martin Heidegger und seine Philosophie: »Leid, Übel, Tod seien, wie es im Jargon heißt, anzunehmen: nicht zu ändern.« Heidegger hatte gelehrt, daß extreme Zwangslagen den Menschen dazu herausfordern, sein Eigentliches, sich selbst zu entdecken und aus ihm heraus das Auferlegte und Zugemutete auf ganz persönliche Art zu bestehen.

Hier scheiden sich Existenzphilosophie und die von Adorno vertretene sogenannte Kritische Theorie. Diese fragt zunächst, ob Leid, Übel, Not und Bedürftigkeit nicht durch die Gesellschaft bedingt und verursacht sind und verbindet damit die Forderung, daß sie dann auch durch die Gesellschaft behoben werden müßten. Adorno will es nicht hinnehmen, daß man so tut, als seien die Qualitäten, in denen Eigentlichkeit zutage tritt, »nicht aus entsprungenen (d.h. unter bestimmten Bedingungen entstandenen; der Verf.) und vergänglichen gesellschaftlichen Zuständen abstrahiert, sondern kämen« – wie die Existenzphilosophie das will – »dem Menschenwesen selber zu, als dessen unveräußerliche Möglichkeit.«

Die »entsprungenen und vergänglichen gesellschaftlichen Zustände« waren ein bevorzugtes Forschungsobjekt der sogenannten Frankfurter Schule, die die Kritische Theorie ausarbeitete und zu der neben Adorno so herausragende Intellektuelle wie Max Horkheimer, Herbert Marcuse, Walter Benjamin und Erich Fromm gehörten. Mit diesen Zuständen sollte sich die Denk- und Aufklärungsarbeit der zumeist deutsch-jüdischen Gelehrten befassen, die sich schon zur Zeit der frühen Weimarer Republik im »Institut für Sozialforschung« zusammengeschlossen hatten.

Von Anfang an wurde das Verhältnis von Theorie und Praxis der Frankfurter Schule zum Problem. Praxis, das waren die Verhältnisse, das von den vielen gelebte Leben. Dieses Leben war, wie die Analytiker und Theoretiker befanden, von »vernünftiger Zielsetzung« weit entfernt. Konnte man den Massen zutrauen, das weithin unreflektiert Hingenommene zu durchschauen? Wie konnte der Wille zu einer Veränderung des schlechten Vorhandenen geweckt werden?

Zunächst wandte sich alles zum noch Schlechteren. Hitlers Machtübernahme zwang die Mitarbeiter des Instituts zur Emigration. Die Säuberungen und Schauprozesse ließen es Ende der dreißiger Jahre nicht mehr geraten erscheinen, die Sowjetunion als Experiment und Modell einer reformierten Gesellschaft hinzustellen. Die Gewaltherrschaft des Nationalsozialismus, der Zweite Weltkrieg und die organisierte Massenvernichtung von Millionen Menschen ließen Max Horkheimer und Theodor W. Adorno deprimiert fragen, »warum die Menschheit, anstatt in einen wahrhaft menschlichen Zustand einzutreten, in eine neue Art der Barbarei versinkt«. In den USA, wohin die meisten emigriert waren, hatten sie Gelegenheit, eine voll entwickelte kapitalistische Ökonomie kennenzulernen, die sich ganz den Gesetzen des Marktes und den Bedingungen der Konkurrenz unterworfen hatte. In diese Warenwirtschaft waren auch Kultur- und Bewußtseins»industrie« integriert: Bücher, Theaterstücke, Filme und Musik jeder Art wurden als Konsumware ge- und behandelt. Die Auswirkungen dieses Systems auf die Gesellschaft haben Horkheimer und Adorno unter dem Eindruck ihrer Erfahrungen in den Vereinigten Staaten so beschrieben:

> Durch ungezählte Agenturen der Massenproduktion und ihrer Kultur werden die genormten Verhaltensweisen dem Einzelnen als die allein natürlichen, anständigen, vernünftigen aufgeprägt. Er bestimmt sich nur noch als Sache, als statisches Element, als success or failure. Sein Maßstab ist die Selbsterhaltung, die gelungene oder mißlungene Angleichung an die Objektivität seiner Funktion und der Muster, die ihr gesetzt sind.

Man kann sich vorstellen, welche Praxis dieser hochabstrakte Theoriesatz anspricht: Der kleine Angestellte, der so lebt wie Millionen andere, muß, wenn er seinen Job behalten will, die geforderten Leistungen erbringen und sich an die gültigen Standards halten.

Das Verhältnis von Theorie und Praxis hat Theodor W. Adorno immer wieder beschäftigt. Noch in einer sehr späten Schrift, die gleich nach seinem Tod im Jahr 1969 erschien, hat er sich aus gegebenem, sehr aktuellem Anlaß erneut mit diesen Grundverhaltensweisen des Menschen zur Welt und zu seinesgleichen befaßt. Adorno fühlte sich zu einer theoretischen Stellungnahme herausgefordert, nachdem die studentische Protestbewegung in Frankfurt dazu übergegangen war, ihre aus der Theorie gewonnenen Vorstellungen in die Praxis umzusetzen.

Wie so oft sucht Adorno den Zugang zum Thema über eine scheinbar abgelegene Einzelheit. Mit Hilfe eines vielzitierten Satzes aus Goethes ›Faust‹ legt er zunächst seine Position fest und ist dabei natürlich »seiner« Kritischen Theorie verpflichtet.

Es ist üblich, von »grauer Theorie« zu sprechen, und im ›Faust‹ sagt Mephistopheles zu einem kecken Erstsemesterstudenten: »Grau, lieber Freund, ist alle Theorie/und grün des Lebens goldner Baum.« Adorno kommentiert: »Der Satz war Ideologie schon am ersten Tag, Betrug darüber, wie wenig grün des Lebens Baum ist, den die Praktiker gepflanzt haben und den der Teufel im gleichen Atemzug mit dem Metall Gold vergleicht.« Das Bild, das die Werbung im Dienst der Ökonomie vom schönen Leben zeichnet, mag, so Adorno, den Vergleich mit einem üppig belaubten, gesunden Baum aushalten; denkt man aber an das »zurechtgestutzte« Leben des zum Konformismus verurteilten Durchschnittsamerikaners, so wird es als Betrug entlarvt. Und der Vergleich, den Mephisto, »der Teufel«, gebraucht, weist auf ihn selbst. Gold/Geld ist das »teuflische« Tauschmittel; für Geld werden auf dem Markt Waren angeboten und erworben; auch Menschen sind als Berufstätige und Konsumenten den Gesetzen dieses Marktes unterworfen.

Adorno macht aus seiner Vorliebe für Theorie kein Hehl, hält es aber für falsch, Theorie und Praxis strikt zu trennen, ihr Verhältnis zueinander als starren Gegensatz zu sehen. Und gerade dieses Verfahren sieht er jene »praktizieren«, welche behaupten, nach soviel Theoretisieren müsse nun »endlich« gehandelt werden. Sie seien, so meint er, dem »Praktizismus« verfallen; die »jüngste Theoriefeindlichkeit« greife zu Mitteln, die in Diktaturen üblich seien:

Sie erinnert an den Gestus des den Paß Abverlangens. Unausdrücklich, doch desto mächtiger ist das Gebot: du mußt unterschreiben. Der Einzelne soll sich ans Kollektiv zedieren; zum Lohn dafür, daß er in den melting pot springt, wird ihm die Gnadenwahl der Zugehörigkeit verheißen. Schwache, Verängstigte fühlen sich stark, wenn sie rennend sich an den Händen halten. Das ist der reale Umschlagspunkt in Irrationalismus.

Adorno spielt auf aktuelles Geschehen an; mit dem letzten Satz hat er geurteilt – und verurteilt.

Wenn sich Adorno gegen einen Aktionismus wandte, der zunehmend intolerante und aggressive Züge annahm, so wollte er doch keineswegs das von ihm gleichfalls verurteilte System, das schlechte Bestehende, in Schutz nehmen; eine Versöhnung schloß er auf allen Ebenen aus. Für ihn stand fest: Es gibt kein richtiges Leben im falschen.

Seinem letzten philosophischen Werk gab er den Titel ›Negative Dialektik‹ und legte gleich zu Beginn dar, wie dieser Titel zu verstehen sei: »Die Formel Negative Dialektik verstößt gegen die Überlieferung. Dialektik will bereits bei Platon, daß durchs Denkmittel der Negation ein Positives sich herstellt.«

Über solche »positive« Dialektik hat gern Bert Brecht nachgedacht und auch geschrieben. Brecht stellte sich vor, die Menschen hätten die dialektische Denkmethode der Natur abgeschaut, denn in der Natur seien ständig Prozesse im Gang, die das Bestehende veränderten. Hegel und Marx hätten dann die Systematik dialektischen Denkens formuliert und dringend empfohlen, man solle Dialektik »unter dem Gesichtswinkel des Fortschritts« betrachten. Sie könne von Nutzen sein, wenn es gelte, »gewisse starre Vorstellungen aufzulösen«. Brecht drückt den Ansatz beim dialektischen Denken zunächst in einer Art Formel aus: »Ich kann mir denken, daß eins gleich eins ist, und ich kann mir denken, daß eins nicht gleich eins ist.« In dem Gedicht ›Lob der Dialektik‹ führt er die Anwendung der Formel vor.

So, wie es ist, bleibt es nicht
Wenn die Herrschenden gesprochen haben
Werden die Beherrschten sprechen.
Wer wagt zu sagen: Niemals?
An wem liegt es, wenn die Unterdrückung bleibt? An uns.
An wem liegt es, wenn sie zerbrochen wird? Ebenfalls an uns...
Wer seine Lage erkannt hat, wie sollte der aufzuhalten sein?
Denn die Besiegten von heute sind die Sieger von morgen
Und aus Niemals wird: Heute noch!

Ein Positives hat sich hergestellt, aber nicht ganz von selbst. Irgendeiner muß Prozesse immer wieder dialektisch denken und deuten. Brecht widmete sich dieser Tätigkeit mit Vergnügen.

Adorno hatte für den zweiten Teil seiner ›Minima Moralia. Reflexionen aus dem beschädigten Leben‹, einer Sammlung von zeit- und weltkritischen Betrachtungen, die zumeist in den vierziger Jahren entstanden waren, ein Motto gewählt, das von einem englischen Autor stammt und das ihm aus dem Herzen gesprochen war.

Where everything is bad
it must be good
to know the worst
(Wo alles schlecht ist,
muß es gut sein,
sich über das Schlimmste im klaren zu sein.)

Hier wird der unheilbar schlechte Gesamtzustand »festgeschrieben«; ein Umschlag ins Bessere oder gar Gute scheint nicht mehr möglich. »Gut« ist nur, wenn man im Bannkreis des Schlechten auf das Schlimmste gefaßt ist. Adorno konnte sich von der Bindung an die eigene Theorie nicht mehr freimachen.

Existentialismus und Kritische Theorie – beide Denkrichtungen sind Geschichte geworden, aber sie sind nicht nur als zwei Kapitel in die Geschichte der Philosophie eingegangen. Sie haben in einem Jahrhundert, das wahrlich kein philosophisches gewesen ist, auf ungewöhnlichen Wegen und manchmal auf wundersame Weise die Zeitläufe mitgeprägt. Noch einmal erreichte die Philosophie die Marktplätze.

4. Bedingungen des Schreibens: Die literarische Situation

In der allerersten Zeit nach dem Kriege stand nur wenigen der Sinn nach Literatur. Deshalb nahm auch die breite Öffentlichkeit nur geringen Anteil an einem Literaturstreit, der noch im Jahr 1945 ausgetragen wurde. Es ging nicht um die Zukunft der deutschen Literatur, sondern um das Verhalten deutscher Schriftsteller unter der Diktatur des Nationalsozialismus.

Der in die USA emigrierte Literatur-Nobelpreisträger Thomas Mann sprach offen und öffentlich aus, daß seine deutschen Landsleute und auch die in Deutschland verbliebenen Autoren Mitschuld am Triumph Hitlers und an den Untaten seines Regimes trügen. Gegen diesen Vorwurf verwahrten sich einige Schriftsteller aus Deutschland: Sie hätten sich nicht mit den Nazis eingelassen, sondern sich vielmehr in eine »innere Emigration« begeben und unter schwierigsten Bedingungen in Deutschland ausgeharrt. Der Streit hinterließ Wunden und half nicht weiter. In den ersten beiden Jahren schienen weder Schriftsteller noch Leser zu wissen, wie es um die deutsche Literatur bestellt war und wie es weitergehen sollte.

Initiativen in der sowjetischen Besatzungszone war es zu verdanken, daß im Oktober 1947 im damals noch ungeteilten Berlin der »Erste deutsche Schriftstellerkongreß« stattfand. Die Teilnehmer kamen aus Ost- und Westdeutschland, aus den unterschiedlichsten Lagern. Doch dem Kongreß war im beginnenden Kalten Krieg kein Erfolg beschieden; es kam zu keiner Einigung auf ein gemeinsames Programm, hohe Erwartungen erfüllten sich nicht. Unter weniger aufsehenerregenden Umständen bemühten sich 1947 zwei Kriegsheimkehrer um die deutsche Literatur: Alfred Andersch und Hans Werner Richter.

Beide hatten in den Vereinigten Staaten die Erfahrung gemacht, daß sie sich als Kriegsgefangene in den USA freier fühlen durften als in Deutschland unter der Herrschaft des Nationalsozialismus. Es imponierte ihnen, wie stark das amerikanische Leben von demokratischer Praxis durchdrungen war. 1946/47 redigierten sie die Zeitschrift ›Der Ruf. Unabhängige Blätter der jungen Generation‹.

Bald jedoch bekamen die beiden Bewunderer der amerikanischen Demokratie zu spüren, wie schnell aus Mentoren Zensoren werden konnten. Weil sie Kritik an Maßnahmen der amerikanischen Militärregierung geübt hatten, mußten Andersch und Richter die Mitarbeit am ›Ruf‹ einstellen und sahen sich, wollten sie ihre Vorstellungen propagieren, auf die Literatur verwiesen.

Andersch, beschlagen, belesen und urteilsfreudig, arbeitete eine Rede aus, die auch als Essay gedruckt erscheinen sollte. In diesem Text, den er ›Deutsche Literatur in der Entscheidung‹ nannte, versuchte er, aus einer Bestandsaufnahme Aussichten und Möglichkeiten für eine neue deutsche Literatur abzuleiten.

Alfred Andersch findet nach zwölf Jahren Diktatur in Deutschland mehrere Literaturen vor. Welche von ihnen durfte den Anspruch erheben, *die* deutsche Literatur zu vertreten?

Anrecht darauf haben für ihn allein die Exilschriftsteller, die eine »Entscheidung zur Freiheit – nicht zur Flucht –« getroffen hatten. Einigen Vertretern der »inneren Emigration« hält er immerhin zugute, daß sie die sich bietenden Gelegenheiten wahrnahmen, sich in den unpolitischen Raum zurückzuziehen. Und die meisten »Nachkommen der bürgerlichen Klassik« hatten, ohne den Nazis entgegenzukommen, an der »große[n] humanistische[n] Tradition« festhalten können.

Aus diesem Rückblick leitet Andersch ein Programm für eine ›Deutsche Literatur im Vorraum der Freiheit‹ ab. Die Formulierung umriß die Lage um die Jahreswende 1947/48. Deutschland wurde zwar von den Besatzungsmächten noch in einem »Kolonialstatus« gehalten; deutsche Schriftsteller hatten aber auch Freiheiten gewonnen, die ihnen erlaubten, sich etwas vorzunehmen.

Unsere Betrachtung hat das Ausmaß des Widerstandes erwiesen, das die deutsche Literatur gegen den Nationalsozialismus geleistet hat, eines Widerstandes, der nicht abgewertet werden sollte, nur, weil ihm der endgültige Erfolg versagt war. Sie hat aber auch nachgewiesen, daß dieser Kampf ein riesiges Maß an Kraft verzehrt, viele gesunde Tendenzen in die Isolation oder in Sackgassen der Form getrieben und eine ganze Generation geistig schöpferischer Menschen verbraucht hat. Aus diesen Gründen, wie aus dem Zwang einer völlig neuartigen Situation heraus, steht die junge Generation vor einer tabula rasa, vor der Notwendigkeit, in einem originalen Schöpfungsakt eine Erneuerung des deutschen geistigen Lebens zu vollbringen.

Tabula rasa – das hieß für Alfred Andersch: Besser keine Vorbilder unter den Vertretern einer uneinigen, verbrauchten Generation! Selbst die als »proletarische Schriftsteller« bezeichnete Gruppe, von der noch am meisten zu lernen war, stellte er unter Ideologieverdacht.

...Ihr nüchterner Realismus, erwachsend aus einer klaren Einsicht in die gesellschaftlichen Hintergründe der Epoche, wie sie der Marxismus vermittelt, bewahrte sie von jeder Abtrennung von deutschem Leben. [...] Die eindeutige Verbindung mit Deutschland zeigt sich auch in der Tatsache der selbstverständlichen und sofortigen Heimkehr dieser Gruppe nach dem Fall der Diktatur. Und sie erweist sich ferner daran, daß aus dieser Strömung das erste große Kunstwerk der deutschen Nachkriegsliteratur hervorgegangen ist ... Theodor Pliviers ›Stalingrad‹. Darin drückt sich eine hohe Fähigkeit zum raschen Aneignen der heute für Deutschland wichtigen Stoffe aus. Wenn irgend etwas die proletarische Literatur hindern könnte, zum wichtigsten Formelement der geistigen Produktion zu werden, dann nur ihre allzustarke Bindung an eine erklärende Dogmatik der gesellschaftlichen Vorgänge. [...]

Andersch spricht seine Vorbehalte gegen die marxistische Ideologie, auf die die Machthaber im Osten eingeschworen waren, ebenso deutlich aus wie gegen das im Westen praktizierte »schein-humanitäre und geistig flache System der Rück-Erziehung«. In der boshaften Übersetzung des englischen Worts »reeducation« kommt zum Ausdruck, daß der geschaßte Redakteur des ›Ruf‹ den Amerikanern noch nicht verziehen hatte.

Daß die für eine frühe Novelle belobigte kommunistische Autorin Anna Seghers in der sowjetischen Besatzungszone bereits an einem Roman schrieb, der ganz nach der proletarischen Literaturdoktrin ausgerichtet war – er erhielt den Titel ›Die Toten bleiben jung‹ –, konnte Andersch wohl nicht wissen.

1919: Der junge Freikorps-Leutnant Wenzlow erschießt, ohne sich viel dabei zu denken, Erwin, einen aufrechten und trotzigen Spartakistenkämpfer. Ein politischer Mord, an dem reaktionäre Offiziere beteiligt sind; Opfer ist ein klassenbewußter Proletarier.

Ende des Zweiten Weltkriegs: Wenzlow ist jetzt Offizier in Hitlers Wehrmacht. Gerade wurden sechs von einem Standgericht zum Tode verurteilte junge Soldaten erschossen. Wenzlow erinnert sich.

Jetzt fiel ihm auch endlich ein, wo er schon einmal diesen Burschen gesehen hatte, der vorhin zur Erschießung geführt worden war, mit dem frechen Gesicht, dem hellen Haarschopf.

Sie hatten ihn umgelegt und verscharrt. Wie aber war er jung geblieben? Wahrscheinlich waren längst alle tot, die damals mitgemacht hatten. Doch dieser Bursche vorhin, der zweite von rechts, der hatte den Kopf zurückgeworfen wie ein junges Pferd. Sie hatten ihn in den Krieg geführt, er hatte sich aber nicht totschießen lassen, er war jung geblieben. Auch jetzt, wo alles verloren war, war er bereit, noch einmal alles auf eine Karte zu setzen.

Verloren war die Sache der Faschisten, Militaristen und Kapitalisten. Der erschossene Bursche »mit dem frechen Gesicht« war Hans, Erwins Sohn, auch er ein junger Arbeiter. Die Karte, auf die er gesetzt hatte, war die Sache des Proletariats.

So konnte man 1945 auch sehen und literarisch darstellen. Anna Seghers hatte Flagge gezeigt. Der fertige Roman wurde bald nach 1949 zu einem Vorzeigestück der jungen DDR-Literatur.

Alfred Andersch wollte in seinem Essay keinen einzelnen, keine Gruppe oder Schule zur Nachahmung empfehlen. Er wollte »Dichtung zur Angelegenheit existentieller Entschlüsse der Dichter« machen und sie damit »in jenes Reich der Freiheit erheben, in der sie geboren werden kann«. Das war pathetisch gesagt und konnte vermessen klingen, wenn man bedachte, was »in dem schmalen Raum zwischen einer apokalyptischen Vergangenheit und dem Alptraum eines nahen Untergangs« überhaupt möglich war.

Wie viele Deutsche im Jahr 1948 schätzt auch Andersch Lage und Chancen immer noch pessimistisch ein. Er meint, daß ein »temporärer Nihilismus nicht das Schlechteste« sei, ein »reinigendes Gewitter« sozusagen. Was Wunder, daß er vom französischen Existentialismus angetan war und sich zu Jean Paul Sartre bekennt. Die Spuren dieses Einflusses sind in Anderschs Werk bis in die späten fünfziger Jahre zu erkennen.

Hans Werner Richter schlug einen anderen Weg ein. Er versammelte literarisch interessierte junge Leute um sich und lud sie ein, aus unveröffentlichten Manuskripten vorzulesen. Aus diesen Zusammenkünften entstand die »Gruppe 47«, die das literarische Leben der Nachkriegszeit entscheidend prägte. Richter selbst hat anschaulich beschrieben, wie es bei der ersten Tagung der Gruppe 47 zuging.

So hocken wir im Kreis herum auf dem Fußboden [...], manche mehr liegend als sitzend, hören zu, angestrengt, konzentriert, und nur selten geben wir unserer Zustimmung oder unserem Mißfallen durch Kopfnicken, Lachen oder irgendwelche Gesten Ausdruck. Es gibt keine Zwischenrufe, keine Zwischenbemerkungen. Neben mir auf dem Stuhl nimmt der jeweils Vorlesende Platz.

Als erster liest Wolfdietrich Schnurre aus Berlin, Jahrgang 1920, die Erzählung ›Das Begräbnis‹. Sie spielt unmittelbar nachdem der Zweite Weltkrieg zu Ende gegangen ist, in dem Millionen von Menschen ihr Leben verloren. Einer von ihnen soll begraben werden, es ist »n gewisse[r] Klott oder Gott oder so ähnlich«.

Neben dem Erdhaufen ist n Loch. Neben dem Loch liegt n Strick. Daneben n Blechkreuz mit ner Nummer drauf.

Die Träger schwenken ein.

»Seeeeeeetzt – ab!« kommandieren die Totengräber.

Die Kiste rumpelt zur Erde. H. GOTT ist drangeschrieben mit Kreide. Drunter n Datum; schon verwischt aber.

Der Pfarrer räuspert sich.

»Junge, Junge«, sagt der eine Heimkehrer und betupft sich die Stirn.

Der andre stellt den Fuß auf die Kiste und beugt sich vornüber.

»Mistwetter«, sagt er und bewegt die Zehen, die aus der Schuhspitze raussehen.

»Los, Leute«, sagte die Inspektorin, »haut hin.«

Der eine Totengräber mißt das Loch mit m Spatenstiel aus. »Werd verrückt«, sagt er.

»Was n«, fragt der andre.

»Zu kurz.«
Sie schippen.
Es plantscht, wenn die Brocken ins Loch fallen; Grundwasser.
»Paßt«, sagt der Kittelmann.
Der Pfarrer räuspert sich. »Liebe Anwesende«, sagt er.
»Hier«, sagt der eine Totengräber, »faß mal n Strick an. So. Und jetz drauf mit dem Ding.« Sie heben die Kiste an und stellen sie auf den Strick, der rechts und links mit je drei Schlaufen drunter vorsieht.
»Zuuuuu – gleich!« kommandieren die Totengräber.
Die Kiste schwebt überm Loch.
Taghell machen's die Azetylenlampen. Die Blechkreuze rings auf den flachen Hügeln sind nicht höher als Kohlköpfe.
Es regnet ununterbrochen.
Von der schimmligen Rückwand von Waldemars Ballsälen löst sich n Putzplacken ab und haut zwei Grabkreuze um.
»Nachlassen«, sagt der eine Totengräber; »langsam nachlassen.«
Die Kiste senkt sich.

Richter fährt in seinem Bericht fort.

»Was habt ihr dazu zu sagen?« Und nun beginnt etwas, was keiner in dieser Form erwartet hatte: Der Ton der kritischen Äußerungen ist rauh, die Sätze kurz, knapp, unmißverständlich. Niemand nimmt ein Blatt vor den Mund. Jedes vorgelesene Wort wird gewogen, ob es noch verwendbar ist, oder vielleicht veraltet, verbraucht in den Jahren der Diktatur, der Zeit der großen Sprachabnutzung. Jeder Satz wird, wie man sagt, abgeklopft. Jeder unnötige Schnörkel wird gerügt. Verworfen werden die großen Worte, die nichts besagen und nach Ansicht der Kritisierenden ihren Inhalt verloren haben: Herz, Schmerz, Lust, Leid. Was Bestand hat vor den Ohren der Teilnehmer sind die knappen Aussagesätze. ...
Was bei allen ebenfalls unbemerkt zum Ausdruck kommt, ist die nur auf Aussage zielende Sprache der »Landser«, die Reduzierung der Sprache auf das Notwendige, eine Abkehr vom Leerlauf der schönen Worte und eine Hinwendung zum unmittelbaren Realitätsbezug.

Der neue »Kahlschlagstil« war geboren.
Von 1948 an organisierte Richter jedes Jahr mindestens eine Tagung für seine Gruppe 47. Er wählte die Teilnehmer aus und lud per Postkarte ein. Immer deutlicher bildete sich das charakteristische Ritual heraus, das sich schon bei der allerersten Lesung abgezeichnet hatte. Bestimmend waren zwei Grundsätze: 1. Politische Bekenntnisse wurden nicht verlangt und auch nicht abgelegt. Aber es verstand sich von selbst, daß man gegen Faschismus und Militarismus war; das war jedoch eher eine Frage des politisch-moralischen Bewußtseins. 2. Es gab keine bindenden Vereinbarungen in Fragen der Ästhetik und des Stils; es war die große Stärke der Gruppe, daß sie dem einzelnen Schriftsteller einen weiten Spielraum ließ. Richter stellte die Liste der

Lesenden auf und benannte die Kritiker, auf deren Kommentare der Lesende nicht erwidern durfte. Als Kritiker agierten bald nicht mehr allein die Schriftstellerkollegen, sondern Richter holte sich Experten zu den Tagungen. So erhielten Marcel Reich-Ranicki, Joachim Kaiser oder Hans Mayer nach einer Lesung das erste Wort. Das Einbeziehen professioneller Kritiker verlieh den Tagungen mehr Gewicht. Autoren, deren Arbeiten gefallen hatten, kamen rasch ins Geschäft.

Ab 1950 wurde ein »Preis der Gruppe 47« verliehen. Er war am Anfang mit 1000 DM dotiert. Sponsor war eine amerikanische Werbefirma. Mit diesem Preis verbindet sich eine Anekdote; sie ist bezeichnend für die Lage der jungen deutschen Literatur, die von gar nicht mehr so jungen Leuten gemacht wurde: Zur Überraschung vieler erhielt 1951 den Preis der noch gänzlich unbekannte Heinrich Böll. Als dieser die losen Scheine aus Richters Rocktasche entgegengenommen hatte, lief er sogleich zur Post, um das Geld seiner Frau zu überweisen; es fehlte der Familie am Nötigsten.

Die Zusammenkünfte der Gruppe fanden von Jahr zu Jahr mehr Beachtung. Sicher haben es Richter und seine Freunde genossen, daß viel über sie geschrieben wurde. Sie selbst trugen kräftig dazu bei, daß die Tagungen, die Richter gern in die tiefste Provinz verlegte, im Kulturteil oder im Feuilleton der Zeitungen von Passau bis Paris nicht übergangen wurden. Aber war ihnen das genug? Bedurfte die »deutsche Literatur-Nationalmannschaft« (Martin Walser) nicht eines klareren politischen Profils?

Die Erfolgsgeschichte der Bundesrepublik hatte längst begonnen, das jeweils Erreichte rechneten sich die Verantwortlichen in Politik und Wirtschaft als Verdienst an. Die zeitgenössische Literatur war in das sich rasch verfestigende Ordnungsgefüge als Institution nicht integriert; Literatur war Privatsache. So blieb der politische Einfluß der Siebenundvierziger gering. Unsystematisch vorgetragene Mahnungen und Proteste, die meist Aufrüstung und Militär betrafen, blieben ohne Folgen. Lag es an den Verhältnissen, an der Pluralität der Einstellungen? Der Theaterkritiker Georg Hensel hat rückblickend über Richter und seine »Truppe« geurteilt: »Er wurde geschätzt und geliebt als ein Genie der leicht distanzierten Freundschaft. [...] Politisch gehörte Hans Werner Richter zur ›heimatlosen Linken‹, zu der sich viele Gruppenmitglieder zählten. Das war eine beliebte, weil bequeme Position: man durfte sich ›links‹ fühlen und war, da man in keiner Partei eine ›Heimat‹ fand, zu nichts verpflichtet.«

In den sechziger Jahren begann sich abzuzeichnen, daß die Gruppe 47 in einer Krise steckte. Gruppenbildungen in der Gruppe machten »Genie« Richter das Leben schwer, auch hatten die älteren Mitglieder zusehends Mühe, für die sich immer rebellischer gebärdenden Jungen Verständnis aufzubringen. Das Ende kam 1967: Die letzte Tagung wurde von Studenten gestört, man ging verwirrt, betreten oder verärgert auseinander.

Charakteristisch für die fünfziger und sechziger Jahre war der Siegeszug des Taschenbuchs, der dem wiedererwachten Lese- und Bildungsbedürfnis vieler Deutscher entgegenkam. Er hatte in den frühen fünfziger Jahren begonnen. 1951 erschien bei Rowohlt als erster Band der ro-ro-ro – Reihe in dem auch heute noch bekannten Format Hans Falladas ›Kleiner Mann was nun?‹ Die Reihe erreichte in Angebot und Verkauf bald hohe Ziffern, andere Verlage folgten mit eigenen Reihen nach; bald stand ein breites Spektrum an verschiedenartigster Literatur in Taschenbuchform zur Verfügung. Gewiß hätte auch die Protestbewegung der 68er nicht so rasch Resonanz gefunden, wäre nicht »linke« Theorie in billigen und handlichen Taschenbüchern auf den Markt gekommen.

Der Suhrkamp-Verlag unter seinem wagemutigen und rührigen Leiter Siegfried Unseld verlegte die jungen deutschen Autoren der Gruppe 47; was Martin Walser, Hans Magnus Enzensberger, Peter Handke geschrieben hatten, war meist rasch in der Reihe »edition suhrkamp« zum Preis von 3 DM zugänglich. Rezensionen und erste kürzere Arbeiten der Sekundärliteratur wurden in den »Über ...«-Bändchen der gleichen Reihe greifbar. Und schließlich nahm der Suhrkamp-Verlag in das Programm der »edition« auch Originalwerke von Adorno und Herbert Marcuse auf.

Für die meisten Autoren des Zeitraums stand so von vornherein oder doch sehr bald fest, daß das geplante oder entstehende Werk seine Leser suchen und erreichen würde.

Daneben treten in den fünfziger Jahren jenseits der Gattungsgrenzen gänzlich andere Schreibweisen auf. Schon die Titel dieser neuen Richtung klingen ungewohnt; sie heißen etwa ›Konstellationen‹, ›Kombinationen‹ oder schlicht ›Textbuch 2‹. Die Verfasser wandten sich dem Material zu, aus dem Literatur gemacht ist: der Sprache. Mit raffiniert ausgedachten und methodisch durchgeführten Operationen drangen die Schriftsteller-Forscher tief in die Strukturen der Sprache ein, legten Schichten frei, untersuchten Proben, bauten in Experimenten Teile des komplexen Systems nach. Methode wurde, wie Peter Rühmkorf es formulierte, zum Thema, Verfahren zum Inhalt von Literatur. Solchen Bemühungen erwuchs bald Konkurrenz in politisch inspirierten sprachkritischen Untersuchungen. Sprache sollte als ideologieverseucht entlarvt werden; man wollte herausfinden, wie und wofür sie mißbraucht wird. Rhetorik hatte plötzlich ein Doppelgesicht: sie diente den etablierten Mächtigen und sollte beim Angriff auf ebendieselben Macht verleihen.

II. Die Literatur in der Bundesrepublik Deutschland

1. Drama

1.1. Das Theater

In einer Kontroverse um den Stellenwert des Theaters heute erinnert sich Rolf Boysen, Schauspieler an den Münchner Kammerspielen, daran, wie es ums Theater stand, als der Krieg zu Ende war:

Wie war das denn damals 1946 in jenem kalten Winter? Wir spielten in einem gerade noch erhaltenen Vorstadtkino. Die Menschen fuhren eine halbe Stunde und länger mit einer klapprigen, kalten Straßenbahn am Sonntagmorgen ... in diese Vorstadt, um dort im nicht beheizten Kino im Wintermantel oder umgearbeiteten Militärmantel ›Emilia Galotti‹ zu sehen, um zu hören, wie ein vor Kälte schlotternder Schauspieler in einem eher lächerlichen Kostüm, zusammengeschustert aus den geretteten Resten des verbrannten Archivs, sagte: »Perlen bedeuten Tränen«, was, weiß Gott, nicht aus dem Leben gegriffen war. Denn damals bedeuteten Perlen nicht Tränen, sondern Brot oder Butter oder Kaffee auf dem Schwarzmarkt. Aber es lachte keiner bei dem Satz, weil den Menschen der Zynismus vergangen war ... weil sie über den prophezeiten fremden Tränen für kurze Zeit die eigenen gegenwärtigen Tränen vergaßen.

Auf diese Weise – allein mit diesem Satz – stillten wir ein Bedürfnis der Menschen. Deshalb kamen sie zu uns. Deshalb waren die Theater voll. Es gab neben all den Entbehrungen und Verlusten einen großen geistigen und emotionalen Hunger in den Menschen. Ihre erwartungsvollen Augen verlangten, etwas von sich zu erkennen. Sie suchten Antwort auf ihre Ängste, ihre Verstörtheit, ihre Verluste und ihre Trauer ... Deshalb waren auch ihre Theater bis auf den letzten Platz gefüllt. Ob wir 1946 die richtigen Antworten geben konnten? Ich glaube eher nicht. Vielleicht spürten die Menschen ja auch schon, daß alles nur eine Lasur sein könnte, die sich auf die Wunden und Narben legte, die sie sich selbst zugefügt hatten. Vielleicht ahnten sie, daß diese Lasur nicht halten würde.

Diese Erinnerungen Boysens dokumentieren Erstaunliches: Das Theater war keineswegs tot, obwohl fast alle Schauspielhäuser in Schutt und Asche lagen und die Menschen Zeit und Geld doch wohl für wichtigere Dinge zu investieren hatten. Auch der Berliner Theaterkritiker Friedrich Luft wunderte sich im Februar 1946 während einer Fahrt durch das völlig zerstörte Berlin: »Ich fuhr an einer Litfaßsäule vorbei, die beklebt war mit unzähligen Ankündigungen von Theatern, Opern, Konzerten. Ich sah nachher im Inseratenteil der Zeitung: an fast 200 Stellen wird Theater gespielt. Tatsächlich. Überall. In allen Bezirken.« Der von Boysen konstatierte »große geistige und emotionale Hunger« regte sich also allenthalben, aber es ist aufschlußreich zu sehen, daß er in erster Linie mit den Werken der deutschen Klassiker gestillt werden sollte. Man war sich sicher, von ihnen Hilfe und Zuspruch in der drängenden Not erwarten zu können, ihre Werke hatten den allgemeinen Zusammenbruch vermeintlich unbeschadet überstanden. Das Interesse des Theaterpublikums wandte sich bald auch den Dramen namhafter Autoren des Auslands zu; Werke zeitgenössischer deutscher Dramatiker, die es durchaus gab, waren dagegen nicht gefragt und sind nahezu alle dem Vergessen anheimgefallen, bis auf zwei Ausnahmen, zwei sehr unterschiedliche Dramen der ersten Stunde: Wolfgang Borcherts ›Draußen vor der Tür‹ und Carl Zuckmayers ›Des Teufels General‹. Jedoch blieb das einer traditionellen Dramentechnik verpflichtete Schauspiel Zuckmayers ebenso ohne Nachfolger wie Borcherts Drama, das dem kurzlebigen Zeitphänomen der sogenannten Kahlschlagliteratur zuzurechnen ist und ursprünglich als Hörspiel geplant war. Beide Autoren profitierten bei der Wirkung ihrer Werke von der emotionalen Betroffenheit ihrer Zuschauer, suchten und fanden aber keine neuen Formen, mit denen sich die neuen Inhalte, vor allem die Aufarbeitung der unbewältigten Vergangenheit und ihrer Auswirkungen auf die erlebte Gegenwart, auf der Bühne gestalten ließen.

Einen solchen Neuansatz bot dagegen Bertolt Brecht mit seiner Konzeption des epischen Theaters und vor allem durch die Inszenierungen seiner vor oder während des Kriegs entstandenen Dramen nach seiner Rückkehr aus dem Exil nach Berlin. Brecht, dessen Theaterarbeit an anderer Stelle ausführlich zur Sprache kommt, bleibt mit seinen Ideen im Gefolge klassischer Vorstellungen vom Theater als einer moralischen Anstalt und betont die belehrende, aufklärende Funktion eines Bühnenstücks; ein solcher Effekt stellt sich nach Brecht allerdings nur ein, wenn der Zuschauer sich nicht mit ganzem Herzen der Illusion des Bühnengeschehens hingibt, sondern durch geeignete dramaturgische Mittel immer wieder dazu angehalten wird, den Gang der Handlung kritisch zu reflektieren und die richtigen Schlüsse daraus zu ziehen. Die Vorstellungen Brechts, der keinen Zweifel daran aufkommen ließ, daß er sein Publikum im Sinne der marxistischen Ideologie zu beeinflussen versuchte, und der als Kommunist im westlichen Teil des Landes auf erhebliche Vorbehalte stieß, gewannen nur ganz allmählich Einfluß auf das dramatische Schaffen in der Bundesrepublik; sie wirkten sich aber nachhaltig auf die Theaterstücke der beiden Schweizer Frisch und Dürrenmatt aus.

Daß mit Max Frisch, Jahrgang 1911, und dem zehn Jahre jüngeren Friedrich Dürrenmatt zwei Schweizer zu den bedeutendsten deutschsprachigen Bühnenautoren der späten fünfziger und der sechziger Jahre avancierten, mag nur den oberflächlichen Betrachter verwundern. Allein in der vom Weltkrieg nur mittelbar betroffenen Schweiz gab es, vor allem an den renommierten Schauspielhäusern von Zürich und Basel, eine ununterbrochene Tradition dramatischer Dichtung in deutscher Sprache, während in Deutschland selbst seit dem Jahre 1933 vor allem die Dramatik als die publikumswirksamste und öffentlichste dichterische Gattung dem rigorosen Zugriff der Politik ausgesetzt war. Zeitgenössische Autoren mit unbequemer Einstellung oder unschicklichen Kunstidealen bekamen Schreib- und Aufführungsverbot, entschlossen sich in großer Zahl zur Emigration oder verstummten, die aktuellen ausländischen Autoren fanden vor den Kunstrichtern des Nationalsozialismus keine Gnade.

Frisch entwickelt als neue Form das Theater der Modelle, d.h. die Bühnenhandlungen sind jeglichen konkreten historischen Wirklichkeitsbezugs entkleidet und gewähren so wie ein Modell Einblicke in die Mechanismen menschlicher Verhaltensweisen und ihrer Folgen. Dürrenmatt findet in der grotesken Komödie die – der von ihm und vielen Zeitgenossen empfundenen Undurchschaubarkeit der Welt und Sinnlosigkeit menschlichen Daseins – adäquate Dramenform.

Ist vom Optimismus Brechts, der Mensch könne durch das Theater dazu erzogen werden, dem Menschen ein Freund zu sein und eine klassenlose, repressionsfreie Gesellschaft anzustreben, schon bei Frisch und Dürrenmatt nichts mehr zu spüren, so geht das sogenannte absurde Theater, das sich seit den fünfziger Jahren auch die deutschen Bühnen eroberte, noch einen Schritt weiter: Um die absolute Sinnlosigkeit, die Absurdität des menschlichen Lebens augenfällig zu machen, wird selbst die bei den Schweizern noch zielgerichtet aufgebaute Handlung durch Geschehensabläufe ersetzt, die keinerlei logischen Zusammenhang ergeben. Allerdings fand diese vor allem mit dem Namen Samuel Beckett verbundene Dramenform in Deutschland kaum Autoren.

In den sechziger Jahren, in einer Zeit der sich verschärfenden politischen Auseinandersetzungen, begnügen sich die dramatischen Dichter nicht mehr damit, nur zu belehren oder aufzuklären, sie wollen bewußt provozieren, z.B. indem sie brisantes dokumentarisches Material, weitgehend unverändert oder mehr oder weniger bearbeitet, in dramatischer Form darbieten. Rolf Hochhuths Stück ›Der Stellvertreter‹ sorgte durch die darin vertretene und durch beigefügte historische Dokumente untermauerte These von der Mitschuld des Papstes Pius XII. an der Judenvernichtung im Dritten Reich für gehörigen Wirbel. Als nicht weniger provokant wurde ›Die Ermittlung‹ von Peter Weiss empfunden, ein Drama, in dem der Autor Protokolle des Frankfurter Auschwitzprozesses verarbeitet hat, um die Schrecken des Alltags in diesem Vernichtungslager besonders drastisch vor Augen zu führen.

Eine bewußte Provokation war auch das Debütwerk des jungen Dramatikers Martin Sperr, der es in seinen ›Jagdszenen aus Niederbayern‹ unternahm, die durch die Medien Film und Fernsehen geprägten Klischeevorstellungen von der heilen Welt des Dorfes zu zerstören und zu zeigen, daß Sprachnot und verbale Kraftmeierei bei einfachen Leuten leicht in brachiale Gewalt umschlagen kann. Sperr hat damit eine Spielform des Nachkriegsdramas ins Gespräch gebracht, die in den folgenden Jahren immer wieder für Skandale und Aufregungen sorgen sollte: das sogenannte kritische Volksstück.

Ohne eine solche weitreichende Resonanz blieben die Provokationen, die Peter Handke in seinen sogenannten Sprechstücken seinem Publikum zumutete. Wenn er in seinem ›Kaspar‹ zeigt, wie Menschen durch Sprache zur Sprache gebracht und damit in ihrem Denken manipuliert werden, verficht er eine These, die auch von der rebellischen Jugend von 1968 nachhaltig vertreten wurde und ihr Anlaß bot, nach Möglichkeiten zu suchen, diese Herrschaft durch Sprache abzuschütteln.

1.1.1. Erste Stimmen nach 1945

Wolfgang Borchert
Draußen vor der Tür

Im Vorspruch zu seinem einzigen Drama, das er 1946 in wenigen Wochen schrieb und das zum ersten literarischen Ereignis der Nachkriegszeit werden sollte, stellt Wolfgang Borchert die Hauptfigur vor. Der Mann ist

> einer von denen, die nach Hause kommen und dann doch nicht nach Hause kommen, weil für sie kein Zuhause mehr da ist. Und ihr Zuhause ist dann draußen vor der Tür. Ihr Deutschland ist draußen, nachts im Regen, auf der Straße.
>
> Ein anderer beschreibt den Mann etwas näher: »Sieht aus, als ob er Uniform an hat. Ja, einen alten Soldatenmantel hat er an. Mütze hat er nicht auf. Seine Haare sind kurz wie eine Bürste.« Und eine, die ihn noch genauer anschaut, bemerkt, daß er eine Brille trägt: »Mit diesen grauen Blechrändern um das Glas. Und dann diese grauen Bänder, die man um die Ohren machen muß. Und dieses graue Band quer über die Nase ..« – es ist eine Gasmaskenbrille.

Der Mann war in russischer Gefangenschaft und ist nach Hamburg zurückgekehrt, in »dieses Trümmerfeld, diese[n] Schuttacker hier zu Hause«. Er gehört offenbar zu jenen Typen, um die sich die deutsche Nachkriegsliteratur zuerst und besonders gern annahm. Heinrich Böll, der 1952 ein ›Bekenntnis zur Trümmerliteratur‹ ablegte, schrieb über sie: »Die Menschen, von denen wir schrieben, lebten in Trümmern, sie kamen aus dem Kriege, Männer und Frauen in gleichem Maße verletzt...«

Auch Borcherts Heimkehrer ist verletzt, durch das, was er sieht, und durch das, was ihm zugestoßen ist. Seine Frau nennt ihn nur noch beim Nachnamen, Beckmann; sie lebt mit einem anderen Mann zusammen, »der hat gegrinst«. Auch die Ehe ist zertrümmert. Und Beckmanns Kind, das bei einem Luftangriff umgekommen ist, liegt »unter den zehntausend Steinen, ... ein bißchen Mud und Mörtel und Matsch«.

Beckmann hat noch Hoffnung, im Trümmerfeld Hamburg seine Eltern wiederzufinden; wie durch ein Wunder ist das Haus unzerstört.

»Das ist unsere alte Tür mit ihrer abgeblätterten Farbe und dem verbeulten Briefkasten. Mit dem wackeligen weißen Klingelknopf.«

Nur das Messingschild mit dem Namen Beckmann ist nicht mehr da; auf einer schmutzigen Pappkarte steht ein anderer Name. Nachdem die Eltern – der Vater hatte aus seiner Abneigung gegen die Juden kein Hehl gemacht – aus dem Haus vertrieben waren, nahmen sie sich das Leben. »Da haben sie sich dann selbst endgültig entnazifiziert«, bemerkt makaber die neue Wohnungsinhaberin.

Kein Wunder, daß Beckmann das Leben als düsteres, quälendes 5-Akt-Drama erscheint.

1. Akt: Grauer Himmel. Es wird einem wehgetan.
2. Akt: Grauer Himmel. Man tut wieder weh.
3. Akt: Es wird dunkel und es regnet.
4. Akt: Es ist noch dunkler. Man sieht eine Tür.
5. Akt: Es ist Nacht, tiefe Nacht, und die Tür ist zu. Man steht draußen.

Immer wieder denkt der verzweifelte Heimkehrer daran, Schluß zu machen; zu schwer ist die Last, die er zu schleppen hat. »Man steht draußen.« Ist das Beckmanns letztes Wort?

Beckmann betritt schon einmal ein Zimmer, redet mit Menschen, aber er kann nicht bleiben oder wird abgewiesen. Beckmann ist immer auf der Bühne, und der Zuschauer übernimmt wie von selbst seine Perspektive. Borchert ist dem Muster des Stationendramas gefolgt, in dem die Hauptfigur beim Zusammentreffen mit verschiedenen Menschen und Milieus etwas über den Zustand der Welt erfährt.

So geht es auch Beckmann. Er sucht einen Oberst auf, dem er die Verantwortung für den Tod der Soldaten zurückgeben will, die bei einem Stoßtruppunternehmen gefallen sind. Der Oberst gab damals Beckmann den Befehl, den Trupp zu führen. Der einstige Vorgesetzte ist längst wieder Zivilist geworden und führt mit seiner Familie ein normales Leben. Er weiß nicht, wie er sich dem ehemaligen Unteroffizier gegenüber verhalten soll. Der erzählt ihm von schrecklichen Träumen.

Der Traum ist nämlich ganz seltsam, müssen Sie wissen. Ich will ihn mal erzählen. Sie hören doch, Herr Oberst, ja? Da steht ein Mann und spielt Xylophon. Er spielt einen rasenden Rhythmus. Und dabei schwitzt er, der Mann, denn er ist außergewöhnlich fett. Und er spielt auf einem Riesenxylophon. Und weil es so groß ist, muß er bei jedem Schlag vor dem Xylophon hin und her sausen. Und dabei schwitzt er, denn er ist tatsächlich sehr fett. Aber er schwitzt gar keinen Schweiß, das ist das Sonderbare. Er schwitzt Blut, dampfendes, dunkles Blut. Und das Blut läuft in zwei breiten roten Streifen an seiner Hose runter, daß er von weitem aussieht wie ein General. Wie ein General! Ein fetter, blutiger General. Es muß ein alter schlachtenerprobter General sein, denn er hat beide Arme verloren. Ja, er spielt mit langen dünnen Prothesen, die wie Handgranatenstiele aussehen, hölzern und mit einem Metallring. Es muß ein ganz fremdartiger Musiker sein, der General, denn die Hölzer seines riesigen Xylophons sind gar nicht aus Holz. Nein, glauben Sie mir, Herr Oberst, glauben Sie mir, sie sind aus Knochen. Glauben Sie mir das, Herr Oberst, aus Knochen!

OBERST *(leise):* Ja, ich glaube. Aus Knochen.

BECKMANN *(immer noch tranceähnlich, spukhaft):* Ja, nicht aus Holz, aus Knochen. Wunderbare weiße Knochen. Schädeldecken hat er da, Schulterblätter, Beckenknochen. Und für die höheren Töne Armknochen und Beinknochen. Dann kommen die Rippen – viele tausend Rippen. Und zum Schluß, ganz am Ende des Xylophons, wo die ganz hohen Töne liegen, da sind Fingerknöchel, Zehen, Zähne. Ja, als Letztes kommen die Zähne. Das ist das Xylophon, auf dem der fette Mann mit den Generalsstreifen spielt. Ist das nicht ein komischer Musiker, dieser General?

OBERST *(unsicher):* Ja, sehr komisch. Sehr, sehr komisch!

BECKMANN: Ja, und nun geht es erst los. Nun fängt der Traum erst an. Also, der General steht vor dem Riesenxylophon aus Menschenknochen und trommelt mit seinen Prothesen einen Marsch. Preußens Gloria oder den Badenweiler. Aber meistens spielt er den Einzug der Gladiatoren und die Alten Kameraden. Meistens spielt er die. Die kennen Sie doch, Herr Oberst, die Alten Kameraden? *(summt)*

OBERST: Ja, ja. Natürlich. *(summt ebenfalls)*

BECKMANN: Und dann kommen sie. Dann ziehen sie ein, die Gladiatoren, die alten Kameraden. Dann stehen sie auf aus den Massengräbern, und ihr blutiges Gestöhn stinkt bis an den weißen Mond. Und davon sind die Nächte so. So bitter wie Katzengescheiß. So rot, so rot wie Himbeerlimonade auf einem weißen Hemd. Dann sind die Nächte so, daß wir nicht atmen können. Daß wir ersticken, wenn wir keinen Mund zum Küssen und keinen Schnaps zu trinken haben. Bis an den Mond, den weißen Mond, stinkt dann das blutige Gestöhn, Herr Oberst, wenn die Toten kommen, die limonadenbefleckten Toten.

[...] Dann stehen sie auf aus den Massengräbern mit verrotteten Verbänden und blutigen Uniformen. Dann tauchen sie auf aus den Ozeanen, aus den Steppen und Straßen, aus den Wäldern kommen sie, aus Ruinen und Mooren, schwarzgefroren, grün, verwest. Aus der Steppe stehen sie auf, einäugig, zahnlos, einarmig, beinlos, mit zerfetzten Gedärmen, ohne Schädeldecken, ohne Hände, durchlöchert, stinkend, blind. Eine furchtbare Flut kommen sie angeschwemmt, unübersehbar an Zahl, unübersehbar an Qual!

OBERST: Was wollen Sie denn von mir?

BECKMANN: Ich bringe sie Ihnen zurück.

OBERST: Wen?

BECKMANN *(beinahe naiv):* Die Verantwortung. Ich bringe Ihnen die Verantwortung zurück. Haben Sie das ganz vergessen, Herr Oberst? Den 14. Februar? Bei Gorodok. Es waren 42 Grad Kälte. Da kamen Sie doch in unsere Stellung, Herr Oberst, und sagten: Unteroffizier Beckmann. Hier, habe ich geschrien. Dann sagten Sie, und Ihr Atem blieb an Ihrem Pelzkragen als Reif hängen – das weiß ich noch ganz genau, denn Sie hatten einen sehr schönen Pelzkragen – dann sagten Sie: Unteroffizier Beckmann, ich übergebe Ihnen die Verantwortung für die zwanzig Mann. Sie erkunden den Wald östlich Gorodok und machen nach Möglichkeit ein paar Gefangene, klar? Jawohl, Herr Oberst, habe ich da gesagt. Und dann sind wir losgezogen und haben erkundet. Und ich – ich hatte die Verantwortung. Dann haben wir die ganze Nacht erkundet, und dann wurde geschossen, und als wir wieder in der Stellung waren, da fehlten elf Mann. Und ich hatte die Verantwortung. Ja, das ist alles, Herr Oberst. Aber nun ist der Krieg aus, nun will ich pennen, nun gebe ich Ihnen die Verantwortung zurück, Herr Oberst, ich will sie nicht mehr, ich gebe sie Ihnen zurück, Herr Oberst.

Borchert verbindet das Gespenstisch-Unheimliche aus Beckmanns Träumen zu Allegorien. Die allegorische Figur des Xylophonspielers vereinigt in sich Attribute, die mit Krieg und Tod zu tun haben: Skelett, Prothesen, Handgranatenstiele, rote Generalsstreifen; zu Militärmärschen wird getrommelt. Beckmanns andere Traumvision erinnert an Motive expressionistischer Kunst. Auf der Fläche aus totem Weiß erhebt sich, was von den Gefallenen geblieben ist: verwesende und verstümmelte Körper werden zu Wiedergängergespenstern. In Todesangst-Träumen mischen sich kaleidoskopartig die Bilder, dazu ertönen höllische Geräusche. Und die verlorenen Haufen der Toten kontrastieren mit dem befehlenden Mund des unversehrten, wahrscheinlich glattrasierten Gesichts über dem »sehr schönen Pelzkragen«.

Die Reaktion des Obersten auf die schreckliche Halluzination überrascht, er hat einen nicht minder schrecklichen Einfall.

OBERST *(ihm bleibt doch die Luft weg. Aber dann lacht er seine Beklemmung fort, aber nicht gehässig, eher jovial und rauhbeinig, gutmütig, sagt sehr unsicher):* Junger Mann, junger Mann! Ich weiß nicht recht, ich weiß nicht recht. Sind Sie nun ein heimlicher Pazifist, wie? So ein bißchen destruktiv, ja? Aber – *(er lacht zuerst verlegen, dann aber siegt sein gesundes Preußen-*

tum, und er lacht aus voller Kehle) mein Lieber, mein Lieber! Ich glaube beinahe, Sie sind ein kleiner Schelm, wie? Hab ich recht? Na? Sehen Sie, Sie sind ein Schelm, was? *(Er lacht)* Köstlich, Mann, ganz köstlich! Sie haben wirklich den Bogen raus! Nein, dieser abgründige Humor! Wissen Sie *(von seinem Gelächter unterbrochen)*, wissen Sie, mit dem Zeug, mit der Nummer, können Sie so auf die Bühne! So auf die Bühne! *(Der Oberst will Beckmann nicht verletzen, aber er ist so gesund und so sehr naiv und alter Soldat, daß er Beckmanns Traum nur als Witz begreift)* Diese blödsinnige Brille, diese ulkige versaute Frisur! Sie müßten das Ganze mit Musik bringen *(lacht)*. Mein Gott, dieser köstliche Traum! Die Kniebeugen, die Kniebeugen mit Xylophonmusik! Nein, mein Lieber, Sie müssen so auf die Bühne! Die Menschheit lacht sich, lacht sich ja kaputt!!! Oh, mein Gott!!! *(lacht mit Tränen in den Augen und pustet)* Ich hatte ja im ersten Moment gar nicht begriffen, daß Sie so eine komische Nummer bringen wollten. Ich dachte wahrhaftig, Sie hätten so eine leichte Verwirrung im Kopf. Hab doch nicht geahnt, was Sie für ein Komiker sind. Nein, also, mein Lieber, Sie haben uns wirklich so einen reizenden Abend bereitet – das ist eine Gegenleistung wert. Wissen Sie was? Gehen Sie runter zu meinem Chauffeur, nehmen Sie sich warm Wasser, waschen Sie sich, nehmen Sie sich den Bart ab. Machen Sie sich menschlich. Und dann lassen Sie sich vom Chauffeur einen von meinen alten Anzügen geben. Ja, das ist mein Ernst! Schmeißen Sie ihre zerrissenen Klamotten weg, ziehen Sie sich einen alten Anzug von mir an, doch, das dürfen Sie ruhig annehmen, und dann werden Sie erstmal wieder ein Mensch, mein lieber Junge! Werden Sie erstmal wieder ein Mensch!!!

Der Oberst entlastet sich, indem er Beckmanns Beschwörung als »Nummer« ansieht, als künstlerische Darbietung, die man ästhetisch werten kann, indem man ihr die Prädikate »glänzend« oder »stark übertrieben« gibt. Und nun soll der »Komiker« Schluß machen, Kostüm und Maske (»diese blödsinnige Brille, diese ulkige versaute Frisur«) ablegen. Außerdem soll er normal werden, dafür will ihm der Oberst großzügig einen seiner Anzüge schenken.

Hier tritt Borcherts bittere Ironie zutage. Normal sind alle anderen, mit denen Beckmann zu tun hat. Sie haben sich schon abgefunden, verstehen, mit Behelf, Kompromiß und Verdrängung des Vergangenen zu leben. Auch »der Andere«, eine Figur, der Beckmann immer wieder begegnet und der ihm wohlwill, ist einer der Normalen. Aus ihm spricht Lebenswille und die Stimme einer Vernunft, die letztlich zur Anpassung rät.

Für die Leute, die Normalen, ist Beckmann der Andere, von furchterregendem oder komischem Aussehen, das »Gespenst aus dem Krieg, für den Frieden provisorisch repariert«. Beckmann kommt vor allem zu den Älteren als Störer und als Sprecher einer verlorenen Generation.

Sie haben uns verraten. So furchtbar verraten. Wie wir noch ganz klein waren, da haben sie Krieg gemacht. Und als wir größer waren, da haben sie uns vom Krieg erzählt. Begeistert. ... Und als wir dann noch größer waren, da haben sie sich auch für uns einen Krieg ausgedacht. Und da haben sie uns hingeschickt ... Sie haben Marschmusik gemacht und Langemarckfeiern. Und Kriegsgerichte und Aufmarschpläne ... Und sie haben uns nichts gesagt. Nur – Macht's gut, Jungens! haben sie gesagt ... So haben sie uns verraten.

Hier scheint sich zum ersten Mal der Generationenkonflikt anzukündigen, der in den folgenden Jahrzehnten in der deutschen Nachkriegsgesellschaft immer wieder Gräben des Unverständnisses und Hasses aufbrechen ließ: schrillem Pathos auf der einen Seite antworteten verwundertes Kopfschütteln, Belustigttun und Beleidigtsein, Rechtfertigungs- und Beschwichtigungsversuche auf der anderen. Hier ist wohl auch ein Grund dafür zu suchen, daß Borcherts Stück über einen so langen Zeitraum Erfolg hatte. Worum es immer ging und mit welchen Argumenten und Parolen man auch stritt: Beckmanns bohrendes Fragen, seine grimmige Ironie, das herausgeschleuderte Nein zu spießiger Normalität und auch sein Selbstmitleid stießen noch nach Jahrzehnten auf Verständnis, trugen zum Bild des Kriegserlebnisses bei und waren Exempel für Anklage und Schuldzuweisung.

Carl Zuckmayer
Des Teufels General

Im März 1963 erregte der in der Schweiz lebende 67jährige Schriftsteller Carl Zuckmayer durch seine Entscheidung Aufsehen, sein noch während der Kriegsjahre im amerikanischen Exil entstandenes, 1946 in Zürich uraufgeführtes und dann mit außergewöhnlichem Publikumserfolg von allen großen deutschen Bühnen übernommenes Theaterstück ›Des Teufels General‹ für weitere Aufführungen nicht mehr freizugeben. Was hatte ihn zu diesem ungewöhnlichen Schritt bewogen? Zeigten die Bedenken, mit denen bereits anläßlich der ersten deutschen Inszenierungen in Hamburg (1947), Frankfurt (1947) und Berlin (1948) namhafte Kritiker die Aussage des Stücks kommentiert hatten, eine späte Wirkung?

So hinterließ bei Friedrich Luft etwa das Werk einen zwiespältigen Eindruck. Er lobte die »zeitgenössische szenische Lebendigkeit« des Stücks, fürchtete aber, daß das Publikum »die Moral: wie der Teufelsflieger in das Verderben seines Volkes abtrudelt, kaum so deutlich auffassen wird«. Diese und ähnliche Einwendungen mögen bei Zuckmayers Aufführungsstop eine Rolle gespielt haben, entscheidend war jedoch für ihn, wie er selbst in einem Interview bekannte, die politische Situation der frühen sechziger Jahre, in die das Drama in seiner vorliegenden Gestalt nach Meinung des Autors nicht mehr paßte: »Damals war eine Zeit der politischen Verwirrung, was die unbewältigte Vergangenheit des deutschen Volkes betraf. Der Eichmann-Prozeß hatte die Welt erschüttert, die Auschwitz-Prozesse standen bevor. Ich fürchtete damals, das Stück käme in ein falsches Licht.« Um Mißverständnissen vorzubeugen, nahm der Autor im entscheidenden Dialog zwischen Harras und seinem Chefingenieur Oderbruch, in dem es um Grundsatzfragen des Widerstands gegen Hitler geht, einige Ergänzungen vor; die Neufassung konnte ab 1966 wieder über die Bühne gehen.

In der Autobiographie ›Als wär's ein Stück von mir‹ kann man die Entstehungsgeschichte des Dramas nachlesen, an dem Zuckmayer schon 1943 zu schreiben begonnen hatte, nach seinen Worten »wie in Trance«. Er hatte sich gedanklich bereits länger mit dem ungeklärten Schicksal des mit ihm befreundeten Fliegergenerals Ernst Udet befaßt, über dessen Tod in amerikanischen Blättern eine Kurzmeldung erschienen war: »Ernst Udet, Generalluftzeugmeister der deutschen Armee, sei beim Ausprobieren einer neuen Waffe tödlich verunglückt und mit Staatsbegräbnis beerdigt worden. Sonst nichts. Es gab keine Kommentare, keine Mutmaßungen über seinen Tod. Verunglückt. Staatsbegräbnis. Immer wieder mußte ich daran denken.« Die Zeitungsnachricht rief dem Emigranten die Erinnerung an die letzte Begegnung 1936 in Berlin ins Gedächtnis zurück, bei der Udet seinem Freund geraten hatte: »... geh in die Welt und komm nie wieder. Hier gibt es keine Menschenwürde mehr.« Und auf die Rückfrage nach seiner eigenen Zukunft hatte er ergänzt: »Ich bin der Luftfahrt verfallen. Ich kann da nicht mehr raus. Aber eines Tages wird uns alle der Teufel holen.« Mit diesem Selbstbekenntnis und dem in der Zeitungsnachricht kommentarlos abgedruckten Hinweis auf das Staatsbegräbnis waren für Zuckmayer Ausgangspunkt und Ende eines dramatischen Vorgangs vorgegeben. Was sich tatsächlich abgespielt hatte, gaben die zuständigen Stellen in Deutschland nicht preis; wie sich die Geschichte jedoch abgespielt haben könnte, das ist Gegenstand von ›Des Teufels General‹, einem Bühnenwerk, das wegen der Bedenken der amerikanischen Kontrollbehörden, denen das Stück nicht in ihr Umerziehungsprogramm paßte, in Deutschland erst 1947 Premiere haben durfte.

Das Schauspiel ist in drei nicht in Szenen gegliederte Akte eingeteilt, die jeweils mit sprechenden Titeln überschrieben sind: Höllenmaschine – Galgenfrist oder die Hand – Verdammnis.

Die Handlung setzt ein mit einer ausgelassenen, feuchtfröhlichen Feier, zu der General Harras im Spätjahr 41 anläßlich des fünfzigsten Luftsiegs des auf Fronturlaub in Berlin weilenden Kampfstaffelführers

Friedrich Eilers in »Ottos Restaurant« geladen hat. Auch Naziprominenz verkehrt in dem renommierten Nachtlokal; in einem anderen Raum findet gleichzeitig ein Empfang des Reichsmarschalls Göring statt. Harras tritt in großer Galauniform auf, ist zunächst von unerklärlichen tickenden Geräuschen im Raum irritiert, geht der Sache aber mit der Bemerkung, es werde doch wohl keine Höllenmaschine sein, nicht weiter nach. Es ergibt sich eine zwanglose Folge von Gesprächen mit den laufend neu ankommenden Gästen, mit Vertretern von Wirtschaft und Industrie, mit einem Kulturleiter des Propagandaministeriums, mit Oberst Eilers und noch anderen Mitgliedern seiner Kampfstaffel. Auch Damen dürfen auf einem Fest des als Schürzenjäger bekannten Generals Harras nicht fehlen. Geredet wird nicht nur über die aktuelle militärische Lage an der Ostfront, die sich bedenklich zuzuspitzen beginnt, sondern auch über eine Reihe bislang geheimgehaltener, beunruhigender Vorfälle im Wirkungsbereich des Generals: bei einer Reihe fabrikneuer Kampfflugzeuge hat es Tragflügelbrüche gegeben. Harras weiß gegenüber dem Industriellen Herrn von Mohrungen, dem Präsidenten des Beschaffungsamts für Rohmetalle, keine Erklärung:

HARRAS (...) Das ist eine verfluchte Geschichte, wissen Sie.

MOHRUNGEN *(angespannt):* Sie meinen – die Sache mit den Materialschäden?

HARRAS *(nickt):* Soviel wir bis jetzt wissen, handelt es sich um kleine Fehler in den Legierungen, die die Gewichtsberechnung verschieben. Aber wo die eigentliche Fehlerquelle sitzt – das ist völlig im Dunkel. Ich hätte der Sache nicht zuviel Wert beigemessen – es kann ja immer mal ein Irrtum oder Leichtsinn unterlaufen –, aber es hat sich mit einer gewissen Systematik wiederholt. Dreimal, bei drei verschiedenen Lieferungen neuer Kampfmaschinen, in einer Woche. Das geht nicht mit rechten Dingen zu.

MOHRUNGEN: Glauben Sie an Sabotage? Kommunistische Umtriebe in den Fabriken?

HARRAS: Möglich. Aber nicht sehr wahrscheinlich. Grade die Systematik gibt mir zu denken. Das setzt eine planmässig* geleitete Organisation voraus – wenn es kein Zufall ist –, wie sie die Untergrundleute nicht haben, soviel man davon weiss.

MOHRUNGEN: Und wer hat eine solche Organisation?

HARRAS *(grinst).*

MOHRUNGEN *(perplex):* Sie meinen – wirklich? Aber – was für Interesse sollte man dort haben –

HARRAS *(zuckt die Achseln):* Es ist nur Rätselraten. Ich hab keine Anhaltspunkte. Aber ich dachte schon – es sieht aus, als ob man mir eine Fallgrube schaufeln wollte. Mir persönlich. Ich trage ja die direkte Verantwortung für die Maschinen der gesamten Luftwaffe. Und es handelt sich um Materialien, die durch meine Ämter gegangen und von mir genehmigt sind.

* Die Schreibweise »ß« oder »ss« richtet sich nach den gedruckten Vorlagen und wurde daher nicht vereinheitlicht.

Harras tappt also noch völlig im dunkeln. Neben der naheliegenden Vermutung, hier seien Widerstandskämpfer aus dem Untergrund als Saboteure tätig, schließt der Fliegergeneral auch die Möglichkeit nicht aus, die Gestapo oder eine vergleichbare NS-Geheimorganisation habe im Auftrag höchster Stellen ein Komplott geschmiedet, um seine Entlassung oder Liquidierung zu betreiben. Denn vielen »alten Kämpfern« (so nannten sich die Nationalsozialisten der ersten Stunde) ist Harras wegen seiner Weigerung, in die Partei einzutreten, längst ein Dorn im Auge, so z. B. dem mit ihm befreundeten Fliegeroffizier und »bayrischen Kraftlackel« Pfundtmayer:

PFUNDTMAYER: Wir alten Kämpfer, mir ham kaa Zeit gehabt für die Karriere, mir ham erst den inneren Feind liquidieren müssen. Und dann das Gschäft, und die Familie, dös war a Kreiz. I hab ins Hopfengeschäft eingeheiratet, weisst, aber es hat sich net rentiert. Der Jud is in der Konkurrenz gewesen un hat uns ausgeschmiert. Mei Lieber – da lernst du hassen. Nach der Machtergreifung is mir scho besser gangen – da hab ich mich auf Arisierungen verlegt. Aber jetzt – beim Kommiss? Wos bin i jetzt? A klaaner Hauptmann – mitsamt meiner niedrigen Parteinummer. Und du – du bist der Generool. Dös is a Gerechtigkeit. *(Verschlagen)* I maan – dös is a Gerechtigkeit.

HARRAS: Also hör mal zu, mein Alter. Wenn du das meinst: ein Nazi bin ich nie gewesen. Da hast du ganz recht. Immer nur ein Flieger. Und mein Geld hab ich mir selbst verdient, hab oft genug den Kragen dafür riskiert. Ich hab auch nirgends eingeheiratet, nie aus der Parteikasse gelebt, keinen Juden bestohlen und mir kein Schloss in der Uckermark gebaut. *(Eigensinnig – auch schon ein bisschen betrunken)* General oder Zirkusclown. Ich bin ein Flieger, sonst nix. Und wem's nicht passt, der kann mich – *(Es ist ein betretenes Schweigen entstanden.)*

PFUNDTMAYER *(mit offenem Mund):* Ja so was.

DR. SCHMIDT-LAUSITZ: Der Herr General meint: der Führer hat seinem Leben, das leidenschaftlich dem Flugwesen und der Luftwaffe gewidmet war, wieder ein Ziel verliehen und ihm die Gelegenheit gegeben, mit seinen ungewöhnlichen Fachkenntnissen dem Vaterland an leitender Stelle zu dienen.

HARRAS: Siehst – da hast du gleich die offizielle Fassung. Danke für die Übersetzung, Herr Doktor. Genau so hab ich's gemeint.

DR. SCHMIDT-LAUSITZ: Ich zweifle nicht daran.

HARRAS: Gewiss nicht. Sie kennen mein Inneres.

DR. SCHMIDT-LAUSITZ: Ich glaube es zu kennen, Herr General.

HARRAS: Na denn prost. *(Leert ein Weinglas voll Armagnac.)* –

Es ist sehr aufschlußreich, wie sich der Kulturleiter Dr. Schmidt-Lausitz aus dem Propagandaministerium umgehend bemüht, Harras' Worten die antinationalsozialistische Spitze zu nehmen und sie in systemverträgliche Aussagen zu übersetzen, ohne sich vom ironischen Kommentar seines Gesprächspartners beirren zu lassen. Mohrungen nimmt diese und ähnliche unvorsichtigen Äußerungen zum Anlaß, Harras behutsam zu ermahnen, sich nicht zu viel herauszunehmen:

MOHRUNGEN: Sind Sie nicht ein bisschen unvorsichtig?

HARRAS: Sicher. Das ist meine Methode. *(Steckt sich eine Zigarre an.)* Die wissen sowieso, was ich denke. Da sag ich's besser laut. Wenn ich mal anfange, vorsichtig zu werden, dann glauben die, ich hab die Hosen voll und man kann mir auf'n Kopf spucken.

MOHRUNGEN: Das ist ja wahr – man ist auf alle Fälle immer verdächtig –. Jeder von uns – wer nicht zur Partei gehört oder zum innersten Zirkel. Aber vielleicht – sollte man ihnen doch nicht direkt die Gelegenheit geben – das Stichwort sozusagen.

HARRAS: Gelegenheit haben die genug, wenn sie wollen. Ihre Schnüffelhunde lungern an jedem Eckstein rum. Der lausige Schmidt zum Beispiel – der Herr mit der deutschen Seele –, der die Kultur vertritt, bis sie nicht mehr aufsteht. Ich weiss doch genau, dass er inoffiziell bei der Gestapo ist und jeden Tag zwei Berichte an Himmler schickt. Mir können die Jungens nichts vormachen. Aber wenn ich einem von denen auf die Fusspitzen steigen kann – dann tu ich's. Mit Genuss.

MOHRUNGEN: Sie denken, man kann Ihnen nichts anhaben – Sie sind unentbehrlich. Aber –

HARRAS: Denk ich ja gar nicht. Weiss ich, bis zum gewissen Grad. Ihnen brauche ich nicht zu sagen, dass ich mir nichts drauf einbilde – aber es ist nu mal so. Schliesslich wollen die Brüder den Krieg gewinnen – das heisst, sie können gar nicht mehr zurück. Und da gibt es halt nur eine Handvoll Leute, die an der richtigen Schraube drehen können und sagen: gewusst wo. Sie haben mich gebraucht – und sie brauchen mich jetzt erst recht. Ausserdem – ist es mir wurscht. *(Er lehnt sich in einen Klubsessel zurück und sieht plötzlich sehr müde aus.)*

MOHRUNGEN *(betrachtet ihn sorgenvoll):* Sind Sie wirklich so pessimistisch?

HARRAS: Das meine ich jetzt nicht. Mehr das Private. Ich weiss natürlich – sie können mich jeden Tag liquidieren. Trotz meiner Unentbehrlichkeit. Für die Jungfrau ist keiner unentbehrlich – ausser dem Brückner, der mit'm geladenen Revolver neben ihm sitzt, wenn er ausfährt. Aber – es ist mir wurscht. Ich riskiere mein Leben seit 'nem Vierteljahrhundert – jeden zweiten Tag, mindestens. – Und – es war sehr schön, alles in allem. Genug Mädchen – genug zu trinken – ziemlich viel Fliegerei – und 'n paar bessere Augenblicke. Was will man mehr?

MOHRUNGEN: Sie reden, als wollten Sie Ihren eignen Epilog halten.

HARRAS: Warum nicht? Lieber zu früh als zu spät. Aber – wenn ich nicht mehr sagen soll, was ich denke – und nicht zu rasch saufen, damit mir kein fauler Witz rausrutscht – und vorsichtig sein – nee. Dann lohnt sich die ganze Chose überhaupt nicht mehr.

Harras kann nicht leugnen, daß er ein gefährliches Spiel spielt. Er weiß, daß für »die Jungfrau« (das ist der Junggeselle Hitler) jeder außer seinem persönlichen Adjutanten entbehrlich ist, und hat auch nichts dagegen, wenn Mohrungen seine Bekenntnisse als einen Epilog, als eine Grabrede, interpretiert.

So dient der ganze 1. Akt der Darstellung und Selbstdarstellung des Generals Harras, der mit seiner sehr kritischen Meinung über die

Führungsspitze des Staats nicht hinterm Berg hält, nicht ahnend, daß das tickende Geräusch im Raum von einer Höllenmaschine besonderer Art verursacht wurde: Die Veranstaltung ist abgehört worden; es scheint, als habe Harras sich um Kopf und Kragen geredet.

Tatsächlich ist dieser zu Beginn des 2. Akts, der in Harras' Wohnung spielt, einige Tage verschwunden, taucht aber dann doch unversehens wieder auf. Er war von der Gestapo inhaftiert, dann aber unter der Auflage wieder in die Freiheit entlassen worden, die Sabotageaffäre innerhalb von zehn Tagen aufzuklären. Trotz des Ernsts der Lage aufgrund der ihm eingeräumten Galgenfrist macht sich Harras nicht gleich an die Erledigung des Auftrags, sondern genießt das Leben und die Liebe der 19jährigen Diddo Geiß, der Nichte einer ihm schon länger bekannten Schauspielerin. Von dem Mädchen wird eine mögliche gemeinsame Flucht ins Gespräch gebracht, man diskutiert den Plan aber nicht weiter. Als Harras durch die Tante seiner Geliebten vom Selbstmord eines jüdischen Arztehepaars erfährt, das er hatte retten wollen, empfindet er heftige Schuldgefühle, für die beiden und die tausend anderen Verfolgten nicht mehr getan zu haben. Er sieht in den fünf großen, sich langsam durch den nächtlichen Himmel bewegenden Scheinwerfern der Flakzentrale Funkturm die Hand Gottes, die nach jedem Schuldigen greift. Erst gegen Aktende rückt die Sabotageaffäre wieder ins Zentrum des Interesses: Der Chauffeur Korrianke bringt Harras, der sich mit Mohrungen, dessen Tochter Pützchen und anderen in seiner Privatwohnung aufhält, ein Extrablatt mit Trauerrand:

KORRIANKE: Herr General! –

HARRAS *(schaut zu ihm hin):* Wie siehst du denn aus? Was gibt's denn?

KORRIANKE: Es ist etwas passiert.

MOHRUNGEN *(ist zu ihm getreten):* Extrablätter mit Trauerrand? Ist jemand – *(Hat ihm ein Blatt aus der Hand genommen – wird bleich.)* Guter Gott – *(Lässt das Blatt fallen.)*

HARRAS *(ohne sich von der Stelle zu rühren – fast mit Gewissheit):* Eilers?

PÜTZCHEN *(ist zu Mohrungen gelaufen, nimmt das Blatt auf. Liest):* »– tödlich verunglückt – Absturz überm Flugfeld – Unaufgeklärter Maschinendefekt –« Das ist doch nicht möglich? So etwas darf doch nicht –

MOHRUNGEN *(fasst ihren Arm. Sie schweigt, schaut Harras an).*

HARRAS *(zwischen den Zähnen):* Durch die Zeitung. Kein Anruf. Kein Radiogramm.

(...)

HARRAS *(verändert, mit kalter Stimme):* Korrianke. Nimm den grossen Wagen, mach Tempo. Fahr zu Oderbruch, er ist jetzt bestimmt zu Hause. Hol ihn her. Anrufen will ich nicht. Sag ihm, er soll alles mitbringen, was er an Material zur Hand hat. Wir müssen arbeiten. Nimm den Wohnungsschlüssel mit, schick ihn rauf, eh du den Wagen parkst. Verlier keinen Augenblick.

Harras ist schockiert nicht nur über die Nachricht, sondern auch über die Art ihrer Übermittlung und nimmt den Tod des von ihm so sehr geschätzten jungen Mannes als Signal, sich voll und ganz auf seine Aufklärungsaufgabe zu konzentrieren.

Der 3. Akt spielt am letzten Tag der Galgenfrist in der nüchternen Atmosphäre des technischen Büros eines Militärflughafens bei Berlin. Ein Verhör zweier verdächtiger Arbeiter durch Harras bringt kein Ergebnis, Gespräche mit einem durch die Kriegserlebnisse in seiner Überzeugung radikal gewandelten jungen Leutnant und mit der Witwe des verunglückten Piloten Eilers, die inzwischen ebenfalls eine völlig andere Einstellung zum Krieg gewonnen hat, führen stufenweise zum entscheidenden Dialog des Dramas, in dem der Chefingenieur im Materialamt, Oderbruch, ein Mann, dem nicht nur Harras, sondern in tragischer Ironie auch Eilers uneingeschränktes Vertrauen entgegenbringt, gesteht, daß *er* hinter den Sabotageakten steht, und sein Tun Harras gegenüber zu rechtfertigen versucht.

Die Auseinandersetzung Oderbruchs mit Harras liegt in zwei Fassungen vor:

Erste Fassung	Neue Fassung 1966
HARRAS: Und warum trefft ihr uns – aus dem Dunkel, aus dem Hinterhalt? Warum trefft ihr uns – anstatt des Feindes?	HARRAS: Und warum trefft ihr uns – aus dem Dunkel, aus dem Hinterhalt? Warum trefft ihr uns – anstatt des Feindes?
ODERBRUCH: Ihr seid seine Waffe. Die Waffe, mit der er siegen kann. Und wenn er siegt, Harras – wenn Deutschland in diesem Krieg siegt – dann ist Deutschland verloren. Dann ist die Welt verloren.	ODERBRUCH: Der Feind – ist unfaßbar. Er steht überall – mitten in unsrem Volk – mitten in unseren Reihen. Wir selbst haben uns ihm ausgeliefert, damals, als der alte Marschall starb. Jetzt bleibt uns nur noch eins: wir müssen die Waffe zerbrechen, mit der er siegen kann – auch wenn es uns selber trifft. Denn wenn er siegt, Harras, – wenn Hitler diesen Krieg gewinnt, – dann ist Deutschland verloren. Dann ist die Welt verloren.
HARRAS: Haben Sie bedacht, was Niederlage heißt? Fremdherrschaft? Neue	HARRAS: Haben Sie bedacht, was Niederlage heißt? Fremdherrschaft? Neue

Gewalt? Und neue Unterjochung?	Gewalt – und neue Unterjochung?
ODERBRUCH: Es gibt keine Unterjochung, die nicht Befreiung wäre – für unser Volk.	ODERBRUCH: Das dauert nicht. Es wachsen Kinder heran, neue Geschlechter, die werden frei sein. Was aber uns unterjocht, jetzt, hier und heute, – was uns alle zu Knechten macht, und schlimmer: zu Gehilfen, zu Mithelfern des Verbrechens, das täglich unter unseren Augen geschieht, auch wenn wir sie schließen, das, Harras, – das wird dauern, über unser Leben und unser Grab hinaus, – es sei denn, wir tilgen die Schuld, mit unsrer eigenen Hand.
HARRAS: Ist denn kein andrer Weg – um Deutschland zu befreien?	HARRAS: Die Schuld tilgen – durch neue Schuld? *Plötzlich fast schreiend:* Durch Blutschuld? Mord? Brudermord?! *Wieder gefaßt:* Glaubt ihr, daß Kain die Welt besser machte, als er den Abel erschlug? *Wendet sich ab.*
ODERBRUCH: Wissen Sie einen anderen Weg?	ODERBRUCH *schwer mit sich ringend, stockend:* Hören Sie mich an, Harras. Ich habe den Mord nicht gewollt. Ich hätte es nie für möglich gehalten, daß flugkranke Maschinen zum Einsatz kommen, ohne überprüft zu werden –
HARRAS: Wenn ich ihn wüßte – dann wüßten ihn Millionen.	HARRAS: Von wem? Da kennen Sie die Brüder schlecht. Denen kommt es doch nur auf die Meldung an, daß die Quote erfüllt ist. Sie mußten das wissen, Oderbruch.
ODERBRUCH: Das war die	ODERBRUCH: Wir wollten

Antwort. Es ist kein anderer Weg. Wir brauchen die Niederlage. Wir dürsten nach Untergang. Wir müssen dazu helfen – mit eigner Hand. Nur dann können wir, gereinigt, auferstehn.

HARRAS: Untergehn – das ist Gewißheit. Auferstehn – das ist ein Traum.

ODERBRUCH: Nein. Ein Gesetz. Eins wie das andre. Ein Gesetz – ein Urteil. Beides gleich hart. Beides mit Blut geschrieben.

HARRAS: Mit Freundesblut.

ODERBRUCH: Auch mit dem eignen.

die Kampfkraft schwächen, der sinnlosen Schlächterei ein Ziel setzen, weil es keinen anderen Weg gibt, um Deutschland zu befreien. Wir wollten die Waffe entschärfen, – nicht den Mann töten, der sie führt. In der Nacht, in der ich von Eilers' Tod erfuhr, wollte ich Schluß machen, mit mir selbst. Ich lebe nur noch, weil ich nicht aufgeben darf zu kämpfen. Für Deutschland, Harras.

HARRAS: Sie denken zu kurz. Eine alte Freundin hat mir gesagt: eher schneide ich meine Wolljacken in Fetzen und verbrenne sie, als daß ich ein Stück für Hitlers Winterhilfe gebe. Weißt du nicht, habe ich sie gefragt, daß das Mord bedeutet, – solang ein Soldat in Rußland erfrieren kann?

ODERBRUCH: Dann müssen wir auch diese Schuld auf uns nehmen. Reinigung, – das ist unser Gesetz und unser Urteil. Es ist mit Blut geschrieben.

HARRAS: Mit Freundesblut.

ODERBRUCH: Auch mit dem eignen.

Die Tendenz der Überarbeitung des Gesprächs für die spätere Fassung liegt auf der Hand: der Saboteur Oderbruch soll seinen Standpunkt nicht in knappen, kühl argumentierenden, thesenähnlichen Sätzen vertreten, sondern er soll menschlichere Züge annehmen, seine persönliche, emotionale Anteilnahme am Geschehen bekunden dürfen. Auch ihn trifft Eilers' Schicksal, das er nicht einkalkuliert hatte, da er mit einer Überprüfung der Flugzeuge vor dem Kampfeinsatz gerechnet hatte. Und er definiert seine Absicht noch einmal unmißverständlich: Sabotage soll die Waffe unbrauchbar machen, nicht den töten, der sie benützt. Nur wenn es nicht anders geht, müsse auch persönliche Blutschuld getragen werden.

Ein weiterer Gedanke taucht in der überarbeiteten Fassung neu auf: der Feind, den es zu bekämpfen gilt, kommt nicht nur von außen. Er steht vielmehr mitten im Volk, dem dieses sich ausgeliefert hat, »damals, als der alte Marschall starb«. Dieser innere Feind, der den Reichspräsidenten Hindenburg beerbt hat und auch beim Namen genannt wird, Hitler, macht jeden Deutschen zum Gehilfen, seit nach dem Tod des Generalfeldmarschalls (1934) der Fahneneid auf den »Führer und Reichskanzler« geleistet werden muß. Und das ist nach Oderbruchs Dafürhalten die schlimmste Hypothek, mit der das Volk über die gegenwärtige Generation hinaus belastet sein wird, wenn es keinen Widerstand gegen diesen Feind gibt. Das ist ein unausgesprochener Vorwurf an Harras, der sich ja zu des Feindes, des Teufels General hat machen lassen.

Harras nutzt das Geständnis Oderbruchs nicht, um seine eigene Haut zu retten, sondern setzt sich einem Gottesurteil aus: er startet die Schwestermaschine des Flugzeugs, mit dem Eilers zu Tode gekommen ist, steigt auf und stürzt ab. Bevor er auf diese Weise auf Oderbruchs Vorwurf reagiert, gibt er ihm noch einen Rat, wie dieser seinen Kampf effizienter gestalten könnte: »Ihr müßt die Wurzel treffen! Die Wurzel, Oderbruch! Und die heißt nicht Friedrich Eilers. Sie heißt: Adolf Hitler. – Mehr brauche ich nicht zu sagen.« Damit ist die Verbindung zu den Männern des 20. Juli 1944 geknüpft, deren Andenken Zuckmayer sein Stück gewidmet hat.

Es klingt fast bedauernd, wenn Friedrich Luft in seiner bereits erwähnten Kritik der Berliner Inszenierung von 1948 schreibt: »Das Stück war zu spielen, ohne Zweifel, denn es ist neben Weisenborns ›Illegalen‹ die einzige zeitgenössische szenische Lebendigkeit, die wir in trist leeren Händen haben.« Kein Autor von Rang hat sonst noch den Versuch gewagt, so bald nach Kriegsende wieder deutsche Kriegsuniformen und Nazifunktionäre auf die Bühne zu bringen, die Schattierungen des deutschen Menschenpanoptikums vom ideologiebesessenen Fanatiker bis hin zum dumpfen Mitläufer in Szene zu setzen und diese Typen – denn differenzierte Charaktere schafft Zuckmayer hier nicht – mit einem General zu konfrontieren, der das oft beschworene bessere Deutschland repräsentiert. In der Tat muß auch ein strenger Kritiker des Stücks dem Autor die künstlerische Fähigkeit bestätigen, das Milieu dieser unheilvollen Zeit, die er nur aus der Ferne seines Exils miterlebt hat, so detailgetreu zu erfassen, als sei er persönlich dabeigewesen. Aber damit beginnt für viele eben auch das Problem: trägt diese Vergegenwärtigung wirklich zur Vergangenheitsbewältigung bei? Muß sie nicht von den Unverbesserlich-Gestrigen als eine

Art von Glorifizierung des Naziregimes empfunden werden? Ist es dem Autor gelungen, in der Gestalt des Fliegergenerals Harras die Existenz des integer gebliebenen deutschen Offiziers glaubwürdig zu machen?

Harras wird als Sympathieträger aufgebaut. Er imponiert durch seine äußere Erscheinung, durch seine lockeren Umgangsformen, seine Schlagfertigkeit, seine lose Zunge und nicht zuletzt durch seine Weigerung, das zu tun, was man in Nazideutschland als hoher Militär zu tun hatte: sich in die völlige Abhängigkeit von Partei und Ideologie zu begeben. Er imponiert durch seinen Einsatz für das Leben verfolgter Juden. Er imponiert aber auch durch sein Bekenntnis, der Fliegerei verfallen zu sein: »Mein Lebensinhalt – das war immer die Fliegerei. Das hab ich gemacht von der Pike auf – schon als Freiwilliger im Jahre 14 – und nun kann ich's nicht mehr bleibenlassen. Das ist fast wie mit'm Schnaps.« Daß er sich und seinen Job durch seine offene Kritik gefährden könnte, bekümmert ihn nicht sehr, wie er im Gespräch mit Mohrungen auf dessen Frage hin, ob er sich für unentbehrlich halte, versichert:

HARRAS: Denk ich ja gar nicht. Weiss ich, bis zum gewissen Grad. Ihnen brauche ich nicht zu sagen, dass ich mir nichts drauf einbilde – aber es ist nu mal so. Schliesslich wollen die Brüder den Krieg gewinnen – das heisst, sie können gar nicht mehr zurück. Und da gibt es halt nur eine Handvoll Leute, die an der richtigen Schraube drehen können und sagen: gewusst wo. Sie haben mich gebraucht – und sie brauchen mich jetzt erst recht. Ausserdem – ist es mir wurscht.

Und ein wenig später fügt er erläuternd hinzu:

... ich bin ganz kalt in die Sache hineingestiegen, und ohne Illusionen. Ich kenne die Brüder – noch vom letzten Mal. Als die im Jahre dreiunddreissig drankamen – da wusste ich genau, dass 'n kleiner Weltkrieg angerichtet wird. Na, und ich hab nun mal einen Narren dran gefressen – an der Fliegerei, meine ich. Luftkrieg ohne mich – nee, das könnt ich nicht aushalten: Daher – hab ich mir gesagt – man muss ja schliesslich in der Ecke bleiben, in der man seine erste Runde angefangen hat. Man kann ja nicht gut – auf der anderen Seite.

Mit seiner Argumentation setzt sich Harras natürlich dem Vorwurf des Mitläufertums aus: Wie kann ein Mensch, der den Wahnsinn des Kriegs so genau durchschaut wie er, weiterhin einfach seiner persönlichen Leidenschaft frönen und sich dabei dem leibhaftigen Teufel in der Gestalt Hitlers verdingen? Daß er es am Ende doch nicht bei dieser zwiespältigen Haltung belassen kann, dafür sorgt Oderbruch mit seinem Geständnis, daß er Sabotage betreibt, um den Krieg vorzeitig zu beenden und den Deutschen und der Welt noch größeres

Leid zu ersparen. Dieses »zur Kolportage verkommene idealistische Heldendrama«, wie ein bekanntes Literaturlexikon urteilt, bietet vom Dramaturgischen her nichts Neues; es erinnert in seiner Konzeption, vor allem in der undramatischen Breite der Milieuschilderung und in der Ausführlichkeit seiner Regieanweisungen, die auch eine Charakteristik der Personen enthalten, eher an ein Drehbuch für einen Film. In der Tat wurde die Verfilmung von Zuckmayers ›Des Teufels General‹ mit Curd Jürgens in der Hauptrolle einer der größten Erfolge der deutschen Filmgeschichte.

1.1.2. Schweizer Modelle: Das Theater Max Frischs und Friedrich Dürrenmatts

Weltgeltung erlangte das deutschsprachige Drama durch das Werk der beiden Schweizer Max Frisch und Friedrich Dürrenmatt. Von zentraler Bedeutung für das dramatische Schaffen der beiden ist der Versuch einer Aufarbeitung der aktuellen Zeitgeschichte. In ihren Stücken suchten sie nach einer Antwort auf die immer wieder neu gestellten Fragen, wie es zu einer derart schrecklichen Weltkatastrophe kommen konnte, ob die Entwicklung möglicherweise zu verhindern gewesen wäre, aber auch, ob es gerechtfertigt sei, allen Deutschen eine Kollektivschuld aufzubürden und – zumal als Schweizer – mit Fingern auf sie zu zeigen. Es interessierte sie zu ergründen, wie sie wohl selbst auf die sich abzeichnende Machtergreifung durch ein totalitäres Regime reagiert hätten. So gesteht Frisch in einem Aufsatz seine Verunsicherung durch die tausend Geschichten, die über die Vorgänge im Dritten Reich erzählt werden: Diese Geschichten »haben mich mehr und mehr unsicher gemacht, wie ich mich in einer ähnlichen Lage selber verhalten hätte ... Sie haben unser Vertrauen in die eigene Menschlichkeit erschüttert. Menschen, die ich als verwandt empfinde, sind Unmenschen geworden ... Woher beziehe ich fortan meine Zuversicht, daß ich davor gesichert sei? In den sogenannten Mitschuld-Stücken, jenen Bühnenstücken also, in denen es um die spielerische Erprobung richtiger oder falscher Verhaltensweisen ging, lag es nahe, sich nicht eines konkreten historischen Stoffes zu bedienen, der allzusehr mit Emotionen behaftet sein und so den analytischen Blick des Rezipienten trüben konnte. Vielmehr wurden, wie Frisch bereits in seinem Biedermann-Hörspiel den Verfasser sagen läßt, absichtlich erfundene Katastrophen gewählt, um an ihnen wie an einem Modell typisches Verhalten vorzuführen. Daraus erklärt sich der Modell- oder auch Parabelcharakter sehr vieler dieser Stücke. Dürrenmatts ›Physiker‹ oder Frischs ›Andorra‹ haben nicht einen einzigartigen Fall zum Gegenstand, sondern das in beiden Dramen gestaltete Geschehen verallgemeinert konkrete Einzelfälle und gewinnt erst einen eindeutigen Aussagewert, wenn es auf bestimmte historische Entwicklungen zurückübertragen wird. Dabei geben Frisch und Dürrenmatt dem Begriff Modell den Vorzug gegenüber dem weitgehend synonymen Terminus Parabel, der eine von beiden Autoren nicht beabsichtigte Lehre impliziert. Modell dagegen betont vor allem den Kunstcharakter des dargebotenen Geschehens. Ebenso, wie man gelegentlich physikalische Sachverhalte zu Studienzwecken durch ein Modell zu veranschaulichen versucht, führt Frisch z.B. in ›Andorra‹ eine ganz bestimmte, auf das Wesentliche reduzierte soziologische Konstellation vor, um seinen Zuschauern, wie er selbst sagt, einen »Kurs ... in der Beschäftigung mit dem Phänomen Vorurteil« zu bieten.

Als Lehrmeister der beiden Schweizer Autoren, die nicht aus der praktischen Theaterarbeit zum Schreiben gekommen waren, gilt Bertolt Brecht; er hat sich in seinen als Lehrstücke bezeichneten Dramen ebenfalls nicht selten der Parabel- bzw. Modellform bedient und mit seinem Konzept des epischen Theaters eine Reihe von dramaturgischen Mitteln eingeführt, die uns in den Werken von Frisch und Dürrenmatt wieder begegnen. Es wäre allerdings ein Trugschluß, wollte man Brechts Vorbildfunktion in formaler Hinsicht auch auf die Inhalte und Mitteilungsabsichten ihrer Stücke übertragen. Glaubte Brecht im Gefolge der marxistischen Ideologie an die Veränderbarkeit des Menschen durch eine Veränderung seiner Daseinsbedingungen, so ist bei den beiden Schweizern von solchem Optimismus nichts zu spüren; für sie ist eine Geschichte erst dann zuende gedacht, wenn sie ihre schlimmstmögliche Wendung genommen hat.

Dramentheoretische Überlegungen Max Frischs

Bei allen Gemeinsamkeiten lassen sich zwischen Frisch und Dürrenmatt doch auch wesentliche Unterschiede in den Vorstellungen von den Möglichkeiten und Grenzen des Theaters ausmachen. Frischs Positionen sind dabei insofern schwieriger zu fassen, als er sich zwar an vielen Orten, zumeist im Nachgang zu einzelnen seiner Stücke, über seine Dramaturgie ausläßt, aber kein zusammenhängendes, grundlegendes Kompendium seiner Vorstellungen zum Theater hinterlassen hat wie Brecht in seinem ›Organon‹ oder Dürrenmatt in den ›Theaterproblemen‹. Dabei ergeben sich angesichts der Vielfalt der Formen, mit denen Frisch in seinen Dramen experimentiert, schwer zu harmonisierende Unterschiede; eine gewisse Einheit seines dramatischen Gesamtwerks liegt eher in der Ähnlichkeit der Thematik: immer wieder tauchen der Konflikt des Individuums mit den Zwängen der Gemeinschaft, die Auseinandersetzung eines einzelnen mit den Erwartungen der Menschen seiner Umgebung und das persönliche Rollenverständnis innerhalb einer Gemeinschaft als Handlungsschwerpunkte auf.

Als Stückeschreiber hielte ich meine Aufgabe als durchaus erfüllt, wenn es einem Stück jemals gelänge, eine Frage dermaßen zu stellen, daß die Zuschauer von dieser Stunde an ohne eine Antwort nicht mehr leben können – ohne ihre Antwort, ihre eigene, die sie nur mit dem Leben selber geben können.

Mit dieser Äußerung aus den Tagebuchaufzeichnungen des Jahres 1946 umreißt Max Frisch seine Idealvorstellung von der Wirkung eines Dramas auf den Zuschauer. Er hält es also nicht wie sein Schweizer Landsmann Dürrenmatt, der sich in seinen grotesken Komödien damit begnügt, die Paradoxie des Daseins augenfällig werden zu lassen und dem verunsicherten Publikum, wie etwa im Nachwort zu den ›Physikern‹, den wohlmeinenden Rat zu geben, sich gemeinsam um einen Ausweg aus dem Dilemma zu bemühen. Frischs Position unterscheidet sich aber auch wesentlich von den Zielsetzungen des Stückeschreibers Bertolt Brecht, mit dem er im Jahre 1948 in Zürich ein halbes Jahr lang intensiven Meinungsaustausch pflegte. Brecht beabsichtigte eine Aufklärung der Zuschauer über grundlegende gesellschaftliche Sachverhalte und ließ Antworten erkennen, wo er nur Fragen zu stellen oder Denkimpulse zu setzen vorgab. Anders Frisch: ihm genügt die Provokation von Fragen, existentiellen Fragen allerdings, die dem Zuschauer in ihrer Bedeutsamkeit so schwer auf der Seele zu liegen geeignet sind, daß er gar nicht umhin kann, sich in der Gestaltung seines eigenen Lebens um eine Antwort zu bemühen.

Welche Voraussetzungen aber müssen gegeben sein, damit ein Theaterstück eine solche Wirkung zeigen kann? Als absolut ungeeignet sieht Frisch jene Form des Theaters an, die er als »Imitiertheater« abkanzelt: Wenn Theater Wirklichkeit detailgetreu zu spiegeln versuche, hafte ihm der Charakter der Kolportage an, in der dem Zuschauer lediglich die Rolle des Voyeurs bleibe. Imitiertheater befriedige die Neugier und erzeuge keinerlei Nachwirkung. Es sei vielmehr wichtig, den Spielcharakter der Vorgänge auf der Bühne zu betonen: dem Publikum dürfe nicht vorgegaukelt werden, ihm werde blanke Realität vorgeführt. Auf die Frage nach dem Ort seines Theaters bemerkt Frisch immer wieder lapidar: »Es spielt auf der Bühne.« Möglichkeiten, den Spielcharakter des Bühnengeschehens zu betonen, sind aus der Tradition der Gattung zur Genüge bekannt; man muß dabei nicht in erster Linie an die Verwendung von Verfremdungseffekten in moderner Zeit denken, auch das griechische Theater hat bereits durch den Gebrauch der Maske, des Kothurns, durch das Auftreten eines Chors und die vom Umgangston abgehobene Sprachgestaltung Distanz zum Alltagsleben signalisiert. Frisch experimentiert mit solchen Mitteln, erweckt in seinem Biedermannstück sogar den klassischen Chor zu neuem Leben. Aber auch der Schauspieler kann seinen Beitrag leisten, der Illusion entgegenzuwirken. Er darf nicht gänzlich in seiner Rolle aufgehen, sondern soll sich, wie es schon Brecht gefordert hat, dem »Gestus des Zeigens« verpflichtet fühlen: »Er ist sich bewußt, daß er sich und uns etwas vorstellt, und ich möchte sehen, daß er sich dessen bewußt ist«, wie es in Frischs Aufsatz ›Illusion zweiten Grades‹ heißt. Dieser spielerische Umgang des Schauspielers mit seiner Rolle läßt sich, wie wir noch sehen werden, besonders gut am Stück ›Biografie‹ studieren.

Die Betonung des Spiels, des Kunstcharakters des Bühnengeschehens hat weitreichende Auswirkungen auf die Stoffe. Untauglich sind nach Frisch historische Geschehnisse, die dem Publikum bekannt sind, in ihrem Ablauf festliegen und nicht mehr zu verändern sind. Er fordert überhaupt den Ausstieg aus der »Zeit der Uhren«; exemplarische Bedeutung, symbolische Aussagekraft, Modellcharakter gewinnt ein Gegenstand erst, wenn er aus der Lebenswirklichkeit in die Theaterwirklichkeit übertragen, wenn er auf das Wesentliche reduziert und allen persönlich-individuellen Beiwerks entkleidet ist. So führt er uns etwa in ›Andorra‹ nicht ein historisch konkretes Einzelschicksal, sondern eine Kunstfigur vor, an der die aus der Geschichte bekannten Mechanismen der Diskriminierung und Vernichtung eines Außenseiters modellhaft veranschaulicht werden.

Besonders geeignet, dem Symbolcharakter der Kunst Rechnung zu tragen und damit dem Imitiertheater zu entgehen, erscheint Frisch die Form der Parabel: in ihr ist das Erzählte leicht als ungeschichtlich zu entlarven, ohne dabei jedoch aller historischen Relevanz entkleidet zu werden. Freilich nimmt Frisch Anstoß an der dieser Gattung eigenen didaktischen Absicht. Denn die Demonstration falschen Verhaltens in einem parabolischen Bühnengeschehen erfordert vom Autor eine klare Vorstellung davon, wie jemand sich richtig verhalten müßte. Das will Frisch nicht, und darin unterscheidet er sich grundlegend von Brecht.

Der Blick auf die Wirkungslosigkeit von Brechts Theater bestärkt Frisch in seiner Meinung, daß eine Änderung der Welt durch das Theater als einer Art moralischer Anstalt nicht möglich sei; so heißt es in der Rede ›Die Öffentlichkeit als Partner‹: »Unser Spiel, verstanden als Antwort auf die Unabbildbarkeit der Welt, ändert die Welt noch nicht, aber unser Verhältnis zu ihr...« Und in ›Der Autor und das Theater‹ bemerkt er: »Wir erstellen auf der Bühne nicht eine bessere Welt, aber eine spielbare, eine durchschaubare, eine Welt, die Varianten zuläßt, insofern eine veränderbare, veränderbar wenigstens im Kunst-Raum.«

Die Überzeugung von der Veränderbarkeit der Welt zumindest im künstlichen Raum des Theaters hat konkrete Auswirkungen auf die formale Gestaltung eines Dramas. Frisch wendet sich nach ›Andorra‹ von der Parabel ab, spricht sich gegen eine Dramaturgie der Fügung, des starren und strengen Aufbaus aus, weil sie den Eindruck vermittelt, ein Geschehen könne nur so und nicht auch ganz anders ablaufen und mache nur so, wie es ablaufe, Sinn. Er zieht eine Dramaturgie des »Unglaubens und der Permutation« vor: Unglaube steht dabei für die Skepsis, daß jede Handlung einer zwingenden inneren Notwendigkeit unterworfen sei, Permutation meint den spielerischen Versuch, in wechselnder Kombination der gegebenen Grundelemente verschiedene Möglichkeiten zu erproben. Ein solches Spiel mit Variationen, ein Beispiel für diese Dramaturgie des Unglaubens und der Permutation, liegt uns im Stück ›Biografie‹ vor.

Andorra

Mit ›Andorra‹ begründete Frisch seinen Ruf als Bühnenautor von Weltrang. Es gehört zu seinen als »Modelle« bezeichneten Theaterstücken und basiert auf einem Stoff, dessen dramatische Bearbeitung ihn schon lange beschäftigt hatte und der in seiner Urfassung unter dem Titel ›Der andorranische Jude‹ im Tagebuch zum Jahr 1946 nachzulesen ist:

In Andorra lebte ein junger Mann, den man für einen Juden hielt. Zu erzählen wäre die vermeintliche Geschichte seiner Herkunft, sein täglicher Umgang mit den Andorranern, die in ihm den Juden sehen: das fertige Bildnis, das ihn überall erwartet. Beispielsweise ihr Mißtrauen gegenüber seinem Gemüt, das ein Jude, wie auch die Andorraner wissen, nicht haben kann. Er wird auf die Schärfe seines Intellektes verwiesen, der sich eben dadurch schärft, notgedrungen. Oder sein Verhältnis zum Geld, das in Andorra auch eine große Rolle spielt: er wußte, er spürte, was alle wortlos dachten; er prüfte sich, ob es wirklich so war, daß er stets an das Geld denke, er prüfte sich, bis er entdeckte, daß es stimmte, es war so, in der Tat, er dachte stets an das Geld. Er gestand es; er stand dazu, und die Andorraner blickten sich an, wortlos, fast ohne ein Zucken der Mundwinkel. Auch in Dingen des Vaterlandes wußte er genau, was sie dachten; sooft er das Wort in den Mund genommen, ließen sie es liegen wie eine Münze, die in den Schmutz gefallen ist. Denn der Jude, auch das wußten die Andorraner, hatte Vaterländer, die er wählt, die er kauft, aber nicht ein Vaterland wie wir, nicht ein zugeborenes, und wie wohl er es meinte, wenn es um andorranische Belange ging, er redete in ein Schweigen hinein, wie in Watte. Später begriff er, daß es ihm offenbar an Takt fehlte, ja, man sagte es ihm einmal rundheraus, als er, verzagt über ihr Verhalten, geradezu leidenschaftlich wurde. Das Vaterland gehörte den andern, ein für allemal, und daß er es lieben könnte, wurde von ihm nicht erwartet, im Gegenteil, seine beharrlichen Versuche und Werbungen öffneten nur eine Kluft des Verdachtes; er buhlte um eine Gunst, um einen Vorteil, um eine Anbiederung, die man als

Mittel zum Zweck empfand auch dann, wenn man selber keinen möglichen Zweck erkannte. So wiederum ging es, bis er eines Tages entdeckte, mit seinem rastlosen und alles zergliedernden Scharfsinn entdeckte, daß er das Vaterland wirklich nicht liebte, schon das bloße Wort nicht, das jedesmal, wenn er es brauchte, ins Peinliche führte. Offenbar hatten sie recht. Offenbar konnte er überhaupt nicht lieben, nicht im andorranischen Sinn; er hatte die Hitze der Leidenschaft, gewiß, dazu die Kälte seines Verstandes, und diesen empfand man als eine immer bereite Geheimwaffe seiner Rachsucht; es fehlte ihm das Gemüt, das Verbindende; es fehlte ihm, und das war unverkennbar, die Wärme des Vertrauens. Der Umgang mit ihm war anregend, ja, aber nicht angenehm, nicht gemütlich. Es gelang ihm nicht, zu sein wie alle andern, und nachdem er es umsonst versucht hatte, nicht aufzufallen, trug er sein Anderssein sogar mit einer Art von Trotz, von Stolz und lauernder Feindschaft dahinter, die er, da sie ihm selber nicht gemütlich war, hinwiederum mit einer geschäftigen Höflichkeit überzuckerte; noch wenn er sich verbeugte, war es eine Art von Vorwurf, als wäre die Umwelt daran schuld, daß er ein Jude ist –

Die meisten Andorraner taten ihm nichts.

Also auch nichts Gutes.

Auf der andern Seite gab es auch Andorraner eines freieren und fortschrittlichen Geistes, wie sie es nannten, eines Geistes, der sich der Menschlichkeit verpflichtet fühlte: sie achteten den Juden, wie sie betonten, gerade um seiner jüdischen Eigenschaften willen, Schärfe des Verstandes und so weiter. Sie standen zu ihm bis zu seinem Tode, der grausam gewesen ist, so grausam und ekelhaft, daß sich auch jene Andorraner entsetzten, die es nicht berührt hatte, daß schon das ganze Leben grausam war. Das heißt, sie beklagten ihn eigentlich nicht, oder ganz offen gesprochen: sie vermißten ihn nicht – sie empörten sich nur über jene, die ihn getötet hatten, und über die Art, wie das geschehen war, vor allem die Art.

Man redete lange davon.

Bis es sich eines Tages zeigt, was er selber nicht hat wissen können, der Verstorbene: daß er ein Findelkind gewesen, dessen Eltern man später entdeckt hat, ein Andorraner wie unsereiner – Man redete nicht mehr davon.

Die Andorraner aber, sooft sie in den Spiegel blickten, sahen mit Entsetzen, daß sie selber die Züge des Judas tragen, jeder von ihnen.

Du sollst dir kein Bildnis machen, heißt es, von Gott. Es dürfte auch in diesem Sinne gelten: Gott als das Lebendige in jedem Menschen, das, was nicht erfaßbar ist. Es ist eine Versündigung, die wir, so wie sie an uns begangen wird, fast ohne Unterlaß wieder begehen –

Ausgenommen wenn wir lieben.

Bei der Umsetzung dieses Stoffes in ein Drama hat Frisch nicht die detailgerechte Nachzeichnung des Lebens und Sterbens eben dieses andorranischen Juden im Auge; es geht ihm vielmehr darum, ein zeitloses Modell zu entwerfen, dem zu entnehmen ist, nach welchen Mechanismen die Diskriminierung, Ausgrenzung und Vernichtung eines Außenseiters oder auch einer Minderheit abläuft. So wirkt der Autor schon durch seine Bemerkung zum Ort der Handlung im Vorspann jeglichem Versuch entgegen, das Geschehen zeitlich und örtlich zu fixieren: »Das Andorra dieses Stücks hat nichts zu tun mit dem wirklichen Kleinstaat dieses Namens, gemeint ist auch nicht ein anderer wirklicher Kleinstaat; Andorra ist der Name für ein Modell.« Freilich weckt die Nachbarschaft dieses fiktiven weißen Andorras zum namenlosen Staat der »Schwarzen da drüben« Assoziationen an die Situation der Schweiz während der NS-Diktatur in Deutschland, aber solche Spekulationen sind für das Verständnis des Dramas irrelevant.

Die Hauptperson von ›Andorra‹ ist Andri, eben der andorranische Jude; es heißt, er sei vom Lehrer vor der Verfolgung durch die Schwarzen gerettet und adoptiert worden, in Wirklichkeit aber ist er ein unehelicher Sproß des Lehrers aus einer Liebesbeziehung zu einer Frau von drüben.

Die Handlung entfaltet sich in 12 Bildern; sie ist äußerlich gekennzeichnet durch die steigende Angst der Andorraner vor einer drohenden Invasion der Schwarzen, die dann auch tatsächlich stattfindet und die Exekution Andris zur sichtbaren Folge hat. Vor diesem spannungssteigernden Hintergrund gilt das Hauptinteresse freilich der Entwicklung Andris, der durch das fertige Bildnis der Andorraner von ihm als typischem Juden in immer verzweifeltere Isolation gerät. Die Handlung schreitet linear-chronologisch voran, wird aber am Ende fast eines jeden Bildes durch eine Art Zeugenaussage jeweils einer mit Andri in Kontakt gekommenen Person unterbrochen, die sich aus einem größeren zeitlichen Abstand resümierend über die Ereignisse damals ausläßt. Damit wird die Illusion eines Zieldramas durchbrochen: Der Zuschauer, der geglaubt hat, er verfolge ein sich konsequent auf ein immer deutlicher erkennbares Ziel hin entwickelndes Geschehen, wird irritiert, wenn da Personen auftreten, die das Ende persönlich miterlebt haben und es rückblickend analysieren. Es ergibt sich die Fiktion, als werde das Schicksal des andorranischen Juden in der Rückschau gestaltet, wie es dem Typus des analytischen Dramas entspricht, das erst nach dem Abschluß eines Geschehens einsetzt und dieses zu erhellen versucht.

Die ersten sechs Bilder erzählen davon, wie Andri sich gegen sein Anderssein wehrt und die Integration in die Gemeinschaft der Andorraner sucht. Ab dem siebten Bild beginnt er seine jüdische Wesensart zu akzeptieren, ja er verteidigt sein Anderssein erbittert, selbst als man ihm die Wahrheit seiner Abstammung eröffnet, und nimmt faktisch ohne Gegenwehr sein durch den Einmarsch der Schwarzen besiegeltes Schicksal auf sich.

In der als Exposition dienenden 1. Szene werden nicht nur die meisten für Andris Lebensweg wichtigen Personen vorgestellt, es finden sich auch immer wieder offene oder verschlüsselte Andeutungen kommenden Unheils. Barblin, die eheliche Tochter des Lehrers, eben damit beschäftigt, das Haus zu weißeln, weil am nächsten Tag ein hohes andorranisches Fest gefeiert wird, erwehrt sich der Annäherungsversuche des großsprecherischen Soldaten Peider, indem sie ihm erklärt, verlobt zu sein. Daß Andri der Erwählte ist, erfährt Peider und mit ihm der Zuschauer erst später. Das Gespräch wird unterbrochen durch kurze, jedoch die Personen grell charakterisierende Auftritte des Tischlers und des Paters, der Barblin für ihre gründliche Arbeit lobt. Peider freilich kontert die Vorfreude des Paters über ein weißes Andorra zum großen Fest mit dem Hinweis auf die Möglichkeit, ein Platzregen könnte das Ergebnis der Weißelei zunichte machen:

... und wenn ein Platzregen kommt, das saut euch jedesmal die Tünche herab, als hätte man eine Sau drauf geschlachtet, eure schneeweiße Tünche von eurer schneeweißen Kirche.

Der brutale Ton des Soldaten liefert einen ersten Hinweis, daß in Andorra nicht nur das rote Gestein des Kirchenbaus, sondern auch noch so manches andere unter einer dünnen Tünche verborgen ist, was sich erst unter einem Einfluß von außen in seinem wahren Charakter enthüllt. Jedenfalls läßt sich ein Konflikt Andris mit dem überheblichen, unsympathischen Soldaten unschwer prognostizieren, der geradezu einen Spaß daran zu finden scheint, auf die drohende Gefahr aus dem Nachbarland hinzuweisen:

Sie werden uns überfallen, die Schwarzen da drüben, weil sie neidisch sind auf unsere weißen Häuser. Eines Morgens, früh um vier, werden sie kommen mit tausend schwarzen Panzern, die kreuz und quer durch unsere Äcker rollen, und mit Fallschirmen wie graue Heuschrecken vom Himmel herab.

Dieses Schreckgespenst hat bei Barblins Vater, dem Lehrer Can, eine verhängnisvolle Wandlung in der Lebensführung ausgelöst: so kritisiert der Pater, daß er so viel trinkt in letzter Zeit und dann alle Welt beschimpft. Diese Beschimpfungen konzentrieren sich, näher besehen, allerdings auf einen einzigen Punkt: »Er sagt, wir sind nicht besser als die Schwarzen da drüben« und haben vor allem einen einzigen Grund, der sich einer weiteren Aussage des Kirchenmannes entnehmen läßt: »Kein Mensch verfolgt euren Andri ... noch hat man eurem Andri kein Haar gekrümmt.« Der Lehrer ist also in großer Sorge um seinen Adoptivsohn. Wie berechtigt diese Sorge ist, läßt sich aus dem verräterischen »noch« erschließen. Can findet allein schon das Gerede der Leute, was sein wird, wenn die Schwarzen kommen, als Bedrohung:

... dann wird jeder, der Jud ist, auf der Stelle geholt. Man bindet ihn an einen Pfahl, sagen sie, man schießt ihn ins Genick ... Und wenn er eine Braut hat, die wird geschoren ... wie ein räudiger Hund.

Die Szene blendet über auf das Gespräch des Lehrers mit dem Tischler; die beiden verhandeln über eine Lehrstelle des bislang beim Wirt als Aushilfe tätigen Andri. Der Meister verlangt von Can einen irrsinnig hohen Preis und weicht von seiner Position keinen Millimeter, um zu verhindern, Andri in die Lehre nehmen zu müssen, da dieser als Jude den Tischlerberuf nicht »im Blut« habe. Unterbrochen werden die vorurteilsbeladenen Worte des Tischlers, als Can plötzlich mitten auf dem Platz einen Pfahl sieht und ihn als Vorausdeutung auf Andris Schicksal interpretiert, während sein Gesprächspartner keinerlei Anzeichen einer Gemütsbewegung zeigt.

Man sieht den Platz von Andorra. Der Tischler und der Lehrer sitzen vor der Pinte. Die Musik ist aus.

LEHRER: Nämlich es handelt sich um meinen Sohn.

TISCHLER: Ich sagte: 50 Pfund.

LEHRER: – um meinen Pflegesohn, meine ich.

TISCHLER: Ich sagte: 50 Pfund.

Der Tischler klopft mit einer Münze auf den Tisch.

Ich muß gehn.

Der Tischler klopft nochmals.

Wieso will er grad Tischler werden? Tischler werden, das ist nicht einfach, wenn's einer nicht im Blut hat. Und woher soll er's im Blut haben? Ich meine ja bloß. Warum nicht Makler? Zum Beispiel. Warum nicht geht er zur Börse? Ich meine ja bloß ...

LEHRER: Woher kommt dieser Pfahl?

TISCHLER: Ich weiß nicht, was Sie meinen.

LEHRER: Dort!

TISCHLER: Sie sind ja bleich.

LEHRER: Ich spreche von einem Pfahl!

TISCHLER: Ich seh keinen Pfahl.

LEHRER: Hier!

Der Tischler muß sich umdrehen.

Ist das ein Pfahl oder ist das kein Pfahl?

TISCHLER: Warum soll das kein Pfahl sein?

LEHRER: Der war gestern noch nicht.

Der Tischler lacht.

's ist nicht zum Lachen, Prader, Sie wissen genau, was ich meine.

TISCHLER: Sie sehen Gespenster.

LEHRER: Wozu ist dieser Pfahl?

TISCHLER: *klopft mit der Münze auf den Tisch.*

LEHRER: Ich bin nicht betrunken. Ich sehe, was da ist, und ich sage, was ich sehe, und ihr alle seht es auch –

TISCHLER: Ich muß gehn.

Der Tischler wirft eine Münze auf den Tisch und erhebt sich.

Ich habe gesagt: 50 Pfund.

LEHRER: Das bleibt Ihr letztes Wort?

TISCHLER: Ich heiße Prader.

LEHRER: 50 Pfund?
TISCHLER: Ich feilsche nicht.
LEHRER: Sie sind ein feiner Mann, ich weiß... Prader, das ist Wucher, 50 Pfund für eine Tischlerlehre, das ist Wucher. Das ist ein Witz, Prader, das wissen Sie ganz genau. Ich bin Lehrer, ich habe mein schlichtes Gehalt, ich habe kein Vermögen wie ein Tischlermeister – ich habe keine 50 Pfund, ganz rundheraus, ich hab sie nicht!
TISCHLER: Dann eben nicht.
LEHRER: Prader –
TISCHLER: Ich sagte: 50 Pfund.
Der Tischler geht.

Der Lehrer sieht nur einen Weg, seinem Adoptivsohn die gewünschte Ausbildung zu ermöglichen, nämlich Land zu verkaufen. Der Wirt interessiert sich für das Geschäft, will aber das Land nur weit unter Wert erwerben und bestätigt damit eindrucksvoll seine eigene in anderem Zusammenhang aufgestellte These: »Die Andorraner sind gemütliche Leut, aber wenn es ums Geld geht, dann sind sie wie der Jud.« Die in den beiden Episoden aufblitzende wahre Natur der Andorraner bekommt aber sogleich wiederum eine wirkungsvolle Tünche: eine beeindruckende Prozession mit Muttergottesbild (allerdings »begleitet von aufgepflanzten Bajonetten«) bewegt sich über die Bühne. »Alle bekreuzigen sich...« Erst jetzt tritt Andri in den Mittelpunkt des Geschehens. Er hat von seinem Ziehvater soeben erfahren, daß er Tischler werden kann, ist glückselig darüber und denkt schon an eine baldige Heirat mit Barblin. Er muß allerdings unmittelbar darauf die Beschimpfungen und Mißhandlungen des betrunkenen Soldaten hinnehmen, der seinen Konkurrenten bei Barblin als Juden demütigt, während er sich selbst als potentiellen heldenhaften Kämpfer im bevorstehenden Krieg anpreist.

In diesem 1. Bild ist die Entwicklung der gesamten dramatischen Handlung im Keim enthalten, fast alle Konflikte sind vorhersehbar, ein tragisches Ende zeichnet sich ab.

Da sind einmal die Andorraner, die sich nach außen hin edel, fromm und gottesfürchtig geben und das Regime der Schwarzen im Nachbarstaat dazu verwenden, sich an der eigenen Integrität zu berauschen, dabei aber ein mehr oder minder stark ausgeprägtes faschistisches Denken und Handeln an den Tag legen. Besonders Peider nutzt rücksichtslos das gängige Bild eines Juden, um seine persönlichen Interessen durchzusetzen.

Da ist der Lehrer Can, der sich durch seine Lüge, Andri sei ein Jude, den er vor der Verfolgung gerettet habe, in eine ausweglose Lage manövriert hat und der die Vorurteilsbefangenheit der Andorraner auf Grund seines Wissens um Andris wahre Identität als besonders grotesk empfinden muß.

Da ist Barblin, die, von Vorurteilen frei, ihren Andri liebt und nicht ahnt, daß er ihr Halbbruder ist, die sich aber auch den hartnäckigen Nachstellungen des Sexualprotzes und Großsprechers Peider ausgesetzt sieht.

Und da ist schließlich Andri selbst, der als Andorraner wie jeder andere auch leben möchte, sich aber ständig nach den für einen Juden gängigen Klischees taxiert findet.

Abgeschlossen wird das 1. Bild durch die erste der Zeugenaussagen, in denen die Personen des Dramas vor die Schranke eines imaginären Gerichts treten und sich zum Geschehen äußern. Hier ist es der Wirt, der, wie alle anderen mit Ausnahme des Paters auch, seine Unschuld beteuert und nur eingesteht, sich getäuscht zu haben, das aber für entschuldbar hält. Von Betroffenheit, wie sie von einem Menschen zu erwarten wäre, dem durch das vorausgehende Geschehen gewissermaßen der Spiegel der Selbsterkenntnis vorgehalten wurde, ist jedenfalls nichts zu spüren.

Im 2. Bild, einem Dialog Andris mit Barblin auf der Schwelle zu deren Kammer, zeigen sich die Wirkungen des Geredes und des Verhaltens der anderen auf den angeblichen Juden:

ANDRI: Bist du ganz sicher, Barblin, daß du mich willst?
BARBLIN: Warum fragst du das immer.
ANDRI: Die andern sind lustiger.
BARBLIN: Die andern!
ANDRI: Vielleicht haben sie recht. Vielleicht bin ich feig, sonst würde ich endlich zu deinem Alten gehn und sagen, daß wir verlobt sind. Findest du mich feig?
Man hört Grölen in der Ferne.
ANDRI: Jetzt grölen sie immer noch.
Das Grölen verliert sich.
BARBLIN: Ich geh nicht mehr aus dem Haus, damit sie mich in Ruh lassen. Ich denke an dich, Andri, den ganzen Tag, wenn du an der Arbeit bist, und jetzt bist du da, und wir sind allein – ich will, daß du an mich denkst, Andri, nicht an die andern. Hörst du? Nur an mich und an uns. Und ich will, daß du stolz bist, Andri, fröhlich und stolz, weil ich dich liebe vor allen andern.
ANDRI: Ich habe Angst, wenn ich stolz bin.
BARBLIN: Und jetzt will ich einen Kuß.
Andri gibt ihr einen Kuß.
Viele viele Küsse!
Andri denkt.
Ich denke nicht an die andern, Andri, wenn du mich hältst mit deinen Armen und mich küssest, glaub mir, ich denke nicht an sie.
ANDRI: – aber ich.
BARBLIN: Du mit deinen andern die ganze Zeit!
ANDRI: Sie haben mir wieder das Bein gestellt.
Eine Turmuhr schlägt.

ANDRI: Ich weiß nicht, wieso ich anders bin als alle. Sag es mir. Wieso? Ich seh's nicht …

Eine andere Turmuhr schlägt.

ANDRI: Jetzt ist es schon wieder drei.

BARBLIN: Laß uns schlafen!

ANDRI: Ich langweile dich.

Barblin schweigt.

Soll ich die Kerze löschen? … du kannst schlafen, ich wecke dich um sieben.

Pause

Das ist kein Aberglaube, o nein, das gibt's, Menschen, die verflucht sind, und man kann machen mit ihnen, was man will, ihr Blick genügt, plötzlich bist du so, wie sie sagen. Das ist das Böse. Alle haben es in sich, keiner will es haben, und wo soll das hin? In die Luft? Es ist in der Luft, aber da bleibt's nicht lang, es muß in einen Menschen hinein, damit sie's eines Tages packen und töten können …

Andris quälende Selbstzweifel lassen ihn in seinem Denken und Tun nach Anhaltspunkten suchen, die die Vorurteile der anderen bestätigen; er kann von Barblin, der einzigen Person seines Vertrauens, nur mühsam beruhigt werden, so stark ist seine Vorahnung, bald als Sündenbock sterben zu müssen.

Wie berechtigt die Befürchtungen Andris sind, dokumentieren die nächsten Bilder durch die Eskalation der Diskriminierung: Der Tischler nimmt einen mißratenen Stuhl eines Mitgesellen zum Anlaß, Andri, der den Meister vergeblich auf seinen Irrtum aufmerksam macht, die Eignung zum Tischler abzusprechen und ihn zum Verkäufer umzuschulen, was seinem jüdischen Naturell besser entspreche. Der Doktor, eine verkrachte Existenz, läßt sich, während er Andri behandelt, in üblen Schmähungen über die Juden aus, nicht wissend, daß sein Patient als Jude gilt. Der Lehrer verweigert Andri die Hochzeit mit Barblin, findet aber nicht den Mut, seinen Ziehsohn über die wahren Hintergründe dieser Entscheidung aufzuklären. Dieser muß annehmen, daß er als Schwiegersohn nicht willkommen sei, da er Jude ist. Am Ende verliert Andri auch noch Barblin an den Soldaten und beginnt dem Haß der anderen seinerseits mit Haß zu begegnen; die endgültige Wende bringt das Gespräch mit dem Pater im 7. Bild. Andri hofft, bestätigt zu bekommen, daß er ist wie die anderen:

ANDRI: Stimmt das, Hochwürden, daß ich anders bin als alle?

Pause

PATER: Andri, ich will dir etwas sagen.

ANDRI: – ich bin vorlaut, ich weiß.

PATER: Ich verstehe deine Not. Aber du sollst wissen, daß wir dich gern haben, Andri, so wie du bist. Hat dein Pflegevater nicht alles getan für dich? Ich höre, er hat Land verkauft, damit du Tischler wirst.

ANDRI: Ich werde aber nicht Tischler.
PATER: Wieso nicht?
ANDRI: Meinesgleichen denkt alleweil nur ans Geld, heißt es, und drum gehöre ich nicht in die Werkstatt, sagt der Tischler, sondern in den Verkauf. Ich werde Verkäufer, Hochwürden.
PATER: Nun gut.
ANDRI: Ich wollte aber Tischler werden.
PATER: Warum setzest du dich nicht?
ANDRI: Hochwürden irren sich, glaub ich. Niemand mag mich. Der Wirt sagt, ich bin vorlaut, und der Tischler findet das auch, glaub ich. Und der Doktor sagt, ich bin ehrgeizig, und meinesgleichen hat kein Gemüt.
PATER: Setz dich!
ANDRI: Stimmt das, Hochwürden, daß ich kein Gemüt habe?
PATER: Mag sein, Andri, du hast etwas Gehetztes.
ANDRI: Und Peider sagt, ich bin feig.
PATER: Wieso feig?
ANDRI: Weil ich Jud bin.
PATER: Was kümmerst du dich um Peider!
ANDRI: *schweigt.*
PATER: Andri, ich will dir etwas sagen.
ANDRI: Man soll nicht immer an sich selbst denken, ich weiß. Aber ich kann nicht anders, Hochwürden, es ist so. Immer muß ich denken, ob's wahr ist, was die andern von mir sagen: daß ich nicht bin wie sie, nicht fröhlich, nicht gemütlich, nicht einfach so. Und Hochwürden finden ja auch, ich hab etwas Gehetztes. Ich versteh schon, daß niemand mich mag. Ich mag mich selbst nicht, wenn ich an mich selbst denke.

Der Pater reagiert unwirsch auf diese Selbstzweifel: »Was immer Euch widerfährt in diesem Leben, alles und jedes bezieht Ihr nur darauf, daß Ihr Jud seid. Ihr macht es einem wirklich nicht leicht mit Eurer Überempfindlichkeit.« Auf diese Worte hin bricht Andri zusammen, da sich auch der Mann der Kirche in seiner Einstellung nicht von den anderen Andorranern unterscheidet. Der Pater kann Andri nur noch den Rat erteilen, sein Anderssein zu akzeptieren und damit zu leben. Erst im Rückblick auf den Lauf der Ereignisse gesteht er, wohlgemerkt als einziger von allen, vor der Schranke, an Andris Tod persönlich schuldig geworden zu sein, weil er sich ein Bildnis von ihm gemacht und sich damit an Gottes Gebot versündigt habe.

Ab der 8. Szene spitzt sich die Lage zu. Die Invasion scheint unmittelbar bevorzustehen, und das animiert die Andorraner, allen voran den Doktor, zur Artikulation martialischer patriotischer Parolen. Da tritt die Senora auf – Andris leibliche Mutter, wie wir später erfahren –, um sich nach dem Befinden ihres Sohnes zu erkundigen. Sie erregt als eine von drüben den Verdacht, den Haß der Andorraner. Der entlädt sich allerdings in brachialer Gewalt zunächst nicht gegen sie, sondern gegen Andri, der seinen Mut beweisen möchte, Händel mit Peider sucht und brutal zusammengeschlagen wird, ohne daß jemand eingreift. Für die Senora als Augenzeugin ist dieser Vorfall Beweis, daß die Andorraner keinen Deut besser sind als ihre antijüdischen Nachbarn. Sie macht Can bittere Vorwürfe, seinen Sohn verleugnet und als angeblichen Juden in höchste Gefahr gebracht zu haben, und sucht das Gespräch mit Andri, der voller Bewunderung für die ihm unbekannte Frau ist. Als sie sich verabschiedet und Andri ihren Ring geschenkt hat, fällt dem Pater gemäß einer getroffenen Absprache die Aufgabe zu, Andri über die Wahrheit seiner Herkunft aufzuklären. Aber dieser reagiert höchst unwillig auf die immer neuen Wahrheiten: Er hat sein Anderssein angenommen, es sei jetzt an den anderen, den Juden anzunehmen. Andri hat mittlerweile sein Schicksal deutlich vor Augen, familiäre oder zwischenmenschliche Beziehungen erschweren seiner Meinung nach nur den Weg, den er zu gehen haben wird:

ANDRI: Ich möchte nicht Vater noch Mutter haben, damit ihr Tod nicht über mich komme mit Schmerz und Verzweiflung und mein Tod nicht über sie. Und keine Schwester und keine Braut: Bald wird alles zerrissen, da hilft kein Schwur und nicht unsre Treue. Ich möchte, daß es bald geschehe. Ich bin alt. Meine Zuversicht ist ausgefallen, eine um die andere, wie Zähne. Ich habe gejauchzt, die Sonne schien grün in den Bäumen, ich habe meinen Namen in die Lüfte geworfen wie eine Mütze, die niemand gehört wenn nicht mir, und herunter fällt ein Stein, der mich tötet. Ich bin im Unrecht gewesen, anders als sie dachten, allezeit. Ich wollte recht haben und frohlocken. Die meine Feinde waren, hatten recht, auch wenn sie kein Recht dazu hatten, denn am Ende seiner Einsicht kann man sich selbst nicht recht geben. Ich brauche jetzt schon keine Feinde mehr, die Wahrheit reicht aus. Ich erschrecke, so oft ich noch hoffe. Das Hoffen ist mir nie bekommen. Ich erschrecke, wenn ich lache, und ich kann nicht weinen. Meine Trauer erhebt mich über euch alle, und so werde ich stürzen. Meine Augen sind groß von Schwermut, mein Blut weiß alles, und ich möchte tot sein. Aber mir graut vor dem Sterben. Es gibt keine Gnade –

Diese ergreifenden Zeilen klingen wie ein Vermächtnis Andris, sie enthalten die Summe seiner enttäuschten Hoffnungen, seiner Trauer und seiner Angst. Der Protest des Paters gegen die letzte Aussage wird von Andri klarsichtig als hohle Phrase entlarvt:

Sehen Sie sich selbst. Sie wissen heut schon, was Sie tun werden, Hochwürden, wenn man mich holt ... Sie werden beten. Für mich und für sich. Ihr Gebet hilft nicht einmal Ihnen, Sie werden trotzdem ein Verräter. Gnade ist ein ewiges Gerücht, die Sonne scheint grün in den Bäumen, auch wenn sie mich holen.

Nach diesen Worten Andris überstürzen sich die Ereignisse: Die Senora wird auf dem Weg über den Platz von einem Steinwurf tödlich getroffen, und während Andri als angeblicher Täter gesucht wird, hat die Invasion Andorras stattgefunden, entgegen allen großsprecherischen Phrasen ohne die geringste Gegenwehr der Andorraner, ja die Soldaten, allen voran Peider, können sich gar nicht schnell genug zu Handlangerdiensten für die neuen Machthaber hergeben. Andri wird in Barblins Kammer aufgespürt, verhaftet und in einer mittelalterlichfinster inszenierten Judenschau als Jude und als Mörder der Senora erkannt und abgeführt. Der Lehrer erhängt sich, Barblin bekommt als Judenhure das Haar geschoren und verliert den Verstand: Sie weißelt das Pflaster des Platzes, weil sie überall Blut zu sehen vermeint, und ergeht sich in bitteren Anklagen. Der Pater will sie wegführen, doch sie erblickt Andris Schuhe, die er bei der Judenschau hatte ausziehen müssen, und bleibt stehen: »Hier sind seine Schuh. Rührt sie nicht an! Wenn er wiederkommt, das hier sind seine Schuh.« In ihrem Irresein hofft sie auf eine Rückkehr ihres Halbbruders.

Max Frischs ›Andorra‹ reiht sich in die große Zahl literarischer Werke der Nachkriegszeit, in denen der Versuch unternommen wird, sich durch die Auseinandersetzung mit der unmittelbaren Vergangenheit einem Verständnis des Geschehenen anzunähern und damit fertig zu werden. Während andere Autoren das Thema der Judenverfolgung und -vernichtung im Sinne einer freien Nachzeichnung jüdischer Schicksale oder gar einer sorgfältig recherchierten Dokumentation der Vernichtungsstrategie der nationalsozialistischen Machthaber aufzuarbeiten unternehmen, wie etwa Hochhuth in seinem ›Stellvertreter‹ oder Weiss in seiner ›Ermittlung‹, kappt Frisch jeden konkreten Bezug auf historische Fakten und Vorgänge und entwickelt ein Modell, anhand dessen er zeigt, wie sich bestimmte Prozesse immer wieder abspielen und welche Mechanismen dabei wirksam werden. Ausgangspunkt bildet für ihn die Abhängigkeit eines jeden Menschen von dem Bild, das seine Umgebung von ihm hat und das seine individuelle Suche nach der eigenen Identität in verhängnisvoller Weise beeinflußt, gleichgültig ob dieses Bild nun als typisch jüdisch angesehene Züge zeigt oder die einer beliebigen anderen Minderheit. »Das Modell ›Jude‹ kann heute oder morgen Weißer, Gelber oder Schwarzer, Kapitalist oder Kommunist ... heißen«, schreibt H. M. Enzensberger im Programmheft der Züricher Uraufführung des Stücks. Damit die Vorurteile der Mehrheit lebensbedrohende Brisanz gewinnen, dazu bedarf es einer ganz bestimmten politischen Situation, z.B. einer massiven Gefährdung des Staats durch eine fremde Macht. Der kalte Krieg der Andorraner mit den Schwarzen führt zur Herausbildung einer verquasten Ideologie, einer Verherrlichung des eigenen Nationalcharakters in Verbindung mit einer Verteufelung des potentiellen Aggressors. Aus dieser Ideologie wiederum leitet sich das Vorurteil, ja der Haß gegen alle ab, die nicht als Repräsentanten des Nationalcharakters anerkannt werden. Eine besondere Dimension erhält die Geschichte noch dadurch, daß sich der als Jude gebrandmarkte junge Mann als gebürtiger Andorraner erweist; ein vernichtenderes Urteil über seine Verfolger ist nicht vorstellbar.

Der Versuch einer Ermittlung der Mechanismen eines solchen Vorgangs hat Frisch nach der Erstaufführung des Dramas und nach seiner alsbaldigen erfolgreichen Übernahme ins Repertoire fast aller renommierten Bühnen in Deutschland und Europa zunächst nur überschwengliches Lob eingebracht. Erst später monierten einige Kritiker, das Abweichen des Autors von den historischen Vorgängen mindere die Betroffenheit des Betrachters und schwäche den Impuls zur Vergangenheitsbewältigung, das Ganze sei zu sehr konstruiert. Andere nahmen Anstoß daran, daß Frisch Mißstände nur kritisiert, ohne, wie Brecht, gleichzeitig Anregungen zu einer möglichen Änderung der Verhältnisse zu geben. Ein solcher Versuch widerspräche freilich dem Selbstverständnis des Bühnenautors Frisch, der ja betonte, nicht die Welt ändern zu wollen, »aber unser Verhältnis zu ihr«.

Biografie: Ein Spiel

Oft wird ›Biografie: Ein Spiel‹, erschienen 1967, als das Theaterstück bezeichnet, das am augenfälligsten die Handschrift seines Autors Max Frisch verrät. Für die Thematik trifft das sicher zu: Hier wie in den großen Romanen geht es um das Ringen einer Person um ihr Selbstverständnis, um ihre Rolle im Verhältnis zu den Mitmenschen und letztlich um den Sinn ihres Lebens. So basiert das Bühnenstück auf einer in einem tagebuchähnlich knappen Dossier festgehaltenen Lebensgeschichte des Verhaltensforschers Hans Kürmann, der an der Zwangsläufigkeit, mit der die einzelnen Stationen seines Lebens abgelaufen sind, zweifelt und sich sicher ist, genau zu wissen, wo er Fehler gemacht hat. Er nimmt das Scheitern seiner Ehe mit Antoinette Stein zum Anlaß, Alternativen zu seinem bisherigen Lebensweg nicht nur zu durchdenken, sondern ganz konkret auf der Bühne durchzuspielen. Darauf deutet Frisch hin, wenn er den Titel ›Biografie‹ um die Gattungsbezeichnung ›Ein Spiel‹ erweitert, und nicht so sehr auf die Zugehörigkeit des Textes zur dramatischen Dichtung (Frisch selbst will sein Stück als Komödie verstanden wissen). Die Bühne wird zum Experimentierfeld. Ausdrücklich fordert der Autor in seinen Anmerkungen zu seinem Stück:

> Der Zuschauer sollte nicht darüber getäuscht werden, daß er eine Örtlichkeit sieht, die mit sich selbst identisch ist: die Bühne. Es wird gespielt, was ja nur im Spiel überhaupt möglich ist: wie es anders hätte verlaufen können in einem Leben.

Die einzelnen Episoden werden nicht »illusionistisch als Gegenwärtigkeit« vorgegeben, sondern spielerisch reflektiert. Als anschauliches Beispiel für ein solches Verfahren führt Frisch einen Schachspieler an, der die entscheidenden Züge einer verlorenen Partie rekonstruiert, um herauszufinden, »ob und wo und wie die Partie wohl anders zu führen gewesen wäre«. Für sein Stück bedient sich der Autor der Figur des Registrators, dem die Aufgabe zufällt, aus dem Dossier Notizen zu entscheidenden Vorgängen aus Kürmanns Leben vorzulesen, Varianten dazu szenisch umsetzen zu lassen und dann zu »registrieren«, ob der ursprünglichen oder der neu erspielten Fassung der Vorzug gegeben werden soll. In den Anmerkungen warnt Frisch davor, diesen Registrator metaphysisch zu überhöhen, ihm überirdische Fähigkeiten zuzutrauen. Der Registrator ist im Grunde so etwas wie ein zweites, um Objektivität bemühtes Ich des Protagonisten. Er diskutiert mit Kürmann, macht ihn auf Fehler, auf mögliche Konsequenzen seines Handelns aufmerksam, gibt ihm Ratschläge, ist um sein Wohl besorgt, beugt sich seinen Wünschen. »Ich spreche nur aus, was Sie selber wissen«, erklärt er Kürmann einmal, als sich dieser über den Vorwurf ärgert, er trinke zuviel.

Als dritte Hauptfigur tritt Antoinette Stein auf, Kürmanns zweite Frau; die gescheiterte Ehe ist für ihn der entscheidende Anstoß, eine Änderung seiner Biografie zu betreiben, weil er diese Beziehung rückschauend als den folgenschwersten Fehler seines Lebens betrachtet.

Daß unser Held unheilbar an Krebs erkrankt ist und weiß, daß er nicht mehr lange zu leben hat, schält sich erst im Fortgang des Dramas heraus und kann als der eigentliche Hintergrund der Beschäftigung Kürmanns mit seiner Biografie gesehen werden.

Am Anfang des Stücks wendet sich der Registrator an die auf der Bühne anwesende junge Dame, die alsbald den Part der Antoinette zu übernehmen haben wird, dabei aber immer wieder durchblicken läßt, daß sie nicht Antoinette ist, sondern nur deren Rolle spielt: »Also: er hat gesagt: Wenn er noch einmal anfangen könnte, dann wüßte er genau, was er anders machen würde in seinem Leben ... Sie haben nichts dagegen, daß wir ihn noch einmal wählen lassen?« Da die Dame zustimmend nickt, zitiert der Registrator aus dem Dossier den Eintrag zum 26. Mai 1960: »Ich hatte Gäste. Es wurde spät. Als die Gäste endlich gegangen waren, saß sie einfach da. Was macht man mit einer Unbekannten, die nicht geht, die einfach sitzen bleibt und schweigt um zwei Uhr nachts.« Es ist die erste Begegnung Kürmanns mit seiner späteren Frau auf der Surprise-Party anläßlich seiner Ernennung zum Professor. Kürmann möchte den Verlauf und das Ergebnis dieses Zusammentreffens revidiert haben und sucht im Spiel nach einer Alternative.

Der Beginn der Spielszene wird durch einen Wechsel in der Beleuchtung signalisiert, in der zwischen Arbeitslicht und Spiellicht unterschieden ist. Frisch erläutert in den Anmerkungen: »Das Spiellicht zeigt an, daß jetzt eine Variante probiert wird, eine Variante zur Realität ...«

Kürmann versucht den stockend in Gang kommenden Dialog mit der ihm noch unbekannten Dame so zu lenken, daß sie nicht bis zum Morgen bleibt, sondern sich nach kurzem Small talk hinauskomplimentieren läßt. Es gelingt ihm jedoch nicht, seinen unfreundlichen, teilweise sogar verletzenden Ton durchzuhalten. Auch seine Ablenkungsmanöver – so versucht er etwa seinem Gast fast gewaltsam das Schachspielen beizubringen – schlagen fehl. Schließlich endet nicht nur der erste Spielversuch genauso wie die tatsächliche Begegnung damals, auch mit einem zweiten, einem dritten stellt sich kein Erfolg ein. Der Registrator weist ihn auf seinen grundlegenden Fehler hin: »Kaum sehen Sie eine junge Frau in diesem Zimmer, eine Unbekannte, denken Sie an eine Geschichte, die Sie schon erfahren haben ... Sie verhalten sich nicht zur Gegenwart, sondern zu einer Erinnerung ... Sie meinen die Zukunft schon zu kennen durch Ihre Erfahrung. Darum wird es jedesmal dieselbe Geschichte.« Damit ist das grundlegende Dilemma angesprochen, in dem Kürmann steckt: Seine Entscheidung ist nicht völlig frei, seine Zukunft nicht offen, da er die weitere Entwicklung seiner Lebensgeschichte kennt. Einmal wäre es fast zu einer Biografie ohne Antoinette gekommen, als ein Zufall doch wieder alles zunichte macht: Antoinette hat, nachdem keine Zigaretten mehr da sind, Kürmanns Pfeife geraucht, es ist ihr übel geworden, sie muß sich hinlegen. Alles ist wieder, wie es war. Nach diesem Fehlschlag äußert Kürmann den Wunsch, mit der Änderung seiner Biografie früher einzusetzen:

REGISTRATOR: Wo möchten Sie noch einmal anfangen?
KÜRMANN: Früher.
REGISTRATOR: Wann früher?
KÜRMANN: Vor dieser Nacht. Bevor ich Professor werde, bevor diese Gesellschaft kommt, um mich zu feiern. Bevor ich Antoinette zum ersten Mal sehe.
REGISTRATOR: Bitte.
Antoinette nimmt ihre Abendkleidjacke.
ANTOINETTE: Mach's gut.
Antoinette geht weg.
KÜRMANN: Eine idiotische Geschichte.
REGISTRATOR: Wählen Sie eine andere.
KÜRMANN: Eine überflüssige Geschichte.
REGISTRATOR: Sie haben die Genehmigung, Herr Professor Kürmann, noch einmal anzufangen, wo Ihnen beliebt, noch einmal zu wählen –
Kürmann nimmt eine Whisky-Flasche.

REGISTRATOR: Hören Sie?

Kürmann gießt Whisky ein.

REGISTRATOR: Sie trinken zuviel.

KÜRMANN: Was geht Sie das an?

REGISTRATOR: Ich spreche nur aus, was Sie selber wissen.

Kürmann steht und trinkt.

KÜRMANN: Was gehe ich Sie an?

REGISTRATOR: *Indem er blättert:* – das hier ist Ihr Leben, das Sie bisher gelebt haben. Bis Mitte vierzig. Ein Leben, das sich sehen lassen darf. Ich gebe zu: etwas durchschnittlich. Als Wissenschaftler, scheint es, sind Sie beachtlich. Der Kürmannsche Reflex: ein Begriff, der, wie es heißt, aus der Verhaltensforschung nicht mehr wegzudenken ist. Eigentlich fehlt in Ihrer Biografie nur noch der Ruf nach Princeton.

Kürmann blickt in sein Glas.

KÜRMANN: Biografie! Ich weigere mich zu glauben, daß unsere Biografie, meine oder irgendeine, nicht anders aussehen könnte. Vollkommen anders. Ich brauche mich nur ein einziges Mal anders zu verhalten –

REGISTRATOR: Bitte.

KÜRMANN: – ganz zu schweigen vom Zufall!

Pause.

KÜRMANN: Ich kann diese Wohnung nicht mehr sehen.

REGISTRATOR: Wie Sie wünschen.

Die Möbel verschwinden, die Bücherwand ebenso, die Bühne ist leer. Kürmann steht, ohne der Verwandlung zuzuschauen, mit dem Glas in der Hand.

REGISTRATOR: Bitte.

Da Kürmann überzeugt bleibt, daß seine Biografie auch anders aussehen könnte, sich aber unschlüssig ist, zu welchem Zeitpunkt er nochmals anfangen soll, werden kaleidoskopartig Szenen aus seinem tatsächlichen Leben, beginnend mit seiner Schulzeit bis hin zur Überreichung der Ernennungsurkunde durch den Rektor der Universität, angespielt, gehen nahtlos ineinander über, die beteiligten Personen halten sich manchmal gleichzeitig auf der Bühne auf, Requisiten werden einfach weitergereicht. Es handelt sich fast ausnahmslos um Szenen, in denen Kürmanns Verhalten dem objektiven Betrachter Anlaß zur Kritik bietet. So hat er einem Schulkameraden mit einem Schneeball ein Auge ausgeworfen; er ist zunächst in Amerika geblieben, als seine Mutter im Sterben lag, nur um seine Freundin, die Mulattin Helen, nicht zu verlieren; er hat eine Apothekerstochter geheiratet, obwohl er schon am Tag der Trauung wußte, daß diese Ehe ein Irrtum war, und hat diese seine erste Frau in den Selbstmord getrieben. Nach langem Hin und Her ist Kürmann entschlossen, 1939 nach dem Tod seiner Mutter gemeinsam mit Helen in Amerika nochmals anzufangen, wird aber umgehend daran erinnert, daß es ihm dann nicht möglich gewesen wäre, eine jüdische Familie vor dem Zugriff der Nazis zu retten, und verzichtet resignierend auf eine Korrektur. Er spielt schließlich noch einmal die Unterredung mit seinem später wegen Zugehörigkeit zur Kommunistischen Partei seiner Professur enthobenen Kollegen Krolevsky durch, in deren Verlauf er jetzt zu dem Entschluß kommt, selber Parteimitglied zu werden. Trotzdem bringt er es zum Professor, feiert mit seinen Gästen die ominöse Party und sieht sich um zwei Uhr nachts doch wieder mit Antoinette konfrontiert. Alles war also vergebens, Kürmann ist mit seinem Vorhaben gescheitert, sich eine neue Biografie zu erspielen. Nur eine Änderung hat sich ergeben: er ist jetzt Mitglied der Kommunistischen Partei.

War also die Begegnung mit Antoinette nicht zu verhindern, so versucht es Kürmann im zweiten Teil des Dramas mit der Fortsetzung der Affäre am nächsten Morgen; programmatisch verkündet er: »Es wird unser erstes und unser letztes Frühstück sein.« Aber auch diesmal kommt es anders als gedacht: Antoinette, der keinesfalls an einer festen Beziehung zu einem Mann gelegen scheint, fasziniert Kürmann durch ihre hochfliegenden Zukunftspläne plötzlich so sehr, daß er beschließt, diese »ungewöhnliche«, »großartige«, »einmalige« Frau nicht weggehen zu lassen, sondern mit ihr etwas zu unternehmen. Obwohl er damit eine für seine weitere Karriere wichtige Sitzung versäumen wird, bleibt er bei der ersten Fassung der Frühstücksszene: Die stürmische Liebesbeziehung (»Glück, Griechenlandreise, Glück, Schwangerschaftsunterbrechung, Glück...«) führt wieder konsequent in die Ehe. Auf eine spielerische Vergegenwärtigung der glücklichen Zeit verzichtet Kürmann.

KÜRMANN: Müssen wir jetzt alles wiederholen? – auch was man nicht zu ändern wünscht: Hotel Port Royal – auch das Glück und alles... Das geht doch nicht.

ANTOINETTE: Nein.

KÜRMANN: – die Freude, die Erwartung: wie sie dasteht an der Gare de l'Est – und überhaupt: unsere Gespräche, unsere glücklichen Gespräche... Wie soll man das wiederholen, wenn die Geheimnisse verbraucht sind? – wenn das Ungewisse verbraucht ist, der Sog der Erwartung von Augenblick zu Augenblick... Wie stellen Sie sich das vor: dieser Morgen in Saloniki, und wie wir auf diesem kleinen Schiff stehen mit den stinkenden Schafen – meine Scherze, ihre Scherze: wer soll da noch einmal lachen?

ANTOINETTE: Können wir das nicht überspringen?

KÜRMANN: Können wir das nicht überspringen?

REGISTRATOR: Ausgerechnet die Freude?

KÜRMANN: Ja.

ANTOINETTE: Ja.

KÜRMANN: Wiederholen Sie einmal eine Freude, wenn Sie schon wissen, was darauf folgt!

Neon-Licht.

REGISTRATOR: Also was möchten Sie ändern? *Er blättert im Dossier hin und her:* – die Schwangerschaftsunterbrechung?

Kürmann und Antoinette blicken einander an, einen Augenblick lang zögern sie, dann schütteln beide den Kopf.

REGISTRATOR: Was denn?

Der Registrator blättert weiter.

KÜRMANN: Ich weiß, was ich ändern möchte.

REGISTRATOR: Nämlich?

KÜRMANN: 2. Juni 1963.

ANTOINETTE: Was war da?

REGISTRATOR: 1963, Juni –

KÜRMANN: Vormittag.

Der Registrator sucht im Dossier und findet:

REGISTRATOR: – die Szene mit der Ohrfeige?

Kürmann nickt.

Kürmann glaubt, bei der Suche nach Änderungen seiner Biografie endlich fündig geworden zu sein: Antoinette hat nach zweijähriger Ehe eine Nacht nicht zu Hause verbracht, es kommt am nächsten Morgen zu einem erregten Wortwechsel, in dessen Verlauf Kürmann seine Frau ohrfeigt, weil sie ihn wegen seiner Vorhaltungen als Spießbürger beschimpft. Im Spiel der revidierten Fassung dieser Szene demonstriert er dann auch vorbildliche Beherrschung, muß aber feststellen, daß sich damit im Grunde nichts geändert hat, der Tatbestand ist derselbe geblieben: Antoinette hat mit dem Architekten Stahel eine Beziehung angefangen. Kürmann will die Scheidung, aber die Diskussion darüber zieht sich hin, bis die Frau einen Schlußpunkt setzt: »Entweder gehen wir zu einem Anwalt und lassen uns endlich scheiden, Hannes, oder wir sprechen nicht mehr davon. Es gibt nichts, was wir einander nicht schon gesagt haben.« Just an dieser Stelle habe Kürmann den folgenreichen Satz gesprochen, er wisse genau, was er anders machen würde, wenn er noch einmal anfangen könnte, erinnert sich der Registrator.

REGISTRATOR: Hier, Herr Kürmann, haben Sie gesagt: wenn Sie noch einmal anfangen könnten, so wüßten Sie genau, was Sie anders machen würden.

Kürmann steht reglos.

REGISTRATOR: Möchten Sie noch einmal anfangen?

Kürmann steht reglos.

REGISTRATOR: – Sie lieben sie.

Kürmann nimmt einen Revolver hinter Büchern hervor, dabei stellt er sich so, daß der Registrator es nicht sehen soll; er entsichert den Revolver so leise wie möglich.

REGISTRATOR: So weit waren Sie schon einmal: Sie wollten sich erschießen, weil Sie meinten, daß Sie ohne sie nicht leben können – dann fanden Sie sich selber kitschig.

Er sieht im Dossier nach: »September 1966.«

Man hört wieder das Harmonium nebenan, dieselben Takte, die abbrechen, Wiederholung, während der Registrator sich eine Zigarette anzündet; dann Stille.

REGISTRATOR: Auch wir, offen gestanden, haben natürlich etwas anderes erwartet von einem Mann, der die Möglichkeit hat, noch einmal anzufangen: etwas Kühneres –

KÜRMANN: Ja.

REGISTRATOR: – nichts Großartiges vielleicht, aber etwas anderes, was Sie nicht schon einmal gelebt haben. Zumindest etwas anderes. *Er raucht.* Warum, zum Beispiel, sind Sie nicht ausgewandert?

Lichtbild: Kürmann im Tropenhelm.

REGISTRATOR: Kürmann auf den Philippinen, Verhaltensforschung an Vögeln, die es in unseren Breitengraden nicht gibt. Ein Forscherleben: hart, aber sinnvoll ...

KÜRMANN: Ja.

REGISTRATOR: Fragen sie diesen Kürmann, was er von Hornacher denkt, er wird sich nicht sofort erinnern, dann lachen. Oder fragen Sie ihn nach einem gewissen Egon.

Lichtbild: Kürmann mit Damen.

REGISTRATOR: Oder Kürmann als Lebemann.

KÜRMANN: Lassen Sie das.

REGISTRATOR: Ich weiß nicht, ob Sie sich so etwas gedacht haben, als Sie sagten: Wenn Sie noch einmal anfangen könnten und so weiter.

KÜRMANN: Wofür halten Sie mich?

REGISTRATOR: Wenigstens wäre es anders gewesen ...

Lichtbild: Kürmann im Talar.

REGISTRATOR: Wenn Sie schon nicht ausgewandert sind, ubi bene ibi patria; Sie hätten bloß Geduld haben müssen und etwas Taktik, etwas Schlauheit, die verschweigt, was Anstoß erregt: Kürmann als Magnifizenz. Jetzt würden Sie bestimmen, wo Hornacher bestimmt. Das würde die Welt nicht verändern, aber ein wenig die Universität, eine von vielen.

Lichtbild: Kürmann in einem Handgemenge.

REGISTRATOR: Warum sind Sie nicht auf die Straße gegangen?

Lichtbild: Kürmann mit Katrin und Kindern.

REGISTRATOR: Da Sie noch einmal haben wählen können: warum haben Sie nicht versucht – zum Beispiel – den Selbstmord von Katrin zu verhindern? Vielleicht hätte es genügt, daß sie einen Garten voller Kinder hat, Kinder, die Federball spielen.

KÜRMANN: Schweigen Sie.

REGISTRATOR: Kürmann als Papi am Sonntag.

Man hört wieder das Harmonium nebenan, dieselben Takte, Wiederholung, während die Lichtbilder verschwinden; Stille.

REGISTRATOR: – stattdessen: Dieselbe Wohnung. Dieselbe Geschichte mit Antoinette. Nur ohne Ohrfeige. Das haben Sie geändert. Ferner sind Sie in die Partei eingetreten, ohne deswegen ein anderer zu werden. Was sonst? Und Sie halten einigermaßen Diät. Das ist alles, was Sie geändert haben, und dazu diese ganze Veranstaltung!

Kürmanns gereizte Stimmung entlädt sich in einer Verzweiflungstat: er schießt Antoinette nieder, wird verhaftet und zu lebenslangem Zuchthaus verurteilt. An dieser Stelle kann sich der Registrator die Frage nicht verkneifen, ob Kürmann angesichts der mindestens zwölf Jahre, die er im Zuchthaus bleiben müsse, an einen Sinn dessen glaube, was bisher in seinem Leben geschehen sei: »Und dieser Sinn würde darin bestehen, daß ich glaube: so und nicht anders hat es kommen müssen. Was man niemals beweisen kann, aber glauben. So und nicht anders. Schicksal. Vorsehung.« Kürmann drückt sich um eine Antwort und begnügt sich mit der Feststellung: »... ob ich glaube oder nicht... was ändert das für sie?... Was hat die Tote davon, daß ich, ihr Mörder, meine Zelle tapeziere mit Schicksal?« Der Registrator löst auf dieses verzweifelte Schuldbekenntnis hin die letzten Seiten aus dem Dossier und wirft sie in den Papierkorb; die Erprobung eines alternativen Schlusses kann beginnen: Auf der Bühne verlustiert sich »eine kleine Gesellschaft in aufgelöstem Zustand gegen Morgen«, in ihrer Mitte die in der Spielszene wieder zum Leben erweckte Antoinette und ihr Geliebter. Kürmann, anfangs noch in Sträflingskleidung, stößt dazu, möchte dann aber auf einmal vom Registrator wissen, was in einem Jahr sein werde. Sogleich wandelt sich die Bühne in ein Krankenzimmer und zeigt Kürmann als Patienten nach einer Operation, von deren Folgen er noch schwer gezeichnet ist. Nach den Worten des Oberarztes handelt es sich um eine Gastritis, doch deutet die Erwähnung einer notwendigen Nuklear-Bestrahlung auf Magenkrebs im Endstadium. Kürmann durchschaut das Versteckspiel des Mediziners, äußert ihm gegenüber, Angst zu haben »vor diesem langsamen Verrecken«, fragt den Registrator, was er in dieser Situation noch wählen könne, und bekommt zur Antwort: »Wie Sie sich dazu verhalten, daß Sie verloren sind.«

Kürmanns Schicksal ist besiegelt. Da wendet sich in scheinbar spontaner Eingebung der Registrator an Antoinette und interessiert sich dafür, ob sie ihrerseits die sieben Jahre mit ihrem Mann bereue; da er keine Antwort bekommt, wird auch ihr die Chance eröffnet, etwas anders zu machen in ihrem Leben. Ein letztes Mal wird der Zuschauer mit der Anfangsszene des Stücks konfrontiert, die jetzt allerdings eine unerwartete Wendung nimmt:

ANTOINETTE: Ich werde jetzt gehen.
KÜRMANN: Haben Sie einen Wagen?
ANTOINETTE: Ja.
Antoinette steht auf und nimmt ihre Abendkleidjacke.
ANTOINETTE: Warum sehen Sie mich so an? *Sie zieht ihre Abendkleidjacke an.* Warum sehen Sie mich so an?
Antoinette nimmt ihre Handtasche, Kürmann steht und blickt sie an, als glaube er ihr nicht, daß sie gehen will.

ANTOINETTE: Auch ich habe morgen zu arbeiten.

Kürmann begleitet sie zum Lift hinaus, das Zimmer bleibt eine Weile leer, dann kommt Kürmann zurück.

KÜRMANN: Und jetzt?

REGISTRATOR: Jetzt ist sie weg.

KÜRMANN: Und jetzt?

REGISTRATOR: Jetzt sind Sie frei.

KÜRMANN: – frei ...

Der Registrator schlägt das Dossier auf.

REGISTRATOR: »26. Mai 1960. Gäste. Es wurde spät. Als die Gäste endlich gegangen waren, saß sie einfach da. Was tut man mit einer Unbekannten, die nicht geht, die einfach sitzen bleibt und schweigt um zwei Uhr nachts? Es mußte nicht sein.« *Er blättert eine Seite um:* – morgen um elf haben Sie eine Sitzung ... *Er legt das Dossier offen auf den Schreibtisch und tritt zurück.* Bitte. *Kürmann steht reglos.*

REGISTRATOR: Sie sind frei – noch sieben Jahre ...

Vorhang.

Das Spiel ist aus, obwohl es jetzt erst so richtig beginnen könnte. Kürmann steht betroffen, er braucht Zeit zu begreifen, daß Antoinette aus ihrer Statistenrolle herausgetreten ist und Kürmanns Spiel mit Varianten beendet hat.

Mit seinem Stück ›Biografie. Ein Spiel‹ vollzieht Max Frisch den Schritt weg von der Parabel und auch weg von der klassischen Dramaturgie der Fügung, in der das Dargestellte nicht zuletzt schon im Gefolge der strengen dramaturgischen Baugesetze als kausal zwingend einen Sinn zugewiesen bekommt, hin zu einer »Dramaturgie des Unglaubens«, zu einer »Dramatik der Permutation«, in der die Bedeutung des Zufalls im menschlichen Leben betont, eine sinnvolle Kausalität dieses Lebens aber geleugnet wird; Ausgangspunkt ist die Hypothese, daß eine Biografie auch ganz anders verlaufen könnte. Es macht ja gerade die Würde des Menschen aus, daß er zwischen verschiedenen Möglichkeiten wählen kann, wie schon in Frischs Tagebuch nachzulesen ist: »Die Würde des Menschen, scheint mir, besteht in der Wahl. Das ist es, was den Menschen auch vom Tier unterscheidet; das Tier ist stets nur ein Ergebnis ... Erst aus der möglichen Wahl gibt sich die Verantwortung; die Schuld oder die Freiheit.«

Kürmann, dessen Name von küren, einem Synonym von wählen, abgeleitet ist, möchte diese Wahlmöglichkeit nutzen, um seiner Biografie doch noch einen erkennbaren Sinn zu geben. Das wäre seiner Einschätzung nach nur erreichbar, wenn es ihm gelänge, Antoinette aus seinem Leben zu verbannen.

Er muß jedoch erfahren, die die geprobten Alternativen zu seiner Biografie zu keinem wesentlich neuen Ergebnis führen. Der Registrator nennt die Ursache: »Sie verhalten sich nicht zur Gegenwart, sondern zu einer Erinnerung.« Wenn er eine Alternative durchspielt, tut er das in Kenntnis dessen, was sein wird, ein völliger Neuanfang mit noch offener Zukunft ist ihm nicht möglich. Letztlich bleibt Kürmann nur die Wahl, wie er sich dazu verhält, daß er verloren ist.

So endet Frischs Spielexperiment in einer Paradoxie, wie er selbst in einem Gespräch eingesteht: »... durch dieses stete Anspielen von Varianten ... erscheint die Sukzessivität dessen, was schließlich stattfindet, noch zwingender – ich war bei der Arbeit konsterniert: Das wird ja genau, was ich nicht wahrhaben will, ein Schicksalslauf.«

Die Thematik des Dramas ›Biografie. Ein Spiel‹ erinnert an die von Frischs Roman ›Mein Name sei Gantenbein‹, in dem sich ein Ich-Erzähler angesichts seiner gescheiterten Ehe die Frage stellt, was da eigentlich geschehen sei, und sich Geschichten ausdenkt, mit denen sich diese Frage beantworten lassen könnte. Im Vergleich der beiden Werke räumt Frisch selbst ein, daß ihm das Drama weniger geglückt scheine als der Roman: Der Zuschauer sehe alles, was auf der Bühne gespielt werde, als tatsächlich geschehen an, auch wenn es ausdrücklich als eine bloß gedachte Variante hingestellt werde. In einer Erzählung dagegen sei der fiktive Charakter eines Geschehens leichter zu sichern.

Damit hat Frisch wohl einen wesentlichen Grund dafür genannt, daß dem Theaterstück ein ganz erheblich bescheidenerer Erfolg vergönnt war als seinem Modellstück ›Andorra‹.

Die Dramentheorie Friedrich Dürrenmatts

Friedrich Dürrenmatt hat in seiner 1955 erschienenen Schrift ›Theaterprobleme‹, die in ihrer Bedeutung oft Brechts ›Kleinem Organon für das Theater‹ an die Seite gestellt wird, anders als Frisch eine eigene Dramentheorie entwickelt; sie geht davon aus, daß im Drama den seit der Zeit der deutschen Klassik drastisch veränderten historischen Gegebenheiten Rechnung zu tragen sei:

> Läßt sich die heutige Welt etwa, um konkret zu fragen, mit der Dramatik Schillers gestalten, wie einige Schriftsteller behaupten, da ja Schiller das Publikum immer noch packe?
>
> Schiller schrieb so, wie er schrieb, weil die Welt, in der er lebte, sich noch in der Welt, die er schrieb, die er sich als Historiker erschuf, spiegeln konnte. Gerade noch. War doch Napoleon vielleicht der letzte Held im alten Sinne. Die heutige Welt, wie sie uns erscheint, läßt sich dagegen schwerlich in der Form des geschichtlichen Dramas Schillers bewältigen, allein aus dem Grunde, weil wir keine tragischen Helden, sondern nur Tragödien vorfinden, die von Weltmetzgern inszeniert und von Hackmaschinen ausgeführt werden. Aus Hitler und Stalin lassen sich keine Wallensteine mehr machen. Ihre Macht ist so riesenhaft, daß sie selbst nur noch zufällige, äußere Ausdrucksformen dieser

Macht sind, beliebig zu ersetzen, und das Unglück, das man besonders mit dem ersten und ziemlich mit dem zweiten verbindet, ist zu weitverzweigt, zu verworren, zu grausam, zu mechanisch geworden und oft einfach auch allzu sinnlos. Die Macht Wallensteins ist eine noch sichtbare Macht, die heutige Macht ist nur zum kleinsten Teil sichtbar, wie bei einem Eisberg ist der größte Teil im Gesichtslosen, Abstrakten versunken. Das Drama Schillers setzt eine sichtbare Welt voraus, die echte Staatsaktion, wie ja auch die griechische Tragödie. Sichtbar in der Kunst ist das Überschaubare. Der heutige Staat ist jedoch unüberschaubar, anonym, bürokratisch geworden, und dies nicht etwa nur in Moskau oder Washington, sondern auch schon in Bern, und die heutigen Staatsaktionen sind nachträgliche Satyrspiele, die den im Verschwiegenen vollzogenen Tragödien folgen. Die echten Repräsentanten fehlen, und die tragischen Helden sind ohne Namen. Mit einem kleinen Schieber, mit einem Kanzlisten, mit einem Polizisten läßt sich die heutige Welt besser wiedergeben als mit einem Bundesrat, als mit einem Bundeskanzler. Die Kunst dringt nur noch bis zu den Opfern vor, dringt sie überhaupt zu Menschen, die Mächtigen erreicht sie nicht mehr. Kreons Sekretäre erledigen den Fall Antigone.

Dürrenmatt begründet hier die Unmöglichkeit, in der Mitte des 20. Jahrhunderts noch Tragödien im klassischen oder gar klassisch-griechischen Stil zu gestalten. Das Weltgeschehen wird nicht mehr von Personen bestimmt, die in Wahrnehmung ihrer persönlichen Verantwortung und unter Kalkulation der möglichen Folgen ihre Entscheidungen treffen und damit das Risiko einer tragischen Verstrikkung in Kauf nehmen; heute stehen vielmehr anonyme Machtapparate an der Spitze, deren Exponenten, wie Hitler oder Stalin, auswechselbar sind und die sich jeglicher Kontrolle und jedem Rechtfertigungszwang entziehen. Kreon als der Herrscher von Theben hatte sich noch persönlich mit Antigone darüber auseinandergesetzt, ob es rechtens sei, die Leiche des Polyneikes, Antigones Bruder, im Interesse der Staatsraison unbegraben den wilden Tieren zum Fraß zu überlassen, oder heilige Pflicht der Schwester, ihren Bruder wenigstens symbolisch zu bestatten. Ein Kreon des 20. Jahrhunderts würde sich, so sieht es Dürrenmatt, des Falls Antigone nicht mehr persönlich annehmen, er hätte genügend willfährige Helfershelfer, die das Problem ohne Aufhebens aus der Welt schaffen würden. Da sich Verantwortung mühelos abwälzen läßt und bei Millionen von Opfern persönliche Schuldanteile kaum zu ermitteln sind, hat sich (tragische) Schuld zu einem sehr relativen Begriff verdünnt.

Die Tragödie setzt Schuld, Not, Maß, Übersicht, Verantwortung voraus. In der Wurstelei unseres Jahrhunderts, in diesem Kehraus der weißen Rasse, gibt es keine Schuldigen und auch keine Verantwortlichen mehr. Alle können nichts dafür und haben es nicht gewollt...

Wir sind zu kollektiv schuldig, zu kollektiv gebettet in die Sünden unserer Väter und Vorväter. Wir sind nur noch Kindeskinder. Das ist unser Pech, nicht unsere Schuld: Schuld gibt es nur noch als persönliche Leistung, als religiöse Tat. Uns kommt nur noch die Komödie bei. Unsere Welt hat ebenso zur Groteske geführt wie zur Atombombe, wie ja die apokalyptischen Bilder des Hieronymus Bosch auch grotesk sind. Doch das Groteske ist nur ein sinnlicher Ausdruck, ein sinnliches Paradox, die Gestalt nämlich einer Ungestalt, das Gesicht einer gesichtslosen Welt, und genau so wie unser Denken ohne den Begriff des Paradoxen nicht mehr auszukommen scheint, so auch die Kunst, unsere Welt, die nur noch ist, weil die Atombombe existiert: aus Furcht vor ihr.

»Uns kommt nur noch die Komödie bei« – das ist die entscheidende Aussage dieser Passage und wohl auch die bekannteste These des gesamten Aufsatzes. Trotz aller sich vor unseren Augen abspielenden Tragödien ist es nicht die Tragödie, sondern die Komödie, und zwar in ihrer Spielform als Groteske, die als einzige geeignet erscheint, die Welt der Gegenwart auf der Bühne darzustellen. Eine Groteske entbehrt der unbeschwerten Heiterkeit einer Komödie im landläufigen Sinn; in ihr verbinden sich, vergleichbar dem schwarzen Humor, gegensätzliche Elemente, das Lustige mit dem Grausigen, das Lächerliche mit dem Entsetzlichen, und die Folge ist, daß dem Betrachter das Lachen auf den Lippen erstirbt.

Diese pessimistische Sicht entspricht Dürrenmatts persönlichem Weltbild: Nach der damals aktuellen Totalitarismustheorie, der der Autor anhing, ist der Mensch des 20. Jahrhunderts übermächtigen totalitären Systemen ausgeliefert, die seine Individualität bedrohen, ihn total überwachen, einer undurchschaubaren Bürokratie unterstellen und ihn nach Belieben mit Terror einschüchtern. Solche Tendenzen wurden nicht nur den totalitären politischen Systemen, wie dem Kommunismus, dem Nationalsozialismus oder dem italienischen Faschismus zugeordnet, sondern man meinte, daß eine ähnliche Wirkung auch von der als anonym, nivellierend und entmündigend empfundenen modernen Technologie ausgehe. In seinem Aufsatz schließt Dürrenmatt das Tragische nicht ganz aus; er räumt ein, daß es aus der Komödie heraus erzielt werden könne. Es gibt den Menschen, »der die verlorene Weltordnung in der Brust wiederherstellt, ansonsten aber die total werdende, ihn zum Teil, zum Glied der Masse degradierende Welt aushält, ihr als Mensch widersteht, indem er sich zu sich bekennt«, wie J. Knopf es formuliert. Solche tragischen Gestalten begegnen immer wieder in den Dramen des Autors. Am geläufigsten ist wohl Alfred Ill im ›Besuch der alten Dame‹, einem Stück, das bezeichnender Weise den Untertitel ›Eine tragische Komödie‹ trägt. Dabei darf freilich nicht übersehen werden, daß Ill durch den Gang der Ereignisse immer stärker in eine Zwangslage gedrängt wird, die eine wirklich eigene Entscheidung gar nicht mehr zuläßt.

In Dürrenmatts Dramentheorie finden sich noch weitere Gründe für die Bevorzugung der Komödie: so sei es in dieser Gattung am besten möglich, den spielerischen Charakter des Geschehens auf der Bühne zu betonen und dem Mißverständnis entgegenzuwirken, im Theater sei eine Abbildung der Realität bezweckt wie gewöhnlich im Film. Aufgabe der Bühne ist nach Dürrenmatt das Spiel mit Alternativen zur Wirklichkeit, die ohnehin nicht, wie Brecht glaubte, verändert werden könne, sondern einfach ertragen werden müsse. Die dramatische Kunst und die objektiven Ergebnisse einer wissenschaftlichen Gesellschaftsanalyse haben für Dürrenmatt nichts miteinander zu tun, während Brecht an eine notwendige Verbindung glaubte. Kunst ist nach Meinung des Schweizers nicht objektiv, sie trägt vielmehr in sich immer Spuren ihres Schöpfers und bewahrt so auch noch im Zeitalter der aus der Wissenschaft hervorgegangenen Technologie das Subjektive und Individuelle.

Der Weg des Dramatikers Friedrich Dürrenmatt, der aus seiner helvetischen, genauer bernerischen Herkunft nie ein Hehl machte, sondern offen bekannte, ein Dörfler mit langsamer Sprache zu sein und seine Muttersprache, das Berndeutsch, zu lieben, führte nach dem Wiedertäuferstück ›Es steht geschrieben‹ (1946) über die »ungeschichtliche historische Komödie« ›Romulus der Große‹ (1948) zur Komödie ›Die Ehe des Herrn Mississippi‹, mit der ihm 1952 der literarische Durchbruch gelang. Aber erst mit dem 1956 in Zürich uraufgeführten, allenthalben begeistert aufgenommenen Stück ›Der Besuch der alten Dame‹ begann sich Dürrenmatts Erfolg auszuzahlen, so daß er nicht mehr gezwungen war, durch das Schreiben von Kriminalromanen Geld zu verdienen.

Der Besuch der alten Dame

Die Handlung des Stücks spielt in der – laut Nachwort – »irgendwo in Mitteleuropa« gelegenen, zwar erfundenen, aber doch unübersehbar von Schweizer Lokalkolorit geprägten Kleinstadt Güllen, ein Name, der aufdringlich das Wort Gülle, ein Synonym von Jauche, in den Sinn ruft. Die alte Dame Claire Zachanassian, als »reichste Frau der Welt« apostrophiert, kehrt nach 45 Jahren in ihren seit einiger Zeit von einem rätselhaften wirtschaftlichen Niedergang heimgesuchten und völlig heruntergekommenen Heimatort zurück.

Schon ihr Auftritt ist bezeichnend. Während sich zu Beginn des Spiels die Honoratioren von Güllen am Bahnhof über die bevorstehende Begrüßungszeremonie zu verständigen suchen und dabei einen tiefen Einblick in den desolaten Zustand der Stadt gewähren, kündigt das Kreischen der Bremsen eines Fernzugs Ungewöhnliches an: Die alte Dame, nicht gewillt, durch Umsteigen in einen Personenzug mit Halt in Güllen Zeit zu verschwenden, erscheint unversehens auf der

Bildfläche und beendet das Gezeter des Zugführers, der sie auf die strafwürdige Ungesetzlichkeit ihres Tuns hinweist, mit ein paar Tausendern. In der Regieanweisung zu ihrem ersten Auftritt heißt es:

Von rechts kommt Claire Zachanassian, dreiundsechzig, rothaarig, Perlenhalsband, riesige goldene Armringe, aufgedonnert, unmöglich, aber gerade darum wieder eine Dame von Welt, mit einer seltsamen Grazie, trotz allem Grotesken.

Damit ist der widersprüchliche Eindruck auf den Betrachter mit einer über die gewöhnliche Funktion einer Regieanweisung hinausgehenden Deutlichkeit festgehalten. Mit dem Maß des Normalen, Üblichen ist sie nicht zu messen, sie fällt aus jedem Rahmen, ist »unmöglich«, erregt damit aber keinesfalls das zu erwartende zumindest verhaltene Lachen, weil sie sich zugleich als Dame von Welt präsentiert. Ebenso grotesk wie sie selbst erscheint ihr Gefolge: der achtzigjährige Butler Boby, ihr Gatte Nummer VII, der während des Güllenaufenthalts von den Nummern VIII und IX abgelöst werden wird, die beiden monströsen, grimmigen, aber sehr gefühlvoll Gitarre spielenden Leibwächter und Sänftenträger Roby und Toby, und schließlich die zwei Kastraten Koby und Loby.

Nach der improvisierten, im Lärm des abfahrenden Fernzugs untergehenden Begrüßung durch den Bürgermeister wendet sich die alte Dame ihrem ehemaligen Geliebten Alfred Ill zu, der sie damals mit einem Kind hatte sitzen lassen und ihr nun »etwas verlegen entgegengetreten ist«.

ILL: Klara.
CLAIRE ZACHANASSIAN: Alfred.
ILL: Schön, daß du gekommen bist.
CLAIRE ZACHANASSIAN: Das habe ich mir immer vorgenommen. Mein Leben lang, seit ich Güllen verlassen habe.
ILL *unsicher:* Das ist lieb von dir.
CLAIRE ZACHANASSIAN: Auch du hast an mich gedacht?
ILL: Natürlich. Immer. Das weißt du doch, Klara.
CLAIRE ZACHANASSIAN: Es war wunderbar, all die Tage, da wir zusammen waren.
ILL *stolz:* Eben. *Zum Lehrer:* Sehen Sie, Herr Lehrer, *die* habe ich im Sack.
CLAIRE ZACHANASSIAN: Nenne mich, wie du mich immer genannt hast.
ILL: Mein Wildkätzchen.
CLAIRE ZACHANASSIAN *schnurrt wie eine alte Katze:* Wie noch?
ILL: Mein Zauberhexchen.
CLAIRE ZACHANASSIAN: Ich nannte dich ›mein schwarzer Panther‹.
ILL: Der bin ich noch.
CLAIRE ZACHANASSIAN: Unsinn. Du bist fett geworden. Und grau und versoffen.
ILL: Doch *du* bist die gleiche geblieben. Zauberhexchen.

CLAIRE ZACHANASSIAN: Ach was. Auch ich bin alt geworden und fett. Dazu ist mein linkes Bein dahin. Ein Autounfall. Ich fahre nur noch Schnellzüge. Doch die Prothese ist vortrefflich, findest du nicht. *Sie hebt ihren Rock in die Höhe und zeigt ihr linkes Bein.* Läßt sich gut bewegen.

ILL *wischt sich den Schweiß ab:* Wäre nie daraufgekommen, Wildkätzchen.

Auf dem Hintergrund der jetzt noch unbekannten Absicht, mit der die Zachanassian nach Güllen gekommen ist, erweisen sich Ills Worte: »Schön, daß du gekommen bist« und Claires Replik: »Das habe ich mir immer vorgenommen. Mein Leben lang, seit ich Güllen verlassen habe« als Äußerungen voller tragischer Ironie, die Ill sehr wohl zu spüren scheint, wenn seine Reaktion als »unsicher« charakterisiert wird oder er sich am Ende gar den Schweiß abwischen muß.

Daß das von Claire diktierte Schwelgen in scheinbar goldenen Jugenderinnerungen nur ein Spiel ist, wird spätestens deutlich, wenn sie die Vergangenheit brutal mit der desillusionierenden Gegenwart konfrontiert und so alle Nostalgie im Keim erstickt.

Während die alte Dame mit ihrem Jugendfreund die Stätten der Vergangenheit besucht, tauschen die Güllener im Wirtshaus ihre ersten Eindrücke aus. Sie sind überzeugt, daß Ill die Besucherin im »Sack« hat und sie um Millionen erleichtern wird. Dieser plumpen Zuversicht tritt lediglich der Lehrer entgegen:

DER LEHRER: Seit mehr denn zwei Jahrzehnten korrigiere ich die Latein- und Griechischübungen der Güllener Schüler, doch was Gruseln heißt, Herr Bürgermeister, weiß ich erst seit einer Stunde. Schauerlich, wie sie aus dem Zuge stieg, die alte Dame mit ihren schwarzen Gewändern. Kommt mir vor wie eine Parze, wie eine griechische Schicksalsgöttin. Sollte Klotho heißen, nicht Claire, der traut man es noch zu, daß sie Lebensfäden spinnt.

Die Parzen sind gottähnliche Wesen der griechischen Mythologie, die den Schicksalsfaden spinnen, abschneiden und jedem Menschen zuteilen, und deren Handeln sich einer Einflußnahme sogar der olympischen Götter entziehen soll. Wenn der Lehrer im weiteren kundtut, erschüttert zu sein und zum erstenmal in Güllen antike Größe zu verspüren, wird die alte Dame einer klassischen Heroine gleichgesetzt. Wie grotesk das ist, bedenkt man die tatsächliche Motivation ihres Handelns, liegt auf der Hand. Die Neigung der Güllener zu großen Worten und großen Vergleichen, zur rhetorischen Kaschierung der Wirklichkeit deutet sich hier bereits an.

In den nächsten beiden Szenen des 1. Akts erleben wir zwei verschiedene Facetten von Claires Charakter: Zunächst frischt sie im trauten Gespräch mit Ill ihre Erinnerungen wieder auf und erweckt den Eindruck, als habe sie sich ihre einstige Liebe bis heute bewahrt; auch Ill versichert, sie noch zu lieben, und küßt dabei ihre kühle, weiße Hand, um zu erfahren, daß auch sie eine Elfenbeinprothese ist. Auf seine Frage: »Klara, ist denn überhaupt alles Prothese an dir?« bekommt Ill ein bedeutungsschweres »Fast« zur Antwort, eine Auskunft, mit der die Zweifel daran, ob ihre Beziehung wirklich fortbestehen kann, sich verdichten – Zweifel, wie sie schon durch die verfremdende Gestaltung des Ambientes der Szene geweckt werden, in der Personen in lächerlich komödiantischer Unbeholfenheit die Bäume und Tiere im Konradsweilerwald mimen.

In schroffem Gegensatz zu dieser sonderbaren Liebeszene steht das, was sich anschließend in der Massenszene im »Goldenen Apostel« abspielt: Nachdem Claire durch irritierende Fragen bereits einige Verwirrung gestiftet hat – vom Arzt will sie wissen, ob er Totenscheine ausfertige, und von einem Turner, ob er schon mal jemand erwürgt habe –, folgt die an Verlogenheit kaum zu überbietende Rede des Bürgermeisters, in der sämtliche verfügbaren Informationen über die Jugendzeit der Besucherin in übertriebener Weise geschönt und von der Angesprochenen prompt korrigiert werden und in der die »*selbstlose* Freude« der Güllener über Claires Wiederkehr beschworen wird. Und sie enttäuscht die Erwartungen ihrer Zuhörer nicht und unterbreitet ihnen ihr Angebot. Die darauf folgende »*Toten*stille« wird erst nach Claires ergänzenden Worten: »Unter einer Bedingung« von unbeschreiblichem Jubel durchbrochen. Auf Rückfrage des Bürgermeisters fügt sie hinzu: »Ich gebe euch eine Milliarde und kaufe mir dafür die Gerechtigkeit«! Und wie um zu erläutern, daß man Gerechtigkeit kaufen kann, lüftet sie das Geheimnis der Personen ihres Gefolges: ihr Butler ist der Richter, der vor 45 Jahren über die Vaterschaftsklage der Klara Wäscher zu entscheiden hatte, die beiden Kastraten sind die zwei Güllener, die einst von Ill bestochen worden waren, vor Gericht zu bezeugen, ebenfalls mit Klara geschlafen zu haben; die alte Dame hat sie, obwohl sie nach Kanada bzw. nach Australien ausgewandert waren, ausfindig gemacht und sie blenden und kastrieren lassen. Damit ist der gigantische Racheplan der Titelheldin heraus, die nicht vergessen will und kann, daß dieses fast ein halbes Jahrhundert zurückliegende Fehlurteil sie zur heimatlosen Dirne gemacht hat. Fast ahnt man nun, was sie sich mit ihrer Milliarde kaufen will.

DER BUTLER: Und nun wollen Sie Gerechtigkeit, Claire Zachanassian?

CLAIRE ZACHANASSIAN: Ich kann sie mir leisten. Eine Milliarde für Güllen, wenn jemand Alfred Ill tötet.

Totenstille. Frau Ill stürzt auf Ill zu, umklammert ihn.

FRAU ILL: Fredi!

ILL: Zauberhexchen! Das kannst du doch nicht fordern! Das Leben ging doch längst weiter!

CLAIRE ZACHANASSIAN: Das Leben ging weiter, aber ich habe nichts vergessen, Ill. Weder den Konradsweilerwald noch die Petersche Scheune, weder die

Schlafkammer der Witwe Boll noch deinen Verrat. Nun sind wir alt geworden, beide, du verkommen und ich von den Messern der Chirurgen zerfleischt, und jetzt will ich, daß wir abrechnen, beide: Du hast dein Leben gewählt und mich in das meine gezwungen. Du wolltest, daß die Zeit aufgehoben würde, eben, im Wald unserer Jugend, voll von Vergänglichkeit. Nun habe ich sie aufgehoben, und nun will ich Gerechtigkeit, Gerechtigkeit für eine Milliarde.

Der Bürgermeister steht auf, bleich, würdig.

DER BÜRGERMEISTER: Frau Zachanassian: Noch sind wir in Europa, noch sind wir keine Heiden. Ich lehne im Namen der Stadt Güllen das Angebot ab. Im Namen der Menschlichkeit. Lieber bleiben wir arm denn blutbefleckt.

Riesiger Beifall.

CLAIRE ZACHANASSIAN: Ich warte.

Die Reaktion des Bürgermeisters scheint eindeutig, doch die auffällig gestelzte Rhetorik seiner Erwiderung läßt schon einen inneren Zwiespalt erahnen. Das hehre »Im Namen der Menschlichkeit« und die ungewöhnliche Vergleichspartikel »denn« statt der gebräuchlicheren »als« wirken aufgesetzt und unecht.

»Ich warte« – diese beiden letzten Worte des 1. Akts sind nicht nur programmatisch, vielmehr ist die Titelheldin den ganzen zweiten Akt hindurch auf der Bühne präsent: Vom Balkon ihres Hotelzimmers aus bekommt sie, scheinbar ganz mit ihren eigenen Angelegenheiten beschäftigt, genau mit, was sich in Güllen abspielt, und bestimmt das Geschehen, ohne persönlich einzugreifen. Zu ebener Erde residiert Ill in seinem Krämerladen und bedient seine Kundschaft, die wie wild auch bei ihm auf Pump einzukaufen beginnt. Ill bewahrt zwar noch seine Fassung, doch seine damalige Handlungsweise sieht er bereits in etwas anderem Licht:

ILL: Sie hat sich verrechnet. Ich bin ein alter Sünder, Hofbauer, wer ist dies nicht. Es war ein böser Jugendstreich, den ich ihr spielte, doch wie da alle den Antrag abgelehnt haben, die Güllener im Goldenen Apostel, einmütig, trotz dem Elend, war's die schönste Stunde in meinem Leben.

Seine Überzeugung, daß er sich auf seine Mitbürger verlassen kann, wird jedoch aufs heftigste erschüttert, als er bemerkt, daß alle Güllener plötzlich neue Schuhe tragen; in einer Panikreaktion bewirft er die Kundschaft mit Waren, weil er zu begreifen beginnt, daß alle bereits fest mit dem Geld der alten Dame und damit mit seiner Ermordung rechnen. Aber noch gibt er den Kampf nicht verloren, sondern versucht durch Unterredungen mit dem Polizisten, dem Bürgermeister und dem Pfarrer seine Haut zu retten. Entsetzt vernimmt er, was diese zu seinen Ängsten zu sagen haben.

DER POLIZIST: Lieber Ill. Untersuchen wir den Fall nüchtern. Die Dame machte der Stadt Güllen den Vorschlag, Sie gegen eine Milliarde – Sie wissen ja, was ich meine. Das stimmt, ich war dabei. Doch damit ist für die Polizei noch kein Grund geschaffen, gegen Frau Claire Zachanassian einzuschreiten. Wir sind schließlich an die Gesetze gebunden.

ILL: Anstiftung zum Mord.

DER POLIZIST: Passen Sie mal auf, Ill. Eine Anstiftung zum Mord liegt nur dann vor, wenn der Vorschlag, Sie zu ermorden, ernst gemeint ist. Das ist doch klar.

ILL: Meine ich auch.

DER POLIZIST: Eben. Nun kann der Vorschlag nicht ernst gemeint sein, weil der Preis von einer Milliarde übertrieben ist, das müssen Sie doch selber zugeben, für so was bietet man tausend oder vielleicht zweitausend, mehr bestimmt nicht, da können Sie Gift drauf nehmen, was wiederum beweist, daß der Vorschlag nicht ernst gemeint war, und sollte er ernst gemeint sein, so kann die Polizei die Dame nicht ernst nehmen, weil sie dann verrückt ist: Kapiert?

Die menschenverachtende Logik der Argumentation des Polizisten über die Höhe des Kopfgelds bedarf keines Kommentars. Aber noch mehr deutet darauf hin, daß die Jagd auf ihn eröffnet ist: Bei der Polizei geht eben die Meldung ein, der schwarze Panther der alten Dame, den sie gewissermaßen in ihrem Reisegepäck mitführte und besonders liebte, sei entwichen und müsse eingefangen werden – schwarzer Panther, das war der Kosename Klaras für den jungen Alfred Ill. Der Bürgermeister, dem der Gejagte seine Furcht offenbart, beruhigt ihn zunächst mit dem Hinweis auf die humanistische Tradition der Stadt, ehe er deutlicher wird:

DER BÜRGERMEISTER: Reden wir ehrlich miteinander.

ILL: Ich bitte darum.

DER BÜRGERMEISTER: Von Mann zu Mann, wie Sie es verlangt haben. Sie besitzen nicht das moralische Recht, die Verhaftung der Dame zu verlangen, und auch als Bürgermeister kommen Sie nicht in Frage. Es tut mir leid, das sagen zu müssen.

ILL: Offiziell?

DER BÜRGERMEISTER: Im Auftrag der Parteien.

ILL: Ich verstehe.

Er geht langsam links zum Fenster, kehrt dem Bürgermeister den Rücken zu, starrt hinaus.

DER BÜRGERMEISTER: Daß wir den Vorschlag der Dame verurteilen, bedeutet nicht, daß wir die Verbrechen billigen, die zu diesem Vorschlag geführt haben. Für den Posten eines Bürgermeisters sind gewisse Forderungen sittlicher Natur zu stellen, die Sie nicht mehr erfüllen, das müssen Sie einsehen. Daß wir Ihnen im übrigen die gleiche Hochachtung und Freundschaft entgegenbringen wie zuvor, versteht sich von selbst.

Bezeichnenderweise ist hier vom »Vorschlag« der Dame und von den »Verbrechen« Ills die Rede, eine Wortwahl, die den fortgeschrittenen Wandel in der Einstellung zu Claires Ansinnen verrät.

Auch die letzte Zuflucht des Geängstigten, der Pfarrer, kann keinen Trost spenden: Selbst er hat auf Pump eine neue Glocke gekauft, selbst er hat nur unverbindliche Floskeln parat, ehe er sich in spontaner Gemütswallung Ill an die Brust wirft:

DER PFARRER: Flieh! Wir sind schwach, Christen und Heiden. Flieh, die Glokke dröhnt in Güllen, die Glocke des Verrats. Flieh, führe uns nicht in Versuchung, indem du bleibst ...

Gleich nach diesen Worten »fallen zwei Schüsse. Ill sinkt zu Boden«, doch man hat nur den Panther erlegt, er liegt tot vor Ills Laden. Dessen Inhaber beherzigt den Rat des geistlichen Herrn, begibt sich zum Bahnhof, um Güllen zu verlassen, und muß zu seinem Schrecken feststellen, daß sich allmählich von allen Seiten Güllener einfinden, vorgeblich, um von ihm Abschied zu nehmen, aber er glaubt ihren Beteuerungen nicht. Der Zug kommt, hält, aber Ill steigt nicht ein, behauptet, daß gewiß einer aus der Masse ihn zurückhalten werde, obwohl niemand Anstalten dazu macht. Während der Zug abfährt, bricht Ill zusammen: »Ich bin verloren.« Noch fühlt er sich als Opfer, eine Rolle, aus der er sich erst im dritten Akt löst, zu dessen Beginn sich der Arzt und der Lehrer zu Claire begeben, um sie zu bitten, Güllen zu sanieren, ohne Ills Tötung zu fordern. Zu ihrem grenzenlosen Erstaunen müssen sie erfahren, daß der wirtschaftliche Niedergang der Stadt der erste Teil des Racheplans der alten Dame gewesen ist: Sie hat alle Betriebe aufgekauft und sie dann absichtlich in den Ruin getrieben, und sie erklärt den beiden Bittstellern, warum:

CLAIRE ZACHANASSIAN: Die Menschlichkeit, meine Herren, ist für die Börse der Millionäre geschaffen, mit meiner Finanzkraft leistet man sich eine Weltordnung. Die Welt machte mich zu einer Hure, nun mache ich sie zu einem Bordell. Wer nicht blechen kann, muß hinhalten, will er mittanzen. Ihr wollt mittanzen. Anständig ist nur, wer zahlt, und ich zahle. Güllen für einen Mord, Konjunktur für eine Leiche.

Im Spiel folgt nun der praktische Beweis für ihre Erklärung. Die Stimmung im Städtchen, ja sogar in der eigenen Familie ist einhellig gegen Ill: Er wird nunmehr als der wahre Verbrecher angesehen, der es schlimm mit der armen Frau Zachanassian getrieben habe. Ill selbst hat sich mit seinem Los abgefunden, auf den Appell des Lehrers, der ihn auffordert, um sein Leben zu kämpfen und die Presse zu informieren, erwidert er nur:

ILL: Ich kämpfe nicht mehr... Ich habe Klara zu dem gemacht, was sie ist... Alles meine Tat, die Eunuchen, der Butler, der Sarg, die Milliarde. Ich kann mir nicht mehr helfen und auch euch nicht mehr.

DER LEHRER: Sie haben recht. Vollkommen. Sie sind schuld an allem. Und nun will ich Ihnen etwas sagen, Alfred Ill, etwas Grundsätzliches.

Er bleibt kerzengerade vor Ill stehen, nur noch leicht schwankend.

DER LEHRER: Man wird Sie töten. Ich weiß es, von Anfang an, und auch Sie wissen es schon lange, auch wenn es in Güllen sonst niemand wahr haben will. Die Versuchung ist zu groß und unsere Armut zu bitter. Aber ich weiß noch mehr. Auch ich werde mitmachen. Ich fühle, wie ich langsam zu einem Mörder werde. Mein Glaube an die Humanität ist machtlos. Und weil ich dies weiß, bin ich ein Säufer geworden. Ich fürchte mich, Ill, so wie Sie sich gefürchtet haben. Noch weiß ich, daß auch einmal zu uns eine alte Dame kommen wird, eines Tages, und daß dann mit uns geschehen wird, was nun mit Ihnen geschieht, doch bald, in wenigen Stunden vielleicht, werde ich es nicht mehr wissen. *Schweigen.* Noch eine Flasche Steinhäger.

In der Diskrepanz zwischen den gegenläufig sich entwickelnden zwei Themen liegt das Tragikomische, ja das Groteske des Stücks. Während die Dorfbewohner auf der einen Seite der Versuchung nicht widerstehen können und ihre Moral buchstäblich verkaufen, gelangt ein Einzelner, Ill, auf der anderen Seite zur – späten – Einsicht in seine persönliche Schuld. Urheber und Drahtzieher beider Entwicklungen ist eine einzige übermächtige Person, die alte Dame.

Es ist bezeichnend, daß selbst der Lehrer als Exponent der geistig-kulturellen Elite von Güllen sich von den Verlockungen des Geldes umgarnt weiß und sieht, daß auch er zum Mörder werden wird; zwar hat er den Güllenern die Einsicht in die Mechanik der künftigen Entwicklung voraus, doch diese Einsicht bleibt angesichts des kollektiven Vorgangs ohne Konsequenzen. Wie weit es mit den Güllenern gekommen ist, beweist endgültig der Besuch des Bürgermeisters, der Ill ein geladenes Gewehr übergibt und ihn mehr oder minder unverhohlen auffordert, Selbstmord zu begehen, wenn er noch einen Funken Ehre im Leib habe. Der Angesprochene schlägt dieses Ansinnen aus, verspricht aber, sich dem Urteil der Güllener nicht zu widersetzen. Er hat seine Furcht besiegt, will den Bürgern aber nicht das Amt des Scharfrichters abnehmen: »Ich unterwerfe mich eurem Urteil, wie es nun auch ausfalle. Für mich ist es die Gerechtigkeit, was es für euch ist, weiß ich nicht.«

Bei seinem letzten Treffen mit Claire wirkt Ill gefaßt, ohne jeden Zorn, ohne eine Spur von Haß auf die Frau, die seine Ermordung in die Wege geleitet hat. Sie selbst, die für ihren Jugendgeliebten auf Capri ein Mausoleum hat errichten lassen – mit Blick aufs Mittelmeer – gewährt in diesem letzten Gespräch einen Blick in ihre Psyche:

CLAIRE ZACHANASSIAN: Ein grandioses Panorama. Dort wirst du bleiben. Ein Toter bei einem Götzenbild aus Stein. Deine Liebe ist gestorben vor vielen Jahren. Meine Liebe konnte nicht sterben. Aber auch nicht leben. Sie ist etwas Böses geworden wie ich selber, wie die bleichen Pilze und die blinden Wurzelgesichter in diesem Wald, überwuchert von meinen goldenen Milliarden. Die haben nach dir gegriffen mit ihren Fangarmen, dein Leben zu suchen. Weil es mir gehört. Auf ewig. Nun bist du umsponnen, nun bist du verloren. Bald wird nichts mehr bleiben als ein toter Geliebter in meiner Erinnerung, ein mildes Gespenst in einem zerstörten Gehäuse.

Mit der folgenden Bürgerversammlung im »Goldenen Apostel« erreicht das Drama seinen Höhepunkt: die Inszenierung von Ills Ermordung. Die anwesenden Presseleute erfahren nur von der beabsichtigten Schenkung, nicht von der daran geknüpften Bedingung, und sprechen von einem der größten sozialen Experimente der Gegenwart; lediglich der Lehrer als Festredner läßt sich in einer nur für Eingeweihte verständlichen Weise über die Hintergründe dieser »Stiftung« aus:

DER LEHRER: Gemeinde von Güllen! Dies der bittere Tatbestand: Wir duldeten die Ungerechtigkeit. Ich erkenne nun durchaus die materielle Möglichkeit, die uns die Milliarde bietet; ich übersehe keineswegs, daß die Armut die Ursache von so viel Schlimmem, Bitterem ist, und dennoch: Es geht nicht um Geld, – *Riesenbeifall* – es geht nicht um Wohlstand und Wohlleben, nicht um Luxus, es geht darum, ob wir Gerechtigkeit verwirklichen wollen, und nicht nur sie, sondern auch all die Ideale, für die unsere Altvordern gelebt und gestritten hatten und für die sie gestorben sind, die den Wert unseres Abendlandes ausmachen – *Riesenbeifall!* Die Freiheit steht auf dem Spiel, wenn die Nächstenliebe verletzt, das Gebot, die Schwachen zu schützen, mißachtet, die Ehe beleidigt, ein Gericht getäuscht, eine junge Mutter ins Elend gestoßen wird – *Pfuirufe.* Mit unseren Idealen müssen wir nun eben in Gottes Namen Ernst machen, blutigen Ernst – *Riesenbeifall.* Reichtum hat nur dann Sinn, wenn aus ihm Reichtum an Gnade entsteht. Begnadet aber wird nur, wer nach der Gnade hungert. Habt ihr diesen Hunger, Güllener, diesen Hunger des Geistes, und nicht nur den anderen, profanen, den Hunger des Leibes? Das ist die Frage, die ich als Rektor des Gymnasiums ausrufen möchte. Nur wenn ihr das Böse nicht aushaltet, nur wenn ihr unter keinen Umständen in einer Welt der Ungerechtigkeit mehr leben könnt, dürft ihr die Milliarde der Frau Zachanassian annehmen und die Bedingung erfüllen, die mit dieser Stiftung verbunden ist. Dies, Güllener, bitte ich zu bedenken.
Tosender Beifall.

Diese Rede ist ein Feuerwerk an verlogener Rhetorik und liefert den Güllenern die gewünschten Phrasen zur verbalen Verbrämung des brutalen Unrechts, das sie ausgerechnet im Namen der Gerechtigkeit zu begehen vorhaben. In einer Art Parodie auf den Rütlischwur in

Schillers ›Wilhelm Tell‹ sprechen die versammelten Güllener die vom Bürgermeister aus der Rede des Lehrers entnommenen Kernsätze nach. Auf so viel Verlogenheit kann Ill nur noch mit dem entsetzten Aufschrei »Mein Gott« reagieren. Daß diese Szene wegen einer Beleuchtungspanne für die Wochenschau noch einmal wiederholt werden muß, setzt dem Ganzen die Krone auf. Die Presse wird aus dem Saal gewiesen, Ill, der folgen will, zurückgehalten: Seine letzte Stunde ist gekommen. Vom Pfarrer läßt er sich eine letzte Zigarette reichen, eine mit einem Bibelzitat begonnene Rede unterbricht er brüsk, und die Ankündigung des Geistlichen, er werde für ihn beten, kontert er mit dem Rat: »Beten Sie für Güllen!« Der Polizist reißt den Sitzenden grob in die Höhe, die Güllener bilden eine Gasse:

Ill geht langsam in die Gasse der schweigenden Männer. Ganz hinten stellt sich ihm der Turner entgegen. Ill bleibt stehen, kehrt sich um, sieht, wie sich unbarmherzig die Gasse schließt, sinkt in die Knie. Die Gasse verwandelt sich in einen Menschenknäuel, lautlos, der sich ballt, der langsam niederkauert. Stille. Von links vorne kommen Journalisten. Es wird hell.

PRESSEMANN I: Was ist denn hier los?

Der Menschenknäuel lockert sich auf. Die Männer sammeln sich im Hintergrund, schweigend. Zurück bleibt nur der Arzt, vor einem Leichnam kniend, über den ein kariertes Tuch gebreitet ist, wie es in Wirtschaften üblich ist. Der Arzt steht auf. Nimmt das Stethoskop ab.

In diesem Augenblick, als hätte sie das Geschehen mitverfolgt, erscheint die alte Dame, läßt sich den Leichnam bringen, betrachtet lang Ills Gesicht und befiehlt den Aufbruch. Kommentarlos überreicht sie dem Bürgermeister den Scheck.

Aber das Spiel ist noch nicht zu Ende; die Kulisse des renovierten Bahnhofs suggeriert ein Happy End, belebt durch vornehm gekleidete Männer und Frauen, die in zwei Chören auftreten. Die Regieanweisung beschreibt, wie diese Szene wirken soll, – »als gäbe ein havariertes Schiff, weit abgetrieben, die letzten Signale« – und setzt damit den Inhalt der folgenden, von antikisierendem Pathos geschwängerten Verspartien ins richtige Licht. Der Chor beginnt mit einer parodierenden Abwandlung des berühmten ersten Chorlieds aus der ›Antigone‹ des Sophokles. Hieß es dort: Ungeheuer ist viel, doch nichts ungeheurer als der Mensch..., so wird hier das Wort Mensch durch den Begriff Armut ersetzt. Die Auswirkungen dieser Armut werden auf diese Weise dem glücklichen Jetzt-Zustand gegenübergestellt, und das in lächerlich feierlichem Odenton, der dem banalen Inhalt Hohn spricht:

Es steuert der Bursch den sportlichen Wagen...
Das Mädchen jagt nach dem Ball auf roter Fläche...

Das Ganze endet mit dem Bezug auf den Ort des Geschehens:

Und die Züge
Die blitzenden hehren
Eilend auf eisernen Gleisen
Von Nachbarstadt zu Nachbarstadt, völkerverbindend
Halten wieder.

In diesem Moment bestätigt der haltende D-Zug Güllen – Rom das Gesagte: Claire Zachanassian steigt ein, die Dienstmänner bringen den Sarg, der Zug fährt an – Zeit für die Schlußworte des Chors und des Dramas:

ALLE: Es bewahre uns aber
DER PFARRER: Ein Gott
ALLE: In stampfender, rollender Zeit
DER BÜRGERMEISTER: Den Wohlstand.
ALLE: Bewahre die heiligen Güter uns, bewahre Frieden
  Bewahre die Freiheit
Nacht bleibe fern
  Verdunkele nimmermehr unsere Stadt
Die neuerstandene prächtige,
  Damit wir das Glückliche glücklich genießen.

Der Gegensatz zwischen Sprache und Inhalt ist das letzte, nachwirkende groteske Element dieses Dramas, mit dem vorgeführt wird, wie gut sich die Sprache der humanistischen Tradition zur Bemäntelung der Inhumanität mißbrauchen läßt. In ähnliche Richtung haben ja bereits die Vergleiche zwischen der alten Dame und Personen der antiken Mythologie gezielt, groteske Vergleiche, da die Titelfigur dieses Stücks mit den Helden einer griechischen Tragödie nicht das geringste gemein hat.

Claire Zachanassian, geborene Klara Wäscher, Tochter eines kleinen Baumeisters, ist eine jener Personen, von denen Dürrenmatt in seinen ›Theaterproblemen‹ schreibt, ihre Macht sei so groß, »daß sie selber nur noch zufällige, äußere Ausdrucksformen dieser Macht sind«, Menschen, die nicht mehr und von niemand zur Verantwortung gezogen werden können, und so nur noch zur Hauptfigur einer gigantischen Groteske taugen. Für Claire gibt es keine Gesetze, keine verpflichtenden sittlichen Normen, keine Moral; sie weiß um ihre Unangreifbarkeit genauso wie um die Korrumpierbarkeit der Menschen um sie herum.

Die Geschichte vom Besuch der alten Dame hat ihre schlimmstmögliche Wendung genommen, alle Güllener haben sich trotz ihres Pochens auf sittliche Werte und abendländische Traditionen als verführbar erwiesen. Nach dem Modell dieses Geschehens lassen sich viele Arten von Verlockungen für die unterschiedlichsten Personengruppen denken, ebenso wie die möglichen Erscheinungsformen einer gänzlich unangreifbaren Person oder Macht vielfältig sind. Dürrenmatt hat keine Rezepte, was zu tun sei; für ihn gibt es keine andere Möglichkeit, als den Gegebenheiten ins Auge zu sehen, sie zu ertragen oder in einem Anflug von schwarzem Humor über sie zu lachen, wohl wissend, daß manchem Betrachter angesichts des Grotesken das Lachen im Halse stecken bleiben wird.

Die Physiker

»Der Inhalt der Physik geht die Physiker an, die Auswirkung alle Menschen« – so heißt es in Dürrenmatts ›21 Punkten zu den Physikern‹, einem thesenhaft gehaltenen Kommentar zu jenem Stück, dem nach dem ›Besuch der alten Dame‹ die nachhaltigste Resonanz unter seinen Dramen beschieden war. In einer Zeit wachsender Angst vor der Atombombe, in einer Phase des sich verschärfenden Kalten Kriegs und der immer entschlossener vorangetriebenen Hochrüstung der beiden Supermächte greift Dürrenmatt hier ein Thema auf, mit dem sich zuvor bereits Brecht in seinem ›Leben des Galilei‹ und Zuckmayer in seinem Stück ›Das kalte Licht‹ befaßt hatten: die Frage der Verantwortung des Naturwissenschaftlers in der modernen Welt.

Bei der dramatischen Gestaltung dieses sperrigen Themas kamen Dürrenmatt die Erfahrungen zustatten, die er früher als Autor vielgelesener Kriminalromane gesammelt hatte. So baut er jeweils zu Beginn der beiden Akte der ›Physiker‹ auf die Wirkung kriminalistischer Ermittlungen im Anschluß an einen Mord, verlegt die Handlung nicht in ein Laboratorium, sondern in ein Irrenhaus und reichert den Plot mit Elementen aus dem Repertoire von Geheimagentenstories an. Die Geschichte spielt, wie im klassischen Drama, unter strenger Beachtung der Einheiten des Raums, der Zeit und der Handlung, in einer Schweizer Irrenanstalt, die unter der Regie der ungestalten, unverheirateten, aber als medizinische Kapazität anerkannten 55jährigen Mathilde von Zahnd steht und deren Patienten aus den höheren gesellschaftlichen Kreisen kommen. In einem Trakt des Hauses sind separat drei besondere Irre untergebracht: neben dem einheimischen Johann Wilhelm Möbius, der vorgibt, regelmäßig von König Salomo heimgesucht zu werden und von ihm aufsehenerregende Erkenntnisse und Einsichten zugeflüstert zu bekommen, sind da ein Herr Ernesti, der sich für Einstein hält und diesen in seiner äußeren Erscheinung und in seiner Vorliebe für das Geigenspiel täuschend echt kopiert, und ein Herr Beutler, der nicht nur behauptet, der berühmte englische Physiker Sir Isaac Newton zu sein, sondern auch so aussieht wie dieser.

In Gang kommt die Handlung durch die Ermittlungen eines Kriminalinspektors, der den eben erst von »Einstein« begangenen Mord an dessen Krankenschwester untersucht. Es ist bereits der zweite Mord innerhalb kurzer Zeit, denn auch »Newton« hat drei Monate zuvor seine Krankenschwester umgebracht, kann aber wegen seiner Geisteskrankheit ebensowenig verhaftet werden wie jetzt Einstein. Im Gespräch mit dem Beamten äußert die Anstaltsleiterin den Verdacht, die rätselhaften Vorfälle könnten ihre Ursache in einer Veränderung des Gehirns haben, da beide Patienten als Kernphysiker früher mit radioaktiven Stoffen zu tun gehabt hätten. Möbius dagegen, der dritte im Bunde, ist seit 15 Jahren in der Anstalt untergebracht und gilt als harmlos. Eben ist seine Frau, von ihm geschieden und neuerdings mit einem Missionar wieder verheiratet, erschienen, um sich zusammen mit den drei gemeinsamen Kindern von ihm zu verabschieden. Möbius schickt sie barsch fort und kommt ins Gespräch mit seiner Krankenschwester, die vom kommenden Tag an durch einen männlichen Pfleger ersetzt werden soll, um einen dritten Mord unmöglich zu machen. Die junge Frau glaubt schon lange nicht mehr an einen psychischen Defekt ihres Pflegebefohlenen, hat Erkundigungen über ihn eingezogen und macht ihm einen Heiratsantrag.

SCHWESTER MONIKA: Ich will mit Ihnen schlafen, ich will Kinder von Ihnen haben. Ich weiß, ich rede schamlos. Aber warum schauen Sie mich nicht an? Gefalle ich Ihnen denn nicht? Ich gebe zu, meine Schwesterntracht ist gräßlich.
Sie reißt sich die Haube vom Haar.
SCHWESTER MONIKA: Ich hasse meinen Beruf! Fünf Jahre habe ich nun die Kranken gepflegt, im Namen der Nächstenliebe. Ich habe mein Gesicht nie abgewendet, ich war für alle da, ich habe mich aufgeopfert. Aber nun will ich mich für jemanden allein aufopfern, für jemanden allein dasein, nicht immer für andere. Ich will für meinen Geliebten dasein. Für Sie. Ich will alles tun, was Sie von mir verlangen, für Sie arbeiten Tag und Nacht, nur fortschicken dürfen Sie mich nicht! Ich habe doch auch niemanden mehr auf der Welt als Sie! Ich bin doch auch allein!
MÖBIUS: Monika. Ich muß Sie fortschicken.
SCHWESTER MONIKA *verzweifelt:* Lieben Sie mich denn gar nicht?
MÖBIUS: Ich liebe Sie, Monika. Mein Gott, ich liebe Sie, das ist ja das Wahnsinnige.

Die Schwester überrascht Möbius aber nicht nur durch ihr unverblümtes Liebesgeständnis, sie hat sogar schon die Voraussetzungen für ein gemeinsames Leben jenseits der Anstaltsmauern geschaffen:

SCHWESTER MONIKA: Johann Wilhelm. Ich sprach mit Fräulein Doktor von Zahnd.
Möbius starrt sie an.
MÖBIUS: Sie sprachen?

SCHWESTER MONIKA: Sie sind frei.
MÖBIUS: Frei?
SCHWESTER MONIKA: Wir dürfen uns heiraten.
MÖBIUS: Mein Gott.
SCHWESTER MONIKA: Fräulein Doktor von Zahnd hat schon alles geregelt. Sie hält Sie zwar für krank, aber für ungefährlich. Und für erblich nicht belastet. Sie selbst sei verrückter als Sie, erklärte sie und lachte.
MÖBIUS: Das ist lieb von ihr.
SCHWESTER MONIKA: Ist sie nicht ein prächtiger Mensch?
MÖBIUS: Sicher.
SCHWESTER MONIKA: Johann Wilhelm! Ich habe den Posten einer Gemeindeschwester in Blumenstein angenommen. Ich habe gespart. Wir brauchen uns nicht zu sorgen. Wir brauchen uns nur richtig liebzuhaben.
Möbius hat sich erhoben. Im Zimmer wird es allmählich dunkel.
SCHWESTER MONIKA: Ist es nicht wunderbar?
MÖBIUS: Gewiß.
SCHWESTER MONIKA: Sie freuen sich nicht.
MÖBIUS: Es kommt so unerwartet.
SCHWESTER MONIKA: Ich habe noch mehr getan.
MÖBIUS: Das wäre?
SCHWESTER MONIKA: Mit dem berühmten Physiker Professor Scherbert gesprochen.
MÖBIUS: Er war mein Lehrer.
SCHWESTER MONIKA: Er erinnerte sich genau. Sie seien sein bester Schüler gewesen.
MÖBIUS: Und was besprachen Sie mit ihm?
SCHWESTER MONIKA: Er versprach mir, Ihre Manuskripte unvoreingenommen zu prüfen.
MÖBIUS: Erklärten Sie auch, daß sie von Salomo stammen?
SCHWESTER MONIKA: Natürlich.
MÖBIUS: Und?
SCHWESTER MONIKA: Er lachte. Sie seien immer ein toller Spaßvogel gewesen. Johann Wilhelm! Wir haben nicht nur an uns zu denken. Sie sind auserwählt. Salomo ist Ihnen erschienen, offenbarte sich Ihnen in seinem Glanz, die Weisheit des Himmels wurde Ihnen zuteil. Nun haben Sie den Weg zu gehen, den das Wunder befiehlt, unbeirrbar, auch wenn der Weg durch Spott und Gelächter führt, durch Unglauben und Zweifel. Aber er führt aus dieser Anstalt. Johann Wilhelm, er führt in die Öffentlichkeit, nicht in die Einsamkeit, er führt in den Kampf. Ich bin da, dir zu helfen, mit dir zu kämpfen, der Himmel, der dir Salomo schickte, schickte auch mich.
Möbius starrt zum Fenster hinaus.
SCHWESTER MONIKA: Liebster.
MÖBIUS: Geliebte?
SCHWESTER MONIKA: Bist du nicht froh?
MÖBIUS: Sehr.
SCHWESTER MONIKA: Wir müssen nun deine Koffer packen. Acht Uhr zwanzig geht der Zug. Nach Blumenstein.
MÖBIUS: Viel ist ja nicht.

SCHWESTER MONIKA: Es ist dunkel geworden.
MÖBIUS: Die Nacht kommt jetzt früh.
SCHWESTER MONIKA: Ich mache Licht.
MÖBIUS: Warte noch. Komm zu mir.
Sie geht zu ihm. Nur noch die beiden Silhouetten sind sichtbar.
SCHWESTER MONIKA: Du hast Tränen in den Augen.
MÖBIUS: Du auch.
SCHWESTER MONIKA: Vor Glück.
Er reißt den Vorhang herunter und über sie. Kurzer Kampf. Die Silhouetten sind nicht mehr sichtbar. Dann Stille. Die Türe von Zimmer Nummer 3 öffnet sich. Ein Lichtstrahl dringt in den Raum. Newton steht in der Türe im Kostüm seines Jahrhunderts. Möbius erhebt sich.
NEWTON: Was ist geschehen?
MÖBIUS: Ich habe Schwester Monika Stettler erdrosselt.

Mit diesem dritten Mord am Ende des 1. Akts steigert sich die Spannung des Zuschauers, der nicht so recht mehr an eine Geisteskrankheit der drei Physiker zu glauben vermag, andererseits aber keine Erklärung für die drei Morde findet. Und in der Tat bringt die Unterredung der drei Patienten nach dem Abschluß der polizeilichen Ermittlungen zum dritten Schwesternmord Klarheit, da Einstein und Newton, veranlaßt durch die unmittelbar bevorstehende Einstellung von Pflegern anstatt der Schwestern, zu raschem Handeln entschlossen sind. Zuerst ergreift Newton die Initiative:

NEWTON: Die Pfleger zwingen mich zu handeln. Noch heute.
MÖBIUS: Ihre Sache.
NEWTON: Nicht ganz. Ein Geständnis, Möbius: Ich bin nicht verrückt.
MÖBIUS: Aber natürlich nicht, Sir Isaak.
NEWTON: Ich bin nicht Sir Isaak Newton.
MÖBIUS: Ich weiß. Albert Einstein.
NEWTON: Blödsinn. Auch nicht Herbert Georg Beutler, wie man hier glaubt. Mein wahrer Name lautet Kilton, mein Junge.
Möbius starrt ihn erschrocken an.
MÖBIUS: Alec Jasper Kilton?
NEWTON: Richtig.
MÖBIUS: Der Begründer der Entsprechungslehre?
NEWTON: Der.
Möbius kommt zum Tisch.
MÖBIUS: Sie haben sich hier eingeschlichen?
NEWTON: Indem ich den Verrückten spielte.
MÖBIUS: Um mich – auszuspionieren?
NEWTON: Um hinter den Grund Ihrer Verrücktheit zu kommen. Mein tadelloses Deutsch ist mir im Lager unseres Geheimdienstes beigebracht worden, eine schreckliche Arbeit.
MÖBIUS: Und weil die arme Schwester Dorothea auf die Wahrheit kam, haben Sie –
NEWTON: Habe ich. Der Vorfall tut mir außerordentlich leid.

MÖBIUS: Verstehe.
NEWTON: Befehl ist Befehl.
MÖBIUS: Selbstverständlich.
NEWTON: Ich durfte nicht anders handeln.
MÖBIUS: Natürlich nicht.
NEWTON: Meine Mission stand in Frage, das geheimste Unternehmen unseres Geheimdienstes. Ich mußte töten, wollte ich jeden Verdacht vermeiden. Schwester Dorothea hielt mich nicht mehr für verrückt, die Chefärztin nur für mäßig erkrankt, es galt meinen Wahnsinn durch einen Mord endgültig zu beweisen.

Kaum hat Newton sich als Geheimagent Kilton zu erkennen gegeben und seine Absichten klargelegt, da enttarnt sich auch Einstein als Spion der Gegenseite: beide Geheimdienste haben fast gleichzeitig die Bedeutung der von Möbius erarbeiteten Forschungsergebnisse erkannt und wollen beide auf gleichem Wege in den Besitz der Unterlagen gelangen. Möbius, der in richtiger Einschätzung der verheerenden Auswirkungen einer kriegstechnologischen Nutzung seiner Entdekkungen den Verrückten zu spielen beschlossen hat, um die Weiterexistenz der Menschheit zu gewährleisten, zeigt keinerlei Neigung, die Angebote der Agenten anzunehmen, da er sich im Dienste eines politischen Systems als Geheimnisträger in völlige Abhängigkeit und Unfreiheit begeben müßte. So scheint ihm ein Aufenthalt im Irrenhaus immer noch als das kleinere Übel: Er gesteht, seine Manuskripte verbrannt und schließlich die Krankenschwester nur umgebracht zu haben, um seine Unzurechnungsfähigkeit für jeden augenfällig zu demonstrieren. Auch für die beiden Agenten, die ihre Betreuerinnen im Auftrag ihrer Geheimdienste töten mußten, weil sie der wahren Identität ihrer Patienten auf der Spur waren, hält Möbius es für das Beste, für immer in der Anstalt zu bleiben; sein Appell gipfelt in der These: »Entweder bleiben wir im Irrenhaus, oder die Welt wird eines.« Alle drei ahnen jedoch nicht, daß ihre Befürchtungen bereits Wirklichkeit geworden sind. Zu ihrem Entsetzen müssen sie aus dem Munde der Irrenärztin vernehmen, daß König Salomo nicht nur Möbius, sondern auch ihr erschienen sei und sie beauftragt habe, in seinem Namen über die Welt zu herrschen, da sich der ursprünglich für diese Aufgabe erkorene Möbius dem Wunsch des goldenen Königs widersetzt habe. Sie hat den Patienten immer wieder betäubt, um seine Aufzeichnungen ungestört photokopieren zu können, sie hat sich die Mittel verschafft, die neuen Theorien praktisch zu nutzen, und ist dabei, mit Hilfe ihres Trusts die Weltherrschaft an sich zu reißen. Möbius will nicht wahrhaben, was er eben gehört hat, und wendet sich beschwörend an die Ärztin:

MÖBIUS *eindringlich:* Fräulein Doktor Mathilde von Zahnd: Sie sind krank. Salomo ist nicht wirklich. Er ist mir nie erschienen.

FRL. DOKTOR: Sie lügen.

MÖBIUS: Ich habe ihn nur erfunden, um meine Entdeckungen geheimzuhalten.

FRL. DOKTOR: Sie verleugnen ihn.

MÖBIUS: Nehmen Sie Vernunft an. Sehen Sie doch ein, daß Sie verrückt sind.

FRL. DOKTOR: Ebensowenig wie Sie.

MÖBIUS: Dann muß ich der Welt die Wahrheit entgegenschreien. Sie beuteten mich all die Jahre aus. Schamlos. Sogar meine arme Frau ließen Sie noch zahlen.

FRL. DOKTOR: Sie sind machtlos, Möbius. Auch wenn Ihre Stimme in die Welt hinausdränge, würde man Ihnen nicht glauben. Denn für die Öffentlichkeit sind Sie nichts anderes als ein gefährlicher Verrückter. Durch Ihren Mord.

Die drei ahnen die Wahrheit.

MÖBIUS: Monika?

EINSTEIN: Irene?

NEWTON: Dorothea?

FRL. DOKTOR: Ich nahm nur eine Gelegenheit wahr. Das Wissen Salomos mußte gesichert und euer Verrat bestraft werden. Ich mußte euch unschädlich machen. Durch eure Morde. Ich hetzte die drei Krankenschwestern auf euch. Mit eurem Handeln konnte ich rechnen. Ihr waret bestimmbar wie Automaten und habt getötet wie Henker.

Möbius will sich auf sie stürzen, Einstein hält ihn zurück.

FRL. DOKTOR: Es ist sinnlos, Möbius, sich auf mich zu stürzen. So wie es sinnlos war, Manuskripte zu verbrennen, die ich schon besaß.

Möbius wendet sich ab.

FRL. DOKTOR: Was euch umgibt, sind nicht mehr die Mauern einer Anstalt. Dieses Haus ist die Schatzkammer meines Trusts. Es umschließt drei Physiker, die allein außer mir die Wahrheit wissen. Was euch in Bann hält, sind keine Irrenwärter: Sievers ist der Chef meiner Werkpolizei. Ihr seid in euer eigenes Gefängnis geflüchtet. Salomo hat durch euch gedacht, durch euch gehandelt, und nun vernichtet er euch. Durch mich.

Schweigen.

FRL. DOKTOR: Ich aber übernehme seine Macht. Ich fürchte mich nicht. Meine Anstalt ist voll von verrückten Verwandten, mit Schmuck behängt und Orden. Ich bin die letzte Normale meiner Familie. Das Ende. Unfruchtbar, nur noch zur Nächstenliebe geeignet. Da erbarmte sich Salomo meiner. Er, der tausend Weiber besitzt, wählte mich aus. Nun werde ich mächtiger sein als meine Väter. Mein Trust wird herrschen, die Länder, die Kontinente erobern, das Sonnensystem ausbeuten, nach dem Andromedanebel fahren. Die Rechnung ist aufgegangen. Nicht zugunsten der Welt, aber zugunsten einer alten, buckligen Jungfrau.

Sie läutet mit einer kleinen Glocke. Von rechts kommt der Oberpfleger.

OBERPFLEGER: Boß?

FRL. DOKTOR: Gehen wir, Sievers. Der Verwaltungsrat wartet. Das Weltunternehmen startet, die Produktion rollt an.

Sie geht mit dem Oberpfleger nach rechts hinaus. Die drei Physiker sind allein. Alles ist ausgespielt. Schweigen.

Damit sitzt die einzige tatsächlich verrückte Person an den Schalthebeln der Macht, die Geschichte hat ihre schlimmstmögliche Wendung genommen. Hinter den drei Physikern schließen sich die Anstaltstore für immer, es bleibt ihnen nur noch, ihre freiwillig gewählten Rollen weiterzuspielen, und der Zuschauer gewinnt nach ihren Schlußworten den Eindruck, die drei seien dabei, jetzt ernsthaft verrückt zu werden.

NEWTON: Ich bin Newton. Sir Isaak Newton. Geboren am 4. Januar 1643 in Woolsthorpe bei Grantham. Ich bin Präsident der Royal Society. Aber es braucht sich deshalb keiner zu erheben. Ich schrieb: Die mathematischen Grundlagen der Naturwissenschaft. Ich sagte: Hypotheses non fingo. In der experimentellen Optik, in der theoretischen Mechanik und in der höheren Mathematik sind meine Leistungen nicht unwichtig, aber die Frage nach dem Wesen der Schwerkraft mußte ich offenlassen. Ich schrieb auch theologische Bücher. Bemerkungen zum Propheten Daniel und zur Johannes-Apokalypse. Ich bin Newton. Sir Isaak Newton. Ich bin Präsident der Royal Society.
Er erhebt sich und geht auf sein Zimmer.

EINSTEIN: Ich bin Einstein. Professor Albert Einstein. Geboren am 14. März 1879 in Ulm. 1902 wurde ich Experte am Eidgenössischen Patentamt in Bern. Dort stellte ich meine spezielle Relativitätstheorie auf, die die Physik veränderte. Dann wurde ich Mitglied der Preußischen Akademie der Wissenschaften. Später wurde ich Emigrant. Weil ich ein Jude bin. Von mir stammt die Formel $E = mc^2$, der Schlüssel zur Umwandlung von Materie in Energie. Ich liebe die Menschen und liebe meine Geige, aber auf meine Empfehlung hin baute man die Atombombe. Ich bin Einstein. Professor Albert Einstein. Geboren am 14. März 1879 in Ulm.
Er erhebt sich und geht in sein Zimmer. Dann hört man ihn geigen. Kreisler. Liebesleid.

MÖBIUS: Ich bin Salomo. Ich bin der arme König Salomo. Einst war ich unermeßlich reich, weise und gottesfürchtig. Ob meiner Macht erzitterten die Gewaltigen. Ich war ein Fürst des Friedens und der Gerechtigkeit. Aber meine Weisheit zerstörte meine Gottesfurcht, und als ich Gott nicht mehr fürchtete, zerstörte meine Weisheit meinen Reichtum. Nun sind die Städte tot, über die ich regierte, mein Reich leer, das mir anvertraut worden war, eine blauschimmernde Wüste, und irgendwo um einen kleinen, gelben, namenlosen Stern kreist, sinnlos, immerzu, die radioaktive Erde. Ich bin Salomo, ich bin Salomo, ich bin der arme König Salomo.
Er geht auf sein Zimmer. Nun ist der Salon leer. Nur noch die Geige Einsteins ist zu hören.

Dürrenmatt hat in den ›Physikern‹ durch die konsequente Steigerung der Spannung vom Mord an den Krankenschwestern über die Aufdeckung der Identität der beiden Agenten bis hin zur völlig überraschenden Wende am Ende aus einem eher spröden Stoff eine den Zuschauer in Atem haltende Action-story geformt, in der der Überraschungseffekt, der Zufall eine entscheidende Rolle spielt, wie es aus

Kriminalgeschichten geläufig und für eine Komödie konstitutiv ist. Die These 8 aus den 21 Punkten zu den ›Physikern‹: »Je planmäßiger die Menschen vorgehen, desto wirksamer vermag sie der Zufall zu treffen« bewahrheitet sich vornehmlich am Beispiel der zentralen Gestalt des Spiels, des genialen Physikers Möbius.

Möbius ist, wie er den beiden Agenten erklärt, im Bewußtsein seiner persönlichen Verantwortung für den Fortbestand der Menschheit aus seiner bürgerlichen Existenz ausgestiegen, um den Rest seines Lebens hinter der Maske des Irrsinns zu verbringen. In bemerkenswerter Selbstlosigkeit hat er persönliches Glück, Ruhm, Reichtum dem allgemeinen Interesse untergeordnet:

MÖBIUS: Es gibt Risiken, die man nie eingehen darf: Der Untergang der Menschheit ist ein solches. Was die Welt mit den Waffen anrichtet, die sie schon besitzt, wissen wir; was sie mit jenen anrichten würde, die ich ermögliche, können wir uns denken. Dieser Einsicht habe ich mein Handeln untergeordnet. Ich war arm. Ich besaß eine Frau und drei Kinder. Auf der Universität winkte Ruhm, in der Industrie Geld. Beide Wege waren zu gefährlich. Ich hätte meine Arbeiten veröffentlichen müssen, der Umsturz unserer Wissenschaft und das Zusammenbrechen des wirtschaftlichen Gefüges wären die Folgen gewesen. Die Verantwortung zwang mir einen anderen Weg auf. Ich ließ meine akademische Karriere fahren, die Industrie fallen und überließ meine Familie ihrem Schicksal. Ich wählte die Narrenkappe. Ich gab vor, der König Salomo erscheine mir, und schon sperrte man mich in ein Irrenhaus.

Mit der Veröffentlichung seiner Arbeiten hätte Möbius einen verhängnisvollen Automatismus in Gang gesetzt: den Umsturz der Wissenschaft und den Zusammenbruch des wirtschaftlichen Gefüges. Seine bahnbrechenden Entdeckungen wären nicht im umhegten Raum der reinen Wissenschaft verblieben, sondern hätten die Begehrlichkeit der Technologen und vor allem der Politiker erregt, denen jedes Mittel recht ist, die eigene Macht zu mehren, und die auch über die Möglichkeiten verfügen, die Theorie in Praxis umzusetzen. Daß es soweit kommen konnte, sieht Möbius darin begründet, daß die Menschheit mit dem Tempo, in dem sich die Wissenschaft entwickelt habe, nicht Schritt halten könne:

MÖBIUS: Wir sind in unserer Wissenschaft an die Grenzen des Erkennbaren gestoßen. Wir wissen einige genau erfaßbare Gesetze, einige Grundbeziehungen zwischen unbegreiflichen Erscheinungen, das ist alles, der gewaltige Rest bleibt Geheimnis, dem Verstande unzugänglich. Wir haben das Ende unseres Weges erreicht. Aber die Menschheit ist noch nicht so weit. Wir haben uns vorgekämpft, nun folgt uns niemand nach, wir sind ins Leere gestoßen. Unsere Wissenschaft ist schrecklich geworden, unsere Forschung gefährlich, unsere Erkenntnisse tödlich. Es gibt für uns Physiker nur noch die Kapitulation vor der Wirklichkeit. Sie ist uns nicht gewachsen. Sie geht an uns zugrunde. Wir müssen unser Wissen zurücknehmen, und ich habe es zurückgenommen. Es gibt keine andere Lösung, auch für euch nicht.

Möbius faßt seinen Standpunkt in Thesen zusammen, die nicht näher geklärt oder weiter diskutiert werden. So fordert er zuvor, es müsse alles getan werden, den Untergang der Menschheit zu verhindern, ohne zu fragen, ob denn eine Menschheit, die dabei ist, sich selbst zu vernichten, den Fortbestand verdient. In der zuletzt zitierten Passage sieht der Physiker in der Wissenschaft die Grenzen des Erkennbaren erreicht, hält aber die Menschheit (noch?) nicht für reif, diese Erkenntnisse zu verkraften; ob und wie ein solcher Zustand der Reife erreicht werden könnte, welche Entwicklung der Mensch zu nehmen hätte, um der Wissenschaft gewachsen zu sein, darüber läßt sich nur spekulieren. Keine Spur von Optimismus ist auszumachen, nur bittere Resignation; die Wissenschaft hat ihre Unschuld verloren, sie ist schrecklich geworden, die Forschung als Betätigungsfeld menschlichen Erfindungsgeistes wird als gefährlich eingestuft, die Ergebnisse der Forschung, die neuen Erkenntnisse, vermitteln keine Entdeckerfreude, sondern bringen den Tod. Angesichts der gravierenden Diskrepanz zwischen Physik und Wirklichkeit bleibt, so folgert Möbius, dem Physiker nur die Kapitulation in der Form einer Zurücknahme des neuen Wissens. Er übersieht freilich dabei, daß ein solches Verfahren keinen beständigen Erfolg garantiert: »Alles Denkbare wird einmal gedacht. Jetzt oder in der Zukunft.« Freilich könnte Möbius dieser These der Ärztin entgegenhalten, daß dazu erst ein ähnlich genialer Wissenschaftler wie er selbst am Werk sein müßte, der sich dann auch wieder ganz persönlich zu entscheiden hätte, ob er der Menschheit seine Erkenntnisse zumuten könne.

Das von der Vernunft diktierte planmäßige Vorgehen läßt Möbius nicht nur den Weg ins Irrenhaus nehmen, seine Familie verlassen und seine Aufzeichnungen verbrennen, sondern auch zum Mörder werden, um sich die Rückkehr in die Normalität zu verbauen. Er empfindet die Ermordung seiner Krankenschwester als eine schreckliche Tat, setzt aber den einen Mord in Relation zu den millionenfachen Morden, die er durch die Rücknahme seines Wissens verhindert, und macht so eine gefährliche Rechnung auf. In seinem planmäßigen Vorgehen, drohendes Unheil zu verhindern, ist Möbius ein später Nachfahre des griechischen Heros Ödipus, mit dem ihn nicht nur der Gleichlaut der Vokale des Namens verbindet. Beide werden sie gerade durch ihr planmäßiges Vorgehen Opfer des Zufalls.

Der erste Zufall, der Möbius' Pläne durchkreuzt, besteht in der Tatsache, daß die Geheimdienste zweier gegnerischer politischer Systeme gleichzeitig Wind von den bahnbrechenden Entdeckungen des

Wissenschaftlers bekommen und gleichzeitig je einen hochkarätigen Physiker in standesgemäßer Tarnung als Agenten auf ihn ansetzen. Mit der Enttarnung der beiden vermeintlichen Leidensgenossen, die jeweils ihre Krankenschwester töten mußten, um ihre brisante und kostspielige Mission nicht zu gefährden, bieten sich dem überraschten Möbius plötzlich Alternativen zu seinem freiwilligen Irrenhausaufenthalt. Zuerst bekommt er von Einstein/Eisler das Angebot, in die Dienste seines Staates zu treten, da er als Genie Allgemeingut sei und die Pflicht habe, auch den Nicht-Genialen die Türe aufzuschließen. Sogar die Verleihung des Nobelpreises innerhalb einer Jahresfrist wird garantiert. Möbius zeigt sich über diese scheinbare Uneigennützigkeit amüsiert: er bestätigt, daß er entgegen der Annahme der Geheimdienste alle seine Forschungsvorhaben bis hin zur Weltformel und zum System aller möglichen Erfindungen zu einem Ende gebracht, daß er jedoch auch die Auswirkungen seiner Entdeckungen studiert hat und zu einem verheerenden Resultat gekommen ist: »Neue unvorstellbare Energien würden freigesetzt und eine Technik ermöglicht, die jeder Phantasie spottet, falls meine Untersuchung in die Hände der Menschen fiele.« Damit scheint es von vornherein ausgeschlossen, daß er sich durch die unterschiedlichen Argumente der beiden Agenten zu einer Revision seiner Entscheidung werde bewegen lassen:

NEWTON: Es geht um die Freiheit unserer Wissenschaft und um nichts weiter. Wer diese Freiheit garantiert, ist gleichgültig. Ich diene jedem System, läßt mich das System in Ruhe. Ich weiß, man spricht heute von der Verantwortung der Physiker. Wir haben es auf einmal mit der Furcht zu tun und werden moralisch. Das ist Unsinn. Wir haben Pionierarbeit zu leisten und nichts außerdem. Ob die Menschheit den Weg zu gehen versteht, den wir bahnen, ist ihre Sache, nicht die unsrige.

EINSTEIN: Zugegeben. Wir haben Pionierarbeit zu leisten. Das ist auch meine Meinung. Doch dürfen wir die Verantwortung nicht ausklammern. Wir liefern der Menschheit gewaltige Machtmittel. Das gibt uns das Recht, Bedingungen zu stellen. Wir müssen Machtpolitiker werden, weil wir Physiker sind. Wir müssen entscheiden, zu wessen Gunsten wir unsere Wissenschaft anwenden, und ich habe mich entschieden. Sie dagegen sind ein jämmerlicher Ästhet, Kilton. Warum kommen Sie dann nicht zu uns, wenn Ihnen nur an der Freiheit der Wissenschaft gelegen ist? Auch wir können es uns schon längst nicht mehr leisten, die Physiker zu bevormunden. Auch wir brauchen Resultate. Auch unser politisches System muß der Wissenschaft aus der Hand fressen.

Newton/Kilton geht es um die Freiheit der Wissenschaft; an die Folgen zu denken, wie Möbius, sieht er nicht als Aufgabe des Physikers. Er soll von dem System, dem er dient, in Ruhe gelassen werden und sich nicht durch das zufällig eben aktuelle Gerede von der Verantwortung des Wissenschaftlers verunsichern lassen. Die Verantwortung haben allein die zu tragen, die die Forschungsergebnisse nutzen, also die Technologen, die Politiker und die Militärs.

Einstein/Eisler dagegen klammert die Verantwortung des Physikers nicht aus, aber er sieht sie nicht in Verbindung mit den Folgen einer technologischen Nutzung wissenschaftlicher Erkenntnisse, sondern in der Entscheidung, welchem der widerstreitenden politischen Systeme der Physiker die Auswertung seiner Erfindungen in die Hand gibt.

Auf die Frage nach den realen Arbeits- und Lebensbedingungen der Wissenschaftler in jedem der beiden Staaten bekommt Möbius freilich eine nahezu identische Auskunft, so daß er resignierend feststellt: »Jeder preist mir eine andere Theorie an, doch die Realität, die man mir bietet, ist dieselbe: ein Gefängnis. Da ziehe ich mein Irrenhaus vor.«

Noch ahnt er nicht, daß der von der Einsicht in seine Verantwortung geprägte Entschluß, die Narrenkappe zu wählen, um die Menschheit vor Schaden zu bewahren, durch einen weiteren Zufall das Gegenteil dessen bewirkt hat, was beabsichtigt war. Der Irrenärztin, in deren Obhut er sich gutgläubig begeben hat, ist nicht an der medizinischen Betreuung ihres Patienten gelegen. Heimtückisch hat sie sich in den Besitz von Möbius' Aufzeichnungen gebracht und ist dabei, sie im Auftrag des Königs Salomo skrupellos für ihre eigenen Interessen und zum Schaden für die Menschheit zu nutzen.

Im Gegensatz zu Möbius, der nur vorgibt, von Salomo Instruktionen zu bekommen, um damit seinen Irrsinn zu dokumentieren, glaubt Mathilde von Zahnd, von wahnwitziger Geltungssucht beseelt, allen Ernstes, mit der biblischen Gestalt in Kontakt zu stehen und in ihrem Auftrag zu handeln: Salomo sei von den Toten auferstanden, um die Macht wieder zu übernehmen, die ihm einst gehört habe, und habe deshalb seine Weisheit enthüllt. Sie verrät damit, daß sie die einzige wirklich Verrückte in der Runde ist und daß das Schicksal der Menschheit und der Erde in den Händen einer Irren liegt.

Salomo fungiert im Drama als allegorische Gestalt in zweifachem Sinn: Für die Ärztin verkörpert er die Legitimation ihrer unumschränkten Herrschaft, für Möbius dagegen den Fluch der bahnbrechenden physikalischen Entdeckungen und Erfindungen:

Er ist nicht mehr der große goldene König, der Sulamith besingt und die Rehzwillinge, die unter Rosen weiden, er hat seinen Purpurmantel von sich geworfen (...), nackt und stinkend kauert er in meinem Zimmer als der arme König der Wahrheit, und seine Psalmen sind schrecklich ...:

Ein Psalm Salomos, den Weltraumfahrern zu singen

Wir hauten ins Weltall ab.
Zu den Wüsten des Monds. Versanken in ihrem Staub
Lautlos verreckten
Manche schon da. Doch die meisten verkochten
In den Bleidämpfen des Merkurs, lösten sich auf
In den Ölpfützen der Venus, und
Sogar auf dem Mars fraß uns die Sonne
Donnernd, radioaktiv und gelb

Jupiter stank
Ein pfeilschnell rotierender Methanbrei
Hing er so mächtig über uns
Daß wir Ganymed vollkotzten

Saturn bedachten wir mit Flüchen
Was dann weiter kam, nicht der Rede wert

Uranus, Neptun
Graugrünlich, erfroren
Über Pluto und Transpluto fielen die letzten
Unanständigen Witze.

Hatten wir doch längst die Sonne mit Sirius vewechselt
Sirius mit Kanopus

Abgetrieben trieben wir in die Tiefen hinauf
Einigen weißen Sternen zu
Die wir gleichwohl nie erreichten

Längst schon Mumien in unseren Schiffen
Verkrustet von Unrat

In den Fratzen kein Erinnern mehr
An die atmende Erde

Daß dieses groteske Geschehen durch die Wahrung der drei Einheiten des Aristoteles in die strenge Form einer klassischen Tragödie gefaßt ist, wirkt wie ein Hohn auf diesen Dramentypus, dessen ursprüngliches Personal hier durch falsche oder echte Irre ersetzt ist und das nicht auf dem Forum der Haupt- und Staatsaktionen, sondern in einer Nervenheilanstalt spielt. Sicherlich verdient der sittliche Ernst des Physikers Möbius unseren Respekt, aber sein Opfer erweist sich nicht nur als sinnlos, es beschleunigt sogar noch den Weg in die Katastrophe; Schuld und Verantwortung des Individuums sind zu irrelevanten Kategorien geworden. So heißt es in den 21 Punkten zu diesem Stück: »Jeder Versuch eines einzelnen, für sich zu lösen, was alle angeht, muß scheitern.« Die Frage nach der persönlichen Verantwortung des Naturwissenschaftlers in der modernen Welt ist müßig. Alle am sogenannten Fortschritt der Technik beteiligten oder interessierten Personen, die Theoretiker wie die Techniker, die Politiker wie die Militärs, sind in gleicher Weise verantwortlich für das weitere Schicksal der Menschheit und können das Problem nur gemeinsam lösen. Oder es erfüllt sich die Vision der Schlußworte des Physikers Möbius in den ›Physikern‹: »... und irgendwo um einen kleinen, gelben, namenlosen Stern kreist, sinnlos, immerzu, die radioaktive Erde ...«

Daß es Dürrenmatt mit dieser am Ende des Stücks durch Möbius vorgetragenen Sorge um die Zukunft unserer Erde ernst war, wird durch seine intensive Beschäftigung mit dem 1956 erschienenen Bestseller von Robert Jungk ›Heller als tausend Sonnen‹ (Untertitel: ›Das Schicksal der Atomforscher‹) dokumentiert. Er hat das Buch, in dem die Geschichte der Entwicklung der Atombombe nachgezeichnet wird, für die ›Weltwoche‹ selbst rezensiert.

Der Autor hat einmal auf die Frage, in welchem Verhältnis Brechts ›Leben des Galilei‹ zu seinen ›Physikern‹ stehe, erwidert, daß er keine Tragödie, sondern das Satyrspiel *vor* der Tragödie habe schreiben wollen. In einem Satyrspiel, das gemäß den Aufführungspraktiken der Antike *nach* jeweils einer Tragödientrilogie über die Bühne ging, wurde der Stoff der vorausgehenden Tragödie auf eine komisch-groteske oder auch derb-obszöne Weise verballhornt.

Im Sinne eines Satyrspiels wird in Dürrenmatts Komödie gewiß keine tatsächlich mögliche Geschichte erzählt, zu grell sind die Akzente gesetzt: eine Irrenanstalt als der Ort des Geschehens, drei Spitzenphysiker als angebliche Irre und als scheinbar skrupellose Mörder, eine wirklich Verrückte als Chefin eines Welttrusts – dieser schlimmstmögliche Sachverhalt übersteigt alle Grenzen der Vorstellungskraft und mag allenfalls modellhaft die Situation vergegenwärtigen, in der der Mensch des 20. Jahrhunderts aufgrund seiner Bedrohung durch die moderne Waffentechnik sich befindet. Erst vor dem Hintergrund dieser Schreckensvision gewinnt die in Brechts (gerade noch verhinderter) Tragödie erörterte Frage nach der Verantwortung des Naturwissenschaftlers ihre Brisanz: Brecht hat sein Stück unter dem Eindruck der Nachricht von der geglückten Spaltung des Uranatoms verfaßt. Vielleicht soll die schockierende Wirkung von Dürrenmatts »Satyrspiel vor der Tragödie« eine Rückbesinnung auf Galileis berühmten Satz im Brecht-Drama bewirken »Ich halte dafür, daß das einzige Ziel der Wissenschaft darin besteht, die Mühseligkeit der menschlichen Existenz zu erleichtern.« Das geht alle an, und »Was alle angeht, können nur alle lösen«, wie es in den 21 Punkten zu den ›Physikern‹ heißt.

Die Uraufführung der Komödie im Jahre 1962 machte wegen des ganz außergewöhnlichen Öffentlichkeitsinteresses drei Premierenabende notwendig und geriet nicht zuletzt durch die Starbesetzung (Therese Giehse als Irrenärztin, Gustav Knuth als Newton, Theo Lingen als Einstein) zu einem überwältigenden Erfolg. So »war der Beifall schier endlos für Dürrenmatts prolongierten Irrenwitz mit dem Wahnwitz der entfesselten Physik. Mehr als dreißig Vorhänge konnte man zählen.« So schrieb der Berliner Theaterkritiker Friedrich Luft in der ›Welt‹ und meldete mit seiner Formulierung vom »prolongierten Irrenwitz« deutliche Vorbehalte gegenüber dem Stück an. Treibt der Autor mit dem Modell Irrenhaus nicht doch vor allem seinen makabren Spaß mit dem Publikum? Es scheint fast so, doch die Meinung darüber blieb geteilt.

1.1.3. Provokationen

Rolf Hochhuth
Der Stellvertreter

Im Jahr 1963 war die Diskussion über ein Theaterstück mit dem Titel ›Der Stellvertreter‹ längst im Gange, ehe es auf deutschen Bühnen zu sehen war. Diskutiert wurde über eine Buchausgabe; Verfasser war ein junger Mann Anfang der Dreißiger mit Namen Rolf Hochhuth, ein völlig unbeschriebenes Blatt. Thema des Stückes, dem sein Verfasser den anspruchsvollen Untertitel ›Christliches Trauerspiel‹ gab, war die Haltung des Papstes Pius XII. Pacelli angesichts der Vernichtung deutscher und europäischer Juden im Zweiten Weltkrieg.

Der junge Hochhuth ging mit dem bislang angesehenen, ja verehrten Haupt der katholischen Kirche, das gleichwohl zu den ungeheuerlichen Verbrechen geschwiegen hatte, hart ins Gericht. Er hatte belastendes Material gesammelt und interpretiert, ließ der Buchfassung seines Dramas unter der Überschrift ›Historische Streiflichter‹ Auszüge aus Quellen und Schriften folgen, die es zu rechtfertigen schienen, das schwer verständliche Verhalten des Stellvertreters Christi anzuprangern.

Die meisten Leser der Buchfassung waren bestürzt. Hier wurde Vergangenheit, die man eigentlich schon auf sich beruhen lassen wollte, erneut aufgedeckt und so vorgeführt, daß es unverantwortlich erschien, sie als verjährt oder gar als bewältigt zu betrachten. Auch ging es nicht allein um den Papst und die Institution, der er vorstand; jeder sollte sich offenbar erneut zu einer Gewissensprüfung aufgefordert fühlen:

Im Sommer 1942 gebietet Hitler fast über das gesamte kontinentale Europa. Die Maßnahmen, die die Vernichtung der europäischen Juden zum Ziel haben, sind angelaufen; schon werden die Verfemten zusammengetrieben, in Güterzüge verfrachtet und in den Osten deportiert. Die »Endlösung« ist die Vernichtung dieser Menschen. Der

Heilige Stuhl hat bisher keinen Einspruch erhoben. Seit die Beziehungen zum Deutschen Reich durch ein Konkordat zur beiderseitigen Zufriedenheit geregelt sind, gehört es zur Politik des Vatikans, allen Konflikten aus dem Weg zu gehen.

Im August 1942 wird in der päpstlichen Nuntiatur in Berlin ein Gespräch zwischen dem Nuntius und einem Besucher aus Rom, dem jungen Jesuitenpater Riccardo Fontana, jäh unterbrochen: Ein Mann in der Uniform eines SS-Offiziers namens Gerstein ist unangemeldet zum Nuntius vorgedrungen; er beschwört ihn, den Papst zu veranlassen, möglichst umgehend gegen die Ermordung einer täglich steigenden Zahl von Juden zu protestieren. Um die Vernichtungskapazität zu erhöhen, würden in den Lagern bereits Gaskammern eingerichtet. Als der Nuntius ärgerlich-erschreckt seine Unzuständigkeit erklärt, wird der unheimliche Eindringling deutlicher:

»Exzellenz, der Vatikan paktiert mit Hitler! Sie sehen es doch auf der Straße, hier in Berlin, in Oslo, in Paris, in Kiew – seit mehr als einem Jahr sehen Sie, jeder Priester sieht, wie man die Juden fortschafft! ... Wann endlich, Exzellenz, zerreißen Sie das Konkordat?«

Der junge Priester aus Rom ist durch diese Nachrichten und Vorfälle zutiefst beunruhigt und verunsichert. Er sucht Gerstein in dessen Berliner Wohnung auf. Dieser legt nun offen, wer er in Wahrheit ist. Der gläubige Christ und Protestant gehörte als Laienoberer zur Führung der Bekennenden Kirche, jenes Flügels der Evangelischen, der Hitler ablehnte und von der Regierung scharf bekämpft wurde. Um ins Zentrum der Nazi-Macht zu gelangen, hat Gerstein sich um die Gunst und das Vertrauen einiger SS-Führer bemüht. Als Experte auf dem Gebiet technischer Medizin soll er in deren Auftrag das tödliche Gift beschaffen, das zur Vernichtung von Menschen eingesetzt werden kann. Gerstein beklagt vor Riccardo noch einmal die Untätigkeit des Vatikan. Da verspricht der junge Priester, der zu den inneren Zirkeln um Papst Pius XII. Zugang hat, seine persönlichen Beziehungen und Verbindungen zu nutzen, um baldmöglichst einen offiziellen Protest zu erwirken. Fontana erfährt auch, daß Gerstein in seiner Wohnung einen jungen Juden verborgen hält, der jetzt in höchster Gefahr ist und Berlin verlassen soll. Unversehens kann und muß sich der Pater praktisch bewähren, er hilft, indem er mit dem Juden Jakobsohn Paß und Kleidung tauscht.

JAKOBSOHN *(lächelnd):* Sie machen einen schlechten Tausch, Herr Pater: Sie geben mir die Soutane – und ich ... hier – dies – dies ist alles, was ich ... mehr hab ich nicht zu bieten: nur das Stigma der Vogelfreien.
(Alle drei schweigen. Riccardo hat den gelben Stern prüfend in die Hand genommen. Er sieht auf den Stern – blickt dann auf zu Gerstein, zu Jakob-

sohn. Schüttelt den Kopf. Fragt jetzt, während er sich den Stern in Herzhöhe einen Moment an die Soutane hält und der Vorhang sich schnell schließt –)
RICCARDO: Hier?

In der 1. Szene des 2. Akts mag man sich an Schillers ›Wallenstein‹ erinnert fühlen; wie Max und Oktavio Piccolomini stehen sich Riccardo und sein Vater gegenüber, erwächst auch hier die Spannung aus der Gegenüberstellung von alt und jung. Wenn Riccardo jugendlicher Elan auszeichnet, so den Vater, der, obwohl Laie, als Rechtsbeistand der Kurie einen hohen Rang innehat, Besonnenheit und Besorgtheit. Beide wissen: alles wird vom Papst abhängen; wird er aus seiner Zurückhaltung heraustreten? Zu Vater und Sohn Fontana gesellt sich der Kardinal, ein Berater und enger Vertrauter des Papstes. Er ist ein gewiegter Diplomat, der in seinem politischen Kalkül der Moral nicht immer den ersten Platz einräumt. Den Feuerkopf Riccardo versucht er durch milde Ironie auf den Boden der Tatsachen zu holen.

Inzwischen werden in den römischen Straßen rings um den Vatikan jüdische Familien aus den Häusern geholt, in den Keller des SS-Hauptquartiers gebracht und dort festgehalten. Wird diese offensichtliche Provokation den Papst endlich dazu bringen, seine ängstlich gewahrte neutrale Haltung aufzugeben, wirksam zu protestieren, vielleicht das Konkordat zu kündigen?

Im 4. Akt betritt der Heilige Vater zum erstenmal selbst die Bühne. Hochhuth legt die Handlung so an, daß Pius XII. kaum Sympathien gewinnen kann. Seine erste und offenbar vordringliche Sorge ist es, den umfangreichen Besitz der Kirche in aller Welt vor Zugriffen zu bewahren. Auch seine Äußerungen über Staatsräson und zweckmäßige Politik nehmen nicht für ihn ein: Das »Reich« in der Mitte Europas soll als Bollwerk gegen den gefährlichen Bolschewismus erhalten bleiben. Der Papst will von dem bisher verfolgten politischen Kurs nicht abgehen, will Hitlers Herausforderung keine angemessene klare Antwort erteilen. Sogar der Kardinal rät nun zum Handeln; er fällt dem Papst ins Wort und will den Text zugunsten der Juden präzisieren – doch vergebens. Kurz darauf spitzt sich der Dialog zu, die Gegensätze verschärfen sich. Riccardo ficht mit dem Papst das unvermeidliche Duell aus.

SCHREIBER *(verneigt sich):* Euer Heiligkeit haben – wenn ich in Demut daran erinnern darf, noch nicht unterzeichnet.
(Während er auf den Papst zugeht, der in äußerster Gereiztheit nach der hingehaltenen Schreibmappe greift, hat Riccardo sich den Judenstern, den er bei sich trug, an die Soutane geheftet. Das sieht jetzt der Papst. Er findet keine Worte. Er greift oder tastet eher, den Blick auf Riccardo konzentriert, nach dem goldenen Schreibgerät, das ihm der Mönch hinhält, um die Feder ins Tintenfaß zu tauchen. Es sollte ein Gänsekiel sein, so, wie der Papst auch

am 1. November 1950 das Dogma von der Himmelfahrt Marias mit Gänsefeder unterzeichnet hat. Er taucht wie abwesend die Feder in die Tinte, und während er zur Unterschrift ansetzt, sagt der –)

KARDINAL *(atemlos erbittert):* Herr Minutant – nun vergessen Sie sich! Entfernen Sie – dies – da! Gehen Sie,
was erlauben Sie sich im Angesicht des Heiligen Vaters!
Blasphemie ... an einem Priesterkleide ...
Blasphemie.

FONTANA *(bittend):* Riccardo – nicht, bitte ...

RICCARDO *(unbeirrt, leidenschaftlich):* Heiligkeit, Sie unterzeichnen da
für Hitler eine Blankovollmacht,
so mit den Juden zu verfahren,
wie seit je ...
(Während der Papst in höchster Erregung schnell unterzeichnet, gleitet ihm die Feder aus den Fingern, er beschmutzt sich die Hand mit Tinte und hält sie vorwurfsvoll so, daß man das sieht.)

KARDINAL *(hat sofort nach Riccardos Worten ausgerufen):*
Schweigen Sie! Heiliger Vater,
ich bitte Sie in Demut, brechen wir
diesen Auftritt ab!
(Der Papst hat sich soweit gefangen, daß er wieder reden kann. Es geht stockend, wenn auch ohne Stottern, das den Kardinal Pacelli öfter, den Papst nur selten befallen hat.)

PAPST: Im Namen der Opfer ... – auch diese ... diese
Anmaßung noch! – Und diese Ungezogenheit – da mit dem Stern am Kleid der Diener Christi!
(Er sieht jetzt wieder auf seine mit Tinte bekleckste Hand und zeigt sie, sonst so peinlich gepflegt, tiefgekränkt den Umstehenden, wie eine Wunde. Der Kardinal drängt den Schreiber mit einem Befehl hinaus und deutet dann, zu Riccardo gewendet, entsetzt auf die Brust, an die Stelle, wo bei Riccardo der Davidstern angeheftet ist.)

RICCARDO *(hat auf den Vorwurf des Papstes sofort geantwortet):*
Hier dieser Stern, den jeder Jude,
zum Zeichen, daß er vogelfrei ist,
vom sechsten Lebensjahr an zu tragen hat –
ich werde ihn *so lange* tragen ...

PAPST *(zitternd vor Zorn):* Das wird er *nicht* tun!
Wir verbieten ihm – verbieten –
an der Soutane ... dies – da ...
(Er bricht ab, weil die Sprache zu versagen droht.)

RICCARDO *(fast ruhig, sachlich):* Ich werde diesen Stern so lange tragen,
bis Euer Heiligkeit vor aller Welt
den Mann verfluchen, der Europas
Juden viehisch ermordet ...

PAPST *(geht jetzt beim Diktat auf und ab):*
Nachdem der Papst sich, wie man weiß, vergebens bemüht hat, den Ausbruch des Krieges zu verhindern, indem er ... indem er ... die Leiter der Völker warnte, zu der heute so entsetzlichen Gewalt der Waffen zu greifen,

hat er es nicht unterlassen, von allen in seiner Macht stehenden Mitteln Gebrauch zu machen, um die Leiden zu lindern, die ... die in ... in *irgendeiner* Form Folgen des ungeheuren Weltbrandes sind. Mit dem Anwachsen so vieler Leiden hat sich die universale und väterliche Hilfstätigkeit des Papstes noch vermehrt – Semikolon. Vermehrt; sie kennt – das ist *gesperrt* zu drucken – ...

SCHREIBER *(mit sehr dünner Stimme):*
Sehr wohl, Heiligkeit: das ist gesperrt zu drucken.

PAPST *(mit großer Geste und erhobener Stimme):*
... kennt keinerlei Grenzen, Komma, weder der Nationalität, Komma, noch der Religion, noch der *Rasse.*
(Zu den Fontanas:) Zufrieden, ihr Lieben im Herrn?

KARDINAL *(scheinbar beeindruckt):* Auch der *Rasse,* Heiliger Vater, ja, das ist ja *brennend* aktuell, nicht wahr. Doch sollte man hier noch, wenn ich in Dankbarkeit und Demut, ja, nicht wahr, anfügen darf – ergänzen, ja bitte: *(Zum Schreiber gewandt, mit Pathos:)* Diese vielgestaltige und rastlose Aktivität Pius' XII. *(er verneigt sich, auch der Pater)* hat sich in diesen letzten Zeiten noch vertieft durch die nun auch in Rom, der Ewigen Stadt, vorgenommene Verhaftung der Israeliten, die ...

PAPST *(heftig, abwinkend):* Nein, Eminenz, nein doch, nein! Nicht so direkt und nicht so detailliert: das wäre ja schon eine Stellungnahme zum Kriegsgeschehen. Der Heilige Stuhl soll dem *neutralen* Geiste eine Wohnstatt bleiben. *(Ungeduldig:)* Nicht so direkt ... also, Schreiber: was kam, bevor von Rom und von den Juden da direkt gesprochen wurde?

SCHREIBER *(aufstehend, sich verneigend, sehr dünne Stimme):* Diese vielgestaltige und rastlose Aktivität Pius' XII. *(Kniefall, dann weiter stehend)* hat sich in diesen letzten Zeiten noch vertieft durch ... durch war das letzte Wort, Euer Heiligkeit.

PAPST: Nun sagen Wir: durch die erhöhten ... ja: durch die *erhöhten* Leiden so ... so *vieler* Unglücklicher.
Eminenz, Wir denken, das ist *umfassender,* als wenn Wir nur die Juden hier erwähnen.

Wohin führt Riccardo Fontanas Aufbegehren? Für den jungen Priester verstößt das Handeln seines höchsten Vorgesetzten gegen den Willen Gottes und gegen den der Kirche erteilten Auftrag.

Gott soll die Kirche nicht verderben,
nur weil der Papst sich seinem Ruf entzieht!

sind Riccardos letzte Worte in seinem großen Auftritt. Es kann nicht bei der Anklage bleiben; Riccardo muß durch die Tat beweisen, daß er als Priester und Christ seinen Glauben lebt. Mit dem Stern auf der Brust begleitet er die römischen Juden nach Auschwitz.

Hochhuth schrieb einen 5. Akt, dessen Handlung frei erfunden war und der im Vernichtungslager spielen sollte. Dabei stand er vor dem schwierigen Problem, ein Stilprinzip zu finden, das geeignet war,

Auschwitz »sichtbar« zu machen. Der zum Martyrium bereite Priester trifft auf den Doktor, der an der Rampe die Angekommenen selektiert. Dieser Herr über Leben und Tod verwickelt Riccardo in einen philosophisch-theologischen Disput, in dem jeder seiner Sätze den vorhergehenden an Zynismus und Blasphemie übertrifft. Der Teufel in SS-Uniform will, daß der Pater seinen Glauben verliert, und schickt ihn zur Arbeit an die Öfen. Tausende vergaster, ineinander verkrallter Menschenleiber sind hier so zu schichten, daß sie ohne Funktionsstörung verbrannt werden können.

Danach flicht Hochhuth die Handlungsfäden zu einem regelrechten »Showdown«. Gerstein und der Jude Jakobsohn tauchen wieder auf. Gerstein ist gekommen, um Riccardo mit einem fingierten Befehl aus dem Lager herauszulotsen. Der Priester, überzeugt, daß er im Lager die Kirche zu vertreten hat, weigert sich zu folgen. So soll Jakobsohn, abermals als Priester verkleidet, hinausgebracht werden. Doch der Doktor, der den wahren Riccardo ja kennt, hat Gersteins gewagtes Spiel längst durchschaut. Er läßt den bekennenden Christen in der Uniform der SS verhaften und entwaffnen. Riccardo bemächtigt sich der Pistole Gersteins, richtet sie auf den Doktor, wird aber im selben Augenblick von einer Salve aus der Maschinenpistole des Wachmanns getroffen.

Hochhuth wurde wegen dieses Schlusses heftig gescholten. Leser und Kritiker empfanden den gesamten 5. Akt als mittelmäßige Kinovorstellung. Man warf ihm vor, er habe die vom Thema geforderten Qualitätsansprüche nicht erfüllt, und zwar weder in moralischer noch, und dies ganz besonders, in ästhetischer Hinsicht. Bald dehnte sich die scharfe Kritik auf das gesamte Stück aus.

Angesichts der selbstgestellten Herausforderung, aus dem »erdrükkenden Rohmaterial der Fakten« ein »Ganzes der Kunst und Wahrheit« gestalten zu wollen, fühlte sich der junge Mann auf Schillers Geschichtsdramen verwiesen; er beruft sich auch ausdrücklich auf ihn. Die Anleihen aus dessen Dramenkonzeption wurden denn auch sofort bemerkt, und Hochhuth mußte sich als Schiller-Epigone tadeln lassen. Er hatte ein Drama in fünf Akten verfaßt, es gibt einen idealistischen jungen Helden, der den richtigen Standpunkt verficht und schließlich für die gute Sache auch die schwersten Opfer auf sich nimmt; in bedeutenden Szenen und an den Höhepunkten schlägt die sonst nüchterne Prosa in poetisch-rhythmische Sprache um – etwa, als Riccardo vor dem Papst die Entfernung des Judensterns verweigert:

RICCARDO: Hier dieser Stern, den jeder Jude, zum Zeichen, daß er vogelfrei ist, vom sechsten Lebensjahr an zu tragen hat – ich werde ihn *so lange* tragen … …

[…]

bis Euer Heiligkeit vor aller Welt den Mann verfluchen, der Europas Juden viehisch ermordet.

Wer soll da nicht an Schillers ›Don Carlos‹ denken? Auch der Altmeister des »linken« politischen Theaters, Erwin Piscator, der Hochhuths ›Stellvertreter‹ als erster in Berlin inszenierte, sprach in seinem Vorwort zur Buchausgabe von einem »Geschichts-Drama im Schillerschen Sinn«. Für ihn lag die Betonung auf Geschichts-Drama, und um Geschichte ging es wohl auch Rolf Hochhuth in erster Linie. Während Schiller nach seinen oft umfangreichen Quellen- und Materialstudien ohne Bedenken die poetische Wahrheit der historischen überordnete, scheint es bei Hochhuth eher umgekehrt zu sein; möglichst vieles sollte belegbar sein.

Hochhuth hat auch versucht, den marxistischen Literaturwissenschaftler Georg Lukács zu seinem Anwalt zu machen. Lukács hatte gefordert, der »besondere, der konkrete Mensch« müsse »Ausgangs- und Endpunkt der Gestaltung« sein. Darin sah Theodor W. Adorno, der sich in einem an Hochhuth gerichteten offenen Brief zum ›Stellvertreter‹ äußerte, eine gefährliche Versuchung.

Adorno kritisiert, daß die »Herren« als »besondere, konkrete Menschen« und Entscheidungsträger ein zu großes Gewicht erhielten gegenüber den Opfern, die nur in Episoden aus einigen Einzelschicksalen erfaßt würden. Es fehle auch der »Durchblick auf die Machtverhältnisse«. »Das Ganze« fange nicht irgendwo im Jahr 1942 an. Andererseits sei das Unternehmen der planmäßigen Vernichtung von Millionen Menschen nach wie vor zu unbegreiflich und absurd, um dafür nachträglich einem Papst einen erklecklichen Teil der Schuld zuzuschieben. »Die Absurdität des Realen«, befindet Adorno, »drängt auf eine Form, welche die realistische Fassung zerschlägt.« Er traut der Literatur kaum zu, einen Ausweg aus dem Dilemma zu finden, und nennt als Beispiele für eine Lösung »verfremdende« Formen der Darstellung in der modernen Musik und Malerei. Einen solchen Ausweg sucht fast zur gleichen Zeit auch Peter Weiss, der zum »Architekten« und Theoretiker des dokumentarischen Theaters geworden ist.

Peter Weiss
Die Verfolgung und Ermordung Jean Paul Marats dargestellt durch die Schauspielgruppe des Hospizes zu Charenton unter Anleitung des Herrn de Sade

Das Stück, das den Namen Peter Weiss recht eigentlich bekannt gemacht hat und Regisseure zu Inszenierungen anregte, die mit Staunen verfolgt und mit stürmischem Beifall bedacht wurden, hat einen ungewöhnlichen, zugleich aber »sprechenden« Titel, den man sich einmal auf der Zunge zergehen lassen muß. Man könnte sich vorstellen, daß auf dem Jahrmarkt eine schaurige Moritat mit ähnlichen Worten angekündigt wurde; ein Sänger hätte sie mit Pathos und übertreibender Mimik vorgetragen und dabei auf grellbunte Horrorbilder gezeigt.

Mit einer solchen Jahrmarktdarbietung vor Augen kommt man dem Theaterkonzept von Peter Weiss schon sehr nahe, ihn hatten Schaubudennummern mit allem Drum und Dran schon immer fasziniert. Mit dem ›Marat/Sade‹ wurde die Schaubudendramaturgie für das moderne deutsche Theater neu entdeckt.

Das Stück hatte am 29. April 1964 in Berlin Premiere. Das Publikum sah von Anfang an ein Spiel auf zwei Ebenen: auf einer Tribüne saßen die Familie des Hospizdirektors und womöglich einige Honoratioren, die Zuschauer von damals also. Das Hospiz von Charenton ist eine Irrenanstalt, die es in der Napoleonischen Zeit in Frankreich tatsächlich gegeben hat und in der auch Theateraufführungen stattfanden. Zum Ort der Handlung, einem Mehrzweckraum, macht der Leiter der Anstalt, Herr Coulmier, sogleich einige Ausführungen.

Als Direktor der Heilanstalt Charenton
heiße ich Sie willkommen in diesem Salon
Wir haben es dem hier ansässigen Herrn de Sade zu verdanken
daß er zu Ihrer Unterhaltung und zur Erbauung der Kranken
ein Drama ersonnen und instruiert
und es jetzt zur Aufführung ausprobiert
Wir bitten Sie uns Ihre Aufmerksamkeit zu gönnen
denn alle spielen so gut sie können
doch ihre einzige Bühnenerfahrung
erwarben sie hier in der Verwahrung
Als moderne und aufgeklärte Leute
sind wir dafür daß bei uns heute
die Patienten der Irrenanstalt
nicht mehr darben unter Gewalt
sondern sich in Bildung und Kunst betätigen
und somit die Grundsätze bestätigen
die wir einmal im feierlichen Dekret
der Menschenrechte für immer geprägt
Das Stück unter der Leitung des Herrn Alphonse de Sade
lassen wir stattfinden in unserm Bad
und hierbei sind uns nicht im Wege
die technischen Errungenschaften der Körperpflege
im Gegenteil sie bilden die Szenerie
zu Herrn de Sades Dramaturgie

Bei dieser Begrüßung mögen sich unter den Theaterbesuchern der sechziger Jahre einige gefragt haben: Sind wir eigentlich auch gemeint, oder spricht er nur zu denen auf der Tribüne? Sie *waren* auch gemeint und sollten im Verlauf der 33 Szenen aufhorchen, wenn nicht nur vor ihnen gespielt, sondern in kaum zu überhörender Weise auf sie angespielt wurde.

Dem eingangs erwähnten Jahrmarktsänger entspricht im Stück der Ausrufer. In der 4. Szene, die ›Präsentation‹ überschrieben ist, stellt er die leibhaftig auf der Bühne stehenden, noch stummen Figuren dem Publikum vor. Alle sind Insassen der Irrenanstalt. Die Zuschauer haben mit dem Badesaal ständig das ganze Spielpanorama vor Augen; Vorhänge und Kulissen erübrigen sich. Einzelnen Figuren sind Requisiten oder Gruppenensembles zugeordnet, die zur Ausstattung oder zum Personal der Anstalt gehören. So sitzt Marat, der an einer psychosomatischen Hautkrankheit leidet, in einer Badewanne, weil durch kalte Bäder der Juckreiz gelindert werden soll. Seine Mörderin, die als Patientin immer wieder von Schlafsucht befallen wird, muß, wo sie geht und steht, von Pflegerinnen geführt und betreut werden. Kein Spieler geht ganz in seiner Rolle auf, alle sind ins Zwielicht der Doppelung getaucht.

Dieses Verfahren der Doppelung setzt sich fort auf der Ebene der Zeit und bei der Zusammensetzung der Anstaltsinsassen. So wie das Spiel angelegt ist, kann der Ausrufer mit einem Satz kundtun, daß sich das Geschehen sowohl am 13. Juli 1808 (Tag der Aufführung), als auch am 13. Juli 1793 (Tag der Ermordung Marats) abspielt. Von ihm erfahren die Zuschauer auch, daß in der Anstalt nicht nur Geisteskranke, sondern auch Landstreicher und politisch Radikale untergebracht sind, Leute also, von denen man befürchtet, daß sie die Ordnung stören könnten. Die vier Sänger etwa, die die Handlung musikalisch untermalen und akzentuieren, waren Vagabunden und vertreten damit zugleich den vierten Stand, das niedere Volk, die Armen.

In der ›Präsentation‹ läßt der Ausrufer noch nichts über politische Ereignisse und Positionen verlauten; die Gegensätze werden erst in den großen sogenannten ›Konfrontationen‹ aufgerollt.

Marat steht, wie Autor Weiss selbst erklärt, für »Idee und Programm einer politischen und sozialen Umwälzung«. Der Mensch ist demnach fähig, sein Schicksal und das der Gattung selbst in die Hand zu nehmen; er kann das Bestehende und natürlich Gegebene ändern, es bestimmten Zwecken unterwerfen:

In der großen Gleichgültigkeit
erfinde ich einen Sinn
Anstatt reglos zuzusehn
greife ich ein
und ernenne gewisse Dinge für falsch
und arbeite daran sie zu verändern und zu verbessern
Es kommt drauf an
sich am eigenen Haar in die Höhe zu ziehn

sich selbst von innen nach außen zu stülpen
und alles mit neuen Augen zu sehn

Marat spricht hier nicht nur über die konkrete Lage im Juli 1793, er umreißt vielmehr ein allgemeines Revolutionsmodell. Die Vokabeln »verändern« und »verbessern« hörten die Zuschauer Mitte der sechziger Jahre so häufig im eigenen Land, daß sie fast schon Parolen geworden waren. Indem Weiss sie hier verwendet, stellt er den Bezug des Geschehens auf der Bühne zur Gegenwart her.

Widerpart, Verkörperung eines gegenteiligen Prinzips ist de Sade, von dem der Ausrufer in der ›Präsentation‹ bemerkt, er weile in der Anstalt »unter eines anrüchigen Ruhmes Stern«. Der historische Marquis de Sade lebte im späten 18. Jahrhundert seine Triebphantasien in pornographischen Schriften und Romanen aus: das Zufügen und Erleiden von körperlichem Schmerz steigere, so lehrte er und so malte er es aus, die sexuelle Lust. Man hatte, was sich der Marquis herausnahm, als Frevel gegen Gottes Ordnung und Gebote verurteilt; de Sade wurde eingekerkert und später als pathologischer Fall in die Anstalt eingewiesen.

Der de Sade des Stücks hatte die Revolution begrüßt, endlich wurde »den monströsen Vertretern einer untergehenden Klasse« – er gehörte zu ihr – die Macht entzogen. Bald allerdings erfüllte ihn mit Widerwillen, daß die Revolution entartete zu »eine[r] mechanische[n] Vergeltung ausgeführt in einer stumpfen Unmenschlichkeit in einer eigentümlichen Technokratie«. Der de Sade des Peter Weiss rückt das massenhafte Töten und Sterben, das durch die Guillotine immer schneller vonstatten geht, in die Nähe von Naturkatastrophen, durch die in kürzester Zeit Tausende zugrunde gehen. Die Toten werden verbrannt, in Massengräbern verscharrt, hinterlassen als einzelne kaum Spuren.

Vor der Natur sind die Menschen, so de Sade, nicht unterschiedlich veranlagte Individuen, die unter günstigen Umständen etwas Besonderes aus sich machen können; von der Natur erfahren sie keine Anerkennung, vor ihr haben sie keinen Bestand. »Nur wir verleihen unserem Leben einen Wert«, sagt de Sade. Der Mensch ist zur Reflexion, zu künstlerischem Schaffen und zu Kunstverständnis befähigt, als Triebwesen aber ist er immer auch unberechenbar, »zu allem fähig«. Unter politischem Vorwand toben sich im Revolutionsgeschehen die Triebe ungehemmt aus. De Sade berichtet von seinem Schneider, »einem zarten musischen Mann der gern mit mir philosophierte«, – und dann einen Schweizer der königlichen Garde regelrecht abschlachtete. Sade fühlt sich bestätigt. Er, der Desillusionierte, nimmt keinen Anteil mehr an dem, was in der Wirklichkeit, auf den Straßen von Paris oder im Jakobinerclub, geschieht. »Mein Leben ist die Imagination«, sagt er.

Der Literat de Sade bringt sein Bild der Revolution als Kunstwerk auf die Bühne, der ›Marat/Sade‹ ist sein Stück. Er spielt sich selbst, alle anderen aber sind seine Geschöpfe.

Das ist der Attentäterin Charlotte Corday besonders anzumerken. Sooft sie sich Marat nähert, ist sie ganz ihren Trieben ausgeliefert, die ins Perverse abirren. Der somnambulen Patientin fällt es nicht schwer, sich an das Regiekonzept de Sades zu halten und den Mord als Liebesakt zu vollziehen.

Ich will vor ihm stehen und ihn ansehn
(im Ton einer Liebeserklärung)
ich will sein Zittern sehn
und den Schweiß auf seiner Stirn
und in seine Rippen will ich den Dolch treiben
den ich in meinem Brusttuch verwahre

Regisseur de Sade läßt sie wie auf einer Probe die Mordszene dreimal spielen; Wiederholung und Verzögerung dienen der künstlerischen Intensivierung. In Sadescher Manier akzentuierte Rückblenden erklären die Erregung der »erotisierten« jungen Frau: de Sade greift aus ihrer Lebensgeschichte Momente heraus, in denen im frommen Provinzmädchen die Frau erwacht.

Beim Gang zum Haus Marats lockt und schreckt ein aufgeputschtes Paris, das sein fratzenhaft-makabres Gesicht zeigt. Bei seinem dritten Auftritt kommentiert de Sade selbst die Annäherung Charlottes, in der alle politischen Motive ausgelöscht scheinen.

Marat
was sind alle Pamphlete und Reden
gegen sie
die da steht und zu dir will
um dich zu küssen und zu umarmen
[...]
Sieh wie sie lächelt
wie ihre Zähne glitzern
wie sie ihr Haar zur Seite schwingt
Marat
gib alles andre auf
jetzt da sie zu dir kommt
Marat
es gibt nichts andres
als diesen Leib
Sieh
da steht sie
mit nackter Brust unterm dünnen Tuch
Vielleicht trägt sie ein Messer
zur Aufreizung des Liebesspiels
Corday bewegt sich einen Schritt näher an die Wanne heran.
Sie bietet ihren Körper dar, wiegt sich leicht hin und her.

Die Ausführung des Mordes wird verzögert. Corday steht eine Weile erstarrt, dann bewegt sie sich wieder auf den abgelenkten Marat zu. Die Spannung steigt auf einen Höhepunkt, doch das erwartete Schreckliche tritt nicht ein. Stattdessen:

Corday steht unmittelbar vor Marat. Sie führt ihre linke Hand nah an seiner Haut über seine Brust, seine Schultern, seinen Hals.
Marat sitzt über die Rücklehne der Wanne gebäumt. In der rechten Hand hält er die Schreibfeder.
Corday zieht den Dolch aus dem Brusttuch. Sie ergreift den Dolch mit beiden Händen und holt mit den Armen weit zum Hieb aus.
Der Ausrufer läßt eine schrille Pfeife ertönen.
Die Patienten, Pfleger und Schwestern verharren unbeweglich. Corday sinkt in sich zusammen. Marat sitzt in vorgebeugter Ruhestellung.
[...]
AUSRUFER: Es gehört zu Herrn de Sades künstlerischem Duktus
daß er jetzt einschaltet einen Interruptus
und zwar soll Marat in dieser Sekunde
vorm End noch hören aus unserm Munde
was nach ihm kommt wenn er nicht mehr ist
und was ihr alle dort unten wißt
zeigt aufs Publikum
Musik setzt ein mit einem schnellen militärischen Marsch.
Die vier Sänger treten vor.

Das ist das Gegenteil von Illusionstheater. Weiss geht es nicht darum, ein Stück Wirklichkeit »lebensecht« abzubilden. Vielmehr zeigt der kleine Textausschnitt die Fülle der theatralischen Mittel, die der Autor aufbietet, um die Widersprüche, Ungereimtheiten und Sonderlichkeiten der Realität szenisch umzusetzen. Die Corday spielt Pantomime, der Ausrufer schaltet sich kommentierend ein, auf seinen Kommandopfiff erstarren alle zu standbildartigen Figuren. Nun wird in der »Imagination« die Zeitebene des Bühnengeschehens verlassen, und die Sänger lassen die historischen Ereignisse vom Zeitpunkt des eben Vorgeführten bis zum Zeitpunkt der Aufführung, also von 1793 bis 1808, Revue passieren.

AUTOR SADE: »Es war unsere Absicht in den Dialogen
Antithesen auszuproben
und diese immer wieder gegeneinander zu stellen ...«

Anspruchsvolle Gedankenspiele, Gedankensprünge sind nachzuvollziehen, sprunghaft wechseln entsprechend die Bilder auf der Bühne. Weiss erweist sich hier auch als Schüler Bertolt Brechts und seines Epischen Theaters. Da gibt es sensationelle Schaueffekte – de Sade läßt sich von der Corday auspeitschen – und einen pantomimischen Bilderbogen, in dem sich alle Feinde Marats zu einer großen Schmähung einfinden. Widersprüche werden nicht aufgelöst, sondern bleiben bestehen, ja, werden sogar noch verstärkt.

Immer wieder wird das Historische mit dem Aktuellen hintergründig verflochten.

Wir bitten geehrtes Publikum
zu bedenken wie unüberlegt und dumm
das Volk immer wieder ins Unglück gerät
weil es von der Sachlage nichts versteht
Anstatt solch kopflose Ungeduld zu zeigen
sollte es in dieser schwierigen Zeit lieber schweigen
und für jene arbeiten und ihnen vertrauen
die aus eigner Kraft wieder was aufbauen
Genau wie Sie meine Damen und Herrn
sähen wir die Einigung sehr gern
die sich verwirklichen ließe ganz leicht
und die wir ja auch heute schon fast erreicht

Der Appell des Ausrufers konnte auf die Napoleonische Zeit ebenso wie auf die Ära Adenauer bezogen werden.

De Sade ist ein künstlerisch ambitionierter Regisseur, der von seinen Schauspielern viel verlangt. Lange Zeit folgen die gutgedrillten Irren den Vorschriften der Sadeschen Choreographie aufmerksam und gehorsam; »die Patienten stehen zum Chor formiert«, heißt es einmal. Als de Sade Marat am Beispiel der Corday demonstrieren will, wie mächtig das Geschlechtliche ist, spricht er »unter Musikbegleitung« den Satz: »Denn was wäre schon diese Revolution ohne eine allgemeine Kopulation.« Der Chor wiederholt diese Parole brav als Kanon, und andere Patienten führen den Akt der Kopulation in künstlerischer Stilisierung als Pantomime vor. Alle fügen sich den Geboten ästhetischer Ordnung.

Nur gelegentlich will einer nicht mehr »mitspielen«, sondern wieder auf seine Art verrückt sein; im Ablauf der Aufführung sind das »bedauerliche Zwischenfälle«.

Dann aber stampfen und toben plötzlich alle Irren über die Bühne, durch den Badesaal, lassen die Huldigung des Direktors, der Kaiser, Nation und Anstalt hochleben läßt, in einem wüsten Echo untergehen. De Sades Satz wird in seine Teile zerrissen, übrig bleiben nur brünstig gebrüllte Fetzen. Weiss notiert:

(Alle rhythmisch beim Marschieren durcheinanderschreiend)
Charenton Charenton
Napoleon Napoleon
Revolution Revolution
Kopulation Kopulation

Gehört dieses tumultuöse, chaotische Ende zum Spiel- und Regiekonzept de Sades, oder sind die Schauspieler und Choristen, die der Disziplin des Spielens unterworfen waren, aus ihren Rollen ausgebrochen und wieder zu einem Kollektiv von Irren geworden?

»Sade steht hoch auf seinem Stuhl und lacht triumphierend«, heißt es in der Regieanweisung. Ob noch Spiel oder Spielzerstörung – auch eine Auflösung ins Chaos paßt zu de Sades Weltbild. Man ist wieder auf der Stufe der Leiblichkeit und des Triebs angelangt. Wenn die Fesseln der Bindung an das Höhere, Ästhetische abgeworfen sind, so scheint hier vorgeführt zu werden, kann Ordnung nur durch Anwendung von Gewalt wiederhergestellt werden:

Die Patienten sind in die Raserei ihres Marschtanzes geraten. Viele hüpfen und drehen sich verzückt. Coulmier feuert die Pfleger zur äußersten Gewalt an. Patienten werden niedergeschlagen.

Solches Tun schließt das Risiko des Tötens ein. Immer noch steht Sade »hoch auf seinem Stuhl und lacht triumphierend«.

Die Zuschauer genossen den Augen- und Ohrenschmaus des Weiss'schen Theaters. Was ihnen hier geboten wurde, war ein Theaterereignis, das die Sinne direkt ansprach. Etlichen mag es wahre Schauer über den Rücken gejagt haben. Autor und Regisseure hatten sich über Tabus hinweggesetzt und Wechselbäder angerichtet, die zumindest angenehm prickelten.

Einige Kritiker waren ebenso fasziniert wie die meisten Zuschauer. In einer bedeutenden überregionalen Zeitung konnte man lesen: »Es ist tatsächlich seit Brechts Tod das erste bedeutende Bühnenwerk eines Deutschen; das erste, das vielleicht aus der bundesdeutschen Enge in die Welt ausbrechen könnte.« Es schien, als ob Weiss' ›Marat/Sade‹ nicht mehr mit herkömmlichen Maßstäben gemessen werden könnte. Hatten die »alten Kategorien der Ästhetik und des Dramatischen noch Gültigkeit? Durfte einer sich beklagen, wenn er in dem Stück auf die Frage »Wie ist das Leben sinnvoll?« keine Antwort bekam? Skeptiker vermerkten, sie hätten das Gefühl gehabt, in einem »geistig verbrämten Zirkus« zu sitzen. Über Wert und Unwert wurde noch gestritten, als Peter Weiss schon ein Jahr später das Theater in den Dienst einer ganz anderen Aufgabe stellte.

Die Ermittlung

Im Sommer 1964 nahm Peter Weiss an der in Frankfurt am Main durchgeführten Verhandlung ›Aktenzeichen 4 Ks II/63 Strafsache gegen Mulka und andere‹ als Beobachter teil. Unter dieser amtlichen Bezeichnung lief seit dem 20. Dezember 1963 der Auschwitzprozeß.

Vor Gericht standen 22 Angehörige der SS-Wachmannschaft, die sich für die im Vernichtungslager Auschwitz begangenen Verbrechen verantworten mußten. Nach drei Jahren der Vernehmungen von 1300 Überlebenden war gegen sie Anklage erhoben worden. An 183 Verhandlungstagen wurden 359 Zeugen gehört; der Prozeß endete im August 1965.

Während dieses Prozesses faßte der jüdische Schriftsteller und ehemalige Emigrant Weiss den Entschluß, den Komplex Auschwitz in einem literarischen Werk zu behandeln. Der Prozeß in Frankfurt, den Weiss genau verfolgte, lieferte ihm Anregungen für die Anlage des Werks. Das Ereignis der Gerichtsverhandlung wies für ihn auf die Gattung Drama. Zum Personal würden außer Angeklagten und Zeugen ein Ankläger, mehrere Verteidiger und ein Richter gehören. Die Zahl der Zeugen reduzierte er auf neun, sie tragen lediglich Nummern. Ihnen sitzen achtzehn Angeklagte im Block gegenüber. Die ausgewählten Aussagen der Beteiligten sollten im Wortlaut unverändert aus den Protokollen übernommen werden. Weiss hatte zu dieser Zeit wohl schon im Kopf, was er ein paar Jahre später in dem Aufsatz ›Das Material und die Modelle‹ als Theorie des sogenannten »Dokumentarischen Theaters« formulierte.

Das dokumentarische Theater enthält sich jeder Erfindung, es übernimmt authentisches Material und gibt dies im Inhalt unverändert, in der Form verändert, von der Bühne aus wieder.

In welche Form aber sollte das »authentische Material« gegossen werden? Weiss fand eine überraschende Lösung, auf die der Untertitel des Stücks hinweist: Er nennt es ›Die Ermittlung: Oratorium in 11 Gesängen‹. Ein Oratorium ist ursprünglich ein musikalisches Tonstück, in dem durch Solostimmen und Chöre eine längere Folge von Geschehnissen aus der Bibel vorgetragen wird. Es lag nahe, Auschwitz analog zur Leidensgeschichte Jesu Christi als Passion zu verstehen. Den Stationen dieses Weges – Marter- und Todesstätten –, den so viele zurücklegen mußten, entsprechen die 11 Gesänge, die das Oratorium gliedern. Die erste Station ist die Rampe (1. Gesang), die letzte sind die Feueröfen, in denen die Vergasten schließlich verbrannt wurden (11. und letzter Gesang). Die Zeugen beschreiben, wie die Angeklagten am Ort ihrer jeweiligen Zuständigkeit mit ihren Opfern zu verfahren pflegten.

Das Oratorium beginnt mit dem ›Gesang an der Rampe‹. Über die Ankunft der ins Lager Verbannten und zum Tod Verdammten wird aus zwei verschiedenen Perspektiven berichtet.

ZEUGE 3: Wir fuhren durch eine flache Gegend
die von Scheinwerfern beleuchtet wurde
Dann näherten wir uns einem langgestreckten
scheunenähnlichen Gebäude
Da war eir Turm
und darunter ein gewölbtes Tor
Ehe wir durch das Tor einfuhren
pfiff die Lokomotive
Der Zug hielt
Die Waggontüren wurden aufgerissen
Häftlinge in gestreiften Anzügen erschienen
und schrien zu uns herein
Los raus schnell schnell
Es waren anderthalb Meter herab zum Boden
Da lag Schotter
Die Alten und Kranken fielen
in die scharfen Steine
Die Toten und das Gepäck wurden herausgeworfen
Dann hieß es
Alles liegen lassen
Frauen und Kinder rüber
Männer auf die andere Seite
Ich verlor meine Familie aus den Augen
Überall schrien die Menschen
nach ihren Angehörigen
Mit Stöcken wurde auf sie eingeschlagen
Hunde bellten
Von den Wachtürmen waren Scheinwerfer
und Maschinengewehre
auf uns gerichtet
Am Ende der Rampe war der Himmel
rot gefärbt
Die Luft war voll von Rauch
Der Rauch roch süßlich und versengt
Dies war der Rauch
der fortan blieb
ZEUGIN 4: Ich hörte meinen Mann noch
nach mir rufen
Wir wurden aufgestellt
und durften den Platz nicht mehr wechseln
Wir waren eine Gruppe
von 100 Frauen und Kindern
Wir standen zu fünft in einer Reihe
Dann mußten wir an ein paar Offizieren
vorbeigehn
Einer von ihnen hielt die Hand in Brusthöhe
und winkte mit dem Finger
nach links und nach rechts

Die Kinder und die alten Frauen
kamen nach links
ich kam nach rechts
Die linke Gruppe mußte über die Schienen
zu einem Weg gehen
Einen Augenblick lang sah ich meine Mutter
bei den Kindern
da war ich beruhigt und dachte
wir werden uns schon wiederfinden

Wie nimmt sich das Schreckliche, das die Ankömmlinge sogleich auf der Rampe erlebten, in der Sicht eines Angeklagten aus? Befragt wird der Angeklagte 8, der mit bürgerlichem Namen Hofmann heißt.

RICHTER: Hatten Sie bei der Ausübung Ihrer Arbeit Gewalt anzuwenden
ANGEKLAGTER 8: Da war immer ein großes Durcheinander
und da hat es natürlich mal
eine Zurechtweisung
oder eine Ohrfeige gegeben
Ich habe nur meinen Dienst gemacht
Wo ich hingestellt werde
mache ich eben meinen Dienst
[...]
Ich persönlich
habe mich immer anständig benommen
Was sollte ich denn machen
Befehle mußten ausgeführt werden
Und dafür habe ich jetzt
dieses Verfahren auf dem Hals
Herr Staatsanwalt
ich habe ruhig gelebt
wie alle andern auch
und da holt man mich plötzlich raus
und schreit nach Hofmann
Das ist der Hofmann
sagt man
Ich weiß überhaupt nicht
was man von mir will

Der Angeklagte hat deutsche Tugenden bewiesen: Er hat seine Pflicht erfüllt, sich »anständig benommen«, danach das normale Leben eines unbescholtenen Bürgers geführt – und war doch ein Rädchen in einer Todesmaschinerie. Die Räder mußten sich drehen, wenn die Maschine funktionieren sollte. Und sie funktionierte!

Den neu Eingelieferten wurde rasch und brutal ausgetrieben, sich noch als die zu fühlen, die sie einmal gewesen waren. Ein Häftling war kein Mensch mehr; er war eine Nummer, ein Häufchen Dreck, schließlich ein Häufchen Asche.

ZEUGE 3: Wir wurden in eine Waschbaracke getrieben
Wachleute und Häftlinge kamen
mit Stößen von Papieren
Wir mußten uns ausziehn
und alles was wir noch besaßen
wurde uns abgenommen
Uhren Ringe Ausweise und Fotos
wurden auf dem Personalbogen registriert
Anschließend wurde uns die Nummer
in den linken Unterarm tätowiert
RICHTER: Wie wurde die Tätowierung ausgeführt
ZEUGE 3: Mit Nadelstempeln wurden uns die Ziffern
in die Haut gestochen
Dann wurde Tusche hineingerieben
Die Haare wurden uns abgeschoren
wir kamen unter kalte Duschen
Zum Schluß wurden wir eingekleidet
RICHTER: Woraus bestand die Kleidung
ZEUGE 3: Aus einer löchrigen Unterhose
einem Unterhemd
einer zerrissenen Jacke
ZEUGIN 5: Als wir im Aufnahmeraum
auf die Tische gelegt wurden
und man uns After und Geschlechtsteile
nach versteckten Wertgegenständen untersuchte
vergingen die letzten Reste
unseres gewohnten Lebens
Familie Heim Beruf und Besitz
das waren Begriffe
die mit dem Einstechen der Nummer
ausgelöscht wurden
Und schon begannen wir
nach neuen Begriffen zu leben
und uns einzufügen in diese Welt
die für diejenigen
die darin existieren wollten
zur normalen Welt wurde
einer geflickten Hose
einer Mütze
und einem Paar Holzschuhe
Dann begaben wir uns im Laufschritt
zu unserm Block

Das Verfahren der Ermittlung ändert sich in keinem der folgenden zehn Gesänge. Ankläger und Richter hören Zeugen, die ehemaligen

SS-»Dienstgrade« nehmen Stellung zu Fakten und Vorwürfen. Als wesentlicher Eindruck bleibt das Entsetzen darüber, welches Martyrium ein menschenverachtendes System Millionen auferlegte und was sich Uniformträger im Namen des Deutschen Reiches an Sadismus und Zynismus leisten durften. Wieviel Schuld sich auch vor den Angeklagten auftürmt, sie bleiben ungerührt. Sie können sich nicht mehr erinnern, spielen herunter oder streiten ab; ihre Anwälte tragen ungeniert und mit erneutem Zynismus frühe Versionen der Auschwitzlüge vor.

VERTEIDIGER: Selbst wenn wir alle
die Opfer aufs tiefste beklagen
so ist unsere Aufgabe hier
Übertreibungen
und von bestimmter Stelle gelenkten
Beschmutzungen
entgegenzuwirken
Nicht einmal die Zahl von 2 Millionen Toten läßt sich im Zusammenhang
mit diesem Lager bestätigen
Nur die Tötung von einigen Hunderttausend hat Beweiskraft ...

Peter Weiss hat in einem seiner ›Rapporte‹ – so nannte er Essays, in denen er sich mit Problemen seiner schriftstellerischen Arbeit befaßte – darüber nachgedacht, wie es bei jenem im Rechtsstaat Bundesrepublik Deutschland geführten Prozeß um Recht und Gerechtigkeit bestellt war.

Namenlose auf beiden Seiten, nur Übriggebliebene/ aus einer umfassenden Entwertung, nur Stammelnde, Verständnislose,/ vor einem Gerichtshof, der trübe zerfließende Grausamkeiten ermittelte,/ Grausamkeiten einförmig, tausendfach wiederkehrend, verschüttet,/ ohne Farbe, verborgen und weit abgeschoben,/ obgleich / vor kurzem erst begangen, zu unseren Lebzeiten. Sie die dort saßen,/ reihenweise, hinter Nummerntafeln, rückwärts von Bewaffneten/ überwacht, vorn behütet von feisten Advokaten, und sie,/ die einzeln vortraten und Platz nahmen am kleinen Tisch,/ und zeugen sollten was bestritten wurde von jenen neben ihnen,/ mit hohnvollen Gebärden, Spottgelächter ...

Bei der Bewertung des historischen Geschehens seines Jahrhunderts war der jüdische Schriftsteller Peter Weiss kein Unparteiischer, und für die Art, wie er Partei nahm, blieben ihm Kritik und Tadel nicht erspart.

Im ›5. Gesang‹ etwa prangert Weiss die schmutzigen Geschäfte an, die zwischen Lagerleitung und deutscher Großindustrie getätigt wurden. Rasch wird die Behandlung der Häftlinge im Lager in eine so enge Beziehung zur Ausbeutung von Arbeitern im frühen Kapitalismus gebracht, daß beide Praktiken in eins zusammenfließen.

ANKLÄGER: Das Gericht ist im Besitz von Schreiben
in denen die segensreiche Freundschaft
zwischen der Lagerverwaltung und der Industrie
erwähnt wird
Es heißt dort unter anderem
Anläßlich eines Abendessens
haben wir weiterhin alle Maßnahmen festgelegt
welche die Einschaltung
des wirklich hervorragenden Betriebs des Lagers
zugunsten der Buna-Werke betreffen
Lassen Sie es uns deutlich aussprechen
und damit die Aussagen bestätigen
in denen ein früherer Zeuge
auf das System der Ausbeutung hinwies
das für das Lager galt
Sie Herr Zeuge
sowie die anderen Direktoren
der großen Konzerne
erreichten durch unbegrenzten Menschenverschleiß
Jahresumsätze von mehreren Milliarden
VERTEIDIGER: Wir protestieren
ANKLÄGER: Lassen Sie es uns noch einmal bedenken
daß die Nachfolger dieser Konzerne heute
zu glanzvollen Abschlüssen kommen
und daß sie sich wie es heißt
in einer neuen Expansionsphase befinden

Hier wird ein Verdacht angedeutet, der für Weiss zur Überzeugung wurde: Kapitalismus und Faschismus haben kooperiert und voneinander profitiert. Diese Machenschaften haben sich fortgesetzt; auch in der Bundesrepublik waren und sind Kräfte am Werk, von denen Schlimmes zu befürchten ist. Weiss läßt seine Einstellung im Verhalten der Angeklagten und im Schlußwort ihres Sprechers zum Ausdruck kommen, der Adjutant des letzten Lagerkommandanten war.

Wir alle
das möchte ich nochmals betonen
haben nichts als unsere Schuldigkeit getan
selbst wenn es uns oft schwer fiel
und wenn wir daran verzweifeln wollten
Heute
da unsere Nation sich wieder
zu einer führenden Stellung
emporgearbeitet hat
sollten wir uns mit anderen Dingen befassen
als mit Vorwürfen
die längst als verjährt
angesehen werden müßten
Laute Zustimmung von Seiten der Angeklagten

›Die Ermittlung‹ kam zu einer Zeit auf deutsche Bühnen und Fernsehschirme, in der die Zustimmung zur bestehenden Ordnung nicht mehr so unbesehen und uneingeschränkt erteilt wurde wie noch einige Jahre vorher. Vor allem bei den »systemkritischen« Jungen wurde Skepsis laut. Waren die Schlußstriche unter die NS-Vergangenheit nicht allzu hastig gezogen worden, konnte man den vorgeblich demokratisch legitimierten Politikern trauen? Peter Weiss empfand und verstärkte Unbehagen. Er war nicht der einzige, der gefühls- oder auch nur stimmungsmäßig einem Sozialismus zuneigte, der »real« nirgends existierte. Noch im Jahr 1965 bekannte der Schriftsteller, der vorher so sehr unter seiner Unentschiedenheit gelitten hatte:

Die Richtlinien des Sozialismus enthalten für mich die gültige Wahrheit. Was auch für Fehler im Namen des Sozialismus begangen worden sind und noch begangen werden, so sollten sie zum Lernen da sein und einer Kritik unterworfen werden, die von den Grundprinzipien der sozialistischen Auffassung ausgeht. Die Selbstkritik, die dialektische Auseinandersetzung, die ständige Offenheit zur Veränderung und Weiterentwicklung sind Bestandteile des Sozialismus. Zwischen den beiden Wahlmöglichkeiten, die mir heute bleiben, sehe ich nur in der sozialistischen Gesellschaftsordnung die Möglichkeit zur Beseitigung der bestehenden Mißverhältnisse in der Welt.

Martin Sperr
Jagdszenen aus Niederbayern

Nicht nur die ländliche Bevölkerung der Republik erging sich in wütenden Protesten, als der 1967 gedrehte Film von Peter Fleischmann mit dem reißerischen Titel ›Jagdszenen aus Niederbayern‹ auf ungewöhnliches Interesse gestoßen war, auch nicht wenige Bayern fühlten sich in ihrer Stammesehre verletzt; überhaupt wollte vielen die in diesem Kinofilm betriebene Zerstörung des Klischees vom heilen Leben auf dem Lande gar nicht schmecken. Wohl nur wenige Kinobesucher wußten, daß es sich hier um die leicht aktualisierte Verfilmung eines Theaterstücks handelte, mit dem der 22jährige, in Niederbayern geborene und aufgewachsene, gescheiterte Schauspielschüler Martin Sperr 1966 ausgerechnet in Bremen erfolgreich debütiert hatte. Sperr, der im Film übrigens die Hauptrolle spielte, wurde zum Mitbegründer einer neuen Gattung des deutschen Nachkriegstheaters, des sogenannten »neuen Volksstücks«, das in den frühen siebziger Jahren die Spielpläne der Bühnen in Deutschland und Österreich erobern sollte.

Das neue Volksstück, gelegentlich zusätzlich noch mit dem Attribut »kritisch« versehen, distanziert sich entschieden von allem, was an amüsanten Geschichten aus dem bäuerlichen oder kleinbürgerlichen Milieu reichlich über den Fernsehschirm flimmerte und die Vorstellung suggerierte, in diesem Umfeld sei die Welt noch in Ordnung: Alle Konflikte lassen sich restlos lösen, mit einem umfassenden Happyend kann todsicher gerechnet werden. Mit dieser Variante von Volksstück hat das neue, kritische Volksstück nur die Verwendung des Dialekts und das Personal gemein, sonst nichts. Die in den sechziger Jahren wiederentdeckte Wertschätzung des Dialekts, z.B. in der Lyrik oder auch in der Unterhaltungsmusik, läßt es nicht verwunderlich erscheinen, daß er auch als Theatersprache nicht nur in Klamaukstücken Einzug hielt. Freilich sahen sich die Bühnenautoren aus Gründen der Verständlichkeit veranlaßt, statt des reinen Dialekts eine dialektnahe Umgangssprache zu verwenden. Im neuen Volksstück dient diese Sprachform nicht in identifikationsstiftender Absicht einer möglichst realistischen Nachzeichnung eines Milieus, ganz im Gegenteil soll die Sprachnot dieser »einfachen« Menschen, ihre Kommunikationsgestörtheit und ihre Abhängigkeit von sprachlichen Klischees vorgeführt werden. Bekannte Thesen aus dem linken Spektrum, wie sie zu Beginn des Aufbegehrens der studentischen Jugend in aller Munde waren, stehen hinter einem solchen Aufklärungsversuch: die These von der durch die Sprache verinnerlichten Herrschaft, die These von der Manipulation des Bürgers durch die Bewußtseinsindustrie, die These von der wirklichkeitsverstellenden Wirkung der Sprache und andere mehr.

In diesem Sinne ist es Anliegen der Autoren des neuen Volksstücks, jedermann zu zeigen, wie doch gewisse im alltäglichen Umgang bedenkenlos verwendete Phrasen das Asoziale in einer scheinbar befriedeten Soziallandschaft offenbaren, wie es nur eines kleinen Schrittes bedarf, daß verbale Kraftmeierei sich in physischen Gewaltakten entlädt – der Stoff, aus dem dann die Schlagzeilen der Boulevardpresse gemacht sind.

Das Personal dieser Stücke stellen einfache Menschen aus dem Volk, das Geschehen spielt in einer alltäglichen dörflichen oder kleinbürgerlichen Welt. Die Konflikte, die sich in diesem Umfeld ergeben, haben häufig abweichendes Verhalten zum Ausgangspunkt: Andersartige, Außenseiter, Minderheiten stören den Frieden, eine Lösung des Problems geschieht nicht in kompromißbereiter Toleranz, sondern mit brachialer Gewalt. Als Vorläufer dieser modernen Form des in einer langen Tradition stehenden Volksstücks sind Ödön von Horváth und Marieluise Fleißer zu nennen, die in den letzten Jahren ihres Lebens († 1974) als Dramatikerin wiederentdeckt wurde, die bekanntesten Autoren sind Franz Xaver Kroetz und auch Rainer Werner Fassbinder.

Sperrs ›Jagdszenen aus Niederbayern‹, die später mit den weniger erfolgreichen Stücken ›Landshuter Erzählungen‹ und ›Münchner Freiheit‹ zur ›Bayrischen Trilogie‹ zusammengefaßt wurden, stehen am Anfang des Booms neuer Volksstücke. Der Autor läßt die Handlung in einem ihm aus persönlicher Erfahrung geläufigen Bereich spielen, in einem niederbayerischen Dorf namens Reinöd. Man ist im Jahr 1948, die Schrecken und Leiden des Weltkriegs wirken noch nach, beginnen aber zu verblassen; die Währungsreform hat stattgefunden, langsam stellt sich so etwas wie Wohlstand ein. In einem Tableau, einem eindrucksvoll arrangierten Gesamtbild, erlebt der Zuschauer in der Eingangsszene nicht nur die besondere Atmosphäre des Dorfs, er begegnet auch fast allen Personen des Dramas in typischen Gruppierungen:

Der Dorfplatz, Sonntagvormittag, Barbara und Knocherl sitzen auf einer Bank vor der Kirche. Links das Wirtshaus.

BARBARA: Das Dorf riecht nach Schweinsbraten. Wieder richtig, wie der Sonntag sein soll. Es ist gut, daß es wieder Fleisch gibt, was Knocherl? Man kriegt richtig Appetit.

KNOCHERL: Ja, Barbara. *Sie schweigen.*

BARBARA: Jetzt, wo Frieden ist, hast du ja auch nicht mehr so viel zu arbeiten.

KNOCHERL: Die Leut sterben im Frieden auch. Totengräber ist ein Beruf, wo man nie arbeitslos wird. Man bekommt sein Geld und kann sich noch nebenbei was verdienen. Freilich, im Krieg waren mehr Gräber zu schaufeln, durch die Bomben. 41 bin ich im September auf 28 Gräber gekommen. Das war fast jeden Tag ein Grab. Jetzt im Frieden sinds im Durchschnitt drei Tote im Monat. Je weniger man zu arbeiten hat, desto mehr kommt man zum Denken.

BARBARA: Ja, das ist der Nachteil.

KNOCHERL: Das ist eine Hitz heut. *Beide schweigen; eine Glocke läutet.*

KNOCHERL: Ich muß wieder hinein. Zwischen der Wandlung und dem Segen reichts immer grad für eine Zigarette.

Er geht in die Kirche. Nach einer Pause kommt Georg und geht in die Wirtschaft. Die Flüchtlingsfrau und Konrad treten auf.

KONRAD: Du, Mutter, die andern spielen nicht mehr mit mir, weil ich evangelisch bin.

FLÜCHTLINGSFRAU: Das wird bald anders, Konrad. Wir gehen bald fort.

KONRAD: Wieder fortgehen!

Georg tritt mit einem Stuhl und einer Kassette auf.

FLÜCHTLINGSFRAU: Möchtest du in dem Dorf bleiben? Vati hat endlich Arbeit. Freu dich, daß wir hier wieder herauskommen.

Zenta und Christine kommen aus der Kirche.

GEORG *zur Flüchtlingsfrau:* Die Sonderzuteilung gibts erst, wenn der Bürgermeister aus der Kirch kommt. *Zu Zenta:* Hast du gehört, Zenta, ihr Mann hat Arbeit. Na ja, wir sinds schon gewöhnt! Immer die Schlesier, die die Arbeit bekommen. Unsere Männer waren auch im Krieg! Das ist einfach nicht richtig.

ZENTA: Ja. – Der Peppo war gestern da. Also, alles, was ich von ihm erfahren hab, ist, daß der Abram in Wendelskirchen ins Gefängnis gekommen ist, weil er da so Sachen gemacht hat mit dem Knecht vom Gruber.

GEORG: Die Barbara sagt auch, daß er im Gefängnis war.

ZENTA: Der Peppo sagt, die Barbara ist seine Mutter.

Barbara wird aufmerksam.

Ich komm nur darauf zu sprechen, weil ihn die Paula, die bei der Metzgerin wohnt, in Landshut am Mittwoch gesehen hat, an einem Ort, wo nur solche Männer sind. Sie sagt, da hat sie den gesehen, der seit zwei Wochen bei der Maria wohnt. Und das ist der Abram. Und wie lang ist er in Landshut? Eine Woch! Es kann also stimmen, was der Peppo sagt. – Ich sag dir, das ist einer, der treibts mit Männern. So einer ist das. Und er ist der Sohn der Barbara, das weiß ich ganz bestimmt. Vom Peppo.

BARBARA: Daß das Gered aufhört: Er ist nicht mein Kind.

ZENTA: Das haben wir nicht behauptet. Das haben wir nur gedacht.

BARBARA:Ihr könnt euch Löcher in den Kopf denken und er wird trotzdem nicht mein Kind. Da braucht ihr gar nicht so schaun – es ist, wie ich sag.

GEORG: Wir sind uns nicht so sicher, ob du recht hast. Wir glauben nämlich schon, daß er dein Kind ist.

BARBARA: Wenn ichs euch sag, daß es nicht stimmt.

GEORG: Und was war in Wendelskirchen?

Barbara schweigt.

Du hast uns selber gesagt, daß er im Gefängnis war. Und da war er erst einen Tag da. Woher willst du das wissen, wenn du ihn nicht kennst.

BARBARA: Hab ich was angestellt, daß ihr mich so anschaut!

ZENTA: Nein. Es –

BARBARA: Warum schaut ihr mich dann an! *Sie schweigen.*

GEORG: Sie wills nicht zugeben, aber mir ist alles klar.

Starkes Glockengeläute. Die Kirche ist aus. Der Bürgermeister, der Pfarrer und Max treten auf. Dahinter Maria, Volker und Rovo. Dann die Metzgerin. Rovo will weglaufen.

MARIA: Rovo! Laß die Katz in Ruh!

DIE METZGERIN *zur Christine:* Hast du gehört, was sie gebeichtet hat, Christine?

CHRISTINE: Wer?

METZGERIN: Die Maria!

CHRISTINE: Ja, das hab ich gehört, Metzgerin.

METZGERIN: Die hat für ihren Ehebruch nur fünf Vaterunser bekommen. Mir hat er sechs gegeben, aber ich hab bloß einmal falsches Zeugnis wider meinen Nächsten gehabt und sonst nichts. Man kann sich nicht einmal mehr auf den Pfarrer verlassen. Da ist auch der Krieg schuld. Beim alten Pfarrer hätt ich höchstens ein Ave Maria bekommen.

Es ist unverkennbar, daß die Idylle des Eingangsbilds gravierende Schönheitsfehler hat, Konflikte deuten sich an. Den im Dorf lebenden Flüchtlingen ist die Integration in die Gemeinschaft nicht einmal ansatzweise gelungen. Sie werden angefeindet, weil sie bei der Vergabe von Arbeitsplätzen angeblich bevorzugt werden, ihre Kinder bekommen, noch dazu als Evangelische, nur Ablehnung zu spüren. Besonders aber erregt man sich über Abram, den Sohn der Neubürgerin Barbara, der, so erzählt man, wegen homosexueller Verfehlungen im Gefängnis gesessen hat. Aber auch in der alteingesessenen Bevölkerung ist nicht alles zum besten bestellt: man redet über die Bäurin Maria, deren Mann im Krieg vermißt, aber noch immer nicht für tot erklärt worden ist, und die mit ihrem Knecht Volker in einem eheähnlichen Verhältnis lebt; ihr Sohn Rovo hat die Schreckensbilder des Kriegs psychisch nicht verkraftet und gilt als Dorftrottel. Daß Abram ausgerechnet bei dieser Maria in Untermiete wohnt, ist kein Zufall.

Dieser Abram, nach verbüßter Strafe eben ins Dorf zurückgekehrt, gibt als Flüchtlingskind, als Homosexueller und als Krimineller eine ideale Zielscheibe für die zunächst nur verbalen Angriffe der Dorfbewohner ab. Man will ihn loswerden, er selbst möchte unbedingt bleiben und hat sich, um seine »Normalität« zu beweisen, sogar auf eine Liebesbeziehung mit Tonka, der leicht verführbaren Dorfmagd, eingelassen und das Mädchen geschwängert. Außerdem kümmert sich Abram als einziger ernsthaft um Rovo. Als er den psychisch gestörten Jungen auf einem Spaziergang in spontaner Anwandlung küßt und dabei beobachtet wird, gewinnt das diskriminierende Gerede der Leute an Aggressivität, so daß er sich einer drohenden Verhaftung durch Flucht zu entziehen trachtet. Der Ausbruchsversuch scheitert. In einem Gespräch eröffnet ihm Tonka, ein Kind von ihm zu bekommen, und beschwört ihn, sie zu heiraten, stößt aber auf taube Ohren. Sie verliert die Nerven, beschimpft Abram und wird von ihm erstochen. Die Jagd auf ihn kann beginnen, das ganze Dorf sucht, bewaffnet wie auf einer Treibjagd, den Mörder, jeder hofft insgeheim für sich auf das ausgesetzte Kopfgeld. Abram wird lebend gefaßt und gesteht. Rovo hat sich das Leben genommen und wird als Selbstmörder abseits vom Friedhof begraben. Das Ganze endet in einer volksfesthaft ausladenden Kirchweihfeier im Wirtsgarten, auf der der Bürgermeister seine Befriedigung über den Ausgang der Geschichte kundtut. Die Belohnung wird in die Renovierung der Kirchenorgel investiert.

In seinen fürs Programmheft bestimmten Anmerkungen zu seinem Drama warnt Sperr vor naheliegenden Mißverständnissen:

> Die Fabel des Stückes ist von Bayern unabhängig. Es ist kein Dokumentarstück, sondern konstruiert. Am Beispiel der Menschen im niederbayerischen Dorf Reinöd wird das Verhalten einer Gemeinschaft gezeigt, die die Aussonderung von Elementen betreibt, die ihrer Ordnung nicht entsprechen.
> (...) Es ist nicht das Anliegen des Stückes, die Zeit naturalistisch genau einzufangen, sondern am Modell einer überschaubaren soziologischen Einheit unmittelbar nach einer großen Katastrophe den fruchtbaren Boden für mögliche neue Katastrophen zu zeigen.

Der Autor hebt also ausdrücklich den Modellcharakter der ›Jagdszenen‹ hervor und begibt sich so mit seinem Stück inhaltlich wie formal in die Nähe von Frischs ›Andorra‹. Der wesentliche Unterschied besteht im sehr viel höheren Grad der Abstraktion im Stück des Schweizers. Auch wenn Sperr sich dagegen sträubt, es geht ihm eben doch auch um die naturalistische Genauigkeit in der Erfassung des Lokalkolorits und der spezifischen Denk-, Rede- und Handlungsweise von Menschen in einer kleinen Landgemeinde. Freilich treibt den Autor dabei nicht die Freude am genau beobachteten Detail, sondern die Sorge um eine dem überstandenen Weltkrieg vergleichbare neue Katastrophe, die sich abzeichnet, wenn der Menschenjagd nicht Einhalt geboten werden kann.

Welche Erkenntnisse lassen sich nun aus dem Fall Abram gewinnen?

Im Verlauf des Dramas wird deutlich, daß man zum Außenseiter nicht unbedingt geboren sein muß, sondern auch erzogen werden kann. Barbara hat ihren Sohn auf eine reichlich »barbarische« Weise großgezogen (wie ja nun auch Maria bei Rovo brutale Methoden anwendet, wenn sie ihn mit Brennesseln abreibt!). Gewiß befand sich Barbara ohne Mann und als Flüchtling in einer schwierigen Situation, aber das entschuldigt nicht, daß sie ihren Sohn mit Prügeln traktiert und ihn in völliger Isolation von Gleichaltrigen hält. Ihr Bekenntnis, Fehler begangen zu haben, klingt halbherzig, vor allem wenn man ihr aktuelles Verhalten zu ihrem Sohn berücksichtigt: Sie verleugnet Abram vor den Dorfbewohnern, sie will ihn aus dem Dorf, aus ihrer Nähe haben: »Du mußt gehen, Abram, mir zulieb. Denk auch einmal an mich. Mir ists nämlich wichtig, was die Leute sagen, ich will mit ihnen leben. Zieh nach Landshut und such dir Arbeit und verschwind!« Und sie setzt noch einen drauf: »Ich hoff, sie schlagen dich solang, bis du freiwillig gehst, ich hoff, sie schlagen dich aus dem Dorf hinaus. Vielleicht schlagen sie dich auch tot. Und ich wünsch mirs, daß sie dich totschlagen.« Es steht zu vermuten, daß dieser barbarischen Mutter gar nicht bewußt ist, welche Ungeheuerlichkeiten sie da von sich gibt. Ihre Sprache verselbständigt sich, wie die zahlreichen Wiederholungen des Verbs »schlagen« in immer neuen Kombinationen zeigen. Zu einer differenzierten und argumentativen Formulierung ihres Anliegens fehlt ihr die sprachliche Kompetenz. Hilfe bekommt der Sohn von seiner Mutter jedenfalls nicht. Um sein Fortgehen zu bewirken, scheut sie nicht einmal davor zurück, Abrams letzte soziale Bindungen zu zerstören. Sie betreibt die Kündigung seiner Wohnung und will Abrams Beziehung zu Tonka beenden: »Ich kann die Tonka doch nicht ins Unglück rennen lassen«, lautet ihre scheinheilige Begründung. Bereits für Barbara gilt, was Sperr in den Anmerkungen zu seinem Drama sagt:

Die Außenseiter sind nicht edler oder besser als die Menschen, die jagen. Sie unterscheiden sich in ihren Haltungen nur durch den Ausschluß aus der Gemeinschaft, zu der sie gern gehören würden.

Barbara, Tonka, Rovo und mit deutlicher Einschränkung das ungleiche Paar Volker und Maria sind Abrams Bezugspersonen, alle selbst Außenseiter und potentielle Jagdziele der Dorfgemeinschaft. Auffällig ist, daß diese Personen sich weder wehren noch sich miteinander solidarisieren. Rovo, der angebliche Dorftrottel, ist völlig auf Abram fixiert: »Du bist der einzige, der mit mir redet, wie ein normaler Mensch. Du bist der erste, der nicht sofort lacht, wenn ich was sag.« Er sieht in Tonka seine größte Feindin und reagiert auf ihr Erscheinen im Haus äußerst aggressiv, beschimpft sie als Hure und wirft ein Holzscheit nach ihr. Volker und Maria wenden sich von Abram ab, sobald sie eine Chance sehen, wieder in den Schoß der Dorfgemeinschaft zurückzukehren: Marias Mann ist für tot erklärt worden, man kann heiraten und will sich bei dieser Gelegenheit auch gleich des störenden Rovo entledigen. Er soll in ein Heim, doch dazu kommt es nicht mehr, denn er bringt sich zuvor um. Bleibt allein noch Tonka: Abram sieht in einer Liaison mit ihr eine winzige Chance, seinem Ruf als Homosexueller gegenzusteuern, erreicht jedoch nur, daß auch sie ins Visier der Jäger gerückt wird. In eine ernste Krise gerät die Beziehung allerdings erst, als Abram sie nicht vor Rovos verbalen und brachialen Attacken schützt. In ihrer Enttäuschung provoziert sie ein Schäferstündchen mit Volker, sucht aber dann doch wieder den Kontakt zu Abram und gesteht ihm reumütig ihren Seitensprung. Aber der reagiert kaum auf dieses Geständnis und zeigt sich entschlossen, sich von ihr zu trennen: »Ich hab versucht dich zu lieben. Ich hab es wirklich versucht. Aber ich muß mich zu dir zwingen.« Tonka spielt ihren letzten Trumpf aus, das Kind, löst damit aber nur eine entsetzte Reaktion Abrams aus, der sich hereingelegt fühlt:

ABRAM: Mein Leben gehört mir. Mir! Und du kommst nicht hinein. Nur weil alle behaupten, es wär eine Schweinerei, wie ich leb, ist es noch lang keine. Deswegen, weil die immer reden und reden, diese Leut, deswegen kriegst du das Kind. Nicht weil ich dich liebe. Es ist mir egal, was die Leut reden. Und was mit dem Kind wird, ist mir auch egal! Du kannst es aufziehen oder wegmachen lassen, mir liegt nichts dran. Geh!

TONKA: Ich will das Kind nicht. Ein Kind von dir will ich nicht. Weißt du, was ich mit dem Balg machen werd? Ich nehm es bei den Füßen und schlags auf den Boden, mit dem Kopf zuerst. – So und so und so! Und weißt du warum? Weil ich nicht will, daß der Vater –

ABRAM: Hör auf und verschwind!

TONKA: Jedem schrei ichs ins Gesicht –

ABRAM: Schrei! Schrei doch! Mir machts nichts aus! Ich bins gewöhnt!

TONKA: Jeder hörts von mir, daß du kein Mann bist!

Abram packt sie am Hals.

ABRAM: Geh!

TONKA: Weißt du, was du bist?

ABRAM: Wirst du still sein? Du Vieh!

Tonka reißt sich los.

TONKA: Eine schwule Drecksau bist du!

ABRAM: Du sollst still sein. *Er nimmt sein Messer und sticht blindlings auf sie ein.* Sei still! Nur nicht reden! Nur nicht schreien! Wenn du schreist, dann kriegst dus.

Tonka bricht zusammen. Er sticht mechanisch weiter.

Nicht schreien! Das Kind ist es! Das Kind auch tot! Weils mein Kind ist! Soll den Vater spüren! – Du sollst dir doch endlich die Semmelbrösel abwischen. *Er hört plötzlich auf.* Was ist denn?

Tonka hat sich das Vokabular der Dörfler zu eigen gemacht und bezahlt ihre Worte mit ihrem Leben, da Abram nicht mehr mit Worten, sondern nur noch mit blinder Gewalt reagieren kann. Der Mord ist geschehen, die Jagd ist auf.

Es bleibt noch, den Blick auf die Jäger zu lenken, auf die Gemeinschaft der alteingesessenen, der »normalen« Dorfbewohner. Sperr selbst charakterisiert sie so:

Die Gemeinschaft im Dorf setzt sich nicht aus Ungeheuern zusammen, sondern aus normalen Menschen. Sie operieren nur gemeinsam, sobald ein gemeinsames Interesse – meist moralischer Natur – verletzt wird, jedoch gewahrt und verteidigt werden soll. Die Jagd geht auf Menschen los, die durch Umstände oder Eigenschaften außerhalb dieser Gemeinschaft stehen und dadurch jagdbar sind. Kaum ist der Außenseiter integriert, macht er die Jagd auf den anderen mit und richtet sein Verhalten nach den Normen der Gruppe.

Gewiß lassen sich unter diesen »normalen« Menschen Unterschiede ausmachen, was die Bereitschaft zur Jagd auf Andersartige angeht. Ein Kollektiv als solches ist auf der Bühne nicht darstellbar, es bedarf dazu markanter Einzelfiguren, die sich zu Wortführern der Mehrheitsmeinung aufspielen und die Stimmung aufheizen. Zu nennen sind hier Georg und Zenta, der Knecht und die Taglöhnerin des Bürgermeisters, das Kleinbauernpaar Max und Christine, vor allem aber die Metzgerin, die erst vor nicht allzu langer Zeit ihren Mann verloren hat und vermutlich auch deshalb besonders scharfzüngig über das ehebrecherische Verhältnis Marias mit ihrem Knecht herzieht. Sie führen das große Wort, wenn es gilt, zugezogene, unmoralische oder perverse Personen anzugreifen, und können sich des Beifalls der anderen sicher sein.

Die Phasen der Jagd auf Abram bauen konsequent aufeinander auf. Zuerst bemächtigt sich der Dorftratsch des Falles. So weiß Zenta schon in der 1. Szene dem Georg zu berichten: »Also, alles, was ich erfahren hab, ist, daß der Abram in Wendelskirchen ins Gefängnis gekommen ist, weil er da so Sachen gemacht hat mit dem Knecht vom Gruber ... Ich sag dir, das ist einer, der treibts mit Männern.« Die zweite Phase – das Opfer ist inzwischen gegen Barbaras Widerstand ins Dorf zurückgekehrt – ist gekennzeichnet durch die Forderung der Metzgerin: »Der muß weg!« Freilich beläßt man es vorläufig noch bei Schmähungen, wenn etwa Max den zusammen mit Tonka angetroffenen Abram anfährt: »Du kriegst wohl überhaupt nicht genug, du Sau. Dann könntest du wenigstens anständige Mädchen in Ruh lassen.« Da sich keine Wirkung zeigt, macht sich eine selbstgewählte Delegation auf den Weg zu Maria, appelliert an sie, Abram die Wohnung zu kündigen, wird aber abgewiesen. Als Abram und Rovo in freundschaftlicher Umarmung erwischt werden, interpretiert die Metzgerin den Tatbestand sofort auf ihre Weise: »Der tut dem Rovo was.« Und Maria, nicht Augenzeugin des Geschehens, behauptet unwidersprochen: »Der Abram hat ihn heut nachmittag fast vergewaltigt.« Jedenfalls erstattet die Metzgerin Anzeige bei der Polizei.« »Morgen kommen sie und verhaften ihn«, erklärt sie den Leuten an der Bushaltestelle, an der sich unversehens auch Abram einfindet, um in die Stadt zu fahren. Jetzt hat Georg seinen großen Auftritt, er mimt den gleichgeschlechtlichen Liebhaber des Abram, macht sich an ihn heran, bis sich das Opfer durch Flucht entzieht. Sogar Zenta muß gestehen: »Das war aber auch nicht schön«, doch die Metzgerin kontert: »Aber das ist doch nicht so schlimm. Es sind ja keine Kinder mehr da.« Abrams Schicksal ist besiegelt, er sieht sich überall verfolgt, und Tonka muß sterben, da auch sie sich unter die Verfolger reiht. Bezeichnenderweise wird nicht der als überlegen einzuschätzende Georg zum Opfer, sondern Tonka als die noch Schwächere. Man ist geneigt, an den Büchnerschen Woyzeck zu denken, der nicht seinen Nebenbuhler, sondern seine Geliebte ersticht.

Natürlich gibt es im Dorf auch Leute, die sich an der Kampagne gegen Abram nicht beteiligen oder sogar Verständnis für ihn bekunden, aber sie haben keine Chance. Der Bürgermeister hält sich heraus, so gut er kann, der Pfarrer, gefragt, ob die Kirche dem Abram nicht helfen müßte, drückt sich mit Ausflüchten um eine Antwort.

Wie in einem jeden Volksstück darf auch in den ›Jagdszenen‹ ein rauschendes Dorffest mit Blaskapelle, Bier vom Faß und strammen Reden nicht fehlen: Es hat schließlich doch noch ein Happyend gegeben. Zwar sind Tonka und Rovo nicht mehr am Leben, aber der Mörder sitzt hinter Schloß und Riegel.

Die ganze Verlogenheit der Szenerie wird aus den Worten deutlich, mit denen der Bürgermeister des Geschehen kommentiert:

Gelächter. Der Bürgermeister kommt aus der Wirtschaft.

BÜRGERMEISTER: Ruhe!

KNOCHERL: Ruhe! Unser Bürgermeister will reden!

CHRISTINE *zu Knocherl:* Besoffenes Elend du!

KNOCHERL *zur Metzgerin:* Was hat der Pfarrer heut gesagt? Das Unkraut muß gejätet werden? *Er lacht.* Da muß ich gleich saufen – Wirtin, eine Helle – daß er mich nicht ausreißen kann. Ja, ja, die Sonntagsmesse, die brauch ich!

BÜRGERMEISTER: Ruhe!

KNOCHERL: Paula, bring mir ein Bier!

BÜRGERMEISTER: Ruhe!

Die Kapelle spielt wieder weiter.

Ruhe!

Ruhe tritt ein. Alle hören.

Warum denn nicht gleich! Also: Ich hab einen Anruf aus Landshut bekommen. Das Urteil ist gesprochen. Lebenslänglich.

Beifall.

Die 2500 Mark gehören uns. Wir verwenden das Geld also, wie wir es vereinbart haben, daß wir für das Geld die Orgel richten lassen. – Daß wir in der Kirch wieder singen können.

Beifall.

Ich möchte euch bitten, überlegt es euch bei den nächsten Bürgermeisterwahlen, daß dieser bedauerliche Mordfall in jeder Gemeinde hätt passieren können. Ich hoff, ihr hört nicht auf den Löffl Horst, der behauptet, das hätt ich vermeiden können. Ich hätt es nicht vermeiden können, denn dieses Vorkommnis hat uns Gott auferlegt und wir wollen Gott danken, daß wir es ohne Anfechtungen und so gut und korrekt überstanden haben. – Es ist am besten, wir reden nicht mehr drüber.

Beifall.

Ruhe! Wir haben eine schöne Ernte gehabt und haben mit Gewinn gearbeitet. – Und sonst ist auch wieder Ruhe im Dorf. Wir müßten eigentlich Gott dankbar sein, daß dieses Jahr doch noch so erfolgreich geworden ist.

Beifall.

ZENTA: Wer hat denn angerufen? Das mit unserem Mörder?

BÜRGERMEISTER: Ich hab meine Verbindungen.

METZGERIN: Was hat denn die Barbara ausgesagt?

BÜRGERMEISTER: Das weiß ich noch nicht.

METZGERIN: So.

VOLKER: Wo ist denn die Barbara jetzt überhaupt?

BÜRGERMEISTER: Es heißt, in Aham ist sie. Wird wohl nicht wiederkommen. Wenn sie wiederkommt, bei uns kann sie jedenfalls nicht mehr wohnen. Das ist klar. Das war alles, was ich euch sagen wollte. Ich hab für euch getan, was ich konnte. Ich schlag vor, daß wir jetzt zum gemütlichen Teil übergehen.

Langer Beifall. Alle trinken.

GEORG: Und ich sag, für solche gehört der Hitler wieder her.

METZGERIN: Bist nicht gleich ruhig!

MAX: Vergast gehört er! Vergast! Der Abram. Da muß doch die Todesstrafe wieder her.

CHRISTINE: Also, Mann, jetzt sauf nicht so.
KNOCHERL *volltrunken*: Recht hast! Prost! Den hätten wir kastrieren sollen.
GEORG: Ja. Dem hätten wir das Zipferl wegschneiden sollen.
METZGERIN: Es sind Kinder da. Red nicht solche Sachen.
ZENTA *zu Maria*: Wann heiratet ihr zwei denn?
VOLKER: Bald. Sobald es geht.
MARIA: Und dann machen wir eine Wallfahrt nach Altötting.
BÜRGERMEISTER: Gut, daß die zwei weg sind, die Tonka und der Abram. Da käm die Stadt schon aufs Land raus.
MARIA: Ja.
GEORG: Meine Stimme kriegst du, Bürgermeister. Die anderen wählen dich auch. Wir sind zufrieden mit dir.
MARIA: Ja.
BÜRGERMEISTER: Spielts mein Lied!
Die Kapelle beginnt zu spielen.

Noch bedenklicher als die von peinlicher Selbstgerechtigkeit triefende Rede des Bürgermeisters stimmen die bierseligen Äußerungen der Feiernden, wenn man sich da mit den Stichwörtern »Hitler«, »vergasen« oder »Todesstrafe« die Rückkehr der durch das Kriegsende überwunden geglaubten Zeiten zurückwünscht.

Das Stück endet mit dem von allen mitgesungenen Lieblingslied des Bürgermeisters: »Ich schieß den Hirsch im wilden Forst ...« Die Begeisterung für die Jagd ist ungebrochen: »Kein Ort, der Schutz gewähren kann,/wo meine Büchse zielt.« Aber man ist ja nicht nur harter Jäger, wie der Refrain bestätigt: »Und dennoch hab ich harter Mann/die Liebe auch gefühlt.«

In Sperrs ›Jagdszenen‹ finden sich nahezu alle gängigen Klischees, mit denen ein Volksstück nach dem trivialen Verständnis dieser Gattung ausgestattet sein muß; alle diese Klischees werden jedoch durch den Gang der Handlung in ihrer Fragwürdigkeit oder Verlogenheit entlarvt; dabei wird Sprachkritik zur Gesellschaftskritik. Die Beschränktheit der Sprache der Dorfbewohner macht diese anfällig für Phrasen der Selbstgerechtigkeit, die sich vor allem in der undifferenzierten Verurteilung derjenigen Mitbürger äußert, »die durch Umstände oder Eigenschaften außerhalb dieser Gemeinschaft stehen«. Dabei eskalieren Angriffe mit Worten schnell zu körperlicher Gewaltanwendung. Diese Verurteilung basiert zumeist auf starren moralischen Positionen, in denen durch die Kirche, durch das Herkommen oder durch den (angeblich) gesunden Menschenverstand fixiert ist, was man zu tun und zu lassen hat. Das geht sogar so weit, daß man sich wenigstens verbal eine Wiederkehr eines Hitlers und seiner Methoden, für Zucht und Ordnung zu sorgen, wünscht. Damit bieten die ›Jagdszenen aus Niederbayern‹ aussagekräftiges Anschauungsmaterial für die Verfechter sozialpsychologischer Faschismustheorien (Adorno u.a.).

Man kann sich gut vorstellen, daß die hier in Szene gesetzte Destruktion einer lieb gewordenen Idylle zu scharfen Protesten geführt hat. Damit erging es Sperr aber nicht anders als vielen Autoren, die sich wegen ihrer kritischen Volksstücke immer wieder heftigen Anfeindungen ausgesetzt sahen und das als Indiz dafür nehmen konnten, daß sie durch ihre Stücke ganz bestimmte Zielgruppen auf den Nerv getroffen hatten.

Peter Handke
Publikumsbeschimpfung

In der zweiten Hälfte der sechziger Jahre geschah manches, das man noch einige Jahre vorher nicht für möglich gehalten hätte. So schickte 1966 ein kaum fünfundzwanzigjähriger Autor vier unkostümierte Schauspieler zu einer ›Publikumsbeschimpfung‹ auf die leere Bühne und ließ sie in stakkatoartigem Beatrhythmus kundtun: »Wir stellen nichts dar. Wir machen Ihnen nichts vor. Wir sprechen nur.«

Die Aufführung dieses »Sprechstücks« war schon der zweite literarische Skandal, den sich Peter Handke binnen eines Jahres leistete. Vorausgegangen war eine »Publikumsbeschimpfung« bei der Tagung der Gruppe 47 in Princeton, USA. Handke verfolgte beide Male eine ähnliche Taktik. Er hielt sich zunächst an die Konventionen, respektierte die Gewohnheiten der Versammelten. In Princeton meldete er sich nach einer Lesung zu Wort, kam rasch auf Grundsätzliches, ging zu harter Kritik über. Er vermisse in den gelesenen Texten künstlerische Qualität und Produktivität, die Kollegen hätten nur bekannte Muster abgewandelt. Einige Vokabeln trugen ihm den Vorwurf ein, er sei ausfällig geworden.

Ehe sich der Vorhang zur ›Publikumsbeschimpfung‹ hob, sollte es nach Handkes ausdrücklicher Anweisung zugehen wie immer. »Im Zuschauerraum ist für die gewohnte Theaterstimmung zu sorgen.« Schon kurze Zeit später sollte das verdutzte Publikum erfahren: »Hier wird nicht dem Theater gegeben, was des Theaters ist.«

Das Theater hatte seinen festen Platz im kulturellen Leben, es war eine Institution mit einer langen und ehrwürdigen Tradition. Immer wieder ließ sein angestammtes Personal eine Bühne zu jenen »Brettern« werden, die nach Shakespeare »die Welt bedeuten«. Die vier Unkostümierten der ›Publikumsbeschimpfung‹ zählten auf, was alles geboten wurde:

> Das Theater spielte Tribunal. Das Theater spielte Arena. Das Theater spielte moralische Anstalt. Das Theater spielte Träume. Das Theater spielte kultische Handlungen. Das Theater spielte einen Spiegel für Sie.

Nichts von alledem nun. Dem Publikum sollte »mitgespielt« werden – und zwar übel.

Die Rollen sind vertauscht. Zuerst werden die Zuschauer ironisch mit ausgeleierten Rezensentenphrasen gelobt, als ob sie das Ensemble wären.

Ihr wart wie aus einem Guß. Ihr hattet heute einen guten Tag. Ihr wart wunderbar aufeinander eingespielt. Ihr wart dem Leben abgelauscht.

Sogleich folgt eine Salve von Schimpfwörtern, zum einen Unflätiges, zum anderen ideologisch eingefärbte Beleidigungen.

... ihr Tröpfe, ihr Flegel, ihr Atheisten, ihr Liederjane, ihr Strauchritter, ihr Saujuden.

Diese Form der Beschimpfung wird in Variationen mehrmals wiederholt. Am Schluß scheint Handke sein Spiel mit dem nun wohl eher bestürzten als belustigten Publikum auf die Spitze zu treiben. Als Finale holt er sich in den Kunsttempel, was draußen aus Recorder und Radio und bei den Live-Auftritten der großen Bands die Jungen in Ekstase versetzte.

Durch Lautsprecher wird dem Publikum tosender Beifall geklatscht und gepfiffen; dazu können vielleicht Publikumsreaktionen auf ein Beatkonzert durch die Lautsprecher abgespielt werden. Das ohrenbetäubende Heulen und Pfeifen dauert an, bis das Publikum geht.

Das war ein Gag, ein wenig Bekenntnis auch, vor allem aber ein Zugeständnis an die Altersgenossen. Handke hatte Verständnis für den Protest der Jugend, die sich wie er recht gut aufs Provozieren von Autoritäten verstand. Längst hatten ihre Aktionen die Aufmerksamkeit der Medien auf sich gezogen. Peter Handke ging seinen eigenen Weg. Eben machte man sich daran, mit Straßentheater politische Agitation zu betreiben, Theaterprofis sollten helfen. Handke war skeptisch und zum Mitmachen nicht bereit.

Er schrieb einen Aufsatz mit dem Titel ›Straßentheater und Theatertheater‹ und legte darin seine Position dar. Das Theater war für ihn nach wie vor ein Raum, in dem die Gesetze der Ästhetik Gültigkeit hatten; man konnte nicht einfach die Trennwand zur Wirklichkeit niederreißen.

Kaspar

In dem Sprechstück ›Publikumsbeschimpfung‹ hatte Handke die Institution Theater mit Mitteln des Theaters kritisiert. Sein nächstes wichtiges Werk, ›Kaspar‹ (1968), ist ein Sprechstück besonderer Art, in dem er das aktuelle Thema »Sozialisation durch Sprache« aufgreift. In Handkescher Zuspitzung hätte ein Untertitel lauten können: Wie einer durch Sprachdressur in die Gesellschaft eingegliedert wird.

›Kaspar‹ ist durch und durch ein Theaterstück. Die Titelfigur, Kaspar, betritt eine Bühnenwelt durch einen Spalt im Hintervorhang und sieht sich in eine Umgebung versetzt, die ihm unheimlich und fremd ist. Die Bühne ist nicht aufgeräumt, allerlei Möbel und Requisiten stehen und liegen herum. Kaspar findet sich nicht zurecht, er tut sich schwer mit dem Gehen wie mit dem Sprechen. Er sagt immer nur einen Satz: »Ich möcht ein solcher werden wie einmal ein andrer gewesen ist.« Er sagt den Satz hörbar ohne einen Begriff von dem Satz, ohne damit etwas auszudrücken ...

So steht es in der Regieanweisung. Der Satz ist vorläufig seine einzige Möglichkeit, auf die Umwelt zu reagieren. Man mag hier an den legendären Kaspar Hauser denken, der als Jüngling nur Unartikuliertes äußern konnte, weil man ihn in böser Absicht als Kind von sprechenden Menschen fernhielt. Handke erwähnt ihn flüchtig, mit seinem Kaspar aber nimmt es einen anderen Verlauf. Der macht sich zunächst einmal neugierig und tolpatschig an den Möbeln zu schaffen.

Kaspar geht zum Sofa. Er entdeckt die Spalten zwischen den Sofateilen. Er steckt die Hand in einen Spalt. Er kriegt die Hand nicht mehr heraus. Er steckt zur Hilfe die zweite Hand hinein. Er kriegt beide Hände nicht mehr aus dem Spalt. Er reißt an dem Sofa. Er bekommt mit einem Ruck beide Hände frei, wobei er auch einen Sofateil von seinem Platz auf den Boden reißt, worauf er nach einem Augenblick des Schauens den Satz sagt: Ich möcht ein solcher werden wie einmal ein andrer gewesen ist.

Der Befund im gegenwärtigen ersten Stadium: Kaspar kann unartikuliert, aber dennoch vernehmlich seinen Satz von sich geben, der physische Apparat funktioniert; wichtige Voraussetzungen für das Sprechenlernen sind vorhanden.

Nun können die Einsager genannten Sprachlehrer in Aktion treten, sie sollen Kaspar »durch Sprechen zum Sprechen bringen«. Über sie heißt es in der Regieanweisung:

Die Einsager, etwa drei Personen, nicht sichtbar (ihre Stimmen kommen vielleicht vom Band) sprechen ohne Unter- und Übertöne, das heißt, sie sprechen weder mit den üblichen Ausdrucksmitteln der Ironie, des Humors, der Hilfsbereitschaft, der menschlichen Wärme noch mit den üblichen Ausdrucksmitteln des Unheimlichen, des nicht Geheuren, des Übersinnlichen, des Übernatürlichen; sie sprechen verständlich. Sie sprechen, über eine gute Raumanlage, einen Text, der nicht der ihre ist. Sie sprechen nicht mit den üblichen Mitteln einen Sinn, *sie* spielen Sprechen, *und das mit größter Anspannung der Stimmen, auch wenn sie leise sind.*

Man erfährt nicht, im Auftrag welcher Instanz die Einsager agieren. Sie lehren, wie man es von Kassettenlehrgängen zum Erlernen von Fremdsprachen kennt; sie sprechen ihre Lektionen vor und verbreiten sich dazwischen auch schon einmal über Sinn und Nutzen des Sprechenlernens. Der Schüler begreift am Anfang wenig, er wird nicht verbessert und kann noch lange nicht flüssig sprechen. Kaspar geht es ähnlich. Er lernt, auf andere zu hören, ihnen nachzusprechen; dabei verlernt er seinen Satz. Die folgende Szene zeigt ein bereits fortgeschrittenes Stadium des Lernprozesses. Was Kaspar tut, wird von den Einsagern belehrend kommentiert.

Der Scheinwerfer folgt Kaspars Hand, die von oben nach unten die Jacke zuknöpft, wobei schließlich unten ein Knopf übrigbleibt. Der Scheinwerfer zeigt wie Kaspars Hand auf den übriggebliebenen Knopf. Dann folgt er der Hand, die, schneller als sie die Jacke zugeknöpft hat, sie von unten nach oben wieder aufknöpft. Er bleibt oben mit Kaspars Hand auf dem ersten Knopf. Dann folgt er Kaspars beiden Händen, die noch schneller die Jacke wieder zuknöpfen. Diesmal gelingt es. Der Scheinwerfer zeigt mit Kaspars Händen auf den untersten Knopf. Dann geben die Hände den Knopf frei. Der Scheinwerfer zeigt, daß alles in Ordnung ist. Dann erlischt er.

Jeder Gegenstand muß ein Bild von einem Gegenstand sein: jeder rechte Tisch ist ein Bild von einem Tisch. Jedes Haus muß ein Bild von einem Haus sein. Jeder rechte Tisch ist (*die Wörter teilen sich auf das Zuknöpfen auf*) ordentlich, schön, gemütlich, friedlich, unauffällig, zweckdienlich, geschmackvoll. Jedes Haus, das (*die Wörter teilen sich auf das Aufknöpfen*) liegt, einstürzt, wankt, stinkt, brennt, leersteht, spukt, ist kein wahres Haus. Jeder Satz, der (*die Wörter verteilen sich wieder auf das Zuknöpfen*) nicht stört, nicht droht, nicht zielt, nicht fragt, nicht würgt, nichts will, nichts behauptet, ist ein Bild von einem Satz.

Fast beiläufig bekommt Kaspar gesagt, was richtig und falsch, gut und schlecht ist. Es scheint eine Koordination zu bestehen zwischen dem Umgang mit Gebrauchsgegenständen und der Sprache; ein Mechanismus ist auf Herstellung von Ordnung gerichtet, das Lernen der Sprache erweist sich zugleich als Lernen eines bestimmten Verhaltens.

Auf solches Ordnungsbedürfnis und auf den lehr- und lernbaren Ordnungssinn läßt sich, so kann man folgern, auch die Ordnung einer Gesellschaft gründen. Wenn gut und schlecht so reinlich geschieden sind und alle die vorgeschriebenen Maßstäbe anerkennen, müßte eigentlich »alles in Ordnung« sein.

Wo allerdings Definition mit Wertung verbunden wird, kann Sprache leicht zum Werkzeug einer Ideologie werden. Was nicht ins Sprachspiel der Ordnung paßt, wird »schlechtgemacht«. Zunächst klingen die Normen der geordneten Welt, die die Einsager verkünden, plausibel und vernünftig; man hält sich an das Bewährte und Nützliche:

»Weg sparen heißt Kraft sparen.«
»Keinem wird etwas geschenkt.«
»Was schon immer so gewesen ist, wie du es antriffst, kannst du nicht auf einmal ändern.«
»In einem aufgeräumten Raum wird auch die Seele aufgeräumt.«

Wer sich nicht nach diesen Normen richtet, riskiert es, Anstoß zu erregen. Die Ordentlichen und Angepaßten werden ihn mit Mißbilligung und Mißtrauen betrachten, vielleicht drohen ihm bald Ausgrenzung, Ausweisung oder Schlimmeres.

In der Schule der Anpassung wird sogleich ein neues Kapitel durchgenommen; Kaspar »werden die Satzmodelle beigebracht«. Zuerst lernt er die Strukturen gebrauchen, bald werden diese Strukturen auch mit richtig verwendeten Wörtern gefüllt. Allerdings geben manche Wörter in den von Kaspar arglos gebildeten Übungsbeispielen eine unheimliche Doppeldeutigkeit preis. Übertragene Bedeutungen offenbaren auf erschreckende Weise, daß es in der geordneten Welt nicht so harmonisch und human zugeht, wie es den Anschein hatte.

Die Tür springt auf. Die Haut springt auf. Das Streichholz brennt. Der Schlag brennt. Das Gras zittert. Der Ängstliche zittert. Die Ohrfeige klatscht. Der Körper klatscht. Die Zunge leckt. Die Flamme leckt. Die Säge kreischt. Der Gefolterte kreischt. Die Lerche trillert. Der Polizist trillert. Das Blut stockt. Der Atem stockt.

Die Einsager bestätigen die eben an der Sprache sichtbar gemachte Doppelgesichtigkeit des Daseins. In Sätzen, die nach dem Stilmuster der Gegendarstellung in der Presse gebaut sind, geben sie zu, daß das Bild der »Verhältnisse« verzeichnet und gefärbt sein kann.

Es ist nicht so, daß die Verhältnisse so sind, wie sie dargestellt werden, wahr ist vielmehr, daß die Verhältnisse anders sind, als sie dargestellt werden. Es ist unwahr, daß die Darstellung der Verhältnisse die einzig mögliche Darstellung der Verhältnisse ist: wahr ist vielmehr, daß es im Gegenteil noch andere Möglichkeiten der Darstellung der Verhältnisse gibt.

Diese Sätze enthalten Sprengstoff; die Behauptung ist danach angetan, die »Ordnung« von Verhältnissen radikal in Frage zu stellen. Für Kaspar sind ebendiese Sätze nicht mehr als Übungsmaterial und Lernstoff. Er ist an dieser Stelle stolz, daß er einen langen und schwierigen Satz genauso fehlerfrei bewältigt wie die Einsager.

Kaspar bleibt nicht allein; plötzlich taucht ein zweiter, ein dritter Kaspar neben ihm auf. Sie treiben allerlei pantomimische Spiele, sind aber noch stumm und friedlich. Soll man nicht etwas ordentliche Gesellschaft spielen? Der erste Kaspar wird zum »Redekaspar«, er hält es für angebracht, ein großes Loblied auf die Versöhnung von Freiheit und Ordnung anzustimmen.

Jeder muß frei sein
jeder muß dabei sein
jeder muß wissen was er will
keiner darf den Drill
vermissen
lassen
keiner darf sich morgens hassen
jeder muß sein Leben leben
jeder muß sein Bestes geben
jeder muß sein Ziel erreichen
keiner darf über Leichen
gehen
keiner darf im Winkel stehen
jeder muß jedem in die
Augen sehen
können
jeder muß jedem das Seine gönnen
...
Jeder muß sich vor dem Essen
die Hände waschen
jeder muß im Gefängnis die
Taschen leeren
jeder muß vor der eigenen Tür
kehren ...
keiner darf Kaffee aus Untertassen
trinken
jeder muß jedem zuwinken
jeder muß sich die Nägel schneiden
keiner darf den andern
das Leben verleiden
keiner darf das saubere Tischtuch
beschmutzen
jeder muß sich die Nase putzen ...

Des ersten Kaspars Moralpredigt, eine blauäugig-dümmliche Ermahnung zu Menschenliebe und guten Manieren, findet bei den anderen Kaspars weder Zustimmung noch Gefallen. Sie werden rebellisch, Kaspars Rede wird massiv gestört. Die Zuschauer hören, zum Teil schon gleichzeitig mit des einen Kaspars Reden, von hinten Raunen, Krächzen, nachgeahmte Käuzchengeräusche, Jammern, Singen mit Kopfstimme. »Der Störungslärm nimmt zu, schließlich gibt der völlig aus dem Konzept gebrachte Redekaspar auf. »Jeder Satz ist für die Katz.«

Hat Handke sich von dem Protest inspirieren lassen, der damals in Hörsälen, auf Straßen und Plätzen immer häufiger lautstark und rüde erhoben wurde?

Handke gab eben doch dem Theater, was des Theaters ist. Wenn er etwas von draußen übernahm, so wurde es verändert, verfremdet, der Spielidee unterworfen. Im ›Kaspar‹ bediente er sich aus dem Fundus der Bühnen- und Zirkuswelt. Der komplexe Apparat der Zivilisation wird reduziert auf Einfaches: Gegenstände, Bewegungen, Gesten, sprechende Stimmen. ›Kaspar‹ ist ein Modell, eine Parabel auf die Eingliederung eines einzelnen in die Gesellschaft. An eine ganz bestimmte brauchte man dabei gar nicht zu denken, auch wenn die Versuchung groß war, ebendies zu tun. Natürlich finden sich im ›Kaspar‹ noch Passagen, die an Handkes frühe sprachanalytische Fingerübungen erinnern. Im Verlauf des Lern- und Anpassungsprozesses führt er sprachliche Automatismen und Strukturen auf eine Weise vor, durch die ihr Mißbrauch zu Zwecken der Verführung, der Interessenwahrung und Herrschaftssicherung erwiesen werden soll. In seinem programmatischen Aufsatz von 1967 ›Ich bin ein Bewohner des Elfenbeinturms‹ wagte der junge Handke den kühnen Satz zu schreiben: »Ich erwarte von der Literatur ein Zerbrechen aller endgültig scheinenden Weltbilder.«

Aber wie in ›Publikumsbeschimpfung‹ fällt auch in ›Kaspar‹ der Vorhang, wenn das Spiel zu Ende ist; das Theaterrequisit schlechthin räumt alle Kaspars, Lobredner des Systems und Störer, hinter sich auf die Bühne zurück. Wenn etwas »über die Rampe kam«, dann auf die gewohnte Art und Weise.

Peter Handke bekannte sich 1967, abermals in einem Aufsatz, als »ein Bewohner des Elfenbeinturms«. Der letzte Satz von Handkes »Bekennerschreiben«, mit dem er sich von den »Achtundsechzigern« absetzte, lautet: »Bei der nächsten Arbeit ... wird eine andere Methode nötig sein.« Nach 1968 suchte auch der Schriftsteller Peter Handke neue Wege.

1.2 Die große Zeit des deutschen Hörspiels

Während das nach Kriegsende unter schwierigsten Bedingungen rasch wiederauflebende Theater überwiegend den Wünschen des Publikums entgegenkam, ihm bislang vorenthaltene Werke zeitgenössischer ausländischer Dramatiker, Stücke der aus dem Exil wiedergekehrten deutschen Schriftsteller oder auch ideologisch unverdächtig inszenierte Klassikerdramen zu sehen, entdeckten viele Autoren der Kriegs- und der Nachkriegsgeneration ihre Liebe zum Hörspiel und lösten eine ungeahnte Begeisterung für diese noch recht neue dramatische Gattung aus. Trotz der Zerstörungen des Kriegs verfügten die meisten

Familien über die Möglichkeit zum Rundfunkempfang, vor allem in Gestalt des legendären Volksempfängers, für dessen Verbreitung die Propagandastrategen des Dritten Reichs sich aus naheliegenden Gründen eingesetzt hatten. Die Wertschätzung des nunmehr naziideologiefreien, der Information und vorwiegend der Unterhaltung dienenden Radios führte rasch zu technischen Verbesserungen, z.B. zur Einrichtung von UKW-Sendern oder zur Installation von Bandmaschinen, sowie zu einer neuen Organisationsform des Rundfunks, nämlich dem Zusammenschluß der wichtigsten Sender der Bundesländer zur Arbeitsgemeinschaft der öffentlich-rechtlichen Rundfunkanstalten in Deutschland (ARD).

Beide Entwicklungen trugen nicht unwesentlich zum Aufschwung des Hörspiels bei: So boten sich den Autoren willkommene Verdienstmöglichkeiten durch die Belieferung der miteinander konkurrierenden Sender oder durch feste Mitarbeit in den Hörspielstudios; zudem vereinfachte und verbilligte sich die Produktion von Hörspielen, da man nicht mehr auf Live-Sendungen oder deren Konservierung auf Schallplatten angewiesen war, und so die Produktionen unter den einzelnen Rundfunkanstalten leicht ausgetauscht werden konnten. Diese Entwicklungen bewirkten, daß das literarisch ambitionierte ebenso wie das in der Form des Features mehr dokumentarisch ausgerichtete Hörspiel in Kürze ein festes Stammpublikum gewinnen konnte, das jedem Sendetermin mit gespanntem Interesse entgegensah und auch mit Reaktionen auf das Gehörte nicht sparte. Entscheidende Verdienste um die Wiedererweckung und Weiterentwicklung des Hörspiels erwarben sich die nach 1945 reaktivierten Wegbereiter dieser neuen dramatischen Gattung (allen voran Günter Eich), die als Autoren oder Produzenten schon in den dreißiger Jahren eine durchaus bemerkenswerte Tradition des deutschen Hörspiels begründet hatten, aber das Begonnene in der NS-Zeit nicht fortsetzen konnten oder wollten.

Auffällig an der Geschichte des deutschen Hörspiels nach dem Kriege ist der Umstand, daß bei Autoren und Kritikern die anfängliche Euphorie über die durch das Medium Rundfunk eröffneten Möglichkeiten verhältnismäßig bald einer eher kritisch-nüchternen Einschätzung wich. Von solcher Skepsis war zunächst freilich nichts zu spüren. Die Tatsache, daß sich die Gattung Hörspiel nicht erst ihr Medium schaffen mußte, sondern daß dieses existierte, bevor es Hörspiele gab, bestimmte die Möglichkeiten und Grenzen der Gattung: Nur mit akustischen Mitteln, mit dem gesprochenen Wort, mit Geräuschen und mit Musik dramatische Vorgänge zu gestalten, faszinierte die Autoren. Der notwendige Verzicht auf alles Optische, auf Szene, Kulisse, Gestik und Mimik erschien nicht als Manko, sondern als besondere Chance, wurde man doch dadurch unabhängig von Raum und Zeit, ließen sich doch durch verschiedene Formen der Blende (also durch das Aus-, Ein- oder Überblenden verschiedener Tonkulissen) problemlos Ortswechsel und Zeitsprünge vollziehen; auch die Suggestion imaginärer Räume war leicht zu bewerkstelligen. Daß es nötig war, die handelnden Personen auf ihre Stimmen zu reduzieren und aus Gründen der Überschaubarkeit die Zahl der Akteure zu beschränken, wurde durch die Möglichkeit aufgewogen, innere Stimmen, Monologe oder Erzählerberichte einzubauen, Geräusche nicht nur als Kulissenersatz zur realistischen Kennzeichnung der Orte des Geschehens, sondern – oft in stilisierter Form – zur Charakteristik der Personen und ihrer Handlungen zu verwenden und Musik als Verbindung von Szenen, als Leitmotiv oder nur als Untermalung zu nutzen. Die Entgrenzung des Raums, der Aufbau von Traumwelten und die Psychologisierung der handelnden Personen (d.h. die Konzentration auf ihr Denken und Fühlen) bestimmten wesentlich das Erscheinungsbild des Hörspiels der fünfziger Jahre.

Angesichts der magischen Funktion des gesprochenen Worts, aus dem das Hörspiel der »inneren Bühne« lebte, ist es nicht verwunderlich, daß sich besonders Lyriker als Hörspielautoren hervortaten. Nach Borcherts ›Draußen vor der Tür‹, das als Hörspiel im Jahre 1947 eine außerordentliche Wirkung erzielte, gelten Günter Eichs ›Träume‹ als das den Maßstab (das sogenannte »Eich-Maß«) setzende Opus schlechthin.

Günter Eich
Träume

Eich war mit der Entwicklung des deutschen Hörspiels seit den zwanziger Jahren bestens vertraut und hatte sich selbst schon vor dem Krieg erfolgreich als Autor versucht. Daß es während des Zweiten Weltkriegs »gar keine oder nur politische – das heißt Propaganda-Hörspiele gegeben« habe, diese besonders auch auf Eich gemünzte These ist nach dem Auftauchen bislang unbekannter Tondokumente erst jüngst in die Diskussion geraten; so lassen sich nach W. Wessels von Eich nicht nur zahlreiche literarische Sendungen aus der fraglichen Zeit nachweisen, der Autor ist auch in den Verdacht gekommen, er habe sich mit einem auf Initiative von Goebbels entstandenen Hörspiel in die antienglische Kriegspropaganda eingeschaltet. Wie dem auch sei, es ist vor allem Günter Eich, der dem deutschen Hörspiel der Nachkriegszeit zu literarischem Glanz und zu hoher Akzeptanz verholfen hat.

Eich war mit seinem Hörspiel ›Träume‹ bei einem Preisausschreiben leer ausgegangen, löste aber mit der Erstsendung des Werks am 19. April 1951 eine überwältigende, wenngleich überwiegend kritischnegative Reaktion beim Publikum und eine erregte Diskussion über die Aussage des Stücks aus.

Eichs Hörspiel besteht aus einer Folge von fünf Träumen, die fünf ganz konkret benannten Personen aus den fünf Kontinenten zugeordnet sind und in keinerlei äußerem Zusammenhang stehen, wohl aber vom nämlichen Grundgefühl geprägt sind: der Angst der Träumer vor einem auf sie zukommenden Entsetzlichen. Eingerahmt werden die Spielszenen von kürzeren, zumeist lyrischen Texten, in denen sich der gedankliche und emotionale Gehalt der Träume, abstrahiert vom jeweiligen Einzelfall, manifestiert. Bereits in dem erst nach der Uraufführung in die 1953 publizierte Buchfassung eingefügten Eingangsgedicht klingt das große Thema an:

Ich beneide sie alle, die vergessen können,
die sich beruhigt schlafen legen und keine Träume haben.
Ich beneide mich selbst um die Augenblicke blinder Zufriedenheit:
erreichtes Urlaubsziel, Nordseebad, Notre Dame,
roter Burgunder im Glas und der Tag des Gehaltsempfangs.
Im Grunde aber meine ich, daß auch das gute Gewissen nicht ausreicht,
und ich zweifle an der Güte des Schlafes, in dem wir uns alle wiegen.
Es gibt kein reines Glück mehr (– gab es das jemals? –),
und ich möchte den einen oder andern Schläfer aufwecken können
und ihm sagen, es ist gut so.

Fuhrest auch du einmal aus den Armen der Liebe auf,
weil ein Schrei dein Ohr traf, jener Schrei,
den unaufhörlich die Erde ausschreit und den du
für Geräusch des Regens sonst halten magst oder das Rauschen des Winds.
Sieh, was es gibt: Gefängnis und Folterung,
Blindheit und Lähmung, Tod in vieler Gestalt,
den körperlosen Schmerz und die Angst, die das Leben meint.
Die Seufzer aus vielen Mündern sammelt die Erde,
und in den Augen der Menschen, die du liebst, wohnt die Bestürzung.
Alles, was geschieht, geht dich an.

Thema der ›Träume‹ ist »die Angst, die das Leben meint«, also das unterschwellige, rational nicht begründbare Gefühl einer permanenten Bedrohung, für das es keinen konkreten Anlaß gibt und vor dem auch ein reines Gewissen nicht bewahren kann. Das Wissen um Qual, Leid und Not von Menschen überall auf der Welt läßt sich aus dem Unterbewußtsein nicht verdrängen; wer seine Augen davor verschließt und sich beruhigt schlafen zu legen versucht, wird sehr rasch aus seiner vermeintlichen Sicherheit gerissen. Es sind keine optischen Reize, keine Bilder, die den Schläfer in die grausame Wirklichkeit zurückholen, es ist der unablässige Schrei der personifizierten Erde, materialisiert im Geräusch des Regens oder des Winds, ein Schrei, der ausgelöst wird vom Entsetzen über das, was geschieht. Es ist keinem Menschen möglich, sich von diesen Geschehnissen abzukoppeln, sich in die Rolle des unbeteiligten Zuschauers zu flüchten: »Alles, was geschieht, geht dich an«, d.h. das individuelle Schicksal ist unlöslich mit dem Schicksal der ganzen Menschheit verwoben, die ständig einer tödlichen Bedrohung ausgesetzt ist. Dabei bleibt nur zu spekulieren, ob der Dichter nun damit die Wasserstoffbombentests auf dem Bikini-Atoll, den Koreakrieg oder ganz allgemein den zur Zeit des beginnenden Wirtschaftswunders aufbrechenden Trend zur egoistischen Durchsetzung eigener materieller Interessen auf Kosten der anderen im Auge hatte.

Jeder der nun folgenden Traumszenen ist eine kurze biographische Notiz zur Person des Träumers vorangestellt. So heißt es zum 1. Traum:

In der Nacht vom 1. zum 2. August 1948 hatte der Schlossermeister Wilhelm Schulz aus Rügenwalde in Hinterpommern, jetzt Gütersloh in Westfalen, einen nicht sonderlich angenehmen Traum, den man insofern nicht ernst nehmen muß, als der inzwischen verstorbene Schulz nachweislich magenleidend war. Schlechte Träume kommen aus dem Magen, der entweder zu voll oder zu leer ist.

Man würde die Intention des Autors gründlich mißdeuten, wollte man den banalen Hinweis auf die Magenkrankheit des Träumers als eine logisch schlüssige Erklärung für das Auftreten dieses Alptraums gelten lassen; vielmehr steckt gerade in dieser ironisch gebrochenen Distanzierung vom Inhalt des Traums die Aufforderung, sich eben nicht durch eine derartige mechanistische Gedankenkonstruktion aus der persönlichen Betroffenheit davonstehlen zu wollen, werden doch im Traum des Schlossermeisters aus Rügenwalde unverkennbar Erfahrungen, Eindrücke und Erinnerungen an die noch nicht lange zurückliegende und längst nicht bewältigte Zeit von Krieg und Vertreibung verarbeitet:

Ein langsam fahrender Zug. Die Stimmen im Waggon.

URALTER: Es war vier Uhr nachts, als sie uns aus den Betten holten. Die Standuhr schlug vier.

ENKEL: Du erzählst immer dasselbe. Das ist langweilig, Großvater.

URALTER: Aber wer war es, der uns holte?

ENKEL: Vier Männer mit undurchdringlichen Gesichtern, nicht wahr? So wärmst du uns deine Vergangenheit jeden Tag auf. Sei still und schlaf!

URALTER: Aber wer waren die Männer? Gehörten sie zur Polizei? Sie trugen eine Uniform, die ich nicht kannte. Es war eigentlich keine Uniform, aber sie hatten alle vier die gleichen Anzüge.

URALTE: Ich glaube bestimmt, daß es die Feuerwehr war.

URALTER: Das sagst du immer. Aber warum sollte einen die Feuerwehr nachts aus dem Bett holen und in einen Güterwagen sperren?

URALTE: Es ist nicht merkwürdiger, als wenn es die Polizei gewesen wäre.

URALTER: Mit der Zeit gewöhnt man sich daran. Das Leben, das wir bis zu jenem Tag geführt hatten, war eigentlich viel merkwürdiger.
FRAU: Weiß Gott, es muß ziemlich merkwürdig gewesen sein.
URALTER: Am Ende ist das Dasein im Güterwagen das gewöhnliche?
URALTE: Still, das darfst du nicht sagen.
FRAU: Ja, seid still da! Dieses dumme Geschwätz!
Leiser. Komm näher, Gustav, wärme mich.
ENKEL: Ja.
URALTER: Es ist kalt. Rück auch näher, Alte!
URALTE: Ich tauge nicht mehr viel zum Wärmen.
URALTER: Wie lange ist es her, daß wir unser Haus verlassen mußten? Wie lange ist es her, daß wir in diesem Wagen fahren?
URALTE: Keine Uhr, kein Kalender, – aber die Kinder sind inzwischen groß geworden, und die Enkel sind groß geworden, und wenn es etwas heller ist –
URALTER: Du meinst, wenn Tag draußen ist.
URALTE: – wenn es etwas heller ist und ich dein Gesicht sehen kann, lese ich aus den Falten, daß du ein alter Mann bist und ich eine alte Frau.
URALTER: Es sind sicher an die vierzig Jahre her.
URALTE: Ja, so lange ungefähr. Leg deinen Kopf auf meinen Arm. Du liegst so hart.
URALTER: Ja, danke.
URALTE: Kannst du dich erinnern: Es gab etwas, was wir Himmel nannten und Bäume.
URALTER: Hinter unserm Haus stieg der Weg etwas an bis zum Waldrand. Auf den Wiesen blühte im April der Löwenzahn.
URALTE: Löwenzahn, – was du für merkwürdige Wörter gebrauchst!
URALTER: Löwenzahn, erinnere dich doch, eine gelbe Blume, die Wiesen waren gelb davon, in den Stengelwänden war ein milchiger weißer Saft. Und wenn er abgeblüht war, saßen wollige weiße Kugeln auf den Stengeln, und der gefiederte Same flog davon, wenn man hineinblies.
URALTE: Ich hatte das ganz vergessen, aber jetzt erinnere ich mich.
URALTER: Und erinnerst du dich an die Ziege, die wir im Stall hatten?
URALTE: Die weiß ich noch. Ich molk sie jeden Morgen.
URALTER: Im Schlafzimmer stand der Kleiderschrank, und ich hatte einen dunkelblauen guten Anzug darin. Warum denke ich daran? Als ob der dunkelblaue Anzug das Wichtigste, das Beste gewesen wäre!
URALTE: Was war das Beste?
URALTER: Alles war gut, die Akazie vorm Haus und die Himbeeren am Zaun.
URALTE: Das Beste war, daß wir glücklich waren.
URALTER: Aber wir wußten es nicht.

Eich nutzt zu Beginn dieser Szene die besondere Eignung des Funkmediums, durch die Geräusche der Schienenstöße und durch die Stimmen der im fahrenden Waggon versammelten Vertreter dreier Generationen in der Vorstellung des Rezipienten eine bedrückende irreale Welt erstehen zu lassen, in der alles von anonym bleibenden, konkret nicht greifbaren Mächten gelenkt und geleitet wird, ohne daß ein klares Ziel oder ein eindeutiger Sinn und Zweck erkennbar wäre.

Die Unterhaltung der Personen setzt ein mit dem offensichtlich schon oft kontrovers diskutierten Beginn der Reise vor einer unbestimmt langen Zeit, vor 40 Jahren, wie die Großeltern meinen. Bemerkenswert ist, daß man nicht mehr über den Anlaß spricht, weshalb man eines Tages um vier Uhr nachts aus den Betten geholt wurde, sondern sich – wohl nicht zum erstenmal – streitet, ob die vier Männer mit den undurchdringlichen Gesichtern der Polizei oder der Feuerwehr angehörten; ein Indiz, die Personen der unverdächtigeren, da nicht im Dienste einer politischen Macht stehenden Feuerwehr zuzuordnen, vermag die Uralte nicht zu nennen. Die Gründe für die Verfrachtung in den Zug spielen also schon gar keine Rolle mehr, auch das Leben vor diesem Einschnitt ist nur noch Erinnerung, Erinnerung daran, daß alles gut war und sie selbst glücklich waren. Man hat sich mit der widernatürlichen Situation abgefunden, und aufgrund der Gewöhnung erscheint das Dasein im Güterwagen gar als das normale. Der Streit, ob es denn außerhalb des Waggons noch eine andere Welt gebe, erfährt neue Nahrung durch die Wahrnehmung eines in das Dunkel fallenden Sonnenstrahls:

KIND: Da, schaut doch, da, am Boden!

ENKEL: Ein glühender, glänzender Stab. Aber – man kann ihn nicht anfassen. Er besteht aus nichts.

URALTER: Ein Lichtstrahl. Irgendwo hat sich ein Loch in der Wand gebildet, und ein Sonnenstrahl fällt herein.

FRAU: Ein Sonnenstrahl, was ist das?

URALTER: Glaubt ihr mir jetzt, daß draußen etwas anderes ist als hier?

URALTE: Wenn ein Loch in der Wand ist, müßte man hinausschauen können.

ENKEL: Gut, ich schaue hinaus.

URALTE: Was siehst du?

ENKEL: Ich sehe Dinge, die ich nicht verstehe.

FRAU: Beschreib sie.

ENKEL: Ich weiß nicht, welche Wörter dazu gehören.

FRAU: Warum schaust du nicht weiter hinaus?

ENKEL: Nein, ich habe Angst.

FRAU: Ist es nicht gut, was du siehst?

ENKEL: Es ist fürchterlich.

URALTER: Weil es neu ist.

ENKEL: Wir wollen das Loch verschließen.

URALTER: Wie? Wollt ihr die Welt nicht sehen, wie sie wirklich ist?

ENKEL: Nein, ich habe Angst.

URALTER: Laßt mich hinaussehen.

ENKEL: Sieh hinaus, ob es die Welt ist, von der du immer sprichst.

Pause.

URALTE: Was siehst du?

URALTER: Das ist die Welt draußen. Sie fährt vorbei.
URALTE: Siehst du den Himmel, siehst du Bäume?
URALTER: Ich sehe den Löwenzahn, die Wiesen sind gelb davon. Da sind Berge und Wälder, – mein Gott!
ENKEL: Kannst du das ertragen zu sehen?
URALTER: Aber – *zögernd* – aber etwas ist anders.
FRAU: Warum siehst du nicht mehr hinaus?
URALTER: Die Menschen sind anders.
URALTE: Was ist mit den Menschen?
URALTER: Vielleicht täusche ich mich. Sieh du hinaus!
URALTE: Ja.
Pause.
URALTER: Was siehst du?
URALTE *erschrocken:* Es sind keine Menschen mehr, wie wir sie kannten.
URALTER: Siehst du es auch?
URALTE: Nein, ich will nicht mehr hinaussehen. *Flüsternd.* Es sind Riesen, sie sind so groß wie die Bäume. Ich habe Angst.
URALTER: Wir wollen das Loch verschließen.
ENKEL: Ja, wir wollen es verschließen. So.
FRAU: Gott sei Dank, daß es wieder ist wie vorher.
URALTER: Es ist nicht wie vorher.
URALTE: Der Gedanke an die gelben Blumen macht mich frösteln.
URALTER: An was können wir jetzt noch denken?
URALTE: Die Erinnerungen machen mir Angst.
ENKEL: Seid still! Merkt ihr nichts?
Pause.
FRAU: Was?
Das Kind fängt wieder an zu weinen.
URALTE: Was hast du, Frieda?
ENKEL: Merkt ihr es nicht? Etwas hat sich verändert.
URALTER: Ja, die Welt draußen.
ENKEL: Nein, hier bei uns.
Pause, während der man deutlich das Rollen der Räder hört.
FRAU: Warum hast du geweint, mein Kind?
KIND: Ich weiß nicht.
ENKEL: Etwas hat sich verändert. Das Kind hat es gemerkt.
URALTE: Ich weiß, was es ist. Spürt ihr es nicht?
FRAU *flüsternd, voll Entsetzen:* Wir fahren schneller.
URALTE: Ja, wir fahren schneller.
Pause.
Das Rollen der Räder beschleunigt sich etwas.
URALTER: Was kann das bedeuten?
FRAU: Ich weiß nicht was, aber bestimmt nichts Gutes.
URALTER: Ihr müßt herausfinden, ob die Geschwindigkeit nun so bleibt.
ENKEL: Oder?
URALTER: Oder ob sie noch größer wird.
URALTE: Horcht!
Pause.

Das Rollen der Räder beschleunigt sich weiter.

URALTER *flüsternd:* Es wird immer schneller.

FRAU: Ja, es wird immer schneller.

Das Rollen der Räder beschleunigt sich und wird lauter.

URALTER: Ich glaube, es geschieht ein Unglück. Hilft uns denn niemand?

ENKEL: Wer?

Das Zuggeräusch schwillt zu höchster Lautstärke an, entfernt sich dann in großer Geschwindigkeit und verklingt immer ferner.

Der Blick nach draußen, möglich geworden durch das unversehens aufgerissene Loch in der Waggonwand, führt zu unterschiedlichen Beobachtungen, jedoch bei allen zur gleichen Reaktion: Egal, ob sie außerstande sind, das Gesehene zu benennen, wie der Enkel, oder ob sie die Welt so wiedererkennen, wie sie sie in Erinnerung hatten (mit Ausnahme der Menschen, die zu Riesen mutiert sind, so die Beobachtung des Uralten), alle weigern sich, weiter nach draußen zu sehen, weil sie Angst haben. Bezeichnend ist, wie sie alle diese Angst zu bekämpfen versuchen, indem sie fordern, das Loch zu verschließen und den früheren unnatürlichen Zustand wiederherzustellen. Sie verfahren wie die Schläfer des Eingangsgedichts, die ihre Augen schließen und sich schlafen legen, d.h. sich der wahrgenommenen Realität nicht stellen wollen. Aber ebenso wie im Gedicht haben sie mit dieser Verdrängung der optischen Eindrücke keinen Erfolg, ein akustisches Signal reißt sie aus ihrer scheinbaren Sicherheit und läßt sie sich des drohenden Unheils bewußt werden, auch wenn sie einige Zeit brauchen, um zu bemerken, was sich verändert hat. Bleibender Eindruck ist, daß die Waggoninsassen unbekannten Mächten total ausgeliefert und selbst nicht den geringsten Einfluß auf Verlauf und Ziel der Reise auszuüben imstande sind.

Im zweiten Traum, geträumt von einer 50jährigen Tochter eines chinesischen Reishändlers, tritt ein Ehepaar auf, das seinen sechsjährigen Sohn an einen reichen Chinesen verkauft; wie sich langsam herauskristallisiert, soll der Knabe, wie schon eine ganze Reihe seiner Geschwister zuvor, geschlachtet werden, weil der schwerkranke Alte entsprechend einer »neuen Therapie« sein frisches Blut trinken und sein Herz und seine Leber essen muß, um wieder zu Kräften zu kommen. In dieser Szene, die in späteren Fassungen der ›Träume‹ durch einen neu konzipierten sechsten Traum ersetzt wurde, kommt die Bedrohung nicht von außen, sie ist nicht gesteuert von anonymen Mächten, sondern sie entspringt dem eigenverantwortlichen Handeln der Menschen selbst, denen jedes Gefühl für die gräßliche Barbarei ihres Tuns fehlt und die die Tötung ihres Kinds zu einem rein kommerziellen Akt verkommen lassen, aus dem lediglich der ahnungsvolle Knabe durch die elementare Äußerung seiner kreatürlichen Angst ausbricht.

In der dritten, in Australien spielenden Traumgeschichte wird eine glückliche siebenköpfige Familie durch das Nahen eines Feindes aus ihrer Idylle gerissen; man weiß über diesen Feind nur, daß er seine Opfer willkürlich wählt, daß er es nicht duldet, wenn aus den von ihm okkupierten Häusern irgend etwas mitgenommen wird, und daß es keine Chance gibt, gegen ihn zu kämpfen. Den Leuten bleibt nur die Flucht.

Der vierte Traum ist im afrikanischen Busch angesiedelt, wechselnde Trommelgeräusche vermitteln das Lokalkolorit: zwei Forscher bekommen auf ihrer Expeditionsreise fernab von jeglicher Zivilisation von einem eingeborenen Koch ein Essen vorgesetzt, das sie ihres Gedächtnisses beraubt. Auf Rückfrage erfahren sie, daß Medizinmänner den Befehl dazu erteilt hätten, um sie hilflos den Dämonen zu überantworten.

Der fünfte Traum entwirft die Szenerie einer Hochhauswohnung in einer amerikanischen Großstadt. Eine Tochter unterhält sich mit ihrer zum erstenmal zu Besuch weilenden Mutter, die sich begeistert über das private Glück der noch nicht lange verheirateten jungen Frau äußert, bis sie durch ein »leises, aber stetiges und eindringlich schabendes Geräusch« verunsichert wird. Da die Tochter mit ihrer Erklärung, das Geräusch werde durch den Lift verursacht, nicht zu überzeugen vermag, stellt sie das Radio an, über das nach Beendigung des erwarteten Musikprogramms der Vortrag eines Professors über die Termiten gesendet wird: »Es lebt sich nicht angenehm, wo es Termiten gibt. Diese Insekten zernagen in unersättlichem Hunger schlechthin alles, und der Mensch ist machtlos gegen sie ... Die Termiten haben die Gewohnheit, alle Gegenstände von innen her auszuhöhlen und eine dünne Außenwand wie eine Haut stehen zu lassen, die freilich dann eines Tages wie Staub zerfällt.« In hysterischer Erregung dringt die Tochter darauf, das Radio auszuschalten, so als ließe sich dadurch die drohende Gefahr bannen, während die Mutter zu erkennen beginnt, daß die Termiten nicht nur die Wohnung der Tochter, sondern auch die ganze Stadt und das ganze Land auszuhöhlen am Werke sind. »Der Boden, auf dem wir stehen, ist noch eine dünne Haut, alles hat nur noch eine dünne Haut und ist innen hohl«, meint die junge Frau und ergänzt, daß es nur noch einer starken Erschütterung bedürfe und alles falle ein. Auch der von der Arbeit heimkehrende junge Mann hat erkannt, daß er innerlich von den Termiten bereits so zerfressen ist, daß er durch die bloße Berührung seiner Frau zu Staub zerfallen würde. Mit einem Aufschrei der Tochter, der von einem lang hinrollenden Donner begleitet wird, endet die Szene.

Gemeinsam ist allen diesen Träumen mit Ausnahme des zweiten, in dem die schiere Unmenschlichkeit aller Personen im Verhalten zu dem kleinen Kind Entsetzen verbreitet, daß sich Personen ohne jeglichen schlüssigen Grund einer überlegenen und unangreifbaren Macht ausgesetzt sehen, die über sie nach Belieben verfügt und sie zu einem mutmaßlich bösen Ende führt. Es sind Angstträume, in denen sich die Angst zumeist dadurch potenziert, daß eine konkrete Bedrohung im Unbestimmten verbleibt. Eine gewisse Präzisierung freilich bietet der Autor im Schlußgedicht des Hörspiels an.

Wacht auf, denn eure Träume sind schlecht!
Bleibt wach, weil das Entsetzliche näher kommt.
Auch zu dir kommt es, der weit entfernt wohnt von den Stätten, wo Blut vergossen wird,
auch zu dir und deinem Nachmittagsschlaf,
worin du ungern gestört wirst.
Wenn es heute nicht kommt, kommt es morgen,
aber sei gewiß.

»Oh, angenehmer Schlaf
auf den Kissen mit roten Blumen,
einem Weihnachtsgeschenk von Anita, woran sie drei Wochen gestickt hat,
oh, angenehmer Schlaf,
wenn der Braten fett war und das Gemüse zart.
Man denkt im Einschlummern an die Wochenschau von gestern abend:
Osterlämmer, erwachende Natur, Eröffnung der Spielbank in Baden-Baden,
Cambridge siegte gegen Oxford mit zweieinhalb Längen, –
das genügt, das Gehirn zu beschäftigen.

Oh, dieses weiche Kissen, Daunen aus erster Wahl!
Auf ihm vergißt man das Ärgerliche der Welt, jene Nachricht zum Beispiel:
Die wegen Abtreibung Angeklagte sagte zu ihrer Verteidigung:
Die Frau, Mutter von sieben Kindern, kam zu mir mit einem Säugling,
für den sie keine Windeln hatte und der
in Zeitungspapier gewickelt war.

Nun, das sind Angelegenheiten des Gerichtes, nicht unsre.
Man kann dagegen nichts tun, wenn einer etwas härter liegt als der andere.
Und was kommen mag, unsere Enkel mögen es ausfechten.«

»Ah, du schläfst schon? Wache gut auf, mein Freund!
Schon läuft der Strom in den Umzäunungen, und die Posten sind aufgestellt.«

Nein, schlaft nicht, während die Ordner der Welt geschäftig sind!
Seid mißtrauisch gegen ihre Macht, die sie vorgeben für euch erwerben zu müssen!
Wacht darüber, daß eure Herzen nicht leer sind, wenn mit der Leere eurer Herzen gerechnet wird!
Tut das Unnütze, singt die Lieder, die man aus eurem Mund nicht erwartet!
Seid unbequem, seid Sand, nicht das Öl im Getriebe der Welt!

Mit den Imperativen »wacht auf« und »bleibt wach« blendet sich am Ende der ›Träume‹ die Stimme eines Sprechers ein, dessen Anliegen unschwer als das des Autors selbst zu identifizieren ist. Der Sprecher hat in spielerischer Verwendung der wörtlichen und der übertragenen Bedeutungen der Verben schlafen und wachen zunächst die Gesamtheit der Mittagsschläfer und Träumer im Visier und begründet seine Aufforderungen, aufzuwachen und wach zu bleiben (bzw. den Gang der Dinge mit wachem Auge zu verfolgen und sich nicht durch Manipulation geistig einlullen zu lassen), mit dem Näherkommen eines nur durch den Verweis auf die »Stätten, wo Blut vergossen wird« konkretisierten Entsetzlichen. Sich diesem Entsetzlichen zu entziehen ist nicht möglich; jeder wird einmal von ihm eingeholt, auch der ganz bestimmte eine Schläfer, der in den nächsten beiden Abschnitten in einem Monolog die Annehmlichkeiten seines satten Daseins in Gedanken vorüberziehen läßt und sein Gehirn mit den im Grunde völlig belanglosen Meldungen der letzten Wochenschau beschäftigt. Freilich schleichen sich auch unversehens ärgerliche Nachrichten ins Bewußtsein; so wird als »ärgerlich« (man beachte die Wortwahl!) der Fall einer Mutter von sieben Kindern aufgeführt, die aus purer Not ihr achtes abtreiben läßt. Der Schläfer lehnt es ab, sich vom Schicksal dieser Frau rühren zu lassen oder sich mit ihrem Fall persönlich auseinanderzusetzen, ja ihn überhaupt zu registrieren. Über den Hinweis auf die Zuständigkeit der Gerichte und auf die materiellen Ungleichgewichte in der Gesellschaft gelangt der Schläfer zur zynischen Forderung: »... unsere Enkel mögen es ausfechten«, ganz im Sinne des Mottos: Nach mir die Sintflut! Nach dieser Selbstentlarvung unseres brutal ich-bezogenen Zeitgenossen wendet sich in den nächsten beiden Zeilen der Sprecher an den nunmehr sanft Entschlummerten, artikuliert sein Erstaunen, wie schnell es dem Mann doch gelungen ist, aufkeimende Skrupel zu beruhigen, und wünscht ihm in höhnischer Ironie: »Wache gut auf, mein Freund!« Die folgenden Hinweise auf den Strom in den Umzäunungen und auf die bereits aufgestellten Posten lassen die Vision neuer KZs vor unserem geistigen Auge erstehen und an eine Wiederkehr einer unheilvollen, noch jungen Vergangenheit denken, in der die Mächtigen die Massen in selbstzufriedenen Schlaf gewiegt haben, um ihre verbrecherischen Pläne unbehelligt realisieren zu können. Im letzten Abschnitt des Gedichts wendet sich der Sprecher von seinem zu Demonstrationszwecken ausgewählten unansprechbaren Ansprechpartner ab und gibt uns Zuhörern nicht nur dieses Schlußgedichts, sondern des gesamten Hörspiels eine Botschaft mit auf den Weg, die sich in Eichs berühmtestem und meistzitiertem Satz zusammenfassen läßt: »... seid Sand, nicht das Öl im Getriebe der Welt!«

Max Frisch
Herr Biedermann und die Brandstifter

Nicht nur Lyriker haben sich in der Gattung Hörspiel versucht, auch einige Theaterautoren reizte diese Sonderform des Dramatischen. Aufschlußreiche Einblicke in die unterschiedliche Dramaturgie von Bühnenstück und Hörspiel ergeben sich, wenn ein Dramatiker sein zunächst für den Funk konzipiertes Werk zu einem Schauspiel umdichtet und das Hören um das Schauen ergänzt. Ein bemerkenswertes Beispiel dafür ist Max Frischs ›Herr Biedermann und die Brandstifter‹, ein Hörspiel, das in der späteren Bühnenfassung den paradoxen Untertitel ›Lehrstück ohne Lehre‹ trägt.

Eine erste Ausformung des Biedermann-Stoffs findet sich in den Tagebüchern des Autors: Unter den Eintragungen des Jahres 1948 taucht ein ›Burleske‹ betitelter Text auf, der (noch) nicht von einem Herrn Biedermann berichtet, sondern sich als ein Selbstgespräch des Autors in der zweiten Person Singular präsentiert und damit den Eindruck vermittelt, als könne das Erzählte jedermann widerfahren. Ab 1949 plante Frisch auf Anregung des Hörspielstudios Zürich die Dramatisierung des Stoffs, vier Jahre später gelangte das Hörspiel beim Bayerischen Rundfunk zur Uraufführung.

Im Zentrum des Geschehens steht der reiche Haarwasserfabrikant Gottlieb Biedermann, der eines Abends einen Landstreicher in sein Haus aufnimmt und ihn, von seiner bewegten Lebensgeschichte gerührt, auf dem Dachboden nächtigen läßt, obwohl in den Zeitungen immer wieder von Brandstiftern die Rede ist, die in der Gegend ihr Unwesen treiben. Der Fabrikant hat zwar vor, sich des ungebetenen Gastes möglichst schnell wieder zu entledigen, entschließt sich aber auch dann noch nicht durchzugreifen, als er an einem der folgenden Tage auf dem Dachboden nicht nur eine weitere verdächtige Gestalt, sondern auch eine Unmenge gefüllter Benzinkanister entdeckt. Er lädt vielmehr die beiden zwielichtigen Personen zum Abendessen ein, um sich durch diese Vertrauensgeste gegen mögliches Unheil abzusichern, ißt und trinkt mit ihnen und überreicht ihnen am Ende sogar noch die von ihnen erbetenen Streichhölzer. Kurz darauf nimmt die Brandkatastrophe ihren Lauf.

Die Hörspielhandlung setzt nach dem großen Brand ein, den Herr Biedermann überlebt hat. Durch diesen Kunstgriff, Spannung auf den Ausgang der Geschichte erst gar nicht aufkommen zu lassen, sondern das böse Ende vorwegzunehmen, bietet sich in der Form einer Rahmenhandlung, nämlich eines besonders hörspielgeeigneten Disputs des Verfassers mit den Helden seines Stücks, die Möglichkeit, die Schuldfrage von Anfang an in den Mittelpunkt des Interesses zu rükken und so etwas wie die Fiktion eines Verhörs zu suggerieren. So wendet sich zu Beginn des Hörspiels ein Erzähler, nämlich der Verfasser höchstpersönlich, an das Publikum, um es in das Geschehen einzuführen und es mit dem Protagonisten bekannt zu machen:

VERFASSER: Liebe Hörerinnen und Hörer! Herr Biedermann, der Held unsrer unwahrscheinlichen Geschichte, wartet bereits im Nebenraum, ich sehe ihn hier durch die große Scheibe, aber er kann mich nicht hören ... Sie alle, liebe Hörerinnen und Hörer, kennen Herrn Biedermann, wenn auch vielleicht unter anderen Namen. Was ihn außer einem freundlichen Verzicht auf besondere Merkmale auszeichnet, ist eine rosige Gesundheit, die ihn dazu bestimmt, stets und nach jeder Katastrophe zu den Überlebenden zu gehören. Seine Art, sich zu kleiden, erinnert mich an die Puppen in den Schaufenstern, korrekt vom Scheitel bis zur Sohle. Außer den rosigen Backen, die es übrigens schwer machen, sein Alter zu schätzen, trägt Herr Biedermann eine weithin sichtbare, in der üblichen Blässe spiegelnde Glatze, was er weiß; doch möchte Herr Biedermann nicht, daß man seine Glatze öffentlich erwähnt. Das hängt mit seinem Geschäft zusammen. Nämlich Herr Biedermann handelt, wie Sie hören werden, mit Haarwasser. Wahrscheinlich wird Herr Biedermann, sobald ich ihn vor dieses Mikro bitte, Ihnen seine Unschuld versichern. Ich möchte aber Ihrem persönlichen Urteil über Herrn Biedermann in keiner Weise vorgreifen, sondern (solange wir unter vier Augen sind) nur noch beifügen: Ich habe mit bewußter Absicht eine erfundene Katastrophe gewählt, nämlich den Brand von Seldwyla, um in den geschätzten Hörern keinerlei Erschütterung auszulösen, keinerlei persönliche Leidenschaft, die uns nur das Vergnügen einer gelassenen und sachlichen Betrachtung verdirbt, das Vergnügen, zu erkennen, daß es auch Katastrophen gibt, die nicht hätten stattfinden müssen.

Durch diesen auf der Bühne des Theaters kaum realisierbaren Einfall, den Verfasser mit dem Helden des von ihm verfaßten Stücks diskutieren zu lassen, bekommt der Hörer gewissermaßen Verständnishilfe aus erster Hand.

In der vorliegenden Eingangspassage verzichtet der Verfasser weitgehend darauf, konkrete Vorstellungen vom Aussehen, vom äußeren Erscheinungsbild seines Helden zu vermitteln; diese Dinge spielen auf der »inneren Bühne« eines Hörspiels keine Rolle. Es bleibt eigentlich nur der Hinweis auf Herrn Biedermanns Glatze, die in peinlichem Kontrast zu seiner Berufstätigkeit als Haarwasserfabrikant steht und so einen ersten widersprüchlichen Eindruck von seiner Persönlichkeit erweckt. In der Aussage des Verfassers, man kenne Herrn Biedermann, »wenn auch vielleicht unter anderen Namen,« wird die typisierende Funktion des Namens Biedermann augenfällig, der an den Jedermann des mittelalterlichen Mysterienspiels erinnert, eine Figur, die Hugo von Hofmannsthal in seinem nach mittelalterlichen Motiven gestalteten ›Jedermann‹-Spiel zu neuem Leben erweckt hat. Der reiche Herr Jedermann – der sprechende Name steht dafür – zeigt ein typisches Verhalten, erleidet ein typisches Schicksal. Genauso ist Biedermann bei Frisch ein sprechender Name für ein typisches Verhalten und für ein typisches Schicksal eines Menschen in der heutigen Zeit: Der Biedermann unseres Hörspiels ist ohne individuelle Züge; er ist der geschäftstüchtige, um sein Ansehen bemühte, spießige Jedermann des 20. Jahrhunderts, mit dem wichtigen zusätzlichen Merkmal, daß er sich nicht als schuldig bekennen mag.

Durch die Prognose, der auf seinen Auftritt wartende Herr Biedermann werde alsbald seine Unschuld beteuern, veranlaßt der Verfasser die Hörerinnen und Hörer, der Selbsteinschätzung des Mannes mit besonderer Skepsis zu begegnen und sich die persönliche Urteilsbildung (auf die einzuwirken es dem Sprecher besonders anzukommen scheint) nicht leicht zu machen. Um eine möglichst objektive Beurteilung zu gewährleisten, betont der Erzähler ergänzend, habe er absichtlich nur eine erfundene Katastrophe gewählt, nämlich den Brand von Seldwyla, jener Stadt, die der Schweizer Schriftsteller Gottfried Keller in seinem Novellenzyklus ›Die Leute von Seldwyla‹ in seiner dichterischen Phantasie hat erstehen lassen, um an den Bürgern dieser erfundenen Stadt in humorvoller Weise die Schwächen und Eitelkeiten seiner ganz real existierenden Zeitgenossen geißeln zu können, ohne jemandem persönlich nahezutreten. Freilich hat sich das Frischsche Seldwyla längst zu einer modernen Großstadt gemausert, mit allem technischen Fortschritt, der dazugehört. Mit dieser Wandlung haben sich, wie zu vermuten steht, aber auch die Auswirkungen menschlichen Fehlverhaltens potenziert, sie verbleiben nicht mehr im persönlich-privaten Bereich: die modernen Leute von Seldwyla, wie Herr Biedermann, stürzen nicht nur sich selbst und die Ihren ins Verderben.

Ehe das Spiel nun beginnt, stellt in grotesker Komik der Verfasser sich selbst seinem Helden vor und provoziert ihn mit der Aussage, daß er, Gottlieb Biedermann, die Katastrophe von Seldwyla *ermöglicht,* nicht *verschuldet* habe. Eine genauere Differenzierung der beiden fast deckungsgleichen Aussagen wird nicht vorgenommen, es bleibt die Aufgabe des Publikums, im Verfolg der Handlung den feinen Unterschied herauszufinden. Bedeutsam bleibt zunächst vor allem die Aussage des Verfassers, Herr Biedermann sei ein wichtiger Zeitgenosse, weil ohne Leute wie ihn »die Weltgeschichte zuweilen ganz anders verlaufen würde«. In diesem Satz verbirgt sich offensichtlich eine lehrhafte Tendenz des Stücks, nämlich die Vermittlung einer Einsicht in die Mechanik gewisser Abläufe, die unweigerlich in die Katastrophe führen. Also doch ein Lehrstück *mit* Lehre?

Ganz im Stil eines traditionellen Hörspielerzählers umreißt der Verfasser schließlich die Ausgangssituation: »Herr Biedermann sitzt vor seinem Kamin und liest die Zeitung.« Die jetzt einsetzende Handlung verläuft auf zwei Ebenen, die sich mit Hilfe des Telefons in einem Hörspiel problemlos verquicken lassen: Während Biedermann vom Dienstmädchen den aufdringlichen Herrn Schmitz, der nicht den Haarwasser-Biedermann, sondern den Menschen-Biedermann sprechen möchte, angekündigt bekommt, versucht ein eben gefeuerter Mitarbeiter des Fabrikanten, Herr Knechtling (er heißt wohl nicht zufällig so!), unter Hinweis auf seine desolate wirtschaftliche Lage seinen Chef zu bewegen, die Entscheidung zu revidieren. Offensichtlich hat sich Biedermann skrupellos eines ihm lästig gewordenen Mitarbeiters entledigt, der seine Beteiligung an der Erfindung des Haarwassers notfalls gerichtlich bestätigt haben möchte, und macht nun am Telefon deutlich, daß es für Untergebene nur den Haarwasser-Biedermann, nicht den Menschen-Biedermann gibt. Dieser Hintergrund der Knechtling-Geschichte, in die sich auch die Ehefrauen der beiden Kontrahenten einmischen, ist entscheidend für die Klärung der Frage, wieso Biedermann dem dahergelaufenen Schmitz so gründlich auf den Leim geht: er hat Gewissensbisse wegen seines unmenschlichen Verhaltens seinem Kompagnon gegenüber, gesteht sie sich aber nicht ein, verdrängt sie, indem er nicht nur immer wieder in wortreichen, floskelhaften Wendungen betont, menschlich, gerecht und gut zu sein, sondern diese Eigenschaften durch sein blindes Vertrauen am falschen Ort den falschen Personen gegenüber auch zu dokumentieren versucht. Dazu kommt, daß Schmitz sich ausgezeichnet darauf versteht, durch seine rührselige Lebensgeschichte von seiner Kindheit als Köhlersohn, seinem Waisenhausaufenthalt und seiner Tätigkeit als angeblich weitgereister Zirkusartist das billige Mitleid Biedermanns zu erregen und durch seine Klagen über den allgemeinen Verlust von Idealen, von Menschlichkeit, von Gottesglauben den Argwohn seines Gesprächspartners zu zerstreuen, er könnte mit den Brandstiftern unter einer Decke stecken. Schmitz bekommt seinen gewünschten Schlafplatz auf dem Dachboden und wird nicht, wie der Hausherr vorhat, am nächsten Morgen weitergeschickt, obwohl er auf die naive Frage, er sei doch nicht etwa ein Brandstifter, nur mit einem vielsagenden: »Herr Biedermann!?« antwortet. Auch die Rückkehr der nervenschwachen Frau Biedermann ändert nichts an der Situation, wenngleich der Verfasser klarstellt, daß ihr Bedürfnis, Gutes zu tun, geringer sei als das ihres Gemahls, und daß sie es insofern leichter habe, vernünftig zu sein. Aber sie kommt mit ihrer einfachen Logik gegen ihren Mann nicht an.

Am Ende seiner Geduld scheint Herr Biedermann, als er auf dem Dachboden Schmitz' Freund, den noch unverschämter agierenden Eisenring und das heimlich eingelagerte Benzin bemerkt und keine Erklärung, sondern nur Ausflüchte geboten bekommt. Er droht mit der sofortigen Einschaltung der Polizei und hätte auch Gelegenheit, seine Drohung wahrzumachen, da er eben einen Anruf eines Kommissars in der Sache Knechtling bekommt: Die Anzeige unterbleibt, während sich die Knechtling-Affäre dramatisch zuspitzt.

An dieser Stelle sucht der Verfasser wieder das Gespräch mit seinem Protagonisten. Darauf angesprochen, daß der Verdacht auf Brandstifterei angesichts der Benzinkanister auf der Hand liege, reagiert Biedermann gereizt: im Rückblick sei man natürlich klüger, und außerdem müsse man grundsätzlich Vertrauen haben und an das Gute im Menschen glauben. Und er kontert mit der Gegenfrage, was denn er, der Verfasser, an seiner – Biedermanns – Stelle getan hätte. Die Antwort überrascht:

VERFASSER: Herr Biedermann, Sie dürfen eins nicht vergessen: Ich habe Sie verfaßt (so wie Sie hier sind) und kein Verfasser kann etwas darstellen, was nicht auch in ihm selbst ist: Beispielsweise Ihr kategorisches Bedürfnis, Ruhe und Frieden zu haben, und dementsprechend Ihre erstaunliche Routine, sich selbst zu belügen, die offenkundigsten Tatsachen nicht zu sehen, damit Sie keine Konsequenzen ziehen müssen, Ihre rührende Hoffnung, daß die Katastrophe, die Sie fürchten, sich vermeiden lasse, indem Sie sich in Vertrauen hüllen und für einen Menschen guten Willens halten: woher denn, meinen Sie, sollte der Verfasser um all diese harmlos-gefährlichen Feigheiten wissen. Herr Biedermann, wenn nicht aus sich selbst? Und auch unsere geschätzten Hörer, glauben Sie mir, werden Ihnen nichts nachtragen, wenn ich Sie lächerlich mache, nur mir werden sie es nachtragen. Vergessen Sie nicht, Herr Biedermann, daß Sie eine erfundene Figur sind: Herr Biedermann in uns selbst.

Es wird in diesen Ausführungen etwas deutlich, was sich bereits aus der ungewöhnlichen Du-Erzählung der »Burleske« aus den Tagebüchern schließen läßt: Biedermann verfährt nach Verhaltensmustern, zu denen jeder von uns tendiert; so spricht Frisch von Feigheiten, die – in paradoxer Formulierung – als »harmlos-gefährlich« zu qualifizieren seien und mit denen wir alle uns gerne vor den Unbequemlichkeiten entschlossenen Handelns drücken und potentielle Gegner zu entwaffnen suchen.

Um seine Haltung auch noch literarisch zu rechtfertigen, erzählt Herr Biedermann, er habe an jenem Abend, statt die Polizei zu rufen oder zum Stammtisch zu gehen, das ›Apostelspiel‹ von Max Mell gelesen:

VERFASSER: Wir sprachen vom Apostelspiel.

BIEDERMANN: Ja, eben: – da kommen doch auch zwei Halunken in das Haus, die nichts als Mord und Raub im Sinne haben. Aber dann, Sie erinnern sich, treffen Sie dieses gläubige Mädchen, fast noch ein Kind, das sie für zwei Apostel hält. Sie grinsen natürlich darüber, die beiden Halunken, aber siehe da, der schlichte Glaube dieses frommen Kindes zwingt sie unversehens, abzulassen von ihren verbrecherischen Plänen, einfach abzulassen.

VERFASSER: Ich erinnere mich.
BIEDERMANN: Und fromm zu werden wie das Kind.
VERFASSER: Ich erinnere mich ziemlich genau: – das Mädchen war aber wirklich fromm?

Mit dieser abschließenden Frage, auf die er allerdings keine Antwort erhält, verdeutlicht der Verfasser den entscheidenden Unterschied zwischen dem vertrauensvollen Mädchen und dem ebenso vertrauensvollen Biedermann: einem skrupellosen Geschäftsmann steht das Attribut fromm nicht zu, wie seine gleichgültigen, geistesabwesenden Bemerkungen in der nächsten Szene zeigen, als es darum geht, einen Kranz für Knechtling zu besorgen, der sich in seiner Verzweiflung das Leben genommen hat.

Biedermann begibt sich am nächsten Morgen persönlich auf den Estrich, um Schmitz und Eisenring zum Abendessen einzuladen, trifft aber nur Eisenring, welcher erklärt, sein Freund sei unterwegs, Holzwolle zu besorgen, und dabei in aller Ruhe die Tauben füttert:

EISENRING: Tsch! Je mehr man sie füttert, um so dreister werden sie, diese Tauben. Tsch! Tsch!
BIEDERMANN: Sie werden lachen, Herr Eisenring: von Ihren Kanistern habe ich heute nacht geträumt –
EISENRING: Tsch!
BIEDERMANN: Es ist wirklich Benzin drin?
EISENRING: Sie glauben uns nicht, Herr Biedermann?
BIEDERMANN: Man weiß ja bei Ihnen nie, ob es nicht Scherz ist. Vor allem der Sepp, ich mag ihn ja von Herzen gern, aber er hat eine Art zu scherzen –
EISENRING: Wir lernen das.
BIEDERMANN: Was?
EISENRING: Scherz ist die drittbeste Tarnung. Die zweitbeste ist Sentimentalität. Die beste aber ist immer noch die blanke und nackte Wahrheit. Komischerweise. Die glaubt niemand ... Ich weiß nicht, wo unser Sepp so lange bleibt. Holzwolle ist doch keine Sache. Hoffentlich haben sie ihn nicht geschnappt.
BIEDERMANN: Geschnappt?
EISENRING: Warum lächeln Sie?
BIEDERMANN: Wissen Sie, mein Herr, Sie kommen für mich wie aus einer andern Welt – sozusagen.
EISENRING: Unterwelt, meinen Sie.
BIEDERMANN: Das hat etwas Faszinierendes für unsereinen. Ich weiß nicht, wie Sie darüber denken, aber grundsätzlich bedauere ich es ja sehr, daß wir menschlich nicht mehr Verbindung haben. Lebt jeder so in seinen Kreisen, wissen Sie, der Arme und der Reiche, dabei sind wir doch alle, abgesehen vom Geld, Menschen, Geschöpfe eines gleichen Schöpfers, meine ich, auch der Mittelstand, Menschen aus Fleisch und Blut ...

In diesem phrasenhaften und von Selbstgerechtigkeit triefenden Ton redet Biedermann weiter, und man hat durchaus den Eindruck, daß er in völliger Verkennung der Wahrheit überzeugt ist, derjenige zu sein, als den er sich hinstellt. Als Resonanz bekommt er freilich nur Eisenrings Rat, auf dem mit Benzinkanistern vollgestellten Speicher lieber nicht zu rauchen. Im Sinne der Theorie der Brandstifter, die blanke Wahrheit sei die beste Tarnung, präsentiert Eisenring auch noch die bereit gehaltene Zündschnur und berechnet die durch ihre Länge gewährleistete Fluchtzeit. Die Einladung zum Abendessen wird dennoch ausgesprochen, da Biedermann, wie er bekräftigt, ja Humor hat und sich nicht so leicht ins Bockshorn jagen läßt.

Bei den Vorbereitungen des Abendessens ist der Hausherr ängstlich bemüht, das Gedeck so einfach zu halten, daß sich die angeblich aus einfachsten Verhältnissen stammenden Gäste wie zu Hause fühlen. Als der für Knechtlings Beerdigung bestimmte Kranz durch ein reichlich makaber anmutendes Versehen nicht nur an Biedermann geliefert wird, sondern auch noch die falsche Aufschrift »Unserem unvergeßlichen Gottlieb Biedermann« trägt, steigert sich die Nervosität unseres Helden. Wieder meldet sich der Verfasser zu Wort:

VERFASSER: Gleichsam unter vier Augen, lieber Hörer, möchte ich doch die Frage wenigstens streifen, die Sie sich vermutlich schon gestellt haben oder stellen werden, wenn dieses Spiel zu Ende ist: ob ich, der Verfasser, denn meine, die Katastrophe würde nicht zustande kommen, wenn Herr Biedermann sich anders verhalten hätte, beispielsweise gegenüber dem alten Knechtling ... Nun, ich brauche kein Hehl daraus zu machen, daß ich dieses Verhalten allerdings als ein Unrecht betrachte, wenn auch ein sehr durchschnittliches Unrecht, ein sehr alltägliches Unrecht – aber die eigentliche Frage geht ja weiter: ob ich, der Verfasser, denn meine, eine solche Lappalie sei der Grund für die Katastrophe. Feuersbrunst und so, ich weiß, der Gedanke an Sodom und Gomorrha liegt scheinbar sehr nahe. Aber nur scheinbar. Hier, glaube ich, handelt es sich nicht um die Darstellung einer himmlischen Strafe, sondern lediglich um die Darstellung eines durchschnittlichen Bürgers, der ein etwas schlechtes Gewissen hat (meines Erachtens, wie gesagt, zu Recht) und der ein gutes haben möchte: ohne irgend etwas zu verändern. Das geht natürlich nur, indem er sich selbst belügt, und darin besteht seine Gefährlichkeit. Ohne sein schlechtes Gewissen, denke ich, hätte auch unser Herr Biedermann vieles gemerkt, was nur ein Mensch, der eine Heidenangst hat, nicht merken kann. – Das ist alles, was ich in dieser kleinen Geschichte zu sehen vermag.

Die Gäste sind da, das Essen kann beginnen, bei dem Eisenring das Fehlen der zuvor als spießig beiseite geräumten Accessoires vom Tischtuch bis zum weißen Häubchen des Dienstmädchens moniert und den Hausherrn veranlaßt, die Dinge wieder hervorzuholen: so sehr hat dieser sich schon zum Sklaven der beiden Verbrecher gemacht. Unvermittelt mischt sich in das fröhliche Lärmen der Tafelrunde Sirenengeheul, ein Signal, das sich hörspieldramaturgisch besonders wirkungsvoll einsetzen läßt: So heißt es in den Regieanweisungen, daß die Sirenen in rasender Fahrt näherkommen und eine Weile lang alles übertönen. Schon glaubt man, Biedermanns Haus sei das Ziel, aber die Geräusche entfernen sich wieder. Eisenring nimmt den Zwischenfall zum Anlaß, es mit der Tarnung durch die blanke Wahrheit auf die Spitze zu treiben: »Spaß beiseite, Herr Biedermann ... – wir sind die Brandstifter.« Der Angesprochene jedoch bleibt trotz der entsetzten Reaktion seiner Frau bei seiner gegenteiligen Meinung und versucht sich mit den beiden gut zu stellen, indem er mit ihnen Brüderschaft trinkt und ihnen »als Zeichen des Vertrauens«, so Eisenring, die Streichhölzer aushändigt. Nach Biedermanns letztem Satz: »Du meinst wohl, die hätten keine Streichhölzer, wenn es wirkliche Brandstifter wären« kündigen Geräusche in zunehmender Lautstärke die Katastrophe an.

Frischs Hörspiel ›Herr Biedermann und die Brandstifter‹ ist ein Parabelstück, d.h. das gestaltete Geschehen entwickelt sich konsequent auf ein Ziel hin und beinhaltet eine in sich verständliche, abgeschlossene Handlung, steht aber als solche nicht für sich, sondern ist Bild, Gleichnis und muß erst auf eine Sinn- oder Bedeutungsebene projiziert werden; es geht natürlich nicht um Brandstifter im konkreten, sondern im übertragenen Sinn, also um Verbrecher, die ihrem Zerstörungswerk in aller Offenheit nachgehen und die Normalbürger durch die unverblümte Präsentation ihrer Absichten so brüskieren, daß ihre Ziele nicht ernst genommen werden, bis die Katastrophe dann doch eintritt und den Betroffenen die Augen öffnet.

Es gehört zum Wesen eines Parabelstücks, daß es eine Vielzahl von Deutungen ermöglicht: So lassen sich zahlreiche historische Vorgänge benennen, die nach dem Muster der Handlung unseres Hörspiels abgelaufen sind. Besonders deutlich sind die Bezüge auf das Aufkommen des Nationalsozialismus in Deutschland. Einer der Gründe für den Erfolg dieser unheilvollen Bewegung mag gewiß in der Passivität der Biedermänner, will sagen der Normalbürger gelegen haben; sie wollten nicht glauben, was sie sahen, weil sie es für absurd hielten, daß jemand allen Ernstes derartige Ziele verfolgen könnte, und versuchten sich anzubiedern, sich die Verbrecher zu Freunden zu machen, entweder um sie zu bessern oder um selbst von ihrem Zugriff verschont zu bleiben. Diese »Biedermänner« haben, um Frischs Worte vom Beginn unseres Hörspiels zu zitieren, die Katastrophe des Weltbrands des Zweiten Weltkriegs nicht *verschuldet,* wohl aber *ermöglicht.* Man sollte allerdings diesen Deutungsansatz keinesfalls verabsolutieren: Die Geschichte kennt Brandstifter von vielerlei Art, und die Herren Biedermänner tragen die unterschiedlichsten Namen.

Ingeborg Bachmann
Der gute Gott von Manhattan

Aus einer im Mai 1993 publizierten Dokumentation des Briefwechsels zwischen Ingeborg Bachmann und dem Bayerischen Rundfunk, dem sie ein Hörspiel unter dem Arbeitstitel ›Manhattan-Ballade‹ versprochen hatte, läßt sich der langwierige Entstehungsprozeß jenes Werks gut verfolgen, das die Neue Zürcher Zeitung einen »Glücksfall für das Radiotheater« nannte und das 1959 mit dem renommierten Hörspielpreis der Kriegsblinden ausgezeichnet wurde. ›Der gute Gott von Manhattan‹ – so der endgültige Titel – fand beim Publikum begeisterte Resonanz, einige Kritiker meldeten jedoch auch Vorbehalte an: Bachmanns Werk gehöre zu den Hörspielen, die sich völlig von der gesellschaftlichen Wirklichkeit entfernten, sich in einen mystisch befremdlichen Irrationalismus flüchteten und in einer dichterisch überhöhten, entkonkretisierten Sprache verfaßt seien. Erst nach der Umarbeitung des ›Guten Gottes‹ zu einem Fernsehspiel im Jahre 1972 wurden durch dessen Mißerfolg einige Kritiker zu einer Revision ihres Urteils über das Hörspiel veranlaßt: Die poetische Kraft der Sprache Ingeborg Bachmanns komme nur über das Radio zur Geltung, hieß es; außerdem habe sich der fernsehdramaturgisch begründete Verzicht auf die Titelfigur als verhängnisvoll erwiesen.

Bachmanns ›Der gute Gott von Manhattan‹ ist nach der Bauform eines analytischen Dramas konzipiert: Es geht um die Aufklärung eines Verbrechens. So erleben wir in einer durch die Beschränkung auf zwei Stimmen besonders hörspielgerechten Rahmenhandlung das Verhör eines Bombenattentäters, der auf den befremdlichen Namen »Der gute Gott von Manhattan« oder auch »Der gute Gott der Eichhörnchen« hört, durch einen nicht näher bezeichneten Richter in einem nicht näher bezeichneten Gerichtssaal in New York. Dieser »Gott« ist nach einer Bombenexplosion in einem New Yorker Hotel als Tatverdächtiger gefaßt worden. Man hat seine Wohnung durchsucht, die der Angeklagte gegenüber dem Richter als sein »Amt« bezeichnet, und seine Karteikarten und Korrespondenzen beschlagnahmt. Dabei ist der Mann als Urheber einer ganzen Kette von Sprengstoffanschlägen ins Gerede gekommen, denen jeweils junge Liebespaare zum Opfer gefallen waren und die man von einem unauffindbaren Wahnsinnigen ausgeführt geglaubt hatte. Gegen diese vom Richter ausgesprochene, auf den Angeklagten gemünzte Hypothese bezüglich seines Geisteszustands verwahrt sich der Gute Gott auf das entschiedenste; er kann sich dabei auf das Gutachten eines Psychiaters stützen, in dem dieser Vorwurf als haltlos widerlegt ist. Nachdem also Wahnsinn nicht in Frage kommt, sieht sich der Richter über das Tatmotiv des letzten Anschlags, dem durch Zufall nicht ein Liebespaar, sondern nur die junge Frau zum Opfer gefallen ist, zunächst völlig im unklaren. Der Gute Gott versichert jedoch, er werde zum Ablauf des Geschehens und zur Rechtfertigung seines Tuns »die Wahrheit und nichts als die Wahrheit« sagen, und ist sich gewiß, daß er am Ende als freier Mann aus dem Gerichtssaal gehen wird.

Damit ist das Programm dieses Handlungsstrangs fixiert, und die Aufmerksamkeit des Hörers auf die Liebesgeschichte von Jan und Jennifer gelenkt. Sie wird aus der Perspektive des Guten Gottes dargestellt und immer wieder in fließendem Schauplatzwechsel durch Überblendung der Räume (d.h. durch das Ausblenden einer Geräuschkulisse bei gleichzeitigem Aufblenden der folgenden) durch Passagen unterbrochen, in denen der verhörende Richter und der seine Motive erläuternde Angeklagte ihre Kommentare zum laufenden Geschehen abgeben. Der Gute Gott, der selbstverantwortlich, nicht etwa im Auftrag einer weisungsbefugten Instanz zu handeln scheint, verfügt über ein perfekt funktionierendes Spitzelsystem, durch das er umgehend in Kenntnis gesetzt wird, wenn sein Eingreifen für geboten gehalten wird. Die Agenten rekrutieren sich aus der unübersehbaren Zahl der Eichhörnchen, die in einer nur im Hörspiel problemlos realisierbaren, schillernden Doppelrolle – halb Tier, halb Mensch – als possierliche Nagetiere überall in New York anzutreffen sind und gleichzeitig als skrupellose, blutrünstige Helfershelfer und Zuträger des Guten Gottes fungieren.

Der Angeklagte erzählt dem Richter, eines dieser Eichhörnchen habe ihm vor knapp zwei Wochen gemeldet, »daß es wieder beginnt«, und weckt durch die Unbestimmtheit der Formulierung das Interesse für die besondere Qualität der Liebe, die sich zwischen Jan und Jennifer entwickelt und die im Stimmengewirr und Menschengewühl des New Yorker Zentralbahnhofs ihren Anfang nimmt. Der Kontakt zwischen den beiden wird durch eine belanglose Frage Jennifers an Jan hergestellt. Jennifer, Amerikanerin, zunächst umgeben von einem Fluidum von Sentimentalität und kleinbürgerlicher Konvention, hat den Europäer Jan beim letzten Tanzfest der Universität von Boston beobachtet, vergeblich gehofft, er werde mit ihr tanzen, und nutzt jetzt die Chance, in den unterirdischen Schächten des Bahnhofs ein Gespräch anzuknüpfen. Er, im Begriff, nach Europa zurückzukehren, begegnet diesem schüchternen Annäherungsversuch mit ziemlich unverhohlener Ablehnung, so daß sich Jennifer bereits mit leiser Resignation auf das rasche Ende der Begegnung einstellt:

JENNIFER: Dann werde ich in dieses fliederfarbene Taxi steigen. Und Sie können das weiß-blaue dahinter nehmen. Die beiden werden sich noch oft begegnen, auf dem Broadway und weiter oben in Bronx. Aber Sie werden nicht mehr darinnen sein und ich auch nicht...

Nach diesen leicht rührselig-bedauernden und doch sanft provozierenden Worten ändert sich Jans Haltung, er beginnt Interesse für das Mädchen zu zeigen und stellt seinerseits Fragen, wie sie im Small talk üblich sind. Als Jan verrät, daß er Hunger hat, eilt Jennifer zu einem der zahlreichen Automaten für Nüsse, die Jan belustigt als Eichhörnchenfutter bezeichnet. Damit ist der Kontakt mit der Sphäre des Guten Gottes hergestellt: nicht nur, daß die beiden von diesem Zeitpunkt an ständig observiert werden, in fast tragischer Ironie fängt Jan ein hinfort eifrig gepflegtes Spielchen an, indem er vorgibt, ein Eichhörnchen habe ihm einen Brief zugesteckt: er beginne mit den Worten »Sag es niemand!« und enthalte Jans Einladung an Jennifer, mit ihm den Abend auf der »himmlischen Erde«, das ist die alte indianische Bezeichnung für Manhattan, zu verbringen. Auf dem Weg in ein schmuddeliges Stundenhotel, in dem sie ihre erste gemeinsame Nacht verbringen werden, bietet eine Zigeunerin den beiden einen Blick in die für Jan wenig ermutigende Zukunft an. Ziemlich rücksichtslos drängt Jan das Mädchen in das fürchterliche Haus, dessen Schmutz besonders Jennifer zutiefst bedrückt. Widerwillig fügt sie sich in die Situation, und am nächsten Morgen scheint ein schneller Abschied unumgänglich. Jennifer ist tief gedemütigt, es ist schauerlich für sie, »im Dunkeln und so tief, tief unten zu erwachen. Mit diesem Geschmack im Mund«. Es kommt aber doch anders; in Jan regt sich Mitleid mit der völlig verstörten Jennifer, die ein solches Ende nicht verwindet. Die Geschichte einer flüchtigen Nacht findet eine Fortsetzung am hellen Tag.

GUTER GOTT: Der Tag war da. In allen Senkrechten und Geraden der Stadt war Leben, und der wütende Hymnus begann wieder, auf die Arbeit, den Lohn und größren Gewinn. Die Schornsteine röhrten und standen da wie Kolonnen eines wiedererstandenen Ninive und Babylon, und die stumpfen und spitzen Schädel der Gigantenhäuser rührten an den grauen Tropenhimmel, der von Feuchtigkeit troff und wie ein unförmiger ekliger Schwamm die Dächer näßte. Die Rhapsoden in den großen Druckereien griffen in die Setzmaschinen, kündeten die Geschehnisse und annoncierten Künftiges. Tonnen von Kohlköpfen rollten auf die Märkte, und Hunderte von Leichen wurden in den Trauerhäusern manikürt, geschminkt und zur Schau gestellt. Unter dem Druck hoher Atmosphären wurden die Abfälle vom vergangenen Tag vernichtet, und in den Warenhäusern wühlten die Käufer nach neuer Nahrung und den Fetzen von morgen. Über die Fließbänder zogen die Pakete, und die Rolltreppen brachten Menschentrauben hinauf und hinunter durch Schwaden von Ruß, Giftluft und Abgasen.

Der wilde Sommer flog in neuen Farben auf den Lack der Autokarosserien und auf die Hüte der Frauen, die die Park Avenue herunterschwebten, an die glänzenden Hüllen für Reis und Honig, Truthahn und Krabbe.

Und die Menschen fühlten sich lebendig, wo immer sie gingen, und dieser Stadt zugehörig – der einzigen, die sie je erfunden und entworfen hatten für

jedes ihrer Bedürfnisse. Dieser Stadt der Städte, die in ihrer Rastlosigkeit und Agonie jeden aufnahm und in der alles gedeihen konnte! Alles. Auch dies.
RICHTER: Verbrechen. Mord.
GUTER GOTT *zurücknehmend:* Ich dachte an noch etwas anderes.

Mit diesem Hymnus auf New York, auf Manhattan, die »himmlische Erde« beginnt die unbeschwert lebenslustige Erkundungstour der beiden jungen Leute durch diese Stadt aller Städte. Da Jan noch kein Platz auf dem Passagierschiff nach Europa zugesichert werden kann, quartieren sie sich im 7. Stock des Atlantic Hotels ein. Jennifer, die gerne noch höher oben logiert hätte, frohlockt über die Auffahrt mit dem Lift, freut sich über die Sauberkeit, die das Zimmer ausstrahlt, und läßt sich ihre Freude auch durch Jans bevorstehende Abreise nicht trüben:

JAN: Sag: wann ist morgen?
JENNIFER *genau:* Frühestens morgen.
JAN: Und heute?
JENNIFER: Spätestens heute.
JAN: Jetzt?
JENNIFER *langsam, ihn umarmend:* Gleich jetzt.

Das ist ein Bekenntnis zur Gegenwart, die nicht aus der Perspektive der Zukunft gewertet, sondern rein für sich genommen werden will und im Spiel erlebt und gestaltet wird. Sie brechen mitten in der Nacht zu einem ausgedehnten Stadtbummel auf und spielen, spielen Liebe, sind voll »Trunkenheit und Selbstvergessen«. So begreifen sie auch nicht das Marionettenspiel der beiden Eichhörnchen Billy und Frankie, die in einer Bude im Zentralpark »das furchtbare Lieben und Sterben« der berühmtesten Liebespaare der Welt vorführen, als Warnung vor einem möglichen eigenen Schicksal.

Aber dann kommt doch noch der Abschied, Jans Rückreise. Im Gespräch nimmt er diese Situation vorweg, in der das gegenseitige Versprechen üblich ist, Briefe zu schreiben, und rät Jennifer, ihren Inhalt nicht ernst zu nehmen. Mit herkömmlichen Worten läßt sich nicht sagen, was er in dieser Liebe zu fühlen begonnen hat. Das Telefon läutet, Jan hat einen Platz auf dem Schiff, der Abschied, ein ganz anderer Abschied als nach der Nacht im Stundenhotel, steht bevor. Während er die Rechnung bezahlt, läuft sie einfach weg, weil sie sich der Situation nicht mehr gewachsen fühlt. Jan folgt ihr durch das Menschengewühl, findet sie und stellt sie zur Rede:

JAN: Wie hast du nur gehen können. Ich werde es dir nie verzeihen ... Ich sollte dich schlagen vor allen Leuten ...
JENNIFER (...): Ich weiß nur keinen Platz mehr für uns. Aber wenn du ihn wüßtest, wüßte ich ihn auch ...

Jan weiß diesen Platz; als er zahlte, hörte er, daß im 30. Stock ein Zimmer frei geworden ist. Der Aufstieg der Liebenden, symbolisiert durch die immer höheren Stockwerke der Hotelzimmer und durch die Bemerkungen des Angeklagten über die immer noch zunehmende Hitze, die über der Stadt brütet, setzt sich fort, das Paar entfernt sich – nicht nur äußerlich – immer weiter von der Welt des Alltags. Jan staunt über Jennifer, staunt über sich selbst, Jennifer zweifelt an ihrem Verstand. Jan möchte »ausbrechen aus allen Jahren und allen Gedanken aus allen Jahren«, er möchte sein Ich niederreißen und ein anderer sein.

JAN: Ich werde dir noch etwas sagen: es ist unmöglich, daß das mit uns geschehen soll. Du mein, ich dein. Vertrauen gegen Vertrauen. Laß uns an die Zukunft denken.
Gute Kameraden sein. Freundschaft halten. Schützen einander, zusammenstehn. Ein Trost sein. Ein Trost sein. Du bist der erste Mensch, der kein Trost für mich ist. Meine Freunde und meine Feinde waren zu ertragen, auch wenn sie mich lähmten und meine Langmut verbrauchten. Alles war zu ertragen. Du bist es nicht.

JENNIFER: Du bist schön, und ich bete dich an. Ich gebe dir Küsse auf die Schulter und denke nichts dabei. Heißt das trostlos sein?

JAN: Ja. Aber es ist nur der erste Angriff, der erste Schlag auf eine Kette, die nicht zerbrechen will. Aber horch. Schon klingt sie, und am Ende, wenn sie ohne Laut zerspringen sollte, wirst du wieder nichts dabei denken. Aber es kann auch das Gesetz der Welt dann nicht mehr auf uns liegen.

Das ist eine klare Absage an alle geläufigen Möglichkeiten, eine gemeinsame Basis für eine konventionelle Zweierbeziehung zu schaffen. Jennifer ist kein Trost für Jan, keine Ablenkung von der Fixierung auf die eigene Person, keine Projektionsebene für die eigenen Gefühle, sondern stetige Veranlassung zum Schritt in eine andere Daseinsform, auf der das Gesetz der Welt nicht mehr liegt.

Diese Grenze wird überschritten, als nach dem Plan der Eichhörnchen Billy und Frankie ein Zimmer im 57., im obersten Stockwerk frei wird, in das die beiden einziehen wie in eine neue Wirklichkeit:

GUTER GOTT: ... Von dem Zimmer oben gab es eine seltsame Aussicht. Eine im Flug verlassene Welt lag unten. In einem Aug konnte man schon den Mond und im andern noch die Sonne haben. Das Meer wölbte sich sichtbar in der Ferne und zog Schiffe und Rauch hinunter in andere Erdteile.

Zu der »im Flug verlassene(n) Welt« besteht kein Kontakt mehr, als die letzte Nacht kommt, von der der Gute Gott sagt, daß sie »fieberheiß« war, mit einer unbändigen Temperatur. Der Zustand der absoluten Liebe, der jetzt erreicht ist, wird zwar im Gespräch der beiden deutlich, aber die Worte dienen nicht mehr der Mitteilung, sondern sie sind Gesten, Zeichen, die einen unbeschreiblichen Zustand umschreiben, ein unbeschreibliches Verlangen nach totaler Vereinigung, so etwa wenn Jan ein Buch haben möchte, aus dem er erfährt, was in Jennifer vorkommt: er möchte alle Schichten in ihr bloßgelegt sehen:

Die Decken feinen Fleisches, weiße seidige Häute, die deine Gelenke umhüllen, die entspannten Muskeln, schön polierte Knochen und den Lack auf den bloßen Hüftkugeln. Das rauchige Licht in deiner Brust und den kühnen Schwung dieser Rippen. Alles sehen, alles schauen.

Jennifer ihrerseits möchte ihm dabei entgegenkommen, sich aufreißen für ihn und in seinen Besitz übergehen mit jeder Faser »und wie es sein soll: mit Haut und Haar«. Diese vollständige Besitznahme und Aufopferung steht nur unter dem Gesetz der Endlichkeit des menschlichen Daseins, so rennen sie beide an gegen die Grenze der Zeit:

JENNIFER: So wenig Zeit. Viel zu wenig Zeit.
JAN: Und darum will ich dein Skelett noch als Skelett umarmen und diese Kette um dein Gebein klirren hören am Nimmermehrtag. Und dein verwestes Herz und die Handvoll Staub, die du später sein wirst, in meinen zerfallenen Mund nehmen und ersticken daran. Und das Nichts, das du sein wirst, durchwalten mit meiner Nichtigkeit. Bei dir sein möchte ich bis ans Ende aller Tage und auf den Grund dieses Abgrundes kommen, in den ich stürze mit dir. Ich möchte ein Ende mit dir, ein Ende. Und eine Revolte gegen das Ende der Liebe in jedem Augenblick und bis zum Ende.
JENNIFER: Mein Ende. Sag es zu Ende.
JAN: (...) Ich will dich jetzt nicht verlassen, betrügen in Traumwelten und mich betrügen lassen in Schlafwelten. Ich will, was noch niemals war: kein Ende. Und zurückbleiben wird ein Bett, an dessen einem Ende die Eisberge sich stoßen und an dessen unterem Rand jemand Feuer legt. Und zu beiden Seiten: nicht Engel, aber Dolden aus Tropen, Papageienhohn und dürre Geflechte aus Hungerland. Schlaf nicht ein, ich bitte dich.
JENNIFER: Ich werde nicht mehr schlafen. Dich nicht mehr lassen.
JAN: So komm. Ich bin mit dir und gegen alles. Die Gegenzeit beginnt.

Jan flüchtet sich in seinem ohnmächtigen Protest gegen eine zeitliche Begrenzung seiner Liebe in eine groteske, ja gelegentlich schon fast blasphemische Bilder- und Vorstellungswelt, wenn er den Wunsch äußert, Jennifer noch als Skelett zu umarmen, oder nach seinem Tode an der Handvoll Staub, die Jennifer sein wird, ein zweites Mal sterben möchte. Der Tod wird nicht negiert, er ändert aber in Jans surrealistischer Vision nichts an seiner alles beherrschenden Liebe. Mit der Proklamation der »Gegenzeit« beschwört Jan die Vorstellung von einer Zeit ohne Zeit, einer Zeit gegen alle Zeit, eines Lebens ohne Tod, einer Liebe ohne Ende.

Eines ist aber noch zu regeln: Jan will seine Schiffskarte zurückgeben, um dann endgültig mit Jennifer ein Leben gegen die Zeit zu leben:

Ich weiß nichts weiter, nur daß ich hier leben und sterben will mit dir und zu dir reden in einer neuen Sprache; daß ich keinen Beruf mehr haben und keinem Geschäft nachgehen kann, nie mehr nützlich sein und brechen werde mit allem, und daß ich geschieden sein will von allen andern. ...

... ich bin wahnsinnig vor Liebe zu dir, und weiter ist nichts. Das ist der Anfang und das Ende, das Alpha und Omega ...

Kurz nachdem Jan das Zimmer verlassen hat, überbringt der Gute Gott persönlich das als Geschenk verpackte Sprengstoffpaket, nicht ohne Jennifer eine letzte Chance zu geben, weil er nicht erwartet hat, daß sie ihm dankt. Jan ist währenddessen einen Moment rückfällig geworden, hat eine Bar betreten und verspürt den Wunsch, eine Zeitung zu lesen, bis das Geräusch einer Detonation die Szene beendet. »Die Erde hatte ihn wieder«, wie der Gute Gott im Anklang an die Osternachtszene in Goethes ›Faust I‹ bemerkt; Jan ist dem Selbstmord der absoluten Liebe entkommen, weil er für einen Augenblick ein Mann war, »dessen Augen sich wieder beleben an Druckerschwärze und dessen Hände sich schmutzig machen müssen an einer Theke.«

Wer ist dieser Gute Gott, der gerichtet werden soll, am Ende aber seinen Richter eher zum Richter über Jan und Jennifer zu werden veranlaßt? Von der Geschichte der beiden jungen Leute aus kann er als die Inkarnation des immanenten Gesetzes einer Liebe, die die Grenzen des Menschseins überschreitet und damit dem Tode anheimfällt, gedeutet werden. Gestützt wird diese Sicht durch die mittelbaren und unmittelbaren Eingriffe in das Geschehen, mit denen der Gute Gott und seine Helfershelfer, die Eichhörnchen, den Ablauf der Ereignisse steuern und beschleunigen. Andererseits weist sich die Titelfigur dieses Hörspiels in seinem Glaubensbekenntnis als die Apotheose der Konvention, der bürgerlichen Ordnung aus, die gegen jeden Ausbruch aus ihrer Normenwelt einschreitet, insbesondere gegen die Anarchie der Liebe, die durch ihr bloßes Dasein subversiv wirkt und als ständiger Störfaktor zu werten ist.

GUTER GOTT: Wollen Sie mein Glaubensbekenntnis? – Ich glaube an eine Ordnung für alle und für alle Tage, in der gelebt wird jeden Tag.

Ich glaube an eine große Konvention und an ihre große Macht, in der alle Gefühle und Gedanken Platz haben, und ich glaube an den Tod ihrer Widersacher. Ich glaube, daß die Liebe auf der Nachtseite der Welt ist, verderblicher als jedes Verbrechen, als alle Ketzereien. Ich glaube, daß, wo sie aufkommt, ein Wirbel entsteht wie vor dem ersten Schöpfungstag. Ich glaube, daß die Liebe unschuldig ist und zum Untergang führt; daß es nur weitergeht mit Schuld und mit dem Kommen vor alle Instanzen.

Ich glaube, daß die Liebenden gerechterweise in die Luft fliegen und immer geflogen sind. Da mögen sie vielleicht unter die Sternbilder versetzt worden sein.

In dieser zum Gott erhobenen Konvention, die sich als Garant der Ordnung gibt, sich aber damit letztlich doch nur das fragwürdige Ziel steckt, den Schlaf der Welt nicht zu stören, erfährt menschliche Schwäche, menschliche Mittelmäßigkeit oder gar Spießigkeit eine unheilvolle Weihe, gezeichnet von Trauer und Resignation. Der Mensch ist eingebettet in eine formale, äußerliche Ordnung, die ihm über die unvermeidlichen Schwierigkeiten hinweghelfen und sein Leben in kontrollierbare Bahnen lenken soll. Kurze Ausbrüche aus dieser Ordnung werden als Pannen toleriert, wenn der Sünder wieder reumütig in ihren Schoß zurückkehrt. Deshalb hat auch der Gute Gott nichts gegen eine Liebesnacht in einem Stundenhotel, wenn die betreffenden Personen Instinkt beweisen und nach einem Seitensprung in die Freiheit Einsicht zeigen. So ergibt sich der Widerspruch, daß die Konvention jedem seine Freiheit garantiert, demjenigen aber, der diese Freiheit ausschöpft, den Kampf ansagt, weil sie verheerende Auswirkungen eines solchen Beispiels befürchten muß.

Da dem Richter eine solche Argumentation einzuleuchten scheint, schließt der Angeklagte, sein Ankläger sei mit ihm im Bunde, und es sei nicht beabsichtigt, ihn außer Gefecht zu setzen, sondern etwas zur Sprache zu bringen, worüber nach Meinung des Guten Gottes besser nicht geredet werden sollte. Freilich bleibt der Erweis für die Notwendigkeit der Ausrottung einer grenzüberschreitenden Liebe Teil eines Glaubensbekenntnisses, also logisch nicht schlüssig begründbar. Auch der Blick auf die Zigeunerin, die Allegorie der Liebe, setzt nur Spekulationen frei; der Gute Gott hat ihr den Kampf angesagt, weil er in ihr die Verkörperung der Freiheit sieht:

GUTER GOTT: ... Es gibt nämlich einiges in den Höhen, wo die Adler nicht wohnen. Freiheit. Ein Unwesen, das die Phalanx der Liebenden in Besitz nimmt und verteidigt voller Verblendung.
Darum bin ich dieser Zigeunerin auf den Fersen, solange ich denken kann, die von nirgends herkommt und nirgends zuhause ist und diese Horste begünstigt – Die so geduckt unten geht und plötzlich über den Asphalt und auf fliegt, damit ihre Füße keine Spur lassen –
Der Liebe, könnte ich sagen –
Ihr, die wir nicht fassen und hierherbringen können und die nie aussagen wird.
Nirgends zu finden. Schon nicht mehr zu finden, wo sie eben noch war.
Und ich könnte schwören, daß sie, die gestern noch jene beiden liebte, den Kakteenpurpur aufgehn und die Pappel ins Dunkel ragen ließ, heute schon zwei andere liebt und die Mimosen erzittern läßt –
Daß sie sich kein Gewissen macht, sondern ihr schwarzes Mieder fest schnürt, ihren roten Rock wirbeln läßt und wieder jemand die Welt verdunkelt mit ihren vor Trauer unsterblichen Augen!

Das Bild der Liebe als Zigeunerin, das hier gezeichnet wird, ist nicht eben originell, es steht in einer langen literarischen Tradition; schon im Erosmythos des Dialogs Symposion des griechischen Philosophen Platon kommt es vor, ebenso in Eduard Mörikes Peregrinaliedern: auch das Zigeunermädchen Peregrina in seinem Roman ›Maler Nolten‹ kommt von nirgends her und ist nirgends zu Hause, geht ohne Schuhe und fasziniert »mit ihren vor Trauer unsterblichen Augen«. Zum Mißvergnügen des Guten Gottes ist diese Zigeunerin nicht zu fassen, nicht vor Gericht zu stellen, nicht zu einer Aussage zu zwingen, obwohl »die Liebe auf der Nachtseite der Welt ist, verderblicher als jedes Verbrechen«, obwohl sie ihrem Charakter nach anarchisch sei, d.h. sich gegen jede Herrschaft auflehne. Es ist vielleicht nicht ganz abwegig, im Kampf des Guten Gottes gegen diese anarchistische Zigeunerin Liebe eine bildliche Umsetzung von Grundpositionen der Heideggerschen Existenzphilosophie zu vermuten, der Ingeborg Bachmann besonders nahe gestanden hat. Der Gute Gott verkörpert die Welt des »Man«, die etablierten, angeblich bewährten Verhaltensmuster, in deren Befolgung der Mensch die Freiheit seiner Entscheidung opfert und die Fülle seiner Möglichkeiten in den verschiedenen konkreten Lebenssituationen auf das Erprobte reduziert. Dem Menschen gelingt indes nur in der Wahrnehmung seiner Freiheit die Erfahrung seiner Existenz, die entscheidende Voraussetzung für seine Selbstverwirklichung. So bekundet der Sieg des Guten Gottes über die Liebe von Jan und Jennifer die Resignation der Autorin: Absolute Liebe läßt sich nur um den Preis des Untergangs realisieren, ist ein Ideal, das wir in Sternbildern bewundern, nicht aber auf die Erde holen können.

Der Herrschaftsbereich des Guten Gottes wird in diesem Hörspiel sehr wirkungsvoll durch die Stimmen markiert, denen die Liebenden seit ihrer Ankunft in New York unablässig ausgesetzt sind, wenn sie die Privatsphäre ihres Hotelzimmers verlassen und durch die »himmlische Erde« ziehen:

STIMMEN *ohne Timbre, ohne Betonung, klar und gleichmäßig:*
GEHEN BEI GRÜNEM LICHT WEITERGEHEN
DENK DARAN SOLANGE ES ZEIT IST
DU KANNST ES NICHT MIT DIR NEHMEN
WEITERGEHEN SCHNELLER SCHLAFEN
SCHNELLER TRÄUMEN MIT UNS
WOLKENBRÜCHE NIEDERSCHLÄGE SCHNELLER
ERDBEBEN LEICHTER SICHERER
BEI GRÜNEM LICHT DENK DARAN
VORSICHT VOR DER ROTEN UND BRAUNEN
DER SCHWARZEN UND GELBEN GEFAHR
WAS SOLLEN SICH UNSRE MÖRDER DENKEN

DU KANNST ES NICHT HALT!
BEI ROTEM LICHT STEHEN BLEIBEN!

Diese Stimmen ersetzen nicht nur als Geräuschkulisse das Bühnenbild, in ihrer stets neu zusammengestellten, skurrilen Mischung von Ge- und Verboten, Werbeslogans, Binsenweisheiten und Schlagzeilen der Boulevard-Presse suggerieren sie eine permanente, unterschwellig wirkende Bedrohung durch mögliche Sanktionen, sofern man sich gegen ihre Einflüsterungen wehren sollte. Der Gute Gott bedient sich dieser Beeinflussungsmaschinerie, um den Austritt aus seiner Sphäre zu verhindern.

Ingeborg Bachmann hat 1958 für ihr Hörspiel den Hörspielpreis der Kriegsblinden erhalten, die wichtigste Auszeichnung auf diesem Sektor dramatischer Dichtung. In ihrer Rede zum Anlaß der Preisverleihung geht sie auf ihr Werk ein und sagt: »... alle Fragen (dieses Stückes laufen hinaus) auf die nach der Liebe zwischen Mann und Frau und was sie ist, wie sie verläuft und wie wenig oder wie viel sie sein kann.« Sie versichert, in der Liebe stecke immer ein Grenzfall, der in uns den Wunsch nach Überschreitung der Grenzen wecke. Wenngleich es für den Menschen den Austritt aus der Gesellschaft nicht gebe, »... haben wir den Blick gerichtet auf das Vollkommene, das Unmögliche, das Unerreichbare, sei es in der Liebe, der Freiheit oder jeder reinen Größe. Im Widerspiel des Unmöglichen mit dem Möglichen erweitern wir unsere Möglichkeiten.«

Mit dieser Unmöglichkeit des Austritts aus der Gesellschaft, mit diesem Zwang zur Anpassung an die Normen der Konvention hat sich Ingeborg Bachmann auch in ihrem späteren Werk, vor allem in dem Fragment gebliebenen großen Prosazyklus ›Todesarten‹ befaßt. Man begegnet dort Personen, die ähnliche Überzeugungen vertreten wie der Gute Gott, sie ähnlich skrupellos durchzusetzen versuchen und sogar vor Verbrechen nicht zurückschrecken. So erklärt die Dichterin in der Vorrede zum unvollendeten Roman ›Der Fall Franza‹, das Buch handle von Verbrechen in zwischenmenschlichen Beziehungen, von Verbrechen, bei denen »die wirklichen Schauplätze, die inwendigen, von den äußeren mühsam überdeckt« werden. Es geht also nicht mehr um Sprengstoffanschläge, sondern um subtilere Methoden, die freie Entfaltung einer Person zu verhindern und einen Menschen zur Anpassung an die bürgerlichen Normen zu zwingen. Daß vor allem Frauen in Zweierbeziehungen Opfer dieser Verbrechen werden, im ›Fall Franza‹ ebenso wie im Roman ›Malina‹, scheint sich, so wird gelegentlich spekuliert, im Hörspiel ›Der gute Gott von Manhattan‹ dadurch anzudeuten, daß nur Jennifer dem Anschlag zum Opfer fällt, während Jan den »Stimmen« der Gesellschaft folgt und überlebt.

Daß das Hörspiel am Ende der fünziger Jahre merklich an Wertschätzung einbüßte, liegt nicht allein darin begründet, daß dem Radio im Fernsehen eine übermächtige Konkurrenz erwachsen war. Kritiker wie Autoren bewerteten die Gattung zunehmend skeptisch und befürchteten sogar negative Auswirkungen der Hörspieldramaturgie auf die Bühnendramatik.

Man gelangte zur Einsicht, daß der Radioapparat doch etwas zu vorschnell als voll taugliche Ersatzbühne verstanden worden war: die Beschränkung eines dramatischen Vorgangs allein auf das Akustische, auf die sogenannte »innere Bühne«, rege beim Zuhörer zwar die schöpferische Phantasie beim Ausmalen der beschworenen Wirklichkeit an, lasse aber doch gleichzeitig die bloß imaginierte Hörspielwelt als eine selbständige, ja als die eigentliche Realität der Alltagswelt gegenübertreten. Man fand es bedenklich, daß das Wort eine fast magische realitäts- und sinnstiftende Funktion bekam, daß aber eine Korrektur oder Modifikation der so geschaffenen Welt durch optische Eindrücke nicht erfolgte. Die Reduktion der Personen auf Stimmen führe, so argumentierte man, zu ihrer Abstraktion, zu reiner Psychologisierung.

Ein Wendepunkt in der Geschichte des deutschen Hörspiels zeichnete sich ab, als 1969 der Hörspielpreis der Kriegsblinden an Ernst Jandl und Friederike Mayröcker für ihr experimentelles, vollständig stereophon produziertes Hörspiel ›Fünf Mann Menschen‹ verliehen wurde. Die Fachzeitung ›Funk-Korrespondenz‹ feierte die mit diesem Stück vollzogene »Abwendung von den literarischen Treibhausgewächsen«, die Zeit des sogenannten Neuen Hörspiels hatte begonnen, das sich freilich nur mehr an ein immer kleiner und exklusiver werdendes Publikum wandte.

1954 führte die Literaturzeitschrift ›Akzente‹ eine Umfrage unter Experten durch; das Thema war sehr umfassend gestellt: ›Zur Problematik von Roman, Drama und Lyrik im 20. Jahrhundert‹.

Theodor W. Adorno konnte für eine Stellungnahme zum zeitgenössischen Roman gewonnen werden. Der gewiegte Literaturkenner prüfte einiges Einschlägige; was er las, befriedigte ihn nicht. Er kam, wie es seine Art war, sogleich zum Grundsätzlichen und fragte sich: Sind angesichts der Zeitläufe die Bedingungen, die einer vormals blühenden Literaturgattung gestellt waren, noch zu erfüllen? Die Welt sei so komplex geworden, daß sie von einem einzelnen, der noch dazu vornehmlich an sich selbst interessiert sei, nicht mehr durchdrungen werden könne. Der Romanautor sei schlicht überfordert, wenn er die so wichtigte »Suggestion des Realen« vermitteln solle. Außerdem: »Der Weltlauf ist nicht mehr einer der Individuation«, er läßt sich also auch nicht mehr an einer exemplarischen Figur demonstrieren.

Adorno konnte mit seinen Bedenken dem schon oft totgesagten, aber anscheinend unverwüstlichen Roman nicht den Garaus machen. Ältere Autoren nutzten die wiedererlangte Freiheit, kehrten zu den Formen zurück, die sie längst erkoren und zu den ihrigen gemacht hatten, und hielten daran fest. Daß ein Klassiker der Moderne wie Thomas Mann Prosadichtung in einem ganz neuen Gewand präsentieren würde, erwartete niemand.

Auch die Schriftsteller, denen man zutraute, eine neue deutsche Literatur hervorzubringen, Heinrich Böll etwa oder Martin Walser, hatten mit Romanen begonnen und schrieben weiterhin Romane. Und auch sie hielten sich an bewährte Muster und Rezepte:

Man nehme einen, dem man möglichst viel von sich selbst mitgeben kann, statte ihn aus mit Namen, Beruf, Familie und benennbaren Eigenschaften, versetze ihn in ein Milieu, das man gut kennt, lasse ihn aber auch mit Menschen von außerhalb und anderswo zusammentreffen.

So ließ sich die Tradition des gesellschaftskritischen Zeitromans fortführen. Nichts anderes taten Böll, Walser und Lenz in den Romanen, die in diesem Buch behandelt werden. Eine besondere Variante dieser Form des Romans hat Arno Schmidt entwickelt.

In den fünfziger Jahren wird aber auch ein Gegentypus erkennbar, eine späte deutsche Version des Romans, wie ihn die internationale Moderne – Marcel Proust, James Joyce, William Faulkner, Virginia Woolf – hervorgebracht hat.

Der Leser folgt in Romanen dieser Form nicht mehr einer Zentralfigur durch dick und dünn; er findet sich vielmehr vor einem Panorama, das aus Teilstücken äußerer und innerer Wirklichkeit zusammengesetzt ist, Stücke, die zunächst unverbunden nebeneinander stehen und nichts gemein zu haben brauchen. Man muß sich auch darauf einstellen, den Lauf der Dinge aus unterschiedlichen Perspektiven zu sehen und zu beurteilen. Gegenwart und Vergangenheit sind ineinander verschränkt. Zeitgeschichtliches, etwa der Kalte Krieg, Rassengegensätze oder der Ungarnaufstand von 1956, erscheinen am Horizont oder wirken gar unmittelbar auf die Figuren des Romans ein. Diesen Typus vertreten die Romane von Wolfgang Koeppen oder Uwe Johnson.

Einen dritten Typ des Romans hat Max Frisch ausgebildet. Für ihn gehören zu einer Figur nicht nur die Daten und Fakten ihrer Biographie sowie die Einflüsse, denen sie ausgesetzt ist und die sie zu verarbeiten hat; hinzugefügt werden die nicht realisierten Varianten und Möglichkeiten, die ein Individuum in sich trägt und die auf Verwirklichung drängen.

Eine Sonderstellung nimmt der Roman ›Die Blechtrommel‹ ein. Günter Grass erfand für einen monströsen Stoff, der die »reflektierte Riesenlast des Gestern« (Joachim Kaiser) in sich aufgenommen hatte, einen passenden Ich-Erzähler. Die Kunstfigur Oskar Matzerath hat in der deutschen Nachkriegsprosa nicht ihresgleichen.

Als zeitgemäß und für die Gestaltung deutscher Erfahrungen geeignet erschien die Kurzgeschichte, die short story, wie sie nach 1945 in amerikanischen Ausprägungen vorlag. Viele deutsche Leser begegneten in jenen Jahren auch zum erstenmal den Erzählungen und Romanen Franz Kafkas. Seine dunkel-parabolische Schreibweise faszinierte und reizte manchen jungen Autor zu eigenen Versuchen. So hat z.B. Martin Walser, der Kafka bewunderte und am Ende seines Germanistikstudiums über ihn promovierte, in seinen frühen Erzählungen Kafkasche Themen und Motive aufgegriffen und abgewandelt.

Mehrfach beschäftigt Kafka das Verhalten von Menschen oder menschenähnlichen Wesen, die sich »von einem Verderber« (›Der Bau‹) bedroht fühlen und deshalb in ihrer Umgebung komplizierte Schutz- und Abwehrvorkehrungen treffen, dem Feind aber letztlich doch erliegen. Walser siedelt dieses Motiv in der deutschen Nachkriegsgesellschaft an. Da gibt es etwa einen schrulligen Villenbesitzer, der um Haus und Grundstück fürchtet, weil er sich erst von neuen und fremden Nachbarn, dann von einer unheimlichen, anonymen Immobiliengesellschaft belästigt und bedroht fühlt (›Templones Ende‹). In einer anderen Erzählung fordert ein Mieter, der sich das Recht nimmt, in seiner Wohnung still auf dem Bett zu liegen, die betriebsamen Sendboten verschiedener Dienstleistungsbetriebe und Behörden heraus, er bringt sie gegen sich auf und wird schließlich von einem »Amtsarzt« für tot erklärt.

Die offene und deshalb vieldeutige Parabel- und Chiffrensprache Kafkas wird hier auf groteske Zeitkritik und Zeitsatire verkürzt. Aufs Korn genommen sind die Veränderungen der Wohnverhältnisse und Symptome der »verwalteten Welt«.

2.1. Zwischen Tradition und Neuanfang: Romane älterer Autoren

Thomas Mann
Doktor Faustus

Im Sommer 1947 waren junge Leute, die sich für Literatur interessierten, neugierig, ja »begierig und heißhungrig« auf den Roman ›Doktor Faustus‹, den Thomas Mann im kalifornischen Exil am 29. Januar jenes Jahres abgeschlossen hatte. Das Buch war in deutschen Buchhandlungen noch nicht zu haben. Die Ungeduldigen wollten nicht einfach einen beliebigen Roman lesen, sie erwarteten vielmehr von dem Schriftsteller, der »mitten im Kriege für die gesittete Welt das andere Deutschland verkörpert hatte« (Marcel Reich-Ranicki), einen Beitrag zur Klärung und Deutung der Katastrophe, die über sie und ihr Land gekommen war. Auch Thomas Mann hatte nicht irgendeinen Roman vorlegen wollen. In dem Buch ›Die Entstehung des Doktor Faustus‹, einer Art Werkstattbericht, den er 1949 dem Roman folgen ließ, schreibt er: »Dies eine Mal wußte ich, was ich wollte und was ich mir aufgab: nichts Geringeres als den Roman meiner Epoche ...« Seinem Sohn Klaus gegenüber führt er sein Vorhaben deutlicher aus: »Eine Künstler(Musiker)- und moderne Teufelsverschreibungsgeschichte ... kurzum das Thema der schlimmen Inspiration und Genialisierung, die mit dem Vom Teufel Geholt Werden, d.h. mit der Paralyse endet. Es ist aber die Idee des Rausches überhaupt und der Anti-Vernunft damit verquickt, und damit das traurige Schicksal Deutschlands.« Zur Erläuterung dieser etwas mysteriösen Ankündigung lassen sich aus einem Vortrag, den Thomas Mann am 29. Mai 1945 in Washington gehalten hat, einige kommentierende Hinweise entnehmen. Man merkt dem Vortrag ›Deutschland und die Deutschen‹ an, daß Thomas Mann mitten in der Arbeit an seinem ›Doktor Faustus‹ steckte. Dessen Titel weist nicht auf Goethes Faust, sondern auf die Faustfigur des Volksbuchs von 1587. Diesen Doktor Faust drängt es, die ganze Welt zu sehen und womöglich noch einen Blick in Himmel und Hölle zu tun; so schließt er den Teufelspakt. Von Reue und Gnade ist nicht die Rede, nach Ablauf der Frist holt den Sünder der Teufel. Soll Faustus nach Manns Vorstellung Künstler sein, so wird sich das Verlangen, dem Menschen gesetzte Grenzen zu überschreiten, als Ehrgeiz äußern, alles bisher Geschaffene genial zu übertreffen. Ist er gar Musiker, Komponist, so ist er besonderen Versuchungen ausgesetzt. »Die Musik ist dämonisches Gebiet«, sagte Thomas Mann in seinem Vortrag. »Sie ist berechnetste Ordnung und chaosträchtige Wider-Vernunft zugleich, an beschwörenden ... Gesten reich, Zahlenzauber, die der Wirklichkeit fernste und zugleich die passionierteste der Künste.« Die Deutschen haben »dem Abendland seine tiefste bedeutendste Musik gegeben« – und diese Deutschen sind soeben wieder einmal bei einem Versuch gescheitert, aus der Beschränktheit, Unfreiheit und Unmündigkeit ihres inneren Lebens auszubrechen; berauscht von den Worten eines dämonischen Verführers träumten sie von »Weltversklavung«.

Es mußte Thomas Mann als kühnes, ja verwegenes Unterfangen erscheinen, aus solch heterogenen Elementen ein Romankunstwerk zu formen. Der Rechenschaftsbericht über die Entstehung legt zum Teil offen, wie er zu Werke ging. Thomas Mann hatte schon früh eigene Schreibgewohnheiten entwickelt, an denen er auch im Exil festhalten konnte. Es fehlte an nichts, alles war zur Hand. Das galt zunächst für die materiellen Umstände: die Manns konnten sich in Los Angeles einen Wohnkomfort leisten, der dem im München der zwanziger Jahre kaum nachstand. Vor allem aber empfing Thomas Mann aus seinem prominenten Freundes- und Bekanntenkreis, im Gedankenaustausch mit anderen deutschen Emigranten, immer wieder förderliche Anregungen und Ratschläge. Namhafte Experten wie der Musikwissenschaftler und Soziologe Theodor W. Adorno stellten ihr Wissen in den Dienst des Unternehmens ›Doktor Faustus‹.

Der vollständige Titel von Thomas Manns Roman lautet: ›Doktor Faustus. Das Leben des Deutschen Tonsetzers Adrian Leverkühn erzählt von einem Freunde.‹ Dieser Freund ist Serenus Zeitblom, Altphilologe und pensionierter Gymnasiallehrer, ein redlicher, dem Geistigen und Vernünftigen zugetaner Mann. Als Sechzigjähriger beginnt er in Freising mit der Niederschrift seiner Erinnerungen an Leverkühn – zum gleichen Zeitpunkt also, zu dem der Autor in Kalifornien die ersten Zeilen seines Romans zu Papier brachte.

Zeitblom ist mehr als bloßer Erzähler, er ist selbst eine Figur des Romans, die in ihrer durch Stil und Erzählweise offenbarten Lebenseinstellung einen Hintergrund bildet, von dem sich die Figur des dämonisch-genialen Leverkühn um so deutlicher abhebt. Dieser Kunstgriff, einen vergleichsweise biederen Mann die Lebensgeschichte eines außergewöhnlichen Menschen erzählen zu lassen, war zudem für Thomas Mann ein Mittel zur ironischen Brechung des zuweilen sehr schweren und düsteren Stoffes.

Das Abfassen der Biographie fällt in die letzten Kriegsjahre; Zeitblom berichtet und reflektiert mehrfach über das Kriegsgeschehen und die sich abzeichnende deutsche Niederlage. Leverkühn wurde 1885 geboren und starb 1940, nachdem schon 1930 der Wahnsinn bei ihm ausgebrochen war.

Serenus Zeitblom ist Leverkühn von früher Kindheit an nahe gewesen. Er brachte dem zwei Jahre Jüngeren beharrliche Zuneigung entgegen, war Spielgefährte und Gesprächspartner, mußte aber beklagen, daß er nur so weit Freund und Vertrauter werden durfte, wie Leverkühn es zuließ.

... Wem hätte er sein Herz eröffnet, wen jemals in sein Leben eingelassen? Das gab es bei Adrian nicht. Menschliche Ergebenheit nahm er hin – ich möchte schwören: oft ohne sie auch nur zu bemerken. Seine Gleichgültigkeit war so groß, daß er kaum jemals gewahr wurde, was um ihn her vorging, in welcher Gesellschaft er sich befand, und die Tatsache, daß er nur sehr selten einen Gesprächspartner mit Namen anredete, läßt mich vermuten, daß er den Namen nicht wußte, während doch der andere sein gutes Recht zur Annahme des Gegenteils hatte. Ich möchte seine Einsamkeit einem Abgrund vergleichen, in welchem Gefühle, die man ihm entgegenbrachte, lautlos und spurlos untergingen. Um ihn war Kälte. ...

Zeitblom hält sich an die traditionellen Formgesetze der Biographie. Er setzt mit der Kindheit Adrians ein und schildert zunächst die Umwelt und die Atmosphäre im Elternhaus. Der hochbegabte Junge durchläuft als »schlechter Schüler in Primusgestalt« das Gymnasium in Zeitbloms Geburtsstadt Kaisersaschern. Nach dem Abitur beginnt er ein Theologiestudium: Wie er es im Innersten mit dem Glauben hält, wie er Glauben und Wissenschaft vereinbart, ob er auf dem Weg der Wissenschaft nur Erkenntnis sucht, darüber kann Zeitblom nur mutmaßen; letztlich bleibt ihm verborgen, wie es in Adrian aussieht.

Als Gymnasiasten hören Adrian und Zeitblom Vorträge, in denen der Kapellmeister Wendell Kretzschmar Musikwerke interpretiert. Der temperamentvolle, aber zugleich stotternde Mann spricht über Beethovens Klaviersonate opus 111. Der folgende Ausschnitt zeigt ebenso Thomas Manns Ader für das Komische wie seine oft gerühmte Fähigkeit, Musikerlebnisse im Medium der Sprache mitzuteilen.

Er fragte nicht, ob wir das verstünden, und auch wir fragten uns nicht danach. Wenn er meinte, die Hauptsache sei, daß wir es hörten, so teilten wir vollkommen diese Ansicht. Im Lichte des Gesagten, fuhr er fort, habe man das Werk, vom dem er im Besonderen spreche, die Sonate opus 111, zu betrachten. Und dann setzte er sich an das Piano und spielte uns aus dem Kopf die ganze Komposition, den ersten und den ungeheueren zweiten Satz in der Weise vor, daß er seine Kommentare beständig in das eigene Spiel hineinrief und, um uns auf die Führung recht aufmerksam zu machen, zwischendurch begeisterungsvoll-demonstrativ mitsang, was alles zusammen einen teilweise hinreißenden, teilweise komischen und von dem kleinen Auditorium wiederholt auch mit Heiterkeit aufgenommenen Spektakel ergab. Denn da er einen sehr starken Anschlag hatte und im Forte gewaltig auftrug, mußte er überlaut schreien, um seine Zwischenreden halbwegs verständlich zu machen und mit höchstem Stimmaufwand singen, um das Vorgeführte noch vokal zu unterstreichen. Mit dem Munde ahmte er nach, was die Hände spielten. Bum, bum – Wum, wum – Schrum, schrum, machte er bei den grimmig auffahrenden Anfangsakzenten des ersten Satzes und sang in der hohen Fistel die Passagen melodischer Lieblichkeit mit, von denen der zerwühlte Sturmhimmel des Stückes zuweilen wie von zarten Lichtblicken erhellt ist. Schließlich legte er die Hände in den Schoß, ruhte einen Augenblick aus und sagte: »Jetzt kommt's.« Er begann den Variationen-Satz, das »Adagio molto, semplice e cantabile.«

Die unterschiedlichen Charaktere der beiden Freunde beleuchtet ein Gespräch, das sie nach der Hochzeit von Leverkühns Schwester führen. Leverkühn urteilt über den Schwager, einen tüchtigen Optikermeister.

»Gute Augen«, sagte er, »gute Rasse, ein braver, intakter, sauberer Mann. Er durfte um sie werben, durfte sie anschauen, ihrer zu begehren, – sie zum christlichen Weib zu begehren, wie wir Theologen sagen, mit berechtigtem Stolz darauf, daß wir dem Teufel die fleischliche Vermischung weggepascht haben, indem wir ein Sakrament, das Sakrament der christlichen Ehe, draus machten. Sehr komisch eigentlich, diese Kaperung des Natürlich-Sündhaften für das Sakrosankte durch die bloße Voranstellung des Wortes ›christlich‹, – wodurch sich ja im Grunde nichts ändert. Aber man muß zugeben, daß die Domestizierung des Naturbösen, des Geschlechts, durch die christliche Ehe ein gescheiter Notbehelf war.«

»Gern höre ich es nicht«, erwiderte ich, »daß du die Natur dem Bösen vermachst. Der Humanismus, der alte und neue, nennt das die Verleumdung der Quellen des Lebens.«

»Mein Lieber, da gibt es nicht viel zu verleumden.«

»Man gerät«, sagte ich unbeirrt, »damit in die Rolle des Verneiners der Werke, man wird zum Anwalt des Nichts. Wer an den Teufel glaubt, der gehört ihm schon.«

Er lachte kurz auf.

»Du verstehst keinen Spaß. Ich habe doch als Theolog und also notwendig *wie* ein Theolog gesprochen.«

»Laß das gut sein!« sagte ich ebenfalls lachend. »Du pflegst deine Scherze ernster zu meinen als deinen Ernst.«

Wir führten dies Gespräch auf der Gemeindebank unter den Ahornen auf der Höhe des Zionsberges, im herbstlich-nachmittäglichen Sonnenschein. Tatsache war, daß ich damals selbst schon auf Freiersfüßen ging, wenn auch die Hochzeit und selbst die öffentliche Verlobung noch bis zu meiner festen Anstellung zu warten hatten, und daß ich ihm von Helenen und meinem vorhabenden Schritt zu erzählen wünschte. Seine Betrachtungen erleichterten es mir nicht gerade.

»Und sollen sein ein Fleisch«, fing er wieder an. »Ist es nicht ein kurioser

Segen? Pastor Schröder hat sich gottlob das Zitat geschenkt. So angesichts des bräutlichen Paars ist es eher peinlich zu hören. Ist aber nur allzu gut gemeint und genau das, was ich Domestizierung nenne. Offenbar soll damit das Element der Sünde, der Sinnlichkeit, der bösen Lust überhaupt aus der Ehe wegeskamotiert werden, – denn Lust ist ja wohl nur bei zweierlei Fleisch, nicht bei einem, und daß sie ein Fleisch sein sollen, ist demnach ein friedlicher Unsinn. Andererseits kann man sich nicht genug darüber wundern, daß ein Fleisch Lust hat zum andern – es ist ja ein Phänomen, – nun ja, das vollkommen exzeptionelle Phänomen der Liebe. Natürlich sind Sinnlichkeit und Liebe auf keine Weise zu trennen. Man entschuldigt die Liebe von dem Vorwurf der Sinnlichkeit am besten, indem man umgekehrt das Liebeselement nachweist in der Sinnlichkeit. Die Lust zu fremdem Fleisch bedeutet eine Überwindung sonst vorhandener Widerstände, die auf der Fremdheit von Ich und Du, des Eigenen und des Anderen beruhen. Das Fleisch – um den christlichen Terminus beizubehalten – ist normalerweise nur sich selber nicht widerwärtig. Mit Fremdem will es nichts zu tun haben. Wird auf einmal das Fremde zum Objekt der Begierde und Lust, so ist das Verhältnis von Ich und Du in einer Weise alteriert, für die ›Sinnlichkeit‹ nur ein leeres Wort ist. Man kommt nicht ohne den Begriff der Liebe aus, auch wenn angeblich nichts Seelisches dabei im Spiele ist. Jede sinnliche Handlung bedeutet ja Zärtlichkeit, ist Geben im Nehmen der Lust, Glück durch Beglückung, Liebeserweisung. ›Ein Fleisch‹ sind Liebende nie gewesen, und die Verordnung will mit der Lust aus der Ehe die Liebe vertreiben.«

Ich war eigentümlich ergriffen und verwirrt von seinen Worten und hütete mich, ihn von der Seite anzusehen, obwohl ich dazu versucht war. Was man jedesmal empfand, wenn er von voluptinösen Dingen sprach, habe ich weiter oben angedeutet. Er war aber nie so aus sich herausgegangen, und es kam mir vor, als läge in seiner Redeweise etwas fremdartig Explizites, eine leise Taktlosigkeit gegen sich selbst und also auch gegen den Hörer, die mich beunruhigte, zusammen mit der Vorstellung, daß er dies alles mit von der Migräne getrübten Augen gesagt hatte. Dabei war der Sinn seiner Äußerung mir ja durchaus sympathisch.

»Gut gebrüllt, Löwe!« sagte ich so aufgeräumt wie möglich. »Das nenne ich zu den Werken stehen! Nein, mit dem Teufel hast du nichts zu schaffen. Du bist dir doch klar darüber, daß du eben weit mehr als Humanist denn als Theolog gesprochen hast?«

»Sagen wir: als Psycholog«, erwiderte er. »Ein neutraler Mittelstand. Aber es sind das, glaub' ich, die wahrheitsliebendsten Leute.«

»Und wie wäre es«, schlug ich vor, »wenn wir einmal ganz schlicht persönlich und bürgerlich sprächen? Ich wollte dir mitteilen, daß ich im Begriffe bin ...«

Ich sagte ihm, wozu ich im Begriffe war, erzählte ihm von Helenen, wie ich sie kennengelernt, wie wir uns gefunden. Wenn ich seine Gratulation dadurch herzlicher gestalten könne, sagte ich, so möge er versichert sein, daß ich ihn von der Teilnahme an den ›Tänzen und Bräuchen‹ meines Hochzeitsfestes im voraus dispensierte.

Er war sehr erheitert.

»Wundervoll!« rief er. »Guter Jüngling, du willst dich ehelich verheiraten. Was für eine rechtschaffene Idee!«

Leverkühn, der Theologiestudent, hält zu seiner Wissenschaft ironischen Abstand. Über »voluptinöse Dinge«, Sexuelles also, zu reden und zu theoretisieren, ist für ihn offenkundig reizvoll, obwohl er sich hinter Begriffen versteckt, mit denen er brillant jongliert. Leverkühn arbeitet eine für ihn typische Anschauung heraus: Die Fremdheit zwischen Ich und Du bestimmt das Verhältnis der Menschen untereinander und rechtfertigt die Ausbildung individueller Besonderheiten und auch Absonderlichkeiten.

Zeitblom versucht im Gespräch mitzuhalten; dem eher etwas prüden »Jüngling« ist aber bei dem Thema nicht ganz wohl. Ihm ist es sehr recht, Leverkühns scharfsinnig differenzierende Auslassungen als doch noch mit seiner Vorstellung von Humanismus verträglich akzeptieren zu können.

Es verwundert wohl nicht, daß Adrian Leverkühn bald darauf das Theologiestudium abbrach. Auf Anraten des Musikenthusiasten Kretzschmar, mit dem er in Verbindung geblieben war, wandte er sich der Musik zu. Schon früh zeigt sich sein großes Talent, und er legt erste Proben seines Könnens ab. Leverkühn lebt abgewandt vom Zeitgeschehen in selbstgewählter Isolation und pflegt nur mit wenigen Umgang. Bald hat Adrian alles bisher auf musikalischem Gebiet Geleistete erfaßt und durchschaut, er beherrscht als Komponist die Materie in Theorie und Praxis. Aber er will mehr erreichen. Er grübelt über Systeme nach, in denen sich das kompositorische Schaffen an mathematisch begründete Gesetzlichkeiten bindet, die strenge Durchführung müsse zu hören sein, auf Harmonie komme es nicht an. Als Zeitblom in einem Gespräch für jedes schöpferische Tun Freiheit fordert, formuliert Leverkühn bewußt gewagt und verwirrend: »Gebundenheit durch selbstbereiteten Ordnungszwang, also frei.«

Wie wird dieser kühle, introvertierte Intellektuelle dazu gebracht, sich wie der Doktor Faust dem Teufel zu überantworten? Thomas Mann wandte an, was er selbst Montage-Technik genannt hat. In der ›Entstehung des Doktor Faustus‹ bemerkt er nicht ohne Genugtuung, daß er sich bei der Komposition durchgängig dieses Verfahrens bedient habe. Er spricht vom »Aufmontieren von faktischen, historischen und persönlichen, ja literarischen Gegebenheiten«. Als Beispiel für derart Aufmontiertes bringt er die »Verflechtung der Tragödie Leverkühns mit derjenigen Nietzsches«. Adrian, der in Leipzig studiert, teilt Zeitblom in einem altdeutsch stilisierten Brief mit, daß ihn ein Dienstmann ohne sein Wissen und Wollen in ein Bordell geführt habe. Dort erblickt er das Mädchen Esmeralda, aus deren Bann er sich nicht mehr befreien kann. Obwohl von ihr gewarnt, infiziert er sich mit Syphilis. Dieser Episode liegt, wie Thomas Mann selbst schreibt, die »wörtliche Übernahme von Nietzsches Bordellerlebnis und seiner Krankheitsymptomatik« zugrunde. Er hat für seinen Leverkühn

Nietzsches Biographie ein Stück weit in Anspruch genommen, sicher lassen sich auch gemeinsame Züge entdecken: schöpferisches, unabhängiges Denken, scharfsinnige Kritik. Mann spart aber Nietzsche völlig aus, wenn er in großer Breite und Buntheit das gesellschaftliche und kulturelle Panorama des späten 19. und frühen 20. Jahrhunderts darstellt. Sicher ist Nietzsches Philosophie in Lebenseinstellungen und geäußerten Gedanken zu spüren; sein Name jedoch wird nicht genannt.

Die Begegnung mit dem Teufel, bei der der Pakt geschlossen wird, hat Adrian/Faustus selbst beschrieben. Zeitblom findet die Aufzeichnung bei Adrians Papieren. Der Teufel, Er genannt, erscheint, die Dreifaltigkeit parodierend, nacheinander als Zuhälter, Musikkritiker und Theologieprofessor. Wenn Leverkühn ihm seine Seele verschreibt und darauf verzichtet, je einen Menschen zu lieben, darf er die großen Werke schaffen, in denen sich Originalität und Perfektion, Leidenschaft und Geistigkeit in noch nie gekannter Kunstqualität verbinden.

Er: »Eine wahrhaft beglückende, entrückende, zweifellose und gläubige Inspiration, bei der es keine Wahl, kein Bessern und Basteln gibt, bei der alles als seliges Diktat empfangen wird, der Schritt stockt und stürzt, sublime Schauer den Heimgesuchten vom Scheitel zu den Fußspitzen überrieseln, ein Tränenstrom des Glücks ihm aus den Augen bricht, – die ist nicht mit Gott, der dem Verstand zu viel zu tun übrigläßt, die ist nur mit dem Teufel, dem wahren Herrn des Enthusiasmus, möglich.«

Es fällt auf, daß das Schaffensglück hier mit einem Vokabular aus den Beständen des Irrationalen beschrieben ist – Schaffensglück ist Schaffensrausch. Was Leverkühn zu leisten vermag, nachdem seine spezielle Begabung durch dämonische Kräfte gesteigert worden ist, zeigt Zeitblom an dem Oratorium ›Apokalypsis cum figuris‹. Hier wird das Weltuntergangsthema auf ganz neue Art instrumentiert.

Wir wissen alle, daß es das erste Anliegen, die früheste Errungenschaft der Tonkunst war, den Klang zu denaturieren, den Gesang, der ursprünglich-urmenschlich ein Heulen über mehrere Tonstufen hinweg gewesen sein muß, auf einer einzigen festzuhalten und dem Chaos das Tonsystem abzugewinnen. Gewiß und selbstverständlich: eine normierende Maß-Ordnung der Klänge war Voraussetzung und erste Selbstbekundung dessen, was wir unter Musik verstehen. In ihr stehengeblieben, sozusagen als ein naturalistischer Atavismus, als ein barbarisches Rudiment aus vormusikalischen Tagen, ist der Gleitklang, das Glissando, – ein aus tief kulturellen Gründen mit größter Vorsicht zu behandelndes Mittel, dem ich immer eine anti-kulturelle, ja anti-humane Dämonie abzuhören geneigt war. Was ich im Sinne habe, ist die Leverkühn'sche – man kann natürlich nicht sagen: Bevorzugung, aber doch ausnehmend häufige Verwendung des Gleitklanges wenigstens in diesem Werk, der ›Apokalypse‹, deren Schreckensbilder allerdings den verführerischsten und zugleich legitimsten Anlaß zum Gebrauch des wilden Mittels bilden. [...] Ich wollte [auch] hinweisen auf die seltsame Klangvertauschung, die oft zwischen dem Vokal- und dem Instrumental-Part der ›Apokalypse‹ statthat. Chor und Orchester stehen einander nicht als das Menschliche und das Dingliche klar gegenüber; sie sind ineinander aufgelöst: der Chor ist instrumentalisiert, das Orchester vokalisiert, – in dem Grade und zu dem Ende, daß tatsächlich die Grenze zwischen Mensch und Ding verrückt erscheint, was sicher der künstlerischen Einheitlichkeit zustatten kommt, da es doch – wenigstens für mein Gemüt – auch etwas Beklemmendes, Gefährliches, Bösartiges an sich hat. Um ein paar Einzelheiten aufzuweisen: Die Stimme der babylonischen Hure, des Weibes auf dem Tiere, mit welcher gebuhlt haben die Könige auf Erden, ist seltsam überraschender Weise dem graziösesten Koloratursopran übertragen, und ihre virtuosen Läufe gehen zuweilen mit vollkommen flötenhafter Wirkung in den Orchesterklang ein. Andererseits gibt die verschiedenartig gedämpfte Trompete eine groteske vox humana ab, und das tut auch das Saxophon, das in mehreren der kleinen Splitter-Orchester eine Rolle spielt, welche die Teufelsgesänge, den schändlichen Liederreigen der Söhne des Pfuhls begleiten. Adrians Fähigkeit zu spottender Nachahmung, die tief in der Schwermut seines Wesens wurzelt, wird hier produktiv in der Parodie verschiedenster musikalischer Stile [...] wie ein Ringelstechen geht das bunt glitzernd rundum: über der Grundsprache des Hauptorchesters nämlich, die, ernst, dunkel, schwierig, mit radikaler Strenge den geistigen Rang des Werkes behauptet [...]

»Gebundenheit durch selbstbereiteten Ordnungszwang, also frei.« Dieses von Leverkühn paradox formulierte Arbeitsprinzip und Programm scheint im Apokalypse-Oratorium verwirklicht. Zeitblom bemerkt es mit Unbehagen, ja mit Schrecken: »Antikulturelle, ja antihumane Dämonie« ist im Werk eines von den Mächten des Bösen Infizierten und Inspirierten Klang geworden. Auch auf die zu erwartende Wirkung Leverkühnscher Musik hat Er hingewiesen, dabei läßt Er das bloß Musikalische hinter sich und versteht Epoche nicht nur als Zeitraum, sondern als Zeitenwende.

Du wirst führen, du wirst der Zukunft den Marsch schlagen, auf deinen Namen werden die Buben schwören, die dank deiner Tollheit es nicht mehr nötig haben, toll zu sein. Von deiner Tollheit werden sie in Gesundheit zehren, und in ihnen wirst du gesund sein. Verstehst du? Nicht genug, daß du die lähmenden Schwierigkeiten der Zeit durchbrechen wirst, – die Zeit selber, die Kulturepoche, will sagen die Epoche der Kultur und ihres Kultus, wirst du durchbrechen und dich der Barbarei erdreisten, die's zweimal ist, weil sie nach der Humanität, nach der erdenklichen Wurzelbehandlung und bürgerlicher Verfeinerung kommt. Glaube mir! sogar auf Theologie versteht sie sich besser als eine vom Kultus abgefallene Kultur, die auch im Religiösen nur eben Kultur sah, nur Humanität, nicht den Exzeß, das Paradox, die mystische Leidenschaft, die völlig unbürgerliche Aventüre.

Es liegt nahe, ja es ist geboten, hier an die Jahre zu denken, in denen Deutschland zum Schrecken vieler Menschen Geschichte gemacht hat. Das nationalsozialistische Regime hat die »lähmenden Schwierigkeiten der Zeit durchbrechen« wollen und dabei der »Epoche der Kultur und ihres Kultus« ein Ende gemacht. Die Teufelsverschreibungsgeschichte ist, wie Thomas Mann es wollte, mit dem Schicksal Deutschlands verquickt.

Die überraschende Erwähnung der zivilisatorisch-zahnmedizinischen Errungenschaft der Wurzelbehandlung kann Signal dafür sein, »Teuflisches« in einer ganz anderen Situation und Umgebung wiederzuerkennen. Um 1920 ist Zeitblom Gast in einer Münchener Herrengesellschaft.

Sie gaben sich [...] die Miene distanzierter Beobachter, und als »enorm wischtisch« faßten sie die allgemeine und schon deutlich hervortretende Bereitschaft ins Auge, sogenannte kulturelle Errungenschaften kurzerhand fallenzulassen, um einer als notwendig und zeitgegeben empfundenen Vereinfachung willen, die man, wenn man wollte, als intentionelle Re-Barbarisierung bezeichnen konnte. Sollte ich meinen Ohren trauen? Ich mußte lachen und schrak dabei buchstäblich zusammen, als plötzlich die Herren in diesem Zusammenhang auf die dentistische Medizin [...] zu sprechen kamen! Ich glaube wirklich, ich hatte einen roten Kopf beim Mitlachen, als unter geistesfroher Heiterkeit die wachsende Neigung der Zahnärzte erörtert wurde, Zähne mit abgestorbenem Nerv kurzerhand auszureißen, da man zu dem Entschluß gekommen war, sie als infektiöse Fremdkörper zu betrachten – nach einer langen, mühevollen und ins Raffinierte gehenden Entwicklung der Wurzelbehandlungstechnik im neunzehnten Jahrhundert. Wohlgemerkt – und es war namentlich Dr. Breisacher, der dies scharfsinnig und unter allgemeiner Zustimmung anmerkte: Der hygienische Gesichtspunkt hatte dabei mehr oder weniger als eine Rationalisierung der primär vorhandenen Tendenz zum Fallenlassen, Aufgeben, Abkommen und Vereinfachen zu gelten, – bei hygienischen Begründungen war jeder Ideologie-Verdacht am Platze. Zweifellos würde man auch die Nicht-Bewahrung des Kranken im größeren Stil, die Tötung Lebensunfähiger und Schwachsinniger, wenn man eines Tages dazu überging, volks- und rassehygienisch begründen, während es sich in Wirklichkeit – man wollte das gar nicht leugnen, sondern betonte es im Gegenteil – um weit tiefere Entschlüsse, um die Absage an alle humane Verweichlichung handeln würde, die das Werk der bürgerlichen Epoche gewesen war: um ein instinktives Sich-in-Form-Bringen der Menschheit für harte und finstere, der Humanität spottende Läufte, für ein Zeitalter umfassender Kriege und Revolutionen, das wohl hinter die christliche Zivilisation des Mittelalters weit zurückführen und eher die dunkle Epoche vor deren Entstehung, nach dem Zusammenbruch der antiken Kultur zurückbringen werde...

An dieser Stelle läßt sich gut die kompositorische Dichte des Romans zeigen. Die Abkehr vom medizinischen Fortschritt, von Behandlungsweisen, die Organe im Körper zu erhalten suchen, ist zugleich eine Abwendung von dem am Anfang des 20. Jahrhunderts erreichten Zivilisationsniveau. Im Ausreißen von Zahnwurzeln kündigt sich schon das Ausrotten »minderwertiger« Völker und Rassen an, das in einem Jahrhundert der Weltkriege und zahlreicher weiterer blutiger Kämpfe zur Tagesordnung gehören wird. Das Exempel aus der Dentistenpraxis, alltäglich und banal, wie es ist, deutet voraus auf eine vorläufig nur angenommene, von Ideologien gedeckte »Re-Barbarisierung«.

»Sie«, das sind Professoren verschiedener Disziplinen, Künstler, Intellektuelle. Man ist der Zivilisation überdrüssig, fatalistisch und frivol malen sich die Herren eine Zukunft aus, in der endlich andere Seiten aufgezogen werden. Noch witzelt man über Kurioses, dann wird im gleichen Plauderton ein Programm entworfen, das zwanzig Jahre später in die Tat umgesetzt werden sollte. In Deutschland.

Zeitblom lacht mit, obwohl die geäußerten Anschauungen ihn, den Humanisten, befremden, ja empören müßten. Doch wagt er nicht, ins Gespräch einzugreifen, weil er sich den Debattierern nicht gewachsen fühlt. In der Zeit der Niederschrift des Romans wandelt sich das Verhältnis des Erzählers Thomas Mann zu der von ihm erdachten Chronistenfigur. Am Anfang darf der biedere Philologe nicht das Mannsche Stilniveau erreichen. Vielleicht ist es auch eine Spielart der Ironie, daß sich Thomas Mann mittels dieser Figur klein macht, sich immer wieder zu seinen Grenzen bekennt.

Als es dann aber soweit ist, die deutsche Katastrophe im Zweiten Weltkrieg darzustellen, schreibt Zeitblom immer merklicher den Altersstil des Erzählers Thomas Mann. In der folgenden Textstelle klingt die Diktion der Washingtoner Rede über Deutschland und die Deutschen durch. Da hat der Deutsche Serenus Zeitblom an den Deutschen Thomas Mann übergeben, von dem sein Sohn Klaus gesagt hat, er könne »nicht umhin, sich irgendwie für Deutschland verantwortlich zu fühlen«.

Es ist aus mit Deutschland, wird aus mit ihm sein, ein unnennbarer Zusammenbruch, ökonomisch, politisch, moralisch und geistig, kurz, allumfassend, zeichnet sich ab, – ich will es nicht gewünscht haben, was droht, denn es ist die Verzweiflung, ist der Wahnsinn. Ich will es nicht gewünscht haben, weil viel zu tief mein Mitleid, mein jammervolles Erbarmen ist mit diesem unseligen Volk, und wenn ich an seine Erhebung und blinde Inbrunst, den Aufstand, den Aufbruch, Ausbruch und Umbruch, den vermeintlich reinigenden Neubeginn, die völkische Wiedergeburt von vor zehn Jahren denke – diesen scheinbar heiligen Taumel, in den sich freilich, zum warnenden Zeichen seiner Falschheit, viel wüste Roheit, viel Schlagetot-Gemeinheit, viel schmutzige Lust am Schänden, Quälen, Erniedrigen mischte, und der, jedem Wissenden unverkennbar, den Krieg, diesen ganzen Krieg schon in sich trug –, so krampft sich mir das Herz zusammen vor der ungeheuren Investition an Glauben,

Begeisterung, historischem Hochaffekt, die damals getätigt wurde und nun in einem Bankerott ohnegleichen verpuffen soll.

Der Erzähler zieht das Fazit aus der vorher beschriebenen hoffnungslosen Kriegslage. Man kann einen Ich-Pol und einen Geschehnis-Pol unterscheiden. Am Ich-Pol sammeln sich Gefühle, die ihn jetzt, in der unmittelbaren Gegenwart bewegen: Wunsch, Klage. Am Geschehnis-Pol werden Substantive gereiht; Mann will sagen, wie es in Wahrheit gewesen ist. Dem Tun, das die Substantive ausdrücken, wird durch eindeutige Attribute sogleich das Urteil gesprochen, Adverbien (scheinbar, vermeintlich) nehmen den Parolen von vornherein ihren falschen Glanz. Der Sprachfluß erhält ein starkes Gefälle. Zunächst wird die Illusion aufgerichtet, sie wird aus dynamischen Hochwertwörtern zusammengesetzt: »Erhebung, völkische Wiedergeburt, Aufbruch«. Diese Wörter waren zugleich pathetische Floskeln der Propagandasprache, sie sollten die Deutschen in »heiligen Taumel« versetzen, zur »Anti-Vernunft« verführen. Sogleich erfolgt auch das Abrutschen, der Sturz; ebenfalls gereiht wird plötzlich Unmenschlich-Barbarisches erkennbar. Beim zweiten Durchgang folgt der Aufgipfelung zum »historischen Hochaffekt« ein rascher Fall zum »Bankerott«.

Thomas Mann gab sich große Mühe, Kunst und Geschichte in Parallele zu sehen und zu setzen und so den Roman ›Doktor Faustus. Das Leben des deutschen Tonsetzers Adrian Leverkühn‹ tatsächlich zu einem Roman der Epoche zu machen. Dazu war es nötig, das Schicksal Deutschlands und das seines Helden Leverkühn aufeinander zu beziehen, Übereinstimmungen sichtbar und verständlich zu machen. Diese Aufgabe konnte deshalb nicht gänzlich überzeugend gelöst werden, weil Adrian als Künstler der Moderne gezeichnet ist, der allem Nationalen fernsteht und sich dem Zeitgeschehen, wo es nur geht, entzieht. So ist es, anders als bei dem von Thomas Mann hochverehrten Richard Wagner, schwer, das Leverkühnsche Werk in die Auseinandersetzung um Deutschland einzubeziehen.

Leverkühns letzte Jahre sind gezeichnet von persönlichem Leid. Er bringt drei Menschen Liebe entgegen und verstößt damit gegen eine Klausel des Pakts; alle Liebesversuche werden zunichte. In seinem letzten musikalischen Werk, der Kantate ›Dr. Fausti Weheklag‹, will er all jene Kompositionen »zurücknehmen«, die Botschaften des Glücks, der Freude und der Hoffnung waren. »Es soll nicht sein. Das Gute und das Edle ..., was man das Menschliche nennt, obwohl es gut ist und edel. Um was die Menschen gekämpft haben, wofür sie Zwingburgen gestürmt, und was die Erfüllten jubelnd verkündigt haben, das soll nicht sein.« Wenn hier die Proportionen nicht ganz stimmig erscheinen, so rührt das daher, daß die Schmerzerfahrungen und Fehlschläge im Leben eines einzelnen allzu direkt und ein wenig pathetisch in Beziehung gesetzt werden zu den großen Befreiungskämpfen, in denen um das Los vieler oder gar aller Menschen gerungen wurde. Leverkühn, geniales, aber auch eigenbrötlerisches und isoliertes Individuum in einer gesellschaftlichen Endzeit, kann nicht das Bild eines tragischen Helden abgeben. Das Schuldbekenntnis, das er vor einer zusammengewürfelten Schar von Bekannten und sogenannten Freunden ablegt, wird nicht verstanden. Er lebte seinem Werk, und so ist es vielleicht konsequent, daß er am Flügel über der Partitur seiner letzten Komposition zusammenbricht, »vom Teufel geholt wird«, wie Thomas Mann in seinem Programm geschrieben hatte.

Ein Vergleich von Thomas Manns Doktor Faustus Adrian Leverkühn mit Goethes Faust läßt mehr Unterschiede als Gemeinsamkeiten erkennen. Das Feuer des Sturm und Drang, das der Goethesche Faust zeit seines Lebens in sich spürt, glüht in Leverkühn nicht, er bevorzugt dem Leben gegenüber kühle Distanz. Eine überraschende Parallele findet sich am Ende der beiden Werke. Bei Goethe schließt sich der Kreis nicht mit der Rückkehr der Figuren aus dem ›Prolog im Himmel‹. Nicht der Herr spricht das Schlußwort, sondern Bittgebete von Frauen empfehlen Fausts Seele der Gnade der höchsten Macht. Bei Thomas Mann hat eine einfache, fürsorgliche Frau, die den bewußtlosen Leverkühn im Arm hält, das letzte Wort. Heilsgewißheit ist geschwunden; was bleibt, ist das Erbarmen eines Menschen mit einem anderen. »Viel hat er von der ewigen Gnaden g'redt, der arme Mann, und i weiß net, ob die langt. Aber a recht's a menschlich's Verständnis, glaubt's es mir, des langt für all's!«

Wann die eingangs erwähnten jungen Leute den ›Doktor Faustus‹ in die Hand bekamen und ob sie den Roman mit Gewinn und Genuß gelesen haben, ist nicht bekannt. Das Jahr 1948 hindurch – man war an Rationierung gewöhnt – erhielten Buchhandlungen nur eine gewisse Anzahl von Exemplaren des in Stockholm erschienenen Buches zugeteilt. Vielfach war die Nachfrage größer als das Angebot, Emigranten, die als bedeutend galten, wandte sich das Interesse der Leserschaft rasch wieder zu.

Bei der Kritik fand der Roman im Ausland mehr Beifall als in Deutschland; hier gab es Zustimmung wie Ablehnung.

Für Thomas Mann selbst hätte der Roman ›Doktor Faustus‹ ein Abschluß sein können, der, wie er selbst schrieb, »ein Lebenswerk gerundet« hätte. Er hat danach aber nicht mit dem Schreiben aufgehört. In zwei Büchern, die nach dem ›Faustus‹ entstanden sind, gibt es Anzeichen dafür, daß Mann sich weniger ernst nahm, mit Stoffen und Themen spielerischer umging als vorher. Gemeint sind ›Der

Erwählte‹ und sein letzter, unvollendeter Roman ›Bekenntnisse des Hochstaplers Felix Krull‹, der neben den ›Buddenbrooks‹ sein bei den Lesern beliebtestes Buch werden sollte.

Bekenntnisse des Hochstaplers Felix Krull

Mit dem Stoff des Hochstaplerromans hatte Thomas Mann sich schon viel früher beschäftigt, ihn dann aber 1911 zunächst liegengelassen. Seit er die 1905 erschienenen Memoiren des Hochstaplers und Hoteldiebs Manolesco gelesen hatte, ließ ihn das Thema nicht mehr los. Es verband sich mit Gedanken an Autobiographien, die aus ganz anderem Geist geschrieben waren. Das klassische Werk der Gattung ›Aus meinem Leben. Dichtung und Wahrheit‹ stammte aus Goethes Feder. Manolescos Lebenserinnerungen, grell und selbstgefällig im Ton, waren für Thomas Mann ein »grobes Muster«, er wollte eine Mischung aus der hohen und niederen Sphäre bereiten: »...Ein phantastischer Reiz ging aus von der parodistischen Idee, ein Element geliebter Überlieferung, das Goethisch-Selbstbildnerisch-Autobiographische, Aristokratisch-Bekennerische ins Kriminelle zu übertragen.« Mußte da nicht »Unfughaftes« ins Spiel kommen?

1951 begann Thomas Mann erneut mit der Arbeit an diesem Werk, das jedoch unvollendet blieb und 1954 erschien.

Felix Krull, der im Zuchthaus eine Strafe zu verbüßen hat, macht sich, vierzigjährig, daran, seine Lebenserinnerungen niederzuschreiben. Bedenken wiegen gering, er ist von der Berechtigung, ja vom Wert seines Tuns überzeugt. Und er weiß: »Welche Gunst ist es doch, über einen polierten und gefälligen Ausdruck zu verfügen, der Gabe der guten Form teilhaftig zu sein, die mir jene geneigte Fee mit zarter Hand in die Wiege legte und die mir für das ganze hier laufende Geständniswerk so sehr vonnöten ist!« Krull geht vom Wesen, von der Veranlagung des Kindes aus und berichtet über die Verhältnisse im Elternhaus. Felix stammt »aus feinbürgerlichem, wenn auch liederlichem Haus«. Liederlich sind die Geschäftspraktiken des Vaters, eines Schaumweinfabrikanten, dessen Schulden durch das gleichfalls liederlich zu nennende aufwendige Leben in seinem Hause wachsen. Vater Krull macht Bankrott und nimmt sich das Leben. Sohn Felix ist ein phantasiebegabtes Kind, seine körperlichen Vorzüge sind bemerkenswert: »... ich war überaus angenehm und göttergleich gewachsen, schlank, weich und doch kräftig von Gliedern, goldig von Haut und ohne Tadel in Hinsicht auf schönes Ebenmaß.« Schon früh ist festzustellen, daß die Begabung zur Lebenslust »ans Wunderbare grenzte«. Andere Anlagen und Fähigkeiten konnten zu bedenklichem Tun verführen. Da es dem jungen Krull ein leichtes ist, Handschriften nachzumachen, stellt er sich selbst Entschuldigungen für die Schule aus, und sein schauspielerisches Talent erlaubt es ihm, Krankheiten zu simulieren. Und einmal tritt die Versuchung in einem Delikatessenladen an ihn heran.

Verzaubert stand ich und nahm mit lauschend zögernder Brust die liebliche Atmosphäre des Ortes auf, in welcher die Düfte der Schokolade und des Rauchfleisches sich mit der köstlich moderigen Ausdünstung der Trüffeln vereinigten. Märchenhafte Vorstellungen, die Erinnerung an das Schlaraffenland, an gewisse unterirdische Schatzkammern, in denen Sonntagskinder sich ungescheut die Taschen und Stiefel mit Edelsteinen gefüllt hatten, umfingen meinen Sinn. Ja, das war ein Märchen oder ein Traum! Ich sah die schwerfällige Ordnung und Gesetzlichkeit des Alltages aufgehoben, die Hindernisse und Umständlichkeiten, die im gemeinen Leben sich der Begierde entgegenstellen, auf schwebende und glückselige Weise beiseite geräumt. Die Lust, diesen strotzenden Erdenwinkel so ganz meiner einsamen Gegenwart untergeben zu sehen, ergriff mich plötzlich so stark, daß ich sie wie ein Jucken und Reißen in allen meinen Gliedern empfand. Ich mußte mir Gewalt antun, um vor heftiger Freude über so viel Neuheit und Freiheit nicht aufzujauchzen. Ich sagte »Guten Tag!« ins Leere hinein, und noch höre ich, wie der gepreßte und unnatürlich gefaßte Klang meiner Stimme sich in der Stille verlor. Niemand antwortete. Und in demselben Augenblick lief mir buchstäblich das Wasser stromweise im Munde zusammen. Mit einem raschen und lautlosen Schritt war ich an einem der mit Süßigkeiten beladenen Seitentische, tat einen herrlichen Griff in die nächste mit Pralinés angefüllte Kristallschale, ließ den Inhalt meiner Faust in die Paletottasche gleiten, erreichte die Tür und war in der nächsten Sekunde um die Straßenecke gebogen.

Ohne Zweifel wird man mir entgegenhalten, daß, was ich da ausgeführt, gemeiner Diebstahl gewesen sei. Demgegenüber verstumme ich und ziehe mich zurück; denn selbstverständlich kann und werde ich niemanden hindern, dieses armselige Wort zur Anwendung zu bringen, wenn es ihn befriedigt. Aber ein anderes ist das Wort – das wohlfeile, abgenutzte und ungefähr über das Leben hinpfuschende Wort – und ein anderes die lebendige, ursprüngliche, ewig junge, ewig von Neuheit, Erstmaligkeit und Unvergleichlichkeit glänzende Tat. Nur Gewohnheit und Trägheit bereden uns, beide für eins und dasselbe zu halten, während vielmehr das Wort, insofern es Taten bezeichnen soll, einer Fliegenklatsche gleicht, die niemals trifft. Überdies ist, wo immer es sich um eine Tat handelt, in erster Linie weder an dem Was noch an dem Wie gelegen (obgleich dies letztere wichtiger ist), sondern einzig und allein an dem Wer. Was ich je getan habe, war in hervorragendem Maße *meine* Tat, nicht die von Krethi und Plethi, und obgleich ich es mir, namentlich auch von der bürgerlichen Gerichtsbarkeit, habe gefallen lassen müssen, daß man denselben Namen daran heftete wie an zehntausend andere, so habe ich mich doch in dem geheimnisvollen, aber unerschütterlichen Gefühl, ein Gunstkind der schaffenden Macht und geradezu von bevorzugtem Fleisch und Blut zu sein, innerlich stets gegen eine so unnatürliche Gleichstellung aufgelehnt.

Autor Krull schildert die wohlschmeckenden Herrlichkeiten in ihrer ganzen Buntheit und Üppigkeit, wie der Prinz im Märchen darf er sich bedienen, der »strotzende Erdenwinkel« ist ihm »untergeben«. Der »herrliche Griff« wird dann durch ein raffiniertes Plädoyer für das Sonntagskind, den Ausnahmemenschen gerechtfertigt. Alles, was bürgerliche Moral gebietet, gerät in ein schlechtes Licht, wird grau und schal: »Ordnung und Gesetzlichkeit« sind »schwerfällig«, der das Delikt bezeichnende Begriff, das »Wort« wird geschmäht, der »herrliche Griff« aber zu einer ihm allein vorbehaltenen »Tat« erhoben und durch einen funkelnden Attributschmuck buchstäblich in den höchsten Tönen gefeiert: das »Gunstkind der schaffenden Macht« erhebt sich über »Krethi und Plethi«. Der Memoirenschreiber nutzt die Darstellung eines geringfügigen Vergehens zu einem Kunststück der Selbstdarstellung. Sprachmeister Thomas Mann zieht dabei alle Register seiner Formulierungskunst und erzeugt durch das übertriebene Pathos, wie so oft und nicht nur in diesem Buch, eine ironische Brechung, die den Leser zum überlegenen Schmunzeln verführt. Und wir hören nicht nur einmal, daß es »etwas Besonderes ist« mit Felix Krull. Wenn die Gelegenheit Diebe macht, tut Krull noch öfter herrliche Griffe, und er darf sich des Schutzes und der Gunst des Hermes, des Gottes der Diebe und Redekünstler, gewiß sein. So wenig wie des Diebstahls will Krull der Zuhälterei oder kurze Zeit später der betrügerischen Irreführung staatlicher Autorität bezichtigt werden. In seinem Lebensplan ist der Militärdienst nicht vorgesehen, und so vollführt er vor der Musterungskommission ein schauspielerisches Kunst- und Kabinettstück der Simulation. Alles ist kalkuliert und einstudiert, er darf sich den Trapezartisten vergleichen, die er bewundert. Als Künstler fühlt er sich wie sie »vom ›Bau‹, vom Fach«, auch er weiß sich im Dienst »der Wirkung, der Menschenbeglückung und -bezauberung«.

Diesem Dienst fühlt er sich in Paris verpflichtet, wo er als Liftboy und später als Kellner Menschen bedient und seine Gäste durch gewandtes Servieren, untadelige Manieren und gewinnendes Reden entzückt. Schließlich triumphiert Krulls Schauspielkunst nach einem Rollentausch mit dem Marquis de Venosta. Er darf auf einer Weltreise, die er im Namen des anderen antritt, den reichen und feinen Herrn in der großen Welt spielen. Während einer Bahnreise nach Lissabon lernt er den Professor Kuckuck kennen. Ausschnitte aus dieser Begegnung beleuchten den besonderen Stil der ›Bekenntnisse‹, der in seiner überzeichneten Eleganz und Manieriertheit eine doppelbödige Charakterisierung des Protagonisten liefert und zugleich zum Witz mancher Szene oder Beschreibung beiträgt:

Der Zug hatte Paris um sechs Uhr verlassen. Die Dämmerung sank, das Licht ging an, und noch schmucker erschien darin meine Privat-Behausung. Der Schaffner, schon höher an Jahren, erbat sich die Erlaubnis zum Eintreten durch sachtes Klopfen, legte salutierend die Hand an die Mütze und wiederholte die Ehrenbezeigung, als er mir meine Fahrkarte zurückgab. Dem biederen Manne, dem eine loyale und bewahrende Gesinnung vom Gesichte zu lesen war und der auf seinem Gang durch den Zug mit allen Schichten der Gesellschaft, auch mit ihren fragwürdigen Elementen, in dienstliche Berührung kam, tat es sichtlich wohl, in mir ihre wohlgeraten-vornehme, das Gemüt durch bloße Anschauung reinigende Blüte zu grüßen. Wahrhaftig brauchte er sich keine Sorge um mein Fortkommen zu machen, wenn ich nicht mehr sein Passagier sein würde. Für mein Teil ersetzte ich die menschliche Erkundigung nach seinem Familienleben durch ein huldvolles Lächeln und Nicken von Hoch zu Nieder, das ihn gewiß in seiner erhaltenden Sinnesart bis zur Kampfbereitschaft bestärkte.

Auch der Mann, welcher Platzkarten für das Diner im Speisewagen anzubieten hatte, meldete sich durch behutsames Klopfen. Ich nahm ihm eine Nummer ab; und da wenig später draußen ein Gong zur Mahlzeit rief, zog ich zwecks einiger Erfrischung meine wohl eingerichtete Handtasche für den Nacht- und Toilettenbedarf zu Rate, verbesserte vor dem Spiegel den Sitz meiner Krawatte und begab mich ein paar Wagen weiter zum Wagon-Restaurant, dessen korrekter Vorsteher mich unter einladendem Gestenspiel zu meinem Platz geleitete und mir den Stuhl unterschob.

An dem Tischchen saß bereits, mit den Hors-d'œuvres beschäftigt, ein älterer Herr, zierlich von Figur, etwas altmodisch gekleidet (mir schwebt ein vatermörderähnlicher Kragen vor, den er trug) und mit grauem Bärtchen, der, als ich ihm artig den Abendgruß bot, mit Sternenaugen zu mir aufblickte. Ich bin außerstande, zu sagen, worauf eigentlich das Sternenartige seines Blickes beruhte. Waren seine Augensterne besonders hell, milde, strahlend? Gewiß, das waren sie wohl, – aber waren es darum schon Sternenaugen? »Augenstern« ist ja ein geläufiges Wort, aber da es nur etwas Physisches sachlich bei Namen nennt, deckt es sich keineswegs mit der Bezeichnung, die sich mir aufdrängte, da doch etwas eigentümlich Moralisches im Spiele sein muß, wenn aus Augensternen, die jeder hat, Sternenaugen werden sollen. [...]

Die beiden Herren kommen schnell ins Gespräch, in dessen Verlauf der Ältere sein Gegenüber mit der Beobachtung überrascht, er erinnere ihn an eine Seelilie.

[...] »Das klingt nicht wenig schmeichelhaft.«

»Nur weil es Ihnen wie der Name einer Blume klingt. Die Seelilie ist aber keine Blume, sondern eine festsitzende Tierform der Tiefsee, zum Kreis der Stachelhäuter gehörig und davon wohl die altertümlichste Gruppe. Wir haben eine Menge Fossilien davon. Solche an ihren Ort gebundenen Tiere neigen zu blumenhafter Form, will sagen zu einer stern- und blütenartigen Rundsymmetrie. Der Haarstern von heute, Nachkomme der frühen Seelilie, sitzt nur noch in seiner Jugend an einem Stiele im Grunde fest. Dann macht er sich frei, emanzipiert sich und abenteuert schwimmend und kletternd an den Küsten herum. Verzeihen Sie die Gedankenverbindung, aber so, eine moderne Seelilie, haben Sie sich vom Stengel gelöst und gehen auf Inspektionsfahrt. Man ist versucht, den Neuling der Beweglichkeit ein wenig zu beraten ... Übrigens: Kuckuck.«

Einen Augenblick dachte ich, es sei nicht ganz richtig mit ihm, verstand aber dann, daß er, obwohl so viel älter als ich, sich mir vorgestellt hatte.

»Venosta«, beeilte ich mich mit etwas schräger Verneigung gegen ihn zu erwidern, da man mir gerade von links den Fisch servierte.

»*Marquis* Venosta?« fragte er mit leichtem Emporziehen der Brauen.

»Bitte«, antwortete ich anheimstellend und beinahe abwehrend.

»Von der Luxemburger Linie, nehme ich an. Ich habe die Ehre, eine römische Tante von Ihnen zu kennen, Contessa Paolina Centurione, die ja eine geborene Venosta ist, vom italienischen Stamm. Und der ist wieder mit den Széchényis in Wien und also mit den Esterhazys von Galantha versippt. Sie haben, wie Sie wissen, überall Vettern und Nebenverwandte, Herr Marquis. Meine Beschlagenheit darf Sie nicht überraschen. Geschlechts- und Abstammungskunde ist mein Steckenpferd, – besser gesagt: meine Profession. Professor Kuckuck«, vervollständigte er seine Vorstellung. »Paläontolog und Direktor des Naturhistorischen Museums in Lissabon, eines noch nicht genügend bekannten Instituts, dessen Gründer ich bin.«

Kurz nach dieser Vorstellung erzählt Kuckuck, was ihn nach Paris geführt hat:

»[...] Zweck meiner Reise war, vom Paläozoologischen Institut ein paar uns wichtige Skelettfragmente zu erwerben, – Schädel, Rippen und Schulterblatt einer längst ausgestorbenen Tapir-Art, von der über viele Entwicklungsstufen hin unser Pferd abstammt.«

»Wie, das Pferd stammt vom Tapir?«

»Und vom Nashorn. Ja, Ihr Reitpferd, Herr Marquis, hat sehr verschiedene Erscheinungsformen durchlaufen. Zeitweise, obgleich schon Pferd, hatte es Liliput-Format. Oh, wir haben gelehrte Namen für alle seine früheren und frühesten Zustände, Namen, die alle auf ›hippos‹, ›Pferd‹, ausgehen, angefangen mit ›Eohippos‹, – jener Stamm-Tapir nämlich lebte im Erdalter des Eozäns.«

»Im Eozän. Ich verspreche Ihnen, Professor Kuckuck, mir das Wort zu merken. Wann schrieb man das Eozän?«

»Kürzlich. Es ist Erdenneuzeit, etwelche hunderttausend Jahre zurück, als zuerst die Huftiere aufkamen. – Übrigens wird es Sie als Künstler interessieren, daß wir Spezialisten beschäftigen, Meister in ihrer Art, die nach den Skelettfunden all die vergangenen Tierformen höchst anschaulich und lebensvoll rekonstruieren, wie auch den Menschen von einst.«

»Den Menschen!«

»Wie auch den Menschen.«

»Den Menschen des Eozäns?«

»Das wird ihn schwerlich gekannt haben. Wir müssen gestehen, sein Andenken verliert sich ein wenig im Dunkeln. Daß seine Ausbildung sich spät, erst im Rahmen der Entwicklung der Säugetiere vollzogen hat, liegt wissenschaftlich auf der Hand. Er ist, wie wir ihn kennen, ein Spätkömmling dahier, und die biblische Genesis hat vollkommen recht, in ihm die Schöpfung gipfeln zu lassen. Nur kürzt sie den Prozeß ein wenig drastisch ab. Das organische Leben auf Erden ist schlecht gerechnet fünfhundertfünfzig Millionen Jahre alt. Bis zum Menschen hat es sich Zeit genommen.«

»Sie sehen mich außerordentlich gepackt durch Ihre Angaben, Herr Professor.«

Ich war es. Ich war außerordentlich gepackt – schon jetzt, und dann in immer wachsendem Maß. Mit so gespannter, mein Innerstes erfüllender Anteilnahme hörte ich diesem Manne zu, daß ich fast ganz das Essen darüber vergaß. [...]

»Ob ihm noch eine ebenso lange Frist bevorsteht, dem Leben«, fuhr er fort, »wie die, die hinter ihm liegt, kann niemand sagen. Seine Zähigkeit ist freilich enorm, besonders in seinen untersten Formen. Wollen Sie glauben, daß die Sporen gewisser Bakterien die unbehagliche Temperatur des Weltraums, minus zweihundert Grad, volle sechs Monate aushalten, ohne zugrunde zu gehen?«

»Das ist bewundernswert.«

»Und doch sind Entstehung und Bestand des Lebens an bestimmte, knapp umschriebene Bedingungen gebunden, die ihm nicht allezeit geboten waren, noch allezeit geboten sein werden. Die Zeit der Bewohnbarkeit eines Sternes ist begrenzt. Es hat das Leben nicht immer gegeben und wird es nicht immer geben. Das Leben ist eine Episode, und zwar, im Maßstabe der Äonen, eine sehr flüchtige.«

»Das nimmt mich ein für dasselbe«, sagte ich. Das Wort »dasselbe« gebrauchte ich aus purer Erregung und weil mir daran lag, mich über den Gegenstand formell und buchdeutsch auszudrücken.

Thomas Mann läßt Krull nie zu einem Spaßmacher oder zur komischen Figur werden. Krull ist als Schauspieler und Schriftsteller ein Künstler, der Charme und Würde verbindet, der im Bewußtsein, daß er sich über das Mittelmaß weit erhebt, viel von sich hält. Das Aristokratische beschränkt sich nicht darauf, daß er mit den Allüren eines Grafen auftreten kann. Man hat darauf aufmerksam gemacht, daß sich in Krulls Leben manches aus dem Leben des jungen Thomas Mann wiederholt: früher Verlust des Vaters und Abneigung gegen die Schule, Auflösung des Geschäfts und umgangener Militärdienst. Wesensverwandtschaft ließe sich auch in anderen Zügen finden: hohe Selbsteinschätzung, Eigenliebe und hochgradige Empfindlichkeit, »Beharren auf Einsamkeit, Abstand, Reserve« (›Bekenntnisse‹), das Vollbringen von Kunststücken, bei denen man sich das Letzte abverlangt, schließlich das gespannte Verhältnis des Künstlers zu den Gewohnheiten und Wertmaßstäben des Bürgers. Eine Autobiographie in der Art der Goetheschen hat Thomas Mann nicht schreiben wollen, der ›Lebensabriß‹ aus der Lebensmitte ist ihr nicht vergleichbar. Aber man wird sagen dürfen: Im ›Krull‹ hat sich der alte Thomas Mann nochmals verjüngt, er hat im Hochstapler den Künstler dingfest gemacht ... und umgekehrt. Der Roman ›Bekenntnisse des Hochstaplers Felix Krull‹ ist eine Selbstparodie, mit der er sein Lebensthema des unlösbaren Widerspruchs zwischen Künstler- und Bürgertum noch einmal leichthändig und mit milder Ironie gestaltet.

Ernst Kreuder
Die Gesellschaft vom Dachboden

In einem Buch aus dem Jahr 1946, verfaßt von dem verhältnismäßig unbekannten Ernst Kreuder (1903–1972) und erschienen im Hamburger Rowohlt Verlag, philosophieren zwei Herren, die sich kurz vorher zum erstenmal begegnet sind, über das Leben und die Relativität menschlicher Erkenntnis.

»Es ist wie in einem Eisenbahnzug, der nirgends hält. Sie können nicht aussteigen, ein Leben lang. Alles, was Sie denken, ist nur bedingt richtig, weil Sie es im Fahren denken, im Zug. Es hat nur bedingten Wert, dient der Praxis des Fahrens. Ist das nicht aussichtslos? Nirgends hält der Zug, aber eines habe ich doch herausbekommen: es gibt gar keine Zeit ohne uns und ohne die Dinge. Denken Sie alles und auch sich selbst aus der Welt fort, und aus ist es mit der Zeit. Also gibt es sie nicht draußen, an sich, wie die Philosophen uns weismachen.«

»Wenn der Zug nirgends hält«, sagte ich, »dann sind alle Reisenden gefangen.«

»Sie können durch den Zug gehen«, sagte Herr Quichow, »er ist ein Leben lang. Sie sind nur im Fahren gefangen. Einige springen aus den Fenstern. Sie sind frei und tot. Ich stehe oft am Fenster. Wenn ich wüßte, daß ich danach den Zug sehen könnte, von draußen, wissen Sie?«

Er klappte den Sprungdeckel zu. »Von draußen«, wiederholte er, träumerisch, versunken.

»Und wie sind wir in den Zug gekommen?« fragte ich ihn.

»Wir waren schon immer drin«, sagte Herr Quichow, »wenn Sie ein Taschenmesser haben, wollen wir belegte Brote machen. Ich kann Clothilde nicht mehr sehen, könnten Sie ihr einmal pfeifen?«

Ich steckte zwei Finger in den Mund und pfiff. Aus einem Haselgebüsch am Rande der besonnten Waldwiese tauchte das schmale Gesicht mit dem Lodenhut auf. Das Mädchen winkte, verschwand aber wieder. Herr Quichow steckte die goldene Uhr ein, nahm das Brot aus dem Korb und schnitt vorsichtig ganz glatte, dünne Scheiben.

»Alles, was wir tun«, sagte er und legte die Scheiben genau übereinander, »ist somit nur Ausflucht. Gewiß, wir wollten den Lattenzaun streichen, weil uns der grüne Schein wohltut. Die Reisenden im Zug werden die Bänke abstauben und die Fenster putzen, die Abteile scheuern, ein Leben lang. Keiner wird zugeben, daß er gefangen ist. Ist das nicht furchtbar? Ja, zuerst die Ölsardinen, an Ihrem Messer ist ja ein Büchsenöffner. Ich frage mich jeden Abend um sieben Uhr: Was sollten wir denn eigentlich tun?«

»Mit dem Denken werden wir nicht dahinter kommen«, sagte ich und schnitt die flache Büchse auf.

»Damit haben Sie schon wieder gedacht«, sagte Herr Quichow.

»Man müßte es herausfinden, ohne zu denken«, sagte ich und legte die Ölsardinen auf die Weißbrotscheiben, verteilte das Öl.

»Sie meinen – etwas Unwirkliches?« flüsterte Herr Quichow.

»Das Denken«, sagte ich, »hat uns noch immer genarrt.« Ich zerdrückte die Sardinen auf den Broten. »Es hat uns die Wirklichkeit unwirklich gemacht.«

»Verunstaltet«, sagte Herr Quichow, »Phantome statt der alten Urgewalten. Marionettentheater. Das meiste, was die Menschen ihr Leben lang tun, ist ein Gehüpfe an Drähten, an Scharnieren, fürchterlich.«

»Weil es unwirklich ist«, sagte ich. »Soll ich jetzt den Camembert aufstreichen?«

»Mit reichlich Butter darunter«, sagte Herr Quichow und zählte die Brotscheiben. »Wie, dachten Sie, könnten wir in die Wirklichkeit zurück?«

»Die Wirklichkeit«, sagte ich, »kann nicht gedacht werden.«Ich bestrich die Scheiben dick mit Butter. »Wenn die Seele nicht ausgelaugt wäre vom Denken, versachlicht, ausgetrocknet, verkümmert, betrogen, verödet, könnten wir die Wirklichkeit erleben.«

»Ungeheuer«, sagte Herr Quichow, »ich meine ungeheuer einfach. Die Wirklichkeit, erleben. Steht nie still, alles fährt, wir fahren mit, unwiderruflich. Unheimlich. Und das Denken ist wie 'ne Zange, sage ich Ihnen, nimmt die Wirklichkeit und dann zwischen zwei Löschblätter, preßt sie platt. Wir könnten jetzt essen. Auch Clothilde wird Hunger haben. Würden Sie ihr noch einmal pfeifen?«

Ich pfiff zweimal. Wir hörten sie antworten, aus dem Wald, fern.

Der Ältere, Herr Quichow, ist der Vater des Mädchens Clothilde. Clothilde würde gern im Zirkus als Clown auftreten, nach dem Willen ihrer Mutter aber, eines richtigen Hausdrachens, soll sie einen um vieles älteren, reichen Schuhfabrikanten heiraten. Vater und Tochter sind vor der Mutter, die sie beide tyrannisiert, auf der Flucht. Herr Quichow wandelt eben das Eisenbahngleichnis ab, über das Erich Kästner in den dreißiger Jahren ein bekanntes Gedicht geschrieben hat. Bemerkenswert ist, daß das philosophische Gespräch mit der sehr genau beschriebenen Zubereitung eines Picknicks unterlegt ist – oder ist es umgekehrt, ist das Picknick wichtiger? Eben diese Unsicherheit beim Leser mag bezweckt sein, bei dem der Eindruck von Gleichrangigkeit des Banal-Alltäglichen und Philosophischen entsteht und damit das Gesagte untermauert: *Alles* Leben findet innerhalb des einen Zuges statt.

Obwohl die beiden so angestrengt mit Denken beschäftigt sind, bedeutet ihnen diese Tätigkeit angeblich wenig. Wie erklärt sich dieser Widerspruch? Man muß unterscheiden. Denken im Dialog macht Spaß, man muß etwas klarmachen, darf fragen, kann nachhaken. Denken kann aber auch von dem, was Wirklichkeit genannt wird, so stark abstrahieren, daß nur noch dürre Begriffe übrigbleiben. Im Bild der Zange wird es anschaulich: die pralle Wirklichkeit wird plattgedrückt und ist dann nicht wiederzuerkennen.

Was immer geschieht, wird von Berthold erzählt; ihn hat Kreuder zum Ich-Erzähler gemacht. Berthold ist einer von sieben, die sich am Abend zuvor gefunden und sogleich zu einem Geheimbund, der ›Gesellschaft vom Dachboden‹ zusammengeschlossen haben. Sie nennen sich so, weil sie auf dem Dachboden eines Kaufhauses in der Stadt am Fluß zwischen Gerümpel und Plunder entdeckten, daß sie sich sympathisch sind und viel gemeinsam haben. Auf dem Dachboden ist einem von ihnen ein vergilbtes Pergament in die Hände gefallen. Ex-Detektiv Oskar entziffert die Geheimschrift: der Finder eines sorgsam versteckten Schatzes soll die Hälfte davon erhalten.

Berthold ist nun auf Schatzsuche. Das verspricht Abenteuer wie in einem Jugendbuch; aber wie auch immer: den Sieben käme eine wunderbare Vermehrung ihrer Finanzen gerade zupaß. Präsident Waldemar und die sechs anderen haben sich nämlich vorgenommen, eine Flußfahrt auf einem Dampfer zu unternehmen.

Der Fluß ist der geheimnisvolle Mittelpunkt der Erzähllandschaft, in seiner Nähe soll auch der Schatz verborgen sein. Waldemar sähe den Fluß gern anders als im gegenwärtigen Zustand, er möchte ihn, wie er mit einem hübschen Wortspiel sagt, am liebsten »verstromern lassen«. Die Sache mit dem Dampferkauf hält er für eine gute Idee, aber

noch lieber möchte ich einen ganzen Fluß kaufen, wir könnten ihn uns etwas herrichten, das heißt zum Strom verstromern lassen, die Flüsse haben heute doch nur noch das Fließen, alles andere hat man ihnen abgenommen, die Ufer betoniert, die Windungen mit dem Lineal abgekürzt, das Wasser verpestet, die Fische vergiftet, Schleusen und Turbinenanlagen, also hat er auch das Fließen nicht mehr; was hat er noch? Er ist 'ne Wasserleitung geworden. Eine Angelegenheit der Wasserpolizei, Fahrrinne mit Hebewerk, bis er dereinst auch unter Denkmalschutz kommt, wenn er vor Gram und Altersschwäche versickert. Und wo sind die Wiesenbäche mit Stichlingen und Feuermolchen und Wasserpest? Wehe über die bösen Geschäftsmänner, die aus dem Atem der Wildnis einen Blasebalg gemacht haben, aus der Kreatur eine Wurstfabrik, vor keinem Maiabend schrecken sie doch zurück, ist nicht die Wolke ein Ärgernis in ihrem Auge, da sie nichts an ihr verdienen können? Haben wir das verdient, frage ich die Bundesmitglieder? Brauchen wir Briefkästen? Was liegt denn darin, selten doch mal ein säkulares Manuskript. Alte Mauern, alte Gärten. Hollerbüsche hinterm Zaun! Warum ist ein Gesangverein ersprießlicher als ein Skatklub? Ein Schmierentheater erfreulicher als 'ne Kegelbahn? Wie hieß das doch mal: Freizeitgestaltung?

Hier wird ganz plötzlich und fast beiläufig ein Bündel von Affekten aufgeschnürt. Waldemar (und Autor Kreuder) mag die Technik nicht, die durch sie ermöglichten Einrichtungen der Zivilisation sind ihm ebenso zuwider wie die »Freizeitgestaltung« in der Massengesellschaft. Freizeitgestaltung ist einerseits ein bürokratisches Wort, das das Tun von Zehntausenden, sei es erwünscht oder unerwünscht, altgewohnt oder neumodisch, in die Rubrik einer Statistik überführt; es kann andererseits zum Propagandawort werden, indem es bestimmte zweckdienliche Aktivitäten empfiehlt oder befiehlt. In den Jahren der planmäßigen und organisierten Massenunternehmungen war es schon verständlich, daß Individualisten zusammenzuckten, wenn sie es hörten.

Ersehnt wird die Rückkehr zu einem früheren, unschuldigeren, schöneren Zustand, ein Wunsch, wie ihn auch die Romantiker immer wieder artikulierten. In seiner Dankrede nach Empfang des Büchner-Preises bekannte sich Kreuder noch 1953 zu dieser Sicht.

Quer durch alle praktischen Lebensregungen wirkt[e] eine Schicht, die frei war vom Nutzen, entlassen aus dem Zweck, eine strömende Schicht, die unverdorben war vom Vorteil, der Berechnung entronnen ... dem Weltgrund näher als dem Weltgeschehen.

Aus dieser Schicht sollte die Kunst ihren Stoff beziehen, aus ihr sich immer wieder erneuern.

Mit solchem Bekenntnis gesellt sich Ernst Kreuder zu jenen jüngeren Schriftstellern, die sich in den dreißiger Jahren in eine besondere Art innerer Emigration begaben. Diese Emigration erlaubte ihnen, dem damals von Hitler-Deutschland unheilvoll mitbestimmten »Weltgeschehen« den Rücken zu kehren, die, wie es in der ›Gesellschaft vom Dachboden‹ heißt, »Greuel und Scheusäligkeiten der Welt für eine Weile [zu] vergessen«. Christoph Meckel hat in seinem der »Väterliteratur« zugerechneten Erinnerungsbuch ›Suchbild. Über meinen Vater‹ von 1980 eine solche Gruppe nur noch lose verbundener Freunde porträtiert. Was verband sie?

Alle brachten Erde und Jahreszeit, das Dasein, Verborgensein, Atmen in der Natur. Unprogrammatisch, poetisch-intuitiv, zeigte sich bei den meisten die gleiche Tendenz: fort von Epoche und Zivilisation, fort von Politik und Psychologie.

Man konnte sich mit solchen Themen auch tarnen, gehörten sie doch zum anerkannten Bestand deutscher Dichtung.

Die von Meckel beschriebenen Daseinsformen und Einstellungen finden sich auch in der ›Gesellschaft vom Dachboden‹. Wenn hier alles etwas leichter und verspielter wirkt, so mag auch darin ein Bezug zur romantischen Literatur gesehen werden, die sich auf solches Schreiben vorzüglich verstand.

Kreuders 170-Seiten-Büchlein war ein Erfolg. ›Die Gesellschaft vom Dachboden‹ erschien 1953 als Nummer 79 der ro-ro-ro-Taschenbuchreihe, im gleichen Jahr, in dem Ernst Kreuder der Büchner-Preis verliehen wurde. Will man den Grund für diesen Erfolg nicht einfach in dem großen Lesehunger der ersten Nachkriegsjahre suchen, so muß ein genauerer Blick auf die Eigenart und Form des Buches geworfen werden.

Kreuder scheint nicht viel von strenger Komposition zu halten. Das

Buch hat keine zielstrebig entwickelte Handlung. Immer wieder laden Episoden, die den Inseln im geliebten Fluß vergleichbar sind, dazu ein innezuhalten, abzuschweifen, auszumalen, skurrile Einfälle zu entfalten. Die folgende Episode ist für diese Erzählweise besonders bezeichnend. Die fortgeführte Handlung dient eigentlich nur ihrer Vorbereitung.

Die Sieben haben sich tagsüber in der Stadt zerstreut. Da auf dem Dachboden nichts über einen neuen Treff ausgemacht wurde, befürchtet Präsident Waldemar, daß man womöglich nicht wieder zusammenfindet. Er heuert eine Stelzengängerkolonne an und läßt Plakate durch die Stadt tragen, auf denen das Bundeszeichen, ein siebenfarbiger Regenbogen, und der Treffpunkt aufgemalt sind. An einem verregneten Abend sitzen Berthold und Waldemar müde und lustlos in einer Neubauruine; bisher war die Kampagne vergeblich. Dank Waldemars Phantasie überwinden sie jedoch den Tiefpunkt, und die öde Szenerie belebt sich.

»Nun will ich mir einmal ausdenken, wie es dem Mann erging, der hier bauen wollte.«

Wir steckten uns Zigarren an. Ich roch Regen in der feuchten Luft.

»Eines Tages«, sagte Waldemar, durch die Nase qualmend, »wurde diesem Manne die Öde hier aus irgendeinem Grunde unerträglich. Ich sehe, wie er angelaufen kommt. Die Maurer sitzen auf ihren Schemeln, rufen ab und zu nach Speis und mauern die Innenwände hoch. Auf dem Dach rutschen die Zimmerleute herum, der Polier schreit im Keller mit einem Lehrbuben, der zuviel Flaschenbier getrunken hat, und hier vorn wird der Zement mit Kies und Wasser verrührt. Es geht kein Wind, der Himmel ist trostlos grau, vielleicht fällt gerade ein Regentropfen. Auf das Hämmern und Klopfen, Sägen und Poltern zu läuft unser Mann, winkt von weitem mit dem Hut und ruft etwas. Noch kann es in dem Lärm niemand verstehen, und der Polier steht im Keller. Ruft, winkt und läuft auf das Haus zu, als könnte er noch ein Unglück verhüten. Laß ihn mal rufen, denkt der Zimmermann auf dem Dach und schneuzt sich die Nase zwischen Daumen und Zeigefinger. Endlich verstehen sie ihn. Er hat ›Halt!‹ gerufen. Vielleicht ruft er auch ›Halt! Ich verkaufe!‹, wir waren ja nicht dabei. Dann hielten sie ein. Du weißt ja, wie Maurer aufhören, sie lassen den Stein in ihrer Hand fallen, vielleicht schnicken sie noch den Speis von der Kelle. Aus. Ein kräftiger Taglöhner holt mit dem Schubkarren einige Kästen Flaschenbier. Hell und dunkel. Dann werden die Löhne für eine Woche vorausbezahlt. Keine Erklärungen, der Bauherr geht nur noch mal in den Keller ...«

»Da unten im Keller«, sagte ich, »geht jemand herum.«

»Hör ich schon die ganze Zeit«, sagte Waldemar, »sind ja genug Spuren hier im Sand. Wohnen sicher Leute hier, die keine Miete zahlen können, oder aus anderen, eigenartigen Gründen. Hier wird ihnen niemand kündigen, höchstens der Regen, aber die Keller werden dicht sein. Sie lassen sich von dem Fluch der Unseligkeit, der vielleicht hier auf jedem Stein lastet, nicht vertreiben. Es hat etwas für sich, am Stadtrand zu wohnen, hinter Brennesseln und Holunder auf einem öden Bauplatz versteckt.«

»Es regnet«, sagte ich.

Es begann auf eine noch schläfrige, recht trübselige Art zu regnen. Unsere Plakate wurden naß.

»Gehen wir hinein«, sagte Waldemar und stand auf. Wir traten in das leere Erdgeschoß. Neben der Tür tropfte ein Wasserhahn. Waldemar lehnte sich auf die Steine der Fensterbank und blickte durch die Fensterhöhle in den Regen hinaus. Ich dachte an unsere Plakate in der Stadt, an die Stelzenmänner. Sicher gingen sie jetzt in eine Kneipe und tranken einen Korn und ein Bier, sie nannten das »einen zischen«.

Der Regen fiel dichter.

»Schlechtes Ferienwetter«, sagte Waldemar, seine Zigarre war ausgegangen. »Aber es soll mir niemand mehr erzählen, der Regen sei eine physikalische Erscheinung. Das ist er nebenbei auch, wir sind nebenbei auch rohes Fleisch, Blut, Schleim, Knorpel, Wasser und Kalk, es interessiert nur die wenigsten. Aber das Geheimnis des Regens, wer weiß davon etwas? Kein Regen gleicht dem anderen, sie sind außerordentlich persönlich, das fühle ich stets. Dieser zum Beispiel. Fließt mehr vom grünen Himmel herunter, als daß er tropft und fällt. Fließt und fließt in die Welt, und während er sinkt, steigt in dem leichten Rauschen, hinter dem langen, eintönigen Gesang lauter Einsamkeit herauf, wächst die Regenwildnis aus Nässe, Versinken und kaltem, aufweichendem Frieden. Ein Wasservorhang überm Land, der entsteht, indem er sich fortwährend auflöst, Meilen von Regen, vergeht, indem er entsteht, und die Siebengescheiten erzählen uns dann die Mär von Stimmungen, die wir in die Natur hineinlegen wie den Säugling in die Wiege, die Stehkragendenker, die idealistischen Philosophen von Anno Tobak. Eine Trauerweide und eine Sonnenblume, ist da etwa kein objektiver Ausdrucksgehalt und grundverschieden? Aber die Philosophen haben nicht über den Regen philosophiert, sondern über das, was dahinter steckt, oder über den Regen an sich, durch den Regen hindurch nach dem Ding an sich, beim Kommiß werden Griffe gekloppt und in der Philosophie werden Begriffe gekloppt, da geht doch wahrhaftig noch einmal die Sonne auf, es ist doch schon Abend, Berthold, sieh her, spintisiere nicht, der Regen hört auf, kommet zu Hauf, ihr Ungläubigen, unsere Plakate sind hin, aber was erhebt sich dort schwebend und leuchtend und wird immer strahlender?«

»Ein Regenbogen!« sagte ich verwundert.

»Unser Plakat ist an den Himmel übergegangen«, sagte Waldemar, »wenn das den ältesten Ketzer nicht rühren soll! Der Himmel grüßt uns mit unserem Bundesabzeichen, die zersteuten Freunde mahnend, das Flüssige ist das Wesen der Welt, so laßt uns wieder zusammenfließen.«

Ich sah Waldemar zum ersten Male in feierlicher Verfassung. Mit einem Male erklangen hinter uns langsam die tiefen, pfeifenden Töne einer Drehorgel, eine Stimme sang dazu:

»Es spielt die Abendröte
durch die verworfne Welt,
noch auf der Regenflöte,
wenn's rauscht und fällt...

Ein Regenbogen hebet
danach zu glänzen an,
und strahlt und schwebet
still, hoch und wohlgetan.«

Wir hatten uns umgedreht, Oskar saß auf einem Maurerschemel und blinzelte uns zufrieden aus seinem Vogelgesicht an. »Hast du unser Plakat gelesen?« fragte Waldemar.

»Plakat?« sagte Oskar, »meinst du den Regenbogen draußen?«

Die banal-ärgerliche Tatsache, daß es regnet, wird zum Anlaß, über den Regen und über die nachzudenken, die über den Regen philosophieren. Dazwischen schiebt sich die Vision einer Regenlandschaft, in der sich »strömende« Natur offenbart, und schließlich kann es sich sogar ergeben, daß die Natur beim menschlichen Phantasiespiel mitzumachen scheint; wie durch Magie, im Grunde aber ganz natürlich ereignet sich ein kleines Wunder. Drei der Sieben sind schon wieder zusammen, der Anteil an dem von Berthold schließlich gefundenen Schatz macht es möglich, den Dampfer zu kaufen, auf dem dann alle miteinander ihre Flußreise antreten. Wohin es geht, ist nun gar nicht mehr so wichtig.

Die Mischung von Weisem und Verrücktem, das Aufgreifen und Integrieren vieler literarischer Ton- und Stimmungslagen, die dem Leser ruhig bekannt vorkommen durften – wer dächte bei Oskars Lied nicht an Eichendorffs ›Taugenichts‹ –, alle diese Zutaten machten das Büchlein zu einer verwirrenden, für viele aber offenbar auch vergnüglichen Lektüre. Idyllisch ging es auf dem Dachboden zu, geradezu wunderbar war die Wiederbegegnung unter dem – echten – Regenbogen. Man war dem Märchen näher als der Trümmerliteratur. Nichts war zu merken vom öden Alltag des Jahres 1946, Wohnungsamt, Dünnbier und die kargen Rationen für Otto Normalverbraucher schienen himmelweit entfernt.

Kreuder blieb der Erfolg nicht treu. Seine weiteren Bücher wurden viel weniger beachtet und kaum gekauft. Es mag daran gelegen haben, daß er nach dem Krieg nicht zu einem neuen Stil fand. Ernst Kreuder setzte fort, was andere und er selbst bereits vor dem Krieg begonnen hatten. Was sie schrieben, konnte den Nazi-Machthabern als harmlos erscheinen. Kurioses, das sich in ganz normalen Zeiten irgendwo abspielte, war auch als Filmstoff zugelassen; es diente der Ablenkung von Entwicklungen, die für viele im Grund ihres Herzens unerfreulich und unangenehm waren. Solch Kurioses bietet auch noch ›Die Gesellschaft vom Dachboden‹. Trotz erkenntlichen Bemühens fand Kreuder nicht wie Günter Eich und Wolfgang Koeppen, die seiner Generation angehörten, zu einem Neuanfang, der das Vorausgehende zu überwinden geeignet war.

Heinrich Böll
Und sagte kein einziges Wort

Sieht man von dem seinerzeit ungedruckten, erst 1992 aus dem Nachlaß publizierten Romanmanuskript ›Der Engel schwieg‹ ab, so ist ›Und sagte kein einziges Wort‹ (1953) der erste Böll-Roman, der im Nachkriegsdeutschland spielt. Treffender wäre es wohl zu sagen, er spiele in einer Landschaft, die Böll eigens für seine Figuren, sein »Personal« (Siegfried Lenz), entworfen hat. Zu ihr gehören Nieselregen, triste Stadtviertel, muffige Hotelzimmer mit billigem Mobiliar, Imbißstuben und ... Kirchen. Auf dieser Landschaft lastet eine Atmosphäre, die freudig-mutiges Zupacken schwerzumachen scheint. Zwar ist in der Bischofsstadt die Kirche wieder eine mächtige Institution, deren Einfluß allenthalben zu spüren ist, auch halten Vereine und Verbände schon wieder Tagungen ab, die Geld in die Stadt bringen, eine etwas grobschlächtige Werbung lockt zum Konsum, aber noch läuft das Leben nicht rund.

Es wird in diesem Buch kaum nach Schuld gefragt, es wird nicht abgerechnet wie in späteren Romanen Bölls. Naziherrschaft und Krieg erscheinen eher als Heimsuchung, deren Langzeitschäden noch gar nicht zu ermessen sind. Siegfried Lenz hat zu Recht bemerkt, daß Böllsche Figuren häufig ein »abgründiges Einverständnis mit ihrer Lage« kennzeichnet.

Solche Menschen sind auch das Ehepaar Fred und Käte Bogner, denen in 13 Kapiteln wechselweise das Wort zu Erzählmonologen erteilt wird. Die Bogners lassen sich treiben und werden ihrer Probleme nicht Herr. Trotzdem ist der Leser geneigt, ihnen Verständnis entgegen zu bringen, wenn sie zu beten versuchen, an ihre Kinder denken, wenn sich ihre Hoffnung nur auf einen Schnaps, eine Tasse Kaffee oder die nächste Zigarette richtet.

Darf man, soll man Mitleid haben mit Fred Bogner? Er ist ein schlechtbezahlter Telefonist bei einer kirchlichen Behörde und hat keinen festen Wohnsitz. Seine Familie hat er wegen der unerträglich beengten Wohnverhältnisse verlassen. Er ist vom Krieg gezeichnet, Gelegenheitstrinker.

Soll man, muß man Mitleid haben mit Frau Käte? Sie schlägt sich durch mit dem, was von Freds kargem Lohn übrigbleibt, verzichtet, sorgt für ihre Kinder, liebt ihren Mann, trifft sich mit ihm in drittklassigen Hotels, um dort »die Ehe zu vollziehen«. Käte ist schwanger, wird das vierte Kind den Vater zur Familie zurückbringen?

Vor allem Frau Franke, die Vermieterin, macht den Bogners das

Leben schwer. Sie ist eine bigotte, hartherzige Frau, die sich aufgrund ihrer Beziehungen und ihres »Drahts« zu kirchlichen Stellen eine große Wohnung halten kann, während ihre Untermieter zu fünft in einem Zimmer vegetieren müssen. Zu einer freundlichen Gegenwelt werden für die Bogners die armseligen Imbißbuden, in denen es frische Berliner Pfannkuchen zum Kaffee gibt; hier finden sie gute Menschen.

Wird der Melancholiker Fred Bogner seine Lähmung überwinden können? Die folgende Stelle ist einem Erzählmonolog am Ende des Romans entnommen. Fred ist von seinem Vorgesetzten auf die Bank geschickt worden, er läuft durch die Stadt.

Ich dachte nach, ob ich mir einen Kaffee leisten, dabei die Zeitung lesen sollte, hörte den Straßenlärm nur gedämpft, obwohl ich mitten durch ihn hindurchging. Jemand pries Bananen an.

Ich blieb bei Bonneberg vor den Schaufenstern stehen, sah mir die Übergangsmäntel an, die Gesichter der Schaufensterpuppen, die immer Schrecken in mir hervorrufen. Ich zählte die Schecks in der Innentasche meines Mantels, vergewisserte mich des Briefumschlags mit dem Bargeld, und plötzlich fiel mein Blick in die Passage, die Bonnebergs Schaufenster teilt: Ich sah eine Frau, deren Anblick mein Herz berührte und zugleich Erregung in mir hervorrief. Die Frau war nicht mehr jung, aber schön, ich sah ihre Beine, den grünen Rock, die Schäbigkeit ihrer braunen Jacke, sah ihren grünen Hut, vor allem aber sah ich ihr sanftes, trauriges Profil, und für einen Augenblick – ich weiß nicht, wie lange es war – setzte mir das Herz aus; ich sah sie durch zwei Glaswände hindurch, sah, daß sie auf die Kleider blickte, zugleich aber an etwas anderes dachte – ich spürte mein Herz wieder schlagen, sah immer noch das Profil dieser Frau, und plötzlich wußte ich, daß es Käte war. Wieder kam sie mir fremd vor, für Augenblicke befielen mich Zweifel, es wurde mir heiß, und ich dachte, ich würde verrückt, aber sie ging jetzt weiter, ich folgte ihr langsam, und als ich sie ohne Glaswände sah, wußte ich, daß es wirklich Käte war. ...

Käte blieb am Stand einer Blumenhändlerin stehen, ich sah ihre Hände, sah sie genau, sie, mit der mich soviel verband wie mit keinem Menschen auf der Welt: mit der ich nicht nur zusammen geschlafen hatte, gegessen, gesprochen, zehn Jahre lang ohne eine Unterbrechung – mit ihr verband mich etwas, was Menschen mehr verbindet als miteinander schlafen: Es hatte eine Zeit gegeben, in der wir zusammen gebetet hatten. [...]

Sie kaufte große, gelbe Margueriten, auch weiße, und sie ging weiter, langsam, sehr langsam, sie, die eben so schnell gegangen war, und ich wußte, woran sie dachte. Immer sagt sie: Ich kaufe die Blumen, die auf den Wiesen wachsen, auf denen unsere Kinder nie gespielt haben.

So gingen wir hintereinander her, dachten beide an die Kinder, und ich hatte nicht den Mut, sie einzuholen, sie anzusprechen.

Fred Bogner wird von der engelsähnlichen Erscheinung seiner Frau aus seiner Alltags- und Berufswelt gerissen. Er ist gebannt, abwechselnd überfluten ihn Wonne- und Schuldgefühle. Der extreme psychische Zustand löst einen Schwächeanfall aus. Sein Vorgesetzter im Büro erschrickt, er hält Fred für krank und will ihn nach Hause bringen lassen. »Ja, sagte ich, nach Hause.« Mit diesem Satz endet der Roman. Ob sich damit der Entschluß verbindet, für dauernd bei Käte und den Kindern zu bleiben, ob er bei Fortbestand der gegebenen Verhältnisse eine solche Entscheidung durchhalten kann, läßt Böll offen.

Der Horizont der Bogners ist der Horizont des Romans. Damit sind die Themen Wiederaufbau und fortschreitende Normalisierung ausgespart, die zeittypische Bewußtseins- und Gefühlslage wird nicht deutlich. Der Titel des Romans geht auf einen Gospelsong zurück, er verweist auf den leidenden Christus. Käte und Fred Bogner sind als persönliche Existenzen und als Paar eigentlich nicht von dieser Welt. Sie leiden und schweigen; ihre Wunden schließen sich schwer, die Narben bereiten immerfort Schmerzen. Für Böll sind sie es wert, daß sich die Literatur ihrer annimmt; sie werden Zeichen für seine eigene Opposition, zu der er sich herausgefordert und verpflichtet glaubt.

Haus ohne Hüter

Warum Heinrich Böll in Opposition zur Zeit steht, macht sein nächster Roman bereits verständlicher. Er erschien 1954 und trug den etwas pathetisch klingenden Titel ›Haus ohne Hüter‹.

Was Böll auf sein Thema gebracht haben mag, sagt ein nüchtern-statistischer Satz an unscheinbarer Stelle: »Sieben Jungen in der Klasse hatten keinen Vater mehr.« Strukturbildend für den Roman wird das Schicksal zweier Kriegskinder und ihrer Mütter. Die beiden Elfjährigen, die ihre Väter im Krieg verloren haben, gehen in die gleiche Klasse und sind Freunde. Sie wachsen in unterschiedlichem Milieu auf: Der eine, Martin Bach, ist das Kind wohlhabender Leute, der andere, Heinrich Brielach, »war von der Stunde seiner Geburt an nicht einen Tag geschont worden«. Die Bilder der Väter, Fotografien, die irgendwo im Zimmer an der Wand hängen, lenken den Blick der Mütter und Kinder immer wieder rückwärts. Den Söhnen sind die jungen Männer in Uniform fremd, die Mütter denken zurück an die oft nur kurze Zeit, die ihnen für Zusammensein und Liebe vergönnt war. Schon in den Jahren vor 1939, besonders aber im Krieg spürten Millionen »das Unbestimmte, Unbestimmbare, das Schreckliche, das in der Luft lag«, wußten sich einer Maschinerie ausgeliefert, die ihren Willen ausschaltete und einfach über sie verfügte.

Beide Mütter fühlen sich als Opfer jenes Krieges, der mit dem »Heldentod« ihrer jungen Männer Anfänge eines hoffnungsvollen Lebens zerstörte. Noch nach Jahren hadert Nella Bach, Martins Mutter:

Oh, ich hasse euch alle, weil ihr zulaßt, daß das Leben weitergeht. Vergessen streuen über den Mord, wie man Asche über Glatteis streut. Der Kinder wegen, ja der Kinder wegen, das hört sich herrlich an und ist ein herrliches Alibi: neue Witwen aufziehen, neue Männer, die abgeknallt werden und Frauen zu Witwen machen können.

An Nella zeigt Böll aber auch die Verstrickung, in die Menschen seiner Generation geraten konnten, obwohl sie über ihr kleines, privates Glück hinaus gar nichts begehrten. Ihr Mann, Rai Bach, war in den dreißiger Jahren ein begabter junger Lyriker. Daß er in den letzten Jahren vor dem Krieg nur noch Werbeslogans für die Produkte der Firma seines Schwiegervaters schrieb, war sein stummer, ohnmächtiger Protest. Nellas Vater machte als Marmeladefabrikant ein Vermögen. Die Fabrik florierte auch in der NS-Zeit und im Krieg, weil Marmelade für die Verpflegung uniformierter Massen unentbehrlich war. Der Wohlstand konnte ohne Schaden und Einbuße in die Nachkriegszeit hinübergerettet werden.

Die Brielachs leben in einer anderen Welt. Wilma Brielach hat Mühe, sich und ihren Jungen mit der kümmerlichen Witwenrente durchzubringen; sie weiß nicht, wie sie eine dringend notwendige Parodontosebehandlung finanzieren soll. Sie arbeitet in einer Bäckerei; der Bäckermeister, ein verheirateter Mann, will Wilma Brielach zu seiner Geliebten machen. Er wäre bereit, ihr entgegenzukommen.

Wilma hat nach dem Krieg mit verschiedenen Männern zusammengelebt. Der Leser lernt diese aus der Sicht des elfjährigen Heinrich kennen, für den sie alle zunächst zur »geheimnisvollen Kategorie der Onkel« gehören.

Der kleine Junge, den sie auf den Vornamen seines Vaters Heinrich hatte taufen lassen, wuchs in dem Bewußtsein auf, daß Onkel zu Müttern gehören.

Seine ersten Lebensjahre standen unter dem Zeichen eines Onkels, der Erich hieß und eine braune Uniform trug: Er gehörte sowohl der geheimnisvollen Kategorie der Onkel an, als auch einer zweiten, nicht weniger geheimnisvollen Kategorie, der der Nazis. – Mit beiden Kategorien stimmte etwas nicht. Das bekam er als Vierjähriger mehr oder weniger zu spüren, vermochte sich aber nicht klar darüber zu werden.

Onkel Erich jedenfalls vergaß er nie. Onkel Erich litt unter einer Krankheit, die *Assma* hieß: nächtliches Stöhnen und Ächzen, der klägliche Ruf: »Ich ersticke«, mit Essig getränkte Tücher, merkwürdig riechende Tees und der Geruch von Kampfer blieben in der Erinnerung des Kindes zurück, und ein Gegenstand, der Onkel Erich gehört hatte, ging aus Sachsen mit in die alte Heimat: ein Feuerzeug. Erich blieb in Sachsen, aber das Feuerzeug ging mit, und die Gerüche blieben in Heinrichs Erinnerung.

Ein neuer Onkel tauchte auf, der mit zwei Gerüchen in die Erinnerung einging: *Amis* – das war der Geruch von Virginiazigaretten – und nasser Gips. Nebengerüche dieses Onkels waren: der Geruch in der Pfanne zerlassener

Margarine, der Geruch von Bratkartoffeln – und dieser Onkel, der Gert hieß, war in weniger mystischer Ferne als der, der Erich geheißen hatte und in Sachsen geblieben war. Gert ging dem Beruf eines Plattenlegers nach, und dieses Wort beschwor den Geruch des nassen Gipses, nassen Zements ganz nah heran, und mit Gert verband sich das häufig ausgesprochene, ständig wiederholte Wort, das nach Gerts Weggang im Sprachgebrauch der Mutter erhalten blieb, das Wort *Scheiße.* Ein Wort, das merkwürdigerweise die Mutter sagen, das er aber nie aussprechen durfte. Auch Gert ließ außer den Gerüchen und dem Wort einen Gegenstand als Erinnerung zurück: eine Armbanduhr, die er der Mutter schenkte, eine Heeresarmbanduhr, die auf achtzehn Steinen lief – geheimnisvolle Qualitätsbezeichnung. [...]

Gert verschwand sehr plötzlich. Seine Gerüche blieben in der Erinnerung: nasser Gips, Amis, Bratkartoffeln mit Zwiebeln und Margarine gebraten – seine Erbschaft war das Wort *Scheiße,* das unausrottbar in den Wortschatz der Mutter geraten war, und der Gegenstand, der von ihm blieb, war die Heeresarmbanduhr. – Nach Gerts sehr plötzlichem Verschwinden weinte die Mutter, was sie beim Abschied von Erich nicht getan hatte – und nicht sehr viel später tauchte ein neuer Onkel auf, der Karl hieß. Karl beanspruchte nach kurzer Zeit schon den Titel eines Vaters, obwohl er diesen Titel nicht beanspruchen konnte. Karl war Angestellter eines städtischen Amtes, trug nicht – wie Gert es getan hatte – eine alte Uniformbluse, sondern einen richtigen Anzug und kündigte mit heller Stimme den Beginn eines »neuen Lebens« an.

Heinrich nannte ihn in seiner Erinnerung nur »Neues-Leben-Karl«, denn dieses Wort sprach Karl täglich mehrmals aus. Der Geruch, der zu Karl gehörte, war der Geruch von Suppen, die den städtischen Angestellten zu günstigen Bedingungen verabreicht wurden: Die Suppen – wie sie auch im einzelnen genannt werden mochten, ob sie fett oder süß waren –, alle Suppen rochen nach Thermophor und nach Viel. Karl brachte täglich in einem alten Heereskochgeschirr die Hälfte seiner Portion mit, manchmal mehr, wenn er an der Reihe gewesen war, den Nachschlag zu bekommen; eine Vergünstigung, deren Charakter Heinrich nie ganz genau herausbekam. Ob die Suppe nach süßem Biskuitmehl schmeckte oder künstlichem Ochsenschwanzaroma: Sie roch auf jeden Fall nach Thermophor, und doch: die Suppe war herrlich. Karl trug das Kochgeschirr meist in der Hand. Eine Segeltuchhülle war dafür genäht und der Griff mit grauem Strumpfgarn umwickelt worden, denn Karl konnte die Suppe nicht in seiner Aktentasche transportieren, weil in den Straßenbahnen ständig Gedränge herrschte, die Suppe überschwappte und Karls Aktentasche beschmutzte. Karl war freundlich und genügsam, aber sein Auftauchen hatte auch schmerzliche Folgen, denn Karl war ebenso streng wie genügsam und untersagte jegliche Verbindung zum Schwarzmarkt. »Kann ich mir als Behördenangestellter nicht leisten ... außerdem werden Moral und Volkswirtschaft untergraben.« Karls Strenge wirkte in ein böses Jahr hinein: das Jahr 1947. Knappe Rationen, wenn es überhaupt welche gab – und Karls Suppendeputat machte nicht das Brot wett, das Heinrich jeden Tag an Provisionen verdient hatte. Heinrich, der mit seiner Mutter und Karl in einem Zimmer schlief – wie er mit Mutter und Onkel Gert, mit Mutter und Onkel Erich in einem Zimmer geschlafen hatte –, Heinrich mußte sich herumdrehen, wenn Karl mit seiner Mutter bei gedämpftem Licht am Radioapparat saß.

Er drehte sich herum und konnte dann genau auf das Bild seines Vaters sehen, der in der Uniform eines Panzerfeldwebels fotografiert worden war, kurz bevor er starb. Während der Herrschaft sämtlicher Onkel hatte das Bild des Vaters an der Wand gehangen. Aber auch, wenn er sich herumgedreht hatte, hörte er noch Karls Geflüster, ohne die einzelnen Worte zu verstehen: er hörte das Gekicher seiner Mutter. Und dieses Kicherns wegen haßte er sie für Augenblicke.

Später gab es Streit zwischen seiner Mutter und Karl wegen eines nie klar ausgesprochenen Dinges, das »es« hieß. »Ich mach' es weg«, war das, was die Mutter immer wieder sagte. »Und du machst es nicht weg!« war das, was Onkel Karl immer wieder sagte. Erst später verstand Heinrich, was »es« war. Zunächst kam die Mutter ins Krankenhaus, und Karl war gereizt und verstört und beschränkte sich darauf, zu ihm zu sagen: »Du kannst ja nichts dazu.«

Nach Suppe riechende Gänge im Krankenhaus, viele, viele Frauen in einem großen Saal, und die Mutter gelblichweiß im Gesicht, aber lächelnd, obwohl sie »so Schmerzen hatte«. Karl stand finster neben ihrem Bett. »Es ist aus zwischen uns, du hast ›es‹..« [...]

In das leergeräumte Zimmer zog ein Mann, der Leo hieß und die Uniform eines Straßenbahnschaffners trug: blaue Mütze mit rotem Band. Und das, was Leo »sein Halfter« nannte: Geldtasche und ein Holzetui für die Fahrscheinblocks, ein Schwämmchen im Aluminiumhalter und die Knipszange; viele Riemen, viel Leder und Leos unsympathisches Gesicht: ganz rot, ganz sauber, Lieder, die Leo pfiff, und das Radio, das immer spielte. Frauen in Straßenbahneruniform, die in Leos Zimmer lachten und tanzten. »Prost!« wurde gerufen.

Böll hat in einem Interview bekannt, daß ihn »Personen, Situationen und innere Vorgänge« mehr interessieren als raffinierte Erzähltechnik und ausgefeilte Sprachkunst. In dem Roman ›Haus ohne Hüter‹ läßt er sich die Erzählweise in der Tat vom Thema und von den »Personen« vorgeben. Im Bewußtsein der Mütter sind die Jahre des Vorkriegs und des Krieges noch sehr nahe, oft fluten unversehens Bilder aus jenen Tagen in die Gegenwart. Dies bedingt, im Rahmen der Figurenperspektiven, eine zeitraffende Erzählregie. Die eingeblendeten Onkelporträts aus der Sicht des kleinen Heinrich liefern ein Beispiel für diese Technik. Mit einem Kleidungsstück, einem Geruch, einem Wort wie »Kochgeschirr« und den Praktiken geheuchelter Moral kann Böll in knappster Form die Atmosphäre der ersten Nachkriegsjahre »realistisch« beschwören.

Was für ein Ende nimmt es mit den beiden Müttern? Wilma Brielach verläßt ihre ärmliche Wohnung, um in das Haus des Bäckers zu ziehen, der ihr mit dem Einverständnis seiner Frau eine bessere Unterkunft angeboten hat. Die Frau will sich Wilmas handwerkliches Geschick für das Geschäft sichern, der Bäcker wird Heinrichs fünfter Onkel werden.

Nella begegnet dem Mann, der Rai 1942 in Rußland zu einem Spähtruppunternehmen »verurteilte«, bei dem er fiel. Nach 1945 ist aus dem ehrgeizigen Leutnant ein ebenso ehrgeiziger Journalist geworden, der den Krieg abgehakt und das meiste ohne eine Spur von schlechtem Gewissen vergessen hat. Auch Nella kann gegen ihn keinen »flammenden, racheschweren Haß mehr empfinden«. Vergeben hat sie nicht, aber der Mann ist ihr nur noch langweilig. Ist es ein Zeichen der Zeit, daß stumpfem Gewissen und verdrängendem Vergessen auf der einen Seite Müdigkeit und Gleichgültigkeit auf der anderen entspricht? Was Böll darstellte, war ihm keineswegs recht.

Billard um halbzehn

›Billard um halbzehn‹, Bölls nächstes größeres Werk, ist wieder ein Familien- und Generationenroman. Erneut wird aus der Perspektive verschiedener Figuren erzählt, diesmal greifen die Erinnerungsmonologe bis zur Jahrhundertwende zurück. Eltern, Kinder und Enkel erleben deutsche Geschichte; wieder verführt und verblendet das Falsche und Böse.

Mitmachen, geschehen lassen, Widerstand leisten – wofür entscheiden sie sich? Der achtzigjährige Architekt Heinrich Fähmel, dessen Geburtstag am 6. September 1958 gefeiert werden soll, ist von rheinisch-leichter Lebensart. Er hat viel im Leben erreicht, bei der Arbeit und im Umgang mit Menschen hatte er eine glückliche Hand. Aber er muß auch erleben, wie in den zwanziger und dreißiger Jahren politische Gegensätze seine Familie spalten: seine beiden Söhne werden zu Todfeinden. Fähmel läßt geschehen, was geschieht, seine Frau Johanna wehrt sich. Fähmels Sohn Robert wird schon als Schüler auf die Probe gestellt und muß sich entscheiden. Auch in der Schule heizt die Politik die Leidenschaften an, Machtkämpfe werden brutal und tückisch ausgetragen. Robert, ein hervorragender Sportler, der eben ein Schlagballspiel für seine Mannschaft entschieden hat, ergreift Partei für die Schwachen, indem er seinen Mitschüler Schrella vor der Meute schützt.

»Komm«, sagte Schrella, »dort sind sie, hörst du sie nicht?« Ich hörte sie, der Gehsteig bebte schon unter ihren Schritten, sie sprachen von Ferienorten, in die sie bald abreisen würden: Allgäu, Westerwald, Badgastein, Nordsee, sprachen von dem Ball, den Robert schlug. Im Gehen war meine Frage leichter zu stellen.

»Warum«, fragte ich, »warum? Bist du Jude?«

»Nein.«

»Was bist du denn?«

»Wir sind Lämmer«, sagte Schrella, »haben geschworen, nie vom *Sakrament des Büffels* zu essen.«

»Lämmer.« Ich hatte Angst vor dem Wort. »Eine Sekte?« fragte ich.

»Vielleicht.«

»Keine Partei?«
»Nein.«
»Ich werde nicht können«, sagte ich, »ich kann nicht Lamm sein.«
»Willst du vom *Sakrament des Büffels* kosten?«
»Nein«, sagte ich.
»Hirten«, sagte er, »es gibt welche, die die Herde nicht verlassen.«

Bald ist Fähmel selbst ein Verfolgter, auf der Flucht aus Deutschland.
1958 liegt das alles schon weit zurück, doch vergessen ist nichts: Robert bleibt ebenso unversöhnt wie Schrella, der an diesem 6. September aus dem selbstgewählten Exil in die Bundesrepublik zurückkehrt. Nettlinger, einer der Verfolger und Quäler von damals, ist jetzt hoher Regierungsbeamter. Jovial will er Schrella beim Eingewöhnen zur Seite stehen, an Vergangenes soll nicht gerührt werden.

»Wohin möchtest du gebracht werden?«
»Zum Bahnhof«, sagte Schrella.
»Hast du Gepäck dort?«
»Nein.«
»Willst du diese gastliche Stadt etwa schon wieder verlassen?« fragte Nettlinger. Er beugte sich vor, rief dem Chauffeur zu: »Zum Hauptbahnhof.«
»Nein«, sagte Schrella, »ich will diese gastliche Stadt noch nicht verlassen. Du hast Robert nicht erreicht?«
»Nein«, sagte Nettlinger, »der macht sich rar. Den ganzen Tag hab ich versucht, ihn zu erreichen, er hat sich aber gedrückt, und als ich ihn im Hotel Prinz Heinrich fast erwischt hatte, ist er durch einen Nebenausgang verschwunden; ich habe seinetwegen höchst peinliche Dinge erleben müssen.«
»Du hast ihn auch vorher nie getroffen?«
»Nein«, sagte Nettlinger, »nicht ein einziges Mal; er lebt ganz zurückgezogen.«
Das Auto hielt vor einer Verkehrsampel. Schrella nahm seine Brille ab, wischte sie mit seinem Taschentuch und neigte sich nahe ans Fenster.
»Es muß dir doch merkwürdig vorkommen«, sagte Nettlinger, »nach so langer Zeit und unter solchen Umständen wieder in Deutschland zu sein; du wirst es nicht wiedererkennen.«
»Ich erkenne es sogar wieder«, sagte Schrella, »ungefähr, wie man eine Frau wiedererkennt, die man als Mädchen geliebt hat und zwanzig Jahre später wiedersieht; nun, sie ist ein bißchen fett geworden; talgige Drüsen, offenbar hat sie einen nicht nur reichen, sondern auch fleißigen Mann geheiratet; Villa am Stadtrand, Auto, Ringe an den Fingern, die frühere Liebe wird unter solchen Umständen unvermeidlicherweise zu Ironie.«

Robert Fähmel, nunmehr Inhaber eines Büros für statische Kalkulation, hält auf korrektes Aussehen und Auftreten, was er denkt und fühlt, behält er für sich. Zu seinem Leben gehört ein Ritual; täglich um halbzehn spielt er im Hotel Prinz Heinrich eine Stunde Billard. Dabei ist er dem Alltag und der Gegenwart des Jahres 1958 entrückt. Wenn ihm danach ist, erzählt er dem Hotelboy Hugo, einem »Lamm« der fünfziger Jahre, der unter den Quälereien einer Horde Halbwüchsiger zu leiden hat, von seiner Jugend. Robert glaubt, seine Form der inneren Emigration in der Bundesrepublik gefunden zu haben, am öffentlichen und politischen Leben nimmt er keinen Anteil.

Ein Schuß läßt ihn aufhorchen. Seine Mutter Johanna hat am Nachmittag jenes 6. September auf einen seriösen Herrn gefeuert. Sie hat nach sechzehnjährigem Aufenthalt in einer Heilanstalt zusammen mit ihrem Mann das Domizil verlassen und ist zur Geburtstagsfeier nach Köln gefahren. Am Abend soll ein Feuerwerk stattfinden. Eine »Kampfbund« genannte Organisation ist zu Ehren eines Generals zu einem Aufmarsch angetreten; hohe Beamte und Politiker aus Bonn nehmen an der Veranstaltung teil. Vom Hotelzimmer im »Prinz Heinrich«, das Fähmel bestellt hat, erblickt Johanna Nettlinger, »klug genug, nicht in Uniform zu erscheinen, aber doch da, um Hände zu drücken, Schultern zu klopfen, Fahnen zu betasten«. Erinnerungen werden wach.

An dieser Stelle muß die Büffel-Lamm-Symbolik, mit der Böll eine »heilsgeschichtliche Durchleuchtung der politischen Verwüstungen der Zeitgeschichte« versuchte (Manfred Durzak), mit einem Strang von Bildvariationen verbunden werden, die der Figur der Johanna Fähmel zugeordnet ist. Auf zahlreichen Denkmälern am Rheinufer sitzen die Hohenzollernkönige auf Bronzegäulen und reiten westwärts, ihre Heere sind wieder einmal zum Krieg gegen Frankreich aufgebrochen. Für Johanna werden all diese martialischen Figuren zum »kaiserlichen Narren«. So sprach sie einst auch in der Öffentlichkeit von Wilhelm II. und erregte damit einen Skandal. Nur mit Mühe konnten ernste Konsequenzen verhindert werden. In der Hitlerzeit sah sie Nettlinger im Triumph auf einem Schimmel durch Kölns Straßen reiten. Und nun hört sie auf dem Balkon nebenan den seriösen Herrn über Wählerstimmen sprechen, die zu gewinnen seien, wenn man dem Kampfbund Sympathie bezeige. Johanna weiß: »der denkt anders, handelt anders, plant anders«, und doch spürt sie im neuen Stil, im bieder-seriösen Gehabe den alten Ungeist. Sie ist so wenig versöhnt wie ihr Sohn Robert, der in seinem Inneren immer noch mit den »Kräften« hadert, die den Tod von »Lämmern« verschuldet haben, zu denen auch seine Frau gehörte. Und so will die alte Frau nicht »ins Museum schießen«, keinen »Tyrannenmord«, sondern einen »Anständigenmord« begehen. Der Schuß, »so ein sprödes kleines Geräusch«, zerstört die idyllisch-patriotische Stimmung, er reißt aus Geschäften und Geschäftigkeit, unterbricht den gewohnten Wohlstandsalltag. Zutage tritt auch Bölls anarchische Ader. Später am Abend überrascht der alte Fähmel mit folgendem Trinkspruch: »... trinken wir den ersten Schluck auf Herrn M. [den Politiker und seriösen Herren], daß das Staunen in seinem Gesicht sich nicht verlieren möge – den zweiten Schluck auf meine Frau: möge Gott ihr Gedächtnis segnen.« Ein Attentat also auch gegen das Verdrängen und Vergessen; es wird Bölls letztes nicht gewesen sein. Für ihn war die Bundesrepublik Deutschland, wie er in dem Aufsatz ›Hierzulande‹ von 1960 schrieb, ein »ungenaues Land« geworden. »Schrecklich ist es, daß es Anlässe genug gibt, über dieses Land und in ihm zornig zu werden, aber an wen den Zorn adressieren? Sie schlucken alles.«

Mehr Anlaß zum Zorn als zur Freude gibt wieder die Abtei Sankt Anton, mit der die Schicksale der Fähmel-Familie über drei Generationen verbunden sind. Der alte Fähmel erbaute sie kurz vor dem Ersten Weltkrieg, Robert zerstörte sie als »Sprengspezialist« im Zweiten, weil auch Vertreter der Kirche an den »politischen Verwüstungen« Mitschuld trugen. Bald sind die Restaurierungsarbeiten unter Leitung des tüchtigen Enkels, der Architekt geworden ist, abgeschlossen. Weder der Alte noch Robert wollen dem Abt »die Ehre antun«, zur Einweihung zu kommen. »Kanzler, Kabinett, ausländische Fürstlichkeiten und kirchliche Würdenträger« werden gewiß die Lücke würdig ausfüllen, denkt sich der alte Fähmel. Am Abend seines Geburtstags wird ihm von dem Café, in dem er seit fünfzig Jahren auf gleiche Art zu frühstücken pflegt, die Abtei auch noch als Kuchenmodell überreicht. Der alte Herr erschrickt, läßt aber dann seine Unmutsgefühle doch nicht an dem Konditoreiprodukt aus.

Ein versöhnlicher, ein ironischer Schluß? Der Großvater kündigt sein Frühstücksritual, der Enkel möchte mit dem Restaurieren nicht weitermachen und bittet sich eine Denkpause aus. Robert aber nimmt das »Lamm« Hugo an Sohnes statt an, wird also noch einmal »Hirte« in einer Zeit, in der offenbar solche Hirten immer noch oder wieder gebraucht wurden. Neuanfänge? Durchaus, und alle ehrenwert. Aber sie werden den Zorn nicht ganz tilgen; es sind Neuanfänge in einem »ungenauen Land«.

Bölls Romane der fünfziger Jahre gleichen sich in ihren Schlüssen. Es bleibt offen, wie es mit den Figuren, mit dem Land weitergeht; die Zukunft ist verhangen. Die Menschen kommen aus einer Vergangenheit, die sie für ihr Leben gezeichnet, belastet, versehrt hat. Ein Fred Bogner beobachtet seine Frau wie eine Fremde, wundert sich über sich selbst, bringt es aber nicht über sich, die von ihm selbst verhängte Trennung aufzuheben. Es gibt gute Menschen und Menschen guten Willens, die im kleinen Kreis helfen und trösten, aber man glaubt nicht recht, daß die am Ende des zweiten und dritten Romans erreichte Harmonie von Dauer ist. Auch wirkt die gewahrte und bewahrte Humanität nicht in die Öffentlichkeit; das dort anzutreffende Klima ist kühl und geschäftsmäßig. Für Böll existiert eine Trennwand zwischen öffentlicher und privater Sphäre. Institutionen und etablierte

Gremien haben durch Krieg und Nachkriegszeit weniger Schaden genommen als die Menschen und üben längst wieder wie gewohnt Macht und Einfluß aus – über die kleinen Leute, versteht sich. Denen fällt es immer noch schwer, frei durchzuatmen, sich von den Mühen des Alltags zu lösen. Einmal ganz anders oder ganz sie selber sein; wenn sie solche Wünsche haben, werden sie nicht erfüllt.

Sicher: Am Ende des Jahrzehnts hat sich auch in der Böllschen Romanwelt – Schauplatz ist immer die Bundesrepublik – manches geändert, wenn auch nicht unbedingt zum Besseren. An die Stelle der halben und halbherzigen Aussteiger wie Fred Bogner und Nella Bach sind die getreten, die kompetent und pflichtbewußt ihre Arbeit tun, aber, zumindest in der Öffentlichkeit, wenig von sich preisgeben. Das trifft für einen Robert Fähmel zu, wenn er die in seinem Büro gefertigte Gutachten prüft, und für Wilma Brielach, wenn sie geschickt Torten mit Cremerosen verziert. Nettlinger entwirft Schriftsätze, diktiert, zeichnet ab. Und Attentäterin Johanna Fähmel wird nach dem Schuß wohl wieder den Paragraphen in Anspruch nehmen müssen, der ihr Unzurechnungsfähigkeit bescheinigt.

Heinrich Böll gewann in den fünfziger Jahren viele Leser, die ihm auch weiterhin treu blieben. Daß sie ihn verstanden, richtig verstanden, lag nicht nur an seinem trotz mancher erzähltechnischer Experimente konventionellen Schreiben, es gab auch eine Art Verbindung zwischen Bölls Figuren und den Lesern. Die Leser fühlten sich, wo immer sie lebten, diesen Menschen aus dem Rheinland näher als den Prominenten und Mächtigen, die Schlagzeilen und Geschichte machten. Man wartete schon auf Bölls nächsten Roman.

Ansichten eines Clowns

Es war schon dunkel, als ich in Bonn ankam, ich zwang mich, meine Ankunft nicht mit der Automatik ablaufen zu lassen, die sich in fünfjährigem Unterwegssein herausgebildet hat: Bahnsteigtreppe runter, Bahnsteigtreppe rauf, Reisetasche abstellen, Fahrkarte aus der Manteltasche nehmen, Reisetasche aufnehmen, Fahrkarte abgeben, zum Zeitungsstand, Abendzeitung kaufen, nach draußen gehen und ein Taxi heranwinken. Fünf Jahre lang bin ich fast jeden Tag irgendwo abgefahren und irgendwo angekommen, ich ging morgens Bahnhofstreppen rauf und runter und nachmittags Bahnhofstreppen runter und rauf, winkte Taxis heran, suchte in meinen Rocktaschen nach Geld, den Fahrer zu bezahlen, kaufte Abendzeitungen an Kiosken und genoß in einer Ecke meines Bewußtseins die exakt einstudierte Lässigkeit dieser Automatik.

So beginnt Heinrich Bölls fünfter Roman, der 1963 erschien. Das Ich, das hier zurückblickt, ist der Clown Hans Schnier. Er fühlt sich aus der Bahn geworfen, seit Marie Derkum, die Frau, die er liebt und die sechs Jahre lang auf Gastspielreisen seine Begleiterin gewesen ist, ihn verlassen hat. Sie, die fest in ihrem katholischen Glauben wurzelt, wollte das ohne Eheschließung geführte Leben zu zweit nicht fortsetzen.

Schnier, der sich keinem Bekenntnis verpflichtet fühlt, kommt nicht darüber hinweg, daß Marie einen Jugendfreund geheiratet hat, der jetzt ein hoher Funktionär in der katholischen Laienbewegung ist. Für Hans Schnier ist sie damit »zu den Katholiken übergelaufen«.

Doch das ist nicht sein einziger Kummer. Auch beruflich hat er Rückschläge erlitten, seine Nummern, »gemischt aus Pantomime, Artistik, Clownerie«, kamen zuletzt nicht mehr an. Zudem hat er sich am Knie verletzt und ist nun in argen Geldnöten.

Wir haben es also auch hier wieder mit einem Anti-Helden zu tun, einem Außenseiter, dessen verbitterter Blick auf die anderen, auf die Gesellschaft, den Rahmen des Erzählten absteckt. Hans Schnier gibt sich schon in der ersten Zeile als Ich-Erzähler zu erkennen. In wenigen Stunden Erzählzeit, die er in dem ihm vom Großvater übertragenen Bonner Apartment verbringt, erinnert er sich an Episoden seines Lebens und telefoniert zwischendurch mit Menschen, die in diesem Leben eine Rolle gespielt haben oder noch spielen; häufig sind es Leute, über die er sich geärgert hat oder denen er die Meinung sagen will. Auch in seinen Gedanken macht er mit Vorliebe seinem Ärger Luft. Der Roman erhält so eine denkbar einfache Struktur, in der sich Gegenwärtiges und Vergangenes locker abwechseln, kreuzen oder auch vermischen.

Hans denkt immer wieder an Marie, er kann sie nicht vergessen und will sie nicht aufgeben. Er glaubt, »die Katholiken« hätten sich gegen ihn verschworen und ihm Marie abgejagt, weil er und sie in wilder Ehe zusammenlebten. Seine Widersacher sind Vertreter katholischer Organisationen, des »Kreises fortschrittlicher Katholiken« zum Beispiel, auch Kleriker sind unter ihnen.

Wie hat alles angefangen mit Marie, damals?

Marie geht noch zur Schule, besucht das Gymnasium und betreut katholische Pfadfinderinnen, als Hans, ebenfalls noch Schüler, sich ihr nähert und sich um sie bemüht. Er weiß wenig von Mädchen und Frauen, verspürt aber den Drang, mit Marie »das zu tun, was Männer mit Frauen tun«, eine geheimniswahrende, verschleiernde Böllsche Umschreibung für das, was die katholische Morallehre ebenso vorsichtig-abstrakt »fleischliches Verlangen« nennt. Marie Derkum kommt dem Jungen entgegen, wenn auch mit schlechtem Gewissen. Die Szenerie ist trist, dem Mädchen ist der Zwiespalt deutlich anzumerken.

[...] Ihr liefen die Tränen übers Gesicht, während sie sich Haarwasser ins Haar massierte, dann puderte sie sich, und ich sagte: »Was machst du denn da?« Und sie sagte: »Ich mach mich schön.« Die Tränen gruben kleine Rillen in den Puder, den sie viel zu dick auftrug, und sie sagte: »Willst du nicht doch wieder gehn?« Und ich sagte »Nein.« Sie betupfte sich noch mit Kölnisch Wasser, während ich auf der Kante der Badewanne saß und mir überlegte, ob zwei Stunden wohl ausreichen würden; mehr als eine halbe Stunde hatten wir schon verschwätzt. [...]

Ich stand auf und sagte zu Marie: »Wein doch nicht«, und sie hörte auf zu weinen und machte mit der Puderquaste die Tränenrillen wieder glatt. Bevor wir auf ihr Zimmer gingen, blieben wir im Flur noch am Fenster stehen und blickten auf die Straße: es war Januar, die Straße naß, gelb die Lichter über dem Asphalt, grün die Reklame über dem Gemüseladen drüben: Emil Schmitz. Ich kannte Schmitz, wußte aber nicht, daß er Emil mit Vornamen hieß, und der Vorname Emil kam mir bei dem Nachnamen Schmitz unpassend vor. Bevor wir in Maries Zimmer gingen, öffnete ich die Tür einen Spalt und knipste drinnen das Licht aus.

Ein Kommentar zu dieser hölzern-anrührenden Liebesszene findet sich in einem Telefongespräch, das Schnier mit Prälat Sommerwild führt. Schon nach der ersten Nacht war er überzeugt gewesen, daß das geliebte Mädchen nun seine Frau sei, er kann nicht verstehen, daß der Fall nach kirchlicher Auslegung anders zu beurteilen ist. Immer noch untröstlich über Maries Weggang macht Hans Schnier seiner neuerlichen Empörung Luft und schlägt einen rüden Ton an.

[...] »Verflucht noch mal, Prälat«, sagte ich, »der Vorgang, der zur Zeugung eines Kindes führt, ist eine ziemlich drastische Sache – wir können uns auch, wenn es Ihnen lieber ist, über den Klapperstorch unterhalten. Alles, was über diese drastische Sache gesagt, gepredigt und gelehrt wird, ist Heuchelei. Ihr haltet im Grunde eures Herzens diese Sache für eine aus Notwehr gegen die Natur in der Ehe legitimierte Schweinerei – oder macht euch Illusionen und trennt das Körperliche von dem, was außerdem noch zu der Sache gehört – aber gerade das, was außerdem dazu gehört, ist das Komplizierte. Nicht einmal die Ehefrau, die ihren Eheherrn nur noch erduldet, ist nur Körper – und nicht der dreckigste Trunkenbold, der zu einer Dirne geht, ist nur Körper, sowenig wie die Dirne. Ihr behandelt diese Sache wie eine Sylvesterrakete – und sie ist Dynamit.«

»Schnier«, sagte er matt, »ich bin erstaunt, wieviel Sie über die Sache nachgedacht haben.«

»Erstaunt«, schrie ich, »Sie sollten erstaunt sein über die gedankenlosen Hunde, die ihre Frauen einfach als rechtmäßigen Besitz betrachten. [...] Seitdem ich weiß, daß ich männlichen Geschlechts bin, habe ich fast über nichts so sehr nachgedacht – und das erstaunt Sie?«

»Ihnen fehlt jede, aber auch die geringste Vorstellung von *Recht* und *Gesetz*. Diese Dinge – wie kompliziert sie auch sein mögen – müssen doch geregelt werden.«

»Ja«, sagte ich, »von euren Regeln habe ich ein bißchen mitbekommen. Ihr schiebt die Natur auf ein Gleis, das ihr Ehebruch nennt – wenn die Natur in die Ehe einbricht, bekommt ihr es mit der Angst zu tun. Gebeichtet, verziehen, gesündigt – und so weiter. Alles gesetzlich geregelt.« [...]

Hier spricht, maskiert als Clown Hans Schnier, der Moralist Heinrich Böll. Die Natur ist Gottes Schöpfung; der Mensch ist mit allem, was menschliche Natur ist, Gottes Geschöpf. Zwischen den Schöpfer und den Menschen, den diese Natur ohnedies schon genug durch ihre Rätsel plagt, schieben sich das Dogma und die Institution der Katholischen Kirche; sie plagen ihrerseits die Menschen mit ihren »Ordnungsprinzipien«, ihren Definitionen von Unmoral und Sünde.

Beim Besuch eines Freundes erhält Schnier Einblick in ein Stück katholischer Ehewirklichkeit. Böll zeigt in dieser drastischen Szene, unter welchen Zwängen die Eheleute Karl und Sabine stehen und wie sie sich daran wundreiben.

Immer herrschte in ihrer Wohnung diese schon nicht mehr gedämpfte Gereiztheit, überall lagen seine verfluchten Notizbücher herum, in denen er Berechnungen anstellt, wie er mit seinem Gehalt zurechtkommen könnte, und wenn ich allein mit ihm war, wurde Karl immer auf eine scheußliche Weise »offen« und fing seine Unter-Männer-Gespräche an, übers Kinderkriegen, und immer fing er an, der katholischen Kirche Vorwürfe zu machen (ausgerechnet mir gegenüber!), und es kam immer ein Punkt, wo er mich wie ein heulender Hund ansah, und meistens kam gerade dann Sabine herein, schaute ihn verbittert an, weil sie wieder schwanger war. Für mich gibt es kaum etwas Peinlicheres, als wenn eine Frau ihren Mann verbittert anschaut, weil sie schwanger ist. Schließlich hockten sie beide da und heulten, weil sie sich doch wirklich gern haben. Im Hintergrund der Kinderlärm, Nachttöpfe wurden mit Wonne umgeschmissen, klatschnasse Waschlappen gegen nagelneue Tapeten geworfen, während Karl immer von »Disziplin, Disziplin« und von »absolutem, unbedingtem Gehorsam« spricht, und es blieb mir nichts anderes übrig, als ins Kinderzimmer zu gehen und den Kindern ein paar Faxen vorzumachen, um sie zu beruhigen, aber es beruhigte sie nie, sie kreischten vor Vergnügen, wollten mir alles nachmachen, und zu guter Letzt hockten wir da, hatten jeder ein Kind auf dem Schoß, die Kinder durften an unseren Weingläsern nippen. Karl und Sabine fingen an, von den Büchern und Kalendern zu sprechen, in denen man nachsehen kann, wann eine Frau kein Kind kriegen kann. Und dann bekommen sie dauernd Kinder, und es fiel ihnen nicht ein, daß diese Erzählungen Marie und mich besonders quälen mußten, weil wir ja keine Kinder bekamen.

Was Schnier hier erlebt, ist einer der Gründe dafür, daß er sich beharrlich geweigert hat, sich standesamtlich und danach kirchlich trauen zu lassen. Er wollte auch kein »Erpressungsformular« unterschreiben, daß seine und Maries Kinder katholisch erzogen würden.

Daß Hans Schnier, von Natur aus Melancholiker, zum verbitterten und reizbaren Außenseiter geworden ist, hat auch, so erfährt der Leser weiter, mit seinem Elternhaus und einer unglücklichen Kindheit zu tun. Er, mittlerweile Ende zwanzig, ist reicher Leute Kind, die »Braunkohlenschniers« sind eine alte rheinische Industriellendynastie.

Der Vater des Clowns, Millionär, hält sich sehr viel darauf zugute, bekennender Protestant zu sein. Für die Eltern ist Hans aus der Art geschlagen. Sie mißbilligen seine Künstlerexistenz, die ihn zum Hungerleider macht, und natürlich auch das Verhältnis mit Marie.

Hans war bei ihnen so gut wie abgeschrieben; um so erstaunlicher, daß der alte Schnier den Sohn aufsucht, um mit ihm »über Geld zu reden«. Allerdings hat er, Pech für den Clown, nur ein »sublimiertes Verhältnis« zum Geld. Er findet es selbstverständlich, ein großes Haus zu führen und sich eine Geliebte zu halten, aber ein monatlicher Zuschuß von 200 Mark für den Tunichtgut-Sohn ist ihm zuviel. Es widerspricht seinem Wesen, »eine unsichere Sache zu finanzieren«. Da kann der Sohn nicht länger an sich halten, er wirft dem peinlich berührten alten Herrn rücksichtslos vor, daß die stets auf großem Fuß lebenden und immer von Verpflichtungen beanspruchten Eltern es den Kindern nicht nur an Liebe und Zuwendung hätten mangeln lassen, sondern daß sie ihnen nicht einmal satt zu essen gegeben hätten, weil sich das nicht mit den Prinzipien der Sparsamkeit und Bedürfnislosigkeit vertrug.

»Hör mal«, sagte ich, »reden wir, wie es sich für Gentlemen ziemt, nicht mehr über Geld, sondern über etwas anderes.«

»Aber ich will dir wirklich helfen«, sagte er verzweifelt, »ich will dir gern dreihundert geben.«

»Ich will jetzt von Geld nichts hören«, sagte ich, »ich wollte dir nur erklären, was die erstaunlichste Erfahrung unserer Kindheit für mich war.«

»Was denn?« fragte er und sah mich an, als erwarte er ein Todesurteil. Er dachte wohl, ich würde von seiner Geliebten anfangen, der er in Godesberg eine Villa gebaut hat.

»Ruhig, ruhig«, sagte ich, »du wirst dich wundern; die erstaunlichste Erfahrung unserer Kindheit war die Erkenntnis, daß wir zu Hause nie richtig zu fressen bekamen.«

Er zuckte zusammen, als ich fressen sagte, schluckte, lachte dann knurrend und fragte: »Du meinst, ihr wärt nie richtig satt geworden?« – »Genau das«, sagte ich ruhig, »wir sind nie richtig satt geworden, wenigstens zu Hause nicht. Ich weiß bis heute nicht, ob es aus Geiz oder aus Prinzip geschah, mir wäre lieber, ich wüßte, daß es aus Geiz geschah – aber weißt du eigentlich, was ein Kind spürt, wenn es den ganzen Nachmittag radgefahren, Fußball gespielt, im Rhein geschwommen hat?«

»Ich nehme an, Appetit«, sagte er kühl.

»Nein«, sagte ich, »Hunger. Verdammt, wir wußten als Kinder immer nur, daß wir reich waren, sehr reich – aber von diesem Geld haben wir nichts gehabt – nicht einmal richtig zu essen.«

»Hat es euch je an etwas gefehlt?«

»Ja«, sagte ich, »ich sags ja: an Essen – und außerdem am Taschengeld. Weißt du, worauf ich als Kind immer Hunger hatte?«

»Mein Gott«, sagte er ängstlich, »auf was?«

»Auf Kartoffeln«, sagte ich. »Aber Mutter hatte damals schon den Schlankheitsfimmel – du weißt ja, sie war immer ihrer Zeit voraus –, und es wimmelte bei uns ständig von irgendwelchen dummen Schwätzern, von denen jeder eine andere Ernährungstheorie hatte, leider spielte in keiner einzigen dieser Ernährungstheorien die Kartoffel eine positive Rolle. Die Mädchen in der Küche kochten sich manchmal welche, wenn ihr aus wart: Pellkartoffeln mit Butter, Salz und Zwiebeln, und manchmal weckten sie uns, und wir durften im Schlafanzug runter kommen und uns unter der Bedingung absoluter Verschwiegenheit mit Kartoffeln vollschlagen. Meistens gingen wir freitags zu Wienekens, da gab es immer Kartoffelsalat, und Frau Wieneken häufte uns den Teller besonders hoch voll. Und dann gab es bei uns immer zu wenig Brot im Brotkorb, eine knappe beschissene Angelegenheit war das, unser Brotkorb, dieses verdammte Knäckebrot, oder ein paar Scheiben, die »aus gesundheitlichen Gründen« halb trocken waren – wenn ich zu Wienekens kam und Edgar hatte gerade Brot geholt, dann hielt seine Mutter mit der linken Hand den Laib vor der Brust fest und schnitt mit der rechten frische Scheiben ab, die wir auffingen und mit Apfelkraut beschmierten.«

In den letzten Zeilen feiert Böll jenes »Alltägliche« im Leben der kleinen Leute, das für ihn »eigentlich das Soziale und Humane« darstellt (Frankfurter Poetikvorlesungen 1963). Zur »Menschwerdung des Menschen, die noch gar nicht begonnen hat«, gehört aber noch mehr. Die Erziehung im Hause Schnier ist vielleicht auch für die besondere Art von Prüderie und Geheimnistuerei verantwortlich, unter der Hans Schnier ein Leben lang leidet und die auch sein Verhältnis zu Marie belastet. Wenn es um das »Geschlechtliche« geht, an dem Mann und Frau ihrer Natur gemäß gleichermaßen Anteil haben, kann sich zwischen ihnen plötzlich eine Trennwand erheben: es gibt dann »Männersachen« und »Frauensachen«. Als Marie nach einem gynäkologischen Eingriff aus dem Krankenhaus zurückkehrt, zeigt sich der so leicht großspurige Hans Schnier hilflos und verzagt; alles Verständnis zwischen ihm und seiner Marie ist plötzlich abhanden gekommen.

Marie lag lesend auf dem Bett, ich stand rauchend am Fenster und blickte auf die Hamburger Straße, manchmal auf den Bahnhofsplatz, wo die Leute aus der Halle rannten, im Regen auf die haltende Straßenbahn zu. Wir konnten auch »die Sache« nicht machen. Marie war krank. Sie hatte keine regelrechte Fehlgeburt gehabt, aber irgend etwas dieser Art. Ich war nicht genau dahinter gekommen, und keiner hatte es mir erklärt. Sie hatte jedenfalls geglaubt, sie sei schwanger, war es jetzt nicht mehr, sie war nur ein paar Stunden am Morgen im Krankenhaus gewesen. Sie war blaß, müde und gereizt, und ich hatte gesagt, es wäre sicher nicht gut für sie, jetzt die lange Bahnfahrt zu machen. Ich hätte gern Näheres gewußt, ob sie Schmerzen gehabt hatte, aber sie sagte mir nichts, weinte nur manchmal, aber auf eine mir ganz fremde, gereizte Art.

Nach Maries Weggang ist Schnier ihr gegenüber ungerecht geworden und ausgesprochen selbstgerecht; eine junge Frau hält ihm einmal vor, er sei »auf eine gefährliche Weise subjektiv«. Marie qualifiziert er in einem Moment als »naiv und nicht sehr intelligent« ab, dann wieder verehrt er sie wegen ihrer natürlichen Begabung zur Barmherzigkeit geradezu wie eine Heilige. Barmherzigkeit, die den elenden Mitmenschen tröstet und aufrichtet, ist für Böll wahres Christentum, und zur Barmherzigkeit taugen Frauen besser als Männer.

Hans Schnier ist ein Böllscher Held, er ist Opfer, feinfühliger Wahrheitssucher, aber auch rabiater Ankläger. Ihm und Böll ist es ernst mit seinen »Ansichten«, die auch Attacken gegen Übel der Zeit sind: gegen Opportunismus, Heuchelei und Machtstreben in jeder Form – Katholiken werden ebenso gegeißelt wie Protestanten, Linke ebenso wie Rechte, da gibt es kein Pardon. Am Beispiel seiner Eltern entlarvt Schnier die Diskrepanz zwischen dem Bild, das viele gegenwärtig in der Öffentlichkeit von sich zeichnen bzw. zeichnen lassen und einer zweifelhaften, ja geradezu erbärmlichen Vergangenheit.

Anfang der sechziger Jahre, in der späten Adenauer-Ära, gehören die Braunkohlenschniers zur Prominenz der Bundesrepublik, sie sind angesehen wegen ihres vorbildlichen politischen und humanitären Engagements. Der Sohn wundert sich, als er den Vater in einer Fernsehrunde diskutieren hört.

Was machte ... meinen Vater so hart und stark, warum redete er da am Fernsehschirm von gesellschaftlichen Verpflichtungen, von Staatsbewußtsein, von Deutschland, sogar von Christentum, ... und zwar so, daß man gezwungen war, ihm zu glauben?

Und von seiner Mutter weiß Hans Schnier zu berichten:

Meine Mutter ist inzwischen schon seit Jahren Präsidentin des Zentralkomitees der Gesellschaften zur Versöhnung rassischer Gegensätze; sie fährt zum Anne-Frank-Haus, gelegentlich sogar nach Amerika und hält vor amerikanischen Frauenklubs Reden über die Reue der deutschen Jugend.

Das Verhalten der Schnier-Eltern in der Hitlerzeit straft ihr jetziges Reden und Tun Lügen. Sie haben bedenken- und gedankenlos das Regime bis zuletzt unterstützt, weil sie glaubten, eine patriotische Pflicht erfüllen zu müssen. Die Schniers stehen in Bölls Roman für das Unvermögen vieler Deutscher, mit ihrer Vergangenheit zu leben, für den Hang, einer Gewissensbelastung und einem Gewissensbemühen durch Verdrängen, aber auch durch Betriebsamkeit unter neuem Vorzeichen zu entgehen.

Heinrich Böll hatte in den sechziger Jahren viele Anhänger und Verehrer. Und es waren weniger die Armen und Zukurzgekommenen als deren selbsternannte Anwälte, die Ungehaltenen und chronisch Unzufriedenen, die bei ihm als moralischer Autorität die Bestätigung dafür suchten, daß es schlimm stand um das Land.

Böll hat die Bundesrepublik jener Jahre ein »ungenaues Land« genannt. Der berühmt gewordene Schluß des Romans kann zu der Frage Anlaß geben, ob nicht der Clown womöglich eine ungenaue Figur geworden ist.

[...] ich klappte die Spiegeltür auf: großartig, so gut hatte ich noch nie ausgesehen. Ich hatte die Schminke zu dick aufgetragen, ihr Fettgehalt war in den Jahren, die sie schon dort gelegen haben mochte, eingetrocknet, und nun sah ich im Spiegel, daß die Schminkschicht schon gesprungen war, Risse zeigte wie ein ausgegrabenes Denkmalsgesicht. Meine dunklen Haare wie eine Perücke darüber. Ich summte einen Text vor mich hin, der mir gerade einfiel: »Der arme Papst Johannes, hört nicht die CDU, er ist nicht Müllers Esel, er will nicht Müllers Kuh.« Das konnte für den Anfang gehn, und das Zentralkomitee zur Bekämpfung der Gotteslästerung konnte an dem Text nichts auszusetzen haben. Ich würde noch viele Strophen hinzudichten, das Ganze balladesk intonieren. Ich hätte gern geweint: die Schminke hinderte mich, sie saß so gut, mit den Rissen, mit den Stellen, wo sie anfing abzublättern, die Tränen hätten das alles zerstört. Ich könnte später weinen, nach Feierabend, wenn mir noch danach zumute war. [...]

Es war kühl draußen, Märzabend, ich schlug den Rockkragen hoch, setzte den Hut auf, tastete nach meiner letzten Zigarette in der Tasche. Mir fiel die Kognakflasche ein, sie hätte sehr dekorativ gewirkt, aber doch die Mildtätigkeit behindert, es war eine teure Marke, am Korken erkennbar. Das Kissen unter den linken, die Gitarre unter den rechten Arm geklemmt, ging ich zum Bahnhof zurück. Auf dem Weg erst bemerkte ich Spuren der Zeit, die man hier die »närrische« nennt. Ein als Fidel Castro maskierter betrunkener Jugendlicher versuchte mich anzurempeln, ich wich ihm aus. Auf der Bahnhofstreppe wartete eine Gruppe von Matadoren und spanischen Donnas auf ein Taxi. Ich hatte vergessen, es war Karneval. Das paßte gut. Nirgendwo ist ein Professioneller besser versteckt als unter Amateuren. Ich legte mein Kissen auf die dritte Stufe von unten, setzte mich hin, nahm den Hut ab und legte die Zigarette hinein, nicht genau in die Mitte, nicht an den Rand, so, als wäre sie von oben geworfen worden, und fing an zu singen: »Der arme Papst Johannes«, niemand achtete auf mich, das wäre auch nicht gut gewesen: nach einer, nach zwei, drei Stunden würden sie schon anfangen, aufmerksam zu werden. Ich unterbrach mein Spiel, als ich drinnen die Stimme des Ansagers hörte. Er meldete einen Zug aus Hamburg – und ich spielte weiter. Ich erschrak, als die erste Münze in meinen Hut fiel: es war ein Groschen, er traf die Zigarette, verschob sie zu sehr an den Rand. Ich legte sie wieder richtig hin und sang weiter.

Von diesem Schluß darf noch einmal zum Titel zurückgelenkt werden. Warum hat Heinrich Böll Hans Schnier zum Clown gemacht? Ein Clown nimmt sich gewöhnlich etwas ganz Schwieriges vor, probiert es eifrig immer wieder – doch immer wieder umsonst, es geht daneben. Hat Böll dieses Mißlingen, das vergebliche Anrennen gegen die undurchdringliche und zugleich elastische Wand des vielfach miteinander verflochtenen »Bestehenden« schon im Titel vorwegnehmen wollen? Bisher hat Schnier nur in Gedanken und am Telefon seinen Unmut geäußert, rebelliert. Wenn er auf der Bahnhofstreppe in Clownsmaske als Bänkelsänger auftritt, wird er über kurz oder lang Publikum um sich haben. Sollte er nun seine »Ansichten« singend zur Gitarre vortragen, werden die Passanten im Karnevalskostüm auf ihn, gar auf die »Ansichten« hören? Oder macht ihn »die erste Münze«, die ein Passant in seinen Hut wirft, endgültig zum Außenseiter, zum Bettler nämlich?Der Schriftsteller Heinrich Böll, dem als Melancholiker Resignation nicht fremd war, hat seinem Roman ein zwar effektvolles, aber undeutliches Schußbild mitgegeben. Die Leser wollten es wohl nicht genauer haben. ›Ansichten eines Clowns‹ wurde Bölls erfolgreichster Roman.

Siegfried Lenz
Deutschstunde

Siegfried Lenz, 1926 geboren, schreibt seit vier Jahrzehnten Erzählungen und Romane und hat immer wieder viele begeisterte Leser gefunden. Sein größter Erfolg aber war der Roman ›Deutschstunde‹, der 1968 erschien. In knapp einem Jahr wurden über 100000 Exemplare verkauft, das Buch stand einige Zeit an der Spitze der Bestsellerlisten. In einem Interview formulierte Lenz das Thema des Romans so: »Konflikt zwischen Macht und Kunst, dargestellt am Beispiel eines Malverbots in Deutschland«. Es ist das nationalsozialistische Deutschland, in dem das Verbot ausgesprochen wird; Lenz greift nochmals ins nun schon über zwanzig Jahre zurückliegende Gestern zurück.

In den sechziger Jahren waren in großen Prozessen die Verbrechen des Hitlerregimes und seiner Handlanger in ihrem ganzen Umfang aufgedeckt und, soweit es ging, verhandelt worden. Dabei geriet die Generation der Väter, jener, die zwischen 1930 und 1945 in den besten Jahren waren, ins Zwielicht. Wie blind waren sie gewesen, wie willig hatten sie mitgemacht, wie viel verschwiegen sie? Die Jungen fragten beharrlich.

Der Vater in Lenz' Roman läßt sich nicht befragen, schon gar nicht von seinem Sohn; aber der Sohn erzählt, worunter er als Junge gelitten hat. Der Vater, der ohne schlechtes Gewissen Macht vertritt und Macht ausübt, hat ihn in einen Konflikt hineinwachsen lassen, der den jungen Menschen belastet; vielleicht hat der Vater das Leben des Sohnes ruiniert.

Siggi Jepsen – so heißt der Junge –, Häftling in einer Jugendstrafanstalt, soll irgendwann in den sechziger Jahren in der wöchentlichen Deutschstunde einen Aufsatz über das Thema ›Die Freuden der

Pflicht‹ schreiben. Er hat sogleich viele Einfälle, kann sie aber nicht ordnen und gibt ein leeres Blatt ab. Der Lehrer vermutet Widersetzlichkeit und schaltet den Direktor ein, der Siggi über das gleiche Thema eine Strafarbeit verfassen läßt. Siggi beginnt seine Kindheits- und Jugendgeschichte niederzuschreiben und erhält dafür von der Anstaltsleitung, die sich Aufschlüsse für die Klärung seines Falls erhofft, reichlich Zeit zugestanden, sage und schreibe 105 Tage. Damit ist die Rahmenhandlung abgesteckt. Siggis Niederschrift, die die eigentliche Haupthandlung bildet, wird von dem jungen Psychologen Mackenroth gelesen und für eine Diplomarbeit ausgewertet, in der er den »Fall« in psychologischem Fachjargon darstellt und interpretiert. Diese Ausführungen wiederum bekommt Siggi zu lesen. Er ist der Ich-Erzähler des Romans, was sich, betrachtet man das Ganze, als Schwachpunkt dieses Werks herausstellt, denn so viel Überblick und Einsicht, wie er zwangsläufig beweisen muß, ist ihm beim besten Willen nicht zuzutrauen.

Auch wenn Sie es schon wissen: ich muß erwähnen, daß das Manuskript, das er mir auf mein Kopfkissen gelegt hatte, ein Teil seiner Diplomarbeit war – Kunst und Kriminalität, dargestellt am Fall des Siggi J. –, ein unnumeriertes Kapitel, das den aufschlußreichen, jedenfalls eingängigen Titel ›B. Jugend und Umwelteinflüsse‹ trug. Also erwartete er wieder ein Gutachten, eine Auskunft erwartete er, wie ich mit mir zufrieden war. Er hatte sein wissenschaftliches Brennglas über einen Burschen namens Siggi J. gehalten; nun sollte auch ich das Brennglas benutzen – so lange, bis einer von uns unter dem gesammelten Lichtstrahl zu qualmen anfing. Was war da auszurichten? Und womit? Erwartete er Verbesserungsvorschläge? Zustimmung? Ablehnung? Ich angelte mir das Manuskript, zündete eine Zigarette an.

Ich las und erfuhr über mich:

... als das dritte und letzte Kind des Landpolizisten Ole Jepsen geboren. Seine Heimat ist Rugbüll, ein kleiner Flecken bei Glüserup im äußersten Norden Deutschlands, nicht weit von der dänischen Grenze. Siggi – seine genauen Vornamen lauten Siegfried Kai Johannes – stammt mütterlicherseits von selbstbewußten Bauern ab, die jahrhundertelang eigenen Boden bearbeiteten, in der Familie des Vaters überwiegen – überwiegen! – kleine Geschäftsleute, Handwerker und niedere Beamte. In seinem Elternhaus, in dem alles seinen geregelten Gang nahm, wuchs das Kind ohne Spannungen heran und durchlief normale Apperzeptionsstadien! Der Anhänglichkeit an den Vater entsprach eine als scheu zu bezeichnende Liebe gegenüber der Mutter. Da die Geschwister – Klaas und Hilke – wesentlich älter waren als die Demonstrationsperson, schieden sie als ebenbürtige Spielgefährten aus, was den Knaben dazu brachte, sich eine eigene, vielfach belebte Spielsphäre zu schaffen, die laut Aussagen der Mutter von zwei Gestalten beherrscht wurde, die Kaes und Püch hießen. Von ihnen ging ebensoviel Freude wie Ängstigung aus. Also war Wolfgang Mackenroth bei den Leuten in Rugbüll gewesen, also hat er sie zum Sprechen gebracht.

In der Deutschstunde, in der das Thema ›Die Freuden der Pflicht‹ gestellt wurde, hatte Siggi sogleich an seinen Vater gedacht, einen Polizisten, dem die Erfüllung seiner Dienstpflichten Lebensinhalt war und ist. Siggi hat es nicht leicht mit dem strengen Mann, dem seine Prinzipien über alles gehen. Der Junge findet aber einen Freund in dem Maler Max Nansen, der als Expressionist einen Namen hat (es liegt nahe, in ihm Züge Emil Noldes zu entdecken, dessen bürgerlicher Namen Hansen lautete); Nansen weckt in Siggi die Liebe zu Bildern und ein erstes Verständnis für Kunst. Über den Zeitraum, der in Siggis Heften ausführlicher behandelt wird, findet sich in der Diplomarbeit Mackenroths eine relativ knappe wertende Zusammenfassung, in die Siggis Kommentare eingestreut sind.

Als in den letzten Kriegsjahren der Maler M. L. Nansen ein Malverbot erhielt, das der Landpolizist Jepsen nicht nur zu überbringen, sondern dessen Einhaltung er auch zu überwachen hatte, fand sich die Demonstrationsperson einem zwangsläufigen Zwiespalt ausgesetzt. Vom Vater als Zwischenträger geworben, vom Maler mit Aufgaben betraut, die gelegentlich der Rettung von Bildern dienten, bewies der Junge instinktiv ein Verständnis für die Notwendigkeiten der Zeit.

Das ließe sich doch wohl auch anders sagen.

Hinzu kommt ein Bruch in der Familie, unter dem der Junge stark litt: sein Bruder Klaas, der sich selbst verstümmelte und aus einem Lazarett floh, wurde von der Mutter sozusagen ausgestoßen, vom Vater schwerverwundet ausgeliefert.

»Das ließe sich doch wohl auch anders sagen.« Was Mackenroth in dürren Worten zusammengefaßt hat, liest sich in Siggis Aufsatz in der Tat anders.

Wie etwa kam es dazu, daß Maler Nansen sein Bild ›Der Mann im roten Mantel‹ vor den Augen des Polizisten Jepsen in Stücke riß und Siggi die durcheinandergeratenen Fetzen aus Vaters Pistolentasche wieder zusammensetzte?

Der Polizist, der auch die Befolgung der Verdunkelungsvorschriften zu überwachen hat, bemerkt Lichtschein aus Nansens Atelier. Er tritt näher und beobachtet den Maler bei der Arbeit. Dieser ringt offenbar darum, daß eine seiner Vorstellungen auf der Leinwand Gestalt annimmt: Ein kobaldartiger Kerl soll auf Händen stehen und gehen, ohne daß sich sein roter Mantel aufstülpt oder verschiebt. Ein junger Mann, der die Züge von Siggis Bruder Klaas trägt, steht in grünweiß fahlem Licht; man sieht ihm an, daß er sich fürchtet und fliehen will. Vor dem Mann im roten Mantel? Nansens Riß hat auch die beiden Figuren getrennt.

Mit dir, Mann im roten Mantel, begann ich das zerstörte Bild wiederzufinden, es zu suchen in unregelmäßigen Fetzen und Schnipseln, und ich weiß noch die Spannung und die Freude, von denen meine Suche begleitet wurde. Nicht vom Rand, auch nicht vom Zentrum ging ich aus: ich ließ mich von der Farbe leiten, fügte Rot zu Rot und Grün zu Grün, paßte noch nicht die einzelnen Stücke aneinander, sondern verteilte sie nur, wie gesagt, nach ihrer farblichen Zugehörigkeit, teilte das Bild so in Abschnitte ein oder womöglich Kapitel, die nun geordnet werden mußten.

Ich gebe zu, es waren keine leichten Entscheidungen, beispielsweise jedes Braun dem Abschnitt Braun zuzurechnen, und manches Grün mußte ich dreimal befragen, bevor es endgültig grün bleiben durfte: die längste Zeit brachte ich damit zu, Farben zu bestimmen.

Wie aufschlußreich Papier sich zerreißen läßt! Wie viele Vergleiche ich bemühen müßte, um die Fetzen zu bezeichnen im Reichtum der Formen. Die Insel Kreta, eine Lanzenspitze, ein Dachstuhl, ein Lampenschirm, ein Kohlkopf, eine Standuhr, der italienische Stiefel, eine Makrele, eine Vase: an all das und noch mehr erinnerten mich die bunten Stücke mit den faserigen Rißstellen, die ich jetzt aneinanderlegte, verschob, hin und her gleiten ließ.

Mit dem Zeigefinger drückte ich die Fetzen an den Tisch und rangierte sie zügig an mutmaßliche Anschlußstellen heran, manövrierte eine schwarze Jacht in einen Hafen, den ich mit dem indischen Dreieck schloß, durch Anlegen passender Teile machte ich aus einem roten Kugelbaum zuerst den aufgebäumten Körper eines Pferds, dann einen fliegenden Drachen und schließlich, immer neue Schnipsel und Stücke einpassend, eine rote Glocke, den roten glokkenförmigen Mantel. Wie viele Möglichkeiten in einem Bild steckten! Wie viele Stationen es da am Anfang gab!

Was machte der Mann im roten Mantel? Warum trug und balancierte er den Strand auf seinen Händen, während die koboldhaften Füße frei in der Luft ragten? Konnte er kichern unter der grauen Last? Ich hantierte weiter mit Fußteilen, mit gespreizten Fingern, mit einem schweren grünweißen Körper, suchte für einen durch Schattenfall vergrößerten Mund ein Gesicht und fand – schiebend, probierend – einen Hinweis auf Klaas, fügte Dreiecke und Rhomboide hinzu und ließ meinen Bruder sich selbst immer ähnlicher werden, bis er endlich fluchtbereit vorhanden war: Klaas, nicht eine Wiedergabe, sondern ein Ausdruck der Furcht.

So stellte ich sie her, so befreite ich meinen Bruder und den Mann im roten Mantel: ich legte und erriet sie aus den Fetzen. Sie waren da, aber sie wollten nicht zueinander passen. Der gleiche sandgraue Strand, über den mein Bruder fliehen wollte, wurde vom Mann im roten Mantel hochgestemmt: waren es zwei Strände? Fehlte etwa eine Brücke? Hatte ich das Bild doch nicht richtig zusammengesetzt? Den Tisch umkreisend, spielerisch hier und da Schnipsel ansetzend, erkundete ich die Beziehung zwischen den beiden Männern, und da der Vordergrund nichts preisgeben wollte, hielt ich mich an den Hintergrund, an die schwarze, winterliche Nordsee. Aus dem Schwarz der See lief eine ins Blaugrün spielende Welle gegen den Strand, sie war zwischen und hinter beiden Männern erkennbar, eine breite, eher matte Welle, die ich nun die verbindende Hauptrolle spielen ließ: ohne Rücksicht darauf, wie beide Figuren sich zueinander verhielten, vervollständigte ich die breite Welle und ließ sie durchlaufen, wobei ich gezwungen war, den Mann im roten Mantel umzudrehen, ihn auf dem Kopf stehen zu lassen. Jetzt traf es sich, daß der Strand, über den mein Bruder fliehen wollte, und der Strand, den der Alte hochstemmte, zusammenpaßten. Jetzt traf es sich, daß der niedrige Horizont ihrer beider Horizont war und sich gleichmäßig fortsetzte, und es traf sich, daß die Furcht meines Bruders, der sich aus der Szene herausdrehte, einen unmittelbaren Anlaß hatte: den mageren, krummen und die Schwerkraft foppenden Mann im roten Mantel. Es war kein Fetzen übriggeblieben.

Siggi läßt das Bild neu entstehen; bei seinem Bemühen, das Augenmaß und Phantasie verlangt, vollzieht er den schöpferischen Akt des Malers, besser eines Malers, nach, faßt in Sprache, was ihm dabei durch den Kopf geht. Wenn der verlorene Bruder, der Nansen oft Modell gestanden hat, mit einem »Ausdruck der Furcht« aus dem Bild drängt, so sieht Siggi darin nicht die Furcht vor dem Mann im roten Mantel, einem Selbstporträt Nansens, sondern vor den Verfolgern des Wehrflüchtigen, unter denen auch sein Vater war. Der Junge versteht zunächst nicht, warum der Mann im roten Mantel kopfstehen soll. Daß der Maler es so gewollt hat, ergibt sich dann aus dem Muster, zu dem die Stücke sich fügen. Nichts bleibt übrig. Das Bild hat zumindest in seiner Idee überlebt, Siggi hat es gerettet.

Für Siggis Vater, den Polizeiposten Rugbüll, ist die Angst im Gesicht seines Sohnes ein Beweis dafür, daß Nansen das Bild unter Mißachtung des Malverbots erst kürzlich begonnen hat. Gewissensbisse verspürt der pflichtgetreue Polizist nicht. Einige Zeit später setzt er sich befriedigt zu Tisch, es gibt gebratene Heringe. Natürlich kommt das Gespräch auch wieder einmal auf den Maler.

Siegfried Lenz läßt bei der Schilderung des Essens in der Jepsenschen Wohnküche seiner Freude am kernig-farbigen Detail freien Lauf, zeigt aber auch die Kehrseite der Familienidylle. »Gesundes Volksempfinden« läßt sich vernehmen, auf das die Nazi-Kunstwarte bauen konnten.

Endlich trug meine Mutter die Heringe und die Schüssel mit dem etwas zu glasigen Kartoffelsalat auf, der mit Apfelscheiben durchsetzt war, und nachdem wir uns bei den Händen gefaßt und tonlos skandierend Gu-ten-Ap-pe-tit gewünscht hatten – etwas, das wir nur machten, wenn Hilke zu Hause war –, begannen wir zu essen. Nacheinander gruben wir uns Batzen von Kartoffelsalat aus der braunen Schüssel, angelten uns Heringe von der Platte. Ein Druck mit der Gabel genügte, um das Rückenfilet abzutrennen, ein Stich mit den Zinken, um die Hauptgräte herauszuheben: ich brauchte mich nicht sehr anzustrengen, um den Vorsprung von zwei Heringen, den ich Hilke gegenüber erworben hatte, zu halten und auszubauen, nur meinen Vater konnte ich nicht überholen. Der Polizeiposten Rugbüll hatte seine eigene Methode, die Hauptgräte herauszuheben, und danach klemmte er gleich einen halben Fisch in die Gabel und schob sie in den Mund, ohne zu zischen oder zu blasen, und ich konnte nur noch erregt zusehen, wie die Gräten sich an seinem Tellerrand häuften. Wenn es gebratene Heringe gab, dann glich er Per Arne Scheßel, dem gierigsten Esser, dem ich zugesehen habe, obwohl ich zugunsten meines Vaters sagen muß, daß er mehr von der Wärme, der Wohltat, dem seufzenden Genuß des Essens ahnen ließ als der sauertöpfische Heimatforscher. Ich schaffte es einfach nicht, so viele Gräten wie er auf den Rand meines Tellers zu häufen, aber Hilke und meine Mutter, die übertraf ich mühelos.

Da war ein Kauen und Mahlen und Schlucken bei uns, der Turm der Heringe wurde flacher, der Kartoffelsalat zeigte Trichter, Grotten und Klippen, und ich fühlte schon eine warme Müdigkeit, eine zufriedene Ermattung, da entdeckte Hilke das rotleuchtende Papierstück, das aus der Jackentasche meines Vaters herausguckte. Sie zog es ganz heraus, hielt es auf flacher Hand fragend über den Tisch, legte es, da keiner von uns sich äußerte, neben ihren Teller und sagte zu meinem Vater: Was du alles in der Tasche hast.

Mein Vater langte wortlos über den Tisch, wischte den roten Fetzen zu sich heran und steckte ihn wieder in die Tasche. Das ist wohl geheim, sagte Hilke, und mein Vater, auf seinen Teller hinabsprechend: Wenn man nur genug Heringe bekommen könnte in dieser Zeit, wenn man nur. –

Ist Max gesund, fragte meine Mutter plötzlich. Er soll wohl gesund sein, sagte mein Vater, und sagte, während er mit einem Riß der Gabelzinken einen Hering aufschlitzte: Jetzt isses so weit gekommen, daß ich nicht mehr großzügig sein kann. Aber das hat er selbst so gewollt.

Meine Mutter hörte zu essen auf. Sie stützte die Ellenbogen auf den Tisch. Sie blickte auf den scharfen Scheitel meines Vaters und sagte tatsächlich: Manchmal denke ich, Max soll sich freuen über das Verbot. Wenn man sich so ansieht, welche Leute er malt: die grünen Gesichter, die mongolischen Augen, diese verwachsenen Körper, all dieses Fremde: da malt doch die Krankheit mit. Ein deutsches Gesicht, das kommt bei ihm nicht vor. Früher – ja. Aber heute? Fieber, du mußt denken, alles ist im Fieber gemacht. – Aber im Ausland ist er gefragt, sagte mein Vater, da gilt er was. – Weil sie selber krank sind, sagte meine Mutter, deshalb umgeben sie sich auch mit kranken Bildern. Sieh dir nur mal die Münder seiner Leute an, schief und schwarz sind sie, entweder schreien sie, oder sie lallen, ein besonnenes Wort kommt aus diesen Mündern nicht heraus, zumindest kein deutsches Wort. Ich frag mich manchmal, welche Sprache diese Leute wohl sprechen mögen.

Deutsch jedenfalls nich, sagte mein Vater, da hast du recht. – Es wird Busbeck sein, sagte meine Mutter, der hat Max soweit gebracht: um dem Ausland zu gefallen, hat er ihn dazu überredet, all das Fremde und Kranke darzustellen, die grünen Gesichter, die klaffenden Münder, diese seltsamen Körper. Max sollte froh sein über dies Verbot, weil es ihn zu sich selbst zurückbringt. Zu unserer Art. Mein Vater schob den Teller fort und wischte sich den Mund. Hilke stand auf, trug alle Teller zum Herd hinüber, brachte kleine Schalen mit Apfelmus und setzte sie vor uns hin. Diesmal muß er einen Denkzettel bekommen, sagte mein Vater, und meine Mutter darauf: Wenn man denkt, wie Ditte am Geld hängt – eine Geldstrafe würde sie am meisten treffen. – Ich geb das nach Husum, sagte mein Vater, nich nach Berlin. Sollen die in Husum sich was ausdenken für Max.

Die Zeiten ändern sich. Ole Jepsen, der in den letzten Kriegstagen noch alle Männer zum Volkssturm einzog, wird für kurze Zeit entlassen, dient aber bald wieder als Ordnungshüter in Rugbüll, diesmal erhält er seine Anweisungen eben von einer demokratischen Regierung.

Drei Monate nur hatte es keinen Polizeiposten Rugbüll gegeben, doch dann tauchte er wieder auf mit seinem trockenen Gesicht und den schlecht sitzenden Hosen und übernahm sein Amt mit einer Selbstverständlichkeit, als hätte er keinen erzwungenen, sondern einen freiwilligen Urlaub gemacht; nur die Reifen des Dienstfahrrades mußte er aufpumpen, weil die in der Zwischenzeit Luft gelassen hatten. Nachdem meine Mutter ihm das kleine Ding abgetrennt hatte, diesen Adler, löste er selbst die Kokarde von seiner Mütze, warf beide, Adler und Kokarde, jedoch nicht weg, sondern legte sie in eine Blechschachtel und verwahrte die Schachtel in seinem Schreibtisch, und noch am selben Tag, vor seiner offiziellen Wiedereinsetzung, schwang er sich auf sein Fahrrad und strampelte den Deich hinab und ließ sich bereitwillig von jedem anhalten, um mit immer gleichen Worten, immer gleichen abwertenden Handbewegungen die Zeit seiner Abwesenheit zu bezeichnen: In Neuengamme, ja; halb so schlimm; über das Essen läßt sich nix; die Behandlung im großen und ganzen war; von Übergriffen läßt sich nix, und so weiter.

Nicht ein einziges Mal machte er sich die Mühe, ein neues Wort dazu zu erfinden oder wenigstens ein abgebrauchtes wegzulassen – wann immer er auch von seinen Erlebnissen erzählte, keiner wurde betrogen, es gelang ihm jedesmal eine wortwörtliche Wiederholung. Er kam zurück und setzte einfach fort, was er hatte unterbrechen müssen, auf seine Weise und in der Reihenfolge, die er allen Dingen gab.

Der Psychologe Mackenroth hat beim Studium von Siggis Fall einen neuen Fachbegriff geprägt: Jensenphobie, die krankhafte Angst des Kindes vor dem Vater. Nachdem der Alte auch noch nach Ende der Hitler-Diktatur Bilder Nansens aufspüren und vernichten will, wachsen in dem Halbwüchsigen Furcht vor dem Polizistenvater und Angst um die Bilder, die er schon vorher in einer Mühle versteckt hat, um sie vor dem Zugriff des als Psychopathen erlebten Vaters zu schützen. Dieser Rettungs- und Schutzinstinkt wird zur Zwangsvorstellung: Siggi wird schließlich zum Bilderdieb. Wegen Bilderdiebstahl sitzt er ein. Daß er in gewisser Weise an Stelle seines Vaters bestraft wird, mag dem Leser aufgehen; für Siggi bleibt es ohne Bedeutung.

Als er seine Strafarbeit schreibt, versucht er sich zu erinnern, wie alles angefangen hat. Man spürt, wie stark Nansens Bilder und Motive von ihm Besitz ergriffen haben.

Es mußten die beiden Geldwechsler sein, die mit ihren leicht grüngoldenen Händen und den maskenhaften Gesichtern: sie sahen mich an. Sie verständigten sich nicht mehr aus den Augenwinkeln über den gebeugt vor ihnen sitzenden Mann, dessen Verzweiflung sie nichts anging, dessen Schmerz ihnen nur gelegen kam. Mir schien, sie hatten den Blick gehoben, in ihren eisgrauen Augen fehlte jetzt jede Überlegenheit. Ich konnte es nicht erklären, wollte es auch nicht erklärt haben, das Bild zog sich zusammen, da war ein ziemlich genauer Schmerz und eine Klammer auf den Schläfen, etwas Helles bewegte sich auf das Bild zu, schwankend, aus der Tiefe des Hintergrunds, die Geldwechsler schienen den Atem anzuhalten; ich griff mit beiden Händen in die Decke; denn nun wurde deutlich, daß da eine kleine offene Flamme war, die sich aus dem Hintergrund näherte, stetig, unwiderruflich. Was überwog meine Furcht? Die Verblüffung? Die Schwäche? Der Schreck? Meine Furcht ließ mich still sein und zusehen, eine Weile wenigstens; ich weiß nur dies:

Da war das Bild. Da war die kleine offene Flamme. Da war die Furcht. Das war beinahe alles. Und ich dachte nicht weit, als ich die Decke abstreifte und aufstand, ich mußte einfach das Bild herunternehmen, mußte es umdrehen, den Papprücken lösen und die Geldwechsler aus dem Rahmen nehmen. Wo waren sie sicher? Unter dem Kopfkissen? Im Schrank?

Ich zog das Hemd aus der Hose, legte das Bild an meinen Körper – so wie ich es einst mit dem ›Wolkenmacher‹ getan hatte –,streifte das Hemd wieder über und legte mich auf das Lager und beschloß, keinem etwas zu sagen, nicht einmal dem Maler. Ich wollte das Bild nur in Sicherheit bringen; ich wollte es fortbringen, an einen Ort, den ich selbst noch nicht wußte, nur weg von hier, wo es aufflammen konnte jeden Augenblick. Wie kühl es an meiner Haut lag! Wie sicher es dort war! dachte ich, und ich schloß die Augen, um die anderen Bilder nicht ansehen zu müssen. Sollte ich es ihm erzählen? Würde er mir glauben, was ich ihm erzählte? Oder sollte ich fliehen? Ich wollte das Bild ja nicht behalten – ebensowenig wollte ich spätere Bilder für mich behalten, die ich, weil sie bedroht waren, in Sicherheit brachte, nur vorübergehend in meine Obhut nehmen.

Am Ende des Romans steht Siggi vor der Entlassung. Am letzten Abend spricht er mit dem Wärter Joswig, der ihm immer viel Verständnis entgegengebracht hat.

Die Zeit ist wohl um? – Welche Zeit? – Deine Zeit auf der Insel. – Es sieht so aus. – Freust du dich? – Worauf? – Hier wegzukommen, nach drüben zu fahren, drüben etwas Neues anzufangen? – Etwas Neues? Was soll das sein? – Vielleicht etwas, was man ganz allein macht. – Das gibt's doch nicht: in jede Suppe, die wir rühren, hat schon jemand gespuckt. Joswig kam zu mir ans Fenster, schlurfend, ich spürte, daß er mir etwas Leichtes, Tröstliches, von mir aus Gleitfähiges sagen wollte, doch es gelang ihm nicht, alles, was ihm glückte, war ein Hinweis darauf, daß mir zum Abschied ein Wunschessen zustand, und daß er sich, an meiner Stelle, Finkenwerder Ewerscholle in Speck wünschen würde, das sei »reell«. Ich versprach, auf seinen Vorschlag zurückzukommen. Eine scheue Berührung zum Abschied, und er ließ mich allein. Wie behutsam, wie rücksichtsvoll er abschließen konnte, wenn er es nur wollte, und mit wieviel Gefühl er sich entfernen konnte, wenn er es nur darauf anlegte.

Seit fünf Tagen ist die Strafarbeit fertig, morgen muß ich sie abliefern. Muß? Nicht auf die Resultate kommt es an, hatte Himpel einmal gesagt, sondern auf Haltung und Ausdauer, die zu den gewünschten Resultaten führen. Da er mit meiner Ausdauer zufrieden ist – brauchte er da noch meine Hefte? Ich könnte sie Hilke schenken oder Wolfgang Mackenroth oder der gleichgültig strömenden Elbe. Ich könnte sie ins Kartoffelfeuer werfen oder, nach meiner Entlassung, als Altpapier verkaufen. Möglichkeiten. Noch gibt es Möglichkeiten. Aber werde ich sie nutzen?

Eingerahmt von meinen Leuten, von Erinnerungen umstellt, getränkt von den Ereignissen an meinem Ort, unterwandert von der Erfahrung, daß Zeit nichts, aber auch gar nichts heilt, weiß ich, was ich zu tun habe und was ich tun werde morgen früh. Scheitern an Rugbüll? Vielleicht kann man es so nennen.

Was Siggi sagt, klingt bedrückt; er weiß nicht, was aus ihm werden soll, was er aus sich machen will. Wie Heinrich Böll läßt sich auch Siegfried Lenz nicht auf die Zukunft ein. Ist die Erinnerung an die schlimme Vergangenheit immer noch zu mächtig, oder konnten die Schriftsteller den fünfziger und sechziger Jahren, in denen restaurative Tendenzen auflebten und sich Dynamik zu einseitig auf materiellem Gebiet entfaltete, keine Perspektiven für ein besseres Leben abgewinnen?

Bei den Lesern war die zeitgenössische Literatur geschätzt, fast darf man sie populär nennen. Die Werksbibliothekarin der Farbwerke Höchst etwa berichtete 1961 über das Leseverhalten der Belegschaft: »Das Interesse an der Gegenwartsliteratur ist außerordentlich groß. Renommierte zeitgenössische Autoren wie Böll und Grass ... sind stets gefragt. Aber auch die Bücher von Alfred Andersch, Max Frisch, Martin Walser und Siegfried Lenz bringen es immerhin auf 10 bis 15 Ausleihungen pro Jahr.«

Die offenbar enge Beziehung, die in jenen Jahren zwischen Literatur und Gesellschaft bestand, erklärt der Literaturkritiker Reinhard Baumgart so: »... Die Literatur der Republik und die Gesellschaft des jungen, traditionslosen Staates waren heftig ineinander verklammert – ganz gleich, ob man Verklammerung als Kampf oder als eine klammheimliche, erst jetzt aufzudeckende Komplizenschaft auslegt .... Die Literatur interessierte international, gerade weil sie so verbissen engagiert war in ihre deutschen Themen und Traumata.«

Martin Walser
Halbzeit

Martin Walser hat in dem Essay ›Brauchen Romanhelden Berufe?‹ aus dem Jahr 1991 geschrieben: »Der Beruf des Helden muß mit noch mehr Notwendigkeit aufs Papier kommen als sein Name. ... Der (Beruf) ist der fundamentale Ausdruck dessen, was den Roman veranlaßt hat, worauf der Roman reagiert.« Walser nennt den Helden seines zweiten Romans ›Halbzeit‹ (1960) Anselm Kristlein und macht ihn zum Handelsvertreter, der zum Werbefachmann in einem Lebensmittelkonzern aufsteigt. Der Roman spielt in den späten fünfziger Jahren, als die Westdeutschen sich schon daran gewöhnt hatten, in einer Wohlstandsgesellschaft zu leben. Kristlein ist Ende dreißig, bald ist also Halbzeit für ihn.

Vertreter und Werbefachleute sorgen mit dafür, daß Konsumbedürfnisse geweckt und befriedigt werden, sie helfen, die Ware an den Mann, die Frau oder die Familie zu bringen. Auch Kristlein ist Familienvater, er hat Frau und drei Kinder, und alle haben ihre Wünsche und Bedürfnisse. Wie die Statistik belegt, wurden in den fünfziger Jahren viele Ehen geschlossen und viele Familien gegründet. Die Zahl der Ehescheidungen war gering. Das ließ vermuten, daß die Familie Geborgenheit und Glück verhieß und schenkte. So wollte es auch die offizielle Version. Böse Zungen sprachen allerdings schon damals von einer Ideologie der heilen Welt. Wie sehen es Walser und sein Held?

Kristlein bricht am Morgen auf, um nach längerem Krankenhausaufenthalt wieder in seinem Beruf Fuß zu fassen.

Der Ehemann geht die Treppe hinunter, vorsichtig, ein Deserteur, der sich noch im Bereich der Kaserne befindet. Mit jeder Stufe, die er hinabsteigt in diesem von Ehen wimmelnden Haus, geht er durch ein paar Ehen hindurch, im Kopf die Slogans dieser Lebensfirmen, wir machen es so und wir sind auch sehr glücklich, Dreizimmerehen, Fünfzimmerehen, nur rund um die Klingel überall der gleiche Schmutzkreis, schwarzgekachelte, blaugekachelte Ehen, fragt man eine Ehefrau etwas Allgemeines, wird sie sofort mißtrauisch, reckt den Kopf wie eine Glucke, wenn am anderen Dorfende ein Hund bellt, strafft ihre Gesichtszüge, daß man sich wundert, wohin sie plötzlich all die überflüssige Haut gebracht hat, die gerade noch über die Unterkieferknochen wie zum Trocknen hinunterhing; wahrscheinlich hat sie sich schnell unter die Bluse gegriffen und alles unter die Kleidung gezogen, wo ja Platz war, oder hatte sie tatsächlich den Kopf so hochgereckt? und dann antwortet sie immer im Plural, besonders, wenn sie von einer anderen Frau gefragt wird, gleich wittert sie eine Absicht, oh wir haben uns gut eingelebt, singt sie, oh ja, wir sind zufrieden wie noch nie, und dieses *wir,* diesen heftigen Plural des Glücks setzt sie hartnäckig und gleichzeitig feierlich vor jeden Satz, mit dem sie Auskunft gibt; jedes Wort klingt, als gebe sie ein Radio-Interview, als habe sie eine Stellungnahme zu verlesen; und wie bei einem offiziellen Kommuniqué weiß man genau, was damit verschwiegen werden soll. Gutmütig und fast gar nicht erstaunt nickt der Mann dazu. Untereinander, im Haus, können sie's aber doch nicht lassen, sich wider Willen zu entblößen, wie oft er noch und wie, Prahlerei und Eingeständnis hemmungslos durcheinander, und allmählich wird der ganze Block, ob getrennt veranlagte Ehen, ob Zugewinngemeinschaften, aufgefädelt an einem einzigen, schlüpfrigen Garn, daneben Parteiungen, Zirkel und ein so differenziertes Klassensystem, daß ein Jahrtausend Kommunismus an dieser Häkelarbeit scheitern würde wie an einem südindischen Urwald.

Er hatte sein Mietergesicht parat für den Fall, daß eine Wohnungstür sich öffnete. Vorbei noch an der Batterie hübsch genarbter Briefkästen. Die Namensschilder entweder pompös schlicht oder unersättlich ausführlich. Ihm konnte man's eben nicht recht machen. Und er war an der Haustür.

Anselm »geht durch ein paar Ehen hindurch« und blickt sogleich hinter die Kulissen. »Lebensfirma« wird die Ehe genannt, und da gibt es mehrere Firmentypen. Es geht um Vorteile, um die günstigste Einstufung; es zählt, was Geld einspart oder einbringt. Man denkt wirtschaftlich, so will es der Zeitgeist. Die Wirtschaft läßt die Werbung vormachen, wie man sich zeitgemäß verhält. Und schon benehmen sich die braven Hausfrauen so, wie sie es im Radio hören und wie sie es auf der Leinwand sehen. Walser schiebt Adjektive, die eigentlich zur Beschreibung von begehrten Wohlstandsgütern in Prospekten und Katalogen dienen, vor das streng und moralisch wirkende Wort »Ehe«. Aber die Kostümierung, die studiogerechten Auftritte sind im Grunde lästig, auch das beobachtet Walser bzw. Anselm. Lieber läßt man sich gehen, wie eh und je, und läßt den Gefühlen – »Prahlerei und Eingeständnis« – freien Lauf.

Wenn in einem Roman von 1960 der »Modernitätsschub« der fünfziger Jahre vorgeführt wird, ist natürlich Kritik im Spiel – Heuchelei, Vordergründigkeit und Spießigkeit des deutschen Bürgers werden hier bereits an den Pranger gestellt. Walser hat genau hingesehen, und er läßt zum Beobachteten seine Assoziationen spielen. So erzählt er – oder läßt Kristlein erzählen – in seiner Manier vergnüglich, und es scheint ihm nicht so wichtig, daß es mit der Handlung vorangeht. Das ist sein Stil.

Während Anselm seinen bild- und geistreichen Monologexkurs abspult, hat sich der Ehemann und Vater schon auf den Mieter umgestellt. Bald wird eine neue Situation den nächsten Rollenwechsel erforderlich machen. Der Chef, die alte Sekretärin, eine attraktive neue Sekretärin, verschiedene Kunden, sie alle dürfen, was das Rollenspiel betrifft, nicht über einen Kamm geschoren werden.

Vor seinem Krankenlager verkaufte Kristlein Ölfeuerungsanlagen. Sein Friseur will sein Kunde werden; der Vertreter stellt taktische Überlegungen an. Friseur Flintrop hat klassische Bildung genossen.

Christian Flintrop, ich war bereit, eine komplette Anlage 25 000 kcal/h etwa, mehr brauchte ein Friseur nicht. Besser nicht gleich so hohe Zahlen nennen. Erst wenn alles eingebaut war. Dann konnte er sich brüsten vor seinen Kunden. Herr über 25 000 Wärmeeinheiten pro Stunde, von einem Fotozellensklaven bewacht [...]; die Ölfeuerungsanlage als Verwirklichung eines Gymnasium-Ideals. Die Schilderung römischer Thermen mit Reinigungs-, Dampf- und Heißluftbädern eignet sich immer für ehemalige Gymnasiasten. Die gebildeten Herrn mußten erröten vor Scham, wenn sie an ihre drei fauchenden Öfchen dachten und an die Ofenröhren, die jedes Zimmer zu einer Hephaistos-Werkstatt machten.

Anselm Kristlein glaubt, das Schwerste hinter sich zu haben, hat er doch in seinen Anfängen als Vertreter schlimme Zeiten erlebt. Wie andere vom Krieg erzählen, erzählt er von seinen Landfahrten.

Die Artikel, die ich vertrat, seit ich, um mit den immer noch herrschenden Studien- und Examensvorschriften zu sprechen, seit ich vorzeitig die Universität verlassen hatte, diese oft von phantastischen Branchen ersonnenen Artikel würden, legte man sie in einem Saal aus – und das wäre etwa zum fünfzigsten Geburtstag eines Vertreters eine empfehlenswerte Jubiläumsausstellung –, diese die Geschichte unserer wirtschaftlichen Entwicklung wie ein Kolossalgemälde und besser als jede Statistik repräsentierenden Artikel würden, was mich persönlich betrifft, beweisen, daß ich weder ein Pessimist noch ein Optimist gewesen bin. Denn um das anzubieten, was ich schon anzubieten gezwungen war, durfte ich kein Pessimist sein, sonst wäre ich jeden Morgen im Bett liegen geblieben; und zu erwarten, daß man mit solchen Artikeln ein Geschäft machen könne, so optimistisch zu sein, verbot sich einfach angesichts der Ware, die ich zeitweise zu vertreten hatte. Einmal hatte ich Küchenwecker im Montafon zu verkaufen, obwohl den Bauern dort die Schläge der Kirchturmuhren so in Fleisch und Blut übergegangen sind, daß sie, ohne den Begriff der Pünktlichkeit überhaupt zu kennen, auf die Sekunde und Minute jeden Tag tun werden, was zu dieser Sekunde und Minute zu tun ist, auch wenn die Kirchturmuhren – was zumindest dort unvorstellbar ist – einmal zu schlagen aufhörten.

Einmal habe ich Gummischürzen an die Kornbauern zwischen Biberach und Ingolstadt verkauft, habe Serien von Wundern vollbracht, um die mich wahrscheinlich mancher Heilige vom Himmel herab beneidet hat, denn was die Kornbauern bei ihrem trockenen staubigen Tagwerk ausgerechnet mit schweren Gummischürzen anfangen sollten, hätte nicht einmal ich ihnen sagen können. Ich hatte zweizwanzig an der Schürze, also kamen jene Wunder eigentlich niemandem zugute, also waren es vielleicht die einzigen reinen Wunder, die je auf dieser Erde geschahen, bewirkt wurden, muß ich sagen, denn ganz von selber und mit Handauflegen ging es nicht.

Einmal habe ich zwischen Köln und Osnabrück und von Bamberg bis Oberammergau in vier Monaten nicht mehr als acht Schallplatten mit geistlicher Musik verkauft, und ich hatte bei den studierten Mönchen und gelehrten Pfarrherrn wahrhaftig einiges Interesse erhoffen dürfen für den Gesang der Mönche vom Berg Athos, für eine komplette Aufnahme der Fronleichnamsliturgie der Benediktiner von Monserrat, Langspielplatte, Demark siebenundzwanzig, die Plaza del Monasterio auf der Hülle, o Santa Imagen! Ja, angehört hatten sie sich meine Perlen aus Byzantinik und Gregorianik, angehört schon! Meine Musterplatten waren erledigt nach dieser Tour. Ich wollte sie eigentlich dem Pfarrer in Höglwörth schenken, besann mich dann aber eines Besseren, reiste noch einmal nach Ettal und zerschmetterte sie auf den Steinen des Krottenkopfs, nicht ohne ein Gelübde abzulegen, daß ich nämlich – wie auch immer das Leben mir mitspielen möge – nie mehr, nie nie mehr meine Kraft für die Verbreitung religiöser Musik verschwenden würde.

Aber auch gegenwärtig gehen die Geschäfte in der Branche nicht gut. Anselm erfährt, daß sein Arbeitgeber Moser auszusteigen gedenkt, und er hat Grund zur Klage, auch gegenüber den höheren Mächten. Er rechnet mit ihnen, indem er vor- und nachrechnet. So will es die Lebensphilosophie der Konsum- und Konkurrenzgesellschaft.

Ich hatte doch gerade meinen Zoll im Krankenhaus entrichtet, und, ohne darüber nachzudenken, war ich der Ansicht, jetzt kämen wieder einmal zuerst andere dran. Es wäre mir einfach unsinnig erschienen, wenn ich in vier Wochen wieder hätte im Krankenhaus liegen müssen. Und daß Moser mir am ersten Tag gleich mein Büro in die Luft sprengte, das schien mir auch nicht sehr gerecht zu sein. Ohne sich darüber Rechenschaft zu geben, hält man die Welt in den wichtigsten Fragen doch für gerecht und vernünftig eingerichtet, vor allem, was die Verteilung der kleineren und größeren Katastrophen angeht. Man jammert nicht bei der ersten und zweiten Schramme, man weiß, das gehört dazu, aber man glaubt, sich dadurch für einige Zeit freigekauft zu haben, und wenn man von ganz schlimmen Schicksalen hört, dann fühlt man eine ungeheure Distanz zu den Betroffenen, man sieht sie an wie Vögel auf der Stange, mit denen ein Gesetz der Ausnahme demonstriert wird, Pechvögel sind sie, und zu dieser Sorte gehört man nicht.

Bald erweist sich, daß Anselm in der Tat kein Pechvogel ist. Ein Freund läßt seine Beziehungen spielen, und Kristlein steigt aus den Niederungen des Vertriebs auf in die mittlere Etage des Lebensmittelkonzerns Frantzke. Als Mitarbeiter in einem Werbeteam darf er an einem größeren Projekt mitwirken. Es geht unter anderem um die Werbekampagne für eine neue Zahnpasta, zu der Frantzke sich entschlossen hat, weil Tubenkapazität brachlag.

Bitte keine neue Antikariesformel, rief Lambert. Dann können Sie genau so gut irgend'n Goethe-Seufzer draufschmieren.

Warum nicht? rief Werbechef Neeff, siebzigmal hat einer die Tube in der Hand, hat er also pro Jahr fünf Goethezitate, die hat er dann intus, find' ich gut.

Entschuldigen Sie, Herr Kollege, sagte Lambert, solchen Menkenkes dürfen Sie von uns nicht verlangen, dann müssen Sie schon zu ner Agentur gehen, die sowieso nur mit Büchmann-Geflügel hausiert. 'n Zitat, das jeder kennt, is doch nischt mehr wert! Wie schätzen Sie denn den Kunden ein! Nein, nein, wenn Sie schon scharf sind, unbedingt auch noch auf dem Zahnpastenmarkt mitzumischen, was ganz und gar revolutionär ist für einen Food-Konzern, und insofern finde ich Ihren Spleen ganz lustig, also wenn schon weiße Schmiere, dann nur mit neuer, sensationeller Packung, das ist unser Vorschlag, dann nur mit der neuen, und jetzt die Ohren auf, jetzt kommt's! mit der neuen Klarsicht-Meßtube!

Lambert sah zu mir her, wohl zur Belohnung, denn die Prägung stammte von mir und war gegen Herrn Dieckows Stimme angenommen worden. Klarsicht-Meßtube, das ist kein Wort, sondern eine Sprachfratze, die ihm Gänsehäute verursache! Also ein Gefühl der Kühle, der Frische, hatte Lambert gerufen, genau das ist beabsichtigt. Herr Dieckow hatte geseufzt und den Raum verlassen, als litte er an Atemnot. Lambert hatte darauf gesagt: Kinder, das braucht was, bis der geht. Alabaster-Creme hatte Dieckow die neue Zahnpasta nennen wollen. Ich hatte *Bianca* vorgeschlagen und *Bianca* wurde Uli Brugger und Fräulein Dr. Zietan zum Publikumstest übergeben. Bianca in der Klarsicht-Meßtube, was fällt Ihnen ein, wenn Sie Bianca hören? Busen, Mexiko, Italien, Casablanca, Weißwein, Titicaca-See, Hündin, Bikini, Weiß, Haut, Weich und Hart, Eleganz, das waren die Ergebnisse. Unsere beiden Psychologen sagten, das seien gute Reaktionen auf ein unbekanntes Produkt. Außer *Hündin* keine einzige negativ zu bewertende Reaktion, und selbst *Hündin* sei nicht ganz und gar negativ. Man war zufrieden mit mir. Edmund sagte: das hab ich euch ja gesagt, dem fällt was ein. Na ja, nach zehn Jahren Verkaufserfahrung, tat ich bescheiden und hörte dem Wort Verkaufserfahrung nach. Zehn Jahre motorisierter Tippelbruder. Er kann heute hingehen, wo er will. Von denen hat nie einer eine Dose Schuhwichse mitten im Winter im Jura verkauft, kann man auch nicht verlangen. Sollte mir das jetzt tatsächlich zugutekommen?

Anselm ist kein vorbildlicher Ehemann und Vater; in seinen vier Wänden und bei der bildungsbürgerlich beflissenen und nicht zu Unrecht mißtrauischen Alissa hält er es nur schwer aus. Erst draußen, in der Stadt, lebt er auf.

Ich brauche Lärm, Klatsch, Gerüchte, sowas ernährt mich, verstehst du, und wenn ich nicht ernährt werde, kann ich Alissa nicht ernähren. Manchmal gehen wir rechtzeitig ins Kino und kommen unzufrieden zurück. [...] Ich kann nach diesen Filmen nicht bloß nach Hause gehen. Ich müßte etwas tun, um der Überlegenheit der im Film geschilderten Welt etwas entgegensetzen zu können.

Anselm versucht, der »im Film geschilderten Welt« näherzukommen, indem er sich im gesellschaftlichen Leben profiliert. Wie im Geschäfts- und Wirtschaftsleben so regiert auch bei der Geselligkeit und bei festlichen Anlässen das Konkurrenzprinzip. Partys als Märkte der Eitelkeit, Ehen und Karrieren waren schon in Walsers erstem Roman, ›Ehen in Philippsburg‹, Herausforderungen für die Erzählkunst des jungen Autors. Bei einem Jubiläum der Firma hat auch Anselm seinen Auftritt. Zunächst steht er allerdings im Schatten Edmunds, den er seinen Freund nennen darf. Edmund, der wortgewandte Nonkonformist, ist auf Rededuelle spezialisiert, bei Festlichkeiten, zu denen Prominenz und Szene geladen sind, versammelt er stets einen sensationslüsternen Zuhörerkreis um sich. Eine Sensation ist es zum Beispiel, wenn er dem Mäzen, Kunstkenner und Kunstsammler Frantzke beweist, daß er beim Erwerb einer Holzfigur des heiligen Leo – der Heilige ist außerdem der Namenspatron des Konzernherrn – übers

Ohr gehauen wurde. Dem heiligen Leo muß eine Hand fehlen, und der grausame Edmund unterstellt, der Kunsthändler habe halt irgendeiner Heiligenfigur die Hand amputieren lassen. Da kann ihn Anselm eines besseren belehren. Und zugleich kann er sich für eine vorausgehende Schlappe rächen, denn Edmund hatte ihm vorgehalten, daß er den Namen seines Sohnes Guido falsch ausspreche. Vor allem aber wird es sich auszahlen, daß er Herrn Frantzke aus einer Verlegenheit helfen kann.

Da griff ich ein. Vielleicht rettete ich die Frantzkes nur, weil sie mir leid taten, vielleicht aber wollte ich auch Edmund den Schlag heimzahlen, mit dem er mir meine Guido-Geschichte kaputt gemacht hatte. Zum Überlegen war keine Zeit mehr, da die Gäste rundum schon Atem zur Lachsalve holten, sie warteten nur noch darauf, daß einer beginne.

Edmund Gabriel möge mir ja weit überlegen sein in der Kenntnis kunsthändlerischer Tricks, sagte ich, auch in der Kunstgeschichte wolle ich mich ganz gewiß nicht mit ihm messen, aber daß diese Figur ein heiliger Leo sei und nicht irgend ein verstümmelter Florian oder Georg, das sei ganz sicher.

Plötzlich stand ich und bat Herrn Frantzke, uns die Figur noch einmal zu zeigen.

Sofort wurde es dunkel und alle folgten mir hinüber zum heiligen Leo.

Wenn ein Heiliger nicht verdächtigt werden dürfe, bloß weil er eine Hand zu wenig habe, dann sei es der heilige Leo.

Und ich erzählte in schlichtem Legendenton ohne jede Spur von Besserwisserei und Belehrungshochmut die Geschichte, wie Leo der Papst die Osterkommunion in Maria major (ich verzichtete sogar auf das aparte maggiore) ausgeteilt habe, wie dann plötzlich eine kniende Frau die Hand, aus der sie gerade die Hostie empfangen hatte, an ihren Mund riß und mit Küssen bedeckte, wie Papst Leo diese Küsse auf seiner Priesterhand brannten, so sehr brannten, daß er eine Versuchung zur Unkeuschheit nicht von sich abhalten konnte, wie er dann die Hand, die so zum Ärgernis geworden war, einfach abhackte und von sich warf. Und deshalb hatte der Schnitzer mit gutem Grund den heiligen Leo als einen Einhänder dargestellt. Sie haben also, so schloß ich, einen durch und durch echten Leo im Haus.

Edmund sah mich an, daß ich sofort wußte, irgendwann einmal würde er mir das, was ich ihm jetzt angetan hatte, wieder heimzahlen. Diesmal konnte er mir den Erfolg nicht mehr verderben. Meine Geschichte war unangreifbar. Jeder hatte gespürt, daß hier ein Katholik sprach, einer, der tief verwachsen war mit dem Legendengut aus bald zweitausend Jahren. Ich glaube sogar sagen zu dürfen, daß der Erfolg meiner Leogeschichte noch größer war als der Erfolg, den die Guidogeschichte hätte haben können. Die Leute finden heutzutage alles Katholische charmant, das riecht nach Tirol, nach Eingeborenen, Bauernschnitzerei, bemalter Truhe, Einödperversion, Messerstecherei und Jodelgesang. Man macht damit einen Eindruck, der dem einer grausamen Geschichte nicht nachsteht.

Man klopfte mir auf die Schulter und führte mich im Triumphzug in die Lutherecke zurück. Die Sängerin griff Leo Frantzkes Hand, stempelte sie mit Küssen und lachte und schrie, wir sollten Leo beobachten, ob er auch eine

Versuchung zur Unkeuschheit spüre. Wenn Sie sich jetzt die Hand nicht abhacken, Leo, dann weiß ich, daß Sie nichts für mich empfinden, rief sie. Ein Beil, bringt mir ein Beil, brüllte Frantzke und alle lachten.

Als Anselm noch ein altes Familienrezept für eine Krebssuppe nachreichen kann, ist ihm die Sympathie von Gastgeber und Gästen sicher. Er hat richtig kalkuliert, gut geschauspielert, und steht nun auf der Karriereleiter eine Sprosse höher.

Glück und Erfolg hat Anselm zum Leidwesen seiner Ehefrau Alissa im allgemeinen auch bei Frauen. Vier von ihnen lernt der Leser aus Anselms Erzählungen näher kennen: die Schauspielerin Anna, die Studienrätin Gaby, die ernsthaft-mütterliche Sophie und Friseur Flintrops attraktive Tochter Melitta. Immer wieder reizt es ihn, seine Wirkung auf Frauen zu erproben; von Liebe zu reden, erscheint ihm aber suspekt und vermessen. Warum?

Liebe. Man kommt nicht herum um das Wort, obwohl es an Übersetzungsversuchen in alle Richtungen nicht fehlt. Aber wie es sich für ein großes Wort gehört: Liebe ist ein Fremdwort geblieben. Der heilige Franz, Vögel und Arme bezaubernd, Magdalena mit den langen Haaren: es scheint eine alte Verwirrung zu sein. Du machst den Mund auf und sagst: vorübergehend ein entsetzlicher Mangel an Wahlmöglichkeit. Du machst den Mund auf und sagst: Liebe, das Licht bei Stromsperre. Oder du sagst, wenn dir nach mehr Volt zumute ist: Gottesbeweis per Gewitter, und schlidderst hinein in alle Omalegenden.

Mit Susanne, die er als Verlobte seines Freundes Josef-Heinrich kennenlernt, scheint alles neu und anders zu werden; Anselm kennt sich fast selbst nicht mehr. Er, der launige Erzähler, wird zum stummen Zuhörer, als ihm die Jüdin ihr Leben und das Schicksal ihrer Familie erzählt. Als Kind war sie in der Zeit der Nazi-Verfolgung dauernd auf der Flucht, eine Odyssee führte Mutter und Tochter durch Europa und um die halbe Welt. Susanne ist vieles: eine rassig-elegante Frau, eine Dame mit burschikosem Auftreten; sie hat sich aber ihre Natürlichkeit, ihre kindliche Naivität bewahrt, die sie sympathisch machen. So ist sie untröstlich darüber, daß sie mit den europäischen Bildungsschätzen so schwer zurechtkommt. Und Anselm, ganz der alte, legt seiner Eroberungsstrategie Anweisungen für den Vertreter zugrunde, der seine Ware, diesmal ist es Anselm selbst, erfolgreich verkaufen will; er bringt es auf die Formel: How to sell myself to Susan. Und so kontrastiert Walser »ihn« und »sie«:

28. Gebot: *Geben Sie dem Interessenten, wenn möglich, die Ware in die Hand. Er sollte sie ausprobieren.*

Anselms Variation: Der Interessent muß die Ware verlangen. Auf sein eigenes Risiko. Zehn Meter sie, du einen Millimeter. Sie muß sich selbst überreden. Wer zuerst den Ring betritt, verläßt ihn geschlagen. Alte Boxerregel. Der Handelnde braucht Regeln.

Nicht daß du meinst, ich mach mir nichts daraus! Ich ginge in der Woche dreimal ins Theater, aber Josef-Heinrich ist zu faul. Kenn ich alles schon, sagt er. Wenn ich Zeit hätte, würde ich den ganzen Tag lesen, nicht daß du meinst. Solche Geschichten wie Faust und Gretchen, die sterben wollten, dabei war's ein Liebestrank, das hat mir Onkel Bernhard erzählt, weißt du, der mit dem Uhrenladen in Buenos Aires, der hat mir überhaupt am meisten erzählt von hier; hat mir O Donna Clara beigebracht und die blauen Dragoner sie reiten und kleine Möve flieg nach Helgoland, ich hatte ja keine Ahnung von Helgoland, ich weiß noch, daß ich mir dann immer vorstellte, Faust hat seine Burg auf Helgoland, schwer verwundet liegt er auf roten Steinen, ein Hirte bläst, die Möve kommt und meldet, daß Gretchens Schiff gerade anlegt, sie sterben zusammen, Mephisto kommt zu spät, er verflucht die beiden, aber die Möve flüstert: sind gerettet. Trotz allem, was sie angestellt hatten. Onkel Bernhard heulte auch immer. Nannte mich Gretchen und küßte mich richtig. Das hätte er natürlich nicht tun sollen, aber was willst du machen, er war so allein. Seit seine Frau abgehauen war, traute er sich nichts mehr zu. Ich konnte es ihm doch nicht verbieten.

Die Initiative ergreift dann Susanne, ihre Natürlichkeit wirft Anselms berechnende Planung gründlich über den Haufen. Obwohl er einen halben Erfolg verbuchen kann, hat er wieder einmal Grund, an sich zu zweifeln. Zudem steht ihm ein Ehekrach bevor, der wievielte?

Wer ist Anselm Kristlein? Anselm ist nirgendwo mehr fest verwurzelt, nicht in seiner Familie und nicht in der Tradition. Die Elterngeneration ist als schrullig, wehleidig und lästig schon fast abgeschrieben.

Unsere Sonntagsbesuche, Zusammenkünfte, in der Atmosphäre eines Krankenzimmers, man ist herzlich, aber man schont einander, meine Mutter zeigt uns, daß sie uns nicht mit allem belästigen will, was sie durchgemacht hat seit dem letzten Besuch, die Krankheiten, Onkel Gallus, kein Mensch, mit dem sie sprechen kann, sie bettelt um pauschale Anteilnahme, sie will, daß wir dankbar sind für ihre tapfer verschwiegenen Kümmernisse, zu deren bloßer Erwähnung sie doch den halben Nachmittag braucht, wir zeigen Anteilname, spüren aber, daß wir zu wenig zeigen, wir bemühen uns heftiger, ihre Leiden mitzuempfinden, und wenn das nicht gelingen will, retten wir uns dadurch, daß wir mehr zeigen als wir empfinden, das ist anstrengend, ein Widerstand wächst in uns, ein Ärger gegen die, die zuviel von uns verlangt, wir könnten ihr das übelnehmen, aber wir beherrschen uns, es ist ja bald vorbei, sie will uns zwar nicht gehen lassen, aber schließlich werden wir hart und gehen und atmen auf, wenn wir im Auto sitzen und diesen Besuch auf der Heimfahrt scherzend kommentieren, als wären wir im Zoo oder in der Irrenanstalt gewesen. Wir sind zwar Mann und Frau, aber ganz wagen wir uns doch nicht einzugestehen, daß diese Besuche von Mal zu Mal anstrengender werden.

Hier entsteht durch das immer wieder verwendete Mittel der atemlosen Länge der Sätze, die lediglich durch Kommata unterteilt sind, besonders deutlich der Eindruck, daß Anselm letztlich keinen eigenen Standpunkt hat, der ihn zur Ruhe kommen und sein Leben souverän meistern ließe. Er weiß vage, was er ablehnt, aber nicht, wofür er denn steht.

So ist es auch mit seiner politischen Überzeugung.

Er hat wirklich gelitten am Mangel politischer Attraktionen in seinem Land. Er wäre ja gern für das Bestehende gewesen, wenn das Bestehende für ihn gewesen wäre. Natürlich war er dagegen, daß das Bestehende nicht für ihn war, aber wagte noch nicht, deshalb gleich gegen das Bestehende zu sein.

Held Anselm, das ist richtig, brauchte Attraktionen. Der Ausdruck kam erst später auf, aber man hätte ihn schon als typischen Vertreter der »Erlebnisgesellschaft« bezeichnen können. Wenn es um Höheres geht, will er sich erst recht nicht binden und festlegen lassen.

Ich bewunderte alle, die ohne besondere Erregung, ohne Angst und Entzükken sagen konnten, es gebe einen Gott oder es gebe keinen Gott und die, die zu sagen wagten, es gebe keinen, bewunderte ich vielleicht noch ein bißchen mehr.

Stets allerdings begleitet Anselm jene diffuse Angst vor Schlägen und »Ohrfeigen«, die unberechenbare Mächte austeilen, die einmal Schicksal und Zufall genannt werden; gern spricht Anselm aber auch kindlich-metaphorisch von der »grauen Mieze, die mit unserem Erdball spielt«. Eine Spielart der Privatphilosophie des kleinen Mannes von heute?

Im letzten Kapitel, das »Befund« überschrieben ist, wagt Anselm in Silvesterlaune einen Blick in die Zukunft: Was werden die kommenden Jahre und Jahrzehnte bringen?

64 der neue 220 endlich mit Hydropneumatik und stufenlosem Getriebe, 65 Taormina, [...] 67 der Platz am Staffelsee. 68 die Röcke so kurz wie noch nie, 69 Alissa schlägt Trennung vor ... 80 meine Lebensversicherung wird ausbezahlt und ist nichts mehr wert. Geburtstag in rüstigem Ziergrau.

Waren das nicht für viele, die an der westdeutschen Wohlstandsgesellschaft teilhatten, in der sich immer sehr viel und zugleich sehr wenig geändert hat, »die Jahre, die ihr kennt« (Peter Rühmkorf)? Um die Mitte der siebziger Jahre verabschiedet sich Walser von Kristlein, der noch in weiteren Romanen als Hauptfigur und Ich-Erzähler agieren durfte. Anselm, so schreibt der Autor im ›Nachruf‹, habe sich 1972 zum letzten Mal bei ihm gemeldet. Und er bemerkt, dieser Anselm habe immer wieder das Bedürfnis empfunden, von sich und anderen zu erzählen, nur so vermochte er mit dem Leben fertig zu werden. Und im eingangs erwähnten Essay von 1991 bekennt Walser: »Ich kann nicht erzählen, was mir passiert ist, ... ich muß aber antworten auf das, was mir passiert ist.« Der Romanheld ist eine »Entblößungs-Verbergungsmöglichkeit«. Walser und sein Held treiben nun einmal gern ihre Spiele mit der Sprache. Immer fällt Anselm eine Menge ein, immer wieder zündet er ein Feuerwerk von Vergleichen, Assoziationen und Varianten, weit Auseinanderliegendes wird zu überraschenden und amüsanten stilistischen Effekten verschmolzen. Und so sind es eben 897 Seiten geworden, was nicht alle Kritiker erfreut hat.

Der siebenundsechzigjährige Starkritiker der FAZ Friedrich Sieburg las dem dreiunddreißigjährigen Jungautor die Leviten, seine Kritik der ›Halbzeit‹ war ein Verriß. Sieburg hat scharf erkannt, wo Walsers Stärke liegt, hält dem Jungen jedoch in einer gekonnten Stilparodie zugleich seine Schwäche vor. Wie Walser das so gerne tut, setzt er in fast jedem Satz immer noch eins drauf. So schreibt Sieburg in der FAZ vom 3. 12. 1960:

> ... Die Figuren, Antlitze und Situationen häufen sich, ja türmen sich, sie schwabbeln und hängen nach allen Seiten über. Es ist, als ob einige Schulkinder versuchten, einen toten Elefanten auf einen Handkarren zu laden. ... Doch halt, ein Motor ist da, er regt, er dreht sich, er arbeitet mit unerschöpflichem Brennstoff: es ist die Sprache. Nicht umsonst hat der Autor seinen Anselm mit dem Beruf eines Handlungsreisenden ausgestattet, denn ein solcher muß sein Zeug an den Mann bringen, er muß argumentieren, überreden, beschwatzen, quasseln, atemlos sprechen, anpreisen, quatschen, ohne Punkt und Komma, ohne Gnade, ohne Pause – und das besorgt dieser Anselm ... Denn alles, was den Schriftsteller Walser bedrängt, was in seinem Gehirn rumort und ihm am Herzen liegt, findet nicht den Weg in Gestalten, Ereignisse und Figuren, sondern einzig und allein in die Sprache. Walser kann weder beschreiben noch darstellen, er kann weder erzählen noch Zusammenhänge bilden, ja er, der Erzgescheite, kann nicht einmal Probleme ausbreiten, aber er ist der Sprache mächtig wie kein anderer Schriftsteller seiner Generation.

Wie bildet Walser Zusammenhänge, wie läßt er Anselm Kristlein aus seiner Romanwelt verschwinden? Anselm und Alissa machen sich auf in den Süden. Er fährt – es ist schon weit im Herbst – auf einer abgelegenen, engen, kurvenreichen Paßstraße und hat ein Segelboot auf dem Anhänger. Unheil liegt in der Luft. Der letzte Kristlein-Roman trägt den Titel ›Der Sturz‹.

Arno Schmidt
Aus dem Leben eines Fauns; Schwarze Spiegel

Arno Schmidt, 1914 geboren, trat erst spät, mit 35 Jahren, als freier Schriftsteller an die Öffentlichkeit. Geschrieben hat er freilich schon viel früher, und lesen konnte er, wie er von sich behauptet, schon mit vier Jahren. Sein Leben als Schüler und später als kaufmännischer Angestellter in der schlesischen Provinz verlief wohl gewöhnlicher, als er es sich gewünscht hätte. Im Zweiten Weltkrieg teilte er das Schicksal unzähliger deutscher Soldaten: Einsatz auf verschiedenen Kriegsschauplätzen, Gefangenschaft. Wie Hunderttausende seiner Landsleute verlor er in Schlesien Heimat und Habe. All dies erlebte Schmidt mit vielen anderen gemeinsam; es vermag ihn nicht zu erklären. Aber er hat wohl schon sehr früh bewußt eine zweite Art Leben gelebt, das im Laufe der Zeit immer mehr zu seinem eigentlichen wurde und in seinem dichterischen Werk Gestalt gewann. Beiläufig und an unauffälliger Stelle berichtet er, wie sich in den dreißiger Jahren seine innere Emigration vollzog:

Als junger Mensch: 16 war ich, bin ich aus Eurem Verein ausgetreten. Was Euch langweilig ist: Schopenhauer, Wieland, das Campanertal, Orpheus: ist mir selbstverständliches Glück; was Euch rasend interessiert: Swing, Film, Hemingway, Politik: stinkt mich an.

Schmidt war und blieb Einzelgänger. Er schuf sich einen eigenen Stil, der zu seinem Kenn- und Markenzeichen wurde. Ein solcher Stil ist in der deutschen Nachkriegsliteratur allein in seinem Werk zu finden, in dem wiederum die Welt des Arno Schmidt Sprache wurde.

In dem folgenden Ausschnitt aus dem Kurzroman ›Aus dem Leben eines Fauns‹ ist Schmidts Poetik, seine Art, die Welt zu sehen und darzustellen, im Kern enthalten. Worum es inhaltlich geht, wäre in alltäglich-gewöhnlicher Sprache in einem Satz zu sagen: Im Februar 1939 ist der Angestellte Düring auf dem Weg zum Bahnhof, der Frühzug soll ihn in die Stadt bringen, wo er im Landratsamt beschäftigt ist.

Bei Arno Schmidt klingt das so:

Die Chaussee (zum Bahnhof) mit Silberstreifen belegt; am Rande mit Rauhschnee hochzementiert, diamonddiamond (macadamisiert; – warn Schwager Coopers nebenbei). Die Bäume standen riesenstramm und mein Schritt rührte sich dienstfertig unter mir. (Gleich wird der Wald links zurückweichen und Felder ankommen). Auch der Mond mußte mir noch im Rücken hantieren, denn manchmal zwitschten merkwürdig scharfe Strahlen durchs Nadelschwarz. Weit vorn stach ein kleines Auto die aufgeschwollenen Augen in die Morgennacht, sah sich langsam zitternd um, und wandte mir dann schwerfällig den rotglühenden Affensteiß her: gut, daß es wegfährt!

Mein Leben ? ! : ist kein Kontinuum! (nicht bloß durch Tag und Nacht in weiß und schwarze Stücke zerbrochen! Denn auch am Tage ist bei mir der ein Anderer, der zur Bahn geht; im Amt sitzt; büchert; durch Haine stelzt; begattet; schwatzt; schreibt; Tausendsdenker; auseinanderfallender Fächer; der rennt; raucht; kotet; radiohört; »Herr Landrat« sagt : that's me!) : ein Tablett voll glitzernder snapshots.

Kein Kontinuum, kein Kontinuum! : so rennt mein Leben, so die Erinnerungen (wie ein Zuckender ein Nachtgewitter sieht) :

Flamme : da fletscht ein nacktes Siedlungshaus in giftgrünem Gesträuch: Nacht.

Flamme : gaffen weiße Sichter, Zungen klöppeln, Finger zahnen : Nacht.

Flamme : stehen Baumglieder; treiben Knabenreifen; Frauen kocken; Mädchen schelmen blusenauf : Nacht!

Flamme : Ich : weh : Nacht!!

Es gibt zwar eine Ich-Perspektive, aber nicht nur dem Ich scheint das Kontinuum zu fehlen, auch die Umgebung, die nächtliche Winterlandschaft, zerfällt beim intensiven Schauen in Einzelbilder, filmisch gesprochen in Einstellungen. Sie werden kombiniert vom diskontinuierlich lebenden und erlebenden Menschen, der nun auch noch das Seine hinzutut. Jedes Bild kann Assoziationen auslösen; Autoscheinwerfer holen das Bild schlaftrunkener Augen heran; das Rücklicht läßt auftauchen, was man einmal im Zoo gesehen hat.

Für die ungewöhnliche Text- und Druckanordnung hat Schmidt in der kleinen Theorieabhandlung »Berechnung I« eine Erklärung gegeben. Er wollte für unsere »Bewußtseinsvorgänge und Erlebnisweisen« eine adäquate Prosaform entwickeln. Ein zu einer fortlaufenden Handlung arrangiertes Nacheinander, ein »epischer Fluß«, ein »majestätisch fließendes Band« würde die Wirklichkeit verfehlen und verfälschen, »die Ereignisse unseres Lebens springen vielmehr« – und so gliedert er in einer Art Rastertechnik das Geschehen in Punkte; ein Impuls löst äußere oder innere »Erlebniseinheiten« aus.

Schneller fast als die Ereignisse springen die Gedanken. Sie setzen, um Assoziationen festzuhalten, Sprache in Bewegung. Schmidts Sprachartistik treibt ihr Spiel mit Dingen und Wörtern, befreit sie aus ihren gewohnten Zusammenhängen, macht aus einem banalen Alltagsgeschehen eine Geisterbahnszene. Der Mond »hantiert« wie einer, der Feuer macht, »zwitschen« ist wohl eine lautmalende Vokabel aus dem Schmidtschen Wortschatz, in dem »zischen« und »witschen« (huschen) mitschwingen, bezeichnet wird aber ein optischer Eindruck.

Schmidt assoziiert blitzschnell, im Nu ist der Weg vom Scheinwerfer zum aufgeschwollenen Auge, vom Rücklicht zum »rotglühenden Affensteiß« zurückgelegt. In Klammern wird eingefügt, was dem Autor nebenbei durch den Kopf geht. Die Beschaffenheit der Straße läßt ihn, gelenkt über das englische Wort »macadamize«, an den Schotten

McAdam, den Erfinder mehrschichtig befestigter Straßen, denken, und jener war, so etwas weiß und erwähnt Arno Schmidt, verwandt mit dem Amerikaner James Fenimore Cooper (1789–1851), einem von Schmidts Schriftsteller-Lieblingen, der populäre Abenteuerbücher über die Begegnungen und Kämpfe zwischen Indianern und Weißen schrieb.

Der folgende Absatz ist leicht als innere Erlebniseinheit auszumachen. Vielfache Verrichtungen und mehrfacher Rollenwechsel addieren sich in einem parataktisch gebauten Satz zum Lebensinhalt eines gewöhnlichen Tages, der sich nicht als »Kontinuum« darstellen läßt.

Das neuerliche zweimalige »Kein Kontinuum« ist dann Startsignal für Erinnerungsbilder aus der Kinder- und Jugendzeit, die im Zeitraffertempo ablaufen. Dazwischen sind durch das Wort »Flamme« harte Schnitte gelegt. »... gaffen weiße Sichter, Zungen klöppeln, Finger zahnen«, das könnte die Schmidtsche Version von Neugier und Klatschsucht in einem Provinznest sein; Schmidt wuchs in einem solchen auf.

Schmidt hat später drei Kurzromane, die zu Anfang der fünfziger Jahre zunächst getrennt voneinander entstanden waren, zu einer Trilogie vereinigt: ›Aus dem Leben eines Fauns‹, ›Brand's Haide‹ und ›Schwarze Spiegel‹. Er bemerkte dazu: »Ein Zeitbild ersten Ranges: Hitlerzeit und Krieg, Nachkriegszeit und Zukunft«. Chronologisch gesehen ist ›Aus dem Leben eines Fauns‹ der erste Text der Reihe, die den Titel ›Nobodaddy's Kinder‹ erhielt.

Der Angestellte Düring erhält einen Auftrag, der ihm Freude bereitet: Er soll für die Einrichtung eines Kreisarchivs alte Akten und Kirchenbücher durchsehen. Beim Studium der vergilbten Bestände stößt er auf den Fall eines Deserteurs aus der französischen Besatzungsarmee zur Zeit Napoleons, den er zu seinem »Präzedenzfall« macht. Der Chasseur à Cheval Thierry trieb in der Gegend sein Unwesen, und dies auch als Faun (»Ein Bauernmädchen war am Herbstabend im Moor von einem Unbekannten in zerstückeltem Deutsch gefragt worden: ob er nicht mal. Und hinterher hat er ihr noch n halben Sack Kartoffeln abgenommen«). Dieser Deserteur und Faun verleitet Düring zum »Ausbrechen in Raten (In Portionen. Halb ausbrechen)«.

Bei einem Waldgang stößt er auf das Hüttenversteck des Franzosen, das auf keiner Karte verzeichnet und offenbar hundert Jahre unentdeckt geblieben ist. Düring setzt es für einen Notfall instand. 1944 – der Krieg ist schon verloren – tritt ein solcher Notfall ein. Düring hat mit Käthe, einem Mädchen aus der Nachbarschaft, das insgeheim seine Geliebte geworden ist, einen schweren Luftangriff auf ein Industriewerk überlebt und flieht mit ihr in die Hütte. Es gibt keine Idylle von Dauer. Kurze Zeit später läßt er das Refugium in Flammen aufgehen, kein Förster oder sonstiger Staatsbediensteter soll es entdecken.

Aus der Ersatzhandlung spricht Ohnmacht, »Halb ausbrechen«, zu mehr reicht die Kraft des Einzelgängers nicht. Die Dürings/Schmidts von damals mußten es mit Deutschland zum bitteren Ende kommen lassen. Schmidt kannte Fluchtverstecke: die Bücher, die außer ihm kaum noch einer kannte und las, die Bilder, das Häuschen in der niedersächsischen Heide; Witzigkeit konnte die Ohnmacht überspielen. Von Zeit zu Zeit hat Schmidt sich durchschaut und alle Masken abgelegt.

Doch gleich darauf schrieb er weiter.

In ›Brand's Haide‹, dem zweiten Stück der Trilogie, heißt die junge Frau Lore und die Erzähler- und Hauptfigur Schmidt. Schmidt wird als Soldat und Flüchtling in das Dorf Blakenhof in Niedersachsen geschickt, genau in die Planquadrate auf der Hunderttausender Karte, in denen Düring sein Leben ohne Kontinuum lebte. Als Schlesier kannte Schmidt aus eigener Erfahrung das Schicksal der Flüchtlinge aus dem Osten, die als Habenichtse irgendwo in Westdeutschland bei wohlhabenden Bauern eingewiesen wurden. Bei Schmidt werden die Abenteuer eines notgedrungen einfachen Lebens und die kurze Romanze mit der resoluten Lore zu einer grimmigen Idylle verbunden. Am Ende klingt bereits das wichtigste Motiv aus ›Schwarze Spiegel‹ an: Schmidt ist wieder allein – und genießt es.

Zukunft ist für den Autor des 1951 geschriebenen letzten Teils der Trilogie das Jahr 1960. Schmidt lockt ein science-fiction-ähnlicher Stoff. Es sollte nicht das letzte Mal sein.

Die Folgen eines Atomkriegs haben weite Teile der Erde wüst und leer gemacht.

Auch Niedersachsen weist Spuren des Krieges auf; »Atombomben und Bakterien hatten ganze Arbeit geleistet«, schreibt der unverwüstliche Schmidt, der als einziger überlebte. Alleinsein deprimiert ihn nicht. »Und ich war erst Anfang Vierzig, wenn alles gut ging (?) konnte ich noch lange über die menschenleere Erde schweifen: ich brauchte Niemanden«! Und was er braucht, ist intakt geblieben oder läßt sich beschaffen. So holt er sich aus Hamburger Galerien Bilder, die ihm gefallen; die für ihn lebensnotwendigen Bücher führt er auf einem wohlgeölten Fahrradanhänger mit sich, und für gelegentliche »Gedankenspielereien« hat der Mathematiker und Astronom Schmidt genug im Kopf. Schon Faun Düring wußte: »Am Ende – ich tappte mit der Handfläche auf mich Beleg: bleibt nur: Kunstwerke, Naturschönheit, Reine Wissenschaften. In dieser heiligen Trinität – Und gut in Form bleiben.« Schmidtsche Helden bleiben gewöhnlich gut in Form, und ihr Autor bleibt bei seinem Schreibmuster. Schmidt erschrickt über einen schießenden »Buben«, der sich aber als weibliches Wesen entpuppt, das Lisa heißt. Es kommt zu einer kurzen Liebesepisode, dann macht sie sich mit dem Fahrrad wieder auf die Reise durch das vom Atomkrieg heimgesuchte Land.

Man hat den »Tausenddenker« und Sprachartisten Arno Schmidt einen Solipsisten genannt, der sich in seinem Werk eine eigene Welt schuf, in der nur er den Lauf der Dinge bestimmt. »Ich brauchte Niemanden« ist ein selbstherrliches und nicht gerade menschenfreundliches Bekenntnis. Schmidts Urteil über die Menschheit in ihren letzten Tagen ist denn auch vernichtend. Er doziert vor Lisa:

»Rufen Sie sich doch das Bild der Menschheit zurück! Kultur ! ? : ein Kulturträger war jeder Tausendste; ein Kulturerzeuger jeder Hunderttausendste ! : Moralität ? : Hahaha ! : Sehe jeder in sein Gewissen und sage er sei nicht längst hängensreif!« Sie nickte, sofort überzeugt. »Boxen, Fußball, Toto : da rannten die Beine! – In Waffen ganz groß!« – »Was waren die Ideale eines Jungen : Rennfahrer, General, Sprinterweltmeister. Eines Mädchens : Filmstar, Mode›schöpferin‹. Der Männer : Haremsbesitzer und Direktor. Der Frau : Auto, Elektroküche, der Titel ›gnädige Frau‹. Der Greise : Staatsmann –«

Damit hat Schmidt, auch Autor Schmidt, sein Urteil gesprochen. Aber noch ist nicht alles gesagt. Einer aufklärerischen Analyse der menschlichen Anlagen und Möglichkeiten, die eigentlich zu den besten Hoffnungen berechtigen, läßt er sogleich eine unerbittliche Strafpredigt folgen.

»*Die Menschen nämlich* raisonieren gewöhnlich nicht nach den Gesetzen der Vernunft. Im Gegenteil : ihre angeborene und allgemeine Art zu vernünfteln ist diese : von einzelnen Fällen aufs Allgemeine zu schließen, aus flüchtig oder nur von einer Seite wahrgenommenen Begebenheiten irrige Folgerungen herzuleiten, und alle Augenblicke Worte mit Begriffen und Begriffe mit Sachen zu verwechseln. Die Allermeisten – das ist nach dem billigsten Überschlag 999 unter 1000 – urteilen in den meisten und wichtigsten Vorfallenheiten ihres Lebens nach den ersten sinnlichen Eindrücken, Vorurteilen, Leidenschaften, Grillen, Phantasien, Launen, zufälliger Verknüpfung der Worte und Vorstellungen in ihrem Gehirne, anscheinenden Ähnlichkeiten und geheimen Eingebungen der Parteilichkeit für sich selbst, um deretwillen sie alle Augenblicke ihren eigenen Esel für ein Pferd, und eines anderen Mannes Pferd für einen Esel ansehen. Unter den besagten 999 sind wenigstens 900, die zu all diesem nicht einmal ihre eigenen Organe brauchen, sondern aus unbegreiflicher Trägheit lieber durch fremde Augen falsch sehen, mit fremden Ohren übel hören, durch fremden Unverstand sich zu Narren machen lassen, als dies wenigstens lieber auf eigene Faust tun wollen. Gar nicht von einem beträchtlichen Teil dieser 900 zu reden, die sich angewöhnt haben, von tausend wichtigen Dingen in einem wichtigen Tone zu sprechen, ohne überhaupt zu wissen, was sie sagen, und ohne sich einen Augenblick zu bekümmern, ob sie Sinn oder Unsinn sagen.«

1956 dachte Schmidt halb im Ernst daran, seine Einsiedlerträume in die Tat umzusetzen. Er war verärgert über versagte Anerkennung, Maßregelung und bornierte Zeitgenossen. In einem Brief schlug er seinem Förderer und Freund Alfred Andersch vor, die Bundesrepublik zu verlassen und nach Irland in ein selbstgewähltes Exil zu gehen.

»Ich meine: können wir mehr verlangen, als ein Land, nicht der Nato angehörig ..., praktisch menschenleer ... Nebel, Moore, Wiesen, Wind, Heide, nischt wie Ossian und Joyce, unser Geld verdoppelt sich sofort: wenn der Briefträger mit Prozeßvorladung oder Einberufungsbefehl an die Tür klopfen will, kichern wir nur: The Germany kann me furchtbar leckn!!«

Aus dem Plan wurde nichts; Schmidt blieb im Lande, in seinem Häuschen in der Heide. 1959 begann er einen Roman zu schreiben, der bereits ein Jahr später erschien.

Kaff auch Mare Crisium

Das neue Werk war schon am Druckbild – viele Klammern, Längstrennstriche und Wörter in Großbuchstaben – als Schmidtsches Produkt zu erkennen.

Der Lagerbuchhalter Karl Richter (48), ansässig und beschäftigt in der norddeutschen Mittelstadt Nordhorn, unternimmt mit seiner Freundin Hertha eine Kurzurlaubstour ins niedersächsische Giffendorf. Hertha arbeitet in der selben Firma wie Karl, sie entwirft Muster für Textilien. Karls Tante Heete hat die beiden eingeladen; noch ahnt niemand, daß sie etwas im Schilde führt.

Das Pärchen reist in Herthas Isetta, einem Kleinfahrzeug der fünfziger Jahre, das von vorn zu besteigen war. Man konnte in diesem Gefährt keinen Geschwindigkeitsrausch erleben, hatte aber, falls es regnete, ein Dach über dem Kopf.

Als sie in dem behäbigen, von Äckern und Weiden umgebenen Dorf ankommen, hören sie als erstes das Rütteln einer Dreschmaschine. Beim Dreschen fällt viel Kaff an. Anderswo sagt man dafür Spreu; eine hintergründige Symbolik ist noch nicht zu erkennen, erklärt ist aber der erste Teil des Romantitels.

Die Stadtpflanze Hertha schmollt bereits: »Mänsch, iss das lankweilich! – Gipp ammal BILD.« Eine solche phonetische Schreibung mundartlich getönter Sprache ist etwas Neues in diesem Roman; sie entlarvt die Sprache, legt die Diskrepanz zwischen Geschriebenem und Gesprochenem frei.

In der BILD vom Tage findet sich eine russische Aufnahme der Mondrückseite, die Karl auf eine Idee bringt. Um seine Hertha in bessere Laune zu versetzen, will er ihr in Fortsetzungen eine Mondgeschichte erzählen. Das »Längere Gedankenspiel«, wie Schmidt solche literarischen Unternehmungen in seiner Poetik nennt, ist im Druck nach rechts versetzt; schon aus den so entstehenden, unterschiedlichen Blöcken ist also zu ersehen, daß dem Leser zugemutet wird, in Gedanken öfter von der Erde auf den Mond und wieder zurück auf die Erde zu springen.

Als Erzähler gibt sich Karl selbstbewußt. »Das muß'n armer Mann sein, der, im Lauf seines Lebens, sich nich mindestns 3, 4 komplette ›Weltn‹, inclusive ›Mühtollogie‹ aufbaut.« Er glaubt, daß seine »Schrift=Schteller«–Begabung die Gewähr dafür bietet, daß die Mondgeschichte all das enthält, was sich in Giffendorf, dort, wo Niedersachsen am landwirtschaftlichsten ist, nicht zutragen kann. Wie geht Karl Richter beim Aufbau seiner lunarischen Welt vor?

Wie in ›Schwarze Spiegel‹ wird Zeitgeschichte weitergedacht, diesmal um zwanzig Jahre. Es ist inzwischen zur großen atomaren Auseinandersetzung gekommen, 1980 ist auf der Erde »platterdings alles kaputt«. »Wer Wasserstoffbomben sät, wird Schtrahlung ernten«, resümiert Karl. Das war 1959 angesichts von Krisen, Drohungen und riesigen Rüstungspotentialen keine ganz abseitige Zukunftsprognose. Übriggeblieben sind eine amerikanische und eine russische Siedlung auf dem Mond. Sie liegen in den riesigen Kratermulden des Mare Crisium; der amerikanische Stützpunkt ist der alten Erde zugewandt, die Russen leben abgekehrt vom Heimatplaneten. »Wier sind gä=schützt. Vor Erd=Weh: vor ätt-waiejer Attom=Schtrahlunk«, bemerkt einer von ihnen nicht ohne Befriedigung. Die in »glasstown« unter Plexiglas ansässigen rund 1 000 Amerikaner mühen sich etwas verkrampft, an den Werten und Bräuchen, die auf der Erde in den Vereinigten Staaten geachtet und gepflegt wurden, festzuhalten. Doch der American Way of Life hat viel von seinem Reiz verloren: knapp sind die Frauen, was einigen Männern zu schaffen macht. Fast alles ist rationiert, die Vorräte gehen zur Neige, und wenn es doch noch einmal eine Ananaszuteilung gibt, »krickte jeder nur 1 Viertelscheibe und 1 Teelöffel Saft«. (Beiläufig sei hier angemerkt, daß Schmidt auch die Schreibung des unbestimmten Pronomens auf seine Art vereinfacht hat, er schreibt solche Wörter ebenso wie die Zahlwörter einfach als Zahlen.) Die Russen haben sich auf dem Mond besser gehalten; es gibt genug Nachwuchs, und für das, was sie brauchen, schöpfen sie aus den vorhandenen »einheimischen« Quellen.

Nun braucht Karl Richter/Arno Schmidt nur noch einen Helden für diverse Mondabenteuer. Er sucht sich einen Amerikaner aus und nennt ihn Charles Hampden. »Scharlieh« arbeitet als »Slater«, als Schieferbrecher, er beschafft das Material für Schiefertafeln, die das Papier ersetzen müssen. Man sollte bei Slater freilich auch an die zweite Bedeutung des englischen Wortes denken, das den unbestechlichen Kritiker bezeichnet. Hampden ist auch Kongreßmitglied, denn fast alle Institutionen der USA wurden in der Mondkolonie nachgebildet. Scharliehs Intimfeind, der Kriegsminister, sorgt dafür, daß dem unbequemen Oppositionellen ein nicht ungefährlicher Auftrag erteilt wird: er soll als Kurier die russische Siedlung aufsuchen und vernachlässigte Kontakte wiederaufnehmen. Das gibt dem Erzähler Gelegenheit, ihn in dieser Rolle in einer mit »Mühtollogie« versetzten Science-Fiction-Szenerie allerlei Abenteuerliches erleben zu lassen. Er schlägt sich mit mutmaßlichen Geistern und importierten, mondtüchtig gemachten Schneeeulen herum, doch vielleicht sind die ihn narrenden Geister auch nur Lichteffekte, die Karl Richter unter Beiziehung entsprechender Theorien wissenschaftlich behandelt. Plötzlich muß Charles Hampden feststellen, daß aus seinem Raumanzug Luft entweicht. Eine Englisch radebrechende Jakutenpatrouille rettet ihn und gibt ihm auch zu essen. Was er zu sich nimmt, erinnert ihn um so mehr an irdische Gaumengenüsse, als er auf dem Mond dauernd Hunger leiden muß.

Dann zook ich mir mein'n Anzuck wieder über. Schon setzte mir der hoch=schtimmije Jakute schmeichelnd den Gummischlauch=mit=Hahn ans Bauch=Wenntiel. (Und ich ließ mich prall voll=pummpm. – War's ooch überall dicht? Sie legtn gefällich die rundn Ohren mit an ..... : ? [...]

..... : *Hier; auf der Schulter : machte's noch* gans leise Fffffff. (Kunstschtück : wo das Euln=Luder mich zerkrallt hatte! – Man drückte mir aber gleich, beruhijend, das entschprechende Heft=Flaster drauf.) / Nochma im Kreis um mich rumm. – ? – Und der beschtätijende Schulterklopf : !. (Und noch zusätzlich hefftich Nicken vorm Helm=Fenster. Also konnt' ich das Wiesier wieder zurück klappm. Und atmen : Aaachchch –)

(*Aber es ging immer weiter, durch sämtliche* Tonartn; (vor allem mit dem Jungn; der Ältere war gans vernümftich) : vom ›Wortwexl‹ über's ›Mundgefecht‹ und's ›Rededuell‹, bis zur reinrassijen ›Maulschlägerei‹!). / Er, schtoltz: »Ich bin ein ›Sällännik‹!«. (19 Jahre, der Bube; und die verwendeten also schon ›Selenik‹ als mondgeborene Auszeichnunk. Während die älter=Anderen nur ›Irdiks‹ waren.) [...]

ä=Wollänn sie noch ätt=waß?«. (Aber ich wußte, was ich meinem Lande schuldich war, und schtieß das Angebot mit beiden Händen sacht zurück) : »Neenee : Schön' Dank. – Nich nötich.« (Und lächeln. Obgleich das Herz mir weh tat : FRISCHE LEBER HEUTE – ich sah den Satz wie von Meisterhand geschrieben vor mir. 1 kleines intiemis Schüsselchen darunter, kartoffel=beladn; (oder auch hochgefüllt mit schteiffem Braunbohnenbrei). Die schweeren duftenden Scheiben darauf : Zwiebel=Gondeln schaukelten im Soßen=See ..... : ich mußte mir doch unwillkürlich mit der Faust über's wässernde Maul fahren .....)

»Höchstns falls Sie noch=ä – : 1 klein'n Wodka? 15 Tropfen=nur? – « : »Abärrgäwiß! – ä=Andrej Grommikowitsch? – : !« / (Und mich überkam doch wieder die Neugier. Beziehunxweise Wiß=Begier wohl richtijer; ich fragte, während wir uns zu=prohstetn) : »Darf ich fragn : wie schtellen Sie den eigntlich hehr? – *Iss* doch echter Wodka; oder?«. Sie nickten; voller Wohl=Gefallen; asiatisch in=sich=ruhend : Jawohl : das Geheimnis der Wodka=Herschtellunk aus Bimms=Schtein war schon=auf=Erdn=noch,

voraus schauend, vorbildlich gelöst wordn : »Wir könnten das gan=tzä Gä=schtirrn zu Wodka verarbeitn. – Opwohl Manche Unter=Uns den aus Konsol=Pilltzänn bereitättänn vor=ziehänn.«

In Giffendorf geht es weniger aufregend zu, aber auch hier kann Erzähler Karl Richter aus dem vollen schöpfen. Wie es Meister Schmidt in seiner Erzähltheorie vorschreibt, bemächtigt er sich »souverän« der »objektiven Realität« zweier Tage und macht daraus ein »Wortall«, wie es ihm gefällt. Dazu befähigen den »Wortmetz (Analog zu »Steinmetz«)« sein gieriges Interesse an allen Dingen, die am menschlichen Tun und Erleben beteiligt sind, und an diesem Tun und Erleben selbst, vor allem aber seine Lust am sprachlichen Kneten und Formen.

»Vielleicht bin ich«, sagt er von sich selbst, »von Mutter Natur ausdrücklich als 1 Gefäß für Worte angelegt, in dem es ständich probiert & rührt & kombiniert.« So schreibt er für melancholisch »maulhängkolisch«, aus satt hast wird »satthaßt«; beiläufig vermehrt er auch immer wieder den Metaphernschatz der deutschen Sprache: »Ich gab dem Ofen verlegenheiz-halber 1 ›belegtes Brot‹ (wie ich es erfindend nannte) ...: 1 Brikett, zwischen 2 breiten Stücken Schwartenholz-: gleich fiff er lauter vor sich hin; der Einsame.« Einmal reitet ihn der Teufel, und er macht sich in sprachartistischem Übermut daran, das Nibelungenlied in einer Pop-Comics Fassung zu präsentieren. Angeblich hat es der Literatur-Experte der Mondkolonie, der auch für Unterhaltung zuständig ist, Lawrence, »transformiert«, um die Männer der Siedlung, in der Frauen so rar sind, bei Laune zu halten. Und so lautete die zweite Strophe:

> In Heidelbörrg there flourished a WAC so fair to see
> in all the world together a fairer could not be
> This maiden's name was ›cream-hilled‹ – through her in dismal strife
> full many a prowest warrior thereafter lost his life

Hampden beschreibt die Wirkung des Vortrags bei einem Meeting der Mondamerikaner:

(Also ein ›Fraulein‹; als Nachrichtenhelferin im amerikanischen Head=Quarter./Und was n Name: ›Cream=hilled‹ – MannoMann! – Alle Zungen leckten sich die Lippen; alle Köpfe wandten sich: ... die Meisten ... zu Frau Lawrence, (die eben, gans lauschend=versunken, die Riesenperle ergriff, die an einem dünnen Goldfaden zwischen ihren Brüsten hing, und sie, zweifellos unbewußt, weiter nach unten zog-, – no doubt: creamhills! ...).

Auch Gunthers Brautfahrt nach Island ist kaum wiederzuerkennen. Schmidt macht aus Siegfried einen »Alabama-Dillert«, aus Hagen von Tronje H.G. Trunnion, und aus dessen Bruder Dankwart wird natürlich ein Tankwart. Arno Schmidt spielt nun einmal gern, und aus solch spielerischem Umgang mit Wörtern und Dingen entsteht naturgemäß oft Komik.

Und schon schtoop der Düsenbomber los :
›Sie doppelten den Schtrahl=Schub und fuhren pfeilgeschwind
über die wilden Wogen als wehte sie der Wint!‹
(»Brah=woo!«. – Hatte ich dem Kerl, dem Lawrence, *doch* Unrecht getan : ein Mann, der *so=was* schrieb, hatte wohl 1 Recht, währenddessen zerschtreut einherzukommen : »Well done!«).
Und dort, im Feuerhag der FLAK – eben fand noch ein großes Schießen mit Üb=Munition schtatt; und Dillert schob den zagen Mann am Schteuer beiseite; und zielte, unbekümmert sein ›roll me over in the clover‹ grölend, schrääk nach untn : sint ut sunt, aut non sint! / Dann hielt er Ausschau unter den Schönen der Inselflugplätze; – (*der* Feuerheerd leuchtete übrijens immer noch am allerhellstn : warumm hatten se Alle in de NATO rein gemußt?!) – und hatte insofern Glück, als gerade wieder ein Damen=Schportfest schtattfant; (wenn Lawrence uns doch bloß nich immer mit solchn Szeen' martern wollte – andrerseiz war's natürlich prachtvoll, wie die Puppn sich da vorführtn : Oh, shiver my timbers! –)
((»Och iss das gemein!«)) .....
Und Dillerts Wahl fiel auf die Schpeerwurfmeisterin, ›Brown=hilled‹; und er prüfte sie erst sork=fälltich, im munteren Geschpräch.

Karl Richter und Hertha Theunert sind keines jener Paare, die man aus Schmidts bisheriger Prosa kennt. Da fand man sich rasch, kam zur Sache und ging ohne Schmerz und Reue wieder auseinander. Der Schmidtsche Held war dann zu seiner Erleichterung wieder allein. Die dreißigjährige Hertha ist berufstätig, sie weiß es zu schätzen, daß sie ihr eigenes Geld verdient und sich eine Isetta leisten kann. Sie lebt, was damals noch nicht so verbreitet war, mit Karl in einer Zweierbeziehung ohne Trauschein, ist aber andererseits gehemmt und prüde, ein »Haschelchen«, wie Richter sie nennt. Sie ist, was erotische Phantasie und Wortmächtigkeit betrifft, ihrem Partner nicht gewachsen. Der »kalte Lieplink« beschwert sich:

»... Und ooch Dein geliebtes ›wortreich‹ ; eebm: das iss es! – Es iss doch sowieso immer a Kammf zwischn – «; und unterbrach sich, und suchte nach Definitionen; » – zwischn Peinlichkeit & Genuß : mal iss's ann Oogenblick schön. Dann schämt ma sich wieder. Aber mit zuen Oogn, und ohne viele Worte : max gehn. – Aber dann wieder Eener=wie=Du, der dauernd seine Glossn drüber macht. Und manches sind noch Witze. Also : ...«. / ... »Wenn De bloß ammall n Munt=dabei halltn könntzt ...«

Durch Herthas Zurückbleiben ist dem Paar volle Eintracht und Zufriedenheit nicht vergönnt, Karls Sprachpotenz muß ihn für Halbheiten im intimen Liebesleben entschädigen.

Wenn Karl auf einem Spaziergang seiner Hertha ins rote Haar greift, wird seine ungeduldige Erregung zum leisen Fluch: »Kruzificksiimmernochnicht«. Schmidt hatte wohl nicht eine bösartig-geschmacklose Blasphemie im Sinn, vielmehr – man denke auch an »cream-hilled« – experimentierte er hier schon mit seiner sogenannten Etym-Theorie, die er in Analogie und Anlehnung an Sigmund Freuds Ausführungen über Fehlleistungen entwickelt hat. Im falsch gesprochenen, bei Schmidt falsch geschriebenen Wort drängt demnach das Triebbedürfnis nach oben und »übermannt« gewissermaßen die sonst kontrolliert gehandhabte Sprache.

Karl und Hertha besuchen Karls Tante Heete in Giffendorf am 28./29. Oktober 1959; dieses Datum legt Schmidt offen. Was für ein Bild des Landes und seiner Menschen zeichnet Karl Richter, was erscheint Schmidt zu diesem Zeitpunkt, also in der Gegenwart des Jahres 1959, in der ungeliebten Bundesrepublik bemerkenswert? Es nimmt nicht wunder, daß er wieder bissige Seitenhiebe austeilt: gegen das »Militeer«, gegen die Mitgliedschaft in der NATO, gegen Bilder wie dieses: »1 Düsenbomber mit Atomlast, zu dem Kinder hinaufwinken«. Auch in der späteren Ära Adenauer hält sich der Geruch der penetranten Mischung »katholisch plus nazistisch«.

Neuerdings ist selbst in einem Provinz»kaff« wie Giffendorf eine merkwürdige Unruhe zu verspüren; sie wollen umbauen, modernisieren, mit Bauland Geschäfte machen. Auch in Giffendorf, so scheint es, ist ein moderneres Deutschland im Entstehen begriffen. Tante Heete fängt an zu spekulieren, Karl kann mithalten, er kennt sich aus. Und die Tante macht einen überraschenden »Vor=schlack«:

: »*Tcha nu ma follgnde Laage. : Ich binn ja nu* ganns allein. In den großn Haus=hier.« (Und nochma zögern. Sie packte ihre große Unter=Lippe mit den, anschein'nd noch vollschtändich kommplettn, Oberzähn'n. (Und meine Schtirn runzelte sich unwillkürlich. Und verdachtvoll. –).).

(Beiläufich): »Der Bürger=Meister möcht mier nattürlich länx We'che rein setzn. – Bloß er *waacht* das mann noch nich : ich weiß'a was von ihm; auß'er Hittler=Zeit.« / (Und nickde mir schon ironisch zu : erriet Sie, daß ich erriet? –). / Und tat, rücksichzlos, ›den Vor=Schlack‹ :

DER VORSCHLACK! : »Ihr zieht hier=her.

: »*Unser Lannt : verkaufm wier*! – Zuminn'est 40 Morgn : wir behalltn höchßens die 2 Weidn.« (Ergäbe, bei den hiesijn, himmelschreiend=niedrijin Boodnpreisn, immer noch 50 Tausnd.) / (Aber jetz fuhr ich doch auf) : »Tanndte! – : Die Wiese am Flüßchen=drübm? Aber hör ma Mädchen : das sind'och *Bau*=Plettse!«. (Sie dulldete es, lächelnd, daß ich Sie, im Feuer, ›Mädchen‹ schallt – muß ja, mit 60, ooch komisch klingn, backfischich=jungfernhäutich –) : »Entschulldije Tanndte – «. : »Mook Die dor nix ut, mien leewe Jung.« (›Leewe‹? Sehr gut! : merken.)

»Nein : Bau=Plätze, Tanndte! : 6 Morgen saaxDu? – : Aber da krixDu doch – bei *der* Nähe Hannofers! – minndestens 3 Mark für'n Kwadrat=Mee-

ter! : 6 mal zwo=fümf mal 3? : Das ergiebt doch *allein* 50 Tausnd!«. Sie überleekde. Und nickte. Gar nich un=überzeukt. Und griente grau & reckenhaft=gifftich : »Dass'ss gaa nich so dumm, Kardl.

Karls Stirn runzelt sich nicht ohne Grund, er wittert eine Falle. Soll er sich abhängig machen von der üppig-vitalen, mit allem möglichen, auch mit ihm selbst liebäugelnden »Tanndte«? Soll er zum Anlageberater der Witwe werden, die ihm schon als verführerische Dreißigjährige den Kopf verdreht hat? Im »Wortreich« sind doch, weiß Gott, andere Schätze zu entdecken.

Gar nicht so schweren Herzens entschließen sich die Ex-Schlesier Karl und Hertha, ihr Leben als doppelverdienende Singles fortzusetzen, und kehren in die Stadt zurück.

Die Isetta rattert einen Rhythmus, der gleich zu Anfang schon in den Geräuschen der Dreschmaschine mitklang: »Nichtsniemandnirgendsnie«. Diese Formel der Verneinung taucht öfter auf, sie könnte fast als eine Art Leitmotiv angesehen werden. Karl und Hertha wollen selbst keine Kinder, und auch Tante Heete macht zur Bedingung, daß sie auf Nachwuchs verzichten, falls sie zum Erbschaftsrennen antreten. Alle sind sich selbst genug, denken am liebsten an sich, reden von sich.

Arno Schmidt bekundete fortan kaum noch Interesse für das politische Tages- und Zeitgeschehen. Wenig später löste er viele Verbindungen und zog sich ganz in die Einsamkeit des Dorfes Bargfeld in der Heide zurück. Dort wurde ihm das »Wortreich« zum »Wortall«; er schloß sich in die Schatzkammer der Weltliteratur ein, wo er lesend und schreibend die Bücher und Wörter zu seinen Gesprächspartnern machen konnte. Beeindruckendes Zeugnis aus jener Periode ist das monumentale Werk ›Zettels Traum‹ von 1970, das hier nur kurz beschrieben sei.

Das Buch hat das ungewohnte DIN-A3-Format, umfaßt 1330 Seiten und liegt nur im Faksimiledruck eines Schreibmaschinenmanuskripts vor. Schmidt soll, das erklärt den Titel, 120000 Notizzettel verarbeitet haben. Auf jeder Seite ist der Text dreispaltig geschrieben, die Spalten stehen nebeneinander und sind zugleich ineinander versetzt. Auch in ›Zettels Traum‹ findet sich häufig die durch die Etym-Theorie begründete Schreibung.

Schmidt brauchte für sein Unternehmen ›Zettels Traum‹ nur vier Personen. Sie kommen zusammen, um über Bücher zu reden, vor allem über das Werk des amerikanischen Schriftstellers Edgar Allan Poe, den Schmidt als literarischen Scharlatan entlarven will.

Ein Übersetzer-Ehepaar namens Jakobi, das an einer Poe-Übersetzung arbeitet, hat mit seiner Tochter den Übersetzer und Schriftsteller Daniel Pagenstecher aufgesucht, der als hervorragender Kenner der Materie gilt. Ort des Geschehens ist ausschließlich Pagenstechers mit

Büchern angefülltes Häuschen in der Heide. Es braucht kaum gesagt zu werden, daß Pagenstecher ein Selbstporträt Arno Schmidts ist. Alles, was geschieht, geschieht an einem Tag. Das erinnert Kenner sofort an den 16. Juni 1904, an dem Leopold Bloom, die Hauptfigur in James Joyces Meisterwerk ›Ulysses‹, die Stadt Dublin durchstreift. Mit dem Spätwerk von Joyce hatte sich Schmidt in der Tat soeben eingehend beschäftigt.

Sigmund Freuds Psychoanalyse hat Schmidt nicht nur auf die Etym-Theorie gebracht, die sich in ›Kaff‹ ankündigte. Die Besucher aus ›Zettels Traum‹ sind auch als Allegorien konzipiert, die die drei Grundkräfte in Freuds Modell der menschlichen Psyche vertreten. Frau Wilma Jakobi, das Über-Ich, hält sich als Übersetzerin, Ehefrau und Mutter an die Gebote gesellschaftlicher Moral – und verfehlt so den wahren Poe, dessen wüste Triebphantasien von Pagenstecher aus der verstellten und getarnten Sprache dekodiert werden. Tochter Franziska, ebenso unberechenbar wie naiv-raffiniert berechnend, reizt und lockt Pagenstecher mit verführerischen Allüren, sie ist das Medium des Freudschen Es. Vater Paul Jakobi soll, was ihn hart ankommt, als Ich Widersprüchliches in sich selbst und gegensätzliche Strebungen in der Viererrunde in Einklang bringen.

Aus der Personenkonstellation erklärt sich die dreispaltige Druckanordnung. In der mittleren Spalte wird in der bei Schmidt üblichen Weise erzählt, in der linken ist eine Auseinandersetzung mit Poe dokumentiert, rechts ist eine Art Bewußtseinsprotokoll Pagenstechers zu entziffern.

Bei dem Titel ›Zettels Traum‹ hat man wahrscheinlich nicht nur an die 12000 Notizzettel zu denken. Zettel ist auch eine komische Figur in Shakespeares Lustspiel ›Ein Sommernachtstraum‹; er ist Weber von Beruf. Nun ist der Weber, der die Fäden in der Hand hält und verwebt, des öfteren auch als Metapher für den Dichter gebraucht worden. Im englischen Shakespeare-Original heißt der Weber Bottom, und dazu ist als Bedeutung in Chambers' Lexikon in dezenter Umschreibung auch »the sitting side of the body« zu finden. Die Anfangsbuchstaben des Namens Arno Schmidt ergeben ein – wenngleich derberes – Wort mit der gleichen Bedeutung. Wie inzwischen deutlich geworden sein dürfte, erging sich der sprachbesessene Schmidt gern in solchen be- und anzüglichen Witzeleien.

Arno Schmidt war als Schriftsteller immer umstritten, und er ist es noch. Bis heute gibt es Schmidt-Anhänger und Schmidt-Gegner. Es erscheint hier und da einmal eine Neuausgabe des einen oder anderen seiner Werke, in bibliophiler oder auch in Taschenbuchform. Obwohl Schmidts Schreibweise so »filmisch« anmutet, wurde noch kein Schmidt-Buch verfilmt. Letztlich gilt wohl doch: Arno Schmidt schrieb als Leser für Leser. Er starb 1979.

Max Frisch
Stiller

Die Romane ›Stiller‹ und ›Homo faber‹ machten den Schweizer Max Frisch in den fünfziger Jahren bekannt und zählen heute zu den Romanklassikern des Jahrhunderts.

Man hat gerade ein paar Seiten ›Stiller‹ gelesen, ist schon gefesselt und schwankt: Geht es um einen Kriminalfall, eine Minirevolte gegen die Staatsgewalt, oder bahnt sich eine Schweiz-Satire an, in der das kleine Land, in dem alles von »beklemmender Hinlänglichkeit« ist, sich selbst entlarven soll?

Im Herbst 1952 wird ein aus Mexiko eingereister Amerikaner, ein gewisser James White, bei einer Kontrolle in Zürich verhaftet. Er steht unter dem Verdacht, der seit sechs Jahren verschollene Bildhauer Ludwig Anatol Stiller zu sein, nach dem wegen verschiedener Vergehen gefahndet wird. Der Herr weist es weit von sich, mit dem Gesuchten irgend etwas zu tun zu haben.

Was weiß man in Zürich über diesen Stiller? Er hat 1936 als Freiwilliger am Spanischen Bürgerkrieg teilgenommen und danach die Balletttänzerin Julika Tschudy geheiratet. Nach achtjähriger Ehe muß die Frau wegen einer verschleppten Tuberkulose einige Zeit in einem Davoser Sanatorium zubringen; damals, so weiß es zumindest der Klatsch, hatte Stiller ein Verhältnis mit der Frau eines Staatsanwalts. Das war im Sommer und Herbst 1945. Kurz darauf verschwand Stiller.

White bleibt in Untersuchungshaft, sein Pflichtverteidiger trägt ihm auf, sein Leben niederzuschreiben und so zur Wahrheitsfindung beizutragen. White schreibt fortlaufend seine Erfahrungen in dem Schweizer Gefängnis in ein Heft, nimmt auch Episoden aus seinem abenteuerlichen Leben auf, die er seinem Wärter erzählt hat, und streut immer wieder Notizen ein, die zeigen, daß er mit sich nicht im reinen ist. Die folgende etwa hätte man dem selbstbewußt auftretenden Amerikaner nicht zugetraut.

Ich bin nicht ihr Stiller. Was wollen sie von mir! Ich bin ein unglücklicher, nichtiger, unwesentlicher Mensch, der kein Leben hinter sich hat, überhaupt keines. Wozu mein Geflunker? Nur damit sie mir meine Leere lassen, meine Nichtigkeit, meine Wirklichkeit, denn es gibt keine Flucht, und was sie mir anbieten, ist Flucht, nicht Freiheit, Flucht in eine Rolle. Warum lassen sie nicht ab?

Er flunkert also; was er den anderen vorspiegelt und vorspielt, stimmt vielleicht nicht; noch bleibt rätselhaft, wie es wirklich um ihn steht. White soll in Kürze Frau Julika Stiller-Tschudy, der Gemahlin des verschollenen Bildhauers, gegenübergestellt werden. Er nimmt sich sogleich vor, der Dame die Geschichte vom Apotheker Isidor zu erzählen, die Geschichte einer Flucht, besser eines Fluchtversuchs. Isidor setzt sich plötzlich aus der »besten Ordnung« eines Schweizerischen Bürgermilieus in die Fremdenlegion ab. Zweimal kehrt er zurück, zweimal wird er von der Gattin mit den gleichen Fragen bestürmt: wo er gewesen sei, warum er nicht geschrieben habe. Eben diese Fragen stellt Frau Julika, die nicht zu zweifeln scheint, daß sie ihren Mann vor sich hat. Als Jim White ihr seine Liebe gesteht, winkt sie ärgerlich ab und gibt dem Amerikaner einen Zettel zu lesen, aus dem hervorgeht, daß sich Stiller kurz vor seinem Verschwinden seiner Frau gegenüber »scheußlich ... benommen hat«.

In einem zweiten Heft wird zusammenhängend die Geschichte der Ehe Julikas und Stillers erzählt. White gibt vor, die Zusammenhänge aus seinen Gesprächen mit Frau Stiller-Tschudy erraten zu haben; dem Leser wird auffallen, wie genau und einfühlsam der Erzähler nachzuzeichnen weiß, wie diese Ehe scheiterte. Stiller macht seiner Frau Szenen, überhäuft sie mit Vorwürfen, verletzt sie tief.

Stiller, einmal im Reden, kam noch mit einer ganzen Reihe von Vorwürfen dieser Art, lauter Bagatellen, eine kleinlicher als die andere: Julika konnte nur staunen.

»Du schweigst in dich hinein wie immer!« sagte er, »du hältst dich für die Liebe und die Hingabe in Person, ich weiß, ich halte dich für den Narzißmus in Person. Und für den Hochmut in Person! das vor allem. Ich bin vor dir auf die Knie gefallen. Julika, ich habe vor dir geheult, wie ein Mann unter gewissen Umständen heult, ich habe mich vor dir geschämt, ich habe vor dir bereut, und du hast verziehen, gewiß, du hast mir ja am laufenden Band verziehen, ich weiß, ohne eine Minute der Erschütterung, ohne eine Minute wirklich zu denken, daß vielleicht auch du mich kaputt machst, und wirklich zu zittern. Wieso denn auch? Du bist die Dulderin, das wissen alle unsere Bekannten, ein nobles Wesen, das keine Vorwürfe brüllt, nein, die Vorwürfe hatte ich mir schon selbst zu machen. Damit hast du dich nie beschmutzt. Aber überlege es dir: Hast du mich einmal davon befreit, wenn ich glaubte mir Vorwürfe machen zu müssen? Du hast verziehen. Und damit ist ja der Vorwurf anerkannt, das vor allem. Es gibt eine Satanie im weiblichen Verzeihen, meine Liebe, die dir ferne ist, versteht sich, alles ist dir ferne; ich empfand es nur so in meiner Mimosenhaftigkeit, und daran kann man genau so zugrunde gehen wie an einer Tuberkulose ... Ich rede und rede, Julika, und du bläst den Schnee von der Decke!« Stiller fuhr fort:

»Ja – ich fragte mich manchmal, warum ich in all diesen Jahren nie aufgesprungen bin und dir kurzerhand eine Ohrfeige versetzt habe. Im Ernst, es ist ein Fehler, der nicht mehr nachzuholen ist; ein Fehler, davon bin ich überzeugt. Wieviel hätte es uns beiden erspart!

Stiller schwieg. [...]

»So also siehst du mich!« sagte Julika. »Du hast dir nun einmal ein Bildnis von mir gemacht, das merke ich schon, ein fertiges und endgültiges Bildnis, und damit Schluß. Anders als so, ich spüre es ja, willst du mich jetzt einfach nicht mehr sehen. Nicht wahr?« Stiller steckte sich eine Zigarette an. »Ich habe in letzter Zeit auch über vieles nachgedacht«, sagte Julika und blies die Schneekristalle von ihrer Kamelhaardecke auch dann, wenn sie selbst das Wort führte, »– nicht umsonst heißt es in den Geboten: du sollst dir kein Bildnis machen! Jedes Bildnis ist eine Sünde. Es ist genau das Gegenteil von Liebe, siehst du, was du jetzt machst mit solchen Reden. Ich weiß nicht, ob du's verstehst. Wenn man einen Menschen liebt, so läßt man ihm doch jede Möglichkeit offen und ist trotz allen Erinnerungen einfach bereit, zu staunen, immer wieder zu staunen, wie anders er ist, wie verschiedenartig und nicht einfach so, nicht ein fertiges Bildnis, wie du es dir da machst von deiner Julika.«

Hier berührt Julika ein zentrales Thema in Max Frischs Werk. In Bildnissen konzentrieren sich Vorurteile; Bildnisse, so weiß und will es Frisch, verhindern das Verständnis für das wahre Ich eines anderen. Man kann auch ein Bildnis von sich selbst zur Schau tragen, Bildnisse bieten Rollen an, denen der »Schauspieler« nur selten gewachsen ist. Er wird abgehalten, aufrichtig zu sich selbst zu sein. Stiller hatte als junger Freiwilliger in Spanien ein demütigendes Erlebnis: Aus Angst brachte er es nicht über sich, auf den Feind zu schießen, wurde entwaffnet und gefesselt liegengelassen. Und daraus wurde später, durch Zutun der anderen, aber auch durch Stillers Schwäche, eine Anekdote, die nicht den Kern der Wahrheit, sondern eher das Gegenteil in sich trug.

Jemand nötigte ihn dann, seine »tolle Geschichte von Toledo« zum besten zu geben. Stiller wollte durchaus nicht. Es war keine Ziererei; er wollte wirklich nicht, und man sah, es war ihm eine Pein, als dann ein Freund, ein junger Architekt namens Sturzenegger, eigenmächtigerweise zu erzählen begann. Nun mußte Stiller natürlich eingreifen, ergänzen, zu Ende berichten. Jene Geschichte von einem russischen Gewehr, das nicht losgeht, interessierte die junge Balletteuse nicht besonders, denke ich: sie achtete weniger auf die Geschichte als auf den jungen Bildhauer, der beim Erzählen immerfort mit seinen Fingern arbeitete, einen Draht hin und her drehte, dann wegwarf, aber auch weiterhin seine Finger nicht ruhen lassen konnte; er tat ihr irgendwie leid. Seine Miene war, indem er erzählte, plötzlich ganz leblos. Es war keine unmittelbare Erinnerung mehr, was der junge Bildhauer von sich gab, sondern eine Anekdote. Ein betretenes Schweigen folgte seiner langen Schilderung. Stiller setzte sein Glas an die Lippen und niemand sagte ein Wort. Ein lieber, in seiner bleichen Schwammigkeit höchst unkriegerischer Opernsänger stellte die naive Frage: »Und warum haben Sie denn nicht geschossen?« Das interessierte eigentlich auch die andern. Alle Achtung vor der Verwegenheit, einfach aus der Deckung zu treten, alle Achtung auch vor der Pein, als Gefesselter zwei glühende Tage lang an der Sonne zu liegen; aber in der Tat, der Opernsänger sprach ihnen aus dem Herzen. Warum hat Stiller nicht geschossen? Die Auslegung, die Stiller daraufhin gab, wirkte ebenfalls nicht sehr unmittelbar, sondern von Wiederholung abgenutzt, nämlich: Er hasse die Faschisten, sonst wäre er ja nicht als Freiwilliger in den Spanischen Bürgerkrieg gefahren; jedoch in jenem Morgengrauen am Tajo, als Stiller zum erstenmal vor seinem verhaßten Feind stand, erlebte er die vier Faschisten einfach als Menschen, und es war ihm unmöglich, auf Menschen zu schießen, er konnte nicht. Punktum!...

Auch der Untersuchungshäftling White weiß allerlei Geschichten und Anekdoten zu erzählen. Seinen Verteidiger Doktor Bohnenblust fragt White eines Tages, ob er das Märchen von Rip van Winkle kenne. Doktor Bohnenblust kennt es nicht.

Rip van Winkle lebte vor langer Zeit in einer Siedlung an der amerikanischen Ostküste, dort, wo vormals Henry Hudson und seine »tatendurstigen« Gefährten den neuen Kontinent betreten hatten. Rip, der Nachkomme, wäre gern ein großer Jäger, er ist aber ein Träumer, den die Leute nur gewähren lassen, weil er im Wirtshaus mittelmäßige Geschichten zum besten geben kann. Auf einer Jagdtour sieht sich Rip plötzlich in die Gesellschaft einiger Hudsonleute versetzt, die in einer Schlucht Kegel schieben. Rip kommt ihnen gerade recht für eine schweißtreibende Tätigkeit: er muß nach jedem Wurf die Kegel aufstellen. War es nur ein Traum? Rip erwacht und kehrt in sein Dorf zurück. Dort ist etliche Zeit vergangen, keiner kennt ihn mehr oder kümmert sich um ihn. Da verleugnet sich Rip auch vor seiner Tochter. Etwas verwirrt lebt er als »Fremder unter Fremden« dahin.

Der Verteidiger, dem es immer nur um »blanke und brauchbare Wahrheit« zu tun ist, kann mit dem Märchen nichts anfangen; was hätten ihm auch in Whites Erzählung die folgenden Sätze sagen sollen: »Er hatte mehr von sich erwartet. – Gott weiß, warum Rip sich vor allen Leuten immerfort als Jäger ausgab. –« Und auf die Fragen der Jungen, wer er denn sei, antwortet er: »Gott weiß es, gestern noch meinte ich es zu wissen, aber heute, da ich erwacht bin, wie soll ich es wissen?«

Als Dr. Bohnenblust bemerkt, er könne White doch mit Märchen nicht verteidigen, sagt der lakonisch-rätselhaft: »Womit denn sonst?« Wollte er mit dem Märchen andeuten, daß er die Wahrheit über sich nicht preisgeben kann, weil er sie selbst nicht kennt? Weil vielleicht niemand die Wahrheit über sich kennt? Vorläufig behilft er sich weiter damit, diese Wahrheit mit Geschichten einzukreisen.

Seinem Wärter Knobel erzählt White die spannende Cowboy-Legende von Jim White.

Der Cowboy Jim Larkin White – auf diesen Namen lautet auch der Paß des Untersuchungshäftlings – dringt in Texas in eine Höhle ein und erblickt wunderbare Farb- und Figurenensembles. Er erzählt einem Freund, der ebenfalls Jim heißt, davon, und nach einiger Zeit steigen beide in das Labyrinth ein. Der eine Jim bricht sich den Fuß und hindert den anderen Jim daran, nach oben, ins Freie zu gelangen. Es geht um Leben und Tod.

[...] vor uns, von unserer einzigen Laterne beschienen, glänzte die fast senkrechte Wand, jene heikle Stelle, die ich aber schon einmal allein bezwungen hatte; Jim war von der Kriecherei schon erledigt, und ich sagte ihm offen, was ich dachte: Jim, gib mir die Laterne, ich überlasse dir die letzten paar Bissen meines Hammelfleisches und versuche es, diese Wand allein zu besteigen. Denn es war Unsinn, am Seil zu hangen mit einem anderen Erschöpften, ich mit zerrissenen Händen, er mit einem gebrochenen Fuß, hier, wo es galt, wie ein Affe zu klettern. Ich sagte: Wenn es mir gelingt, Jim, dann bist du auch gerettet, dann kommen wir und holen dich, das ist doch klar. Er sagte: Und wenn du herunterfällst, Jim, mitsamt meiner Laterne? Ich schrie: Und du, Jim, wenn du rutschest, du mit deinem kaputten Fuß, und es reißt mich herunter wie schon einmal, Herrgott im Himmel, was hast du davon, wenn wir beide da unten liegen! Er weigerte sich, die Laterne zu geben. Jim! sagte er, du kannst mich nicht in dieser Finsternis hocken lassen, das kannst du nicht tun! Wie immer, wenn einer den Mut hatte zu offener Selbstsucht, kam der andere mit seiner verdammten Moral.

Die Entscheidung mußte fallen, und zwar jetzt, hier vor dieser Wand. [...] Ich sagte es noch einmal: Gib mir die Laterne, Jim und ich gebe dir das letzte Fleisch. Jim lachte, wie ich ihn noch nie hatte lachen hören, so, daß sein Lachen mich erschreckte. Jim! fragte ich bänglich: Was hast du vor? Ohne ein Wort zu sagen, denn es war ja begreiflich genug, antwortete er nur noch durch Handeln. Er humpelte mit seinem gebrochenen Fuß, so rasch er konnte, zu der Wand, offenbar entschlossen, die Rollen zu vertauschen, die einzige Laterne zu behalten, selber zu versuchen, ob er die gefährliche Wand bezwingen könnte, und mir dafür das Hammelfleisch zu lassen. Jim! sagte ich und packte ihn gerade noch vor der Wand, vor diesem Katarakt aus grünem Tropfstein, wo er nach Griffen suchte, bereits auch das weiße Kreidekreuz gefunden hatte, unsere Markierung für den Ausstieg. Er sagte: Laß mich! Ich faselte vor Angst: Wenn du je mein Freund gewesen bist usw. In dem Augenblick, da wir im Schein der baumelnden Laterne, die Jim mit ausgestrecktem Arm nach der anderen Seite hielt, damit ich sie ja nicht erlangen konnte, wieder das bekannte Skelett unseres Vorgängers erblickten, dieses Skelett eines vornüber gekrümmten Menschen, der an dieser Stelle ganz allein (oder waren auch die schon zu zweit gewesen?) und jedenfalls wie ein Tier verreckt war, in diesem Augenblick, da nichts mehr unser stummes und seit Stunden gestautes Grauen zurückhielt, gab es natürlich nur noch eins, nämlich das Unwillkürliche – Kampf mit Fäusten; das mörderische Ringen der beiden Freunde war da, fürchterlich, aber kurz, denn wer zuerst ins Rutschen kam, war erledigt, in Klüften der Finsternis versenkt, zerschmettert, verstummt.

Überlebt hat »vermutlich der Stärkere«. Sein Name ist bekannt, nicht aber der des »Verschollenen«, wie es wörtlich heißt. Im Klartext: Hat Jim White nunmehr das Belastende, Beschwerende, das »Andere« abwerfen können, ist es ins Unbewußte abgesunken? Hat er vielleicht zu viel von sich geopfert? Noch bleibt diese Frage offen.

Im 4. Heft wird Stillers Liebesaffäre mit der Staatsanwaltsfrau Sibylle aus der Sicht des betrogenen Ehemanns dargestellt. Delikaterweise führt ebendieser Herr im Fall Stiller/White die Ermittlungen.

Rolf, der Staatsanwalt, bemüht sich mehr um den Untersuchungsgefangenen, als es die Amtspflicht gebietet. In der Zelle und bei Ortsterminen führen die beiden lange und intensive Gespräche, White hat viel zu protokollieren. Der als aufgeklärt und tolerant geltende Staatsanwalt war überzeugt, daß eine zeitgemäße moderne Ehe auf der Basis von Gleichberechtigung und gegenseitiger Achtung geführt werden könne. Es ist ihm jedoch nicht möglich, »seine Theorien zu leben«, als Sibylle sich das Recht nimmt, einen anderen Mann zu lieben. Rolf macht sich zur Karikatur eines betrogenen Ehemanns, benimmt sich töricht, ergeht sich in Selbstmitleid und muß sich in einem lichten Moment eingestehen, daß er unfähig ist, »eine Frau zu lieben, wenn er nicht ihr Götze war, zu lieben ohne Anspruch auf Dank, auf Rücksicht, auf Bewunderung u.s.w.«.

Frisch läßt hier zum zweiten Mal einen Ehemann, einen Mann schlecht aussehen. Die Geschichte von Rolf und Sibylle variiert die Stiller-Julika-Geschichte, im Hintergrund erscheinen zudem die Figuren und Konflikte der großen Ehe- und Ehebruchsromane des 19. Jahrhunderts.

Der Roman ›Stiller‹ ist schon recht komplex geworden. Wieder wurde der Boden für eine neue Bühne eingezogen, auf der einige Zeit Rolf und Sibylle agieren, und doch hängt alles zusammen, greift ineinander. Das Geschehen spielt auf verschiedenen Schauplätzen und Zeitebenen. Dazu bietet der Erzähler – man kann endlich von der Fiktion des Tagebuchschreibers, der sechs Hefte gefüllt hat, abgehen – eine Vielfalt an formalen Mitteln auf, mischt, um nur einige zu nennen, Parabelgeschichten und Spiegelungen der Stiller-Problematik – etwa in den Geschichten von Isidor und Rip van Winkle –, Protokolle mit »Originalton« und Reflexionen.

Indes: In Zürich stehen nun Entscheidungen bevor. Die Einträge im 7. und letzten Heft der Aufzeichnungen weisen in Länge, Thematik und Stil beträchtliche Unterschiede auf, auch brechen sie oft abrupt ab. Im Mittelpunkt steht der Lokaltermin in Stillers Atelier. Bald soll White/Stiller öffentlich dazu verurteilt werden, Stiller zu sein. Im Atelier wird er konfrontiert mit seiner Vergangenheit als Bildhauer, es müssen aber auch Erinnerungen an die Zeit mit Sibylle lebendig werden. In einem Wutanfall zertrümmert Stiller Produkte seiner »Künstlerei« und rechnet so mit einem Teil seines Selbst, dem mittelmäßigen Bildhauer, ab. In die Wut mischt sich die Enttäuschung über den »Verrat« Julikas. Bei den »Kautionsnachmittagen« hat er sich aufs neue in sie verliebt; er hat sich wieder ein Bildnis gemacht. Noch einmal scheint sich auch der Satz zu bewahrheiten: »Stiller drängte immer etwas auf.« Julika soll ihn als White, als neuen Menschen lieben, dazu bedürfe es keines Geständnisses, daß er der verschollene Gatte sei. Erneut zeigt sich die Eigenart Stillers: er nimmt immer noch einen Anlauf, setzt auf ein zweites und weiteres Mal. Julika weist dieses Ansinnen verwundert zurück.

Am Ende der Aufzeichnungen, zur Zeit des Lokaltermins, ist Stiller/White eigentlich nicht weiter als nach einem Selbstmordversuch in Amerika zwei Jahre zuvor, über den er am Schluß seiner Aufzeichnungen in einem PS berichtet. Dieses Bekenntnis tritt an die Stelle eines offiziellen Eingeständnisses seiner Identität mit dem Bildhauer und Schweizer Staatsbürger Ludwig Anatol Stiller. Stiller ist sich im klaren darüber, daß er »etwas Unverständliches verständlich machen« muß. Als er zwischen Tod und Leben schwebte, hatte er Träume, Halluzinationen, er wagte den »Sprung ohne Flügel«, und dabei wurde ihm das Gefühl einer großen Befreiung zuteil, erlebte er eine Neugeburt.

Näher bin ich dem Wesen der Gnade nie gekommen ... Ich hatte die bestimmte Empfindung, jetzt erst geboren worden zu sein, und fühlte mich mit einer Unbedingtheit, die auch das Lächerliche nicht zu fürchten hat, bereit, niemand anders zu sein als der Mensch, als der ich eben geboren worden bin, und kein anderes Leben zu suchen als dieses, das ich nicht von mir werfen kann.

Es war eine »Ahnung«, und wohl immer noch nicht die richtige Auslegung von Freiheit und Wahl. Er konnte den alten Stiller nicht abwerfen, das Unbewältigte rührte sich alsbald wieder und ließ ihn die Schweiz aufsuchen, wo er Schritt für Schritt zu Stiller zurückgehen muß. Mitten im 7. Heft stößt der Leser unversehens auf die Aufzeichnung eines Gesprächs, das Stiller mit dem Staatsanwalt geführt hat. Diese Passage führt an den Kern der Romanaussage heran, in ihr ist alles, was verstreut, verhüllt und fragmentarisch notiert worden ist, wie in einem Brennpunkt vereinigt.

Gespräch mit meinem Staatsanwalt, meinem Freund, über Stiller:

– »Die weitaus meisten Menschenleben werden durch Selbstüberforderung vernichtet«, sagt er und erklärt es sich etwa folgendermaßen: »Unser Bewußtsein hat sich im Laufe einiger Jahrhunderte sehr verändert, unser Gefühlsleben sehr viel weniger. Daher die Diskrepanz zwischen unserem intellektuellen und unserem emotionellen Niveau ...

Es gibt nur zwei Auswege, die zu nichts führen; wir töten unsere primitiven und unwürdigen Gefühle ab, soweit als möglich, auf die Gefahr hin, daß dadurch das Gefühlsleben überhaupt abgetötet wird, oder wir geben unseren unwürdigen Gefühlen einfach einen anderen Namen. Wir lügen sie um. Wir etikettieren sie nach dem Wunsch unseres Bewußtseins. Je wendiger unser Bewußtsein, je belesener, um so zahlreicher und um so nobler unsere Hintertüren, um so geistvoller die Selbstbelügung! Man kann sich ein Leben lang unterhalten, und zwar vortrefflich, nur kommt man damit nicht zum Leben, sondern unweigerlich in die Selbstentfremdung. Beispielsweise können wir unseren Mangel an Mut, einmal in die Knie zu gehen, unschwer als gute

Haltung auslegen, die Angst vor Selbstverwirklichung unschwer als Selbstlosigkeit und so fort. Die meisten von uns wissen nur allzu gut, was sie in dieser oder jener Situation empfinden sollten, beziehungsweise nicht empfinden dürften, und haben selbst bei gutem Willen bereits die allergrößte Mühe herauszufinden, welcher Art ihre tatsächlich vorhandenen Gefühle sind. Das ist ein übler Zustand. Sarkasmus allem Gefühl gegenüber ist das klassische Symptom dafür... Zur Selbstüberforderung gehört unweigerlich eine falsche Art von schlechtem Gewissen. Einer nimmt es sich übel, kein Genie zu sein, ein anderer nimmt es sich übel, trotz guter Erziehung kein Heiliger zu sein, und Stiller nahm es sich übel, kein Spanienkämpfer zu sein... Es ist merkwürdig, was sich uns, sobald wir in der Selbstüberforderung und damit in der Selbstentfremdung sind, nicht alles als Gewissen anbietet. Die innere Stimme, die berühmte, ist oft genug nur die kokette Stimme eines Pseudo-Ich, das nicht duldet, daß ich es endlich aufgebe, daß ich mich selbst erkenne, und es mit allen Listen der Eitelkeit, nötigenfalls sogar mit Falschmeldungen aus dem Himmel versucht, mich an meine tödliche Selbstüberforderung zu fesseln. Wir sehen wohl unsere Niederlage, aber begreifen sie nicht als Signale, als Konsequenzen eines verkehrten Strebens, eines Strebens weg von unserem Selbst. Merkwürdigerweise ist ja die Richtung unserer Eitelkeit nicht, wie es zu sein scheint, eine Richtung auf unser Selbst hin, sondern weg von unserem Selbst.«

Wir unterhalten uns dann auch über den bekannten Vers: Den lieb ich, der Unmögliches begehrt! Ohne uns erinnern zu können, wo genau, im zweiten Teil des Faust, dieser ominöse Vers steht, einigen wir uns darauf, daß dieser Vers nur aus dem Mund einer dämonischen Figur kommen kann; denn er ist eine Einladung zur Neurose, hat mit einem wirklichen Streben (er redet ja auch nicht von Streben, sondern von Begehren) nichts zu tun, das die Demut vor unseren begrenzten Möglichkeiten voraussetzt.

»Ich sehe Stiller nicht als Sonderfall«, sagt mein Staatsanwalt. »Ich sehe einige meiner Bekannten und mich selbst darin, wenn auch mit anderen Beispielen von Selbstüberforderung... Viele erkennen sich selbst, nur wenige kommen dazu, sich selbst auch anzunehmen. Wieviel Selbsterkenntnis erschöpft sich darin, den andern mit einer noch etwas präziseren und genaueren Beschreibung unserer Schwächen zuvorzukommen, also in Koketterie! Aber auch die echte Selbsterkenntnis, die eher stumm bleibt und sich wesentlich nur im Verhalten ausdrückt, genügt noch nicht, sie ist ein erster, zwar unerläßlicher und mühsamer, aber keineswegs hinreichender Schritt. Selbsterkenntnis als lebenslängliche Melancholie, als geistreicher Umgang mit unserer früheren Resignation ist sehr häufig, und Menschen dieser Art sind für uns bisweilen die nettesten Tischgenossen; aber was ist es für sie? Sie sind aus einer falschen Rolle ausgetreten, und das ist schon etwas, gewiß, aber es führt sie noch nicht ins Leben zurück... Es braucht die höchste Lebenskraft, um sich selbst anzunehmen... In der Forderung, man solle seinen Nächsten lieben wie sich selbst, ist es als Selbstverständlichkeit enthalten, daß einer sich selbst liebe, sich selbst annimmt, so wie er erschaffen worden ist. Allein auch mit der Selbstannahme ist es nicht getan! Solange ich die Umwelt überzeugen will, daß ich niemand anders als ich selbst bin, habe ich notwendigerweise Angst vor Mißdeutung, bleibe ihr Gefangener kraft dieser Angst... Ohne die Gewißheit von einer absoluten Instanz außerhalb menschlicher Deutung, ohne die Gewißheit, daß es eine absolute Realität gibt, kann ich mir freilich nicht denken«, sagt mein Staatsanwalt, »daß wir je dahin gelangen können, frei zu sein.«

PS.

Absolute Instanz? Absolute Realität? Warum sagt er nicht ›Gott‹? Er meidet dieses Wort, scheint mir, mit bewußter Sorgfalt. Nur mir gegenüber?

PS.

Mit der Einsicht, ein nichtiger und unwesentlicher Mensch zu sein, hoffe ich halt immer schon, daß ich eben durch diese Einsicht kein nichtiger Mensch mehr sei. Im Grunde, ehrlich genommen, hoffe ich doch in allem auf Verwandlung, auf Flucht. Ich bin ganz einfach nicht bereit, ein nichtiger Mensch zu sein. Ich hoffe eigentlich nur, daß Gott (wenn ich ihm entgegenkomme) mich zu einer anderen, nämlich zu einer reicheren, tieferen, wertvolleren, bedeutenderen Persönlichkeit machen werde – und genau das ist es vermutlich, was Gott hindert, mir gegenüber wirklich eine Existenz anzutreten, das heißt erfahrbar zu werden. Meine conditio sine qua non: daß er mich, sein Geschöpf, widerrufe.

Zum einen wird hier der Mechanismus der Bildnisse theoretisch abgehandelt. Zum anderen wird deutlich, daß Stiller auf dem Weg zur wahren Freiheit den höchsten Punkt, der – paradox formuliert und recht verstanden – zugleich der tiefste ist, noch nicht erreicht hat. Stiller kennt sich gut und weiß, woran es gefehlt hat. Und schließlich erhellen sich die Textstelle und das einer Schrift von Sören Kierkegaard entnommene Motto des Romans gegenseitig: Selbstannahme würde bedeuten, daß er nicht noch einen Versuch macht, »sich in etwas anderes umzudichten« (Motto), er dürfte dann, im religiösen Sinn, von seinem Schöpfer nicht das verlangen, was er sich im zweiten PS herausnimmt (»Meine conditio sine qua non«).

Am Ende des 1. Hefts notiert Stiller verzweifelt: »Ich habe keine Sprache für meine Wirklichkeit.« Diese Klage kann am Ende des 7. Hefts so nicht mehr gelten. Stiller hat mehr oder weniger aufrichtig, mehr oder weniger umfassend, manchmal versteckt und verschlüsselt alles über sich gesagt, was er sagen konnte und was die Sprache ihm auszudrücken erlaubte. Dieses Spiel der Kund- und Preisgabe, lange auch nur der Andeutung, macht den Reiz des Romans aus und begründet seine Qualität.

Ob Stiller überhaupt den Punkt erreicht, wo er in Freiheit sich selbst annimmt, ergibt sich auch aus dem ›Nachwort des Staatsanwalts‹ nicht schlüssig und gewiß.

Stiller und Julika leben wieder zusammen. Er überspielt die äußeren und inneren Schwierigkeiten, sie ist von schwerer Krankheit gezeichnet, was Stiller aber nicht bemerkt oder nicht wahrhaben will. Das gute Zureden und die moralischen Ratschläge des Staatsanwalts, der mit seiner Frau die Stillers öfters besucht, fruchten wenig; die Tröstungen, die die Religion für den Gläubigen bereithält, schlagen fehl.

Nach einer Operation stirbt Julika allein, Stiller macht, anscheinend wenig berührt, weiter.

... zu Gesprächen kam es nicht mehr. Das Medizinische interessierte ihn nicht, und sonst gab es kaum etwas zu sagen; es war alles entschieden. Wir sahen einander dann und wann; seine nächtlichen Anrufe blieben aus, und seine Briefe waren karg. Stiller blieb in Glion und lebte allein.

So endet der Roman.

Stiller erinnert hier stark an den alten Rip van Winkle. Die Erfahrungen in Amerika, wo er dem bejahten Teil seines Ich am nächsten kam, lassen an Alternativen denken, die Frisch später beschäftigt haben. Stehen dem Menschen mehrere Versuche der Selbstverwirklichung offen, solange er sich selbst nahe bleibt?

Zum Problem- und Experimentierfeld, das Frisch mit der Arbeit an dem Roman ›Mein Name sei Gantenbein‹ (erschienen 1964) betritt, notiert er:

... die Person ist eine Summe von verschiedenen Möglichkeiten, ... eine nicht unbeschränkte Summe, aber eine Summe, die über die Biographie hinausgeht.

Homo faber

Die Hauptfigur in Max Frischs Roman ›Homo faber‹ heißt Walter Faber. Er ist Schweizer, Ingenieur, 50 Jahre alt und hat Anschauungen und Gewohnheiten, zu denen er sich nachdrücklich bekennt:

Ich stehe auf dem Standpunkt, daß der Beruf des Technikers, der mit den Tatsachen fertig wird, immerhin ein männlicher Beruf ist, wenn nicht der einzigmännliche überhaupt. Ich lebe wie jeder wirkliche Mann in meiner Arbeit; ... ich will es nicht anders und schätze mich glücklich, allein zu wohnen, ... ich genieße es, kein Wort sprechen zu müssen. ... Schon die Frage, wie ich geschlafen habe, verdrießt mich, weil ich in Gedanken schon weiter bin, gewohnt, voraus zu denken, nicht rückwärts zu denken, sondern zu planen.

Diese Selbstcharakterisierung erklärt den Titel des Romans: Homo faber, das ist der Mann, der die Naturgesetze kennt und die Kräfte der Natur den menschlichen Bedürfnissen dienstbar machen kann; die dazu nötigen Apparate weiß er zu konstruieren und zu bauen. Der tüchtige und selbstbewußte Herr Faber ist technischer Berater bei der UNESCO, er ist viel unterwegs.

Auf einem Flug von New York nach Caracas muß die Maschine, in der Faber reist, in der mexikanischen Wüste notlanden. Während des viertägigen Zwangsaufenthalts kommt er öfters mit seinem Sitznachbarn, dem Deutschen Herbert Hanke, ins Gespräch. Es stellt sich heraus, daß Herbert der Bruder von Fabers Freund Joachim ist, der Arzt war und jetzt eine Tabakplantage in Guatemala leitet. Herbert will ihn besuchen … und Faber faßt, ohne lang zu überlegen, den Entschluß, Herbert Hanke zu begleiten. Nach einer beschwerlichen Fahrt durch den feuchtheißen Dschungel finden sie Joachim tot, er hat sich erhängt.

Unterdessen hat sich Faber schon mehrfach über sich selbst gewundert. »Ich gelte in beruflichen Dingen als äußerst gewissenhaft, geradezu pedantisch, jedenfalls ist es noch nicht vorgekommen, daß ich eine Dienstreise aus purer Laune änderte.« Zurück in New York, reizt es ihn plötzlich, den Atlantik per Schiff zu überqueren, falls zufällig im nächsten Dampfer eine Kabine zu haben sein sollte. Wieder ist es einem Zufall zu verdanken, daß Faber noch zu Hause ist, als die Agentur eine freie Kabine meldet. Der Techniker hatte seinen Rasierapparat zerlegen müssen, ein Defekt war zu beheben. An Bord fällt ihm ein junges Mädchen »mit einem rötlichen Roßschwanz« auf. Gerade hat er ihr noch beim Tischtennisspielen zugesehen, da wird die Erzählung nach drei Gedankenstrichen jäh unterbrochen. In einem abgesetzten Block und in einer anderen Sprache folgt ein schreckliches Geständnis:

Was ändert es, daß ich meine Ahnungslosigkeit beweise, mein Nichtwissenkönnen! Ich habe das Leben meines Kindes vernichtet und ich kann es nicht wiedergutmachen. Wozu noch ein Bericht? Ich war nicht verliebt in das Mädchen mit dem rötlichen Roßschwanz, sie war mir aufgefallen, nichts weiter, ich konnte nicht ahnen, daß sie meine eigene Tochter ist, ich wußte ja nicht einmal, daß ich Vater bin. Wieso Fügung? Ich war nicht verliebt, im Gegenteil, sie war mir fremder als je ein Mädchen, sobald wir ins Gespräch kamen, und es war ein unwahrscheinlicher Zufall, daß wir überhaupt ins Gespräch kamen, meine Tochter und ich. Es hätte ebensogut sein können, daß wir einfach aneinander vorbeigegangen wären. Wieso Fügung! Es hätte auch ganz anders kommen können.

Die ersten beiden Sätze enthalten ein rückhaltloses Schuldbekenntnis ohne Wenn und Aber. Alles ist endgültig so, wie es ist. Danach verfällt Faber schon wieder in Rechtfertigungsgedanken; er will sich nicht eingestehen, daß es vom ersten Aufmerksamwerden bis zur Verliebtheit oft nur kurzer Zeit bedarf. Er muß sich ferner im klaren sein: Auch wenn er nur ganz sachlich die Abfolge und Verkettung der Ereignisse darstellen will, aus einem solchen Bericht werden bald Beweise für Irrtümer und Schuld hervorgehen. »Es hätte auch ganz anders kommen können.« Sicher. Wie es dann doch zur Liebe zwischen Tochter und Vater kam, enthüllt Fabers weiterer Bericht. Ihm mußte auffallen, daß das Mädchen seiner Jugendgeliebten Hanna glich, die 1936 von ihm ein Kind erwartete, aber von einer bloß konventionellen Heirat nichts wissen wollte. Nach der Ankunft in Europa und einem kurzen Aufenthalt in Paris reist Faber mit dem Mädchen Sabeth durch die Provence. Er hat soeben erfahren, daß Sabeths Mutter mit Vornamen Hanna heißt.

Dabei dachte ich nicht einen Augenblick daran, daß Sabeth sogar mein eignes Kind sein könnte. Es lag im Bereich der Möglichkeit, theoretisch, aber ich dachte nicht daran. Genauer gesagt, ich glaubte es nicht. Natürlich dachte ich daran: unser Kind damals, die ganze Geschichte, bevor ich Hanna verlassen habe, unser Beschluß, daß Hanna zu einem Arzt geht, zu Joachim – Natürlich dachte ich daran, aber ich konnte es einfach nicht glauben, weil zu unglaublich, daß dieses Mädchen ... mein eigenes Kind sein soll.

Ich wagte nichts mehr zu sagen, Joachim betreffend, oder zu fragen. Ich rechnete im stillen (während ich redete, mehr als sonst, glaube ich) pausenlos, bis die Rechnung aufging, wie ich sie wollte: Sie konnte nur das Kind von Joachim sein! Wie ich's rechnete, weiß ich nicht; ich legte mir die Daten zurecht bis die Rechnung wirklich stimmte, die Rechnung als solche. In der Pizzeria, als Sabeth eine Weile weggegangen war, genoß ich es, die Rechnung auch noch schriftlich zu überprüfen. Sie stimmte; ich hatte ja die Daten (die Mitteilung von Hanna, daß sie ein Kind erwartet, und meine Abreise nach Bagdad) so gewählt, daß die Rechnung stimmte; fix blieb nur der Geburtstag von Sabeth, der Rest ging nach Adam Riese, bis mir ein Stein vom Herzen fiel.

Faber tippt an, fragt nicht weiter, rechnet ... und verrechnet sich mit Absicht. Eine andere Selbstprüfung war schon vorangegangen. Faber sitzt in einem Pariser Lokal und blickt in den Spiegel.

Ich hatte Ringe unter den Augen, nichts weiter, im übrigen war ich sonnengebräunt, wie gesagt, lange nicht so hager wie üblich, im Gegenteil, ich sah ausgezeichnet aus. Ich bin nun einmal (das wußte ich auch ohne Spiegel) ein Mann in den besten Jahren, grau, aber sportlich. Ich halte nichts von schönen Männern. Daß meine Nase etwas lang ist, hat mich in der Pubertät beschäftigt, seither nicht mehr; seither hat es genug Frauen gegeben, die mich von falschen Minderwertigkeitsgefühlen befreit haben, und was mich irritierte, war einzig und allein dieses Lokal: wo man hinblickte, gab es Spiegel ...

Natürlich wird man älter –

Natürlich bekommt man bald eine Glatze –

Ich bin nicht gewohnt, zu Ärzten zu gehen, nie in meinem Leben krank gewesen, abgesehen vom Blinddarm – ich blickte in den Spiegel, bloß weil Williams gesagt hatte: What about some holidays, Walter? Dabei war ich sonnengebräunt wie noch selten. In den Augen eines jungen Mädchens, das Stewardess werden möchte, war ich ein gesetzter Herr, mag sein, jedoch nicht lebensmüde, im Gegenteil, ich vergaß sogar, in Paris zu einem Arzt zu gehen, wie ich es mir eigentlich vorgenommen hatte –

Ich fühlte mich vollkommen normal.

»Vollkommen normal«. Daß immer mehr in seinem Leben nicht normal ist, wird Faber, wenn überhaupt, erst sehr spät bewußt. Nicht normal ist Sabeths Verhalten am Strand, nachdem die Tochter bereits die Geliebte geworden ist. Als Faber auf ihren Hilferuf nackt aus dem Wasser gestapft kommt, weicht sie zurück, stürzt, fällt auf den Hinterkopf. Faber ist fixiert auf den Schlangenbiß, der behandelt wird; Sabeth stirbt jedoch an einem Schädelbruch, der in der Klinik zu spät erkannt wird. Nochmals hat das Schicksal den bereits Schuldigen mit Schuld belastet. Es hängt wohl zusammen mit der ersten Schuld, die Hanna ihm vorhält:

Mein Irrtum mit Sabeth: Repetition, ich habe mich so verhalten, als gebe es kein Alter, daher widernatürlich. Wir können nicht das Alter aufheben, indem wir weiter addieren, indem wir unsere eigenen Kinder heiraten.

Das Verhängnis wirkt weiter. Bei einem Kuba-Aufenthalt scheint Faber seine Borniertheit zu überwinden, er fühlt sich verjüngt, gepackt von einem dionysischen Rausch. Doch dem Ausruf »Mein Entschluß anders zu leben« folgt der im Irrealis stehende Wunsch: »Wenn man nochmals leben könnte«. Faber trägt die tödliche Krankheit in sich, vor der ihn sein Bild im Spiegel mehrmals gewarnt hat. Faber bekennt im Bericht seine Schuld, auch wenn er immer wieder nach Ausflüchten sucht. Er bekennt sie nicht vor Hanna, die Faber wohl auch keine Beichte abnehmen könnte. Beide verharren auch nach dem Unglück auf Positionen und Meinungen, die ihnen von ihren angenommenen Rollen, der maskulinen und der femininen, vorgegeben werden. Dies geht auch aus einem Gespräch hervor, das Faber aufgezeichnet und kommentiert hat.

Dabei hat Hanna immer getan, was ihr das Richtige schien, und das ist für eine Frau, finde ich, schon allerhand. Sie führte das Leben, wie sie's wollte. Warum es mit Joachim nicht gegangen war, sagte sie eigentlich nicht. Sie nennt ihn einen lieben Menschen. Von Vorwurf keine Spur; höchstens findet sie uns komisch, die Männer ganz allgemein. Hanna hat sich vielleicht zuviel versprochen, die Männer betreffend, wobei ich glaube, daß sie die Männer liebt. Wenn Vorwurf, dann sind es Selbstvorwürfe; Hanna würde die Männer, wenn sie nochmals leben könnte oder müßte, ganz anders lieben. Sie findet es natürlich, daß die Männer (sagt sie) borniert sind, und bereut nur ihre eigne Dummheit, daß sie jeden von uns (ich weiß nicht, wieviele es gewesen sind) für eine Ausnahme hielt. Dabei ist Hanna, wie ich finde, alles andere als dumm. Sie findet es aber. Sie findet es dumm von einer Frau, daß sie vom Mann verstanden werden will; der Mann (sagt Hanna) will die Frau als Geheimnis, um von seinem eignen Unverständnis begeistert und erregt zu sein. Der Mann hört nur sich selbst, laut Hanna, drum kann das Leben einer Frau, die vom Mann verstanden werden will, nicht anders als verpfuscht sein. Laut Hanna. Der Mann sieht sich als Herr der Welt, die Frau nur als seinen Spiegel. Der Herr ist nicht gezwungen, die Sprache der Unterdrückten zu lernen; die Frau ist gezwungen, doch nützt es ihr nichts, die Sprache ihres Herrn zu lernen, im Gegenteil, sie lernt nur eine Sprache, die ihr immer unrecht gibt. Hanna bereut, daß sie Dr. phil geworden ist. Solange Gott ein Mann ist, nicht ein Paar, kann das Leben einer Frau, laut Hanna, nur so bleiben, wie es heute ist, nämlich erbärmlich, die Frau als Proletarier der Schöpfung, wenn auch noch so elegant verkleidet – Ich fand sie komisch, eine Frau von fünfzig Jahren, die wie ein Backfisch philosophiert, eine Frau, die noch so tadellos aussieht wie Hanna, geradezu attraktiv, dazu eine Persönlichkeit, das war mir klar, eine Dame von ihrem Ansehen, ich mußte daran denken, wie man Hanna beispielsweise im Hospital behandelt hatte, eine Ausländerin, die erst seit drei Jahren in Athen wohnt, geradezu wie eine Professorin, eine Nobelpreisträgerin! – sie tat mir leid.

Sühnt Faber seine Schuld? Er reagiert, wie wohl viele seiner Zeitgenossen reagieren würden. Er ist betroffen, zeitweise erschüttert, aber nicht im Innersten getroffen. In einer Dunkelkammer sieht er, der überall fotografiert hat, Schnappschüsse, auf denen eine muntere, neugierige, singende, liebende Sabeth – die lebendige Sabeth zu sehen ist. Ein Requiem mit festgehaltenen Augenblicken, dann »Ende der Spule«. Sabeth bleibt für Faber ein leiblicher Mensch, trotzdem ist sie im Roman der Mensch, auf dem alle Hoffnung ruhte. Und Sabeth ist tot. In seiner letzten Aufzeichnung schreibt der Vater von »unserem Kind«.

Reinhard Baumgarts Kurzcharakteristik des ›Homo faber‹ aus dem Jahr 1992 liefert auch eine Erklärung für den nachhaltigen Erfolg des Buches. Der Roman sei »ein Musterfall für die ›Dialektik der Aufklärung‹, zügig, fast reißerisch inszeniert: Verblendete Rationalität verfällt dem, was sie gerade leichthin und sicher zu beherrschen glaubte, der Natur und ihrer ersten Sprache, dem Mythos. Wie Ödipus die Mutter, so umarmt Faber seine Tochter – eine charakteristische Verschiebung in unsere fünfziger Jahre.« Raffiniert inszeniert ist das Geschehen in der Tat: Der Ingenieur fährt aus der Neuen Welt, wo auf dem Feld der technischen Zivilisation, seiner Domäne, der bisher höchste Wissens- und Leistungsstand erreicht wurde, in das alte Europa. Er reist dort auf Straßen, die bald Touristenrouten werden sollten, bis nach Griechenland, wo in früher Zeit die Welt im Mythos gedeutet wurde. Für Faber ist es auch eine Zeitreise zurück in das Ursprungsland der abendländischen Kultur. Im Roman ist beides enthalten: ein Flair der großen weiten Welt, der die frühen Leser faszinierte, und eine Enthüllungsgeschichte über ein mitverschuldetes Verhängnis. Faber mag als moderner Ödipus gedeutet werden. Falsche Selbsteinschätzung veranlaßt ihn dazu, von der Natur gesetzte Grenzen zu überschreiten, ausschließlich rationales und egoistisches Denken führt zu Störungen und schließlich zu einer Zerstörung, die nicht wiedergutzumachen ist.

Wolfgang Koeppen
Tauben im Gras

Flieger waren über der Stadt, unheilkündende Vögel. Der Lärm der Motoren war Donner, war Hagel, war Sturm. Sturm, Hagel und Donner, täglich und nächtlich, Anflug und Abflug, Übungen des Todes, ein hohles Getöse, ein Beben, ein Erinnern in den Ruinen. Noch waren die Bombenschächte der Flugzeuge leer. Die Auguren lächelten. Niemand blickte zum Himmel auf.

Öl aus den Adern der Erde, Steinöl, Quallenblut, Fett der Saurier, Panzer der Echsen, das Grün der Farnwälder, die Riesenschachtelhalme, versunkene Natur, Zeit vor dem Menschen, vergrabenes Erbe, von Zwergen bewacht, geizig, zauberkundig und böse, die Sagen, die Märchen, der Teufelsschatz: er wurde ans Licht geholt, er wurde dienstbar gemacht. Was schrieben die Zeitungen? KRIEG UM ÖL, VERSCHÄRFUNG IM KONFLIKT , DER VOLKSWILLE, DAS ÖL DEN EINGEBORENEN, DIE FLOTTE OHNE ÖL, ANSCHLAG AUF DIE PIPELINE, TRUPPEN SCHÜTZEN BOHRTÜRME, SCHAH HEIRATET, INTRIGEN UM DEN PFAUENTHRON, DIE RUSSEN IM HINTERGRUND, FLUGZEUGTRÄGER IM PERSISCHEN GOLF. Das Öl hielt die Flieger am Himmel, es hielt die Presse in Atem, es ängstigte die Menschen und trieb mit schwächeren Detonationen die leichten Motorräder der Zeitungsfahrer. Mit klammen Händen, mißmutig, fluchend, windgeschüttelt, regennaß, bierdumpf, tabakverbeizt, unausgeschlafen, albgequält, auf der Haut noch den Hauch des Nachtgenossen, des Lebensgefährten, Reißen in der Schulter, Rheuma im Knie, empfingen die Händler die druckfrische Ware. Das Frühjahr war kalt. Das Neueste wärmte nicht. SPANNUNG, KONFLIKT, man lebte im Spannungsfeld, östliche Welt, westliche Welt, man lebte an der Nahtstelle, vielleicht an der Bruchstelle, die Zeit war kostbar, sie war eine Atempause auf dem Schlachtfeld, und man hatte noch nicht richtig Atem geholt, wieder wurde aufgerüstet, die Rüstung verteuerte das Leben, die Rüstung schränkte die Freude ein, hier und dort horteten sie Pulver, den Erdball in die Luft zu sprengen, ATOMVERSUCHE IN MEXIKO, ATOMFABRIKEN IM URAL, sie bohrten Sprengkammern in das notdürftig geflickte Gemäuer der Brücken, sie redeten von Aufbau und bereiteten den Abbruch vor, sie ließen weiter zerbrechen, was schon angebrochen war: Deutschland war in zwei Teile gebrochen. Das Zeitungspapier roch nach heißgelaufenen Maschinen, nach Unglücksbotschaften, gewaltsamem Tod, falschen Urteilen, zynischen Bankrotten, nach Lüge, Ketten und Schmutz. Die Blätter klebten verschmiert aneinander, als näßten sie Angst. Die Schlagzeilen schrien: EISENHOWER INSPIZIERT IN BUNDESREPUBLIK, WEHRBEITRAG GEFORDERT, ADENAUER GEGEN NEUTRALISIERUNG, KONFERENZ IN SACKGASSE, VERTRIEBENE KLAGEN AN, MILLIONEN ZWANGSARBEITER, DEUTSCHLAND GRÖSSTES INFANTERIE-POTENTIAL. Die Illustrierten lebten von den Erinnerungen der Flieger und Feldherren, den Beichten der strammen Mitläufer, den Memoiren der Tapferen, der Aufrechten, Unschuldigen, Überraschten, Übertölpelten. Über Kragen mit Eichenlaub und Kreuzen blickten sie grimmig von den Wänden der Kioske. Waren sie Akquisiteure der Blätter oder warben sie ein Heer? Die Flieger, die am Himmel rumorten, waren die Flieger der andern.

So beginnt ein deutscher Roman aus dem Jahr 1951. Dieser Anfang mag einigen Lesern Schwierigkeiten bereitet haben. Gemessen an gängigen Romaneröffnungen, die gleich in ein Milieu einführen oder eine Person vorstellen, mußte Wolfgang Koeppens Verfahren neuartig und kühn erscheinen. Worum geht es ihm?

Zu umreißen ist die Weltlage fünf Jahre nach Ende des Zweiten Weltkriegs. Zentrales Thema ist – bedeutsam für das ganze Jahrhundert – die Gewinnung und der Verbrauch von Energie, vor allem im Dienst des Machterhalts. Koeppen holt weit aus. Eine vertikale Linie durchmißt Raum und Zeit, sie reicht von den Tiefen des Erdinneren bis in den Weltraum, zugleich kann sie als Zeitschiene gesehen werden, auf der notiert ist, was Jahrmillionen zurückliegt. Was damals entstand, bestimmt und verändert die Gegenwart, sorgt für Beschleunigung des Tempos, vermehrt Unruhe und Besorgnis. Naturgewalten und Techniklärm sind kaum noch zu unterscheiden. In den Schlagzeilen ballen sich die Nachrichten über Ereignisse, die mit dem Kampf um Macht und Energiequellen zu tun haben. Bis auf den amerikanischen Präsidenten bleiben die Akteure anonym. Anonym bleibt auch der kleine Zeitungsfahrer, obwohl man doch aus hingeworfenen Diagnoseworten viel über ihn erfährt. Der Krieg ist weder besiegt noch vergessen; das Stimmungsbarometer zeigt schlechte Werte.

Was dann erzählt wird, spielt an einem Tag im Frühjahr 1950 in einer westdeutschen Stadt der amerikanischen Besatzungszone. Die Stadt ist leicht als München auszumachen, diese lokale Bestimmung ist aber von zweitrangiger Bedeutung. Wichtiger erscheint es erneut (wie schon bei Arno Schmidts ›Zettels Traum‹) Parallelen zum 16. Juni 1904 und zu dem Roman eines Autors zu ziehen, dem Koeppen verpflichtet ist: Im ›Ulysses‹ von James Joyce bricht am Morgen dieses ganz gewöhnlichen Sommertags der Anzeigenakquisiteur Leopold Bloom zu einer langen Tagesreise in die Stadt Dublin auf. Stationen dieser Reise sind vertraute Orte der Stadt, er wird aber auch – darauf deutet der Titel Ulysses = Odysseus hin – von den gewohnten Routen abkommen, in unbekannte »Gewässer« verschlagen werden und erst nach mehreren Irrfahrten nach Hause zurückkehren.

In der Stadt in Wolfgang Koeppens Nachkriegsdeutschland sind die Morgenzeitungen ausgetragen. Viele der etwa zwanzig Personen des Romans sind schon unterwegs: der bekannte Filmstar Alexander fährt nach einer zu langen Partynacht müde und schlechtgelaunt in die Studios, wo der Kostümfilm ›Erzherzogliebe‹ gedreht wird. Der athletische Psychiater Behude radelt zu einer Klinik, um Blut zu spenden. Der erfolglose, frustrierte und menschenscheu gewordene Schriftsteller Philipp hat soeben ein mit Serienausstattung möbliertes, unpersönliches Hotelzimmer verlassen und läßt sich ziellos im Menschengewühl mittreiben.

Aus dieser Aufzählung simultaner oder zeitlich nur leicht versetzter Geschehnisse erklärt sich das für deutsche Leser um 1950 befremdliche Druckbild, in dem sich bereits die Form des Romans spiegelt. ›Tauben im Gras‹ ist nicht in Kapitel eingeteilt, sondern das Buch besteht aus Erzähleinheiten unterschiedlicher Länge, die nur durch Leerzeilen voneinander abgesetzt sind. Man könnte viele dieser Blökke mit dem Namen einer Person überschreiben.

Über Block 16 etwa könnte Emilia (II) stehen. Emilia ist Philipps Frau. Sie wird bald das Leihamt und danach einen schmierigen Händler aufsuchen; um an Bargeld zu gelangen, gibt sie ohne Hemmungen Stücke aus ihrem einst reichen Erbe weg. Koeppen berichtet nicht, wie es um sie steht; vielmehr zeigt er das Innenleben dieser wenig lebenstüchtigen jungen Frau, indem er den Leser in ihren Bewußtseinsstrom eintauchen läßt: unkontrolliert entstehen, fließen und vergehen darin Gedanken und Empfindungen, auch Intimes ist darunter.

... auf daß es dir gut gehe, Kind, und das Geschlecht blühen möge und immer noch reicher werde, brauchst nichts zu tun, er tat so viel, brauchst dich nicht zu mühen, er mühte sich und achthundert Arbeiter, ›für dich, Täubchen, schwimmst oben‹ (was schwimmt oben? was schwimmt oben auf einem Teich? Froschlaich, Vogeldreck, Faulholz, schillernde Farbflecke, unruhige Spektren aus Schmiere, Schlamm und Verwesung, die Leiche der jungen Liebenden), ›darfst feiern, Kind, Gartenfeste, du Hübsche, wirst immer die Ballkönigin sein, Emilia!‹ Sie wollte vergessen, vergessen die entwerteten Hypotheken, die enteigneten Rechte, die Reichsschatzanweisungen im Girosammeldepot, Papier, Makulatur, vergessen den unrentablen verfallenden Hausbesitz, die Bodenlasten, die unverkäuflichen Mauersteine, die Kettung an die Ämter, die Formulare, die gewährten und widerrufenen Stundungen, die Anwälte, sie wollte vergessen, wollte dem Betrügenden entlaufen, zu spät, der Materie entkommen, dem Geist nun sich hingeben, dem bisher nicht geachteten, dem verkannten, er war ein neuer Retter, seine schwerelosen Kräfte, *les fleurs du mal,* Blumen aus dem Nichts, der Trost in Dachkammern, wie-hasse-ich-die-Poeten, die-Pumper, die-alten-Freitischschlucker, Geist Trost in verfallenen Villen, ja-wir-waren-reich, *une saison en enfer: il semblait que ce fût un sinistre lavoir, toujours accablé de la pluie et noir,* Benn Gottfried Frühe Gedichte, La Morgue ist – dunkele-süße – Onanie, *les paradis artificiels* auf den Holzwegen, Philipp auf den Holzwegen, ratlos im Gestrüpp in den Fußangeln Heideggers, der Geruch nie wieder geschmeckter Bonbons auf dem Ausflug mit den Freundinnen, der Lido von Venedig, die Kinder der Wohlhabenden *à la recherche du temps perdu,* Schrödinger *What is Life?* das Wesen der Mutation, das Verhalten der Atome im Organismus, der Organismus kein physikalisches Laboratorium, ein Strom von Ordnung, du entgehst dem Zerfall im anatomischen Chaos, die Seele, ja, die Seele ...

Emilia erinnert sich an die wohl oft gehörten Worte ihres Großvaters, eines Fabrikbesitzers, der soviel Vermögen ansammelte, daß es scheinen konnte, als hätten die Erben ausgesorgt. Die erinnerte Rede wird zur »erlebten«, das Ich-Subjekt wechselt in die dritte Person, die Bewußtseinsinhalte formieren sich zu mehreren Komplexen. Betrachten wir kurz zwei von ihnen. Einstiger Besitz ist unter Nachkriegsumständen zur Last geworden. Begriffe aus dem Fachvokabular der Behörden und des Bankwesens wirbeln Emilia, die von der Materie kaum etwas versteht, durch den Kopf. Was ihr lästig ist, wird rasch verdrängt, zum Glück gibt es Erfreulicheres. In Titeln und Zitaten werden Lektüreerlebnisse lebendig; Emilia kennt und liebt die französische Literatur der frühen Moderne, ist fasziniert von Gottfried Benn. Das Schweifen im Reich des Geistes läßt sie an Philipp denken, der sich offenbar mit einer Heidegger-Lektüre abquält. ›Holzwege‹ heißt ein Heidegger-Titel, und das Wort deutet zugleich Philipps Situation an.

Koeppens Romanfiguren, die etwa zwanzig Menschen in der Stadt, sind verschiedener Nationalität und Rasse, verschieden sind auch Beruf, Alter, Konstitution und Lebensführung. Die wenigsten kennen sich, obwohl sich ihre Wege mehrfach kreuzen. Drei Handlungsstränge ziehen sich kontinuierlich durch den Roman, die Individualmuster von fünf Schicksalen tauchen an immer wieder anderen Stationen auf. Für einige von ihnen bereiten sich wichtige Erfahrungen und Entscheidungen vor, für einen ist der Frühjahrstag der letzte seines Lebens.

Der schwarze amerikanische Soldat Odysseus Cotton zieht mit dem alten Dienstmann Josef durch die Stadt. Als er bei Bier und Spiel betrogen werden soll und ihm sein Geld abhanden kommt, reagiert er gewalttätig und bringt eine Meute Deutscher gegen sich auf. Ein Steinwurf trifft Josef tödlich am Kopf. Wie eine Lawine verbreiten sich nun Gerüchte, und die Übeltat wird Odysseus angelastet. Wieder einmal war es ein »Neger«, die Deutschen schimpfen, leben Vorurteile aus.

Ein Opfer solcher Vorurteile droht auch Carla zu werden, die als Kriegerwitwe und Mutter eines elfjährigen Buben von dem farbigen US-Sergeanten Washington Price ein Kind erwartet. Sie wird von der Nachbarschaft und von der eigenen Mutter als »Negerhure« verachtet. Washington bekennt sich zu dem Kind und zu ihr, er will verhindern, daß sie abtreiben läßt.

Ein Telefongespräch: Washington spricht mit seinem Vater in Louisiana. Auch hier diktiert die Innenschau Art und Stil der Darstellung, die entstehende Szenerie, die ganz aus dem Inneren des farbigen Amerikaners entwickelt wird, erlaubt einen tiefen Einblick in sein Wesen.

call-the-States! In einer gepolsterten Telephonzelle im großen Postraum des Central Exchange stand Washington Price. Er schwitzte in der geschlossenen Zelle. Er wischte sich den Schweiß von der Stirn, und sein Taschentuch flatterte unter der matten elektrischen Birne der Zelle wie ein aufgeregter weißer

Vogel in einem Käfig. Washington sprach mit Baton Rouge, seiner Heimatstadt im Staate Louisiana. In Baton Rouge war es vier Uhr früh, die Sonne war noch nicht aufgegangen. Die Glocke des Telephons hatte sie aus dem Schlaf geschreckt, so früh, das war nichts Gutes, eine Unglücksbotschaft, sie standen furchtsam im Gang des kleinen sauberen Hauses, die Bäume in der Allee rauschten, der Wind rauschte in den Wipfeln der Ulmen, Züge fuhren zu den Getreidesilos, Weizenkähne glitten zum Kai, ein Schlepper schrie, Washington sah sie, die beiden Alten, ihn im gestreiften Schlafanzug, sie hatte eine Schürze schnell übergeworfen, er sah sie im Geist, wie sie zögerten, wie sie sich fürchteten, er die Hand schon ausgestreckt hatte nach dem Hörer und sie ihre Hand, um seine zurückzuhalten, Morgenbotschaft Unkenruf im bewahrten mühsam gesicherten Haus, Onkel Toms Hütte, ein Steinhaus, Haus eines farbigen Bürgers, eines achtbaren Mannes, aber das Telephon mit seiner Stimme von fern, Ruf aus der weißen Welt, der feindlichen Welt, aufschreckende Stimme und doch so ersehnte Stimme, sie wußten es noch, bevor es in der Hörmuschel rauschte und wahr wurde, seine Stimme, die Stimme des Sohnes, warum blieb er? verlorener Sohn, kein Kalb war zu schlachten, er selbst geschlachtet, blieb über den Krieg hinaus, über die Pflicht hinaus, blieb bei der Army, was ging es ihn an? Deutschland, Europa, wie fern ihr Gezänk, die Russen, warum nicht die Russen? unser Sohn Sergeant, sein Bild in Uniform auf dem Buffet neben dem Neusilberkrug, neben dem Radio, *Rote Offensive, Kinder lieben Ludens Drops,* was will er? ach, sie ahnen es, und er weiß es, daß sie es ahnen: Verstrickung. Der Alte nimmt den Hörer und meldet sich, der Vater, Oberaufseher im Getreidesilo, Washington spielte im Getreide, erstickte fast, ein Kind in rotweißgestreiften Overalls, ein schwarzer Kobold, im Überfluß, in einem Meer von gelbem Korn: Brot. »Hallo!« Jetzt muß er es sagen: Carla, die weiße Frau, das Kind, er kommt nicht heim, er wird die weiße Frau heiraten, er braucht Geld, Geld, um zu heiraten, Geld, um das Kind zu retten, das kann er ihnen nicht sagen, Carla droht mit dem Arzt, Washington will Geld vom Ersparten der Alten, er kündigt ihnen die Heirat an, das Kind, was wissen sie? Sie wissen. Verstrickung, der Sohn in Not. Nichts Gutes: Sünde. Oder nicht Sünde vor Gott, aber vor den Menschen. Sie sehen die fremde Tochter im Negerviertel von Baton Rouge, sehen die Andershäutige, die Frau von drüben, Frau von jenseits des Grabens, sehen das Abteil für Farbige, die Straße der Apartheid, wie will er leben mit ihr? wie sich freuen, wenn sie weint? zu eng das Haus, das Haus im Ghetto, Onkel Toms saubere Hütte und das Rauschen der Bäume in der Allee, das gemächliche Treiben des Flusses, breit und tief, und in der Tiefe Frieden, Musik aus dem Nachbarhaus, das Raunen der Stimmen, der dunklen Stimmen am Abend, zuviel für sie, zuviel Stimmen und doch nur eine Stimme, zu eng zu dicht zu nah zu dunkel, Schwärze und Nacht und die Luft und die Leiber und die Stimmen sind wie ein schwerer Vorhang aus Samt, der mit tausend Falten über den Tag fällt. Wenn es Abend wird – führt er sie zum Tanz in Napoleon's Inn? Washington weiß es, weiß es so gut, wie sie es wissen, die Alten, die guten Alten im Gang des Hauses unter den rauschenden Bäumen am raunenden Fluß in den Samtfalten der Nacht, vor Napoleons Schenke wird eine Tafel stehen am Abend vor dem Tanz, vor der Feindfrau der Feindfreundin der Feindgeliebten, die nicht erbeutet, die erdient wurde, wie Jakob um Rahel warb, keiner wird das Schild sehen, und alle werden es lesen, in jedem Auge wird es zu lesen sein *Weiße unerwünscht.* Washington telephoniert, spricht über den Ozean, seine Stimme eilt der Morgenröte voraus, und die Stimme des Vaters entflieht unfroh der Nacht, und das Schild, das einmal an der Zellentür hing, die Washington hinter sich geschlossen hat, hieß *Für Juden verboten.* Präsident Roosevelt hörte damals von diesem Schild, die Diplomaten und die Journalisten berichteten es ihm, und er erzählte vom Leidensstern Davids am Kamin, und die Rede am Kamin strahlte durch den Äther und strahlte aus dem Klangkasten neben dem Neusilberkrug in Onkel Toms Hütte und entfaltete sich in den Herzen. Washington wurde Soldat und zog in den Krieg, *vorwärts christliche Soldaten,* und in Deutschland verschwanden die infamen Gebote, und abgerissen, verbrannt und versteckt wurden die Tafeln des Ungesetzes, die jeden Menschen beschämten. Washington wurde dekoriert, aber im Vaterland, das ihn auszeichnete mit den Bändchen und den Medaillen für Tapferkeit, im Vaterland behaupteten sich die Schilder des Hochmuts, die Denkweise des Aftermenschen, ob plakatiert oder nicht, blieb stehen *Für Schwarze verboten.* Verstrickung, Washington ist verstrickt. Er träumt, während er mit den Eltern von seiner Liebsten spricht (ach liebenswert! ist sie liebenswert? ist es Hochmut? Hochmut von ihm? Washington gegen alle? Washington Ritter gegen Vorurteil und Verfemung?), er träumt, und im Traum besitzt er ein kleines Hotel, eine nette gemütliche Bar, und *niemand ist unerwünscht* steht in einem Kranz von immer brennenden bunten Glühbirnen an der Tür geschrieben – das wäre Washington's Inn. [...]

Koeppen schiebt in den epischen Text keinen Dialog ein. »Hallo!« ist das einzige Wort, das an ein Telefongespräch denken läßt. Ihm kommt es auch hier auf die sprachliche Fixierung von Bewußtseinsvorgängen an. Es dauert länger, bis der Amerikaner in der Zelle sprechen kann; so liegt es nahe, daß er in der Wartepause an daheim denkt. Vor seinem inneren Auge tauchen Landschaftsbilder auf und ... »Washington sah sie, die beiden Alten«. Er kennt die Eltern und kann sich ihr leicht unbeholfenes, zögerndes Reagieren genau vorstellen. »... sie ahnen es, und er weiß, daß sie es ahnen; Verstrickung.«

»Verstrickung« ist das Schlüsselwort der Szene. Washingtons innere Verfassung spiegelt sich in seinem Sprechen, er hat seine Gedanken nicht mehr unter Kontrolle. Das suggeriert Koeppen durch eine Art inneren Monolog, der aber nicht im Inneren bleibt; Washington muß reden und gerät – spürbar für den Leser – ins Stottern. Die Eltern sehen aus ihrer Landschaft, dem tiefen Süden der USA, andere Bilder auftauchen als der Sohn, Bilder, die mahnen, daß die »fremde Tochter« Unheil bringen und selbst leiden wird.

Washingtons »Verstrickung« erklärt sich aus Widersprüchen, die ihm in der Nachkriegswelt begegnen, in der Hochmut und Furcht, Vorurteile und Diskriminierung fortbestehen; Beleg dafür sind die Schilder, die gedruckten und die in den Köpfen. Washington Price ist diesen Widersprüchen ausgesetzt und spürt sie in sich. Als Besatzungssoldat konnte er sich in einem besiegten Land als Herr fühlen, der alles haben und kaufen konnte; im Vaterland, in den Staaten, ist der mit Orden ausgezeichnete Sergeant als Farbiger nach wie vor ein Mensch zweiter Klasse. Und seine »Liebste«, die weiße Frau, die er, der »Neger«, gewinnen konnte, die »erdient wurde«, »droht mit dem Arzt«, will das Kind wohl gar nicht auf die Welt bringen. Wie nebenbei, in Klammern gesetzt, werden Zweifel vernehmbar, die sich Washington gar nicht eingestehen mag. » ... ist es Hochmut? – von ihr? – Hochmut von ihm?« Der Zustand der Welt wird auch offenkundig in oxymorischen Verbindungen wie »Feindfreundin« oder »fremde Tochter«.

Wo steht der Autor, der diesen call über das große Wasser und seine Begleiterscheinungen so darstellt, wie zu beschreiben versucht wurde? Er streut ein paar Hinweise ein, so etwa zweimal den Titel ›Onkel Toms Hütte‹. In diesem Buch sind in schon legendärer Weise die Nöte der amerikanischen Negersklaven Literatur geworden. Koeppen fragt indirekt und rhetorisch: Hat man inzwischen das gute Stück Weg in die bessere Zukunft zurückgelegt? »Ritter gegen Vorurteil und Verfemung«, hier ist die leicht ironische Tönung nicht zu überhören, auch meldet sich wohl der Autor zu Wort. Es liegt nicht nur an den Übeln der Zeit; der Kranz von immer brennenden bunten Glühbirnen im erträumten »Washington's Inn« läßt auf einen noch etwas pubertärsentimentalen Jungen schließen, der aus Büchern und nicht nur aus dem Mund seines Präsidenten viel Idealistisches aufnahm, das »strahlte« und sich in seinem Herzen »entfaltete (...)«.

Wolfgang Koeppen liebt das andeutende und pointierende Schreiben. Vieles fließt ihm als Stichwort, als Skizze aus der Feder; der Leser ist aufgefordert hinzuzufügen, zu ergänzen. Der hochgebildete und sehr belesene Koeppen wußte: vieles, was ihn beschäftigte, was er in Arbeit nahm, war längst Literatur geworden, und so macht er es sich zunutze. ›Onkel Toms Hütte‹ steht bei ihm für die südstaatliche Welt der USA sowie für deren europäische und afrikanische Ursprünge und Traditionen.

Bilder und Mythen halfen ihm auch, wenn es schwierig oder peinlich war, Gegenwärtiges aus sich selbst oder aus einer noch sehr nahen Vergangenheit zu erklären.

Auch Koeppen nahm teil an der Figurenentleihung, die um die Jahrhundertmitte, von Frankreich ausgehend, die Geister erregte und faszinierte. Eine neue Symbolsprache wurde geschaffen. Auf deutschen Bühnen wurden Stücke französischer Autoren gespielt, die den antiken Mythen moderne Texte unterlegten. Man sah sich ins griechische Theben zu Antigone und Kreon oder nach Troja kurz vor Ausbruch des großen Krieges versetzt, Parallelen zu Personen oder Ereignissen des 20. Jahrhunderts wurden suggeriert.

Nicht immer gelang es überzeugend, der Momentaufnahme aus der Gegenwart mythische Namen oder Bilder zuzuordnen. Auch Koeppen übernahm sich bisweilen bei der Herstellung solcher Bezüge, so z.B. wenn das lebens- und liebeshungrige Mädchen Susanne auf Odysseus Cotton trifft. Sie ist enttäuscht vom Filmschauspieler Alexander, der sie für eine Nacht mitgenommen hat; Odysseus verspricht Besseres zu bieten.

Susanne war Kirke und die Sirenen, sie war es in diesem Augenblick, sie war es eben geworden, und vielleicht war sie auch Nausikaa. Niemand im Lokal merkte, daß andere in Susannes Haut steckten, uralte Wesen; Susanne wußte nicht, wer sie alles war, Kirke, die Sirenen und vielleicht Nausikaa; die Törichte hielt sich für Susanne, und Odysseus ahnte nicht, welche Damen ihm in dem Mädchen begegneten. Junge Haut umspannte Susannes Arm. Odysseus fühlte den Puls, er fühlte den Blutschlag dieses Arms in seinem Nacken. Der Arm war kühl und sommersprossig, ein Knabenarm, doch die Hand, die nach der Umschlingung des Nackens Odysseus' Brust berührte, war warm, weiblich und geschlechtlich, she-was-a-nice-girl-

Koeppen gibt sich mit dem banalen Vorgang, daß ein »nice girl« auf einen »nice guy« scharf ist, nicht zufrieden; der mythologische Aufwand verwischt hier eher die Aussage.

Auf einen dritten Amerikaner, der an dem bewußten Tag in die Stadt kommt, richten sich hohe Erwartungen; sein Besuch im Nachkriegsdeutschland stellt ein kulturelles Ereignis dar. Der berühmte Dichter Edwin, von Koeppen dem englischen Nobelpreisträger T. S. Eliot nachgestaltet, wurde zu einem Vortrag gebeten und hat zugesagt. Von seinen Worten erwarten sich Desorientierte und Suchende Wegweisung, aber auch die neue Schickeria ist zugegen: man will den Prominenten sehen und hören. Edwin hat eine Botschaft zu verkünden: er will die Werte der christlich-abendländischen Kultur beschwören gegen die dem Nihilismus verfallenen Geister.

Edwin rief die großen Namen Homer, Vergil, Dante, Goethe. Er beschwor die Paläste und die Ruinen, die Dome und die Schulen. Er sprach von Augustin, Anselm, Thomas, Pascal. Er erwähnte Kierkegaard, die Christenheit sei nur noch ein Schein, und doch, sagte Edwin, sei dieser Schein, der vielleicht letzte Abendschein des müden Europas, das einzige wärmende Licht in der Welt...

Der Vortrag steht unter keinem guten Stern. Die Mikrophonanlage ist defekt, die Zuhörer sind überfordert und langweilen sich, einige kämpfen mit dem Schlaf oder sind schon eingeschlafen. Edwin geht nicht von seinem Manuskript ab, er zitiert Autorität nach Autorität und wendet sich dann gegen die Widersacher, die sich frech zu Propheten einer falschen Freiheit aufwerfen.

Edwin erwähnte die Freiheit. Der europäische Geist, sagte er, sei die Zukunft der Freiheit, oder die Freiheit werde keine Zukunft mehr in der Welt haben. Hier wandte sich Edwin gegen einen Ausspruch, der seinen Zuhörern völlig unbekannten amerikanischen Dichterin Gertrude Stein, von der erzählt wird, daß Hemingway bei ihr zu schreiben gelernt habe. Gertrude Stein und Hemingway waren Edwin gleichermaßen unsympathisch, er hielt sie für Literaten, Boulevardiers, zweitrangige Geister, und sie wieder gaben ihm die Nichtachtung reichlich zurück und nannten ihn ihrerseits einen Epigonen und sublimen Nachäffer der großen toten Dichtung der großen und toten Jahrhunderte. Wie Tauben im Gras, sagte Edwin, die Stein zitierend, und so war doch etwas von ihr Geschriebenes bei ihm haftengeblieben, doch dachte er weniger an Tauben im Gras als an Tauben auf dem Markusplatz in Venedig, wie Tauben im Gras betrachteten gewisse Zivilisationsgeister die Menschen, indem sie sich bemühten, das Sinnlose und scheinbar Zufällige der menschlichen Existenz bloßzustellen, den Menschen frei von Gott zu schildern, um ihn dann frei im Nichts flattern zu lassen, sinnlos, wertlos, frei und von Schlingen bedroht, dem Metzger preisgegeben, aber stolz auf die eingebildete, zu nichts als Elend führende Freiheit von Gott und göttlicher Herkunft. Und dabei, sagte Edwin, kenne doch schon jede Taube ihren Schlag und sei jeder Vogel in Gottes Hand. Die Priester spitzten die Ohren. Bearbeitete Edwin ihren Acker?

Edwin ist eine zwiespältige Persönlichkeit. Physisch und psychisch nicht stabil, leidet er auch unter seinen homoerotischen Neigungen. Deprimiert verläßt er später sein Hotel und wird von einer Bande Halbwüchsiger, denen er neugierig und begehrlich in dunkle Straßen gefolgt ist, zusammengeschlagen.

Neben vielen Einzelnen und Einsamen zeigt Koeppen auch Verhaltensweisen und Verhaltensmuster von Gruppen. Die nach den Bombenangriffen obdachlos Gewordenen sind auf das Land evakuiert oder, wie sie es selbst empfunden haben, verbannt worden. Nun kehren sie in die schwer mitgenommene Stadt zurück.

Die Stadt wächst. ZUZUGSPERRE AUFGEHOBEN. Sie strömen zurück, eine Flut, die verebbte, ins Land verrieselte, in die Bauernstuben, als die Städte brannten, als der Asphalt hinschmolz in der täglich durchschrittenen Gasse, stygisches Wasser wurde, ätzend und brennend, dort, wo die kleinen Schuhe zur Schule liefen, wo man als Braut und Bräutigam ging, die Steinheimat bebte, und dann hockten sie in den Dörfern, verloren der Hausrat, verloren das Nest, wo die Brut zur Welt kam, verloren das Immeraufbewahrte, das Was-du-warst, die in das unterste Fach des Schrankes verbannte Jugend, ein Kinderbild, die Schulklasse, der ertrunkene Freund, die verblaßte Schrift eines Briefes, Leb-wohl-Fritz, Ade-Marie, ein Gedicht, war ich es, der es reimte? – Sie hatten ihr Leben gerettet, ein nutzloses Dasein, sie hausten verbittert in den Flecken, auf Alm und Au, in Hütten und auf den Höfen, der Rauch verzog sich, sie lauschten den Baggern, die in die Trümmer griffen, lauschten von fern, ausgesperrt von Ninive, von Babylon, Sodom, den geliebten Städten, den großen wärmenden Kesseln, Geflohene, zur Sommerfrische verdammt, Touristen, die nicht zahlen konnten, scheel angesehen beim Landvolk, heimwehtoll nach den Steinen. Sie kehrten heim, die Schranke hob sich, die verhaßte Verordnung der Zuzugsperre fiel, aufgehoben war die Ausstoßung, sie strömten zurück, sie fluteten ein, der Pegel stieg STADT BRENNPUNKT DES WOHNUNGSBEDARFS. Sie waren wieder zu Hause, reihten sich ein, rieben sich aneinander, übervorteilten einander, handelten, schufen, bauten, gründeten, zeugten, saßen in der alten Kneipe, atmeten den vertrauten Brodem, beobachteten das Revier, den Paarungsplatz, den Nachwuchs der Asphaltgassen, Gelächter und Zank und das Radio der Nachbarn, sie starben im städtischen Krankenhaus, wurden vom Bestattungsamt hinausgefahren, lagen auf dem Friedhof an der Ost-Süd-Kreuzung, von Straßenbahnen umbimmelt, benzindunstumschwelt, glücklich in der Heimat. SUPERBOMBER IN EUROPA STATIONIERT.

Im Chor der Städter ist keine Einzelstimme zu hören, aber die kollektive Erfahrung verästelt sich bis hin zu individuellen Lebenszeugnissen, die sich gleichwohl bei sehr vielen finden. Noch aus den scheinbar ganz persönlichen Vorlieben und Aktivitäten sprechen die Konventionen eines Kollektivs. Sie bilden im Kleinen ab, was auch im Großen geschieht: Orientierung an einem nicht kompromittierten Gestern, Restauration des Gelebten und Gehabten. Von dem Schriftsteller Philipp heißt es einmal, er sei »Verfasser eines im Dritten Reich verbotenen und nach dem Dritten Reich vergessenen Buches«. Damit spielt Koeppen auf sich selber an; seine ersten beiden Romane, 1934 und 1935 erschienen, fanden kaum Beachtung.

Wolfgang Koeppen war nach dem Krieg kein Anfänger; auch hatte er sich in der deutschen und ausländischen Literatur umgetan und war dabei auf neue Techniken aufmerksam geworden. Für ›Tauben im Gras‹ bezog er außer von James Joyce Anregungen aus ›Manhattan Transfer‹, einem New York-Roman des Amerikaners John Dos Passos. In den späten vierziger Jahren durch Schreibver- oder -gebote nicht mehr behindert, durch vorherrschende Tendenzen nicht eingeengt oder gehemmt, wagte Koeppen einen zweiten Anlauf. »Da fragte ich mich, warum ich Zeuge gewesen und am Leben geblieben war«, sagte er in einem Interview. Was er kannte und konnte, sollte ihm von Nutzen sein.

Koeppens Kompositions- und Schreibweise erregte zu Anfang der fünfziger Jahre einiges Aufsehen; einen vorbildhaften Typus für den deutschen Nachkriegsroman hat er jedoch nicht geschaffen. Den meisten war bei der Lektüre nicht einmal bewußt, daß sie – indirekt – wieder Zugang zur Literatur der internationalen Moderne gefunden hatten.

Auch in einem »Panorama«-Roman war von einem deutschen Schriftsteller kein Gesamtbild der Gegenwart und der jüngsten Vergangenheit zu erwarten. Wer kannte schon die ganze Wahrheit, konnte objektiv richtig beurteilen und darstellen, wie es gewesen war? Koeppen ging in seinem ersten Nachkriegsroman den Wirkungen der geschichtlichen Ereignisse in Lebensläufen nach, ließ aus subjektiven Erfahrungen Perspektiven entstehen und steuerte als Autor selbst solche bei.

Am Ende des einen Tages scheint alles so zu sein, wie man es schon einige Zeit gewohnt war.

Die Rotationsmaschinen liefen. Ihre Walzen preßten auf das Band des weißen Papiers die Parolen des neuen Tages, die Fanale der Torheit, die Fragen der Furcht und die kategorischen Imperative der Einschüchterung. Noch wenige Stunden, und müde, arme Frauen werden die Schlagzeilen, die Parolen, die Fanale, die Furcht und die schwache Hoffnung ins Haus des Lesers tragen; verfrorene, mißmutige Händler werden den Morgenspruch der Auguren an die Wände ihrer Kioske hängen. Die Nachrichten wärmen nicht. *Spannung, Konflikt, Verschärfung, Bedrohung.* Am Himmel summen die Flieger. Noch schweigen die Sirenen. Noch rostet ihr Blechmund. Die Luftschutzbunker wurden gesprengt; die Luftschutzbunker werden wiederhergerichtet. Der Tod treibt Manöverspiele. *Bedrohung, Verschärfung, Konflikt, Spannung.* Kommdu-nun-sanfter-Schlummer. Doch niemand entflieht seiner Welt. Der Traum ist schwer und unruhig. Deutschland lebt im Spannungsfeld, östliche Welt, westliche Welt, zerbrochene Welt, zwei Welthälften, einander feind und fremd.

Heute fragt man sich: Stimmt das Bild damaliger deutscher Gegenwart, das im Roman entworfen ist? Es stimmt trotz aller Subjektivität und Relativierung. Noch ist keine klare Beziehung zu erkennen zwischen dem Öffentlichen und dem Privaten, zwischen den Mächtigen ganz oben, die Politiker der »andern« waren, und den Menschen in Deutschland, die sich gerade ein wenig gefangen und in einer noch dürftigen Normalität eingerichtet hatten, um deren Bestand sie schon wieder bangten. Und doch stimmte wohl auch dies: Die Zeitungsmeldungen beunruhigten nicht mehr allzusehr, »niemand blickte zum Himmel auf«, wie es mehrdeutig am Ende des ersten Blocks heißt. Zeuge Koeppen konstatiert, daß seine Landsleute im Westen Deutschlands in den fünfziger Jahren angekommen sind.

Das Treibhaus

Politische Romane sind rar in der deutschen Literatur. Wolfgang Koeppen wagte es, als seinen zweiten Nachkriegsroman einen politischen vorzulegen, der um 1950 in der Bundesrepublik spielt. Er gab ihm den Titel ›Das Treibhaus‹.

Die Hauptfigur Keetenheuve ist Bundestagsabgeordneter der SPD. Nach Hitlers Machtübernahme war er nach England emigriert, während des Krieges hatte er das Hitler-Regime in Rundfunksendungen bekämpft. Nach seiner Rückkehr wollte er politische Verantwortung übernehmen und dazu beitragen, daß in Deutschland die Demokratie mit dem Verstand und mit dem Herzen angenommen würde.

Bald ist Keetenheuve enttäuscht vom »Treibhaus« Bundesrepublik. Das meiste funktioniert zwar schon wieder recht gut, aber kaum einer hat sich von Grund auf gewandelt. Die wirtschaftliche Potenz ist beträchtlich und fällt auch politisch ins Gewicht; Konrad Adenauer gibt der Zeit das Gepräge.

Keetenheuve ist Melancholiker, ein Einsamer und Einzelgänger, ein Ästhet, der Kunst und Literatur liebt. Der Abgeordnete ist kein Mann des Parteiapparats, er ist auch kein Volkstribun, der die Massen begeistern kann.

Moralisches und ästhetisches Feingefühl lassen ihn zaudern, das Grobe ist nicht seine Sache. Doch als es um die Wiederbewaffnung geht, tritt er gegen »den Kanzler«, der im Roman durchgängig so genannt wird, an. Politiker sind leicht versucht, Politik zu einem Spiel zu machen, doch Keetenheuve denkt an die, die dafür bezahlen müssen, wenn es an Verantwortungsgefühl fehlt und Risiken falsch eingeschätzt werden.

Das Spiel im Plenarsaal erreicht jedermanns Brot, es kann jedermanns Tod sein, es kann diese Unfreiheit und jene Sklaverei mit sich bringen, dein Haus kann einstürzen, deinem Sohn können die Beine weggeschossen werden, dein Vater muß nach Sibirien, deine Tochter gibt sich drei Männern für eine Fleischbüchse, die sie mit dir teilt, du schlingst sie hinab, du hebst Kippen auf, die einer in den Rinnstein spuckte, oder du verdienst an der Aufrüstung, du wirst reich, weil du den Tod ausstattest (Wieviel Unterhosen braucht eine Armee? Errechne den Profit bei der Annahme eines Gewinnes von vierzig Prozent, denn du bist bescheiden), und die Bomben, die Kugeln, die Verstümmelung, der Tod, die Verschleppung erreichen dich erst in Madrid, du bist noch in deinem neuen Wagen hingekommen, du hast noch einmal bei Horcher gegessen, du hast dich vor dem amerikanischen Konsulat angestellt, vielleicht erreichst du noch Lissabon, wo die Schiffe liegen, aber die Schiffe nehmen dich nicht mit, die Flugzeuge erheben sich ohne dich über den Atlantik, lohnt es sich? Nein, es ist nicht zu schwarz gesehen; aber im Plenarsaal zittert die Spannung nicht, keine Tausend sind bewegt. Mit Recht breitet sich Langeweile aus. Die siebenmal gesiebten Zuschauer sind enttäuscht von dem Spiel. Die Journalisten kritzeln Männchen auf ihr Papier; die Reden bekommen sie im Klischee, und das Ergebnis der Abstimmung steht fest. Man kennt das Torverhältnis zwischen den Gegnern, und niemand wettet auf den Verlierer.

Der Abgeordnete unterliegt im Rededuell – man geht zur Tagesordnung über. Keetenheuve bleibt glücklos, als Politiker ebenso wie privat.

›Das Treibhaus‹ ist in weiten Teilen in erlebter Rede geschrieben. Keetenheuve ist einem Erzähler anvertraut, der ihn inwendig genau kennt, auch wenn er in der 3. Person über ihn schreibt. Der Erzählgang ist voller Assoziationen, wie sie für diese Schreibweise typisch sind. Das Geschehen im Bonn der frühen fünfziger Jahre wird mit umgedeuteten Elementen des Mythos unterlegt. Den Roman durchzieht als leitmotivisches Bild das Labyrinth. Wie Theseus wagt sich Keetenheuve in moderne Labyrinthe. Da ist die von Baustellen aufgerissene und von den Blechlawinen der Autos zugeschüttete Innenstadt, da ist das dunkle Kino, in dem Schreckliches und Komisches, Gemachtes und Authentisches zu »zwei schönen Stunden« verschmelzen, da ist schließlich das Parlament, wo sich zwischen Instanzen und Lobbies Chancen ergeben und Fallen auftun können. Keetenheuve-Theseus findet den modernen Minotaurus, der Menschenopfer fordert, in vielerlei Gestalt. Das Ungeheuer verkörpert sich in den Massen, die in einem Stadion toben, genauso wie in einem »Vollblutpolitiker«, dem diese Massen zujubeln.

Die folgenden Passagen unterbrechen die Erzählhandlung. Der Bundestagsabgeordnete, der auf einen diplomatischen Posten in Mittelamerika abgeschoben werden soll, sitzt auf der Terrasse des Rheinhotels Dreesen, wo 1938 Hitler und der englische Premierminister Chamberlain über das Schicksal der Tschechoslowakei verhandelt hatten.

Er ging auf die Terrasse. Er setzte sich an den Rhein. Vier Kellner beobachteten ihn. Dunst. Gewitterdunst. Treibhausluft. Sonnenglast. Die Fenster des Treibhauses waren schlecht geputzt; die Lüftung funktionierte nicht. Er saß in einem Vakuum, dunstumgeben, himmelüberwölbt. Eine Unterdruckkammer für das Herz. Vier Kellner näherten sich leise; Todesboten, feierlich in Fräkken, eine erste Aufwartung, eine Offerte? »Einen Kognak, bitte.« Ein Kognak regt an. »Einen Kognak Monnet!« Was treibt auf dem Rhein? Stahl? Kohle? Die Flaggen der Nationen über schwarzen Kähnen. Tief in den Strom gesargt, im Bett neuer Sagen schwimmend, sagenhafte Bilanzen, die Volksmärchen der Abschreibungen, die Substanz unangetastet, Umstellung eins zu eins, immer davongekommen, das Erz, die Kohle, von Hütte zu Hütte, vom Ruhrrevier nach Lothringen, von Lothringen zurück ins Revier, Ihr Europa, meine Herren *Besuchen Sie die Kunstschätze der Villa Hügel,* und die Hosen der Rheinschifferfrau, Hosen von Woolworth aus Rotterdam, Hosen von Woolworth aus Düsseldorf, Hosen von Woolworth aus Basel, Hosen von Woolworth aus Straßburg, die Hosen hängen an der Leine über dem Deck, baumeln im Westwind, die mächtigste Flagge der Erde, rosa rosenrot über den tückischen Kohlen. Ein kleiner Spitz, weiß und energisch, ein kleiner Spitz, sehr von sich eingenommen, wedelt deckauf und deckab. [...] Er führte diplomatische Gespräche. Wer waren seine Gäste? Herr Hitler, Führer, Herr Stendhal, Konsul. Wer servierte? Herr Chamberlain, Ehrenwert.

Hitler: Diese Luft ist eine milde; die Rheinlandschaft ist eine historische; diese Terrasse ist eine anregende. Schon vor neunzehn Jahren –

Stendhal: Meine Bewunderung und meine Verehrung! O jung zu sein, als sie von dieser Terrasse nach Wiessee aufbrachen, um Ihre Freunde zu killen!

Wie bewegt mich das Schicksal der Jünglinge. Wie erregen mich die Romane unter Ihrer Ägide. Als Intendanturrat wäre ich Ihrem Heerbann gefolgt. Ich hätte Mailand wiedergesehen, Warschau und die Beresina. Mit Mann und Roß und Wagen hat sie der Herr geschlagen. Sie zitierten das Gedicht nach Ihrem Sieg über Polen. Sie sprachen im Reichstag. Sie belehnten Ihre Heerführer mit Marschallstäben und mit Liegenschaften in Westpreußen. Ein paar ließen Sie hängen. Andere erschossen sich gehorsam. Einem schickten Sie Gift. Und all Ihre strahlenden Jünglinge, Ihre Helden der Luft, Ihre Helden der See, Ihre Helden im Panzer, und Ihre Knaben in Berlin, Herr Hitler! Was machen Ihre Literaten, Herr Keetenheuve? Sie übertragen Baudelaire. Wie schön, wie tapfer! Aber Narvik, die Cyrenaika, der Atlantik, die Wolga, alle Richtstätten, die Gefangenenlager im Kaukasus und die Gefangenlager in Iowa. Wer schreibt das? Die Wahrheit interessiert, nichts als die Wahrheit –

Keetenheuve: Es gibt hier überhaupt keine Wahrheit. Nur Knäuel von Lügen. [...]

Die Lügenknäuel formieren sich in der Luft über dem Rhein zu einem Ballett und zeigen schmutzige Reizwäsche.

Hitler: Jahre kämpfte ich in meinen Tischgesprächen für das Germanisch-Historische Institut der Vereinigten Illustrierten Zeitschriften für eine Säuberung der deutschen Kultur von erstens jüdischen, zweitens christlichen, drittens moralisch sentimentalischen und viertens kosmopolitisch international pazifistisch blutrünstigen Einflüssen, und ich kann Ihnen heute versichern, daß mein Sieg ein globaler ist.

Über den Rhein rollen sechs Erdkugeln. Sie sind bewimpelt und bewaffnet. Lautsprecher brüllen: Die Fahne hoch! Chamberlain zittern die Hände. Er schüttet die zerlassene Butter auf das Tischtuch und sagt: Peace in our time.

Aus dem Wasser hebt sich der Leichnam der Tschechoslowakei und stinkt. Die Vorsehung ist im Bauch des Leichnams gefangen und wandert ratlos auf und ab. Drei Lautsprecher kämpfen gegeneinander. Der eine schreit: Planmäßig! Der andere brüllt: Plansoll! Der dritte singt den Chor aus der Dreigroschenoper: Ja, mach nur einen Plan. Lautsprecher eins und Lautsprecher zwei fallen wütend über Lautsprecher drei her und verprügeln ihn.

Die erste Passage beginnt wie in einer realistischen Erzählung, bald aber offenbart ein Bewußtseinsstrom, wie es in dem angeschlagenen Keetenheuve aussieht.

Der Name Monnet – so hieß ein französischer Wirtschaftspolitiker, der in der westeuropäischen Montanunion um 1950 hohe Ämter bekleidete – und draußen Wahrgenommenes lösen Gedanken aus, die sich nicht zu einem logischen Gebilde verbinden; sie zeigen aber symptomatisch, was Keetenheuve bewegt und bedrückt. In der Montanindustrie an Rhein und Ruhr arbeitet das internationale Großkapital, und Woolworth mit seinen Kaufhäusern in aller Welt kann mithalten, wenn es um Millionengeschäfte geht. Werden Wirtschaft und Industrie zu Vorreitern eines vereinten Europa, oder bringt Profitstreben Streit und Entzweiung wie das unheilstiftende Rheingold, von dem die Sage erzählt? Im 19. Jahrhundert, dem Jahrhundert der Kohle und des Stahls, wurden ja auch die germanischen Mythen als deutsche Sagen wieder zum Leben erweckt, sie inspirierten Richard Wagner zu seinem gewaltigen Werk. Keetenheuve läßt sich ablenken, sein Blick fällt auf das Schiffsdeck, er nimmt wahr, was dort vor sich geht. Seine Männerphantasie wird angeregt.

Was Keetenheuve weiter beschäftigt, fügt sich zu einer surrealen Szenen- und Bilderfolge. Die in der Phantasie geschaffenen Figuren und die Dialoge kommen aus Erinnerungen zustande. Hitlers Sprechweise, der Stil seiner Reden wird parodiert, indem tpyische Merkmale aneinandergereiht werden; das Aufzählen etwa und die Angewohnheit, das Satzadjektiv um des Nachdrucks willen zu flektieren (»daß mein Sieg ein globaler ist«). In einem Dialog wird Keetenheuve seine Schwäche erneut bewußt gemacht. Zu seinem Kontrahenten ist der französische Romancier Stendhal auserkoren, hier als Napoleonverehrer beschrieben, der auch von Hitler angetan ist, weil dieser sich, als Diktator, durchzusetzen wußte, während ein bloßer Schöngeist wie Keetenheuve nur für einen kleinen Kreis von Kennern und Genießern französische Lyrik übersetzt.

Da Keetenheuve danach seiner Phantasie die Zügel schießen läßt, geht der Tagtraum in eine groteske allegorische Schau über. Die Erinnerung an 1938, die Behandlung der Tschechoslowakei, weckt Geisterbahn-Horror. Pläne, wie sie von den großen Diktatoren geschmiedet wurden, enthielten Hoffnungen, Versprechungen; Lautsprecher verbreiteten sie. Bei der Prügelei der Lautsprecher geht es dem schlecht, der Skepsis gegen Pläne und ideologiebesessene Planer vernehmen läßt.

Der Abgeordnete Keetenheuve scheitert an den Verhältnissen und an sich selbst. Es erscheint konsequent, daß er den Freitod wählt und sich von einer Brücke stürzt.

Für Wolfgang Koeppen war um 1950 die Restauration in vollem Gang. Auch in seinem dritten Zeitroman, ›Der Tod in Rom‹, gibt er sich pessimistisch. Die Nazis sind nicht endgültig besiegt, die Opportunisten sind noch einmal davon gekommen und werden wieder gebraucht; viele, bei denen sich charakterliches Mittelmaß und Sachkompetenz verbanden, saßen schon wieder in einflußreichen Stellungen.

Koeppen zeichnet ein nicht eben schmeichelhaftes Bild der Bundesbürger; man darf annehmen, daß er Zweifel hatte, ob das Land auf einem guten Wege war.

›Der Tod in Rom‹ erschien 1954. In den folgenden Jahrzehnten erwartete man von Koeppen einen oder sogar *den* großen deutschen Zeitroman. Man traute ihm zu, daß er eine solche Aufgabe mit Bravour lösen werde, fragte immer wieder nach, ermutigte, aber Koeppen wich aus, wehrte ab.

Da erschien 1992 unter Koeppens Namen ein Roman genanntes

Buch mit dem Titel ›Jakob Littners Aufzeichnungen aus einem Erdloch‹. Koeppen hatte den »Roman« 1947 nach den Aufzeichnungen eines jungen Verlegers geschrieben, dem ein jüdischer Briefmarkenhändler aus München seine Leidensgeschichte erzählt hatte. Littner fühlte sich als Deutscher und als normaler Münchener Bürger, bis man ihn 1938 zum Juden abstempelte. Von einer Stunde zur anderen hatte er von dem Land, in dem er lebte, nichts Gutes mehr zu erwarten. Wie Millionen anderer Juden erlebte er Diffamierung, Verschleppung, Willkür, Mißhandlungen, Demütigung, Hunger und Todesangst. Es war ein Wunder, daß er nach der Flucht aus einem polnischen Ghetto in einem Erdloch, einer kalten und feuchten Miete, das Grauen überlebte. Koeppen lieh dem Geretteten seine Sprache, machte das Schicksal des Juden zu dem seinen. Er hatte noch einen Zeitroman geliefert.

In einer Rezension schrieb Marcel Reich-Ranicki, der zur gleichen Zeit wie Littner unter vergleichbar schrecklichen Umständen mit dem Leben davonkam: »Als 1951 Koeppens Roman ›Tauben im Gras‹ erschien, beschwerten sich Leser, von denen er bisher nichts gewußt hatte, er habe ihre persönlichen Erlebnisse ohne Genehmigung dargestellt. Solche Briefe wird Koeppen jetzt von jenen erhalten, die, zum Tode verurteilt, gleichwohl überlebt haben. Nur werden es keine Beschwerden sein, sondern Dankbriefe.«

Uwe Johnson
Mutmaßungen über Jakob

Uwe Johnson, der 1934 in Pommern geboren wurde und in Mecklenburg aufgewachsen war, hatte in Leipzig Germanistik studiert. Danach – 1957 – schlug er sich mit Lektorats- und Übersetzungsarbeiten durch, schrieb aber schon seit einiger Zeit an einem Roman. Der westdeutsche Verleger Peter Suhrkamp zeigte in einem Gespräch mit dem angehenden DDR-Autor Interesse und erbat ein Exposé. Nach der Lektüre schickte er es an Johnson zurück mit der Bemerkung, er könne daraus »nichts ersehen«. Johnson hatte geschrieben:

> [Das Buch] soll erzählen von der Bedingung und Veränderung dreier Personen durch ihre Aufgaben im Bereich der Arbeit und durch ihre Berührungen mit der Maschine Gesellschaft. Einer ... ist im Herbst 1956 achtundzwanzig Jahre alt, in der beruflichen Ausbildung und Tätigkeit auf der Stufe eines Dispatchers bei der »Deutschen Reichsbahn«. Darin schon überfordert, wird er nachhaltig gestört durch das Verhalten seiner Mutter, die unverhofft und unerklärt aus dem Land davonläuft. Zu danken hat er dies einem Interessenten von der geheimen Polizei, der Auskünfte wünscht über eine Person, an der sie einmal Mutterstelle vertreten hatte. Diese Halbwaise, Tochter des Hauswirts, inzwischen 23 Jahre alt, ist als Angestellte einer Behörde des Nordatlantischen Vertrags womöglich im Besitz von Kenntnissen, nach denen sich die Rote Armee sehnt.

Trotz Peter Suhrkamps Befremden nahm sein Verlag den fertigen Roman an und brachte 1959 ›Mutmaßungen über Jakob‹ auf den Markt. Der Autor, der sich damit »in die freie Warenwirtschaft« begeben hatte, verließ die DDR und wählte West-Berlin als Wohnsitz.

Kritiker und Leser des Romans reagierten vorsichtig, merkten sie doch bald, daß Johnson sie auf ein Terrain führte, das ihnen nicht vertraut war. Der Anfang des Romans ist oft zitiert worden.

Aber Jakob ist immer quer über die Gleise gegangen.

– Aber er ist doch immer quer über die Rangiergleise und die Ausfahrt gegangen, warum, aussen auf der anderen Seite um den ganzen Bahnhof bis zum Strassenübergang hätt er eine halbe Stunde länger gebraucht bis zur Strassenbahn. Und er war sieben Jahre bei der Eisenbahn.

– Nun sieh dir mal das Wetter an, so ein November, kannst keine zehn Schritt weit sehen vor Nebel, besonders am Morgen, und das war doch Morgen, und alles so glatt. Da kann einer leicht ausrutschen. So ein Krümel Rangierlok ist dann beinah gar nicht zu hören, sehen kannst sie noch weniger.

– Jakob war sieben Jahre bei der Eisenbahn will ich dir sagen, und wenn irgend wo sich was gerührt hat was auf Schienen fahren konnte, dann hat er das wohl genau gehört, unterhalb des hohen grossglasäugigen Stellwerkturms kam eine Gestalt quer über das trübe dunstige Gleisfeld gegangen, stieg sicher und achtlos über die Schienen eine Schiene nach der anderen, stand still unter einem grün leuchtenden Signalmast, wurde verdeckt von der Donnerwand eines ausfahrenden Schnellzuges, bewegte sich wieder. An der langsamen stetigen Aufrechtheit des Ganges war vielleicht Jakob zu erkennen, er hatte die Hände in den Manteltaschen und schien geraden Nackens die Fahrten auf den Gleisen zu beachten. Je mehr er unter seinen Turm kam verdunsteten seine Umrisse zwischen den finster massigen Ungeheuern von Güterzugwagen und kurzatmigen Lokomotiven, die träge ruckweise kriechend den dünnen schrillen Pfiffen der Rangierer gehorchten im Nebel des frühen Morgens auf den nass verschmierten Gleisen.

– wenn einer dann er. Hat er mir doch selbst erklärt, so mit Physik und Formel, lernt einer ja tüchtig was zu in sieben Jahren, und er sagt zu mir: Bloss stehenbleiben, wenn du was kommen siehst, kann noch so weit wegsein. »Wenn der Zug im Kommen ist – ist er da« hat er gesagt. Wird er auch bei Nebel gewusst haben.

– Eine Stunde vorher haben sie aber einen Rangierer zerquetscht am Ablaufberg, der wird das auch gewusst haben.

– Deswegen waren sie ja so aufgeregt. Wenn sie auch gleich wieder Worte gefunden haben von tragischem Unglücksfall und Verdienste beim Aufbau des Sozialismus und ehrendes Andenken bewahren: der sich das aus den Fingern gesogen hat weiss es gewiss besser, wär schon einer. Frag doch mal auf diesem ganzen verdammten Bahnhof ob einer jetzt noch im November Ausreiseerlaubnis nach Westdeutschland gekriegt hat, und Jakob ist am selben Morgen erst mit einem Interzonenzug zurückgekommen. Denk dir mal bei wem er war.

– Cresspahl, wenn du den kennst. Der hat eine Tochter.

Da reden offensichtlich Eisenbahner über den Tod eines Kollegen namens Jakob. Für sie ist rätselhaft, wie er, der sich auf den Gleisen des Bahnhofs auskannte wie kaum ein zweiter, überfahren werden konnte. Verdacht wird laut; er richtet sich aber nicht gegen Jakob, sondern gegen irgendwelche Mächtige »da oben«.

Vor die wörtlichen Reden setzt der Autor Spiegelstriche, dazwischen ist der Bericht eines Erzählers eingeschoben, der zusammenhängend und genau die Atmosphäre an einem nebligen Novembertag darstellt und beobachtet, was geschieht. Um den zuletzt genannten Cresspahl und seine Tochter Gesine geht es dann in einem kursiv gedruckten Textstück:

Achtundsechzig Jahre alt, Kunsttischler, wohnhaft Jerichow Ziegeleistrasse. Ich konnte und konnte mir nicht denken was das Referat Militärische Spionageabwehr mit dem gewinnen wollte. Diese Berichte von der Dienststelle Jerichow, quengelig, meistens private Anzeigen: hat dies gesagt, hat das zu verstehen gegeben. Hat öffentlich im Krug von Jerichow (glaube nicht dass da im Krug »öffentlich« bedeutet, die kennen sich doch alle, na ja: öffentlich im Krug) das Lied gesungen von dem Hund, der in die Küche kam, der schiss dort auf ein Ei, da nahm der Koch den Löffel, und schlug den Hund zu Brei, da kamen die Hunde zusammen, und lobten sehr den Koch, und schrieben auf den Grabstein, geschissen hat er doch, dann kam der Hund wieder in die Küche und das hab ich jetzt vergessen und jaja ich verstehe schon. Das schreiben die nun auf. Geben wir ernstlich zu bedenken. Die scheinen zu meinen, die Agenten hätten Vereinslieder, nächstens wollen sie vielleicht amtliche Abzeichen einführen. Hundefänger. Darüber ärgern die sich, darüber ärgern sich noch ganz andere Leute, die lassen Cresspahl lieber den gemütlichen Lebensabend. Bis ich sah er hatte eine Tochter, geboren 1933, Oberschule in Jerichow, Studium der Anglistik in Leipzig, Dolmetscherschule Frankfurt am Main, am Main, und seit Anfang des Jahres (aber das hatten nicht die in Jerichow gemerkt, denn Cresspahl wird es ihnen nicht erzählt haben;) the N.A.T.O. Headquarters. Ich blätterte noch die anderen Vorschläge durch, konnte mit keinem so recht warmwerden, alle so schnurgerade Röntgenarbeit, kurzgesagt stur, und gegen Mittag fuhr ich zurück zur M.S.A. und liess mich melden bei Lagin und legte ihm die Mappe hin, wenn schon, dann will ich was davon haben. »Ah – galubuschka« sagte er. Er hatte alles im Kopf, tolles Gedächtnis, bat mich um Vortrag. Ich hielt ihm Vortrag. Er hielt mir Vortrag. Verabredung. Eto ujasno. Verabredung. Zusammenfassung. Ich sagte noch: »Jesli ana ostawajetssa galubka na kryschje ...«, er verstand es nicht gleich, die haben dafür eine andere Fassung, dann lachte er. »Lutsche warabeja« sagte er. Er war sehr nett, gar nicht förmlich, immerhin war es ein Einzelgängerauftrag. Die Taube auf dem Dach. Den Abend verbrachte ich noch zu Hause, war aber ziemlich in Gedanken, manchmal auch unruhig. Schliesslich war die vorige Aktion gute Arbeit, dafür haben sie mich ja befördert, und Freistellung zur besonderen Verwendung ist letzten Endes noch eine Beförderung, musste es nun aber gleich die sein, wie konnte Cresspahl dann noch solche Lieder singen, ich kann auch wieder runterbefördert werden, dabei bleibt es nicht.

Hier hat jemand offenbar Aktennotizen vor sich liegen, und dabei geht ihm allerlei durch den Kopf. Ein innerer Monolog. »Die Taube auf dem Dach« ist Cresspahls Tochter, soll sie dazu gebracht werden, für den sowjetischen Geheimdienst zu arbeiten? Ist der Deutsche, der den für die Sache zuständigen Offizier des russischen Verbündeten aufgesucht hat und sich Gedanken über seine Karriere macht, ein Angehöriger des VEB »Guck und Horch«, der Stasi? Der Leser ist zum Mitdenken, zum »Mutmaßen« aufgefordert.

Die Ausschnitte aus dem Anfangsteil lassen schon drei erzählerische Mittel erkennen, deren sich Johnson abwechselnd bedient; sie sind auch drucktechnisch markiert. Da gibt es zum einen Gespräche, in denen die Sprecherpassagen durch Spiegelstriche eröffnet werden, zum anderen (innere) Monologe in Kursivschrift und schließlich erzählende Partien, die allerdings auch Dialoge enthalten und zu denen Johnson selbst erklärend bemerkt: Der Erzähler

hatte sich jeden Anspruchs auf Allwissenheit begeben; er meldete sich bloss, wenn die anderen schwiegen, auffordernd, wenn sie an ein Stück der Erzählung geraten waren, das hatten sie verpasst, da luden sie ihn ein zur Mithilfe ... Hier war bloss jemand, der machte mit.

Jakob beschäftigt mehrere Personen über seinen Tod hinaus. Er war Dispatcher bei der Deutschen Reichsbahn, der staatlichen Eisenbahn der DDR. Sein Berufsbild: Er arbeitet auf einem Kontrollturm über weitverzweigten Gleisanlagen und ist verantwortlich für den möglichst effektiven und pannenfreien Ablauf des rollenden Verkehrs; bei Störungen hat er für Abhilfe zu sorgen.

Zwischen dem Dispatcher in Dresden und den Cresspahls in Mecklenburg gibt es Verbindungen. Jakobs Mutter, die im Hause Cresspahls lebt, ist überraschend nach West-Berlin geflohen. Bald darauf schaltet sich der Staatssicherheitsdienst ein, wohl, weil sich hier bestimmte Perspektiven eröffnen. Kann man auf den Dispatcher Druck ausüben, um an den DDR-Flüchtling Gesine Cresspahl, die NATO-Angestellte, heranzukommen? Wer ist Jakob Abs? Dies interessiert auch die Stasi. Hauptmann Rohlfs – der Leser kennt nun Rang und Namen des zunächst unbekannten Monologsprechers aus dem Anfangsteil – hat mit Jakob ein Gespräch geführt. Er erinnert sich:

Ich stellte mich auf den Boden der Tatsachen. Ich sagte ihm dass die Sowjetunion da, wo sie uns vom Faschismus befreit hat, das grosse private Eigentum an Maschinen und Rohstoffen und Lohngeld abgeschafft hat, von den grossen Bodenflächen ganz zu schweigen, das weiss er ja wohl selber, und nach all diesem Schmutz ist unglaublich ein neuer Staat entstanden, der die Arbeit gerecht verwaltet, den Überschuss zwischen Lohn und Wert der Arbeit dem gemeinen Wohl nützlich zukommen lässt, in dieser Zeit können noch ganz andere als Jakob glücklich werden. Ob es sich etwa nicht lohnt: fragte ich ihn, er mit seinem grossen müden Gesicht nickt mich höflich an, ich war nicht sicher ob er überhaupt zugehört hatte, so sah er bloss vor sich hin, war aber nachdenklich. Und eine Weile haben wir bloss dem verdammten Radio von nebenan zugehört, gelauscht haben wir, ein verblödeter Mädchenchor in ewiger neckischer Wiederkehr, das quoll so sehnsüchtig ohne Ende aus der Wand als wär das wunder was: ein Kuss ein Gruss ein Blumenstrauss, die haben ihnen das Glück ins Haus gebracht, ein Kuss ein Gruss ein Blumenstrauss: das singen die nun. »Ich habe gewiss einen Überblick« fing Jakob nach einer Zeit an, ohne Eile und wie er wohl immer redet, er mochte aber nicht der Musik gegenansprechen, vielleicht fehlte ihm nun auch schon Schlaf oder Abendessen, nach solchem Unbehagen sah er aus, wo sollte ich hier was zu essen herkriegen. Und eben diese Möglichkeit von Überblick: sagte er: beschwert die Arbeit. Denn er meint: sagte er: dass die Menschen in jeder Art von Leben sich mit Dingen beschicken und das Reisen unternehmen, und die gesellschaftliche Ordnung (wenn er so sagen darf –; mit einem Mal sass ich fest vor ihm und konnte mich nicht rühren vor Spannung, irgend etwas an seiner Art zu denken kam mir untergründig bei allmählich verfiel ich auf Ähnlichkeit: als seien das Argument und die Stelle des Einwandes mir bekannt gewesen, nicht dass ich je dies benutzt haben würde! aber so sitze ich vielleicht auch da und höre freundlich zu und lasse das Gespräch ankommen bis zu einem nur vom Gefühl bestimmbaren Punkt, dann sage ich meins und drehe es in die andere Richtung; nicht das Was aber das Wie muss mir bekannt gewesen sein muss mir aufgefallen sein, obwohl ich es erst viel später begriff vielleicht gerade eben, darum versäumte ich jede Zurechtweisung. Sah ihn an als könnt ich mich nicht bewegen, wenn er so sagen darf –;) die gesellschaftliche Ordnung ändere Anlass und Umstände des Verkehrs nur äußerlich. Das war gesetzt auf meinen Boden der Tatsachen, nicht wahr. Die Umstände des von Jakob beaufsichtigten Streckenabschnitts sind im allgemeinen also die aller anderen, nämlich das dritte und mitunter das zweite Gleis sind von der Roten Armee abgerissen worden und fehlen. Das haben die Franzosen auch gemacht: dachte ich, aber so hatte Jakob das nun wieder gar nicht gemeint, ich hielt still wie der Vogel im Netz. Zum anderen hat die Deutsche Demokratische Republik im Verfolg ihres ersten Fünfjahrplans 1950–1955 eine eigene Schwerindustrie aufbauen müssen zu Lasten des Schienentransports, »wir haben Strecken, da liegen die Schienen seit 1929, neue kriegen wir nicht genug, und jetzt haben wir den zweiten Fünfjahrplan«, was einer nicht alles erfahren kann, ich habe viele Leute gefragt, darauf kam es keinem an, und er sagt es so beiläufig wie eine Auskunft; ja ist ihm denn alles gleichgültig! »Wir machen einen Fahrplan in jedem Sommer und in jedem Winter und lassen uns die Las melden – die Langsamfahrstellen, und wir teilen die Minuten in immer kleinere Stücke dass es doch einigermassen stimmen soll, und dann melden sie uns in einer Woche drei neue Las«, ich hör ihn noch. Es war als ob er jemand einen kleinen einführenden Vortrag über den Stand des hiesigen Eisenbahnwesens hält, der Jemand sitzt ihm gegenüber und weiss sich vor Neuigkeiten nicht zu lassen. Ja und überhaupt ist zu beachten hingegen und im besonderen dass der Verkehr im Vergleich zur Vorkriegszeit etwa dreifach dichter ist, denn die Strecke hat im Schienennetz des ungeteilten Deutschland natürlich sehr andere und im ganzen geringere Aufgaben gehabt. Über seine Strecke kommt: erklärt er mir: die Überzahl der internationalen Güterzüge in Richtung der skandinavischen Fährschiffe und des Hamburger Hafens, deren Pünktlichkeit sei wichtig für das Ansehen der Deutschen Demokratischen Republik, er sprach den Namen immer ungekürzt aus wie ich das auch tu, und was meine ich damit, und was meint er damit? Und über seine Strecke geht der einzige direkte Zuglauf zwischen Norden und Süden des Staates, der übliche Verkehr von gewöhnlichen und eiligen Gütern und von Arbeiterzügen und Vorortverbindungen ist bei dieser Stadt nicht unerheblich, der erste Elbehafen hinter der Grenze: was nimmt er sich raus dachte ich, das hatte ich lange gesehen, bis ich begriff, das war also der hinderliche Überblick: »komme ich so zurecht dass ich die Züge in beiden Richtungen nicht pünktlich über meine Strecke kriege in diesem Herbst. Oberhalb ist noch die Kreuzung mit den westdeutschen Schnellzügen von Hamburg nach Berlin, die müssen pünktlich sein, und ich muss meine Züge warten lassen vor der Brükke«, die Pünktlichkeit ist kein Gegenstand des Ehrgeizes mehr und nicht des Diensts am Kunden sondern sie ist die Voraussetzung für einen so prallen Betrieb überhaupt, jetzt: beim übersichtlichen Betrachten sei manchmal nicht zu begreifen dass der Betrieb vor sich gehen könne: sagte er. »Wir haben zu wenig Kohle« fügte er hinzu, nun zögerte er zum ersten Mal, mochte sich nicht einlassen auf eine Erklärung. Wie kann man seinem Freund die Kohle kündigen, nur weil er keine Dollars hat. So sieht dein Sozialismus nun aus mein Lieber. Er schwieg aber kaum aus Misstrauen, er hatte mich nicht ärgern wollen. Er hat ja keinen Augenblick lang gedacht ich könnte etwas anderes meinen als seinen Dienst, da gehörte dies nicht zur Sache. Er hatte den Druck seiner Arbeit immer noch nicht vergessen. Wenn er einmal sich gehen lässt und schickt seine Gedanken auf die Wiese, sind dreissig Menschen am Ende oder zwanzigtausend Mark im Eimer, dafür muss er aufkommen vor sich, die Arbeit muss getan werden aber verantworten muss er sie auch. Und seine Arbeit bedeutet nur diese Verantwortung und nichts darüber hinaus: dachte ich, ich hätte ihn gern gefragt wie er denn lebt. Was ein ernsthafter Mensch dachte ich.

Der Stasi-Offizier sucht zunächst gemeinsamen Boden, indem er das Geschichtsbild und die Ideologie rekapituliert, die den Bürgern der DDR nun schon jahrelang eingehämmert worden sind. Ist nicht der Sozialismus im ostdeutschen Staat so gut wie verwirklicht? Schlagermusik und Gesang aus einem Radio stören, mindern die Konzentration auf das Wesentliche. Doch was ist das Wesentliche? Für den Eisenbahner Jakob offenbar sein Beruf, in dem er aufgeht und von dem er begeistert erzählt. Natürlich gibt es Schwierigkeiten, Jakob geht ins Detail. Hauptmann Rohlfs hat im nachhinein fast ein schlechtes Gewissen, daß er den Dispatcher reden ließ. Jakob formuliert oft etwas umständlich ... »daß die Menschen in jeder Art von Leben sich mit Dingen beschicken und das Reisen unternehmen ... und die gesellschaftliche Ordnung ändere Anlass und Umstände des Verkehrs nur äusserlich.« Hieß das nicht im Klartext: Zwischen dem Verkehr und dem Reisen in kapitalistischen und sozialistischen Ländern gibt es keinen Unterschied? Das mußte noch keine regimefeindliche Bemerkung sein; aber die Sache mit dem Kohlemangel. Verhielt sich die Sowjetunion nicht schofel, wenn sie das in Nöten befindliche Bruderland nicht belieferte? Wie ist es da um die Moral im sozialistischen Lager bestellt? Konstatiert Jakob nur Tatsachen, die seine Arbeit erschweren (Fakt ist .. hieß die DDR-Floskel), beschwert er sich, klagt er gar an?

Es bleibt offen, ob Rohlfs aus dem Gespräch geschlossen hat, daß Jakob eben ein pflichtbewußter Eisenbahner ist, der sich in Eifer geredet hat. Oder hat er bemerkt, daß bei dem Verhörten, der noch gar nicht weiß, was man von ihm will, Unmut und erster Widerstand spürbar werden? Dem Hauptmann kommen Zweifel, ob er das Gespräch so geführt hat, daß er mit dem Ertrag zufrieden sein kann.

Das Hauptthema des Romans ist angeklungen: Es geht um die Auswirkungen der Teilung Deutschlands auf das Leben einzelner Menschen. Jakob Abs ist einer von ihnen.

Hier sollte man innehalten und bemerken, daß der junge Autor aus Mecklenburg, der Germanist aus Leipzig, so schreibt, wie er es in der DDR gelernt hat. Das erkennt man vor allem an der Auswahl und Zeichnung der Personen. Johnson hat sich dabei nach der Doktrin des sozialistischen Realismus gerichtet, die in jenen Jahren in der DDR für Schriftsteller als verbindlich galt.

Nach dem Gebot dieser Doktrin sollte im Mittelpunkt der Handlung ein »Werktätiger« stehen, der pflichtgetreu seine nicht leichte Arbeit tut und sich dabei seiner Verantwortung für die sozialistische Gesellschaft bewußt ist. Eine mit Maßen kritische Haltung ist ihm zuzugestehen, etwa wenn im Kollektiv schlecht gearbeitet wird, wenn es um verbesserte Leistung oder um Erhöhung der Produktion geht. An die Seite des »positiven Helden« tritt ein Vertreter der Partei oder Gewerkschaft. Er ist gefestigt in seinem Glauben an den Sozialismus, über Zweifel und Anfechtungen erhaben, und seine stete Aufmerksamkeit gilt dem Gedeihen des sozialistischen Staats. Diese Rolle scheint bei Johnson Hauptmann Rohlfs zu übernehmen, der sich eben im Gespräch geduldig und verständnisvoll gezeigt hat und dem Klischee des tückischen Stasi-Offiziers nicht entspricht.

Es mögen schon Zweifel aufkommen, ob sich Jakob Abs als positiver Held im Sinne des Sozialismus erweisen wird. Die Flucht seiner Mutter und das Gespräch mit Rohlfs haben ihn in Unruhe versetzt. Die Unruhe verstärkt sich, als er nach Jerichow zu Cresspahl fährt, um sich der zurückgelassenen Habe seiner Mutter anzunehmen. Er trifft dort auf Jonas Blach, einen Anglistik-Dozenten und früheren Bekannten Gesine Cresspahls, der das Manuskript für einen Vortrag druckfertig machen will. Blach ist sich bewußt, daß ihm einige Stellen als Beweise für ein nicht linientreues Denken ausgelegt werden können. Begriffe und Sätze aus einem Gespräch mit dem Universitätslehrer klingen in Jakob nach, er grübelt an ihnen herum.

... erheitert als dächte er eben erst in seinem Kopf: »Freiheit« ist eher ein Mangelbegriff, insofern: sie kommt nicht vor. Wer auf die Welt kommt redet sich an mit Ich, das ist das Wichtigste für ihn, aber er findet sich mit mehreren vor zusammen, und muss sich einrichten mit seiner Wichtigkeit; niemand kann so frei sein etwa aus der Physik auszutreten für seine Person ... »dies sei aber nicht begriffen als Freiheit, solange man genau wie die Führung des Staates den Menschen (unsere Menschen, die Massen) beeinflussbar denke nach einem sehr schlichten Schema von Kausalität«, da hätt er auch gleich von der Lage in der Landwirtschaft reden können. Denn er war immer in dem zweihälsigen Rahmen von Staatsmacht und Staatsbürger geblieben (wie er sagte) mit seinem Unterschied. Und den Angelpunkt dieses Unterschiedes solle man besser nicht Freiheit nennen (die Pawlowsche Reflextheorie) sondern eher Halsstarrigkeit des Bewußtseins: und auch seine Trächtigkeit. Hier hatte er angefangen mit dem, was er »Ansprüche stellen« genannt hatte .... Ja: der Einzelne verfolgt seinen eigenen Zweck in jedem Tun, und mag das noch so uneigennützig genannt werden. Und welchen Zweck verfolge ich? dachte Jakob gelassen spöttisch ...

Es mangelt an Freiheit – generell und wohl auch in seinem Staat. Dieses Gefühl ist Jakob nicht fremd, und er wiederholt einen Gedanken Blachs fast mit Behagen. Doch sofort kontrolliert er sich. Zuviel Ich-Denken führt rasch zu handfestem Egoismus, und der ist aus der Sicht der Staatsphilosophie unmoralisch. Auch Jakob war bisher »in dem zweihälsigen Rahmen von Staatsbürger und Staatsmacht geblieben«: bei einer vorbildlichen Dienstauffassung konnte der Dispachter ohne Konflikt auch »seinen eigenen Zweck« verfolgen. Aber die Formel »Das Ich und sein Zweck« läßt sich auch anders auslegen, so, wie es wahrscheinlich Jonas Blach getan hat. Das Ich bezeichnet einen ganz bestimmten Menschen, der nicht an seinem sozialen Nutzen gemessen werden kann. Wenn es schon Sache der Staatsmacht ist, die allgemeinen Zwecke festzulegen, wieweit darf der Staatsbürger als Individuum »Ansprüche stellen«, eine Persönlichkeit entwickeln? Wo liegt die Grenze zwischen Egoismus und Selbstbehauptung in Verhältnissen, die nicht pauschal abgelehnt, aber auch nicht gänzlich bejaht werden können?

Während eines weiteren Gesprächs mit Hauptmann Rohlfs arbeitet es in Jakob.

»Soll einer sich selbst versäumen über einem Zweck«: sagte seine Stimme selbstwillig fragend zäh bis zum letzten Laut. ... »Ja«, sagte Herr Rohlfs grob. »Du wohl«, sagte Jakob. Seine Hände kehrten sich mit locker ausgestreckten

Fingern offen. »Du auch Jakob«, sagte er. »Ja«, sagte Jakob. »Aber keiner, der nicht gefragt ist.« Ihre Blicke umklammerten sich. Bis Jakob überrascht wahrnahm, dass der andere genickt hatte mit plötzlich geschlossenen Augen.

Die Stelle ist aufschlußreich. »... selbstwillig fragend zäh« – will sich da einer endlich oder zum erstenmal zu sich selbst bekennen? Die Stimme scheint sich selbständig gemacht zu haben, es spricht aus ihm, und plötzlich ringen die beiden Männer miteinander. Das »Ja« Jakobs nach dem »Du auch« scheint Einverständnis zu signalisieren. Der sicher erst nach längerer Pause gesprochene folgende Satz zeigt aber, daß es sich nur um ein Zugeständnis handelt, mit einer wichtigen Bedingung, die Jakob für sich, aber auch für alle anderen stellt. Es ist etwas geschehen mit Jakob; er, der als Staatsbürger angesprochen wurde, setzt sich als Mensch zur Wehr und wird – für wie lange? – auch als solcher anerkannt.

Bald darauf, während sich Ende Oktober 1956 die weltpolitische Lage zuspitzt, sich in Ungarn und am Suezkanal Konflikte anbahnen, kommt überraschend Gesine illegal in die DDR. Folgte sie einem spontanen Entschluß, hat sie einen Auftrag? Jakob nimmt sich ihrer an, bringt sie in einem Taxi von Dresden nach Jerichow. Viel steht auf dem Spiel, als sie in Cresspahls Haus nochmals mit Rohlfs ein Gespräch führen. Es wird eher verhüllend und in Andeutungen gesprochen, keiner will mit seiner Wahrheit herausrücken.

Überraschend erhält Gesine freies Geleit, sie kehrt nach Frankfurt zu ihrer NATO-Dienststelle zurück, nachdem sie zugesagt hat, den Stasi-Offizier in West-Berlin zu treffen.

Im 5. Kapitel, dem letzten und kürzesten des Romans, wird ohne Einfügung von Dialogpartien und Monologen von jenen vier Menschen erzählt, die Jakob gut kannten. Es sind dies sein Arbeitskollege Jöche, Gesine, Jonas Blach – und Hauptmann Rohlfs. Der Leser stößt in den Passagen dieses Kapitels auf Sätze, die ihm vorher schon begegnet sind. Den Satz »Aber er ist doch immer über die Gleise gegangen« spricht nun Jöche. Vielleicht hat er ihn auch vorher gesprochen, waren die Dialoge in den vorausgehenden Kapiteln Gespräche, die jeweils zwei der vier nach Jakobs Tod miteinander führten.

Vom 5. Kapitel her fällt Licht auf die Struktur des Romans; hier wird das Legemuster des Mosaiks erkennbar. Jakob läßt denen, die ihn gekannt haben, keine Ruhe. In Gesprächen und Monologen werden Erinnerungen geprüft und bedacht; dazu kommen epische Passagen des »Genossen Schriftsteller«, der »das hinzutut, was er auch noch weiß«.

Denkt man nun an Johnsons frühes Exposé zurück und fragt sich, wie die Berührung mit der »Maschine Gesellschaft« die drei Personen – Gesine, Jakob, Blach – verändert hat, so fällt bei zweien die Antwort leichter als bei der dritten. Die NATO-Angestellte Gesine hatte sich von dem, was sich Deutsche Demokratische Republik nannte, schon vorher abgewendet, sie kann den Sicherheitsabstand zur »Maschine« wahren. Jonas Blach mußte, wenn er im Lande blieb, mit dem rechnen, was dann fast routinemäßig vollzogen wird: Entlassung als Universitätsassistent, Publikationsverbot, Wohnungsdurchsuchung, Verhaftung. Und Jakob? Warum ist er von Berlin nach Dresden, in die DDR, zurückgekehrt? Wie ist das Verhältnis von offengelegten und verborgenen Gründen? War das, was er mit Gesine im Westen erlebte, so fremd, so unheimlich? Sicher, das überheblich-gönnerhafte Gehabe einiger Westler hat ihn abgestoßen, aber entscheidend war es nicht. Kurz vor dem Abschied erinnert er sich an einen Traum, in dem er als Fünfzehnjähriger in Brandenburg mit Gesine Drachen steigen ließ, erinnert sich an Formationen und Farbtöne der Wolken. Gleich darauf antwortet er auf Gesines »Bleib hier« spontan mit der Aufforderung »Komm mit«. Die Heimat, der Osten Deutschlands, scheint ihn so stark zu binden wie den Verfasser des Romans, auch wenn die, welche in dieser Heimat an der Macht sind, nur eine armselige, beschnittene Freiheit gewähren. Oder läßt Jakob die Verpflichtung als IM, als inoffizieller Mitarbeiter des Geheimdienstes, die er unterschreiben mußte und unterschrieben hat, keine Wahl? Hätte er Gesine bespitzeln müssen, oder erschien ihm die Rückkehr noch als das geringere Übel, nachdem er ohne sein Zutun ins Dilemma geraten war?

Jakob hatte in diesen Oktober- und Novembertagen des Jahres 1956 vielleicht zum erstenmal die Gesellschaft, in der er lebte, als »Maschine« kennengelernt. Zur »Maschine Gesellschaft« gehörte die Staatsmacht, die sich vor den Bürgern damit legitimierte, daß sie dabei war, auf deutschem Boden die Idee des Sozialismus zu verwirklichen. Im Dienst der Erhaltung dieser Staatsmacht steht die Organisation des Hauptmanns Rohlfs. Daß es diesem Mann bei seinen dienstlichen Aufgaben nicht immer wohl ist, und daß er Jakob achten lernt, ändert ar seiner Position nichts. Jakob hat seine Arbeit gut und mit Freude getan, bis ihn die Staatsmacht für eine Arbeit anderer Art, für ihre »Zwecke« brauchte. Jakob Abs hat, was ihm zustieß, nicht überlebt. Schon vorher hatte ihn ein Schicksal getroffen, das er mit Millionen seiner Landsleute teilte. »Die Zeit war so gefügt, dass einer wenig Gewalt hatte über sein Leben und aufkommen musste, für was er nicht angefangen hatte.«

Uwe Johnson hatte der Reihe bedeutender Romane, die heute die fünfziger Jahre fast als ein Romanjahrzehnt erscheinen lassen, ein eigenwilliges, originelles Stück Literatur hinzufügt. Im Westen staunte man über die kühnen und »modernen« Schreibtechniken und merkte zunächst gar nicht so recht, daß man eigentlich einen DDR-Roman vor sich hatte. Für nicht wenige Leser in der Bundesrepublik war es der erste.

Jens Reich, der ehemalige DDR-Bürgerrechtler und spätere Mitbewerber um das Amt des Bundespräsidenten, nannte 1994 Johnsons ›Mutmaßungen über Jakob‹ ein »Schicksalsbuch der DDR-Jugend, der DDR-Jugend der fünfziger und sechziger Jahre«. Aber: »Johnsons Buch hat seine eigentlichen Leser nie erreicht.« Es hätte ihr »Kultbuch« werden können.

Günter Grass
Die Blechtrommel

›Die Blechtrommel‹ war der erste Roman des damals einunddreißigjährigen Schriftstellers Günter Grass und zugleich sein größter Erfolg. Millionen haben das Buch seit seinem Erscheinen im Jahr 1959 gelesen, und es ist der einzige deutsche Nachkriegsroman, der weltliterarische Bedeutung erlangt hat. Hans Mayer, hervorragender Kenner der deutschen Nachkriegsliteratur, hielt den Roman nach fast vierzig Jahren immer noch für ein »Geniewerk«. Seine Einschätzung trifft sich mit dem spontanen Urteil der Teilnehmer an der Tagung der Gruppe 47 im Jahre 1958. Hans Werner Richter verzeichnete als Reaktion auf die Lesung von zwei Kapiteln »eine Art Wirbelsturm«. Was ist das für ein Buch, das solche – anhaltende – Begeisterung entfacht?

Die Hauptfigur des Romans ist der dreißigjährige Oskar Matzerath, der sich als »Insasse einer Heil- und Pflegeanstalt« vorstellt. Er trifft gerade Vorbereitungen für die Niederschrift seiner Lebenserinnerungen, hat also Grund, über das Erzählen nachzudenken.

Man kann eine Geschichte in der Mitte beginnen und vorwärts wie rückwärts kühn ausschreitend Verwirrung anstiften. Man kann sich modern geben, alle Zeiten, Entfernungen wegstreichen und hinterher verkünden oder verkünden lassen, man habe endlich und in letzter Stunde das Raum-Zeit-Problem gelöst. Man kann auch ganz zu Anfang behaupten, es sei heutzutage unmöglich einen Roman zu schreiben, dann aber, sozusagen hinter dem eigenen Rücken, einen kräftigen Knüller hinlegen, um schließlich als letztmöglicher Romanschreiber dazustehn. Auch habe ich mir sagen lassen, daß es sich gut und bescheiden ausnimmt, wenn man anfangs beteuert: Es gibt keine Romanhelden mehr, weil es keine Individualisten mehr gibt, weil die Individualität verloren gegangen, weil der Mensch einsam, jeder Mensch gleich einsam, ohne Recht auf individuelle Einsamkeit ist und eine namen- und heldenlos einsame Masse bildet. Das mag alles so sein und seine Richtigkeit haben. Für mich, Oskar, und meinen Pfleger Bruno möchte ich jedoch feststellen: Wir beide sind Helden, ganz verschiedene Helden, er hinter dem Guckloch, ich vor dem Guckloch; und wenn er die Tür aufmacht, sind wir beide, bei aller Freundschaft und Einsamkeit, noch immer keine namen- und heldenlose Masse.

Das ist geschickt gemacht: Grass deutet an, daß er sich der Form des Romans mit aller Vorsicht nähert, sich ihrer Grenzen bewußt ist, parodiert aber zugleich das Gerede über das Ende dieser Gattung und schickt gewissermaßen Oskar vor, der sich unbeirrbar daranmacht, sein Leben romanhaft zu erzählen. Offenbar ist sein Anspruch ein literarischer, man hat sich also auf eine – zumindest formal – keineswegs gewöhnliche Autobiographie gefaßt zu machen.

Zu Beginn erzählt Oskar von einer Begebenheit, die sich um die Jahrhundertwende zugetragen hat. Oskars Großmutter, die im Spätherbst auf einem Kartoffelacker gerade ihr Tagwerk verrichtet hat, verbirgt einen plötzlich auftauchenden, von Polizisten verfolgten Flüchtigen unter ihren weiten Röcken und empfängt während dieser Rettungsaktion von dem Mann ein Kind. Oskars Mutter ist gezeugt. 24 Jahre später bringt sie Oskar zur Welt.

Mama kam zu Hause nieder. Als die Wehen einsetzten, stand sie noch im Geschäft und füllte Zucker in blaue Pfund- und Halbpfundtüten ab. Schließlich war es für den Transport in die Frauenklinik zu spät; eine ältere Hebamme, die nur noch dann und wann zu ihrem Köfferchen griff, mußte aus der nahen Hertastraße gerufen werden. Im Schlafzimmer half sie mir und Mama, voneinander loszukommen.

Ich erblickte das Licht dieser Welt in Gestalt zweier Sechzig-Watt-Glühbirnen. Noch heute kommt mir deshalb der Bibeltext: »Es werde Licht und es ward Licht« – wie der gelungenste Werbeslogan der Firma Osram vor. Bis auf den obligaten Dammriß verlief meine Geburt glatt. Mühelos befreite ich mich aus der von Müttern, Embryonen und Hebammen gleichviel geschätzten Kopflage.

Damit es sogleich gesagt sei: Ich gehörte zu den hellhörigen Säuglingen, deren geistige Entwicklung schon bei der Geburt abgeschlossen ist und sich fortan nur noch bestätigen muß. So unbeeinflußbar ich als Embryo nur auf mich gehört und mich im Fruchtwasser spiegelnd geachtet hatte, so kritisch lauschte ich den ersten spontanen Äußerungen der Eltern unter den Glühbirnen. Mein Ohr war hellwach. Wenn es auch klein, geknickt, verklebt und allenfalls niedlich zu benennen war, bewahrte es dennoch jede jener für mich fortan so wichtigen, weil als erste Eindrücke gebotenen Parolen. Noch mehr: was ich mit dem Ohr einfing, bewertete ich sogleich mit winzigstem Hirn und beschloß, nachdem ich alles Gehörte genug bedacht hatte, dieses und jenes zu tun, anderes gewiß zu lassen.

»Ein Junge«, sagte jener Herr Matzerath, der in sich meinen Vater vermutete. »Er wird später einmal das Geschäft übernehmen. Jetzt wissen wir endlich, wofür wir uns so abarbeiten.«

Mama dachte weniger ans Geschäft, mehr an die Ausstattung ihres Sohnes: »Na, wußt' ich doch, daß es ein Jungchen ist, auch wenn ich manchmal jesagt hab', es wird ne Marjell.«

So machte ich verfrühte Bekanntschaft mit weiblicher Logik und hörte mir hinterher an: »Wenn der kleine Oskar drei Jahre alt ist, soll er eine Blechtrommel bekommen.«

Längere Zeit mütterliches und väterliches Versprechen gegeneinander abwägend, beobachtete und belauschte ich, Oskar, einen Nachtfalter, der sich ins Zimmer verflogen hatte. Mittelgroß und haarig umwarb er die beiden Sechzig-Watt-Glühbirnen, warf Schatten, die in übertriebenem Verhältnis zur Spannweite seiner Flügel den Raum samt Inventar mit zuckender Bewegung deckten, füllten, erweiterten. Mir blieb jedoch weniger das Licht- und Schattenspiel, als vielmehr jenes Geräusch, welches zwischen Falter und Glühbirne laut wurde: Der Falter schnatterte, als hätte er es eilig, sein Wissen los zu werden, als käme ihm nicht mehr Zeit zu für spätere Plauderstunden mit Lichtquellen, als wäre das Zwiegespräch zwischen Falter und Glühbirne in jedem Fall des Falters letzte Beichte und nach jener Art von Absolution, die Glühbirnen austeilen, keine Gelegenheit mehr für Sünde und Schwärmerei.

Heute sagt Oskar schlicht: Der Falter trommelte. Ich habe Kaninchen, Füchse und Siebenschläfer trommeln hören. Frösche können ein Unwetter zusammentrommeln. Dem Specht sagt man nach, daß er Würmer aus ihren Gehäusen trommelt. Schließlich schlägt der Mensch auf Pauken, Becken, Kessel und Trommeln. Er spricht von Trommelrevolvern, vom Trommelfeuer, man trommelt jemanden heraus, man trommelt zusammen, man trommelt ins Grab. Das tun Trommelknaben, Trommelbuben. Es gibt Komponisten, die schreiben Konzerte für Streicher und Schlagzeug. Ich darf an den Großen und Kleinen Zapfenstreich erinnern, auch auf Oskars bisherige Versuche hinweisen; all das ist nichts gegen die Trommelorgie, die der Nachtfalter anläßlich meiner Geburt auf zwei simplen Sechzig-Watt-Glühbirnen veranstaltete. Vielleicht gibt es Neger im dunkelsten Afrika, auch solche in Amerika, die Afrika noch nicht vergessen haben, vielleicht mag es diesen rhythmisch organisierten Leuten gegeben sein, gleich oder ähnlich meinem Falter oder afrikanische Falter imitierend – die ja bekanntlich noch größer und prächtiger als die Falter Osteuropas sind – zuchtvoll und entfesselt zugleich zu trommeln; ich halte meine osteuropäischen Maßstäbe, halte mich also an jenen mittelgroßen, bräunlich gepuderten Nachtfalter meiner Geburtsstunde, nenne ihn Oskars Meister.

Es war in den ersten Septembertagen. Die Sonne stand im Zeichen der Jungfrau. Von fernher schob ein spätsommerliches Gewitter, Kisten und Schränke verrückend, durch die Nacht. Merkur machte mich kritisch, Uranus einfallsreich, Venus ließ mich ans kleine Glück, Mars an meinen Ehrgeiz glauben. Im Haus des Aszendenten stieg die Waage auf, was mich empfindlich stimmte und zu Übertreibungen verführte. Neptun bezog das zehnte, das Haus der Lebensmitte und verankerte mich zwischen Wunder und Täuschung. Saturn war es, der im dritten Haus in Opposition zu Jupiter mein Herkommen in Frage stellte. Wer aber schickte den Falter und erlaubte ihm und dem oberlehrerhaften Gepolter eines spätsommerlichen Donnerwetters, in mir die Lust zur mütterlicherseits versprochenen Blechtrommel zu steigern, mir das Instrument immer handlicher und begehrlicher zu machen?

Äußerlich schreiend und einen Säugling blaurot vortäuschend, kam ich zu dem Entschluß, meines Vaters Vorschlag, also alles was das Kolonialwarengeschäft betraf, schlankweg abzulehnen, den Wunsch meiner Mama jedoch zu gegebener Zeit, also anläßlich meines dritten Geburtstages, wohlwollend zu prüfen.

Neben all diesen Spekulationen, meine Zukunft betreffend, bestätigte ich mir: Mama und jener Vater Matzerath hatten nicht das Organ, meine Einwände und Entschlüsse zu verstehen und gegebenenfalls zu respektieren. Einsam und unverstanden lag Oskar unter den Glühbirnen, folgerte, daß das so bleibe, bis sechzig, siebenzig Jahre später ein endgültiger Kurzschluß aller Lichtquellen Strom unterbrechen werde, verlor deshalb die Lust, bevor dieses Leben unter den Glühbirnen anfing; und nur die in Aussicht gestellte Blechtrommel hinderte mich damals, dem Wunsch nach Rückkehr in meine embryonale Kopflage stärkeren Ausdruck zu geben.

Zudem hatte die Hebamme mich schon abgenabelt; es war nichts mehr zu machen.

Dieser Anfang ist in vielerlei Hinsicht bemerkenswert:

– Der dreißigjährige Oskar wechselt zwischen der Perspektive autobiographischen Schreibens, der 1. Person, und der des auktorialen Erzählers, der 3. Person, hin und her. Er ist zugleich das Ich des Lebensberichts und der Held des Romans; so erzählt er nicht immer aus gleicher Distanz, sondern verringert nach Belieben den Abstand, um ein Geschehen mal aus der Ferne zu überblicken, mal aus nächster Nähe zu vergegenwärtigen. Hier hat, wie schon bei Koeppen, James Joyce Pate gestanden, sicherlich auch Alfred Döblin, den Grass einmal seinen Meister genannt hat.

– Schon bei der Geburt ist Oskar mit der Intelligenz und Einsicht eines reifen Erwachsenen begabt; dieselbe Fähigkeit aber ist es auch, mittels derer er sich von der Welt der Erwachsenen von allem Anfang an distanziert. Sie mögen tun und sagen, was sie wollen: Oskar beschließt, kaum geboren, »dieses und jenes zu tun, anderes gewiß zu lassen«. Er fühlt sich sofort unverstanden, allein, auf sich gestellt und würde am liebsten seine Geburt wieder rückgängig machen: Die Welt scheint ihm kein gastlicher Ort. Da die Rückkehr in den Mutterleib jedoch nicht möglich ist, wird er, das ahnt man schon hier, andere Wege der Verweigerung und Rebellion suchen.

– Ein Instrument dieser Auflehnung, und das zentrale Motiv des Buches, ist die Trommel, auch sie ist gleich in dieser ersten Szene gegenwärtig. Was es mit ihr auf sich hat, wird später noch deutlicher; hier kündigt sich in der Aufzählung der »Trommel«-Worte, die Marschmusik, Krieg, Schlacht und Tod heraufbeschwören, an, was Oskar und seine Zeitgenossen erwartet.

Auffällig ist natürlich auch die Verknüpfung des Trommelns mit dem Falter, den der Erzähler gar als »Oskars Meister« bezeichnet. Lernen will Oskar also von einem Tier, einem Insekt, und nicht von den Menschen; ihm fühlt er sich in der ersten Stunde seines Lebens stärker verwandt als seinen Eltern.

– Der Erzähler erlaubt sich einen Kunstgriff in Gestalt eines parodierten Zitats: Im drittletzten Absatz spielt er auf den Anfang von

Goethes berühmter Autobiographie ›Aus meinem Leben. Dichtung und Wahrheit‹ an. Goethe setzt darin das Ereignis und die Stunde seiner Geburt in Beziehung zum Stand der Sterne. Die planetarische Konstellation verheißt dem am hellen Mittag Geborenen Glück und eine gedeihliche Entwicklung. Oskar aber ist ein Nachtkind, und in der erdnahen Atmosphäre grollt ein Gewitter. Der Kleine stellt sich eine Art Horoskop, wobei es ihm weniger die Gestirne als die griechischen Gottheiten angetan zu haben scheinen. Mit Venus wird sogleich das Glück in der Liebe beschworen, und Merkur, der Gott der Kaufleute und Diebe, steht für Vorsicht und Gewieftheit. Daß diese geboten sind, wird Oskar bald klar, als er erkennt, was sein »Herkommen in Frage stellt«: Kolonialwarenhändler Matzerath, der sich als stolzer Vater aufspielt, ist gar nicht Oskars Erzeuger. Die Welt, in die Oskar hineingeboren wird, ist nicht mehr die Welt Goethes.

– Eine letzte Beobachtung betrifft die Glühbirnen, in deren »Gestalt« Oskar »das Licht dieser Welt« erblickt. Ist schon in dieser grotesken Gegenüberstellung des Banalen, Alltäglichen und des Eigentlichen, Existentiellen der satirische Blick unübersehbar, so zeigt sich Grass vollends respektlos, wenn er Oskar beim Wort des biblischen Weltschöpfers »Es werde Licht und es ward Licht« an einen Reklameslogan denken läßt.

Oskars dritter Geburtstag wird in seinem Leben ein wichtiger Tag: Er beschließt, sich konsequent der Erwachsenenwelt verweigernd, das Wachstum einzustellen. Zur hinreichenden medizinischen Begründung inszeniert er einen Sturz von der Kellertreppe und kann dadurch auch noch seine Eltern entzweien. Mama Agnes gibt Matzerath, der die Kellertür offengelassen hat, die Schuld dafür, daß das »Jungchen« zum Krüppel geworden ist. Doch Oskars wahres Motiv ist der Protest:

... ich blieb der Dreijährige, der Gnom, der Däumling, der nicht aufzustockende Dreikäsehoch blieb ich, um Unterscheidungen wie kleiner und großer Katechismus enthoben zu sein, um nicht als einszweiundsiebzig großer, sogenannter Erwachsener, einem Mann, der sich selbst vor dem Spiegel beim Rasieren, mein Vater nannte, ausgeliefert und einem Geschäft verpflichtet zu sein, das, nach Matzeraths Wunsch, als Kolonialwarengeschäft einem einundzwanzigjährigen Oskar die Welt der Erwachsenen bedeuten sollte. Um nicht mit einer Kasse klappern zu müssen, hielt ich mich an die Trommel und wuchs seit meinem dritten Geburtstag keinen Fingerbreit mehr, blieb der Dreijährige, aber auch Dreimalkluge, den die Erwachsenen alle überragten, der den Erwachsenen so überlegen sein sollte, der seinen Schatten nicht mit ihrem Schatten messen wollte, der innerlich und äußerlich vollkommen fertig war [...]

Wer klein, gar gnomenhaft ist, hat seine ganz eigenen Maßstäbe, er braucht das Spiel der Großen nicht mitzuspielen. Was andere als Makel ansehen, betrachtet Oskar als Ursache der Überlegenheit.

Das Mißverhältnis zwischen Körpergröße und geistigem Format, zwischen kindlichem Aussehen und Älterwerden setzt sich fort. »Und ich begann zu trommeln.« Dieser Satz ist der erste nach der Darstellung des Sturzes, und er nennt lapidar die wichtigste Folge. Zu Oskar gehört von nun an sein »Blech«. Die Trommel ist zunächst nicht mehr als ein Kinderspielzeug, aber schon bald läßt Oskar die darin verborgenen magischen Kräfte Klang werden. Trommelnd gebietet er über Räume und Zeit, kann Vergangenes in die Gegenwart holen. Er reagiert auf der Trommel seine Gefühle ab und begleitet anfeuernd oder kommentierend das Treiben der Menschen in seiner Umgebung. »Zuchtvoll« oder »entfesselt« werden Leben und Erleben in eine andere Sprache übersetzt; Trommeln steht für künstlerisches Tun wie Erzählen, Zeichnen, graphisches Schaffen, für einen eigenwilligen, kreativen Umgang mit der Welt.

An Oskars viertem Geburtstag sind die Eltern mit Nachbarn und Verwandten zu einer betulichen Feier versammelt. Der »Gnom« stört die Familienidylle. Erbost darüber, daß er keine neue Blechtrommel geschenkt bekommen hat, erprobt er eine besondere Fähigkeit, mit der er begabt ist: Er »zersingt« die Glühbirnen. Und schon demaskieren sich in der Dunkelheit die Erwachsenen. Bürgerliche Wohlanständigkeit verkehrt sich in ihr Gegenteil, man nutzt die Gelegenheit zu einer »kleinen Orgie«. Oskar bleibt nicht verborgen, daß seine Mama die Geliebte ihres Vetters Jan Bronski ist.

Das Dreiecksverhältnis Matzerath, Agnes, Jan hat Bestand. Alle drei sind einverstanden mit dem, was sich nun einmal so entwickelt hat, außerdem braucht man einander zum vergnüglich-entspannenden Skatspiel. Nicht ohne Wohlwollen urteilt Oskar: »Alle drei scheinen glücklich, einander gutheißend gegen Überraschungen der Art gefeit zu sein, zu denen es nur kommt, wenn ein Partner des Dreibunds Geheimfächer anlegt oder von Anfang an birgt.« Gelegentlich läßt sich Oskar auch im würdevoll-steifen Altersstil Goethes vernehmen, hatten ihm doch des Meisters ›Wahlverwandtschaften‹ frühen Lesestoff geliefert und Anschauungsunterricht über ein klassisches Dreiecksverhältnis erteilt.

Doch meist schreibt er über das liederliche Danziger Kleeblatt, wie man es von ihm gewöhnt ist: anschaulich, drastisch und gern mit einem Augenzwinkern. Nach dem, was der Leser über die Vorgänge im Wohnzimmer und dann im Matzerathschen Schlafzimmer erfährt, kann er sicher sein, daß kein Mitglied des Trios ein Geheimfach »birgt«. Nach einem Streit weiß man den Schaden zu begrenzen. Oskar sitzt in einem Schrank und beobachtet, was sich abspielt.

Mama ... schon im Schlafzimmer, noch ein Blick in die Spiegeltüren des Schrankes und sie warf sich ... quer übers Ehebett unter dem blauen Betthimmel, weinte und rang ähnlich vielfingrig die Hände, wie es die büßende, goldgerahmte Farbdruckmagdalena am Kopfende der Eheburg tat.

Längere Zeit hörte ich nur Mamas Wimmern, leichtes Bettknarren, gedämpftes Gemurmel aus dem Wohnzimmer. Jan beruhigte Matzerath, Matzerath bat Jan, Mama zu beruhigen ... Jan betrat das Schlafzimmer ... Er stand vor dem Bett, betrachtete abwechselnd Mama und die büßende Magdalena, setzte sich vorsichtig auf die Bettkante, streichelte der auf dem Bauch liegenden Mama Rücken und Gesäß, sprach beschwichtigend ... auf sie ein und fuhr ihr schließlich – weil Worte nicht mehr halfen – mit der Hand unter den Rock, bis sie aufhörte zu wimmern und Jan den Blick von der vielfingrigen Magdalena wegnehmen konnte. ...

Mama drehte sich vom Bett, strich die gelbe Steppdecke wieder gerade, schüttelte sich ihre Frisur vor den Spiegeltüren des Schrankes zurecht und verließ hinter Jan das Schlafzimmer. Ich ... hörte bald darauf, wie sie die Karten mischten. Kleines vorsichtiges Gelächter, Matzerath hob ab, Jan verteilte, und da reizten sie ihre Karten aus. Ich glaube, Jan reizte Matzerath. Der paßte schon bei dreiundzwanzig. Woraufhin Mama bis sechsunddreißig reizte, dann mußte auch er klein beigeben, und Mama spielte einen Grand, den sie knapp verlor. Den folgenden Karo einfach gewann Jan bombensicher, während Mama das dritte Spiel, einen Herzhand ohne Zwein knapp aber dennoch nach Hause brachte.

Der Verlauf des Spiels spiegelt die Beziehungen zwischen den Dreien wider, zeigt, wie die Karten im Leben verteilt sind. Zu den Feiertagsvergnügungen von Agnes, Alfred und Jan gehört es, gelegentlich ein Freilichttheater oder ein Varieté zu besuchen. Oskar begleitet sie und kommt so auch mit Kunst und Künstlern in Berührung. Bei einer Zirkusschau lernt er den Musikclown Bebra, den Chef einer Liliputanertruppe, kennen. Die beiden Kleinen sind sich sympathisch; Oskar wird von Bebra ernst genommen.

Bebra warnt. Die Machtübernahme der Nationalsozialisten im Reich stehe bevor, das werde auch für den Freistaat Danzig Folgen haben.

Sie werden kommen. Sie werden die Festplätze besetzen. ... Sie werden Tribünen bauen, Tribünen bevölkern. Kleine Leute wie wir finden sogar auf den überfülltesten Tribünen noch ein Plätzchen; und wenn nicht auf der Tribüne, dann unter der Tribüne, aber niemals vor der Tribüne.

Nur ein paar Jahre später sitzt Oskar tatsächlich unter einer Tribüne und beobachtet eine Nazi-Kundgebung.

Unter dem Rednerpult hockte ich. Links und rechts von mir und über mir standen breitbeinig, und wie ich wußte, mit verkniffenen, vom Sonnenlicht geblendeten Augen die jüngeren Trommler des Jungvolks und die älteren der Hitlerjugend. Und dann die Menge. Ich roch sie durch die Ritzen der Tribünenverschalung. Das stand und berührte sich mit Ellenbogen und Sonntagskleidung, das war zu Fuß gekommen oder mit der Straßenbahn, das hatte zum Teil die Frühmesse besucht und war dort nicht zufriedengestellt worden, das war gekommen, um seiner Braut am Arm etwas zu bieten, das wollte mit dabei sein, wenn Geschichte gemacht wird, und wenn auch der Vormittag dabei draufging.

Nein, sprach sich Oskar zu, sie sollen den Weg nicht umsonst gemacht haben. Und er legte ein Auge an ein Astloch in der Verschalung, bemerkte die Unruhe von der Hindenburgallee her. Sie kamen! Kommandos wurden über ihm laut, der Führer des Spielmannszugs fuchtelte mit seinem Tambourstab, die hauchten ihre Fanfaren an, die paßten sich das Mundstück auf, und schon stießen sie in übelster Landsknechtsmanier in ihr sidolgeputztes Blech, daß es Oskar weh tat ...

Oskar hält es nicht aus, er greift ein und läßt den Stöcken auf seiner Trommel freien Lauf.

Die Trommel lag mir schon maßgerecht. Himmlisch locker ließ ich die Knüppel in meinen Händen spielen und legte mit Zärtlichkeit in den Handgelenken einen kunstreichen, heiteren Walzertakt auf mein Blech, den ich immer eindringlicher, Wien und die Donau beschwörend, laut werden ließ, bis oben die erste und zweite Landsknechttrommel an meinem Walzer Gefallen fand, auch Flachtrommeln der älteren Burschen mehr oder weniger geschickt mein Vorspiel aufnahmen. Dazwischen gab es zwar Unerbittliche, die kein Gehör hatten, die weiterhin Bumbum machen, und Bumbumbum, während ich doch den Dreivierteltakt meinte, der so beliebt ist beim Volk. Schon wollte Oskar verzweifeln, da ging den Fanfaren ein Lichtchen auf, und die Querpfeifen, oh Donau, pfiffen so blau. Nur der Fanfarenzugführer und auch der Spielmannszugführer, die glaubten nicht an den Walzerkönig und schrien ihre lästigen Kommandos, aber ich hatte die abgesetzt, das war jetzt meine Musik. Und das Volk dankte es mir. Lacher wurden laut vor der Tribüne, da sangen schon welche mit, oh Donau, und über den ganzen Platz, so blau, bis zur Hindenburgallee, so blau und zum Steffenspark, so blau, hüpfte mein Rhythmus, verstärkt durch das über mir vollaufgedrehte Mikrophon. Und als ich durch mein Astloch hindurch ins Freie spähte, doch dabei fleißig weitertrommelte, bemerkte ich, daß das Volk an meinem Walzer Spaß fand, aufgeregt hüpfte, es in den Beinen hatte: schon neun Pärchen und noch ein Pärchen tanzten, wurden vom Walzerkönig gekuppelt. Nur dem Löbsack, der mit Kreisleitern und Sturmbannführern, mit Forster, Greiser und Rauschning, mit einem langen braunen Führungsstabschwanz mitten in der Menge kochte, vor dem sich die Gasse zur Tribüne schließen wollte, lag erstaunlicherweise der Walzertakt nicht. Der war gewohnt, mit gradliniger Marschmusik zur Tribüne geschleust zu werden. Dem nahmen nun diese leichtlebigen Klänge den Glauben ans Volk. Durchs Astloch sah ich seine Leiden. Es zog durch das Loch. Wenn ich mir auch fast das Auge entzündete, tat er mir dennoch leid, und ich wechselte in einen Charleston, »Jimmy the Tiger«, über, brachte jenen Rhythmus, den der Clown Bebra im Zirkus auf leeren Selterwasserflaschen getrommelt hatte; doch die Jungs vor der Tribüne kapierten den Charleston nicht. Das war eben eine andere Generation. Die hatten natürlich keine Ahnung von Charleston und »Jimmy the Tiger«. Die schlugen – oh guter Freund Bebra – nicht Jimmy und Tiger, die hämmerten Kraut und Rüben, die bliesen mit Fanfaren Sodom und Gomorrha. Da dachten die Querpfeifen sich, gehupft wie gesprungen. Da schimpfte der Fanfarenzugführer auf Krethi und Plethi. Aber dennoch trommelten, pfiffen, trompeteten die Jungs vom Fanfarenzug und Spielmannszug auf Teufel komm raus, daß es Jimmy eine Wonne war, mitten im heißesten Tigeraugust, daß es die Volksgenossen, die da zu Tausenden und Abertausenden vor der Tribüne drängelten, endlich begriffen: es ist Jimmy the Tiger, der das Volk zum Charleston aufruft!

Und wer auf der Maiwiese noch nicht tanzte, der griff sich, bevor es zu spät war, die letzten noch zu habenden Damen. Nur Löbsack mußte mit seinem Buckel tanzen, weil in seiner Nähe alles was einen Rock trug, schon besetzt war, und jene Damen von der Frauenschaft, die ihm hätten helfen können, rutschten, weit weg vom einsamen Löbsack, auf den harten Holzbänken der Tribüne. Er aber – und das riet ihm sein Buckel – tanzte dennoch, wollte gute Miene zur bösen Jimmymusik machen und retten, was noch zu retten war.

Es war aber nichts mehr zu retten. Das Volk tanzte sich von der Maiwiese, bis die zwar arg zertreten, aber immerhin grün und leer war. Es verlor sich das Volk mit »Jimmy the Tiger« in den weiten Anlagen des angrenzenden Steffensparkes. Dort bot sich Dschungel, den Jimmy versprochen hatte, Tiger gingen auf Sammetpfötchen, ersatzweise Urwald fürs Volk, das eben noch auf der Wiese drängte. Gesetz ging flöten und Ordnungssinn. Selbst als ich meinem Blech schon die langverdiente Ruhe gönnte, wollten die Trommelbuben noch immer kein Ende finden. Es brauchte seine Zeit, bis mein musikalischer Einfluß nachzuwirken aufhörte.

Dann bleibt noch zu sagen, daß Oskar das Innere der Tribüne nicht sogleich verlassen konnte, da Abordnungen der SA und SS über eine Stunde lang mit Stiefeln gegen Bretter knallten, sich Ecklöcher ins braune und schwarze Zeug rissen, etwas im Tribünengehäuse zu suchen schienen: einen Sozi womöglich oder einen Störtrupp der Kommune. Ohne die Finten und Täuschungsmanöver Oskars aufzählen zu wollen, sei hier kurz festgestellt: Sie fanden Oskar nicht, weil sie Oskar nicht gewachsen waren. ...

Als Oskar nach Hause kam, stand das Mittagessen schon auf dem Tisch: Falschen Hasen gab es mit Salzkartoffeln, Rotkohl und zum Nachtisch Schokoladenpudding mit Vanillesoße. Matzerath ließ kein Wörtchen hören. Oskars Mama war während des Essens mit den Gedanken woanders. Dafür gab es am Nachmittag einen Familienkrach wegen Eifersucht und Polnischer Post. Gegen Abend bot ein erfrischendes Gewitter mit Wolkenbruch und wunderschön trommelndem Hagel eine längere Vorstellung. Oskars erschöpftes Blech durfte ruhen und zuhören.

Die Trommel macht es für Oskar möglich, den Nazis eins auszuwischen und »das Volk« zu begeistern. Oskars »Machtergreifung« vollzieht sich in Etappen. Daß er auf seiner Trommel auch einschmeichelnd-beschwingte Melodien zaubern kann, klingt in einer reicheren sprachlichen Instrumentierung an; »himmlisch-locker«, »Zärtlichkeit« und »heiter« gehören zum Vokabular der Walzerseligkeit. Das unästhetisch dumpfe, montone, lautmalerisch erfaßte »Bumbumbum« der Landsknechttrommeln verstummt. »So blau«, wie die Donau vom Walzerkönig gemacht wurde, fluten die Wellen der Walzermusik verführerisch über die grünen Areale der Freien Stadt Danzig. Jetzt drehen sich Paare vergnügt im Kreis, während zur »gradlinigen Marschmusik« eben marschiert wird, möglichst im Gleichschritt. Die Nazi-Führer – sie werden nach Rang und Namen aufgeführt – können einem leid tun. Kein »Führungsstabschwanz« setzt sich in Bewegung; das lange Wort macht sich lustig über die Vorliebe für Militärisches und die Inflation von wichtigtuerischen Wortzusammensetzungen. Dann kommt Oskar dem Volk mit Jazz, der ja bei den Nazis als amerikanische, also undeutsche Niggermusik verpönt war. Die Trommel wird zum Schlagzeug, sie schickt heiße Rhythmen über die Menge, die den uniformierten Musikern schnell in Glieder und Instrumente fahren. In volkstümlich-klischeehaften Wortpaaren wird die Bekehrung, die »Umerziehung« greifbar: aus chaotischen Mißtönen (»Kraut und Rüben«, »Sodom und Gomorrha«), zu denen auch Schimpfworte wie »Krethi und Plethi« zu rechnen sind, erwächst »gehupft wie gesprungen« der richtige Takt, »daß es eine Wonne war«. Die Volksgenossen brauchen nicht zu stehen, Reden anzuhören und »Sieg Heil« zu brüllen, sie dürfen sich im »Dschungel« zerstreuen und »Gesetz und Ordnungssinn« »flöten gehen lassen«. Viele Jahre später, beim Rückblick auf sein bisheriges Leben, denkt Oskar über sein Tun und Treiben in der Endphase des Freistaats Danzig nach und stellt sich eine Frage:

Bin ich, der Insasse einer Heil- und Pflegeanstalt, deshalb ein Widerstandskämpfer? Ich muß diese Frage verneinen und bitte auch Sie, die Sie nicht Insassen von Heil- und Pflegeanstalten sind, in mir nichts anderes als einen etwas eigenbrötlerischen Menschen zu sehen, der aus privaten, dazu ästhetischen Gründen, auch seines Lehrers Bebra Ermahnungen beherzigend, Farbe und Schnitt der Uniformen, Takt und Lautstärke der auf Tribünen üblichen Musik ablehnte und deshalb auf einem bloßen Kinderspielzeug einigen Protest zusammen trommelte. Damals konnte man noch den Leuten auf und vor Tribünen mit einer armseligen Blechtrommel beikommen. ... Ich trommelte nicht nur gegen braune Versammlungen. Oskar saß den Roten und den Schwarzen, den Pfadfindern ..., den Zeugen Jehovas und dem Kyffhäuserbund, den Vegetariern und den Jungpolen ... unter der Tribüne. Was sie auch zu singen, zu blasen, zu beten und zu verkünden hatten: meine Trommel wußte es besser.

Nimmt man den »Insassen einer Heil- und Pflegeanstalt« hier ernst, so läßt er der Verweigerung einer kleinbürgerlichen Existenz – Trommelklang statt Kassengeklapper – die Absage an jedes politische Engagement und jegliche organisierte Aktivität folgen. Zu seiner Rechtfertigung führt er zum einen »ästhetische Gründe« an. Das heißt konkret: gelbbraune, an anderer Stelle »kackbraun« genannte Uniformen, Trommeln, nach denen marschiert wird, geifernde Reden und gebrüllte Heilrufe sind ihm zuwider. Zum anderen entdeckt der kluge Oskar hinter der Fassade der Weltanschauungen und Glaubensbekenntnisse sofort den ideologischen Kern. Bei der Schilderung der Parteikundgebung spricht er verächtlich über jene, die sich »vor der Tribüne« drängen und bedenkt sie mit dem Kollektivpronomen »Das«. Es sind die Neugierigen und Gelangweilten, die Zuschauer und Mitläufer; es ist das Volk, das deutsche Volk. Wenn einer die Puppen tanzen läßt, tanzen sie mit. »Das« wird weiter zuschauen, mitlaufen, mitmachen, wer immer auch trommelt, kommandiert, verführt.

Daß Oskar bei den Matzeraths ein Zuhause hat und sich nach seinem Protestsolo das gutbürgerliche Mittagessen schmecken läßt, ist durchaus bezeichnend. Oskar ist trotz seines Ausnahmeanspruchs und trotz spektakulärer Protestgesten selbst ein Teil des so geringschätzig abgetanen »Das«. So ist denn auch sein Verhältnis zu seiner nahen und nächsten Umgebung zwiespältig. Während er das liederliche Kleeblatt nicht ohne Wohlwollen und Humor beschreibt, zeigt er in anderen Szenen im Hause Matzerath einen viel kritischeren satirischen Blick. So erfährt der Leser, daß über dem von Mama Agnes so geliebten Piano das Bild des »finsteren Beethoven« durch den »ähnlich finster blickenden Hitler« ersetzt worden ist. Dabei hatte der Erzähler zuvor gesagt: »Sonst änderte sich nicht viel.« Das hat Symptomcharakter. Gleich darauf legt sich Matzerath Stück für Stück jene »kackfarbene« Uniform zu, die Oskar so verabscheut.

Oskars Mama ist aus Gewohnheit und Bedürfnis praktizierende Katholikin. In der Fastenzeit des Jahres 1937 – Oskar ist 12 Jahre alt – geht sie oft in die Herz-Jesu-Kirche zur Beichte; Oskar begleitet sie. Während die Mutter ihre Sünden bekennt, hat er Zeit, sich umzusehen. Der Ästhet in ihm wird auf drei Jesus-Figuren aufmerksam, allesamt Ausgeburten religiösen Kitsches. Oskar fällt auf, daß die Figur des halbwüchsigen Jesus die Züge Jan Bronskis trägt, und daß der »kochschinkenfarbige« Jesusknabe auf dem Arm der Muttergottes ihm selbst gleicht. Oskar zieht aus diesen äußerlichen Zeichen der Verwandtschaft seine eigenen Schlüsse.

Schon bei seiner Taufe war es merkwürdig zugegangen. Nach dem Glaubensbekenntnis und Vaterunser fand es Hochwürden Wiehnke angebracht, noch einmal Weiche Satan zu sagen, und er glaubte mir, der ich doch schon immer Bescheid wußte, die Sinne zu öffnen, indem er Oskars Nase und Ohren berührte. Dann wollte er es noch einmal deutlich hören, fragte: »Widersagst du dem Satan? Und all seinen Werken und all seinem Gepränge?« Bevor ich den Kopf schütteln konnte – denn ich dachte nicht daran, zu verzichten – sagte Jan dreimal, stellvertretend für mich: »Ich widersage«. Ohne daß ich es mir mit Satan verdorben hatte, salbte Hochwürden Wiehnke mich auf der Brust und zwischen den Schultern.

Seit der Geburtsstunde, in der der Nachtfalter, »Oskars Meister«, von »Sünde und Schwärmerei« trommelte, weiß Oskar, daß das Böse in ihm mächtig ist. Eindeutig scheint sein Verhältnis zu den überirdischen Mächten nicht zu sein.

Ich gebe zu, daß mich der ganze Katholizismus wie, nun wie ein rothaariges Mädchen fesselt, obgleich ich rote Haare umfärben möchte, und der Katholizismus mir Lästerungen eingibt, die immer wieder verraten, daß ich, wenn auch vergeblich, katholisch getauft bin.

Oskar lästert und frevelt, indem er dem Jesusknaben seine Trommel umhängt und auf ein »kleines privates Wunderchen« wartet. »Jesus sollte mir etwas zum Besten geben.« Oskar wartet vergebens. Er zersingt dann die bemalten Kirchenfenster, besteht aber die Kraftprobe mit dem Heiligen Geist, der nach den Riten sakraler Kunst als Taube dargestellt ist, ebensowenig.

Auf jene Taube, auf den Heiligen Geist zielte ich, kam ins Vibrieren, kämpfte mit meinem Diamanten gegen den Vogel und: Lag es an mir? ... War das das Wunder, und keiner begriff es? Sie sahen mich zittern, nahmen es, außer Mama, als Beten, während ich doch Scherben wollte; aber Oskar versagte, seine Zeit war noch nicht gekommen.

Solche Stellen belegen den offen ausgesprochenen Zwiespalt. Jahre später, im vorletzten Kriegsjahr, kurz vor dem Untergang des alten Danzig und des Nazi-Reiches, hält Oskar seine Zeit für gekommen. Er verführt die Stäuber, eine rebellische, regimefeindliche Jugendbande zu einer Schwarzen Messe in der Herz-Jesu-Kirche. Oskar erfüllt sich den langgehegten Wunsch und nimmt den Platz des Jesusknaben ein, nachdem die Figur abgesägt worden ist. Oskar trommelt, »die Jungfrau wies mit dem Finger auf Oskar den Trommler. Die Nachfolge Christi trat ich an«. Die Polizei beendet das Spukspiel. Man hat nun endlich die Stäuber in der Hand, in jener Zeit machte man mit jeder Art Rebellen kurzen Prozeß.

Daß Oskar sich Nachfolger Christi nennt, ist für den Gläubigen sicher der eigentliche Frevel; andererseits gibt der Kleine in der Danziger Vorstadtkirche ein Zerrbild ab, das der Anmaßung hohnspricht.

Wahrhaft unmoralisch ist sein Verhalten gegenüber den Stäubern. Kaltblütig verrät er die zur Bande verschworenen Jugendlichen, die auf Verruchtes Lust verspürt oder einfach Befehle ausgeführt hatten. Oskar kommt ungeschoren davon, er hat seinen Willen gehabt und macht sich kein Gewissen daraus, wenn andere dafür büßen und leiden müssen. Sein Werk war wieder einmal rundum »ein zerstörerisches«, wie er an anderer Stelle selber sagt.

Doch zurück zu Oskars Mama. Ihr stößt etwas zu, das den anderen, Matzerath, ihrer Mutter, aber auch Oskar unbegreiflich ist. Bei einem Spaziergang, den sie mit Matzerath, Jan und Oskar am Karfreitag unternimmt – es ergibt sich eine parodierende Parallele zum Osterspaziergang in Goethes ›Faust‹ – muß sie zusehen, wie ein Stauer einen Pferdekopf aus dem Wasser reißt, in den sich freßgierige Aale verbissen haben. Der Anblick des Aalgeschlinges macht die Frau krank, verändert sie äußerlich und innerlich. »Von einem rätselhaften Willen besessen« verschlingt sie nun in großen Mengen Aal und anderen Fisch, was Anfälle von Abscheu und Ekel zur Folge hat. Agnes stirbt wenig später im Krankenhaus, auch die Ärzte sind machtlos.

Vor Oskar, der seine Mama liebte und sich von ihr besser verstanden fühlte als von allen anderen, tut sich ein »Abgrund auf, der durch nichts auszufüllen war«. Der Tod hat ihn angerührt, die Trommelstäbe fallen ihm aus den Händen, die roten Flammen auf seiner Trommel verblassen, grell strahlt dagegen die Todesfarbe Weiß. Am liebsten wäre Oskar zusammen mit Mutter, Trommel und einem Ungeborenen – die Mutter war schwanger – in den Leib der Erde zurückgekehrt. Etwas Trost bringt, wie so oft, die Flucht unter die Röcke der Großmutter.

In dem Kapitel, das von Agnes' Tod handelt, ist eine weitere Goethe-Parallele zu finden. Im Roman ›Die Wahlverwandtschaften‹ weiß sich Ottilie, ein junges Mädchen, von einem verheirateten Mann begehrt; sie erwidert seine Liebe und zerstört so eine Ehe. Da ihr klar ist, daß sie im Sinne der Konvention etwas Unerlaubtes getan und gegen das Sittengesetz verstoßen hat, will sie sühnen und sucht den Tod, indem sie jede Nahrung von sich weist. Agnes Matzerath erleidet ein konträr angelegtes und doch vergleichbares Schicksal: Sie geht an hemmungsloser Eßlust zugrunde. Ob sie sich bewußt war, daß sich in ihr der natürliche Kreislauf beschleunigte, der von Zeugen und Gebären über den Erhalt des Lebens, über Lebensgenuß und Lust zum Tode führt?

Oskar verurteilt seine Mama nicht als Sünderin.

Bei aller Berechnung, der beide, Mama und Jan fähig waren, wenn es galt, ihrer Liebe ein ungestörtes Bett zu verschaffen, zeigten sie gleich viel Begabung zur Romanze: man kann, wenn man will, in ihnen Romeo und Julia sehen oder jene zwei Königskinder, die angeblich nicht zusammen kamen, weil das Wasser zu tief war.

Nach Agnes' Tod bleibt Matzerath und Bronski das kleine Glück, dessen sie sich bisher erfreut haben, nicht treu. Der auf Polen eingeschworene Postbeamte Bronski und der zum Nazi-Mitläufer gewordene Deutsche sehen sich nur noch selten. Bald trennt sie der beginnende Krieg, den sie beide nicht überleben.

Folgen wir zunächst Jan Bronski auf seinem letzten Stück Lebensweg. Am Abend des 31. August 1939 begibt sich Jan, aufgefordert, bei der vielleicht notwendig werdenden Verteidigung der Polnischen Post seine patriotische Pflicht zu erfüllen, zu seiner Dienststelle. Oskar begleitet ihn. Er hofft, daß Herr Kobyella, der handwerklich geschickte Hausmeister des Postgebäudes, seine Blechtrommel reparieren kann. Um 4.45 Uhr wird die Post beschossen und angegriffen, exakt zu jener Stunde also, da der Zweite Weltkrieg begann.

Jan und Oskar liegen neben Kobyella hinter Sandsäcken im Kinderzimmer der Wohnung eines polnischen Postsekretärs. Während der Beschießung kommt Oskar zu einer neuen Blechtrommel, die von einem Schrank vor seine Füße rollt. Kobyella wird verwundet und in einen anderen Raum geschafft, wo Jan Bronski, der sich alles andere als tapfer gezeigt hat, Skatkarten zusammengeklaubt hat. Ein Spiel kommt zustande. Beim Dreimännerskat – es spielen Jan, Kobyella und Oskar – gilt die Aufmerksamkeit ausschließlich den einzelnen Spielen, die fachmännisch beschrieben werden. »Wir spielten also und verboten Kobyella das Sterben«, formuliert Oskar frivol.

Jan denkt an die Skatrunden mit Alfred und Agnes, Erinnerungsbilder überlagern die gefährliche Gegenwart. Dann baut Jan ein Kartenhaus, in dem seine Gefühlswelt, mehr noch: sein Leben Gestalt annimmt.

Was mochte in Jans Köpfchen Witziges passiert sein, daß er erst leise, noch unter Tränen, dann jedoch laut und fröhlich dem Lachen verfiel, seine frische, rosa, für allerlei Zärtlichkeiten zugespitzte Zunge spielen ließ, die Skatkarten hochwarf, auffing, und endlich, da es windstill und sonntäglich in der Kammer mit den stummen Männern und Briefen wurde, begann er mit vorsichtigen ausgewogenen Bewegungen, unter angehaltenem Atem ein hochempfindliches Kartenhaus zu bauen: da gaben Pique Sieben und Kreuz Dame das Fundament ab. Die beiden deckte Karo, der König. Da gründete er aus Herz Neun und Pique As, mit Kreuz Acht als Deckel drauf, das zweite, neben dem ersten ruhende Fundament. Da verband er die beiden Grundlagen mit weiteren hochkant gestellten Zehnen und Buben, mit quergelegten Damen und Assen, daß sich alles gegenseitig stützte. Da beschloß er, dem zweiten Stockwerk ein drittes draufzusetzen, und tat das mit beschwörenden Händen, die, ähnlichen Zeremonien gehorchend, meine arme Mama gekannt haben mußte. Und als er Herz Dame so gegen den König mit dem roten Herzen lehnte, fiel das Gebäude nicht etwa zusammen; nein, luftig stand es, empfindsam, leicht atmend in jenem Raum voller atemloser Toter und Lebendiger, die den Atem anhielten, und erlaubte uns, die Hände zusammenzulegen, ließ den skeptischen Oskar, der ja das Kartenhaus nach allen Regeln durchschaute, den beizenden Qualm und Gestank vergessen, der sparsam und gewunden durch die Türritzen des Briefraums schlich und den Eindruck erweckte: das Kämmerlein mit dem Kartenhaus drin grenzt direkt und Tür an Tür an die Hölle.

Das Kartenhaus ist das Letzte, das Jan in seinem Leben glückt, es ruft noch einmal die schönen Stunden zurück, in denen er als Herzkönig immer wieder seine Herzdame Agnes zu gewinnen und zu beglücken vermochte. Im Zusammenfall des Kartenhauses spiegelt sich dann das Ende einer Epoche. Es ist die Epoche zwischen zwei Kriegen, eine Epoche der Konflikte zwar, aber auch der Kompromisse und des etwas laxen Miteinander, in der kleinen privaten Welt des Hauses Matzerath, in der Freien Stadt Danzig, in der Welt insgesamt. Noch leben, sprechen, spielen sie miteinander, stecken Schicksalsschläge ein; zum Äußersten und Schlimmsten ist es noch nicht gekommen.

Doch die höllischen Jahre haben schon begonnen. Zu ihnen gehören Feindbilder, Propagandalügen, Verrat und ein »Judasschauspiel«, wie Oskar es aufführt. Er

wies auf Jan, seinen Vater, mit anklagenden Gesten, die den Armen zum bösen Mann machten, der ein unschuldiges Kind in die Polnische Post geschleppt hatte, um es auf polnisch unmenschliche Weise als Kugelfang zu benutzen.

Nun wird auch immer öfter kurzer Prozeß gemacht. Jan, dem das Nationale kaum etwas bedeutet hatte, wird als polnischer Freischärler erschossen. Nach Agnes' Tod hat Matzerath als Hilfe für Haushalt und Geschäft Maria, ein junges Mädchen aus der Nachbarschaft, eingestellt. Maria wird zunächst seine Geliebte, dann auch die des inzwischen mannbar gewordenen Oskar.

Seit dem Erscheinen der ›Blechtrommel‹ ist Günter Grass bei manchen Leuten auch übel beleumdet; mit dem moralischen Zeigefinger weisen sie auf »gewisse Stellen«. Zu unverhüllt und mit unverkennbarem Spaß an drastischem »Schweinkram« werde Sexuelles ausgebreitet. Auch der Vorwurf, Pornographie zu schreiben, blieb Grass nicht erspart.

Anstoß erregte u.a. auch das Kapitel ›Brausepulver‹. Im Ostsee-Familienbad hat Oskar gemerkt, daß Maria, mit der er als »Dreijähriger« in die Damenkabine mitgenommen wurde, durch ein Gemisch aus seinem Speichel und Brausepulver sexuell erregt wurde. »Schlingelchen« Oskar verspricht sich allerlei von dieser überraschenden Entdeckung. Als Matzerath in seiner Wohnung Skatabende mit Parteigenossen veranstalten will, werden Oskar und Maria zum Schlafen zu

Marias Mutter ausquartiert. Das beharrliche Oskarchen darf schließlich mit Maria in einem Bett schlafen und nutzt seine Chance.

Maria nahm das Brausepulver liegend zu sich. Da sie, sobald das Pulver aufbrauste, mit den Beinen zu zucken und zu strampeln pflegte, rutschte ihr das Nachthemd oftmals schon nach dem ersten Gefühl bis zu den Schenkeln hoch. Beim zweiten Aufbrausen gelang es dem Hemd zumeist, über den Bauch kletternd sich vor ihren Brüsten zu rollen. Spontan, ohne die Möglichkeit vorher, Goethe oder Rasputin lesend, in Betracht gezogen zu haben, schüttete ich Maria, nachdem ich ihr wochenlang die linke Hand gefüllt hatte, den Rest eines Himbeerbrausepulvertütchens in die Bauchnabelkuhle, ließ meinen Speichel dazufließen, bevor sie protestieren konnte, und als es in dem Krater zu kochen anfing, verlor Maria alle für einen Protest nötigen Argumente: denn der kochend brausende Bauchnabel hatte der hohlen Hand viel voraus. Es war zwar dasselbe Brausepulver, mein Speichel blieb mein Speichel, auch war das Gefühl nicht anders, nur stärker, viel stärker. So übersteigert trat das Gefühl auf, daß Maria es kaum noch aushalten konnte. Sie beugte sich vor, wollte mit der Zunge die brausenden Himbeeren in ihrem Bauchnabeltöpfchen abstellen, wie sie den Waldmeister in der hohlen Hand zu töten pflegte, wenn der seine Schuldigkeit getan hatte, aber ihre Zunge war nicht lang genug; ihr Bauchnabel war ihr entlegener als Afrika oder Feuerland. Mir jedoch lag Marias Bauchnabel nahe, und ich vertiefte meine Zunge in ihm, suchte Himbeeren und fand immer mehr, verlor mich so beim Sammeln, kam in Gegenden, wo kein nach dem Sammelschein fragender Förster sein Revier hatte, fühlte mich jeder einzelnen Himbeere verpflichtet, hatte nur noch Himbeeren im Auge, Sinn, Herzen, Gehör, roch nur noch Himbeeren, war so hinter Himbeeren her, daß Oskar nur nebenbei bemerkte: Maria ist zufrieden mit deinem Sammelfleiß. Deshalb hat sie das Licht ausgeknipst. Deshalb überläßt sie sich vertrauensvoll dem Schlaf und erlaubt dir, weiter zu suchen; denn Maria war reich an Himbeeren.

Und als ich die nicht mehr fand, da fand ich wie zufällig an anderen Orten Pfifferlinge. Und da die tiefer versteckt unterm Moos wuchsen, versagte meine Zunge, und ich ließ mir einen elften Finger wachsen, da die zehn Finger gleichfalls versagten. Und so kam Oskar zu einem dritten Trommelstock – alt genug war er dafür. Und ich trommelte nicht Blech, sondern Moos. Und ich wußte nicht mehr; bin ich das, der da trommelt? Ist es Maria? Ist das mein Moos oder ihr Moos? Gehören das Moos und der elfte Finger wem anders und die Pfifferlinge nur mir? Hatte der Herr da unten seinen eigenen Kopf, eigenen Willen? Zeugten Oskar, er oder ich?

Und Maria, die oben schlief und unten dabei war, die harmlos Vanille und unterm Moos strenge Pfifferlinge, die allenfalls Brausepulver, doch den nicht wollte, den ja auch ich nicht wollte, der sich selbständig gemacht hatte, der den eigenen Kopf bewies, der etwas von sich gab, was ich ihm nicht eingegeben, der aufstand, als ich mich legte, der andere Träume hatte als ich, der weder lesen noch schreiben konnte, der dennoch für mich unterschrieb.

Grass kennt keine Prüderie, er zeigt ungehemmt, was sich abspielt. Und doch bleibt er Poet; er kennt und erfindet Metaphern, die sich einer künstlerischen, nicht einer schmutzigen Phantasie verdanken. In der verlockenden Landschaft liegen für Oskar Entdeckungen bereit, die ihn buchstäblich um den Verstand bringen. Die Sprache legt davon Zeugnis ab.

Das Ende des Krieges erlebt Oskar zusammen mit Matzerath, Maria und dem Kind Kurt, das Oskar als das seinige betrachtet, sowie der Witwe Greff, vormals Frau eines homosexuellen Gemüsehändlers, im Keller des Danziger Hauses. Russische Soldaten dringen ein. Oskar hält Matzeraths Parteiabzeichen in der Faust, das dieser ihm eilig zugesteckt hat.

Als sie die Falltür hoben, stach mich die Nadel des Abzeichens immer noch. Was blieb mir zu tun übrig, als mich vor Marias zitternde Knie zu hocken und Ameisen auf dem Betonfußboden zu beobachten, deren Heerstraße von den Winterkartoffeln diagonal durch den Keller zu einem Zuckersack führte. Ganz normale, leichtgemischte Russen, schätzte ich, da an die sechs Mann auf der Kellertreppe drängten und über Maschinenpistolen Augen machten. Bei all dem Geschrei wirkte beruhigend, daß sich die Ameisen durch den Auftritt der russischen Armee nicht beeinflussen ließen. Die hatten nur Kartoffeln und Zucker im Sinn, während jene mit den Maschinenpistolen vorerst andere Eroberungen anstrebten. Daß die Erwachsenen die Hände hochhoben, fand ich normal. Das kannte man aus den Wochenschauen; auch war es nach der Verteidigung der Polnischen Post ähnlich ergebungsvoll zugegangen. Warum aber das Kurtchen die Erwachsenen nachäffte, blieb mir unerklärlich. Der hätte sich ein Beispiel an mir, seinem Vater – oder wenn nicht am Vater, dann an den Ameisen nehmen sollen. Da sich sogleich drei der viereckigen Uniformen für die Witwe Greff erwärmten, kam etwas Bewegung in die starre Gesellschaft. Die Greffsche, die solch zügigen Andrang nach so langer Witwenschaft und vorhergehender Fastenzeit kaum erwartet hatte, schrie anfangs noch vor Überraschung, fand sich dann aber schnell in jene, ihr fast in Vergessenheit geratene Lage. [...]

Mich und meine Trommel nahm jemand vom Beton weg auf den Arm und hinderte mich somit, weiterhin und vergleichsweise die Ameisen zu beobachten und an ihrem Fleiß das Zeitgeschehen zu messen. Mein Blech hing mir vor dem Bauch, und der stämmige, großporige Kerl wirbelte mit dicken Fingern, für einen Erwachsenen nicht einmal ungeschickt, einige Takte, zu denen man hätte tanzen können. Oskar hätte sich gerne revanchiert, hätte gerne einige Kunststückchen aufs Blech gelegt, konnte aber nicht, weil ihn noch immer das Matzerathsche Parteiabzeichen in die linke Handfläche stach.

Fast wurde es friedlich und familiär in unserem Keller. Die Greffsche lag immer stiller werdend unter drei Kerlen abwechselnd, und als einer von denen genug hatte, wurde Oskar von meinem recht begabten Trommler an einen schwitzenden, in den Augen leicht geschlitzten, nehmen wir an, Kalmücken abgegeben. Während er mich links schon hielt, knöpfte er sich rechts die Hose zu und nahm keinen Anstoß daran, daß sein Vorgänger, mein Trommler, das Gegenteil tat. Dem Matzerath jedoch bot sich kaum Abwechslung. Immer noch stand er vor dem Regal mit den Weißblechdosen voller Leipziger Allerlei, hielt die Hände hoch, zeigte alle Handlinien; doch niemand wollte ihm aus der Hand lesen. Hingegen erwies sich die Auffassungsgabe der Frauen als erstaunlich: Maria lernte die ersten Worte Russisch, zitterte nicht mehr mit den Knien, lachte sogar und hätte auf ihrer Mundharmonika spielen können, wäre die Maultrommel greifbar gewesen.

Oskar jedoch, der sich nicht so schnell umstellen konnte, verlegte sich, Ersatz für seine Ameisen suchend, auf das Beobachten mehrerer platter, graubräunlicher Tiere, die sich auf dem Kragenrand meines Kalmücken ergingen. Gerne hätte ich solch eine Laus gefangen und untersucht. [...]

Weil ich aber mit einer einzigen Hand den Läusen schlecht beikommen konnte, trachtete ich, das Parteiabzeichen loszuwerden. Und um meine Handlungsweise zu erklären, sagt Oskar: Da der Kalmücke schon mehrere Orden an der Brust hatte, hielt ich jenen mich stechenden und am Läusefangen hindernden Bonbon dem seitwärts von mir stehenden Matzerath mit immer noch geschlossener Hand hin.

Man kann jetzt sagen, das hätte ich nicht tun sollen. Man kann aber auch sagen: Matzerath hätte nicht zuzugreifen brauchen. Er griff zu. Ich war den Bonbon los. Matzerath erschrak nach und nach, als er das Zeichen seiner Partei zwischen den Fingern spürte.

Er wollte es los werden und fand trotz seiner oft erprobten Phantasie als Koch und Dekorateur des Kolonialwarenladenschaufensters kein anderes Versteck als seine Mundhöhle.

Wie wichtig solch eine kurze Handbewegung sein kann! Von der Hand in den Mund, das reichte aus, die beiden Iwans, die links und rechts friedlich neben Maria gesessen hatten, zu erschrecken und von dem Luftschutzbett aufzujagen. Mit Maschinenpistolen standen sie vor Matzeraths Bauch, und jedermann konnte sehen, daß Matzerath versuchte, etwas zu verschlucken.

Hätte er doch zuvor wenigstens mit drei Fingern die Nadel des Parteiabzeichens geschlossen. Nun würgte er an dem sperrigen Bonbon, lief rot an, bekam dicke Augen, hustete, weinte, lachte und konnte bei all den gleichzeitigen Gemütsbewegungen die Hände nicht mehr oben behalten. Das jedoch duldeten die Iwans nicht. Sie schrien und wollten wieder seine Handteller sehen. Aber Matzerath hatte sich vollkommen auf seine Atmungsorgane eingestellt. Selbst husten konnte er nicht mehr richtig, geriet aber ins Tanzen und Armeschleudern, fegte einige Weißblechdosen voller Leipziger Allerlei vom Regal und bewirkte, daß mein Kalmücke, der bisher ruhig und leichtgeschlitzt zugesehen hatte, mich behutsam absetzte, hinter sich langte, etwas in die Waagerechte brachte und aus der Hüfte heraus schoß, ein ganzes Magazin leer schoß, schoß, bevor Matzerath ersticken konnte.

Was man nicht alles tut, wenn das Schicksal seinen Auftritt hat! Während mein mutmaßlicher Vater die Partei verschluckte und starb, zerdrückte ich, ohne es zu merken oder zu wollen, zwischen den Fingern eine Laus, die ich dem Kalmücken kurz zuvor abgefangen hatte. Matzerath hatte sich quer über die Ameisenstraße fallen lassen. Die Iwans verließen den Keller über die Treppe zum Laden und nahmen einige Päckchen Kunsthonig mit. Mein Kalmücke ging als letzter, griff aber keinen Kunsthonig, weil er ein neues Magazin in seine Maschinenpistole stecken mußte. Die Witwe Greff hing offen und verdreht zwischen Margarinekisten [...] Die Ameisen fanden eine veränderte Situation vor, scheuten aber den Umweg nicht, bauten ihre Heerstraße um den gekrümmten Matzerath herum; denn jener aus dem geplatzten Sack rieselnde Zucker hatte während der Besetzung der Stadt Danzig durch die Armee Marschall Rokossowskis nichts von seiner Süße verloren.

Günter Grass zeigt sich hier als Meister grotesker Darstellung.

Was sonst getrennt, einander fremd oder fern ist, verschiedenen Sphären angehört, bewegt sich plötzlich aufeinander zu, stößt zusammen. Nebensächliches und Wesentliches werden so gemischt, daß der Eindruck entsteht, alles sei gleich wichtig, bzw. gleich unwichtig: die mehrfache Vergewaltigung der Witwe Greff (und ihr mangelndes Entsetzen) und die ahnungslose Geschäftigkeit der Ameisen, die Erschießung Matzeraths, die Dosen mit Leipziger Allerlei – der Erzähler beschreibt alles mit der gleichen emotionslosen Genauigkeit, die allerdings den Leser keineswegs gleichgültig läßt.

Aus der »Besetzung der Stadt Danzig durch die Armee Marschall Rokossowskis«, wie es in den Geschichtsbüchern pathetisch heißt, wird die Eroberung eines Kellerraums voller armseliger Zivilisten durch sechs Russen im Sieges- und Triebtaumel, die auf Beute aus sind. Es entsteht ein Zerrbild der Wirklichkeit, das zugleich erschreckend und lächerlich erscheint – wobei einem das Lachen allerdings im Halse stecken bleibt. Die Szene, in der Matzerath einen Erstickungsanfall erleidet, zeigt diesen Effekt besonders deutlich. Daß der kleine Nazi-Mitläufer ausgerechnet am Parteiabzeichen zu ersticken droht und es ihm dann auf andere Weise zum Verhängnis wird, hat natürlich symbolische Bedeutung: Draußen in Danzig, in Deutschland bricht zur gleichen Zeit allenthalben die Nazi-Herrschaft zusammen.

Überraschend wirft Oskar dem toten Matzerath seine Trommel ins Grab nach, zweifellos ein bedeutendes Ereignis und ein Wendepunkt in seinem Leben. Oskar wäre nicht Oskar, wenn er Matzerath, den er sich – er hatte heimlich in seiner Hand die Nadel des Parteiabzeichens geöffnet – als Vater und Konkurrenten um die Vaterschaft soeben vom Hals geschafft hat, etwas abbitten wollte. Aber Matzerath, der Kochkünstler, hat ihn, den kleinwüchsigen Krüppel, vielleicht vor dem Euthanasietod bewahrt; der von ihm beanspruchte Sohn Kurt verweigert seinem Vater Oskar Achtung und Gehorsam. Vielleicht war es nur eine augenblickliche Stimmung, die ihn dazu brachte, sich von seiner geliebten und für ihn lebensnotwendigen Trommel zu trennen. Er beendet damit als Danziger den Teil seines Lebens, den er in der ostdeutschen Heimat verbringen konnte. Dort war ihm das Glück geneigt, und es ging öfter als nicht nach seinem Willen. Er hat mit der Trommel einen Teil seines Ich von sich geworfen. Oskar hat überlebt, andere sind tot. Was danach kam, war zunächst banal und grau-alltäglich, ist kaum noch wunderbar zu nennen.

Der Einundzwanzigjährige beginnt zu wachsen. Den Entschluß, das zerstörte Danzig zu verlassen, faßt für ihn und Sohn Kurt die energische Maria. »Das jeht nich. Das is hier futsch und vorbei. Wir jehn ins Rheinland zu meine Schwester Guste.«

Buch Drei spielt im Westen, größtenteils in Düsseldorf. Dort befindet sich ja auch die Heil- und Pflegeanstalt, in der Oskar Zuflucht gesucht hat. An einer Stelle faßt er selbst knapp zusammen, was er im Westen erlebt und getan hat:

> Den Osten verloren, Steinmetz gelernt, Modell gestanden, zur Trommel zurück, Geld verdient ...

Den Osten verloren – Geld verdient; das waren auch Eckdaten für die Westdeutschen der fünfziger Jahre, und das Dritte Buch der ›Blechtrommel‹ kann durchaus als Zeitroman, als Bericht über deutsche Zustände in jener Zeit gelesen werden. Die Verhältnisse haben sich in Westdeutschland in jenem Jahrzehnt rasch geändert, die Menschen hatten aktiv oder passiv an dieser Veränderung teil.

Was sich ändern würde, hat Oskar bereits 1944 prophezeit, als er mit einer von Bebra zusammengestellten Fronttheatertruppe am Atlantikwall gastierte. Dort schrieb er, auf einem Bunker sitzend, das folgende Gedicht:

> Noch waffenstarrend, mit getarnten Zähnen,
> Beton einstampfend, Rommelspargel,
> schon unterwegs ins Land Pantoffel,
> wo jeden Sonntag Salzkartoffel
> und freitags Fisch, auch Spiegeleier:
> wir nähern uns dem Biedermeier!
>
> Noch schlafen wir in Drahtverhauen,
> verbuddeln in Latrinen Minen
> und träumen drauf von Gartenlauben,
> von Kegelbrüdern, Turteltauben,
> vom Kühlschrank, formschön Wasserspeier:
> wir nähern uns dem Biedermeier!
>
> Muß mancher auch ins Gras noch beißen,
> muß manches Mutterherz noch reißen,
> trägt auch der Tod noch Fallschirmseide,
> knüpft er doch Rüschlein seinem Kleide,
> zupft Federn sich vom Pfau und Reiher:
> wir nähern uns dem Biedermeier!

Ein neues »Biedermeier«, das ist eine Seite der Restauration; reichliches Essen, Zivilisationskomfort und Kultur im Stadtbild, ja sogar schon etwas Luxus gehörten bald wieder zum deutschen All- und Feiertag. Die andere Seite ist, daß man überall rührig den Kommerz betreibt. Oskar wird Schlagzeuger eines Trios, genannt »The Rhine River Three«, sie treten in einer Kneipe in der Düsseldorfer Altstadt auf. Ein einfallsreicher und umtriebiger Geschäftsmann, der bezeichnenderweise Schmuh heißt, hat in einem notdürftig restaurierten und mit modischem Tineff ausgeschmückten Haus den »Zwiebelkeller« eröffnet. Zum abendlichen Programm gehört, daß der Prinzipal sein Publikum auf mitgereichten Holzbrettchen Zwiebeln schneiden läßt. Die von Sorgen bedrückten und arg gehemmten Deutschen werden so zum Weinen gebracht, was ihnen Erleichterung verschaffen soll; einige werden dadurch sogar in eine Art Orgienstimmung versetzt, die Schmuh jedoch zu dämpfen weiß. Wer sind die Gäste im »Zwiebelkeller«?

Die Gäste: Geschäftsleute, Ärzte, Anwälte, Künstler, auch Bühnenkünstler, Journalisten, Leute vom Film, bekannte Sportler, auch höhere Beamte der Landesregierung und Stadtverwaltung, kurz, alle, die sich heutzutage Intellektuelle nennen, saßen mit Gattinnen, Freundinnen, Sekretärinnen, Kunstgewerblerinnen, auch mit männlichen Freundinnen auf rupfenbespannten Kissen und unterhielten sich, solange Schmuh noch nicht den Shawl mit den goldgelben Zwiebeln trug, gedämpft, eher mühsam, beinahe bedrückt. Man versuchte, ins Gespräch zu kommen, schaffte es aber nicht, redete, trotz bester Absicht, an den eigentlichen Problemen vorbei, hätte sich gerne einmal Luft gemacht, hatte vor, mal richtig auszupacken, wollte frisch von der Leber, wie einem ums Herz ist, aus voller Lunge, den Kopf aus dem Spiel lassen, die blutige Wahrheit, den nackten Menschen zeigen – konnte aber nicht. Hier und da deutet sich in Umrissen eine verpfuschte Karriere an, eine zerstörte Ehe. Der Herr dort mit dem klugen massigen Kopf und den weichen fast zierlichen Händen scheint Schwierigkeiten mit seinem Sohn zu haben, dem die Vergangenheit des Vaters nicht paßt. Die beiden, im Karbidlicht immer noch vorteilhaft wirkenden Damen im Nerz wollen den Glauben verloren haben; noch bleibt offen: den Glauben an was verloren. Noch wissen wir nichts von der Vergangenheit des Herrn mit dem massigen Kopf, auch welche Schwierigkeiten der Sohn dem Vater, der Vergangenheit wegen, bereitet, kommt nicht zur Sprache; es ist – man verzeihe Oskar den Vergleich – wie vor dem Eierlegen: man drückt und drückt ...

Grass nimmt hier in einer aus dem Romangeschehen fast ablösbaren Satire vorweg, was in den sechziger Jahren der Psychoanalytiker Alexander Mitscherlich seinen Landsleuten vorhielt: ihre »Unfähigkeit zu trauern«. Allzuschnell hätten die Deutschen vergessen, vergessen wollen, wieviele Untaten in der Epoche des Nationalsozialismus im deutschen Namen geschehen seien. Im »Zwiebelkeller« läßt wenigstens ein von außen wirkendes Stimulans die sehr mit sich selbst beschäftigten Besucher »teure Tränen« weinen. In der »Zwiebelkeller«-Episode spiegelt sich die Atmosphäre der fünfziger Jahre. Der Autor greift das offiziell »Vergangenheitsbewältigung« genannte Thema auf. Was noch längst nicht erledigt war, bereitete – zumindest manchmal – Unbehagen; Selbstzufriedenheit und Selbstbewußtsein unbeschwert zur Schau zu tragen, wurde immer noch als ungehörig angesehen und empfunden. Andererseits bringt ein »Gag«, Kabarett mit Selbstbeteiligung sozusagen, die etwas tranige Gesellschaft in Schwung und Stimmung. Die »Kneipenkultur« ist im Kommen; wer es wie Schmuh versteht, »eine Schau abzuziehen«, kann damit rechnen, daß auch er auf seine Kosten kommt. Die vorhandene, aber immer noch gebremste Amüsierlust verspricht einen Markt.

Im Dritten Buch werden Motive und Motivkomplexe, die in den ersten beiden Büchern vorkamen, variiert. So reist Oskar an den Atlantikwall, dessen Bunker jetzt zur touristischen Sensation geworden sind. Er entdeckt neue Dreiecksverhältnisse und schnüffelt immer noch gern in fremden Schränken und im Privatleben anderer herum.

In vielen Szenen des Dritten Buches wird aber auch offenbar, daß Oskar die Angst, die ihn in seiner Jugend so oft überfiel, nicht loswerden kann. Sie nimmt Gestalt an in der Schwarzen Köchin.

Die dämonische Figur, die zum erstenmal in einem Danziger Kindervers beschworen wurde, verkörpert nun für Oskar eine zerstörende Macht, die die Menschen dazu treibt, anderen und sich selbst Schlimmes anzutun. Auch verdrängte persönliche Schuld holt Oskar ein. Diese Schuld ist freilich untrennbar mit den verworrenen Zeitläuften verknüpft. Allzuoft blieb die Stimme der Menschlichkeit, der Verantwortung stumm. Die Zeit hat verschiedene Formen der Selbstüberhebung hervorgebracht und begünstigt; Oskar hat davon die seinige gewählt und sich darin gefallen. Er hat protestiert, und er hat versagt; die Anteile lassen sich kaum nach Prozenten berechnen. Fast dreißigjährig wird ihm bewußt, daß er ein hilfloser Mensch ist, der nicht weiß, was ihm bevorsteht.

Läßt sich nun dieses eigenwillige Werk, mit seinen wechselnden Erzählperspektiven, seiner sprachlichen Spannbreite, die von nüchterner Präzision bis zu ausufernder, wortgewaltiger Fabulierlust reicht, seinem Nebeneinander von derb-realistischen, grotesken, blasphemischen, satirischen, aber auch ironischen Tönen, läßt sich dieses phantasievoll-phantastische Gebilde auf einen Romantyp festlegen?

Festlegen sicher nicht. Aber es ist oft darauf hingewiesen worden, daß ›Die Blechtrommel‹ einerseits Züge des Picaro- bzw. Schelmenromans trägt und andererseits als Parodie auf den Entwicklungsroman gelesen werden kann. Beides hat seine Berechtigung.

Der picaro, jene Gestalt, die im 17. Jahrhundert einem in Spanien entstandenen Romantyp den Namen gegeben hat, ist ein armer

Schlucker, der sich in einer ihm nicht wohlgesonnenen Welt durchschlagen und behaupten muß. Er hat oft genug Gelegenheit, das Tun und Treiben der Höher- und Bessergestellten zu beobachten und hinter Posen und Masken zu blicken. Für Gesellschaftskritik und -satire fällt genug Material an.

Die Perspektive »von unten« nimmt, schon aufgrund seines kleinen Wuchses, auch Oskar in der ›Blechtrommel‹ ein. Er sitzt unter dem Tisch, hinter dem Spalt im Kleiderschrank oder unter der Tribüne. Oskar blickt von unten auf die Großen, aber die Großen sind kleine Leute: Kolonialwarenhändler, Bäckermeistersgattinnen, allenfalls mittlere Nazi»größen«. Ihre Triebheimlichkeiten, Schwächen und Fehler werden bloßgestellt. Grass beläßt Oskar »unten«, nahe bei der kleinbürgerlichen Familie, in Milieus mit engem Horizont. Mit den anderen teilt er das Los, sich einem undurchschaubaren Schicksal fügen zu müssen. Grass hätte den Aktionsradius seiner Kunstfigur mit den vielen außergewöhnlichen Eigenschaften in die Sphäre der Mächtigen ausdehnen können. Er hat es nicht getan, Ansätze dazu finden sich erst in dem Folgeroman ›Hundejahre‹. Der Vergleich läßt sich fortsetzen: Wie der Picaro-Roman, so ist auch ›Die Blechtrommel‹ von einer nicht geradlinigen, immer wieder in Episoden abschweifenden Erzählweise geprägt; in der Hauptfigur mischen sich Moralisches und Unmoralisches, gesetzliches und ungesetzliches Tun. Doch der Schluß macht Unterschiede deutlich: Simplicius Simplicissimus etwa, die bekannteste Picaro-Figur der deutschen Literatur, zieht sich gegen Ende des Romans als Einsiedler aus der sündigen Welt zurück, er findet Frieden und erwartet in der Gewißheit von Gericht und Gnade sein Ende. Oskar dagegen sind im Anstaltsbett Ruhe und Frieden nicht vergönnt. In der letzten Phase draußen ist er zum Verfolgten und Gejagten geworden. Er muß sich fürchten vor übriggebliebenen Zeugen aus der Danziger Zeit, ein Prozeß steht bevor, in dem es um peinliche Anschuldigungen geht. Noch ist Oskar ganz von und in dieser Welt, die Zukunft ist gefährlich offen. Bedeutsam daran erscheint, daß Grass sich zu keiner »Auflösung« der Fäden, die er im Roman gesponnen hat, hinreißen läßt. So wie sein Blick auf Oskar und die anderen durchweg frei bleibt von moralischem Urteil, so erhält er auch am Ende alle Ambivalenz in Oskars Charakter aufrecht – der »Held« ist bestenfalls auf sich selbst gestellt, allgemeingültigen Antworten auf Lebensfragen mißtraut er bis zum Schluß.

Wenn vom Entwicklungsroman die Rede ist, denkt man sogleich an Goethes Wilhelm Meister, der nach »Lehr- und Wanderjahren«, in denen er verschiedene Menschen und Kulturphänomene kennengelernt hat, seine Identität und seinen Platz in der Gesellschaft findet. Oskar Matzerath läßt sich auf eine Entwicklung von vornherein überhaupt nicht ein; was dabei herauskommen könnte, lockt ihn nicht.

Der Leser verfolgt seinen Lebensweg von der Geburt bis zum 30. Lebensjahr, doch Oskar verändert sich nicht. Er bleibt immer derselbe, während um ihn her alles im Umbruch, in Bewegung ist und schließlich zusammenstürzt. Wenn Oskar der Entwicklung und damit jeder Veränderung seiner selbst eine so brüske Absage erteilt, was ist der Kern seiner Existenz, aus dem sein Entschluß erwächst? Der Roman hält drei Antworten bereit.

Da ist einmal das Künstlerische in Oskar. Es macht, wie er oft zu verstehen gibt, das von der Zeit Hervorgebrachte, das Gesellschaftliche, Politische für ihn ästhetisch unannehmbar. Weiter kann man in ihm einen Fall von potenzierter Individualität sehen, die eine Entfaltung nach eigener Einschätzung nicht nötig hat; er selbst hebt gleich nach der Geburt diesen Zug besonders hervor. Und schließlich ist da, als Teil des »Un-Menschen«, das Böse, das ihn zu frevelhaftem und destruktivem Tun antreibt. Die drei Kräfte beeinflussen ihn abwechselnd, stoßen früher oder später aber auch an Grenzen. Die Künstler, zu denen sich Oskar voller Stolz zählt, verraten ihre Prinzipien und verkaufen sich an die Machthaber, wenn sie nur weiterhin ihre Kunst ausüben dürfen und ein angenehmes Leben führen können. Bei einer Fronttheatertournee mit Bebra und dessen Liliputanern zersingt Oskar zum Gaudium deutscher Landser, die bei Laune gehalten werden sollen, nacheinander Biergläser und kostbare Vasen aus französischen Schlössern. Der ganz Einmalige muß immer wieder seine Abhängigkeit von den verachteten Dutzendmenschen erfahren, und der kleine Bösewicht wäre beinahe wegen seiner Ausnahmeerscheinung von den Schergen des großen Bösen abgeholt und als lebensunwertes Leben liquidiert worden. Am eindringlichsten sind Oskars drei Besonderheiten in der Trommel-Metapher vereinigt, die dadurch fast zur Chiffre wird und schließlich Günter Grass auch für den Titel seines Werks gut war.

Katz und Maus

1961 veröffentlichte Grass die Novelle ›Katz und Maus‹, deren Schauplatz wieder Danzig-Langfuhr ist, wo Oskar Matzerath seine Trommel schlug und sein Unwesen trieb. Und so taucht das »Bengelchen« immer wieder einmal im Hintergrund auf; einmal erfährt man auch, daß es 1942, im dritten Kriegsjahr, »bei Matzerath« braunen Zucker und Gerstengrütze geben soll. Auch die Danziger haben sich an den Kriegsalltag gewöhnt.

Sehr alltäglich und banal fängt auch an, was sich schließlich zu einer »unerhörten Begebenheit« (so hat einst Goethe die Novelle definiert) entwickelt.

Auf einem Sportplatz springt eine Katze den ungewöhnlich stark ausgeprägten Adamsapfel des schlafenden Oberschülers Joachim Mahlke an und schlägt mit den Krallen zu. Ein Mitschüler hatte das Tier auf die bewegliche »Maus« gehetzt. Hatte er nicht daran gedacht, daß Mahlke gerade an dieser Stelle seelisch verwundbar war – oder tat er es eben deshalb?

Der etwa fünfzehnjährige Mahlke ist erst mit der Pubertät ein »normaler« Junge geworden. Spät hat er Schwimmen und Radfahren gelernt, macht nicht viel von sich her und ist bei seinen Mitschülern gut angeschrieben. Kein Außenseiter also, er gehört dazu.

Trotzdem leidet Mahlke an seinem überdimensionalen Adamsapfel, zumal diesem ein ebensolches Geschlechtsteil entspricht. Er tut alles, um von dem Makel am Hals abzulenken, hängt sich allerlei Kurioses um und erregt gerade dadurch Aufsehen. Im Sommer schwimmt Mahlke mit einer Clique von fünf oder sechs Jungen zu einem versenkten polnischen Minensuchboot, dessen von Möwenkot verkrustetes Oberteil noch aus dem Wasser ragt. Die Halbwüchsigen machen das Wrack zu »ihrem Kahn«, unbehelligt können sie draußen tun, was ihnen Spaß macht.

Mahlke beginnt zu tauchen und erforscht das Innere des versenkten Boots. Bald wagt er mehr als die anderen, bleibt lange unter Wasser, bringt Gefundenes und Abgeschraubtes mit nach oben; die Clique spart nicht mit Beifall.

... und einmal – ich weiß nicht mehr, in welchem Sommer – war es während der ersten Großen Ferien auf dem Kahn, kurz nach dem Rummel in Frankreich, war es immer Sommer danach? – an einem Tag, heiß und dunstig, mit Gewühle im Familienbad, schlaffen Wimpeln, quellendem Fleisch, starkem Umsatz der Erfrischungsbuden, auf sengenden Fußsohlen über Kokosläufern, vor geschlossenen Badezellen voller Gekicher, zwischen entfesselten Kindern: was sich wälzte, kleckerte, den Fuß aufschnitt; und mittenmang der heute dreiundzwanzigjährigen Aufzucht, unterhalb fürsorglich gebeugter Erwachsener, schlug ein etwa dreijähriger Balg monoton hölzern auf eine Kinderblechtrommel und ließ den Nachmittag zu einer höllischen Schmiede werden – da lösten wir uns, schwammen zu unserem Kahn, waren vom Strand aus, für den Feldstecher des Bademeisters etwa, sechs kleiner werdende Köpfe unterwegs; und einer voraus und als erster am Ziel.

Wir warfen uns auf den windgekühlten, dennoch glühenden Rost und Möwenmist, waren nicht mehr zu bewegen, während Mahlke schon zweimal unten gewesen war. Mit beladener linker Hand kam er hoch, hatte im Vorschiff und Mannschaftslogis, in und unter den halbverfaulten, entweder schlaff wedelnden oder immer noch festgezurrten Hängematten, in Schwärmen schillernder Stichlinge, zwischen Tangwäldern und stiebenden Neunaugen gewühlt, geschabt und in durchwachsenem Plunder, einst Seesack des Matrosen Witold Duszynski oder Liszinski, eine handgroße Bronzeplakette gefunden, die auf der einen Seite, unter kleinem erhabenem polnischen Adler, den Namen des Plakettenbesitzers, sowie das Datum der Verleihung, auf der anderen

Seite das Relief eines schnauzbärtigen Generals zeigte: nach einigem Reiben mit Sand und pulvrigem Möwenmist sagte die rundumlaufende Plaketteninschrift aus, daß Mahlke das Porträt des Marschall Pilsudski an die Luft gebracht hatte.

Vierzehn Tage lang war Mahlke nur noch auf Plaketten aus, fand auch ein zinntellerartiges Erinnerungsstück an eine Segelregatta des Jahres vierunddreißig auf der Reede von Gdingen – und mitschiffs, noch vor dem Maschinenraum, in der engen und schwer zugänglichen Offiziersmesse, jene markstückgroße Medaille aus Silber, mit Silberöse zum Aufhängen, deren Hinterseite namenlos platt und abgewetzt, deren Vorderseite reich profiliert und geschmückt war: das stark erhabene Relief der Jungfrau mit Kind.

Es handelte sich, wie die gleichfalls erhabene Inschrift bewies, um die berühmte Matka Boska Czestochowska; und Mahlke putzte das Silber nicht, ließ dem Ding die schwärzliche Patina, als er auf der Brücke entdeckte, was er hochgebracht hatte und wir ihm Treibsand zum Putzen anboten.

Aber während wir noch stritten und das Silber glänzen sehen wollten, kniete er schon im Schatten des Kompaßhäuschens und schob den Fund solange vor seinen Knubbelknien hin und her, bis er im geeigneten Winkel für seine zur Andacht gesenkten Augen lag. Wir lachten, als er bibbernd und bläulich mit ausgelaugten Fingerspitzen das Kreuz schlug, die fliegenden Lippen einem Gebet gemäß zu bewegen versuchte und etwas Latein hinterm Kompaßhäuschen hervorklapperte. Ich glaube noch heute, es war damals schon etwas aus seiner Lieblingssequenz, die sonst nur am Freitag vor Palmsonntag laut wurde: »Virgo virginum praeclara, – Mihi iam non sis amara ...«

Mahlke pflegt seine Eigenheiten, zu denen auch eine eigenwillig zurechtgebogene Religiosität gehört. Als praktizierender Katholik und Ministrant ist er oft in der Marienkapelle zu finden und betet dort stets in Richtung Marienaltar. Er übersieht den leidenden Christus, hat Vorbehalte gegen die Kirche, leugnet sogar die Macht Gottes über die Menschen, aber zur Muttergottes unterhält er eine besondere Beziehung.

Immer wieder »zeig[t] er es« der Clique, wird mehr und mehr »der ganz besondere Mahlke, der auf teils erlesene, teils verkrampfte Art Beifall sammelte«. Grass veranschaulicht an dieser Figur – wie schon in verwandter Weise an dem zwergenhaften Oskar Matzerath –, welche fatalen Auswirkungen ein gestörtes Verhältnis zwischen dem Einzelnen und seiner Umwelt, die ihm bestimmte Normen und Konventionen aufzwingt, für die Persönlichkeitsentwicklung hat. Die »Katze« drängt die »Maus« immer mehr dazu, sich persönlichkeitsfremd zu verhalten. Der Einzelne will mit Leistung den anderen imponieren und von seiner Schwäche ablenken, gerät aber dabei in immer größere Einsamkeit. »Große Ereignisse bewegten damals die Welt«, aber die Halbwüchsigen leben ihr Pennälerleben und onanieren auf dem »Kahn« um die Wette. Eine solche Szene hat Grass zur Entrüstung mancher Leser ausführlich beschrieben. Er macht die Onanie zum

Thema, weil keiner der Jungen etwas Ernsthaftes mit einem Mädchen hat: »Einsamkeit« klingt auch hier durch. Die dünne spillerige Tulla bleibt nur Zuschauerin; beim Messen der »Glieder« gewinnt natürlich Mahlke mit Abstand. In der ehemaligen Funkerkabine des Bootes hat er sich ein Privatkabinett eingerichtet und dort allerlei Schätze angesammelt. Darunter ist ein Grammophon, aus dem von unter Wasser Opernmelodien und Zarah-Leander-Schlager erklingen. Noch immer ist der Kriegsalltag zu ertragen.

Eine willkommene Unterbrechung und Abwechslung im Schultrott der Kriegsjahre bieten Vorträge, zu denen ehemalige Schüler gebeten werden, denen hohe Kriegsauszeichnungen verliehen wurden.

Der Schulleiter pflegt derlei Veranstaltungen stets mit dem gleichen pathetischen Satz einzuleiten: »Nun wollen wir in der Heimat aufmerksam lauschen, was Ihr, Söhne unseres Volkes, von der Front, von den Fronten zu berichten wißt.« Ein draufgängerischer Jagdfliegerleutnant erzählt jungenhaft-schnoddrig von seinen Luftkämpfen über dem Kanal, Mahlke aber wird wohl während des Vortrags erst so recht bewußt, daß das am Hals getragene Ritterkreuz geeignet ist, bewundernde Blicke auf sich zu ziehen und den häßlichen Adamsapfel vergessen zu machen. Die Kumpel ahnen, was in Mahlke vorgeht.

Der nächste Ritterkreuzträger, der in der Aula spricht, ist ein Ubootkommandant. Ihm geht der Ruf voraus, er habe »wortgewaltige Schulaufsätze« geschrieben, und er weiß in der Tat alle Register zu ziehen, wenn es gilt, Wirkung zu erzielen. Sein Publikum kennt allerdings den »alten Stiefel« schon.

»... Mannschaft ist eine eingeschworene Gemeinschaft, denn fern der Heimat, Belastung der Nerven enorm, müßt Euch mal vorstellen, mitten im Atlantik oder im Eismeer unser Boot, eine Sardinenbüchse, eng feucht heiß, Leute müssen auf Reserveaalen schlafen, tagelang kommt nichts auf, leer die Kimm, dann endlich ein Geleitzug, stark gesichert, alles muß wie am Schnürchen, kein Wort zu viel; und als wir unseren Ersten Tanker, die »Arndale«, hatte siebzehntausendzweihundert Tonnen, erst siebenunddreißig fertiggestellt, mit zwei Aalen mittschiffs, da dachte ich, ob Sie es glauben oder nicht, an Sie, lieber Doktor Stachnitz, und begann laut, ohne die Sprechanlage abzuschalten: qui quae quod, cuius cuius cuius ... bis mich unser LJ durch die Sprechanlage zurückrief: Sehr gut, Herr Kaleu, Sie haben schulfrei heute! Aber eine Feindfahrt besteht leider nicht nur aus Angriffen, und Rohr eins und Rohr zwei looos, tagelang die gleichmütige See, das Rollen und Stampfen des Bootes, darüber der Himmel, ein Himmel zum schwindlig werden, sag ich euch, und Sonnenuntergänge gibt es ...« Es füllte jener Kapitänleutnant mit dem hochgestochenen Ding am Hals seinen Vortrag, obgleich er zweihundertfünfzigtausend Bruttoregistertonnen einen leichten Kreuzer der Despatch-Klasse, einen großen Zerstörer der Tribal-Klasse angebohrt hatte, weniger mit detaillierten Erfolgsmeldungen als mit wortreichen Naturbeschreibungen, auch bemühte er kühne Vergleiche, sagte: »... blendend weiß schäumt auf die Hecksee, folgt, eine kostbar wallende Spitzenschleppe, dem Boot, das gleich einer festlich geschmückten Braut, übersprüht von Gischtschleiern, der todbringenden Hochzeit entgegenzieht.«

Es gab nicht nur bei den Mädchen mit Zöpfen Gekicher; aber ein nächster Vergleich wischte die Braut wieder aus: »Solch ein Unterseeboot ist wie ein Walfisch mit Buckel, dessen Bugsee dem vielfach gezwirbelten Bart eines Husaren gleicht.«

Zudem verstand es der Kaleu, nüchtern technische Ausdrücke wie dunkle Märchenworte zu betonen. Wahrscheinlich hielt er den Vortrag mehr ins Ohr seines ehemaligen Deutschlehrers Papa Brunies, der als Eichendorffschwärmer galt, denn in unsere Richtung; seine wortgewaltigen Schulaufsätze hatte Klohse ja mehrmals erwähnt. Und so hörten wir ihn »Lenzpumpe« raunen, »Rudergänger«. Meinte wohl, wenn er »Mutterkompaß« und »Kreiselkompaßtöchter« sagte, uns Neuigkeiten zu bringen. Dabei hatten wir den technischen Marinekram seit Jahren intus. Er aber machte auf Märchentante, sprach das Wörtchen Hundewache, das Wörtchen Kugelschott oder den allgemeinverständlichen Ausdruck »Kabbelige Kreuzsee« so aus, wie etwa der gute alte Andersen oder die Brüder Grimm geheimnisvoll von »Asdic-Impulsen« geflüstert hätten.

Peinlich wurde es, wenn er Sonnenuntergänge auszupinseln begann:

Und bevor die atlantische Nacht wie ein aus Raben gezaubertes Tuch über uns kommt, stufen sich Farben, wie wir sie nie zu Hause, eine Orange geht auf, fleischig und widernatürlich, dann duftig schwerelos, an den Rändern kostbar, wie auf den Bildern Alter Meister, dazwischen zartgefiedertes Gewölk: welch ein fremdartiges Geleucht über der blutvoll rollenden See!«

Er ließ also mit steifem Ding am Hals eine Farbenorgel dröhnen und säuseln, kam vom wäßrigen Blau über kaltglasiertes Zitronengelb zum bräunlichen Purpur. Mohn ging bei ihm am Himmel auf. Dazwischen Wölkchen, zuerst silbrig, dann liefen sie an: »So mögen Vögel und Engel verbluten!« sagte er wörtlich mit seinem Sprechmund, und ließ aus dem gewagt beschriebenen Naturereignis plötzlich und aus bukolischen Wölkchen ein Flugboot, Typ »Sunderland« mit Kurs auf das Boot brummen, eröffnete, nachdem das Flugboot nichts hatte ausrichten können, mit gleichem Sprechmund aber ohne Vergleiche, den zweiten Teil des Vortrages knapp trocken nebensächlich »Sitze auf Sehrohrsattel. Angriff gefahren. Kühlschiff wahrscheinlich, sinkt übers Heck. Boot in den Keller auf hundertzehn. Zerstörer kommt auf in hundertsiebzig Bootspeilung, Backbord zehn, neuer Kurs, hundertzwanzig, hundertzwanzig Grad liegen an, Schraubengeräusch wandert aus, geht wieder an, hundertachtzig Grad gehen durch, Wabos: sechs sieben acht elf: Licht bleibt aus, endlich Notbeleuchtung und nacheinander Klarmeldung der Stationen. Zerstörer hat gestoppt. Letzte Peilung hundertsechzig, Backbord zehn. Neuer Kurs fünfundvierzig Grad ...«

Leider folgten dieser wirklich spannenden Einlage sogleich weitere Naturbeschreibungen, wie »Der atlantische Winter«, oder »Meeresleuchten auf dem Mittelmeer«, auch ein Stimmungsbild: »Weihnachten auf dem U-Boot« mit dem obligaten, zum Christbaum verwandelten Besen. Zum Schluß dichtete er die ins Mystische gehobene Rückkehr nach erfolgreicher Feindfahrt mit Odysseus und allem Drum und Dran: »Die ersten Möwen künden den Hafen an.«

In dem »wortgewaltigen« Vortrag des U-Boot-Helden, dem man noch die Tüchtigkeit des Pennälers im »Deutschen Aufsatz« anmerkt, sind drei Stilschichten auszumachen, die am entsprechenden Platz ihre Berechtigung und ihren Wert hatten, hier aber als Parodie erscheinen. Im Text mischen sich:

– Die nüchterne Fachsprache hochtechnisierter Waffensysteme, die die Jungen faszinierte und die sie sich aneigneten (»... hatten wir den technischen Marinekram seit Jahren intus«). Solches Tun war den braunen Machthabern als ein Stück vormilitärischer Ausbildung willkommen.

– Schnoddriger Jargon, in dem sich »Landser«, Soldaten also, und alle, die es ihnen gleichtun wollten, gefielen. Diese Sprache, mit der sie sich ihre Kaltschnäuzigkeit bestätigten, zeigt Anklänge an trockenen Humor und Understatement, was sie der Allgemeinheit sympathisch machte.

– Der seit der Romantik verbreitete poetische Stil der Naturschilderung. Mit ihm wurde das ewig Schöne ebenso wie der atemberaubende Augenblick sprachlich erfaßt. Vergleiche und Sprachkunst-Figuren bezeugten offene Augen für alles Erlebenswerte, Sprachgefühl und Sinn für schmückende Darstellung. Am deutlichsten wird dieser Stil im folgenden Satz parodiert:

Und bevor die atlantische Nacht wie ein aus Raben gezaubertes Tuch über uns kommt, stufen sich Farben, wie wir sie nie zu Hause, eine Orange geht auf, fleischig und widernatürlich, dann duftig schwerelos ...

Grass wendet sich hier satirisch gegen die romantisch-sentimentale Verbrämung und Verklärung des Krieges, die in jenen Jahren oft verkündete Legende, der deutsche Soldat trage beides in sich: kühne Entschlußkraft und die Fähigkeit, unter Einsatz modernster technischer Mittel und wirksamer Waffen hart und rücksichtslos zuzuschlagen, aber auch Gefühl für das Schöne, für Stimmungen in der Natur; so werde er zu jenem wertvollen Menschen, der seinesgleichen suche.

Nach diesem Vortrag greift Mahlke zu. Im Umkleideraum der Turnhalle, in der der Kapitänleutnant auch am Reck sein Können zeigt, nimmt er den Orden an sich. Auf dem Boot probiert er aus, wie das Kreuz seine Blößen deckt. Doch das gestohlene Ritterkreuz nützt Mahlke nichts. Wenn er seinen Makel kompensieren will, muß er sich den Orden selbst verdienen, und der Preis ist vom Hitler-Regime festgesetzt. 1967 hat Grass in einer Rede an die »hochdekorierten Idole« seiner Jugendzeit erinnert, auch er hat an dem Heldenkult teilgenommen. Plötzlich waren Porträts von Ritterkreuzträgern im Handel, auf den gleichen Postkarten, die vorher Filmstars vorbehalten waren; die Jungen konnten für die Stars des Krieges schwärmen. »Immer wieder erlag ich dem Rausch der Erfolge. Tapferkeit, die ausschließlich an militärischen Leistungen gemessen wurde, geriet meiner Generation zum Glücksbegriff. ... Es kam darauf an, wieviel Tausend-Bruttoregistertonnen versenkt, wie viele feindliche Flugzeuge abgeschossen, wie viele Panzer geknackt wurden. Es gab Spezialisten dieser Art Tapferkeit, sogenannte Asse, deren Bilder meine Generation tapferkeitssüchtig gesammelt hat.« Vor diesem Hintergrund ist die Novelle ›Katz und Maus‹ zu sehen.

Und Mahlke schafft es, er erfüllt die Bedingungen, erhält das Ritterkreuz. In einem Brief nach Hause meldet er, was geschehen mußte und was geschah, in »kriggeligen Strichzeichnungen«.

In bemüht schnurgerader Reihe, dennoch verrutscht, weil ohne Untergrund, acht zwölf dreizehn vierzehn ungleich flachgedrückte Kreise, und auf jeder Niere ein warzenähnlicher Ableger, und aus jeder Warze zeigten daumennagellange, die verbeulten Wannen überragende Balken zum linken Blattrand, und alle diese Panzer – denn so unbeholfen die Zeichnungen waren, erkannte ich dennoch den russischen T 34 – hatten an einer Stelle, zumeist zwischen Turm und Wanne, eine kleine warzentilgende Markierung, jenes den Treffer bescheinigende Kreuz; zudem – und weil der Registrator mit begriffstutzigen Betrachtern seiner Zeichnung gerechnet hatte – durchkreuzten nachdrückliche und die Ausmaße der gestrichelten Panzer überholende Blaustiftkreuze alle vierzehn – soviel waren es wohl – bleistiftskizzierten T 34.

In der Lokalzeitung ist zu lesen: »Ein Sohn unserer Stadt, zuerst als einfacher Richtschütze, dann als Panzerkommandant und so weiter und so weiter.« Mahlke ist zum »As« geworden. Zwar scheint eher zu ihm zu passen, was er, der sonst Zurückhaltende, in einem gesprächigen Augenblick dem Mitministranten Pilenz bekennt: »Weißt ja, wie wenig ich davon halte: Militär, Kriegspielen und diese Überbetonung des Soldatischen.« Trotzdem: Es drängt ihn weiterzumachen, er will der »ganz besondere«, der »große« Mahlke sein und bleiben. Kompensieren ist ihm zur zweiten Natur geworden, und er nutzt die Möglichkeiten, die die Kriegszeiten bieten. Auf Urlaub in seiner Heimatstadt hofft er, wie der Jagdflieger und der U-Boot-Kommandant in der Aula seiner Schule sprechen zu dürfen. Er möchte einer um ein paar hundert Schuljungen und Schulmädchen vermehrten Clique imponieren. Doch dieser Wunsch führt, wie es das Gesetz der Gattung Novelle gebietet, rasch zum Krisen- und Wendepunkt. Dem Ordensdieb wird der große Auftritt verweigert. Mahlke ist tief getroffen, ist nicht mehr Herr seiner Gedanken und Gefühle, will nicht mehr zu seiner Einheit zurückkehren. In diesen Tagen und Stunden ist Pilenz, der ihm am nächsten stand, um ihn. Aber gerade, als Mahlke ihn braucht, wird der Kamerad aus Feigheit zum Verräter. Er will mit einem Fahnenflüchtigen keine Scherereien bekommen, täuscht eine

Gefahr vor, die gar nicht besteht, tut alles, um Mahlke loszuwerden. Wenn Mahlke untertauchen will, dann soll er es – mit gönnerhaft zugestandenen zwei Konservenbüchsen – auf dem »Kahn« versuchen. Pilenz rudert ihn hinüber. Und er bekommt zu hören, was der Ritterkreuzträger Unteroffizier Mahlke in der Aula gesprochen hätte:

[...] aus periodischem Stöhnen kamen zerbissene Worte auf die Welt: »... hat man davon. Hätt mir einer vorher sagen. Wegen son Quatsch. Dabei hätte ich wirklich nen guten Vortrag. Hätte mit Beschreibung des Richtaufsatzes, dann über Hohlraumgranaten, Maybach-Motoren und so weiter. Mußte als Ladeschütze immer raus und Bolzen nachschlagen, auch bei Beschuß. Hätte aber nicht nur über mich. Wollte über meinen Vater und Labuda. Hätte ganz kurz das Eisenbahnunglück vor Dirschau. Und wie mein Vater durch persönlichen Einsatz. Und daß ich am Richtaufsatz immer an meinen Vater. War nicht mal versorgt, als er. Dank Dir auch für die Kerzen damals. O allzeit Reine. Die Du im unverletzlichen Glanze. Durch Fürsprache teilhaftig werde. Liebreiche, Gnadenreiche. Jawohl. Denn gleich mein erster Einsatz nördlich Kursk hat bewiesen. Und mitten im Schlamassel, als bei Orel der Gegenangriff. Und wie im August an der Vorskla die Jungfrau. Alle lachten und den Divisionspfarrer schickten sie mir auf den Hals. Aber dann brachten wir die Front zum Stehen. Wurde leider zum Mittelabschnitt versetzt. Sonst wäre bei Charkow nicht so schnell. Prompt, bei Korosten erschien sie mir wieder, als wir das neunundfünfzigste Korps. Dabei hatte sie nie das Kind, immer das Bild. Wissen Sie, Herr Oberstudienrat, das hängt bei uns auf dem Korridor, neben dem Schuhputzsäckchen. Und das hielt sie nicht vor der Brust sondern tiefer. Ganz deutlich hatte ich die Lokomotive drinnen. Mußte nur zwischen meinen Vater und den Heizer Labuda halten. Vierhundert. Direkter Beschuß. Hast ja gesehen Pilenz, ich sprech die Dinger immer zwischen Turm und Wanne an. Das lüftet ganz schön. Nein, gesprochen hat sie nicht Herr Oberstudienrat. Aber wenn ich ganz ehrlich sein soll: mit mir muß sie nicht sprechen. Beweise? Sage ja, hielt das Bild. Oder in der Mathematik. Wenn Sie unterrichten und davon ausgehen, daß sich parallele Linien im Unendlichen berühren, ergibt sich doch, das müssen Sie zugeben, so etwas wie Transzendenz. Und so war es auch in der Bereitstellung östlich Kasatin. Am dritten Weihnachtstag übrigens. Sie bewegte sich von links gegen das Waldstück in Marschgeschwindigkeit fünfunddreißig. Mußte nur draufhalten draufhalten drauf.

So verworren redet ein überforderter Halbwüchsiger, der nicht mehr ein noch aus weiß. Was ihn beschäftigt, was sein Leben bestimmt hat, was ihm wert und heilig war, hat sich ins Gegenteil verkehrt. Der Vater, der eine Medaille erhielt, weil er bei einem Eisenbahnunglück Menschenleben rettete, hat dem gleichfalls ausgezeichneten Sohn beim Vernichten und Töten geholfen. Auch die verehrte Jungfrau ist zur Stelle und tut Wunder der diabolischen Art. Die Sprache, ein Gemisch aus Gebetstexten, Militärjargon, Mathematischem und Metaphysischem, spiegelt Mahlkes Verwirrung. Mahlke taucht unter für immer, Pilenz kehrt zurück, er ist Mahlke los.

Der uns erfand von berufswegen, zwingt mich, wieder und wieder Deinen Adamsapfel in die Hand zu nehmen und an jenen Ort zu führen, der ihn siegen oder verlieren sah.

Der Erzähler Pilenz, der seinerzeit die Katze auf Mahlkes Adamsapfel hetzte und den Schulkameraden dann unbetroffen den verhängnisvollen Weg ins Unglück gehen sah – und gehen ließ, muß als Buß- und Sühneleistung über Mahlke schreiben.

Für Mahlke rangiert der Orden, das »Dingslamdei«, zunächst in einer Reihe mit Puscheln, Schraubenziehern, Medaillons und Krawatten. Zu spät merkt er, daß er sich mit einer anderen, viel gefährlicheren Katze eingelassen hat. Grass, auch bildender Künstler, hat für das Umschlagbild seiner Novelle eine Katze entworfen. Sie ist ein mächtiges, geflecktes Tier mit tückischen Augen und fixierendem Blick, und sie scheint mit dem Ritterkreuz, das sie um den Hals trägt, zu locken und zugleich zu drohen.

Das Geschehen um den jungen Mahlke trägt sich zu in einer pubertären Welt und hat dort seine Wurzeln. Allen, Mahlke, Pilenz, ihren Altersgenossen, aber auch vielen erwachsenen Deutschen jener Zeit fehlt es an Übersicht, an Maßstäben, die ihnen das Rechte zeigen, an innerer Kraft, dem Falschen und Bösen zu widerstehen. Als »Mäuse« haben sie sich die Gesetze, die nach und nach oder plötzlich in ihrer Welt galten, von der »Katze« aufzwingen lassen. Viele sind daran zugrunde gegangen.

Zu Anfang der sechziger Jahre hält Danzig Günter Grass noch in seinem Bann. Im Roman ›Hundejahre‹ sucht er in seiner Heimatstadt und ihrer Umgebung alte und neue Schauplätze auf. Wie in Balzacs Romanzyklus ›La Comédie Humaine‹ werden in Danzig-Langfuhr aus Randfiguren Hauptfiguren und umgekehrt; neue Akteure kommen hinzu. Grass bietet drei Erzähler auf, in deren Erinnerung eine Fülle Danziger Leben bewahrt ist. Alle drei werden wie Oskar nach dem Krieg nach Westdeutschland und Berlin verschlagen und gründen dort neue Existenzen.

Der 1963 erschienene Roman ›Hundejahre‹ schließt die mit der ›Blechtrommel‹ und ›Katz und Maus‹ begonnene ›Danziger Trilogie‹ ab.

Rolf Dieter Brinkmann
Keiner weiß mehr

In seinem Bericht über die Tagung der Gruppe 47 im April 1966 in Princeton/New Jersey schrieb der Kritiker Fritz J. Raddatz, zweierlei Fieber beherrsche derzeit New York: der Vietnam-Krieg und die Pop-art. Die meisten Siebenundvierziger ließ beides ziemlich kühl;

Hans Werner Richter sah es nicht gern, daß Peter Weiss und Hans Magnus Enzensberger an einem »teach in« über Vietnam teilnahmen, das amerikanische Studenten in der verschlafenen Universitätsstadt Princeton veranstalteten. Was die Pop-art anging, so faszinierte allerlei, das darunter verstanden wurde, auch hierzulande bereits ungezählte Fans: Songs, Siebdrucke von Stars wie Marilyn Monroe, Comic Strips. Immer Neues kam in Wellen über den Ozean, bunt, grell und aufdringlich. In Entertainer-Manier warb der amerikanische Literaturprofessor Leslie Fiedler 1968 in einem Vortrag in Freiburg i. B. für Pop-Kunst und Pop-Literatur. Der deutsche Kritiker Reinhard Baumgart hielt es in einer etwas irritierten Entgegnung für geraten, zunächst einmal zu erklären, daß Pop erstens Knall und zweitens populär bedeute, also auf »Subkulturen, Underground, die neueste Marke ... im Schaugeschäft« verweise. In der Bundesrepublik sei bisher andere Literatur gemacht und geschätzt worden; die Leser, die in der Mehrzahl das »Kulturprivileg der spätbürgerlichen Gesellschaft« genössen, erwarteten eher »planvolle genießbare Dissonanzen«.

Im gleichen Jahr 1968 glaubte ein anderer namhafter Kritiker, Karl Heinz Bohrer, den »erste[n], genuin entwickelte[n] deutsche[n] Popwroman« gelesen zu haben. Er war geschrieben von dem achtundzwanzigjährigen Rolf Dieter Brinkmann und hieß ›Keiner weiß mehr‹. In die ersten von Bölls Verlag Kiepenheuer und Witsch herausgebrachten Bücher war eine Karte eingelegt, auf der die Käufer eine Versicherungserklärung abgeben sollten: »Ich werde das Buch Jugendlichen nicht zugänglich machen und es weder privat noch gewerblich ausleihen.«

Hier wirkte wohl noch die Prüderie der fünfziger Jahre nach, in denen »kulturelle Saubermänner und Sauberfrauen« (Hans Mayer) sich über Nacktszenen in deutschen Filmen entrüsteten und wegen obszöner Stellen im Werk des als seriös geltenden Günter Grass protestierend auf die Straße gingen. War also auch von Brinkmann Obszönes, gar Pornographisches zu erwarten? Würde der Roman des jungen Autors für einen Eklat sorgen?

Auf den ersten Seiten gibt es dafür kaum Anhaltspunkte.

Ein »Er« genannter Mann, der ein Pädagogikstudium unterbrochen oder abgebrochen hat, lebt mit seiner jungen Frau und einem Kind, das nicht gewünscht war und jetzt immer öfter als lästig empfunden wird, in einer schäbigen Dreizimmerwohnung. Was er auch tut und anfängt, immer glaubt er, es lohne sich eigentlich nicht.

Als letztes wird die Wetterkarte für morgen aufgezeichnet. Winter. Sehr naß. Alles versackt in Nässe. Es gab schon lange keinen richtig harten, frostigen Winter mehr ... Keine Sommer, keine Winter, nichts ...

Nichts passiert. Aber in seinem Kopf arbeitet es; Gedanken, Vorstellungen defilieren dort in fast ununterbrochener Folge, wie die Bilder auf dem Fernsehschirm.

Man lebt ja schließlich in den Bildern, die ständig zerfallen. Siehst du das dünne lautlose Flimmern ... Das Flimmern, dieses zittrige Wirbeln hört nicht auf, ein winziges Zucken, eine Figur noch eine Figur ...

Was die Technik hervorbringt, liefert die Metapher für einen Bewußtseinszustand. »Er« ist von Bildern umgeben, die aus der Medien- und Konsumwarenwelt stammen, ihn vereinnahmen und in ihm weiterwirken.

Und die jungen Menschen auf der Straße, in der Wirklichkeit, wollen jenen Bildern gleichen – und sie gleichen ihnen.

Auf einem Bild ist der Reißverschluß einer Nappalederjacke weit nach unten gezogen. Ein keilförmiger Ausschnitt einer nackten Brust wird sichtbar. Es ist die Brust eines Jungen, der an ein Motorrad gelehnt steht und wartet, die Beine übereinandergeschlagen. Der Ausschnitt läßt annehmen, daß der Junge nur diesen mattschwarzen Lederanzug trägt. Und dieses eine Bild war genauso wie die bunten, in matten Pastellfarben gehaltenen Aufnahmen von schmalhüftigen, knabenhaften Mädchen mit so wenig anwesenden Körpern in den modisch leichten, lose um sie herum dekorierten bunten Kleidern. Sie standen an einen Baumstamm gelehnt und blickten vorsichtig, wie scheu oder behutsam vor sich hin auf das übertrieben grün kolorierte Gras, unwirklich wie die blanken, hell schimmernden Metallteile des Motorrads, der orangefarben gespritzte Benzinbehälter, das silbrige Chromgestänge des Lenkrades.

Bilder, die wiederkommen, einzeln, in Teilen, und jedes Teil farbig, in Technicolor eingetaucht, ein stummer, stumm ablaufender Film. Ich kann nicht mehr. Ich will nicht mehr. Weiter. Das Winseln ist ganz weit von einem abgerückt, ein körperloses Winseln, für das es keine Notwendigkeit gibt, schon weg, weit abgerückt, ganz verloren. Ich möcht dir die Lenkstange ablecken. Komm, laß mich einmal. Nur einmal. Nur dieses eine Teil. Lecken. Alles ist so unglaublich blank, so sauber, jedes einzelne Teil. Und ganz weit weg redet wer weiter. Was issen los! Mit nackt'n Händen musses anpacken. Oder stimmt was nich? Bis wohl vom andern Ufer, wa?! Zieh ab! Der Motor wird angetreten. Das gleichmäßige volle Blubbern ist beruhigend. Aber man hört keinen Ton. Die Schwuchtel zieht den Reißverschluß seiner Lederjacke hoch und schwingt sich gekonnt auf die Maschine, gibt Gas. Schwerfällig setzt sich die Drehscheibe, auf der das Motorrad aufgebockt steht, in Gang. Ein falscher Hintergrund rutscht vorbei. Das Gras in Technicolor erschlafft. Man rupft es aus und stellt fest, es ist kein Gras.

Kaum »eingeschaltet«, erweckt die Phantasie die Posterbilder mit ihrem »gestellten« inszenierten Geschehen, das in einem schönen Augenblick angehalten ist, zum Leben. Dabei wird zur begehrten Konsumware und zum attraktiven Modell ein persönlicher Kontakt hergestellt, aber sogleich zerfällt die künstliche Bildwelt wieder; das »Gras« macht es bewußt.

Auf einer Fotografie sieht man ein Knie, entblößt wie die ganze Figur entblößt ist, und diese Blöße ist es nicht, die packt, nicht die nackten Schultern, die nackten Brüste, etwas herunterhängend wegen der Schwere, die sich konzentriert hat um den braunen Kreis mit dem Nippel in der Mitte, das winzige braune Gekräusel von Schwellkörpern, es ist nicht dieses, was man alles nah vor sich hat und worüber man mit seinen Gedanken leicht hinweggleiten kann, als ob man auf einer weiten, glatten Fläche schwimmt, und nicht dieses Schwimmen ist es, womit man unermüdlich beschäftigt ist wie tatsächlich mit einem Schwimmen im Wasser, dessen andere Schwere man fühlt, die Schwere von wirklichem Wasser, die einen umgibt, während man sich selber so leicht vorkommt, aufgeblasen mit Gas, obwohl man langsam zu sinken beginnt, hört man auf sich zu bewegen.

Das hat alles nichts mit dem zu tun, worauf es einem nun ankommt. Es gibt nur noch das eine Knie, das hochgezogen ist und ein runder, knorpeliger Wulst, von vorne gesehen, der genau die entblößte Stelle verdeckt, die einem plötzlich einzig und allein wichtig erscheint, obwohl man auch weiß, wie die aussehen würde, ob nun mit viel oder wenig Haar bewachsen. Sie ist nicht anders als jedes Stück an diesem Körper. Aber das Knie steht davor. Und man ist beschäftigt, unermüdlich, jedes Mal, wenn man dieses Bild vor sich hat, das Knie zur Seite zu schieben. Du schaffst es nicht.

Von dem Bild gehen starke erotische Reize aus, und für den faszinierten Betrachter gibt es bei der Darstellung keine Tabugrenzen mehr. Doch alsbald wird die für kurze Zeit vergessene Künstlichkeit des raffinierten Arrangements als Schranke erfahren und als Frustration erlebt. »Er«, die Zentralfigur, nennt sich selbst »mickrig«, er leidet unter seinem Aussehen, mit dem er hinter den schönen Bildern zurückbleibt. Je mehr er von der Bilderwelt der Reklame und der Illustrierten berauscht und besessen ist, desto öfter kommt es vor, daß seine Frau ihm unversehens zur Fremden wird. Die Zungen sind wie gelähmt, die Szene einer Ehe erstarrt zum häßlichen Bild.

Sie konnten deshalb zunächst einmal nur so da in der Küche bewegungslos einander gegenüber bleiben, er am Tisch, sie vom Tisch abgerückt, zurückgewichen gegen den Spülstein, zunächst immer so in dieser zuletzt eingenommenen Haltung, stumm, er auch, wie zurückgesetzt durch ihre Stummheit, hinter der er deutlich ihre Abneigung spürte ihm gegenüber, wie er dasaß am Tisch und ebenfalls nichts mehr sagte, sondern nur an der Zigarette rauchte und die Asche abstreifte auf dem Holzuntersatz, den sie natürlich wieder spülen mußte, er spülte ja nicht das dreckige Geschirr sauber, er nicht, er saß vorn in seinem Zimmer, das war alles, was er machte. Sie wußte sofort, noch während sie sich das vorstellte, daß das so auch nicht stimmte. Sie konnten beide deshalb in dem Augenblick nur erstarrt einander gegenüber verharren, ohne sich zu bewegen. Selbst diese Bewegungslosigkeit hatte nach und nach etwas

System angenommen. Man konnte das System anfassen. Es war eine Zigarette, die er rauchte, deren Asche er auf dem hölzernen Brettchen abstreifte, und der Spülstein in der Küche, gegen den sie sich müde zurücklehnte, ohne sich zu bewegen, den Blick auf dasselbe gerichtet.

Es kann auch umgekehrt sein: die Frau langweilt ihn, kann seinen hohen Ansprüchen nicht genügen. Wahrscheinlich ist sie eine von der Sorte, die er kurz darauf mit bissiger Ironie bedenkt, eine der vielen »tapferen, kleinen Frauen, die es immer noch einmal aufs neue versuchen«. »Er« sucht Ablenkung und Trost bei seinen Platten und Illustrierten mit Erlesenem auf Hochglanzpapier. Denn was Medien und Werbung allen anbieten, straft er mit Verachtung. Einmal steigert er sich in einen Wutanfall hinein:

Deutschland, verrecke. Mit deinen ordentlichen Leuten in Massen sonntags nachmittags auf den Straßen. Deinen Hausfrauen. Deinen Kindern, Säuglingen, sauber und weich eingewickelt in sauberstes Weiß. Mit den langweiligen Büchern, den langweiligen Filmen. Mit Roy Black und Udo Jürgens. Mit Thomas Fritsch. Verrecke mit deinen Wein-Königinnen Jahr für Jahr und mit Thomas Liessem. Mit dem Kölner Dom. Verrecke, auf der Stelle, sofort. Mit deinen Dralonmännern. Lupolenmännern. Deinen ausgebufften Polyesterjungs in all den Büros von halb neun bis fünf Uhr nachmittags und den tapferen, kleinen Frauen, die es immer noch einmal aufs neue versuchen. Mit deinen ausgeleierten Triumphmieder-Mädchen. Fanta-Mädchen. Helanca-Mädchen. Deinen höheren Bleyle-Vetrix-Töchtern. Und Hildegard Knef. Verrecke mit deinen Fernsehanstalten. Deinen Rundfunkanstalten überall, die fortlaufend Pausezeichen senden, und zwischendurch mal 'n Hochamt, zelebriert vom Erzbischof Kardinal Frings persönlich, the queen of Cologne. Und dann kommen wieder Pausenzeichen. Vom NDR. Vom WDR. Südwestfunk. Darauf folgt die Verleihung des Friedenspreises des deutschen Buchhandels an irgend so 'nen zahnlosen Mümmelgreis. Verreck damit, auf der Stelle, sofort, verreck. Damit es still wird, endlich, nach so langer Zeit, still. Keine Hubschrauber mehr in der Luft. Kein: nichts mehr. Kein Husten mehr. Kein In-ein-Glas-Pinkeln mehr für die andren. Stille. Nichts. Absolute Funkstille. Der Bildschirm bleibt leer. Eine absolute Leere. Die Bilder sind alle verreckt. Die Stimmen. Das kulturelle Wort. Die kulturellen Wörter. Verreckt. Aus. Auch du, Hans-Jürgen Bäumler. Und du, Marika Kilius. Und du, Pepsi-Mädchen Gitte. Und du, Palmolive-Frau. Und du, Luxor-Schönheit Nadja Tiller. Kölscher Willy. Unser Mann in Bonn. Onkel Tchibo auf Reisen. Langnese Eiscremekonfekt. Mon Cherie. Bild-Parlamentarier. Maria Fick-Fack und Söhne. Rentner. Pensionäre. Ihr: Ausschußware, zweite Wahl. Und du, Söhnlein vom Söhnlein. Wella für den Herrn, die Serie, in der Sie genau das finden, was Ihre Haare zur Pflege und Gesunderhaltung brauchen. Doornkaat aus Kornsaat. Bauer Muff auf dem grünen Plan. Undwassonstnochalles, undwassonstnochalles, undwassonstnochalles, wassonstnoch.

Die Schimpftirade richtet sich gegen die populären Filmstars der Traumfabrik, die Prominenten der Sportszene und gegen die Gestalten an den Plakatwänden und in den Illustrierten, deren man längst überdrüssig ist. Für sie steht »Onkel Tchibo«, ein Kaffeeinkäufer, der in seriösem schwarzen Anzug mit Melone und Schirm Kaffeeplantagen in Ländern der Dritten Welt besucht, um für die anspruchsvollen Kunden daheim die besten Bohnen auszuwählen. Es kommt zum Kurzschluß. Die einst an die Wände geschmierte und gebrüllte Nazi-Parole »Juda verrecke« wird auf das Konsumparadies und den demokratischen Staat Bundesrepublik Deutschland übertragen. Die »antiautoritäre Negation« (Briegleb) wird noch weiter getrieben. Der ziemlich unleidliche Held brummelt zunächst mürrisch das »Ohne mich« der Kriegsteilnehmer nach, dann steigert er die Negation in eine Dimension, die erst die Folgen der Atombombe vorstellbar gemacht haben.

[...] Besser wäre es jedoch gewesen, wenn die andren nach Hitler das hier einfach ausgelöscht hätten. Und hoffentlich holten bald irgendwelche das mal nach und löschten das alles hier aus, endgültig, ein für allemal. Es wäre nicht schade. Kein Verlust. Man hört ein paar Pöffs überall platzen, so ein paar kleine knackende Geräusche, dann fiele man um. Nachher wird eingesammelt. Ein wenig ruhiger, stiller wäre es dann schon, das durfte man hoffen. All dieses gärende alte Gerümpel in den Köpfen. Hier war sowieso seit langem nichts mehr los. Also schafft das doch weg, löscht das doch aus, je eher, desto besser.

»Ein paar Pöffs, ... so ein paar knackende Geräusche; »irgendwelche« bereiten der Menschheit ein Ende. So könnte sich das in einem Pop-Comic ausnehmen, in karikaturartigen, grellfarbigen Bildern, die anfangs viele überraschten und befremdeten. Wie konnte man daran seinen Spaß haben? Aber keine Sorge, am Ende wird in ›Keiner weiß mehr‹ noch alles gut.

Dann, nach längerer Zeit, langsam, Tag für Tag, wie man so sagt, wurde es draußen immer ein wenig heller und wärmer. Vögel, nirgendwo zu sehen, fingen plötzlich zu singen an, haufenweise, an jeder Ecke, schöne, unsichtbare Vögel. Bald würde wieder von neuem Sommer sein. Die Badeanstalten wurden für jeden geöffnet. Softeis verkauft. Zigarettenautomaten warteten auf einen persönlich. Und der Himmel, olivgrün, ohne aufzuhören Himmel. Die Wolken flockige Gebilde, aus weißem Gelee, eine Luft aus Cellophan, durchsichtiges Gras überall aufgesprossen, Tausende von blühenden Penissen, blumige Fotzen kleiner Mädchen auf einer weiten Wiese im Park im Ringelreihen, Gedichte, die von selbst entstanden, Mutationen massenhaft. In den Kopfhörern der Schallplattenläden waren andauernd fremde Stimmen zu hören, Gespräche weit weg, ständig sich verändernde Stimmen, Geräusche, die sich weich um einen legten. Man steigt eine Treppe hoch, eine Tür wird geöffnet und fällt ins Schloß, ein Ruck, hier bin ich, hier bin ich, ich bin hier. Wooooooo? Hiiiiiiier! O 1979, alles ist besser geworden. Man könnte auf der Stelle sterben. Immerzu. Und sie kommt herein, er kann sie sehen und sagt:

GUTEN TAG!!!

Brinkmann malt als Schluß seines Romans ein Pop-Paradies, das, blickt man wie er zehn Jahre voraus (1979!), utopische Züge annimmt. Es ist ein irdisches Paradies; eine Naturlandschaft ist es allerdings nur auf den allerersten Blick. Doch natürlicher als eine solche Landschaft mit Vogelgesang, Wolken, Wiese und Blumen – und viel angenehmer für die Pop-Generation – erscheint ein natürlich-künstlicher Erlebnispark mit Schwimmbecken, dessen Wasser klar, blau und erwärmt ist, mit Softeis und Zigaretten, Musikkonserven und befreitem Eros. Jost Hermand, der als Dozent die sechziger Jahre großenteils in den USA zubrachte und ein damals höchst aktuelles Buch über ›Pop International‹ schrieb, hat für solcherart Pop eine Formel gefunden: »... alles, was knallt, platzt, wohlig aufstößt, Freude macht, süß schmeckt, sich lutschen läßt«. Natürliches ist tatsächlich nichts naturbelassen, sondern durch künstliche Zutaten verändert, kostümiert. Wolken aus »weißem Gelee« erinnern an parfümierte Hautcreme, Geschlechtsorgane, freizügig benannt und natürlich-unschuldig wie Blumen oder Kinder, drehen sich auf der Wiese »im Ringelreihen«. Ins Pop-Reich gehören auch die Sprechblasen-Wörter (»Hiiiiiiier!) und Ausgeschnittenes aus bereits Gedrucktem (GUTEN TAG!). Wie in manchen Märchen gelangt man über eine geheimnisvolle Treppe in eine bessere Welt, in der man freundlich miteinander ist und ohne Konflikte lebt.

Rolf Dieter Brinkmanns Roman ›Keiner weiß mehr‹ kann sich mit den großen Romanen von Koeppen, Frisch, Schmidt, Johnson, Böll und Grass gewiß nicht messen. Während diese ein jeweils eigenes, mit ihren Namen eng verbundenes ästhetisches Konzept verwirklichten, schien Brinkmanns Vorgehen in erster Linie dem Protest verpflichtet. In seinem ganzen Werk und auch in dem Roman von 1968 pulsiert das Aufbegehren gegen Autoritäten, mag es sich um Positionen, Institutionen oder Personen handeln. Der Roman gehört nicht zufällig dem 68er Jahrgang an, er ist in Aussage und Machart ein Produkt seiner Zeit, das bereits in die siebziger Jahre weist. Ein neuer Ton war angeschlagen, ein anderer Umgang mit der Vergangenheit und den Gegebenheiten der Gegenwart kündigte sich an.

Die »Nachkriegszeit« war zu Ende.

2.3. Kurzprosa

Nicht nur die Kriegs-, sondern auch die allerersten Nachkriegsjahre waren für viele Deutsche eine Zeit der Ungewißheit. Es gab keine Gewähr dafür, daß morgen noch alles so sein würde wie heute. Normalität, soweit sie wieder eingekehrt war, wurde immer noch als trügerisch empfunden. Mit materieller und seelischer Not zu leben, war eher Regel als Ausnahme. Dieses Lebensgefühl spiegelt sich in einer

Prosagattung, die sich in jenen Jahren durchsetzte: der Kurzgeschichte. Auch wenn in den USA »short stories« in großer Zahl geschrieben und auch hierzulande gelesen wurden: Die deutsche Kurzgeschichte erwuchs aus der Besonderheit der deutschen Verhältnisse, die von Krieg und Kriegsfolgen geprägt war. Sie hatte in der damaligen Situation Vorzüge zu bieten gegenüber dem Roman, der eine zusammenhängende Weltsicht und eine von dieser Sicht herrührende und auf sie abgestimmte Folge der Ereignisse voraussetzt. Charakteristisch für diese deutsche Kurzgeschichte ist eine ganz bestimmte Geländebeschaffenheit, die hier kurz skizziert sei.

– Die Kurzgeschichte der Nachkriegszeit ist dem Realismus verpflichtet. Was geschieht, spielt sich in der Gegenwart ab; der Erzähler hält sich nahe an der Lebenswirklichkeit der Leser und an deren Erfahrungen.

– Die Kurzgeschichte blendet Lebensausschnitte ein, in denen Entscheidungen fallen, Wendepunkte, an denen ein Mensch vom Schicksal auf die Probe gestellt wird. Oft steht ein einziges, ganz bestimmtes Ereignis im Mittelpunkt; der Hintergrund wird meist nur skizziert, kaum je breit ausgeführt.

– Gern springt der Erzähler mitten in ein Geschehen, beginnt dort, wo eine Herausforderung bevorsteht. Ihr gilt seine Aufmerksamkeit; wie das Ganze dann ausgegangen ist, bleibt nicht selten offen.

– Der Leser sollte hellhörig für Andeutungen und Signale sein. Hinter scheinbar Hingeworfenem, kurzen Dialogstücken, plötzlichen Abbrüchen steckt oft mehr, als man zunächst vermutet.

Heinrich Böll
Wanderer kommst du nach Spa …

Die meisten bedeutenden und »bleibenden« deutschen Kurzgeschichten entstanden um 1950, als man dem Krieg und den Elendsjahren danach noch nahe war. Zu diesen Stücken gehört Heinrich Bölls ›Wanderer kommst du nach Spa …‹. Als Böll diese Kurzgeschichte schrieb, gab es noch keine ausgearbeitete Gattungstheorie. Um so erstaunlicher ist, daß die Erzählung schon viele Züge aufweist, die später als Erkennungs- und Qualitätsmerkmale guter Kurzgeschichten galten.

Der Leser sieht sich unmittelbar in ein turbulentes Geschehen versetzt: der Zweite Weltkrieg hat in seiner letzten Phase eine Stadt erreicht, die nun unter schwerem Beschuß liegt und an vielen Stellen brennt. Ein verwundeter Soldat wird auf einer Bahre durch lange Gänge getragen. Sie erinnern ihn, der vor drei Monaten noch Gymnasiast war, an seine Schule. An den Wänden hängen Bilder: Gestalten der antiken Mythologie, der preußischen und deutschen Geschichte, dann Fotografien, die die nationalsozialistische Rassenlehre illustrieren sollen. Auch ein Hitler-Bild fehlt nicht. Der junge Verwundete will wissen, wo er sich befindet.

»Wie heißt die Stadt?« fragte ich den, der neben mir lag.

»Bendorf«, sagte er.

»Danke.«

Ich blickte ganz gerade vor mich hin auf die Fensterreihe und manchmal zur Decke. Die Decke war noch tadellos, weiß und glatt, mit einem schmalen klassizistischen Stuckrand; aber sie haben doch in allen Schulen klassizistische Stuckränder an den Decken in den Zeichensälen, wenigstens in den guten, alten humanistischen Gymnasien. Das ist doch klar.

Ich mußte mir jetzt zugestehen, daß ich im Zeichensaal eines humanistischen Gymnasiums in Bendorf lag. Bendorf hat drei humanistische Gymnasien: die Schule »Friedrich der Große«, die Albertus-Schule und – vielleicht brauche ich es nicht zu erwähnen – die Adolf-Hitler-Schule. Hing nicht in der Schule »Friedrich der Große« das Bild des Alten Fritz besonders bunt, besonders schön, besonders groß im Treppenhaus? Ich war auf dieser Schule gewesen, acht Jahre lang ...

Dann dachte ich daran, wieviel Namen wohl auf dem Kriegerdenkmal stehen würden, wenn sie es wieder einweihten, mit einem noch größeren goldenen Eisernen Kreuz darauf und einem noch größeren steinernen Lorbeerkranz, und plötzlich wußte ich es: wenn ich wirklich in meiner alten Schule war, würde mein Name auch darauf stehen, eingehauen in Stein, und im Schulkalender würde hinter meinem Namen stehen – »zog von der Schule ins Feld und fiel für ...«

Aber ich wußte noch nicht wofür und wußte noch nicht, ob ich in meiner alten Schule war. Ich wollte es jetzt unbedingt herauskriegen. Am Kriegerdenkmal war auch nichts Besonderes gewesen, nichts Auffallendes, es war wie überall, es war ein Konfektionskriegerdenkmal, ja, sie bekamen sie aus irgendeiner Zentrale ...

Ich wußte nicht genau, wie ich verwundet war; ich wußte nur, daß ich meine Arme nicht bewegen konnte und das rechte Bein nicht, nur das linke ein bißchen; ich dachte, sie hätten mir die Arme an den Leib gewickelt, so fest, daß ich sie nicht bewegen konnte.

Ich spuckte die zweite Zigarette in den Gang zwischen den Strohsäcken und versuchte, meine Arme zu bewegen, aber es tat so weh, daß ich schreien mußte; ich schrie weiter; es war immer wieder schön, zu schreien; ich hatte auch Wut, weil ich die Arme nicht bewegen konnte.

Dann stand der Arzt vor mir; er hatte die Brille abgenommen und blinzelte mich an; er sagte nichts; hinter ihm stand der Feuerwehrmann, der mir das Wasser gegeben hatte. Er flüsterte dem Arzt etwas ins Ohr, und der Arzt setzte die Brille auf: deutlich sah ich seine großen grauen Augen mit den leise zitternden Pupillen hinter den dicken Brillengläsern. Er sah mich lange an, so lange, daß ich wegsehen mußte, und er sagte leise: »Augenblick, Sie sind gleich an der Reihe ...«

Dann hoben sie den auf, der neben mir lag, und trugen ihn hinter die Tafel;

ich blickte ihnen nach: sie hatten die Tafel auseinandergezogen und quer gestellt und die Lücke zwischen Wand und Tafel mit einem Bettuch zugehängt; dahinter brannte grelles Licht...

Nichts war zu hören, bis das Tuch wieder beiseite geschlagen und der, der neben mir gelegen hatte, hinausgetragen wurde; mit müden, gleichgültigen Gesichtern schleppten die Träger ihn zur Tür.

Ich schloß wieder die Augen und dachte, du mußt doch herauskriegen, was du für eine Verwundung hast und ob du in deiner alten Schule bist.

Mir kam das alles so kalt und gleichgültig vor, als hätten sie mich durch das Museum einer Totenstadt getragen, durch eine Welt, die mir ebenso gleichgültig wie fremd war, obwohl meine Augen sie erkannten, nur meine Augen; es konnte doch nicht wahr sein, daß ich vor drei Monaten noch hier gesessen, Vasen gezeichnet und Schriften gemalt hatte, daß ich in den Pausen hinuntergegangen war mit meinem Marmeladenbutterbrot, vorbei an Nietzsche, Hermes, Togo, Cäsar, Cicero, Marc Aurel, ganz langsam bis in den Flur unten, wo die Medea hing, dann zum Hausmeister, zu Birgeler, um Milch zu trinken, Milch in diesem dämmerigen kleinen Stübchen, wo man es auch riskieren konnte, eine Zigarette zu rauchen, obwohl es verboten war. Sicher trugen sie den, der neben mir gelegen hatte, unten hin, wo die Toten lagen, vielleicht lagen die Toten in Birgelers grauem kleinem Stübchen, wo es nach warmer Milch roch, nach Staub und Birgelers schlechtem Tabak...

Endlich kamen die Träger wieder herein, und jetzt hoben sie mich auf und trugen mich hinter die Tafel. Ich schwebte wieder, jetzt an der Tür vorbei, und im Vorbeischweben sah ich, daß auch das stimmte: über der Tür hatte einmal ein Kreuz gehangen, als die Schule noch Thomas-Schule hieß, und damals hatten sie das Kreuz weggemacht, aber da blieb ein frischer dunkelgelber Fleck an der Wand, kreuzförmig, hart und klar, der fast noch deutlicher zu sehen war als das alte, schwache, kleine Kreuz selbst, das sie abgehängt hatten; sauber und schön blieb das Kreuzzeichen auf der verschossenen Tünche der Wand. Damals hatten sie aus Wut die ganze Wand neu gepinselt, aber es hatte nichts genützt; der Anstreicher hatte den Ton nicht richtig getroffen: das Kreuz blieb da, bräunlich und deutlich, aber die ganze Wand war rosa. Sie hatten geschimpft, aber es hatte nichts genützt: das Kreuz blieb da, braun und deutlich auf dem Rosa der Wand, und ich glaube, ihr Etat für Farbe war erschöpft und sie konnten nichts machen. Das Kreuz war noch da, und wenn man genau hinsah, konnte man sogar noch eine deutliche Schrägspur über dem rechten Balken sehen, wo jahrelang der Buchsbaumzweig gehangen hatte, den der Hausmeister Birgeler dorthinter klemmte, als es noch erlaubt war, Kreuze in die Schulen zu hängen...

Das alles fiel mir in der kleinen Sekunde ein, als ich an der Tür vorbeigetragen wurde hinter die Tafel, wo das grelle Licht brannte.

Ich lag auf dem Operationstisch und sah mich selbst ganz deutlich, aber sehr klein, zusammengeschrumpft, oben in dem klaren Glas der Glühbirne, winzig und weiß, ein schmales, mullfarbenes Paketchen wie ein außergewöhnlich subtiler Embryo: das war also ich da oben.

Der Arzt drehte mir den Rücken zu und stand an einem Tisch, wo er in

Instrumenten herumkramte; breit und alt stand der Feuerwehrmann vor der Tafel und lächelte mich an; er lächelte müde und traurig, und sein bärtiges, schmutziges Gesicht war wie das Gesicht eines Schlafenden; an seiner Schulter vorbei auf der schmierigen Rücksicht der Tafel sah ich etwas, was mich zum ersten Male, seitdem ich in diesem Totenhaus war, mein Herz spüren machte: irgendwo in einer geheimen Kammer meines Herzens erschrak ich tief und schrecklich, und es fing heftig an zu schlagen: da war meine Handschrift an der Tafel. Oben in der obersten Zeile. Ich kenne meine Handschrift: es ist schlimmer, als wenn man sich im Spiegel sieht, viel deutlicher, und ich hatte keine Möglichkeit, die Identität meiner Handschrift zu bezweifeln. Alles andere war kein Beweis gewesen, weder Medea noch Nietzsche, nicht das dinarische Bergfilmprofil noch die Banane aus Togo, und nicht einmal das Kreuzzeichen über die Tür: das alles war in allen Schulen dasselbe, aber ich glaube nicht, daß sie in anderen Schulen mit meiner Handschrift an die Tafeln schreiben. Da stand er noch, der Spruch, den wir damals hatten schreiben müssen, in diesem verzweifelten Leben, das erst drei Monate zurücklag: Wanderer, kommst du nach Spa ...

Oh, ich weiß, die Tafel war zu kurz gewesen, und der Zeichenlehrer hatte geschimpft, daß ich nicht richtig eingeteilt hatte, die Schrift zu groß gewählt, und er selbst hatte es kopfschüttelnd in der gleichen Größe darunter geschrieben: Wanderer, kommst du nach Spa ...

Siebenmal stand es da: in meiner Schrift, in Antiqua, Fraktur, Kursiv, Römisch, Italienne und Rundschrift; siebenmal deutlich und unerbittlich: Wanderer, kommst du nach Spa ...

Der Feuerwehrmann war jetzt auf einen leisen Ruf des Arztes hin beiseite getreten, so sah ich den ganzen Spruch, der nur ein bißchen verstümmelt war, weil ich die Schrift zu groß gewählt hatte, der Punkte zu viele.

Ich zuckte hoch, als ich einen Stich in den linken Oberschenkel spürte, ich wollte mich aufstützen, aber ich konnte es nicht: ich blickte an mir herab, und nun sah ich es: sie hatten mich ausgewickelt, und ich hatte keine Arme mehr, auch kein rechtes Bein mehr, und fiel ganz plötzlich nach hinten, weil ich mich nicht aufstützen konnte; ich schrie; der Arzt und der Feuerwehrmann blickten mich entsetzt an, aber der Arzt zuckte nur die Schultern und drückte weiter auf den Kolben seiner Spritze, der langsam und ruhig nach unten sank; ich wollte wieder auf die Tafel blicken, aber der Feuerwehrmann stand nun ganz nah neben mir und verdeckte sie; er hielt mich an den Schultern fest, und ich roch nur noch den brandigen, schmutzigen Geruch seiner verschmierten Uniform, sah nur sein müdes, trauriges Gesicht, und nun erkannte ich ihn: es war Birgeler.

»Milch«, sagte ich leise ... (1950)

Dem Soldaten wird nach und nach bewußt, wo er liegt und wie es um ihn steht. Er erkennt

- die Bilder in den Gängen
- seine Schrift auf der Tafel des Zeichensaals
- sich selbst als »schmales, mullfarbenes Paketchen« im Spiegel der Glühbirne, als Verstümmelten, der sterben oder als Krüppel weiterleben wird

- den Hausmeister Birgeler, der ihm schon in seiner Schulzeit beistand, und der durch seine bloße Anwesenheit dafür sorgt, daß er nicht jeden Halt verliert.

Der Leser soll tiefer blicken, ihm sollen sich Zusammenhänge erschließen. Er soll erkennen,

- daß der Ruhm großer Persönlichkeiten und die Überlieferung kriegerischen Heldentums in der Dichtung der deutschen Klassik – der Vers stammt von Schiller – in den Dienst der NS-Ideologie gestellt wurden
- daß ein junger Mensch Opfer eines Krieges wurde, den gewissenlose Propaganda, aber auch schon falsche Erziehung durch unverantwortliche Geschichtsklitterung als notwendig und gerecht hinstellte
- daß »im Grauen und in der Zerstörung doch letzte Rudimente des Humanen« aufgespürt werden können. Dies stellte der Literaturwissenschaftler Manfred Durzak fest, der die deutsche Kurzgeschichte zu einem zentralen Gegenstand seiner Forschungsarbeit gemacht hat.

Was macht nun ›Wanderer kommst du nach Spa ...‹ zur meister- und musterhaften Kurzgeschichte?

- Die Handlung verläuft linear, sie bewegt sich geradlinig und mit merklicher Steigerung auf deutlich ausgearbeitete Höhepunkte zu.
- Böll folgt ein Stück weit dem Schicksal eines einzelnen jungen Soldaten. Was geschieht, ist begrenzt auf eine kurze Zeitspanne von ein oder zwei Stunden.
- Die Perspektive ist ausschließlich die des Soldaten; er registriert Erinnerungen, Bilder und Gedanken, die zu ihm, zu seinem Leben gehören.
- In dem eindringlichen Bild des »schmale[n], mullfarbene[n] Paketchen[s]« gipfelt die schreckliche Ahnung, die für den jungen Mann und für den Leser alsbald zur Gewißheit wird. Der Schluß ist in seiner Knappheit äußerst gelungen: Mit dem Wort »Milch« sucht der Verstümmelte eine Verbindung zu seiner Jugendzeit und Kindheit, zum verlorenen Paradies, in das er zurückkehren möchte.

Durch zwei Gestaltungseinfälle erhält Bölls Kurzgeschichte ihre besondere künstlerische Qualität. Äußerlich sichtbare Spuren, der Abdruck des Kreuzes und die Schrift auf der Tafel, werden zu bedeutsamen Zeichen. In ihnen bezeugt sich die Anmaßung und Verblendung des herrschenden Regimes, das mit der Entfernung eines Symbols eine mißliebige Religion aus dem Weg räumen wollte und gewissenlos die Vernichtung von Menschenleben betrieb und in Kauf nahm. Das Kreuz widerstand der Übermalung, die Schrift an der Tafel bricht ab. Vollständig hätte sie gelautet:

»Wanderer kommst du nach Sparta, verkündige dorten
du habest uns liegen gesehen, wie das Gesetz es befahl.«

Aber nicht Heldentum und Heldentod sind zu vermelden, sondern Leid und sinnloser Untergang.

Wolfgang Borchert
An diesem Dienstag

Wolfgang Borchert hat in einer Kurzgeschichte dargestellt, wie ein ganzes Volk, schon weit weg von einem rettenden Ufer, im reißenden Strom des Krieges treibt. Diese Geschichte trägt den Titel ›An diesem Dienstag‹.

Die Woche hat einen Dienstag.
Das Jahr eine halbes Hundert.
Der Krieg hat viele Dienstage.

An diesem Dienstag
übten sie in der Schule die großen Buchstaben. Die Lehrerin hatte eine Brille mit dicken Gläsern. Die hatten keinen Rand. Sie waren so dick, daß die Augen ganz leise aussahen.

Zweiundvierzig Mädchen saßen vor der schwarzen Tafel und schrieben mit großen Buchstaben:

DER ALTE FRITZ HATTE EINEN TRINKBECHER AUS BLECH. DIE DICKE BERTA SCHOSS BIS PARIS. IM KRIEGE SIND ALLE VÄTER SOLDAT.

Ulla kam mit der Zungenspitze bis an die Nase. Da stieß die Lehrerin sie an. Du hast Krieg mit ch geschrieben, Ulla. Krieg wird mit g geschrieben. G wie Grube. Wie oft habe ich das schon gesagt. Die Lehrerin nahm ein Buch und machte einen Haken hinter Ullas Namen. Zu morgen schreibst du den Satz zehnmal ab, schön sauber, verstehst du? Ja, sagte Ulla und dachte: Die mit ihrer Brille.

Auf dem Schulhof fraßen die Nebelkrähen das weggeworfene Brot.

An diesem Dienstag
wurde Leutnant Ehlers zum Bataillonskommandeur befohlen.

Sie müssen den roten Schal abnehmen, Herr Ehlers.

Herr Major?

Doch, Ehlers. In der Zweiten ist sowas nicht beliebt.

Ich komme in die zweite Kompanie?

Ja, und die lieben sowas nicht. Da kommen Sie nicht mit durch. Die Zweite ist an das Korrekte gewöhnt. Mit dem roten Schal läßt die Kompanie Sie glatt stehen. Hauptmann Hesse trug sowas nicht.

Ist Hesse verwundet?

Nee, er hat sich krank gemeldet. Fühlte sich nicht gut, sagte er. Seit er Hauptmann ist, ist er ein bißchen flau geworden, der Hesse. Versteh ich nicht. War sonst immer so korrekt. Na ja, Ehlers, sehen Sie zu, daß Sie mit der

Kompanie fertig werden. Hesse hat die Leute gut erzogen. Und den Schal nehmen Sie ab, klar?

Türlich, Herr Major.

Und passen Sie auf, daß die Leute mit den Zigaretten vorsichtig sind. Da muß ja jedem anständigen Scharfschützen der Zeigefinger jucken, wenn er diese Glühwürmchen herumschwirren sieht. Vorige Woche hatten wir fünf Kopfschüsse. Also passen Sie ein bißchen auf, ja?

Jawohl, Herr Major.

Auf dem Wege zur zweiten Kompanie nahm Leutnant Ehlers den roten Schal ab. Er steckte eine Zigarette an. Kompanieführer Ehlers, sagte er laut.

Da schoß es.

An diesem Dienstag

sagte Herr Hansen zu Fräulein Severin:

Wir müssen dem Hesse auch mal wieder was schicken, Severinchen. Was zu rauchen, was zu knabbern. Ein bißchen Literatur. Ein Paar Handschuhe oder sowas. Die Jungens haben einen verdammt schlechten Winter draußen. Ich kenne das. Vielen Dank.

Hölderlin vielleicht, Herr Hansen?

Unsinn, Severinchen, Unsinn. Nein, ruhig ein bißchen freundlicher. Wilhelm Busch oder so. Hesse war doch mehr für das Leichte. Lacht doch gern, das wissen Sie doch. Mein Gott, Severinchen, was kann dieser Hesse lachen!

Ja, das kann er, sagte Fräulein Severin.

An diesem Dienstag

trugen sie Hauptmann Hesse auf einer Bahre in die Entlausungsanstalt. An der Tür war ein Schild:

OB GENERAL, OB GRENADIER:

DIE HAARE BLEIBEN HIER.

Er wurde geschoren. Der Sanitäter hatte lange dünne Finger. Wie Spinnenbeine. An den Knöcheln waren sie etwas gerötet. Sie rieben ihn mit etwas ab, das roch nach Apotheke. Dann fühlten die Spinnenbeine nach seinem Puls und schrieben in ein dickes Buch: Temperatur 41,6. Puls 116. Ohne Besinnung. Fleckfieberverdacht. Der Sanitäter machte das dicke Buch zu. Seuchenlazarett Smolensk stand da drauf. Und darunter: Vierzehnhundert Betten.

Die Träger nahmen die Bahre hoch. Auf der Treppe pendelte sein Kopf aus den Decken heraus und immer hin und her bei jeder Stufe. Und kurzgeschoren. Und dabei hatte er immer über die Russen gelacht. Der eine Träger hatte Schnupfen.

An diesem Dienstag

klingelte Frau Hesse bei ihrer Nachbarin. Als die Tür aufging, wedelte sie mit dem Brief. Er ist Hauptmann geworden. Hauptmann und Kompaniechef, schreibt er. Und sie haben über 40 Grad Kälte. Neun Tage hat der Brief gedauert. An Frau Hauptmann Hesse hat er oben drauf geschrieben.

Sie hielt den Brief hoch. Aber die Nachbarin sah nicht hin. 40 Grad Kälte, sagte sie, die armen Jungs. 40 Grad Kälte.

An diesem Dienstag
fragte der Oberfeldarzt den Chefarzt des Seuchenlazarettes Smolensk: Wieviel sind es jeden Tag?

Ein halbes Dutzend.

Scheußlich, sagte der Oberfeldarzt.

Ja, scheußlich, sagte der Chefarzt.

Dabei sahen sie sich nicht an.

An diesem Dienstag
spielten sie die Zauberflöte. Frau Hesse hatte sich die Lippen rot gemacht.

An diesem Dienstag
schrieb Schwester Elisabeth an ihre Eltern: Ohne Gott hält man das gar nicht durch. Aber als der Unterarzt kam, stand sie auf. Er ging so krumm, als trüge er ganz Rußland durch den Saal.

Soll ich ihm noch was geben? fragte die Schwester.

Nein, sagte der Unterarzt. Er sagte das so leise, als ob er sich schämte.

Dann trugen sie Hauptmann Hesse hinaus. Draußen polterte es. Die bumsen immer so. Warum können sie die Toten nicht langsam hinlegen. Jedesmal lassen sie sie so auf die Erde bumsen. Das sagte einer. Und sein Nachbar sang leise:

Zicke zacke juppheidi
Schneidig ist die Infanterie.

Der Unterarzt ging von Bett zu Bett. Jeden Tag. Tag und Nacht. Tagelang. Nächte durch. Krumm ging er. Er trug ganz Rußland durch den Saal. Draußen stolperten zwei Krankenträger mit einer leeren Bahre davon. Nummer 4, sagte der eine. Er hatte Schnupfen.

An diesem Dienstag
saß Ulla abends und malte in ihr Schreibheft mit großen Buchstaben:

IM KRIEG SIND ALLE VÄTER SOLDAT.
IM KRIEG SIND ALLE VÄTER SOLDAT.

Zehnmal schrieb sie das. Mit großen Buchstaben. Und Krieg mit G. Wie Grube.

In neun atmosphärisch dichten Bildern zeichnet Borchert das Panorama eines totalen Krieges. Panorama, das heißt: das Ganze wird sichtbar gemacht in Ausschnitten, die Einblick geben. Alle, die an der Front und die in der Heimat, geben etwas preis von ihrem Inneren: Leutnant Ehlers, der Oberfeldarzt, Frau Hesse und die kleine Ulla. Was man erfährt, erklärt, warum es mit dem Krieg weitergeht. Einmal in Gang gesetzt, entfesselt und steuert die Kriegsmaschine gewaltige Kräfte; sie kommandiert, dirigiert, registriert Ausfälle. Noch hält der Krieg die Menschen in Bann. Beförderungen und Auszeichnungen machen stolz, noch sind sich Diensteid und Hippokratischer Eid nicht im Wege. Im Krieg brechen auch Menschenleben ab, unversehens und im Nu. Wenn die Träger dann den Toten »so auf die Erde bumsen lassen«, zählt ein gelebtes Leben schon fast nichts mehr. Wir erfahren nur einmal beiläufig von früheren Tagen: »Hesse war doch mehr für das Leichte.« Jetzt ist der Hauptmann Hesse schon abgeschrieben, und »Grube« wird für die kleine Ulla zum Eselsbrückenwort, das ihr hilft, das Wort »Krieg« richtig zu schreiben. Am Ende dieses Dienstags im Krieg gibt es einige Soldaten und Väter weniger.

Das Brot

Zu den besten Kurzgeschichten Wolfgang Borcherts und zugleich zu den besten der deutschen Literatur überhaupt wird wohl zu Recht die nachgelassene Erzählung ›Das Brot‹ gezählt.

Plötzlich wachte sie auf. Es war halb drei. Sie überlegte, warum sie aufgewacht war. Ach so! In der Küche hatte jemand gegen einen Stuhl gestoßen. Sie horchte nach der Küche. Es war still. Es war zu still und als sie mit der Hand über das Bett neben sich fuhr, fand sie es leer. Das war es, was es so besonders still gemacht hatte: sein Atem fehlte. Sie stand auf und tappte durch die dunkle Wohnung zur Küche. In der Küche trafen sie sich. Die Uhr war halb drei. Sie sah etwas Weißes am Küchenschrank stehen. Sie machte Licht. Sie standen sich im Hemd gegenüber. Nachts. Um halb drei. In der Küche.

Auf dem Küchentisch stand der Brotteller. Sie sah, daß er sich Brot abgeschnitten hatte. Das Messer lag noch neben dem Teller. Und auf der Decke lagen Brotkrümel. Wenn sie abends zu Bett gingen, machte sie immer das Tischtuch sauber. Jeden Abend. Aber nun lagen Krümel auf dem Tuch. Und das Messer lag da. Sie fühlte, wie die Kälte der Fliesen langsam an ihr hochkroch. Und sie sah von dem Teller weg.

»Ich dachte, hier wär was«, sagte er und sah in der Küche umher.

»Ich habe auch was gehört«, antwortete sie und dabei fand sie, daß er nachts im Hemd doch schon recht alt aussah. So alt wie er war. Dreiundsechzig. Tagsüber sah er manchmal jünger aus. Sie sieht doch schon alt aus, dachte er, im Hemd sieht sie doch ziemlich alt aus. Aber das liegt vielleicht an den Haaren. Bei den Frauen liegt das nachts immer an den Haaren. Die machen dann auf einmal so alt.

»Du hättest Schuhe anziehen sollen. So barfuß auf den kalten Fliesen. Du erkältest dich noch.«

Sie sah ihn nicht an, weil sie nicht ertragen konnte, daß er log. Daß er log, nachdem sie neununddreißig Jahre verheiratet waren.

»Ich dachte, hier wäre was«, sagte er noch einmal und sah wieder so sinnlos von einer Ecke in die andere, »ich hörte hier was. Da dachte ich, hier wäre was.«

»Ich hab auch was gehört. Aber es war wohl nichts.« Sie stellte den Teller vom Tisch und schnippte die Krümel von der Decke.

»Nein, es war wohl nichts«, echote er unsicher.

Sie kam ihm zu Hilfe: »Komm man. Das war wohl draußen. Komm man zu Bett. Du erkältest dich noch. Auf den kalten Fliesen.«

Er sah zum Fenster hin. »Ja, das muß wohl draußen gewesen sein. Ich dachte, es wäre hier.«

Sie hob die Hand zum Lichtschalter. Ich muß das Licht jetzt ausmachen, sonst muß ich nach dem Teller sehen, dachte sie. Ich darf doch nicht nach dem Teller sehen. »Komm man«, sagte sie und machte das Licht aus, »das war wohl draußen. Die Dachrinne schlägt immer bei Wind gegen die Wand. Es war sicher die Dachrinne. Bei Wind klappert sie immer.«

Sie tappten sich beide über den dunklen Korridor zum Schlafzimmer. Ihre nackten Füße platschten auf den Fußboden.

»Wind ist ja«, meinte er. »Wind war schon die ganze Nacht.« Als sie im Bett lagen, sagte sie: »Ja, Wind war schon die ganze Nacht. Es war wohl die Dachrinne.«

»Ja, ich dachte, es wäre in der Küche. Es war wohl die Dachrinne.« Er sagte das, als ob er schon halb im Schlaf wäre.

Aber sie merkte, wie unecht seine Stimme klang, wenn er log.

»Es ist kalt«, sagte sie und gähnte leise, »ich krieche unter die Decke. Gute Nacht.«

»Nacht«, antwortete er und noch: »ja, kalt ist es schon ganz schön.«

Dann war es still. Nach vielen Minuten hörte sie, daß er leise und vorsichtig kaute. Sie atmete absichtlich tief und gleichmäßig, damit er nicht merken sollte, daß sie noch wach war. Aber sein Kauen war so regelmäßig, daß sie davon langsam einschlief.

Als er am nächsten Abend nach Hause kam, schob sie ihm vier Scheiben Brot hin. Sonst hatte er immer nur drei essen können. »Du kannst ruhig vier essen«, sagte sie und ging von der Lampe weg. »Ich kann dieses Brot nicht so recht vertragen. Iß du man eine mehr. Ich vertrag es nicht so gut.«

Sie sah, wie er sich tief über den Teller beugte. Er sah nicht auf. In diesem Augenblick tat er ihr leid.

»Du kannst doch nicht nur zwei Scheiben essen«, sagte er auf seinen Teller.

»Doch. Abends vertrag ich das Brot nicht gut. Iß man. Iß man.«

Erst nach einer Weile setzte sie sich unter die Lampe an den Tisch.

Die Umgebung ist so gezeichnet, daß wichtige Details sogleich scharf angeleuchtet werden. Die Zeit wird genau angegeben, es ist Schlafenszeit; die Krümel auf dem sonst abgekehrten Tisch müssen den Argwohn der alten Frau wecken, die wohl nicht nur wegen des Fliesenbodens Kälte in sich hochkriechen fühlt.

Die Atmosphäre ist bestimmt vom grauen, bedrückenden Nachkriegsalltag. Auch die Sprache zeugt davon: die Sätze sind einfach, kurz, monoton. Man sagt sich nur das Notwendigste; redet einer mehr oder gar viel, so ist das ein schlechtes Zeichen.

Der Hintergrund wird nicht ausgeführt, ist aber zwischen den Zeilen deutlich zu lesen. Offenbar gibt es nur knapp zu essen, die zugeteilten Rationen müssen erneut rationiert werden. Die meisten hungern trotzdem; unter der Qual des Hungers werden sie sich selbst fremd. So geschah es wohl auch dem alten Mann.

Am Verhalten der Frau werden sich ihre menschlichen Qualitäten messen lassen. Die Entscheidung, vor die sie sich plötzlich gestellt sieht, macht den Blick frei für eine Dialektik der Lüge, die die Kurzgeschichte durchzieht.

Der Mann lügt, er sucht nach Ausflüchten, um von dem abzulenken, was handgreiflich auf dem Tischtuch liegt. Die Frau sieht die Krümel. Zugleich sehen sie einander in ihrer welken Leiblichkeit, erkennen einander in einer ihrem Alter angemessenen Weise, und für einen Moment werden Liebe und Verständnis spürbar.

Doch von dem Augenblick an, da ihr seine Lüge ganz bewußt wird, kann sie ihn nicht mehr ansehen, es kostet genug Kraft, seine Stimme hören zu müssen und die Arglose zu spielen. Er lügt weiter, und es ist nur konsequent, daß das Schamgefühl gegen den Hunger nicht ankommt: er ißt im Bett das abgeschnittene Brot, sie hört ihn kauen.

Die Dialektik der Lüge schlägt um: Die Lüge der Frau am nächsten Tag ist eine Mitleidslüge. Er merkt es genau, seine Scham kann sich jetzt in einer Geste äußern – und sie kann an den Tisch zurückkehren. Sie hat das Bedürfnis überwunden, in ihrem Mann einen Mitmenschen bloßzustellen und zu demütigen.

Siegfried Lenz, Der Anfang von etwas

Siegfried Lenz kam gewissermaßen auf amerikanische Weise zur Kurzgeschichte. Er arbeitete nach dem Krieg als Journalist bei einer Tageszeitung, als er den Auftrag erhielt, nach amerikanischem Vorbild gelegentlich eine Kurzgeschichte in das Blatt aufzunehmen. Er versuchte sich selbst als Autor und konnte feststellen, daß seine »Sachen« gefielen.

Unter allen deutschen Kurzgeschichtenschreibern hat sich Lenz am offensten zu einem amerikanischen Vorbild bekannt. ›Mein Vorbild Hemingway‹ ist ein Aufsatz überschrieben, in dem er sich mit der amerikanischen Kurzgeschichte und mit einem Meister dieses Genres auseinandersetzt.

Bemerkenswert ist, daß der junge deutsche Autor, der sich Hemingway in mancher Hinsicht wesensverwandt fühlte, dessen Weltverständnis nicht teilen wollte. Fasziniert, aber nicht ohne Vorbehalte hatte er die Hemingway-Geschichte ›Das Ende von etwas‹ gelesen. Er antwortete mit einem Gegenentwurf, einer Kurzgeschichte mit dem Titel ›Der Anfang von etwas‹. Ein Vergleich der beiden Geschichten ist aufschlußreich; aus der Lenzschen ist auch zu ersehen, welches Kunstniveau die deutsche Kurzgeschichte in den fünfziger Jahren erreicht hatte.

Hemingways ›Ende von etwas‹ beschreibt das plötzliche Ende einer Teenagerliebe. Die Kurzgeschichte läßt sich in drei Teile gliedern. Im ersten Teil erzählt Hemingway vom Boom und vom anschließenden raschen Niedergang der an einem großen See gelegenen Bauholzstadt

Hortons Bay. Der Untergang hat seine Gründe, sie sind zu benennen, die Stadien lassen sich beschreiben: Erst stockt mangels Rohmaterial die Produktion, bald rentiert sich der Betrieb nicht mehr, das wiederverwendbare Inventar wird weggeschafft; was zurückbleibt, verfällt, ist ohne Wert.

Am gleichen See – 10 Jahre später; der Autor beobachtet im zweiten Teil das Teenagerpaar Nick und Marjorie beim Fischen. Sie verstehen beide etwas davon, sind intensiv bei der Sache, viel zu reden gibt es nicht.

Auch im dritten Teil ist zunächst alles wie so oft vorher: Das Mädchen macht Abendessen, bereitet die gefangenen Fische zu – da kommt plötzlich das Ende.

Sie saßen auf der Decke, ohne sich zu berühren, und sahen zu, wie der Mond aufging.

»Du brauchst doch nicht so dumm zu reden«, sagte Marjorie.

»Was ist denn eigentlich los?«

»Ich weiß nicht.«

»Natürlich weißt du's.«

»Nein, wirklich nicht.«

»Los, sag's.«

Nick sah weiter auf den Mond, der über die Berge heraufkam.

»Es macht keinen Spaß mehr.«

Er hatte Angst, Marjorie anzusehen. Dann sah er sie an. Sie saß da und wandte ihm den Rücken zu. Er sah ihren Rücken an.»Es macht keinen Spaß mehr. Überhaupt nichts mehr.«

Sie sagte nichts. Er fuhr fort: »Weißt du, mir ist, als ob alles in mir zum Teufel gegangen ist. Ich weiß nicht, Marge. Ich weiß nicht, was ich sagen soll.«

Er blickte weiter auf ihren Rücken.

»Macht Liebe denn keinen Spaß?« sagte Marjorie.

»Nein«, sagte Nick. Marjorie stand auf. Nick saß da, den Kopf in die Hände gestützt.

»Ich nehme das Boot«, rief ihm Marjorie zu. »Du kannst um die Landspitze herum zu Fuß zurückgehen.«

Das Mädchen läßt sich wegschicken, kein Wort darüber, wie es in ihr aussieht. Der Junge durchlebt die Situation, ohne sie erklären oder sich auch nur artikulieren zu können. Jedem jungen Mann kann es einmal so gehen, mehr ist nicht zu sagen.

Harry Hoppe, der Held der Lenzschen Kurzgeschichte, ist schon zweiunddreißig; er gehört zur Mannschaft eines Feuerschiffs, das in der Elbmündung Dienst getan hat und gerade überholt worden ist. An einem Silvestermorgen will Hoppe wieder an Bord gehen.

Mühsam kam Harry Hoppe die Pier herab. Mit vorgelegtem Oberkörper, in einer Hand einen Pappkoffer, in der andern einen verschnürten Karton, so stemmte er sich gegen das böige Schneetreiben, das schon in der Dunkelheit jenes Silvestermorgens eingesetzt hatte. Kalt zog es von den Speichern her, von den naßglänzenden Bergen der Bunkerkohle; Eisschollen trieben im schwarzen Wasser des Stroms, kreisten in der Strömung, schrammten splitternd an der Mauer entlang; Böen fuhren scharf über sie hin, riffelten, krausten die offenen Stellen des Wassers zwischen den treibenden Eisschollen. Unter dem Schneetreiben kam Hoppe hervor, nur ein Schatten zuerst, eine mühsame Ankündigung seiner selbst; kam hervor auf der äußersten Kante der Pier, angestrengt, mit gesenktem Gesicht, und gegen die Stöße des Winds, der seine Arme mit den Gepäckstücken auseinanderzuzwingen suchte, den Mantel gegen den Körper preßte, kam er unaufhaltsam herab bis zur grünen Zollbude.

Der Erzähler Lenz springt, wie es das Gesetz der Kurzgeschichte will, mitten in ein Geschehen. Im raschen Wechsel der Bilder wird die Atmosphäre des Ortes und der Jahreszeit eingefangen. Hoppe findet die Pier leer, müht sich nicht lange um eine Erklärung und sucht eine Kneipe auf, um sich aufzuwärmen. Dort scheinen sich Veränderungen für ihn anzubahnen. Harry trifft seine ehemalige Freundin Paula wieder, die in der Kneipe als Kellnerin arbeitet. Wollen es die beiden aufs neue miteinander versuchen?

Der Vorhang hinter der Theke bewegte sich, bauschte sich, Paula kam heraus, ging mit verstörtem Lächeln an Hoppes Tisch, setzte eine Tasse dampfender Brühe vor ihn hin, ein Glas Schnaps, und während sie noch servierte, sagte sie – und Hoppe wußte, daß sie sich das, was sie sagte, hinter dem Vorhang überlegt hatte –: »Ich werde heiraten, Harry.«

Er antwortete nicht, er hob das Glas, nickte ihr zu und trank; angestrengt legte er den Kopf zurück, ließ den Alkohol über seine schmerzenden Backenzähne rinnen und schluckte und schüttelte sich.

»Immer noch die Zähne?« fragte sie.

»Ich hab's aufgegeben«, sagte er, »sie sehen sehr gut aus, aber alle sind lose. Zum Schluß bleibt mir nur die Zunge, um die Wunden zu lecken.«

»Hat die Behandlung nicht geholfen, damals?«

»Uns hilft keine Behandlung mehr«, sagte Hoppe, »wir können uns nur noch neu machen lassen, mit allem neu. Was uns fehlt, ist ein neuer Anfang.«

»Du bist schrecklich, Harry.«

Sie setzte sich vorsichtig auf einen Stuhl neben ihn, sah auf sein Gepäck am Tischbein, sah zu, wie er in der Brühe rührte, Nudeln und gehacktes Grünzeug hochbrachte und dann, mühselig, mit geschlossenen Augen, die Brühe zu schlürfen begann. Scharf zog er die Brühe ein, schob die Lippen vor, zog kühlende Luft nach, jeder Schluck erleichterte ihn.

»Und du, Harry«, fragte sie ihn, »bist du verheiratet?«

»Ungefähr«, sagte er.

»Wie ist das, wenn man ungefähr verheiratet ist?«

»Man kann sich alles dabei denken.«

»Du hättest nicht kommen sollen, Harry.«

»Ich gehe gleich wieder.«

»Du brauchst nicht zu gehen, nicht weil ich hier bin. Es würde nichts ändern.«

»Dann bring mir noch einen Schnaps«, sagte er.

Paula stand auf, bückte sich; sie hob den Karton auf, trug ihn wortlos zum Kanonenofen hinüber und stellte ihn so ab, daß die vor Feuchtigkeit schwarze Unterseite dem Ofen zugekehrt war, in dem die Glut knackte und summte. Hoppe beobachtete sie dabei aus den Augenwinkeln, rührte in der Brühe, dachte: »Bis hierher also, und jetzt fängt es an wie damals.«

Sie stand hinter der Theke, füllte sein Glas, und als er in ihr Gesicht blickte, lächelte sie; dann brachte sie das volle Glas, nahm das leere vom Tisch und blieb zögernd, eine Hand unter der sauberen, verwaschenen Schürze, neben seinem Stuhl stehen.

»Ich muß dich sprechen«, sagte er.

»Es geht nicht, hier nicht.«

»Dann später, nur irgendwann heute.«

Sie antwortete nicht.

Es fällt auf, daß Siegfried Lenz seinen Helden unversehens einen programmatischen Satz sprechen läßt, der gar nicht so recht zu seinem sonstigen, etwas mundfaulen Reden passen will: »Was uns fehlt, ist ein neuer Anfang.« Als Theoretiker nimmt Lenz damit Abstand von Hemingways Erfahrung, daß

das Unglück darin besteht, daß wir alles hinter uns haben. Ich bin der Meinung, daß sich das Unglück ebenso durch das rechtfertigen läßt, was vor uns liegt: durch offene Räume, offene Entscheidungen.

In der Geschichte gilt es alsbald, eines Entscheidungs- und Absprungmoments gewahr zu werden, ein »offener Raum« tut sich auf. Durch Zufall erfährt Hoppe aus der Zeitung, daß sein Feuerschiff mit einem Tanker zusammengestoßen und gesunken ist. Die gesamte Mannschaft kam ums Leben, Harry findet auch seinen Namen in der Liste der Toten. Er sieht seine Chance und geht wieder zur Pier.

Hoppe blickte über den Strom: Wind und Schnee, er blickte hinab auf die treibenden Eisschollen, knüllte die Zeitung zusammen und warf sie in den Strom. Er steckte sich eine Zigarette an. Er lehnte rauchend an der fensterlosen Bude, sah sich plötzlich um, trat aus dem Windschatten heraus und spähte die Pier hinab, musterte die Luken der Speicher, stand und lauschte auf das schleifende Geräusch einer fernen Straßenbahn; dann trat er zurück, hob ohne Zögern den Karton an und ließ ihn knapp neben der Pier zwischen die Eisschollen fallen: ein tiefes »Wumm« drang zu ihm herauf, ein Laut wie ein tiefes zufriedenes Aufseufzen. Ruhig ergriff er den Pappkoffer, führte ihn nach hinten, diskusgleich, schnellte aus der Hüfte hervor und schleuderte den Koffer mit verlängertem Armschwung auf den Strom hinaus. Der Koffer traf eine Eisscholle, schrammte über sie hinweg und rutschte ins offene Wasser. Er sank nicht. Er sog sich mit Wasser voll und trieb, eingeklemmt von Eisschollen, den Strom hinab. Hoppe wartete, bis Koffer und Karton hinter dem weißen Gitter des Schneetreibens verschwunden waren, dann schnippte er die Kippe der Zigarette fort und ging langsam durch das Schneetreiben zur Stadt hinauf.

Vom Schluß her wird erst so recht deutlich, daß Lenz in seine Geschichte auch Symbole eingearbeitet hat. Mit Koffer und Pappkarton, die schon am Anfang als sperrige Last erwähnt sind, wirft Hoppe sein altes Ich von sich. Das verstärkt den Eindruck, daß Lenz einem existentialistischen Muster folgte. Wie Hoppes Neuanfang aussehen könnte, ist kaum zu ahnen. Gewiß: Die Kurzgeschichte erhält ihren offenen Schluß, von Hoppes Unglück hat man indes wenig erfahren; er kam aus dem grauen Dunkel und verschwindet wieder darin. An Hoppe wird eigentlich nur gezeigt, welche Macht der Zufall auf ein menschliches Schicksal ausüben kann.

Hemingway hatte ein Ende von etwas vorgeführt, ohne Gründen nachzuspüren. Lenz wollte, wie er programmatisch ausführt, gerade solche Gründe ausfindig machen. Harry Hoppe war dafür nicht die richtige Figur.

Gabriele Wohmann
Verjährt

Von allen deutschen Schriftstellern der Nachkriegszeit, sicher aber von allen Schriftstellerinnen, dürfte Gabriele Wohmann die meisten Kurzgeschichten geschrieben haben. Nach ihren eigenen Angaben sind es etwa 250.

1932 geboren, gehört Gabriele Wohmann bereits einer jüngeren Generation an, deren erste Arbeiten in den fünfziger Jahren erschienen. Die Figuren ihrer Geschichten leben längst wieder in normalen Verhältnissen. Die Bundesrepublik war ein geordnetes Land geworden, in dem es immer mehr Menschen gut ging. Wolfdietrich Schnurre, Kurzgeschichten-Pionier der ersten Stunde, hat 1961 in einer Betrachtung über seine Lieblingsgattung festgestellt: »In einem geregelten Staatsleben, einem wohlhabenden Land ist die Kurzgeschichte unmöglich.« Schnurre kommt zu diesem rigorosen Urteil, indem er die Gegenwart der frühen sechziger Jahre mit der Kriegs- und Nachkriegszeit vergleicht. Damals fanden die Erzähler ihre Themen und Stoffe »in der Überfülle an peinigenden Erlebnissen ..., Schuld, Anklage, Verzweiflung drängte [n] zur Aussage« und zu einer »keuchend kurzen, mißtrauisch kargen Mitteilungsform«. Und wie sieht Schnurre seine Zeitgenossen von 1960, die veränderten Deutschen? »Unsere Durchschnittslebensläufe sind langweilig und banal, und unser Streben erschöpft sich in Ruhe haben wollen und in einem guten Verdienst.« Aufrichtige, vor allem aber kritische Geister hätten ihm da wohl nicht widersprochen.

Immerhin gestand Schnurre der Gattung Kurzgeschichte eine Fähigkeit zu, die Aussichten auf Weiterleben und Fortentwicklung eröffnete, sie sei einer »der sensibelsten Seismographen der sozialen, politischen und allgemein menschlichen Verhältnisse.« Sollte ein solches Instrument ungenutzt bleiben? Gabriele Wohmanns Geschichte ›Verjährt‹ spielt auf einer »Ferieninsel«.

Nette Leute, unsere Nachbarn in der Strandhütte rechts, die Leute mit dem Pudel. Ruhige Leute, mit vorwiegend angenehmen Erinnerungen. Sie verbringen jeden Sommer hier, kaum wissen sie noch, seit wann. Sie haben auch letztes Jahr im »Juliana« gewohnt, waren einmal am Leuchtturm, mit Rast in der Teebude, bei ähnlichem Wetter wie im Jahr davor oder danach. Es kommt ihnen auf Übereinstimmung an, je mehr die Ferien sich gleichen, desto besser die Erholung. Öfter im Hafenort, die etwas längere, aber auch lohnendere Unternehmung. Doch noch immer haben sie sich nicht dazu aufgerafft, in einer Vollmondnacht längs des Abschlußdamms zu promenieren. Wiedermal versäumten sie an keinem ihrer vier Mittwochnachmittage das Folklorefest im Hauptort der Insel, vorher Einkäufe, Mittagessen, als Ausklang Eis. Es pflegt sie stets einigermaßen anzustrengen, im überfüllten Städtchen findet der Mann nur mit Mühe einen Parkplatz; aber es gehört dazu und ist nett, war nett, immer gewesen. Findest du nicht, Reinhard?

Sie mieten immer eine der Strandhütten auf der Nordseite, sie finden den dortigen Strandhüttenvermieter sympathischer, sie melden sich immer rechtzeitig an und bestehen auf einer der höheren Nummern, meistens wohnen sie in einer Hütte zwischen 60 und 65. Sie haben es gern ruhig. Der etwas weitere Weg, Preis dieser Ruhe, ist schließlich gesund. Sie redeten auch vor drei Jahren über den Pudel, beispielsweise. Der Pudel, das Wetter, der Badewärter, der Jeep des Badewärters, Badeanzüge, Mahlzeiten im »Juliana«. Vielleicht sind einige ihrer Sätze früheren Sätzen zufällig aufs Wort gleich, das wäre wahrscheinlich, zumindest bei kurzen Sätzen. Die Bedienung im »Juliana« wechselt, aber das bringt wenig Veränderung mit sich, denn alle Kellnerinnen und Kellner und auch die Zimmermädchen sind freundlich und vergeßlich, als mache die Hotelleitung bei neuen Engagements gerade nur diese beiden Eigenschaften zur Bedingung.

Übrigens haben vor ungefähr fünfzehn Jahren unsere netten ruhigen Nachbarn sich den Frieden gewünscht, in dem sie jetzt längst leben. Das Erreichte scheint sie manchmal fast zu lähmen. Stundenlang reden sie kein Wort miteinander. Dann wieder das Hotelessen, der Vorschlag spazierenzugehen, die lauten ballspielenden Leute in der Strandhütte links, unsere Nachbarn bedauern, daß der Strandhüttenvermieter nicht darauf geachtet hat, ihr Ruhebedürfnis zu respektieren, er wird es nicht so genau wissen, wir wollen keinen Streit anfangen. Mit ihrem Apfelfrühstück, den Rauchpausen, dem Umkleiden in der Hütte – wobei immer einer rücksichtsvoll den andern allein läßt und, den beunruhigten Pudel an knapper Leine zurückreißend, vor der versperrten Tür wartet – mit ihren kurzen, aber gründlichen, von Gymnastikübungen umrahmten Bädern bei Hochflut, den Pudelspaziergängen mit Apportieren und fröhlichen, aber ernsthaften Erziehungsexerzitien und sparsamem Wortwechsel untereinander, erwecken unsere Nachbarn in mir den Wunsch, wir beide, Reinhard, könnten es eines Tages genau so angenehm haben –

Ich bringe die Zeit durcheinander, entschuldige. Es ist so heiß, die Sommer sind sich so ähnlich, man kann leicht eine Schaumkrone für ein Segel halten oder Jahre und Leute miteinander verwechseln.

Aufregungen im Leben unserer Nachbarn liegen so weit zurück, daß sie nicht mehr genau stimmen, wenn man sich ihrer erinnert, aber das unterbleibt. Vor Jahren hat der Mann ein Kind überfahren, es war jedoch nicht seine Schuld, sondern die des Kindes. Die Frau, obwohl sie das so gut wie jedermann wußte, nahm dem Mann die Selbstsicherheit übel, mit der er über den Fall redete. Als käme es darauf an, wer die Schuld hat, fand sie, sie sagte es ihm auch. Weniger nett von ihr, denn sie hätte spüren müssen, daß der Mann unter dem Unfall litt wie sie, schuldig oder nicht.

Jetzt vergessen. Während der Mittagsstunden ist es besonders ruhig am Strand. Oft nehmen unsere Nachbarn sich Lunchpakete mit in die Strandhütte, bei schönem Wetter; die Lunchpakete des »Juliana« sind so großzügig gepackt, daß der Pudel kein eigenes Fressen braucht. Die vier Wochen am Meer, von jeher eine feste Gewohnheit unserer Nachbarn, waren in dem Jahr nach dem Unfall natürlich keineswegs geruhsam, obwohl nicht mehr darüber geredet wurde; beide erholten sich nicht nennenswert. Sie besaßen auch noch keinen Pudel damals, überhaupt keinen Hund als Ersatz für ihre kleine, vom Vater überfahrene Tochter, darauf kamen sie erst ein Jahr später, es hat aber auch dann noch nicht richtig geholfen, die Traurigkeit war doch größer. Im Jahr nach dem Unfall hatte der Mann immer noch nicht von seiner Marotte genug, der Frau Vorwürfe zu machen. Schön und gut, ich habe sie überfahren, aber du hast mit ihr das blödsinnige Privatfest gefeiert und ihr so viel Wein zu trinken gegeben – die Frau hörte nicht mehr zu. War es anständig, Monate nachdem sie den Alkohol aufgegeben hatte, dies Thema überhaupt zu berühren? Die Frau fand jahrelang die Auseinandersetzungen mit ihrem Mann schlimmer als den Verlust des Kindes, sie haßten sich, wünschten einer des andern Tod – nicht der Rede wert. Jetzt, am Strand, wird keinem Anlaß für Zorn mehr nachgesonnen. Alles ist verjährt, scheint es nicht so? Zwei Hütten weiter rechts sieht ein Mädchen der Geliebten des Mannes ähnlich; sehr viele Jahre her, man zählt nicht nach. Diese Geliebte wäre jetzt älter und dem Mädchen gar nicht mehr ähnlich. Sie lebt nicht mehr, ihr Selbstmord war der Frau recht: das genügt nicht, um von Schuld zu sprechen.

Der Pudel ist so lebhaft. Nett zu beobachten. Man selber liegt still. Kein Wort mehr. Zu reden, das hieße: auch über Gilbert zu reden. Nach dem von mir verschuldeten tödlichen Unfall unseres Kindes, Reinhard, war es doch verständlich, daß ich mit Gilbert wegging. Vorbei. Ich weiß, daß die noch jungen Leute nebenan uns beneiden. Nette ruhige Leute, werden sie denken, vorwiegend angenehme Erinnerungen. Was für friedliche Nachbarn, sie sind gut dran. Ja, so wird es von uns heißen. Ich höre manchmal Streit von nebenan, du auch, Reinhard? Es erinnert uns an früher. Es erinnert uns an meinen Sohn von Gilbert, an deine Konsequenz, das Kind nicht in unserm Haus zu dulden. Es erinnert uns an das gebrochene Versprechen, meinen Vater bei uns aufzunehmen, aber meine Mutter, sterbend, wußte ja schon nicht mehr, was sie verlangte, und übrigens starb mein Vater knapp drei Monate später in einem sehr ordentlichen Altersheim.

Seit wir nur noch wenig miteinander reden, Reinhard, erholen wir uns von Sommer zu Sommer besser. Unsere Ernährung ist reich an Vitalstoffen. Promenaden bei Vollmond aber lassen wir besser weg. Besser, wir halten uns an das Normale. Der Pudel amüsiert uns, ein spaßiger Kerl. Das Meer ist fast schön. Viel Obst, viel Übereinstimmung, viel Ruhe.

Das Geschehen – wenn man dieses Wort überhaupt benützen darf – beginnt unvermittelt. Man ist in Urlaub, hat sich schon an den anderen Rhythmus des Ferienalltags gewöhnt. Mit mehr Zeit und Muße sieht man sich die Menschen in der Umgebung genauer an, nimmt wahr, wie sie sich geben, stellt Vermutungen an, was für ein Leben sie wohl führen.

Das tut hier eine Nachbarin. Sie registriert die Gewohnheiten eines älteren Paars, Rituale des Ferienalltags. Die Nachbarin scheint die beiden genauer zu kennen, sie weiß mehr, als man sieht. Ohne Aufhebens spricht sie von anderen Harmoniestörungen als jenen, die durch ballspielende junge Leute verursacht werden: fahrlässige Tötung des eigenen Kindes, fahrlässiges Verhalten des Partners, Untreue; man sollte glauben, das Paar könnte seines Lebens nicht mehr froh werden. Und doch scheinen sie ein »angenehmes«, ein »friedliches« Leben miteinander zu führen. Es stellt sich die Frage, wie sie aus der Krise herausfanden. Gründet die gegenseitige Schonung, die ein hohes Maß an Selbstbeherrschung verlangt, auf einer selbstverordneten Erlösung von Schuld? Oder gehören zur Überwindung Gefühlskälte und ein tiefverwurzelter Egoismus? Muß über einen schon damals »erschrekkend« genannten Schwund des Wertebewußtseins geklagt werden? Der Leser ist jedenfalls verblüfft.

Vielleicht verhilft die zweite Überraschung in der Geschichte zu einer Erklärung: Die Älteren werden für die Jüngeren zum Spiegel, in dem sie sich selbst erkennen. Auch sie haben schlimme Zeiten hinter sich, in denen sie nicht frei von Schuld geblieben sind. Wie haben sie es ihrerseits fertiggebracht, sich trotzdem ein angenehmes Leben zu verschaffen? Sie haben ihnen nahestehende Menschen, Familienangehörige, abgeschoben, weil durch sie Beanspruchung und Belastung zu befürchten war. Die Frau stellt geradezu mit Genugtuung fest, daß das Schicksal offenbar mitgespielt hat: Der Vater starb, kurz nachdem sie sich entschieden hatten, ihn nicht bei sich aufzunehmen.

Die Frau scheint unter dem Zwang zu stehen, sich immer wieder vor Augen halten zu müssen, was damals geschehen ist. Schlechtes Gewissen braucht sich in einer solchen Rechenschaftsablage vor sich selbst nicht zu äußern. Der angesprochene Reinhard hat dazu nichts zu sagen. Aber mit dem Seniorenpaar kann sich die Frau identifizieren: Die sind auch nicht anders als wir, wir nicht anders als sie. Und neben ihnen am Strand beobachten sie wiederum ein jüngeres Paar, das auch nicht anders zu sein scheint. Auch das kann »beruhigend« sein. Die Kurzgeschichte hat hier die Form eines »inneren« Monologs angenommen. Aus ihm geht überraschenderweise hervor, daß die Generationen sich wenig vorwerfen können. Eine schlechte Tradition ist dabei sich zu etablieren.

Über Gabriele Wohmann wurde geschrieben, sie »verlege den gesellschaftlichen Aktionsraum nach innen« (M. Durzak). Kann man in der Kurzgeschichte ›Verjährt‹ mehr sehen als die private Innenschau? Immerhin wurde in der westdeutschen Gesellschaft jener Jahre das Thema Verjährung kontrovers diskutiert. Viele wollten von Schuld nichts wissen, man hatte sich in einem angenehm gewordenen Leben eingerichtet und wollte sich nicht stören lassen. Gleich wie ungeheuerlich die Vergangenheit gewesen sein mochte und ob man unmittelbar schuldig geworden war oder nur mittelbar (etwa als »Mitläufer«) – die meisten wollten vergessen. Das aber bedeutete, daß man »nur noch wenig miteinander reden« konnte, sonst wäre die Sprache wohl unweigerlich wieder auf all das Entsetzliche gekommen, das in deutschem Namen geschehen war. Und es hieß auch, sich an der Oberfläche zu bewegen und möglichst stur geradeaus zu gehen – »sich an das Normale zu halten«, wie bei Gabriele Wohmann steht. Tat man das nicht, so lief man womöglich Gefahr, in den Abgrund der Erinnerungen zu fallen und zu erkennen, daß diese eben keineswegs »verjährt« waren.

Wolfgang Hildesheimer
Ich finde mich zurecht

Obwohl Wolfgang Hildesheimers ›Lieblose Legenden‹ von 1952 zur Blütezeit der deutschen Kurzgeschichte entstanden sind, können die 18 meist kürzeren Erzählungen der Gattung Kurzgeschichte nicht zugerechnet werden. Der 1916 geborene Hildesheimer gehörte der Gruppe 47 an, blieb aber stets ein Einzelgänger, der schon früh seine Eigenart ausprägte.

In seiner poetischen Welt ist die Kunst wie selbstverständlich immer schon vorhanden. Wo es um Kunst geht, gibt es auch Künstler, es gibt den Kunst- und Künstlerkult, und es gibt Bücher über Künstler und ihre Kunst – täglich kommen neue hinzu. Deshalb lautet auch der programmatische Titel einer ›lieblosen Legende‹: ›Ich schreibe kein Buch über Kafka‹.

Franz Kafka wurde um 1950 in der Bundesrepublik mit großem Nachholeifer gelesen, studiert und interpretiert. Der listige Autor, hinter dem sich Hildesheimer versteckt, will die Sekundärliteratur über den oft rätselhaften Dichter Kafka nicht um ein weiteres Werk vermehren und sucht sich daher ein anderes Thema. Hildesheimer selbst kennt seinen Kafka recht gut, und auch die Kafkaanhänger unter den Lesern der ›Lieblosen Legenden‹ sollen wohl dann und wann an den bewunderten Meister denken. Kafka wird weder parodiert, noch wird ihm gehuldigt; eher läßt sich sagen, daß Hildesheimer mit Kafka-Motiven spielt. ›Ich finde mich zurecht‹ ist an Kafkas ›Die Verwandlung‹ angelehnt, hier wie dort erlebt einer, wie sich ein ihm vertrautes Stück Welt plötzlich auf unheimliche Art und Weise verwandelt; doch bei Hildesheimer geht es heiterer zu als bei Kafka.

Die Hauptfigur, zugleich Ich-Erzähler, ist in seinem Freundes- und Bekanntenkreis als Kunstkenner bekannt und geschätzt.

Eines Abends – es ist jetzt etwa ein Jahr her – besuchte mich mein Onkel. Er brachte mir zwei Bilder mit, die er, wie er sagte, auf einer Auktion günstig ersteigert hatte. Es handelte sich um zwei große, echte, schwere Ölgemälde, auf Leinwand mit pastosem Aufwand gemalt, in dicken, vergoldeten Rahmen. Beide stellten Hochgebirgslandschaften dar, mit Schneebergen, Almhütten und heimkehrenden Holzfällern. Der einzige wesentliche Unterschied war der, daß die eine Landschaft im Lichte der untergehenden Sonne erstrahlte, während sich über der anderen ein Gewitter zusammenzog. Bei ihrem Anblick wurde mir sofort klar, daß sie »Alpenglühen« und »Vor dem Sturm« heißen mußten.

Mein Onkel schlug vor, ich solle die Bilder sogleich aufhängen. Mir fiel kein Vorwand ein, dies nicht zu tun, und ich hängte sie auf, während er mir dabei zusah.

Der Neffe hängt die beiden Schinken mit Unbehagen und etwas schlechtem Gewissen auf; anscheinend schätzt er moderne Malerei mehr, denn er hat von seinem Freund Roeder, einem »Maler moderner Richtung«, kürzlich ein neues Werk erworben, es aber noch nicht gehängt. Er fühlt sich am Abend »merkwürdig gelähmt«, tauscht die Bilder nicht aus – und hat schon so etwas wie Kunstverrat begangen. Die Folgen eines Versäumnisses können, wie man von Kafka weiß, selbst bei geringem Anlaß fürchterlich sein. Roeders Rachegeschenk steht, sorgfältig in eine Kiste verpackt, schon in der Wohnung.

Nichts Gutes ahnend, ging ich ans Auspacken. Zuerst kam, in Holzwolle eingewickelt, eine Porzellanvase, sie stellte einen buntgefiederten Kranich dar, dessen weitgeöffneter Schnabel zum Hineinstecken der Blumenstengel vorgesehen war. Daneben lag, zwischen Schichten von Seidenpapier, ein Strauß künstlicher Rosen und eine Tischlampe, bestehend aus einer nackten weiblichen Figur aus Gußeisen, die auf ihrer Schulter eine Glühbirnenfassung trug und einen Drahtschirm, mit grüner Seide in Rüschen und Falten bespannt.

Nun beginnt eine fast wunderbar zu nennende Kitschvermehrung. Bekannte schleppen, in guter oder böser Absicht, allerlei Nippes- und Kunstgewerbeartikel als Geschenke an; bald ist die Wohnung mit einem Sammelsurium von Absonderlichkeiten gefüllt. Zur neuen Ausstattung gehören diverse Häkelarbeiten, ein schweres Regal mit Bücherattrappen und als Clou eine Schwarzwälder Uhr mit stündlich schreiendem Tonkuckuck. Der arme Neffe zieht sich auf Dauer ins Bett zurück, er kann sich aus der Umklammerung nicht mehr befreien. »So wuchs meine Wohnung langsam zu.«

Wo sich – wie auf einer Müllhalde – das Wertlose, Absonderliche, Verhunzte und Wegwerfreife unversehens anhäuft und rasch vermehrt, beginnt für Hildesheimer das Absurde, das in der Welt in vielerlei Gestalt auftritt. Auf scheinbar harmlose Weise kann eine Entwicklung heraufbeschworen und in Gang gesetzt werden, die nicht mehr rückgängig zu machen ist. Ergibt diese Erfahrungserkenntnis, ins Bild gesetzt, eine Parabel, eine Parabel des Absurden?

Hildesheimer nennt die Erzählung Legende. Er hat ganz sicher nicht die christliche Legende im Auge, eher drängt sich einem eine andere Bedeutung des Wortes auf: Ist ›Ich finde mich zurecht‹ eine Lügengeschichte?

Gelogen ist die Behauptung des Titels; der Neffe findet sich eben nicht mehr zurecht. »Lügen« sind auch die von wohlmeinenden Kunstbeflissenen verfertigten Dinge in der Kiste: künstliche Rosen, ein Porzellankranich, der eine Vase ist, und die Lampe, eine schlimme Mischung aus Kunstwerk und Gebrauchsgegenstand. Da wird man den Verdacht nicht los, daß viele zwischen Kunst und Kitsch nicht mehr unterscheiden können, vielleicht auch gar nicht unterscheiden wollen. So kommt eine »Kunst«inflation zustande; man muß für die Kultur fürchten, deren Herzstück die Kunst ist. Und dies, nachdem man sich nach sechs Jahren Mord- und Totschlag eben wieder auf die Werte der Kultur besonnen hat. Da man sich aber zunehmend häufig auf sie beruft, droht wiederum ein Überhandnehmen der schönen Worte, Phrasen und ... Legenden. Solche Legenden sind für Hildesheimer zum Beispiel Lügengeschichten über Genies. Deshalb begrüßt er den Vorsatz: »Ich schreibe kein Buch über Kafka«.

3. Lyrik: Gedichte nach Auschwitz

Auch in der deutschen Lyrik fand die vielzitierte Stunde X nicht statt: Es kam zu keinem zielbewußten Neubeginn. In der Zeit der kulturellen Isolation hatte man in Deutschland Gedichte ohne Blick auf die Entwicklungstendenzen der Weltliteratur geschrieben. Bertolt Brechts lyrisches Werk war 1945 noch völlig unbekannt.

Der von den Nazis betriebene Mißbrauch der Sprache zur Manipulation der Massen und zur Verschleierung der Wahrheit mußte sich besonders auf das lyrische Schaffen auswirken, das nur in einem Klima sprachlicher Freiheit und Feinfühligkeit gedeihen kann. Nun waren bestimmte Wörter und Wortkombinationen durch die sich zwangsläufig einstellenden Assoziationen korrumpiert, bestimmte literarische Formen und Stilmittel diskreditiert. Sensible bekamen Skrupel, sich der so sehr belasteten deutschen Sprache zu bedienen.

Trotzdem gewannen manche Dichter ihr Selbstvertrauen erstaunlich rasch zurück. Bald wurden wieder Gedichte geschrieben, in Zeitschriften und Anthologien veröffentlicht und auch gelesen. Unter den Autoren, die in den ersten Nachkriegsjahren mit Gedichtbänden an die Öffentlichkeit traten, finden sich nur ganz wenige neue Namen. Von einem radikalen Bruch mit dem, was man bisher unter einem lyrischen Gedicht verstanden hatte, konnte keine Rede sein.

Das Behagen an Lyrik, die dem Schönen und Wahren zugetan war, wurde erst 1951 jäh gestört durch einen Haltruf Theodor W. Adornos: »[N]ach Auschwitz ein Gedicht zu schreiben, ist barbarisch.« Vor den unvorstellbaren Schrecken und Leiden, die sich mit dem Namen Auschwitz verbinden, konnte die herkömmliche Poetenkunst seiner Ansicht nach nicht bestehen. Gedichte nach Auschwitz, so sie überhaupt geschrieben werden durften, verlangten neue Formen, eine andere Sprache, ja eine neue Auffassung von Lyrik überhaupt.

Es verwundert nicht, daß das Erfassen von Wirklichkeit durch Sprache und die große Bedeutung, die der Sprache dabei zukommen sollte, eines der bevorzugten Themen der deutschen Nachkriegslyrik wurde.

Reime, regelmäßiges Metrum und die herkömmliche Gliederung des Gedichts in Strophen erschienen nicht mehr brauchbar für die Darstellung einer Welt, der jegliche Harmonie abhanden gekommen war.

Diejenigen Nachkriegsgedichte, die nicht von den »Kalligraphen«, d.h. Schönschreibern, den geschmähten Traditionalisten verfaßt wurden, sondern von Autoren, die sich eigenständig mit der Realität und ihrer Darstellung im Gedicht auseinanderzusetzen gewillt waren, sind von Lakonismus, Hermetismus und Montage geprägt.

Lakonismus meint in Anlehnung an die sprichwörtliche Wortkargheit der antiken Spartaner, der Bewohner der Landschaft Lakonien, eine Redeweise, die aufs äußerste verkürzt ist, aber dennoch das Wesentliche scharf erfaßt und ausspricht.

Hermetismus verweist auf eine Rätselhaftigkeit im Ausdruck, die sich zunächst jedem interpretatorischen Zugriff »hermetisch« zu verschließen scheint. Die Bildersprache solcher Gedichte ist nicht auf Mitteilung, sondern auf Verschlüsselung angelegt. Jedoch scheint es nur so: Da es den Dichtern um die Fixierung ungewöhnlicher Sachverhalte und Zusammenhänge geht, müssen sie der Sprache das Äußerste abgewinnen und sich um eine Erweiterung der sprachlichen Ausdrucksmöglichkeiten bemühen. Zu diesem Zweck bedienen sie sich mit Vorliebe der Stilfiguren Metapher und Chiffre. Metaphern – als verkürzte Vergleiche, Vergleiche ohne »wie« – stellen Verbindungen zwischen zwei unterschiedlichen Vorstellungsbereichen her; durch die Übertragung einer geläufigen, meist ganz konkreten, durch ein Wort gesteuerten bildlichen Vorstellung auf eine andere, meist abstrakte Ebene läßt sich mitteilen, was in der Alltagssprache »unsagbar« ist.

Der Unterschied zwischen Metapher und Chiffre ist graduell. Eine Chiffre, gelegentlich auch als absolute Metapher bezeichnet, liegt dann vor, wenn sich für den Leser auch auf der Bildebene keine Beziehung zur erfahrbaren Realität mehr herstellen läßt. Ihre Bedeutung kann dann allenfalls durch zusätzliche Informationen etwa über die Biographie eines Autors, seine literarischen Vorbilder oder über sein sonstiges Werk erschlossen werden. Aber auch so gelingt die Dechiffrierung nicht immer, unterschiedliche Deutungsansätze stehen einander nicht selten unvereinbar gegenüber.

Als letztes verdient die »Technik« der Montage Beachtung. Mit Hilfe der Montage werden sprachliche Elemente unterschiedlicher Herkunft auf überraschende Weise miteinander kombiniert. Dadurch stellt der Autor Verbindungen zwischen verschiedenen Wirklichkeitsebenen her, so etwa wenn Ingeborg Bachmann in ihrem bekannten Gedicht ›Reklame‹ Werbestimmen mit Aussagen zur subjektiven Befindlichkeit eines lyrischen Ich verknüpft. Für Gottfried Benn ist Montage ein zentraler Begriff der Poetik; erst die faszinierende Montage von Wörtern mache ein gutes Gedicht aus.

Im folgenden wird versucht, am Beispiel von fünf Autoren einen Überblick über das Spektrum der deutschen Lyrik nach 1945 zu vermitteln. Wenn dabei das naturmagische, das philosophische, das artistische, das politische und das hermetische Gedicht mit den Namen Günter Eich, Ingeborg Bachmann, Gottfried Benn, Hans Magnus Enzensberger und Paul Celan verbunden wird, ist natürlich nicht beabsichtigt, die Dichter auf jeweils eine einzige Form des lyrischen

Schaffens festzulegen und ihr Werk auf eine unzulässige Weise einheitlich zu etikettieren. Vielmehr sollen typische oder besonders eindrückliche Formen der Nachkriegslyrik exemplarisch vorgeführt werden. Dem experimentellen Gedicht ist ein gesondertes Kapitel gewidmet.

Günter Eich

Die nachhaltigste Wirkung innerhalb der lyrischen Dichtung der Nachkriegszeit ging zunächst von Günter Eich aus, der der sogenannten naturmagischen Schule zugerechnet wird. Er verfaßte auch Gedichte, die zur »Kahlschlagsliteratur« gehören. Eich war der erste Preisträger der Gruppe 47.

Eich, Jahrgang 1907, hatte unter anderem Sinologie studiert, sein Studium aber aufgegeben, weil er nach eigener Aussage doch wohl nur zum Schriftsteller tauge, und lebte vor allem als Hörspielautor von Auftragsarbeiten für den Rundfunk. Schon in den 20er Jahren hatte er als, wie er selbst sagte, »verspäteter Expressionist und Naturlyriker« Gedichte verfaßt und besann sich wieder auf sein lyrisches Talent, als er, erst 1944 an die Front geschickt, kurz vor der Kapitulation in amerikanische Kriegsgefangenschaft geriet.

Einen lebhaften Eindruck von der Alltagswirklichkeit im Lager vermitteln die während der Gefangenschaft verfaßten und 1948 in der Sammlung ›Abgelegene Gehöfte‹ publizierten lyrischen Texte, besonders das berühmte Gedicht mit dem Titel ›Inventur‹:

> Dies ist meine Mütze,
> dies ist mein Mantel,
> hier mein Rasierzeug
> im Beutel aus Leinen.
>
> Konservenbüchse:
> Mein Teller, mein Becher,
> ich hab in das Weißblech
> den Namen geritzt.
>
> Geritzt hier mit diesem
> kostbaren Nagel,
> den vor begehrlichen
> Augen ich berge.
>
> Im Brotbeutel sind
> ein Paar wollene Socken
> und einiges, was ich
> niemand verrate,
>
> so dient es als Kissen
> nachts meinem Kopf.

Die Pappe hier liegt
zwischen mir und der Erde.

Die Bleistiftmine
lieb ich am meisten:
Tags schreibt sie mir Verse,
die nachts ich erdacht.

Dies ist mein Notizbuch,
dies meine Zeltbahn,
dies ist mein Handtuch,
dies ist mein Zwirn.

Schon der Titel ›Inventur‹, der Fachterminus für die Tätigkeit eines Kaufmanns, der regelmäßig zu Beginn und am Ende eines Geschäftsjahres seine Warenbestände mit genauen Mengenangaben in ein Verzeichnis aufnimmt, darf als programmatisch angesehen werden: Ein unschwer als der Autor selbst zu identifizierendes lyrisches Ich inventarisiert seine dürftigen Habseligkeiten und veranschaulicht damit die erbärmliche Not, in der es in ständiger Angst, auch noch um das Wenige gebracht zu werden, sein Leben fristet. In der Anordnung der in den sieben Strophen aufgezählten Gegenstände, also der Kleidungsstücke, der Utensilien des täglichen Bedarfs und der fast als Luxus erscheinenden Besitztümer (Nagel, Socken), ist eine klare Steigerung hin zur Bleistiftmine, dem wertvollsten Besitz, erkennbar. Der Grund für diese hohe Einschätzung einer Bleistiftmine – nicht einmal eines Bleistifts – läßt sich leicht erahnen: die dichterische Aktivität bei der Konzeption von Versen in schlafloser Nacht und bei ihrer Niederschrift im Lichte des Tags vermag dem ansonsten nur auf die Sicherung seiner materiellen Existenz bedachten Lagerinsassen so etwas wie einen höheren Lebenssinn zu vermitteln. Damit ist aber nur *ein* Aspekt dieses Gedichts erfaßt, nämlich die Charakteristik der Ausnahmesituation, aus der heraus gesprochen wird, nicht aber die sprachliche Form des Textes. Der parallele Bau der ersten beiden und der letzten vier Zeilen dieses Gedichts mit dem als Anapher verwendeten »dies ist« erinnert an die Anfangslektionen von Schulbüchern zur Einführung in das Englische oder Französische, in denen man sich um die Einübung der Benennung von Gegenständen der unmittelbaren Umgebung (z. B. im Klassenzimmer) in der jeweiligen Fremdsprache bemüht. So wirkt das Gedicht ›Inventur‹ wie ein Versuch, die eigene Sprachkompetenz zu testen, eine ganz konkrete, unkomplizierte Wirklichkeit sprachlich zu erfassen, den Dingen durch das Benennen ihre Realität zu geben und so Verfügungsgewalt über sie zu bekommen. Diese Unsicherheit im Umgang mit dem Wort muß als Reaktion auf den Mißbrauch der Sprache durch die Machthaber des Dritten Reichs gesehen werden, den Victor Klemperer in seinem Buch »LTI«

(Lingua Tertii Imperii – Die Sprache des Dritten Reiches) so eindrucksvoll dokumentiert hat. In der Geste des Zeigens (»dies ist«) und in der vorsorglichen Sicherung des Besitzes (»mein«, das Einritzen des Namens) offenbart sich das Bestreben, sich die Sprache gewissermaßen wieder neu anzueignen und damit letzten Endes auch für die Lyrik wieder tauglich zu machen.

Formal präsentiert sich dieses Gedicht nur scheinbar kunstlos. Die sieben Strophen bleiben zwar ohne Reime, sind aber rhythmisch durch die Verwendung von Daktylen bewußt so strukturiert, daß die erdrückende Belastung durch den Lageralltag wenigstens durch den Sprachfluß aufgelockert wird (»schréibt sie mir Vérse, die náchts ich erdácht«).

Dieses Gedicht gilt zu Recht als das aussagekräftigste Beispiel für die sogenannte Trümmer- oder Kahlschlagslyrik. Der Titel ›Inventur‹ bezeichnet nicht nur den Inhalt dieses Gedichts, sondern kann auch als programmatisch für die Aufgabe der Schriftsteller nach 1945 angesehen werden: es ging zunächst einmal um eine Bestandsaufnahme, ehe man weitersehen konnte.

Thema eines anderen Texts aus der Reihe der Lagergedichte in der Sammlung ›Abgelegene Gehöfte‹ ist die leidvolle Erfahrung des Widerspruchs zwischen einer schockierenden Gegenwart und einem durch Sprache tradierten, von hohem ästhetischen Anspruch geprägten Bild der Wirklichkeit:

Latrine

Über stinkendem Graben,
Papier voll Blut und Urin,
umschwirrt von funkelnden Fliegen,
hocke ich in den Knien,

den Blick auf bewaldete Ufer,
Gärten, gestrandetes Boot.
In den Schlamm der Verwesung
klatscht der versteinte Kot.

Irr mir im Ohre schallen
Verse von Hölderlin.
In schneeiger Reinheit spiegeln
Wolken sich im Urin.

»Geh aber nun und grüße
die schöne Garonne –«
Unter den schwankenden Füßen
schwimmen die Wolken davon.

Nach herkömmlichem Lyrikverständnis muß die Thematik dieses Gedichts als Provokation empfunden werden, wenn die Verrichtung der

Notdurft im Freien mit den literarischen Reminiszenzen des lyrischen Ichs im Blick auf die umgebende liebliche Landschaft kombiniert wird. Der drastischen Schilderung der Situation sind die ersten beiden Strophen gewidmet, optische, akustische und Geruchseindrücke werden durch adverbiale Bestimmungen, Attribute und Parenthesen in einen die Strophengrenze überschreitenden langen Einleitungssatz zusammengepackt, so daß die physisch bedrängende Nähe der abscheulichen Latrine in einen schroffen Kontrast zu der offenbar idyllischen Landschaft vor den Augen des Betrachters gerät. Dieser Kontrast zwischen Latrine und Landschaft löst im Ohr des Sprechers den Automatismus des Gedenkens an Hölderlinverse aus, ein Automatismus, der als »irr« empfunden wird. Die Reminiszenz an Hölderlin (Eich hatte, als er mit seiner Einberufung rechnen mußte, damit begonnen, eine Menge Gedichte, auch solche von Hölderlin, auswendig zu lernen, um Militär und Krieg besser zu überstehen) bleibt nicht ohne Auswirkungen auf die Wortwahl bei der Beschreibung der Natur in der dritten Strophe: »In schneeiger Reinheit spiegeln / Wolken sich«, bis dieser feierliche Ton durch den brutalen Reim Hölderlin – Urin zerstört wird. Die eben noch »irr« schallenden Verse werden in der 4. Strophe in dem Zitat aus Hölderlins Gedicht ›Andenken‹ konkretisiert, in dem, voll elegischer Trauer um das Verlorene, der anmutigen Flußlandschaft der Garonne und der Gärten von Bordeaux gedacht wird und das mit der berühmt gewordenen Zeile endigt: »Was bleibet aber, stiften die Dichter.« Die in diesem Zitat beschworene heile Welt schwimmt dem Hockenden jedoch unter den schwankenden Füßen davon, wobei das Schwanken nicht nur die äußere Situation, sondern auch die Bewußtseinslage meint, also die Erfahrung des Widerspruchs zwischen dem literarisch gestalteten Naturschönen und der empirisch erlebten schockierenden Realität, der sich zu keiner Synthese fügen läßt: Es gibt keine Flucht aus der Wirklichkeit. Der Versuch, beide Realitäten durch den Reim in Einklang zu bringen (Boot – Kot; Hölderlin – Urin), ist zum Scheitern verurteilt, der Reim signalisiert nicht mehr Harmonie und Gleichklang, sondern schrille Dissonanz. Die Wolken ziehen nicht über dem Betrachter hinweg, sie schwimmen unter seinen Füßen als Spiegelbilder davon. Was bleibt, ist so etwas wie Trauer, fast vergleichbar der Trauer, die sich bei Hölderlin in der Rückbesinnung auf verflossene schöne Tage einstellt.

Eichs erster Gedichtband ist aber nur zum geringen Teil Dokument der persönlichen Not des Kriegsgefangenen, des Mißtrauens den traditionellen Sicherungen des Daseins gegenüber und des Versuchs eines Neubeginns auf unterster Stufe, auf der es nur darum geht, den Umgang mit der Sprache wieder zu erlernen. Vielmehr läßt schon der Titel ›Abgelegene Gehöfte‹ erahnen, daß Eich, der von Freunden bespöttelt wurde, er nehme seinen Wohnsitz immer wieder gerne in gottverlassenen Dörfern, wohl kein Freund von Menschenansammlungen, belebten Plätzen und urbanen Lebensgewohnheiten gewesen ist, sondern ganz in der Tradition der naturmagischen Schule, in der er ja schließlich zu dichten begonnen hatte, den Rückzug in die Abgeschiedenheit der Natur pflegte. Viele der in den ›Abgelegenen Gehöften‹ abgedruckten Gedichte mit Naturthematik sind lange vor Kriegsende entstanden; ihre Aufnahme in den Band spricht wohl für Eichs Überzeugung von der nach wie vor gegebenen existentiellen Berechtigung eines solchen Rückzugs. Über die Gründe dafür vermag der Blick auf eines dieser Gedichte mit dem Titel ›Die Häherfeder‹ Klarheit zu verschaffen:

Ich bin, wo der Eichelhäher
zwischen den Zweigen streicht,
einem Geheimnis näher,
das nicht ins Bewußtsein reicht.

Es preßt mir Herz und Lunge,
nimmt jäh mir den Atem fort,
es liegt mir auf der Zunge,
doch gibt es dafür kein Wort.

Ich weiß nicht, welches der Dinge
oder ob es der Wind enthält.
Das Rauschen der Vogelschwinge,
begreift es den Sinn der Welt?

Der Häher warf seine blaue
Feder in den Sand.
Sie liegt wie eine schlaue
Antwort in meiner Hand.

Es geht in diesem Gedicht um die Ahnung eines Geheimnisses, das dem betrachtenden Ich mit dem Lebensraum des im Volksmund als zauberkundig geltenden Eichelhähers oder mit der kreatürlichen Existenz des Vogels selbst verquickt scheint und das mit dem Sinn der Welt zu tun hat. Das »Ich«, demonstrativ an den Anfang der ersten Zeile gesetzt, stellt das Gedicht in die Dimension eines ganz individuellen Bemühens und zeigt die subjektive Betroffenheit durch das berichtete Geschehen.

In der ersten der vier durch den konsequent eingehaltenen Kreuzreim jeweils zu einer selbständigen Sinneinheit gefügten und durch den kunstvollen Wechsel trochäischer und daktylischer Metra aufgelockerten Strophen ist vom Ort der Begegnung mit dem Geheimnis die Rede, der ausschließlich durch das undurchschaubare Agieren des Eichelhähers – er »streicht« zwischen den Zweigen – charakterisiert ist. Dieses Geheimnis, das in der dritten Strophe durch »Sinn der

Welt« und in der vierten durch das Substantiv »Antwort« (zu ergänzen: auf die Frage nach dem Sinn der Welt) konkretisiert wird, reicht freilich nicht ins Bewußtsein, wird also nur intuitiv, nur spekulativ erahnt. Trotzdem aber ist es von nahezu existenzbedrohender physischer Wirkung (»Es ... nimmt jäh mir den Atem fort«). Dieses Geheimnis in Worte zu fassen, übersteigt die sprachlichen Möglichkeiten, die dem lyrischen Ich zur Verfügung stehen und durch die allein etwas zu Bewußtsein gebracht und damit begriffen werden kann. Aufgrund dieses Unvermögens bleiben Zweifel, »welches der Dinge« diesen tieferen Sinn enthält, ob »im Rauschen der Vogelschwinge«, also im Flug des Hähers tatsächlich so etwas wie der Sinn der Welt ausgemacht werden kann. Eine einzige blaue Feder findet der Betrachter am Ende im Sand, und sie liegt nicht *als*, sondern »*wie* eine schlaue Antwort« in seiner Hand. Es bleibt also alles in der Schwebe: einerseits ist das lyrische Ich offenbar überzeugt vom Vorhandensein eines Geheimnisses, glaubt, es sogar körperlich erspüren zu können, andererseits aber wird ihm die Lösung nur chiffriert in Form einer blauen Feder geboten, so daß die Frage offen bleibt, ob er das Geheimnis wird enträtseln können.

Das Gedicht ›Die Häherfeder‹ kann als typisch für das lyrische Schaffen Eichs im Gefolge der naturmagischen Schule gelten. Natur ist der Bereich, in dem sich dem Ich eine höhere Wirklichkeit, ein Sinnzusammenhang eröffnet, zunächst befremdend und rätselhaft, aber zugleich hoffnungsvoll stimmend oder gar Trost versprechend. Der Versuch der Ermittlung dieses Sinns geschieht durch das Medium der dichterischen Sprache, durch das Bemühen, scheinbar Unsagbares doch in Worte zu fassen, die Dinge in eine neue Sprache zu übersetzen. So bemerkt Eich einmal: »Ich bin Schriftsteller, das ist nicht nur ein Beruf, sondern die Entscheidung, die Welt als Sprache zu sehen. Als die eigentliche Sprache erscheint mir die, in der das Wort und das Ding zusammenfallen. Aus dieser Sprache, die sich rings um uns befindet, zugleich aber nicht vorhanden ist, gilt es zu übersetzen. Wir übersetzen, ohne den Urtext zu haben.«

Die aus dieser Aussage abzuleitende Zuversicht Eichs, die Sprache der Dinge und die Sprache der Wörter einander anzugleichen und damit das Geheimnis des Seins faßbar und nachvollziehbar zu machen, hält nicht lange vor, wie der Blick auf ein Gedicht aus der 1955 erschienenen Gedichtsammlung ›Botschaften des Regens‹ zeigt, in dem das Motiv des Eichelhähers wieder aufgegriffen wird.

Tage mit Hähern

Der Häher wirft mir
die blaue Feder nicht zu.

In die Morgendämmerung kollern
die Eicheln seiner Schreie.
Ein bitteres Mehl, die Speise
des ganzen Tags.

Hinter dem roten Laub
hackt er mit hartem Schnabel
tagsüber die Nacht
aus Ästen und Baumfrüchten,
ein Tuch, das er über mich zieht.

Sein Flug gleicht dem Herzschlag.
Wo schläft er aber
und wem gleicht sein Schlaf?
Ungesehen liegt in der Finsternis
die Feder vor meinem Schuh.

Dieses Gedicht hat mit dem früher entstandenen nur die Zahl der Verse gemein; ansonsten gibt es hier keine gleichmäßig gebauten, ähnlich rhythmisierten, durch Kreuzreim gebundenen Strophen, sondern die Sprache ist der Prosa angenähert, die unterschiedliche Länge der Strophen durch die inhaltlich-gedankliche Entfaltung der einzelnen Beobachtungen bestimmt. Die ersten und die letzten beiden Zeilen beziehen sich z. T. in wörtlichem Zitat auf die vierte Strophe des Gedichts ›Die Häherfeder‹ und markieren das Mißlingen oder gar die absichtliche Verweigerung einer Kommunikation des Eichelhähers mit dem Betrachter. Überhaupt erschöpft sich der Inhalt des ganzen Gedichts in der Beschreibung der Aktivitäten des Eichelhähers. Das lyrische Ich tritt nur als tatsächliches oder vorgestelltes Objekt des Versteckspiels des Vogels oder als Fragesteller in Erscheinung. Die Beobachtungen zum Tun des Eichelhähers den ganzen Tag hindurch sind chiffriert und verfremdet. Aus dem zeitlichen Rahmen der Observation, der mit der Morgendämmerung beginnt, sich über den ganzen Tag hinweg bis in die Nacht erstreckt, aus den Aktivitäten des Vogels (»Schreie«, »hackt ... mit hartem Schnabel«), aus seiner Nahrung (»Eicheln«, »Baumfrüchte«) und aus den Mutmaßungen, Wertungen und Reaktionen des Betrachters (»Ein bitteres Mehl«; »ein Tuch, das er über mich zieht«) wirkt der Dichter ein rätselhaftes Beziehungsgeflecht, aus dem nur die Vermutung ableitbar ist, der Eichelhäher treibe mit voller Absicht sein böses Spiel mit dem auf Annäherung und Erkenntnis bedachten Waldgänger. Diesem bleibt nur die Feststellung, daß der Flug des Vogels dem Herzschlag gleiche, daß es also wohl eine geheime Übereinstimmung, etwas Verbindendes zwischen dem Ich und dem Eichelhäher gibt. Eine Erfassung, gar eine Verbalisierung eines Sinns ist nicht mehr möglich, jeglicher Optimismus, sich eine höhere Wirklichkeit zu erschließen, verflogen, der zunehmenden Verrätselung des Verhaltens des Eichelhähers entspricht im Formalen eine zunehmende Chiffrierung der Aussage.

Im Titelgedicht des Bandes ›Botschaften des Regens‹ kommt eine neue Komponente im literarischen Schaffen Eichs zum Vorschein: Bestand der latente politische Aspekt seiner Naturlyrik in der Verweigerung, in der Abkehr von der Öffentlichkeit und im Rückzug in die Natur, so wird diese Natur jetzt zum Vehikel für warnende Botschaften an die Menschen, die Schuld, die Not und die Verzweiflung auf der Welt nicht ohne Reaktion hinzunehmen. Besonders zwei historische Ereignisse stehen im Hintergrund von Eichs neuem politischen Engagement: der Koreakonflikt, der die Welt an den Rand eines Atomkriegs brachte, und die Wasserstoffbombentests, die seit 1949 auf dem Bikini-Atoll in der Südsee durchgeführt wurden. Der Bezug auf diese beiden zeitgeschichtlichen Fakten findet sich nicht nur im Themagedicht und in den Zwischentexten von Eichs Hörspiel ›Träume‹, sondern auch im Gedicht ›Botschaften des Regens‹:

> Nachrichten, die für mich bestimmt sind,
> weitergetrommelt von Regen zu Regen,
> von Schiefer- zu Ziegeldach,
> eingeschleppt wie eine Krankheit,
> Schmuggelgut, dem überbracht,
> der es nicht haben will –
>
> Jenseits der Wand schallt das Fensterblech,
> rasselnde Buchstaben, die sich zusammenfügen,
> und der Regen redet
> in der Sprache, von welcher ich glaubte,
> niemand kenne sie außer mir –
>
> Bestürzt vernehme ich
> die Botschaften der Verzweiflung,
> die Botschaften der Armut
> und die Botschaften des Vorwurfs.
> Es kränkt mich, daß sie an mich gerichtet sind,
> denn ich fühle mich ohne Schuld.
>
> Ich spreche es laut aus,
> daß ich den Regen nicht fürchte und seine Anklagen
> und den nicht, der sie mir zuschickte,
> daß ich zu guter Stunde
> hinausgehen und ihm antworten will.

Thema dieses Gedichts sind die Nachrichten, die der Regen dem lyrischen Ich übermittelt, ihre Inhalte und die Reaktion des Empfängers.

Die erste der vier reimlosen, von keinem durchgängigen Rhythmus beherrschten und sprachlich der Prosa angenäherten Strophen erläutert die an Urvölkerpraxis gemahnende Weitergabe dieser Nachrichten hinweg über Zeit (»von Regen zu Regen«) und Ort (»von Schiefer- zu Ziegeldach«) an einen ganz konkreten Adressaten, der diese Methode der Information wie das Einschleppen einer Krankheit oder das Überbringen unerwünschten Schmuggelgutes wertet, sich also gegen diese Botschaften wehrt, ehe er ihren genauen Sinn ausmachen kann. Im zweiten Abschnitt staunt das lyrische Ich darüber, daß sich die akustischen Reize, verstärkt noch durch das Blech des Fensters, zu einer Sprache fügen, die der Empfänger bisher für eine Art privaten Geheimcode gehalten hat. »Bestürzt« – betont an den Beginn der nächsten Versgruppe gestellt – vernimmt er den Inhalt der Mitteilungen, wobei durch die dreimalige Wiederholung des Substantivs Botschaften die Genitivattribute Verzweiflung, Armut und Vorwurf als Aussagekerne besonderes Gewicht erhalten. Ursache für die Bestürzung des Empfängers vor allem angesichts der Botschaften des Vorwurfs ist das scheinbar sichere Bewußtsein, ohne Schuld, der falsche Adressat zu sein. Diese Sicherheit muß jedoch im Blick auf den Schlußabschnitt bezweifelt werden: Warum sonst sollte er es *laut* aussprechen, daß er den Regen und seine Anklagen nicht fürchte, auch nicht den nicht näher identifizierbaren Initiator, der möglicherweise hinter der ganzen Aktion steht? Warum geht er nicht sofort hinaus, warum versucht er nicht sofort eine Antwort?

Die Aussage dieses Gedichts erscheint als eine Modifikation der berühmten Zeile aus den ›Träumen‹: »Alles, was geschieht, geht dich an« – zu ergänzen: auch wenn du dich, oder gerade weil du dich frei von persönlicher Schuld fühlst. So übernimmt nicht nur in den ›Botschaften des Regens‹, sondern auch in anderen Gedichten und Hörspielen die Erde, entweder sie selbst oder eines der Naturphänomene (Regen oder Wind), den Part des Mahners und Warners, der dem Leser vorhält, daß es nicht genügt, sich persönlich ohne Schuld zu fühlen, sondern daß schon die Position des unbeteiligten Betrachters, des passiven Zuschauers Schuld impliziert.

Der nach der Publikation der ›Botschaften des Regens‹ zunächst verstummende Lyriker Eich tritt 1964 mit dem Band ›Zu den Akten‹ und 1966 mit ›Anlässe und Steingärten‹ wieder an die Öffentlichkeit. Beide Sammlungen weisen sich durch die z.T. extreme Verkürzung des Ausdrucks bis hin zu einzeiligen Formeln, durch die zunehmende Verrätselung der Aussage und durch die Betonung des Persönlichen, des Privaten als typische Spätwerke aus. »Das Geheimnis wandert von den Dingen in die Sprache« – so hat Horst Ohde in seiner Würdigung von Eichs Werk die Entwicklung des Autors beschrieben. Dem einzelnen Wort, nicht mehr dem Sinnzusammenhang eines Satzes kommt wirklichkeitsstiftende Bedeutung zu, die Vermittlung von Botschaften und die mitteilbare Abbildung der Wirklichkeit werden nicht mehr angestrebt. Sprache verselbständigt sich, wird zu einer Wirklichkeit für sich – eine Entwicklung des Stils, die sich auch bei anderen namhaften Lyrikern der Nachkriegszeit, etwa bei Ingeborg Bachmann oder bei Paul Celan, feststellen läßt.

Ingeborg Bachmann

Ingeborg Bachmann wurde 1926 in Klagenfurt geboren, verlebte in der scheinbaren Kleinstadtidylle eine doch wohl eher bedrückende Jugend, als deren traumatisches Schlüsselerlebnis sie den Einmarsch der Hitlertruppen 1938 bezeichnete. Daß sie nach dem Krieg Germanistik und Philosophie studierte und 1950 mit einer Arbeit ›Die kritische Aufnahme der Existenzphilosophie Martin Heideggers‹ promovierte, ist nicht ohne Einfluß auf ihr literarisches Schaffen geblieben. Gleich bei ihrem Debüt erhielt Ingeborg Bachmann 1953 den Preis der Gruppe 47. Ihr erster Gedichtband, ›Die gestundete Zeit‹ (1953), fand nicht nur bei nahezu allen Kritikern ein – gelegentlich sogar überschwengliches – positives Echo, sondern war auch Anlaß einer aufsehenerregenden Titelstory in dem ansonsten an Lyrik nicht sonderlich interessierten Nachrichtenmagazin ›Der Spiegel‹. Nach einem zweiten, ebenso erfolgreichen Gedichtband, der 1956 publizierten ›Anrufung des Großen Bären‹, verstummte die Autorin als Lyrikerin weitgehend und wandte sich der Prosa zu.

Über die Gründe dafür läßt sich nur spekulieren; so hat man die These vertreten, daß die junge Dichterin durch das überbordende Lob zu früh auf bestimmte Inhalte und Formen festgelegt und damit an einer Weiterentwicklung ihres Stils gehindert worden sei. Andere behaupten, das Verstummen sei die logische Konsequenz der kritischen Reflexion des eigenen Schaffens gewesen.

Ingeborg Bachmann wird als philosophische Dichterin bezeichnet. Zweifellos hat sie mit Thematik und Inhalt ihrer Lyrik das Lebensgefühl der von der Philosophie des Existentialismus faszinierten Intellektuellen der Nachkriegszeit unmittelbar angesprochen. Dabei zeigt sich die Dichterin weniger von der damals sehr populären Existenzphilosophie Sartres beeinflußt als von der Heideggers, auf die an anderer Stelle bereits genauer eingegangen worden ist.

Immer wieder ist in Ingeborg Bachmanns Gedichten von Abschied, Aufbruch und Flucht die Rede, also von der entschlossenen oder auch zögernden Loslösung eines Menschen aus den bestehenden Bindungen und aus einem durch Gewohnheit lieb gewordenen Umfeld. Solche Sicherungen des Daseins sind in einer Zeit der »Nachgeburt der Schrecken«, wie es in dem Gedicht ›Psalm‹ im Blick auf die Auswirkungen der jüngsten Vergangenheit auf die erlebte Gegenwart heißt, fragwürdig geworden. Erlebt wird diese Brüchigkeit konventioneller Bindungen in den sogenannten Grenzsituationen, in der Erfahrung von Abschied, Schmerz, Leid, Verzweiflung und Tod. In ihnen wird der Mensch, ganz auf sich selbst gestellt, ohne jeden helfenden Beistand, sich schlagartig seiner individuellen Existenz bewußt. Er sieht sich allein auf sein Ich verwiesen und erkennt in solchen Momenten, daß er die völlige Freiheit der Entscheidung hat und nicht auf gängige Verhaltensmuster festgelegt ist. Nur der Tod muß als unverrückbare Gewißheit akzeptiert werden. Freilich erfordert diese Freiheit der Entscheidung, mit der die Angst einhergeht, falsch zu wählen, Mut und einen festen Willen zum Selbstsein.

Die Angst, von der eine Neuorientierung, die Wahl des einsamen Wegs begleitet ist, schwingt in sehr vielen Gedichten Ingeborg Bachmanns mit; Spuren davon finden sich auch im Titelgedicht der Sammlung ›Die gestundete Zeit‹, das von der Unumgänglichkeit eines Aufbruchs handelt.

Es kommen härtere Tage.
Die auf Widerruf gestundete Zeit
wird sichtbar am Horizont.
Bald mußt du den Schuh schnüren
und die Hunde zurückjagen in die Marschhöfe.
Denn die Eingeweide der Fische
sind kalt geworden im Wind.
Ärmlich brennt das Licht der Lupinen.
Dein Blick spurt im Nebel:
die auf Widerruf gestundete Zeit
wird sichtbar am Horizont.

Drüben versinkt dir die Geliebte im Sand,
er steigt um ihr wehendes Haar,
er fällt ihr ins Wort,
er befiehlt ihr zu schweigen,
er findet sie sterblich
und willig dem Abschied
nach jeder Umarmung.

Sieh dich nicht um.
Schnür deinen Schuh.
Jag die Hunde zurück.
Wirf die Fische ins Meer.
Lösch die Lupinen!

Es kommen härtere Tage.

Die Bedeutung der Metaphorik des Titels »gestundete Zeit« läßt sich erst aus der Analyse des kunstvoll gefügten inneren Zusammenhangs der vier Strophen erschließen. »Es kommen härtere Tage« – diese Zeile, mit der das Gedicht beginnt und die durch die isolierte Wiederholung ganz am Ende besonderes Gewicht bekommt, bestimmt die

Qualität des anstehenden Aufbruchs; ihre Aussage wird begründet durch das Sichtbarwerden der auf Widerruf gestundeten Zeit am Horizont; das Abstraktum Zeit wird also konkretisiert, es wird fast wie heraufziehendes Sturmgewölk am Himmel sichtbar. Diese Zeit war bislang wie die Rückzahlung einer Darlehensschuld auf Widerruf gestundet (man beachte das Wortspiel: Zeit stunden!), sie konnte also jederzeit ohne Angabe von Gründen eingefordert werden, und sie wird jetzt eingefordert, wie es zu Beginn und in wörtlicher Wiederholung am Ende des ersten Textabschnitts heißt. Die Konsequenzen dieser Einforderung der Zeit finden sich innerhalb dieses Rahmens: Das mit sich selbst sprechende Ich oder vielleicht auch angesprochene Du ist sich klar, daß der Aufbruch aus einer durch die Erwähnung von Marschhöfen, Fischen und Sand schemenhaft skizzierten Urlaubslandschaft, in der es sich an vergangenen Tagen häuslich eingerichtet hat, unmittelbar bevorsteht: »Bald mußt du den Schuh schnüren/und die Hunde zurückjagen ...« Zur Begründung dient der Hinweis auf eine Unbehagen weckende Veränderung der Landschaft: die kalt gewordenen Eingeweide der Fische, der Wind, das ärmliche Bunt der Lupinen und der vom Nebel verstellte Ausblick. In der zweiten Strophe, bewußt abgesetzt von den Details der sich wandelnden Natur, gewinnt der Abschied mit dem Hinweis auf die im Sand langsam versinkende Geliebte eine neue Qualität: Der Sand des Strands ergreift langsam von ihr Besitz, läßt die äußere Gestalt verschwimmen, gebietet ihr Schweigen und »findet sie sterblich/ und willig dem Abschied«; d. h. er erweist ihr Ausgeliefertsein an die Zeit, ihre Gebrechlichkeit.

Das Bild der vergehenden Geliebten drängt zum raschen Vollzug des Abschieds. Die Imperativsätze des dritten Sinnabschnitts fordern, das zuvor noch für »bald« in Aussicht Genommene umgehend und entschlossen auszuführen, von einer weiteren Stundung der Zeit, von einem weiteren Aufschub ist nicht mehr die Rede: Die härteren Tage sind da.

Man griffe bei der Deutung dieses Gedichts zu kurz, sähe man die hier gestaltete Situation nur als einen Abschied vom Urlaubsglück, verbunden mit dem leisen Grauen vor den bevorstehenden Mühen des Alltags. Es geht vielmehr weit darüber hinaus um das sichere Bewußtsein, daß der Rückzug ins Private, die Suche nach dem kleinen Glück, der Trost der Liebe, kurz, daß alle üblichen Sicherungen des Daseins nicht darüber hinwegtäuschen können, daß die Zeit als existentiell bedrückende Erfahrung nur auf Widerruf gestundet sein kann.

Man hat diesen Text auch als politisches Gedicht zu deuten versucht: Der Sprecher, der mit seinem Leser oder mit sich selbst redet, empfindet eine Bedrohung durch eine Macht, die stärker ist als er, und reagiert mit der Aufforderung, sich diese Bedrohung bewußt zu machen, sie nicht zu leugnen oder zu überspielen. Nur durch den entschlossenen Vollzug des Aufbruchs, so hat man interpretiert, könne der Bedrohte sich und seine Handlungsfreiheit bewahren, sich dem Zugriff der überlegenen Macht – hier symbolisiert im Bild der Natur – entziehen und gegebenenfalls aus sicherer Entfernung dagegen ankämpfen. So rücke das Gedicht in die Nähe des Enzensberger-Textes »ins lesebuch für die oberstufe«. Jeder mag sich selbst ein Urteil darüber bilden, ob eine solche Auslegung dem Text nicht doch Gewalt antut.

Um einen Abschied geht es auch im folgenden Gedicht:

Fall ab, Herz

Fall ab, Herz, vom Baum der Zeit,
fallt, ihr Blätter, aus den erkalteten Ästen,
die einst die Sonne umarmt',
fallt, wie Tränen fallen aus dem geweiteten Aug!

Fliegt noch die Locke taglang im Wind
um des Landgotts gebräunte Stirn,
unter dem Hemd preßt die Faust
schon die klaffende Wunde.

Drum sei hart, wenn der zarte Rücken der Wolken
sich dir einmal noch beugt,
nimm es für nichts, wenn der Hymettos die Waben
noch einmal dir füllt.

Denn wenig gilt dem Landmann ein Halm in der Dürre,
wenig ein Sommer vor unserem großen Geschlecht.

Und was bezeugt schon dein Herz?
Zwischen gestern und morgen schwingt es,
lautlos und fremd,
und was es schlägt,
ist schon sein Fall aus der Zeit.

Im Bild des Herbstes ergeht eine Aufforderung an ein Du, sich ohne Wehr in das Unumgängliche zu fügen. So wie die Blätter »aus den erkalteten Ästen« fallen, muß sich das Herz vom Baum der Zeit lösen, auf dem es sich wie selbstverständlich wohnlich eingerichtet hat. Freilich ist diese Notwendigkeit von Trauer getragen, wie es der Vergleich der Blätter mit Tränen aus einem wohl von Angst geweiteten Auge verrät. Hoffnungen auf Aufschub bleiben Selbsttäuschung, knüpfen sich an trügerische Zeichen. Der der antiken Mythologie nachempfundene Landgott vermittelt mit seinen wehenden Locken nur den Anschein ungebrochener Vitalität, er ist bereits, tödlich getroffen, zum Gang in den Hades verdammt, ähnlich wie die antike Göttin Proserpina, die als Gattin des Unterweltgottes auf Bitten ihrer Mutter Ceres den größeren Teil des Jahres auf Erden weilen darf, im Herbst aber in das Reich der Finsternis zurückkehren muß.

Irritationen für den Betrachter ergeben sich aus der verführerischen Zuwendung der Wolken oder aus der Beobachtung, daß die Bienen des wegen seines Honigs gerühmten Hymettosgebirges ihre Waben noch einmal füllen; es ist wenig, zu wenig, um an ein Innehalten der Zeit glauben zu können. In einem kühnen Vergleich leitet das lyrische Ich vom Landmann, dem ein einziger voller Halm nichts gilt, auf die Befindlichkeit des Menschengeschlechts über: ein Sommer gilt ihm wenig. Andererseits bezeugt das Herz des Menschen nicht viel in seinem Umgetriebensein zwischen Vergangenheit und Zukunft, es »schwingt« lautlos, ohne jegliches Aufsehen, sich selber fremd. Ein Heimischwerden im Heute, in der Gegenwart mißlingt, das Herz schlägt, und allein schon der Herzschlag, die elementare Regung des Lebens eines Menschen signalisiert den »Fall aus der Zeit«; es ist dem Menschen naturgegeben wesensfremd, sich auf Dauer in der Zeit, in der Gegenwart festsetzen zu können.

Während die Bildsprache dieses Gedichts mit nachvollziehbaren Wirklichkeitsbezügen auskommt, erschweren andere Texte aus der ›Gestundeten Zeit‹ das Verständnis durch ihre hermetische Bildlichkeit, d.h. durch eine Metaphorik, die durch Gleichsetzungen mit Elementen aus der empirischen Alltagswelt nur sehr schwer entschlüsselt werden kann.

Im Gewitter der Rosen

Wohin wir uns wenden im Gewitter der Rosen,
ist die Nacht von Dornen erhellt, und der Donner
des Laubs, das so leise war in den Büschen,
folgt uns jetzt auf dem Fuß.

In diesem sich auf den ersten Blick dem deutenden Zugriff entziehenden Text wird eine modellhaft formulierte, als wiederholbar gekennzeichnete Situation skizziert, in der sich eine Person befindet, die sich mit dem Personalpronomen »wir« entweder des Pluralis modestiae, des Plurals der Bescheidenheit, bedient oder eine individuelle Erfahrung auf eine größere Personengruppe überträgt. Diese Person sucht nach einem Weg, nach einem Ausweg oder nach Rettung, findet aber den erhofften Schutz nicht, weil die in bergendes Dunkel gehüllte Szenerie unerwartet erhellt wird und der Hilfesuchende sich plötzlich einem neuen Verfolger ausgeliefert sieht. Kompliziert wird das Verständnis der dargestellten Situation durch die beiden miteinander kombinierten, optische und akustische Eindrücke vermittelnden Bildkomplexe. Da ist einmal das Gewitter mit Blitz (nachweisbar am Partizip »erhellt«) und Donner, zum andern das Rosengebüsch mit Dornen und Laub. Man kann nun darüber rätseln, welcher der beiden Bereiche der Realitätsebene und welcher der Bildebene zuzurechnen ist: Verführt der Anblick eines Rosengebüschs zu Assoziationen mit dem Niedergehen eines Gewitters, oder weckt ein sich entladendes Gewitter Vorstellungen von einem Rosengebüsch? Einiges spricht dafür, die Rosenbüsche als den primären Eindruck anzusehen. Durch die Genitivmetaphern »im Gewitter der Rosen« und »der Donner des Laubs« löst der Anblick des Rosenstrauchs eine Schreckreaktion aus und steigert sich das Rauschen des Laubs zu einem aggressiven Donnergrollen. Ergänzt wird das Gewalttätige dieses Bilds durch die paradoxe Aussage, daß »die Nacht von Dornen erhellt« ist: ebenso, wie die unvorsichtige Berührung von Dornen zu einem zuckenden Schmerz führt, schmerzt der im Dunkeln aufzuckende Blitz die Augen. Die Deutung dieses Gedichts läßt verschiedene Möglichkeiten offen. Geht man vom Symbolwert der Rosen aus, so könnte man an ein die Grundfesten der Existenz erschütterndes Liebeserlebnis denken. Es kann aber durchaus auch sein, daß die Erfahrung der Schönheit der Natur eine überdimensionierte Reaktion in einem Betrachter auslöst.

Man würde Ingeborg Bachmann nicht gerecht, wollte man die hermetische Verschlüsselung dieser und vieler anderer Metaphern als ein mutwilliges Versteckspiel vor dem Leser abtun. Vielmehr werden durch solche Metaphern Aussagen möglich, die der gewöhnlichen Umgangssprache verschlossen bleiben. Gerade um das Aussprechen des nicht mehr oder noch nicht Aussprechlichen, um eine Erweiterung der durch Sprache vermittelten Wirklichkeit ringt die Dichterin in ihrer Lyrik. Hatte Heidegger auf die Möglichkeit verwiesen, mit der Sprache Wirklichkeit zu schaffen, leugnet der Philosoph Ludwig Wittgenstein, mit dessen aphoristisch verknappten und so nicht leicht verständlichen Thesen sich Ingeborg Bachmann intensiv auseinandergesetzt hat, daß Sprache zu mehr tauge, als auf der Basis von Einzelbeobachtungen abzubilden, wie die Welt ist.

»Die Grenzen meiner Sprache bedeuten die Grenzen meiner Welt« konstatiert Wittgenstein, und in logischer Konsequenz dazu heißt es: »Wovon man nicht sprechen kann, darüber muß man schweigen.« Bachmann versucht diese Thesen zu widerlegen; gelegentlich macht sie die Sprachproblematik sogar zum Thema, wie im Gedicht ›Ihr Worte‹, das 1961 entstand und der Dichterin Nelly Sachs gewidmet ist.

Ihr Worte, auf, mir nach!,
und sind wir auch schon weiter,
zu weit gegangen, geht's noch einmal
weiter, zu keinem Ende geht's.

Es hellt nicht auf.

Das Wort
wird doch nur
andre Worte nach sich ziehn,
Satz den Satz.
So möchte Welt,
endgültig,
sich aufdrängen,
schon gesagt sein.
Sagt sie nicht.

Worte, mir nach,
daß nicht endgültig wird
– nicht diese Wortbegier
und Spruch auf Widerspruch!

Laßt eine Weile jetzt
keins der Gefühle sprechen,
den Muskel Herz
sich anders üben.

Laßt, sag ich, laßt,

ins höchste Ohr nicht,
nichts, sag ich, geflüstert,
zum Tod fall dir nichts ein,
laß, und mir nach, nicht mild
noch bitterlich,
nicht trostreich,
ohne Trost
bezeichnend nicht,
so auch nicht zeichenlos –

Und nur nicht dies: das Bild
im Staubgespinst, leeres Geroll
von Silben, Sterbenswörter.

Kein Sterbenswort,
Ihr Worte!

Die Dichterin befindet sich in diesem in neun ungleich lange Abschnitte untergliederten Text in Zwiesprache mit ihrem Material, den Worten, die, als Dialogpartner personifiziert, in immer neuen Imperativen oder imperativischen Wendungen dazu angehalten werden, aus dem Üblichen und Gewohnten auszubrechen und dem lyrischen Ich auf seinem Weg immer weiter über die traditionell gesetzten Grenzen hinaus zu folgen.

Bereits die erste Zeile verweist auf die Notwendigkeit des rasch zu vollziehenden Ausstiegs aus der Trägheit des Gewohnten: »Ihr Worte, auf, mir nach!« – ein forscher, kampfentschlossener Befehl, der noch an zwei weiteren Stellen des Gedichts wörtlich wiederholt wird. Der Aufforderung fügt sich eine Begründung an: Der Weg, den der Sprecher gegangen ist und noch geht, verläuft zwar »schon weiter, zu weit« in bislang unbegangenem Gelände, läßt aber kein Ende, kein Ziel erkennen: »Es hellt nicht auf.« Eine Aufhellung, eine Erhellung, wie sie, betont durch die isolierte Stellung der Zeile, so sehr angestrebt wird, bleibt aus. In einem fatalen Automatismus zieht jedes Wort nur andere Worte nach sich; Worte entwickeln ihre eigene Dynamik und fixieren ohne Zutun dessen, der sich ihrer bedient, ein längst formuliertes und scheinbar endgültiges Bild der Welt: die Welt möchte »schon gesagt sein«. Gegen eine solche Festlegung kämpft die Sprecherin, indem sie den Worten in einer zweiten Reihe von Befehlen vorschreibt, was sie zu lassen haben: Nicht Endgültigkeit in der sprachlichen Erfassung der Welt – ein Ergebnis der »Wortbegier« oder der stereotypen Abfolge von »Spruch auf Widerspruch« – nicht die unlösbare Verquickung der Worte mit Gefühlen wird akzeptiert. Eingeleitet durch eine erneut für sich stehende Zeile: »Laßt, sag ich, laßt«, verstärkt durch die betonte Einfügung des Ich-Standpunkts und verfremdend durch das Fehlen eines direkten Objekts zu dem Verb »lassen« folgt eine sehr konkrete Aufzählung von Inhalten und Intentionen, auf die die Worte – und damit derjenige, der sich ihrer bedient – besser verzichten sollten: ins höchste Ohr (eines persönlichen Gottes?) zu flüstern, den Tod zu thematisieren, einen appellativen Einfluß zu üben, Trost zu spenden oder zu verweigern, Zeichen zu setzen oder auf sie zu verzichten. Sprache, die in herkömmlicher Manier dies alles weiterführt, verkommt, verfällt zu Staub, wird ein »leeres Geroll/ von Silben«; Wörter werden zu »Sterbenswörtern«, das ihnen innewohnende Klischee bedeutet ihren Tod, d.h. Wirklichkeit wird tödlich verfälscht. Was bleibt, ist das Schweigen als einzige Alternative zu einer solchen Verfälschung: »Kein Sterbenswort«, ein absolutes Redeverbot ist das reichlich pessimistische Ende dieses Dialogs, der doch so zuversichtlich mit der Hoffnung auf ein mögliches besseres Ende begonnen hat.

Der resignative Zug dieser Zeilen mag als Erklärung für das Verstummen der Ingeborg Bachmann als Lyrikerin gelten, die sich in einem Gedicht unter dem Titel ›Keine Delikatessen‹ noch einmal mit den Worten, der Sprache, ihrer Sprache auseinandersetzt:

Nichts mehr gefällt mir.

Soll ich
eine Metapher ausstaffieren
mit einer Mandelblüte?
die Syntax kreuzigen
auf einen Lichteffekt?

Wer wird sich den Schädel zerbrechen
über so überflüssige Dinge –

Ich habe ein Einsehn gelernt
mit den Worten,
die da sind
(für die unterste Klasse)

Hunger
                Schande
                                Tränen
und
                                            Finsternis.

Mit dem ungereinigten Schluchzen,
mit der Verzweiflung
(und ich verzweifle noch vor Verzweiflung)
über das viele Elend,
den Krankenstand, die Lebenskosten,
werde ich auskommen.

Ich vernachlässige nicht die Schrift,
sondern mich.
Die andern wissen sich
weißgott
mit den Worten zu helfen.
Ich bin nicht mein Assistent.

Soll ich
einen Gedanken gefangennehmen,
abführen in eine erleuchtete Satzzelle?
Aug und Ohr verköstigen
mit Worthappen erster Güte?
erforschen die Libido eines Vokals,
ermitteln die Liebhaberwerte unserer Konsonanten?

Muß ich
mit dem verhagelten Kopf,
mit dem Schreibkrampf in dieser Hand,
unter dreihundertnächtigem Druck
einreißen das Papier,
wegfegen die angezettelten Wortopern,
vernichtend so: ich du und er sie es

wie ihr?

(Soll doch. Sollen die andern.)

Mein Teil, es soll verloren gehen.

Ingeborg Bachmann wertet in diesem Gedicht, einem ihrer letzten, ihre eigenen Sprachkünste, ja ihr gesamtes lyrisches Werk als Produktion von »Delikatessen« für ein privilegiertes Publikum. Sie ist zur

Überzeugung gelangt, daß »Hunger«, »Schande«, »Tränen«, »Finsternis«, Stichworte für eine Beschreibung der Lebenswirklichkeit der untersten Klasse, ohne jegliche dichterische Verbrämung genügend Aussagekraft besitzen, so daß man auch »Mit dem ungereinigten Schluchzen ... über das viele Elend« auskommen kann. Um Mitleid oder gar Verzweiflung auszulösen, bedarf es keiner feinsinnigen Wort- und Sprachakrobatik, keiner ausgeklügelten Metaphern, die zur Steigerung der ästhetischen Wirkung zusätzlich noch mit einer »Mandelblüte« ausgestattet werden, und auch keiner Gedanken, die gefangengenommen und »in eine erleuchtete Satzzelle« abgeführt werden. An solchen bildhaften Formulierungen läßt sich ein auffälliger Widerspruch zwischen Inhalt und Form dieses Gedichts festmachen: Die Absage der Autorin an »Delikatessen« geschieht in einer Sprache, die voll ist von eben diesen »Delikatessen«, während die Worte »für die unterste Klasse« ohne dichterisches Beiwerk aufgelistet werden. Das Resümee jedenfalls läßt keinen Zweifel an der Mitteilung der Sprecherin aufkommen: »Mein Teil, es soll verloren gehen.« Das Verdikt über das eigene lyrische Werk ist eindeutig.

Gottfried Benn

Gottfried Benn, der sich in seinen jungen Jahren bereits als expressionistischer Lyriker einen Namen gemacht und sich ab 1933 bald in die, wie man es nannte, innere Emigration begeben hatte, war selbst nicht wenig überrascht, als er nach dem Krieg bei der literarisch interessierten Öffentlichkeit zu großer Popularität gelangte. Eine beachtliche Lesergemeinde fieberte geradezu dem Erscheinen des jeweils nächsten der schmalen Sammlungshefte aus dem Limes-Verlag entgegen; sie trugen die Titel ›Statische Gedichte‹ (1948/9), ›Trunkene Flut‹ (1949), ›Destillationen‹ (1953) und ›Aprèslude‹ (1953) und enthielten zum Teil auch schon früher entstandene Gedichte. Vor allem aber die 1951 in Marburg gehaltene Rede ›Probleme der Lyrik‹ sorgte für reichlich Diskussionsstoff. Kurzum: Benn wurde für die Nachkriegsgeneration zu einer Art Kultfigur. Sein Spätwerk, »an dem«, wie Gottfried Just in einem Zeitungsartikel zum 10. Todestag Gottfried Benns süffisant bemerkt, »epidemisch das gesamte geistige Nachkriegsdeutschland ›erkrankte‹«, kam der Stimmungslage einer inmitten von Trümmern ohne geschichtliches Bewußtsein aufwachsenden, literarisch interessierten Jugend entgegen. So galt Benn als der »Phänotyp der Stunde«, d.h. als eine Person, die in markanter Weise die geschichtliche Spätzeit repräsentierte, in der zu leben man sich bewußt war und die geprägt wurde von einer alle Bindungen zerstörenden Intellektualisierung des Menschen und vom Leiden an der fortschreitenden Verhirnung, die letzten Endes in den Nihilismus führen mußte. Benns Thesen zur

Poetik des Lyrischen und seine teilweise während des Kriegs verfaßten, aber jetzt erst (er war 1938 mit Schreibverbot belegt worden) zugänglichen Gedichte, die als Umsetzungen seiner theoretischen Positionen gesehen werden konnten, paßten gut in eine Zeit, in der die traditionellen Werte nicht mehr galten; der einzelne mußte sich als »verlorenes Ich« vorkommen, wie der Titel des 1943 entstandenen und in die ›Statischen Gedichte‹ aufgenommenen, vielleicht bekanntesten Benn-Gedichts lautet.

Verlorenes Ich

Verlorenes Ich, zersprengt von Stratosphären,
Opfer des Ion –: Gamma-Strahlen-Lamm –
Teilchen und Feld –: Unendlichkeitschimären
auf deinem grauen Stein von Notre-Dame.

Die Tage gehn dir ohne Nacht und Morgen,
die Jahre halten ohne Schnee und Frucht
bedrohend das Unendliche verborgen –
die Welt als Flucht.

Wo endest du, wo lagerst du, wo breiten
sich deine Sphären an – Verlust, Gewinn –:
ein Spiel von Bestien: Ewigkeiten,
an ihren Gittern fliehst du hin.

Der Bestienblick: die Sterne als Kaldaunen,
der Dschungeltod als Seins- und Schöpfungsgrund,
Mensch, Völkerschlachten, Katalaunen
hinab den Bestienschlund.

Die Welt zerdacht. Und Raum und Zeiten
und was die Menschheit wob und wog,
Funktion nur von Unendlichkeiten –
die Mythe log.

Woher, wohin – nicht Nacht, nicht Morgen,
kein Evoë, kein Requiem,
du möchtest dir ein Stichwort borgen –
allein bei wem?

Ach, als sich alle einer Mitte neigten
und auch die Denker nur den Gott gedacht,
sie sich den Hirten und dem Lamm verzweigten,
wenn aus dem Kelch das Blut sie rein gemacht,

und alle rannen aus der einen Wunde,
brachen das Brot, das jeglicher genoß –
o ferne zwingende erfüllte Stunde,
die einst auch das verlorne Ich umschloß.

Im Zentrum dieses Textes steht das in Raum und Zeit verlorene, heimat- und orientierungslos gewordene Ich. Kennzeichnend für das nach herkömmlichem Lyrikverständnis befremdliche Sprachmaterial des Gedichts sind die zahlreichen fremdwörtlichen Termini, die sich teilweise für den normal gebildeten Leser erst mit Hilfe eines Konversationslexikons klären lassen. Kennzeichnend sind aber auch die auf Substantive ausgerichteten Aussagen in überwiegend bruchstückhaften Sätzen und die strenge formale Bindung durch Reim und Rhythmus.

Die ersten beiden Strophen enthalten eine Beschreibung der Befindlichkeit des mit du angesprochenen (oder mit sich selbst sprechenden) Ichs in der Welt. Es ist dem Vorhandensein und Wirken physikalischer Kräfte schutzlos ausgesetzt, die sich in ihrer unheimlichen Bedrohlichkeit mit Schimären assoziieren lassen, also mit fratzenhaften künstlichen Fabeltieren, die auf den Dächern gotischer Bauwerke als Wasserspeier das allgegenwärtige Böse symbolisieren, welches, durch diese Funktion gebannt, vom geheiligten Innenraum ferngehalten werden soll. Das Ich erlebt sich in Wahrnehmung der unermeßlichen Weite der Stratosphären als »zersprengt«, es fühlt sich als »Opfer«, als »Lamm«, als Teilchen in einem Feld unlenkbaren Kräften ausgesetzt. Der natürliche Rhythmus der Tage (»Nacht und Morgen«) und der wechselnden Jahreszeiten (»Schnee«, »Frucht«) gibt keinen Halt mehr, so daß die Frage nach dem Ort des Menschen unbeantwortet bleiben muß: das verlorene Ich ist dem Spiel von Bestien ausgesetzt, von Ewigkeiten, die wie wilde Tiere in Käfigen den Betrachter bedrohen und ihn, Tod und Vernichtung fürchtend, an den Gittern hinfliehen lassen. Das Bild dieser Bestien Ewigkeit verselbständigt sich in der vierten Strophe. Hier führt der Blick dieser Untiere zur Deutung der Sterne als Kaldaunen, als Eingeweide frisch geschlachteter Tiere, zur Wertung des Dschungeltods als Urgrund des Seins und zur Sicht des Menschen in seinen weltgeschichtlichen Auseinandersetzungen (Katalaunen – eine Neuprägung Benns zur Bezeichnung der Hunnenschlacht auf den Katalaunischen Feldern im Jahre 451) als Fraß eben dieser Bestien.

Die Strophen 5 und 6 resümieren die bisherigen Aussagen: »Die Welt zerdacht.« Diesem Zerdenken, dem alles analysierenden Zugriff des Verstands wohnt keine klärende, sondern nur eine zerstörerische Wirkung inne. Raum und Zeit entgleiten in bedrohende Unendlichkeit und aggressive Ewigkeit. Zerstört wird die Sicherheit eines mythischen Weltbilds, das der Menschheit eine leicht nachvollziehbare Orientierung geboten hat; durch die mathematisch-physikalische Erklärung des Universums verliert der Mensch seine Geborgenheit, hat Gott keinen Platz mehr. Die Suche nach einem Stichwort, nach einer Losung zur Bewältigung der Probleme ist vergeblich, Nacht und

Morgen, Evoë (der Jubelruf bei den nächtlichen Orgien zu Ehren des Gottes Dionysos in der griechischen Antike) und Requiem (die Verheißung ewiger Ruhe nach dem Tode) setzen dem Leben keine bestimmenden Akzente.

Das Gedicht endet in den letzten beiden Strophen mit einer durch ein schmerzliches »Ach« eingeleiteten und nicht mehr in Satzfragmente zerstückelten, sondern in vollständige Aussagen gefügten Klage über den Verlust der »erfüllte[n] Stunde,/ die einst auch das verlorne Ich umschloß«. Die noch im Mittelalter gültige geistliche Mitte des Lebens, versinnbildlicht hier durch die Hinweise auf Jesus Christus als Hirte und Lamm und auf die Feier des Abendmahls, ist verloren.

Angesichts dieser ausweglosen Situation des dem Nichts ausgelieferten verlorenen Ichs fand Benn gerade in der Kunst, im Gedicht die Möglichkeit einer neuen Sinngebung des Daseins. In seiner Marburger Rede mit dem Titel ›Probleme der Lyrik‹ geht er von der These aus, ein Gedicht *entstehe* nur sehr selten, es werde vielmehr *gemacht*. Das Gedicht entspringt also nach Benns Meinung nicht göttlicher Inspiration noch einem stimmungshaften Augenblickseindruck, sondern es wird als Kunstprodukt fast wie ein Markenartikel in einem langwierigen Arbeitsprozeß geschaffen, bis ein künstlerisch höchst anspruchsvolles, ein artistisches Gebilde zustande gekommen ist. »Artistik« ist hier also Zeichen höchster Qualität, ganz im Gegensatz zur abschätzigen Verwendung des Begriffs in Deutschland:

> Ich gebrauchte vorhin zur Charakterisierung des modernen Gedichts den Ausdruck Artistik und sagte, das sei ein umstrittener Begriff – in der Tat, er wird in Deutschland nicht gern gehört. Der durchschnittliche Ästhet verbindet mit ihm die Vorstellung von Oberflächlichkeit, Gaudium, leichter Muse, auch von Spielerei und Fehlen jeder Transzendenz. In Wirklichkeit ist es ein ungeheuer ernster Begriff und ein zentraler. Artistik ist der Versuch der Kunst, innerhalb des allgemeinen Verfalls der Inhalte sich selber als Inhalt zu erleben und aus diesem Erlebnis einen neuen Stil zu bilden, es ist der Versuch, gegen den allgemeinen Nihilismus der Werte eine neue Transzendenz zu setzen: die Transzendenz der schöpferischen Lust.

In der Schaffung eines artistisch vollendeten lyrischen Textes scheint so etwas wie ein tieferer Sinn des Lebens auf, der wohlgemerkt nicht durch bestimmte Inhalte, sondern durch eine bis ins äußerste perfektionierte Form vermittelt wird; eine Botschaft an andere ist nicht beabsichtigt, das Gedicht geht nur den Autor an, der bei seinem Schaffensprozeß zunächst einen »dumpfen schöpferischen Keim« und Worte, »seine Worte« zur Verfügung hat. Aus dieser bipolaren Spannung zwischen dem Keim und den Worten erwächst die Suche nach dem Text des Gedichts, das nach Benns Aussage schon fertig ist, ehe es begonnen hat. Die Findung des endgültigen Wortlauts bedarf einer wochen-, ja manchmal jahrelangen mühevollen Kleinarbeit.

Irgend etwas in Ihnen schleudert ein paar Verse heraus oder tastet sich mit ein paar Versen hervor, irgend etwas anderes in Ihnen nimmt diese Verse sofort in die Hand, legt sie in eine Art Beobachtungsapparat, ein Mikroskop, prüft sie, färbt sie, sucht nach pathologischen Stellen. Ist das erste vielleicht naiv, ist das zweite ganz etwas anderes: raffiniert und skeptisch. Ist das erste vielleicht subjektiv, bringt das zweite die objektive Welt heran, es ist das formale, das geistige Prinzip.

Ich verspreche mir nichts davon, tiefsinnig und langwierig über die Form zu sprechen. Form, isoliert, ist ein schwieriger Begriff. Aber die Form *ist* ja das Gedicht. Die Inhalte eines Gedichtes, sagen wir Trauer, panisches Gefühl, finale Strömungen, die hat ja jeder, das ist der menschliche Bestand, sein Besitz in mehr oder weniger vielfältigem und sublimem Ausmaß, aber Lyrik wird daraus nur, wenn es in eine Form gerät, die diesen Inhalt autochthon macht, ihn trägt, aus ihm mit Worten Faszination macht. Eine isolierte Form, eine Form an sich, gibt es ja gar nicht. Sie ist das Sein, der existentielle Auftrag des Künstlers, sein Ziel. In diesem Sinne ist wohl auch der Satz von Staiger aufzufassen: Form ist der höchste Inhalt.

Die vollendete Form, die durch ihre Artistik fasziniert, ist das Ziel der Arbeit des Dichters: erst sie verleiht den Inhalten Sinn und Bedeutung. Voraussetzung für das Gelingen seiner Arbeit ist eine möglichst umfassende Bildung, ein hoher Kenntnisstand in vielen Bereichen und eine aktive Teilhabe am aktuellen Weltgeschehen.

Der Lyriker kann gar nicht genug wissen, er kann gar nicht genug arbeiten, er muß an allem nahe dran sein, er muß sich orientieren, wo die Welt heute hält, welche Stunde an diesem Mittag über der Erde steht.

Unter den genannten Voraussetzungen kann gelingen, was der Dichter als sein Lebensziel ansieht:

Aus all diesem kommt das Gedicht, das vielleicht eine dieser zerrissenen Stunden sammelt –: das absolute Gedicht, das Gedicht ohne Glauben, das Gedicht ohne Hoffnung, das Gedicht an niemanden gerichtet, das Gedicht aus Worten, die Sie faszinierend montieren. Und, um es nochmals zu sagen, wer auch hinter dieser Formulierung nur Nihilismus und Laszivität erblicken will, der übersieht, daß noch hinter Faszination und Wort genügend Dunkelheiten und Seinsabgründe liegen, um den Tiefsinnigsten zu befriedigen, daß in jeder Form, die fasziniert, genügend Substanzen von Leidenschaft, Natur und tragischer Erfahrung leben.

Benn wertet also das Machen von Gedichten als einen (kunst-)handwerklichen Akt, der permanent unter der Kontrolle des Intellekts steht und der das formvollendete, das artistisch faszinierende Gedicht als Ergebnis seines Tuns anstrebt und damit dem Dichter einen über seine persönliche Existenz hinausweisenden Sinn des Daseins vermittelt.

Benn äußert sich nicht nur theoretisch über den Vorgang des Dichtens, über das Gedicht und über seine Wirkung, auch in seinen Werken begegnet diese Thematik immer wieder.

Gedicht

Und was bedeuten diese Zwänge,
halb Bild, halb Wort und halb Kalkül,
was ist in dir, woher die Dränge
aus stillem trauernden Gefühl?

Es strömt dir aus dem Nichts zusammen,
aus einzelnem, aus Potpourri,
dort nimmst du Asche, dort die Flammen,
du streust und löschst und hütest sie.

Du weißt, du kannst nicht alles fassen,
umgrenze es, den grünen Zaun
um dies und das, du bleibst gelassen,
doch auch gebannt in Mißvertraun.

So Tag und Nacht bist du am Zuge,
auch sonntags meißelst du dich ein
und klopfst das Silber in die Fuge,
dann läßt du es – es ist: das Sein.

Grundlage für die Arbeit am Gedicht ist das Gefühl der Trauer, wie sehr häufig in Benns Werk. Aus dieser Grundbefindlichkeit erwachsen Zwänge in der Gestalt bildlicher Vorstellungen, faszinierender Assoziationen, die sich mit einem ganz bestimmten Wort einstellen, oder besonderer Gedankenkonstruktionen und bieten damit einen schöpferischen Impuls, der dem Dichter aus dem Nichts, aus singulären Eindrücken oder aus einem komplexen Wirklichkeitsausschnitt zuströmt. Die Arbeit mit diesem Rohmaterial erfordert ständig neue Experimente, eine kalkulierte Bescheidung angesichts der Unmöglichkeit, alles zu fassen, innere Ruhe und ständiges Mißtrauen gegenüber den gefunden geglaubten Lösungen. Dieses experimentierende Abwägen, dieses Basteln am Material wird in der letzten Strophe mit der Arbeit eines Steinmetzen oder eines Goldschmieds verglichen, der auch sonntags von seinem Werk nicht lassen kann, um die letzte formale Vollendung zu sichern, bis ihm in der reinen Form das Sein entgegentritt.

Besonders betont Gottfried Benn nicht nur in seiner Marburger Rede die Bedeutung des Worts: Farben und Klänge gebe es auch in der Natur, Worte nicht. Deshalb braucht der Dichter als Qualifikation für sein Tun ein besonderes Verhältnis zum Wort: »Das Wort ist der Phallus des Geistes.« Worte können einen enormen »Wallungswert«, d. h. ein besonders weites, suggestives Assoziationsfeld haben, wie etwa das von Benn besonders geliebte »Südwort« Blau.

Worte, Worte – Substantive! Sie brauchen nur die Schwingen zu öffnen und Jahrtausende entfallen ihrem Flug. Nehmen Sie Anemonenwald, also zwischen Stämmen feines, kleines Kraut, ja über sie hinaus Narzissenwiesen, aller Kelche Rauch und Qualm, im Ölbaum blüht der Wind und über Marmorstufen steigt, verschlungen, in eine Weite die Erfüllung – oder nehmen Sie Olive oder Theogonien – Jahrtausende entfallen ihrem Flug. Botanisches und Geographisches, Völker und Länder, alle die historisch und systematisch so verlorenen Welten hier ihre Blüte, hier ihr Traum – aller Leichtsinn, alle Wehmut, alle Hoffnungslosigkeit des Geistes werden fühlbar aus den Schichten eines Querschnitts von Begriff.

Die dichterische Umsetzung der Vorstellung von der enormen suggestiven, seinserhellenden Kraft des Worts gelingt Benn in einem weiteren sehr bekannten, ebenfalls 1941 entstandenen Gedicht:

Ein Wort

Ein Wort, ein Satz –: aus Chiffren steigen
erkanntes Leben, jäher Sinn,
die Sonne steht, die Sphären schweigen
und alles ballt sich zu ihm hin.

Ein Wort – ein Glanz, ein Flug, ein Feuer,
ein Flammenwurf, ein Sternenstrich –
und wieder Dunkel, ungeheuer,
im leeren Raum um Welt und Ich.

Das Wort für sich und das Wort im Zusammenhang eines Satzes sind die Chiffren, die geheimnisvollen Zeichen, aus denen sich unvermittelte, unverhoffte blitzartige Erkenntnis, ein »jäher Sinn« ergibt. Diese Erkenntnis ist so umfassend, so existenzbestimmend, daß der Lauf der Gestirne unterbrochen zu sein und die Sphärenharmonie, von der die Antike zu berichten wußte, zu schweigen scheint.

In der Klimax der Appositionen zu dem am Beginn der zweiten Strophe anaphorisch wiederholten »Ein Wort« erweist sich in fünf z. T. durch Alliteration gebundenen Lichtmetaphern nicht nur die Helle, sondern auch die Flüchtigkeit dieses Augenblicks, dem sogleich wieder ungeheures Dunkel, ängstigende Leere folgt um Ich und Welt.

Das Ich ist also nicht dem Nichts preisgegeben, ein tieferer Sinn ist vorhanden: Im Wallungswert eines Wortes oder eines Satzes erschließt sich ein ganzer Kosmos sinnvermittelnder Einsicht, aber es ist nur ein Moment, in dem eine solche Erkenntnis aufblitzt und wieder im Dunkel verschwindet. Der Erfahrung der Leere und dem Gefühl der Trauer kann der Mensch nicht entgehen, weder beim Erlebnis der Natur noch in der Begegnung mit fremden Ländern:

Reisen

Meinen Sie Zürich zum Beispiel
sei eine tiefere Stadt,
wo man Wunder und Weihen
immer als Inhalt hat?

Meinen Sie, aus Habana,
weiß und hibiskusrot,
bräche ein ewiges Manna
für Ihre Wüstennot?

Bahnhofstraßen und Ruen,
Boulevards, Lidos, Laan –
selbst auf den Fifth Avenuen
fällt Sie die Leere an –

Ach, vergeblich das Fahren!
Spät erst erfahren Sie sich:
bleiben und stille bewahren
das sich umgrenzende Ich.

Der lockere Parlando-Stil dieses Gedichts und die in der Lyrik ungewöhnliche Höflichkeitsanrede »Sie«, besonders betont durch das anaphorische »Meinen Sie« der ersten beiden Strophen, gemahnt an geistreiche Konversation über Sinn und Unsinn des Reisens und läßt leicht den kunstvollen, formstrengen Aufbau des Gedichts übersehen.

In zwei rhetorischen Fragen werden zwei mögliche, konkrete Reiseziele in wörtlichem Sinne in Frage gestellt: nichts spricht dafür, die Stadt Zürich, als willkürlich gewähltes Beispiel einer Großstadt, als eine »tiefere Stadt« zu werten, als eine Stadt, in der wie selbstverständlich »Wunder und Weihen« das Wirken eines göttlichen Wesens bezeugen und in dieser Erfahrung einen Ausbruch aus dem Alltäglichen ermöglichen. Exotischer, ferner und verheißungsvoller wirkt das im Sinne einer Steigerung angeführte Reiseziel Habana, aber auch dort wartet der von existentieller Not gequälte Besucher gewiß vergeblich auf ein gottgesandtes Manna, das ihm Rettung bringen könnte.

Was zuvor Frage war, wird in der dritten Strophe als These, als eine sich immer wieder bestätigende Erfahrung formuliert: Die Aufzählung der Bezeichnungen für Straße in den verschiedenen Fremdsprachen charakterisiert das Reisen als eine Flucht, auf der den Fliehenden unweigerlich die Leere anfällt wie ein wildes Tier. Eingeleitet mit einem traurig resignierenden »Ach« zieht die letzte Strophe ein Resümee: sich selbst durch das Fahren erfahren zu wollen (man beachte das Wortspiel) ist ein Irrweg, nur im Bleiben, im Verzicht auf hektische Umtriebigkeit ist die Erfahrung des sich umgrenzenden Ichs denkbar, eine Erlösung aus der »Wüstennot« gibt es nicht von außen, sondern nur von innen her. Diese Einsicht hat freilich nichts Befreiendes, sondern ist voll stiller Trauer, wie ein Seufzer, der am Ort des Gedankenstrichs am Ende der dritten Strophe in das »Ach« der vierten übergeht.

Trauer ist auch der Leitbegriff des letzten von Gottfried Benn vollendeten Gedichts.

Kann keine Trauer sein

In jenem kleinen Bett, fast Kinderbett, starb die Droste
(zu sehn in ihrem Museum in Meersburg),
auf diesem Sofa Hölderlin im Turm bei einem Schreiner,
Rilke, George wohl in Schweizer Hospitalbetten,
in Weimar lagen die großen schwarzen Augen
Nietzsches auf einem weißen Kissen
bis zum letzten Blick –
alles Gerümpel jetzt oder gar nicht mehr vorhanden,
unbestimmbar, wesenlos
im schmerzlos-ewigen Zerfall.

Wir tragen in uns Keime aller Götter,
das Gen des Todes und das Gen der Lust –
wer trennte sie: die Worte und die Dinge,
wer mischte sie: die Qualen und die Statt,
auf der sie enden, Holz mit Tränenbächen,
für kurze Stunden ein erbärmlich Heim.

Kann keine Trauer sein. Zu fern, zu weit,
zu unberührbar Bett und Tränen,
kein Nein, kein Ja.
Geburt und Körperschmerz und Glauben
ein Wallen, namenlos, ein Huschen,
ein Überirdisches, im Schlaf sich regend,
bewegte Bett und Tränen –
schlafe ein!

6. 1. 1956

Thema dieses Gedichts ist die Trennung der Worte und der Dinge, die Trauer über die Spurlosigkeit der Dinge des täglichen Gebrauchs, mit denen Dichter und Philosophen in Berührung gekommen sind.

In der zunächst amtlich nüchternen Sprache des ersten Sinnabschnitts werden die Sterbebetten der Droste, Hölderlins, Rilkes und Georges erwähnt und lokalisiert; ausführlicher, einfühlender und in poetisch erhöhter Diktion geht der Sprecher auf das Ende Nietzsches in Weimar ein, gewiß eine Referenz an den Philosophen, hat er doch das Denken Benns ganz nachdrücklich beeinflußt. In den letzten drei Zeilen schließlich folgt nach einem Gedankenstrich, der die Reihe der Sterbestätten als beliebig fortsetzbar erscheinen läßt, eine pauschale Wertung: »alles Gerümpel jetzt«; Spuren sind nicht mehr erkennbar, die Gegenstände sind dem »schmerzlos-ewigen Zerfall« preisgegeben.

Im zweiten Abschnitt ändert sich der Stil: in reimlosen, regelmäßig gebauten fünfhebigen Jamben nimmt das lyrische Ich eine grundsätzliche Auswertung des angesprochenen Sachverhalts vor: es entspricht der erbmäßigen Disposition des Menschen, unter vielen anderen Veranlagungen das »Gen des Todes und das Gen der Lust« in sich zu tragen. Im Gegensatz zu dieser Programmierung bleiben die Worte und die Dinge, also das Schicksal der Personen und die Stätten, an denen es sich vollzieht, getrennt, am »Holz mit Tränenbächen«, am »erbärmlich Heim für kurze Stunden« haften keine Spuren.

Wiederum unverbunden mit dem Vorausgehenden, auffällig durch die Inversion »Kann keine Trauer sein« schließt sich die letzte Strophe an, in der die vollständigen Sätze des Mittelteils wiederum von Aussagen im typisch Bennschen Fragmentstil abgelöst werden. Das ist ein Indiz für die emotionale Betroffenheit durch die unbewältigte und wohl auch nicht zu bewältigende Trauer, die trotz der gegenteiligen Aussage des zu Beginn des dritten Sinnabschnitts wörtlich wiederholten Titels über den Zeilen liegt und in der vielleicht auch Benns Ahnung des eigenen Todes mitschwingt, wußte er doch, daß ihm eine schwere Operation bevorstand, als er dieses Gedicht schrieb. Durch die Dreierfigur »zu fern, zu weit, zu unberührbar« wird die Trennung von Bett und Tränen unabänderlich, von allem, was durchlitten, was gedacht wurde, bleibt nur »ein Wallen, namenlos, ein Huschen«, also eine spurlose Bewegung eines körperlosen Wesens, aber auch »ein Überirdisches, im Schlaf sich regend« – möglicherweise die Ahnung einer Transzendenz, eines überpersönlichen Sinns. Trauer ist angesichts der Spurlosigkeit des Menschen nicht angebracht und kein Grund, sich nicht dem Schlaf hinzugeben, sich nicht in ein Bett zu legen, das keine Spuren bewahrt. Aber diese Position erweist sich im Grunde doch nur als der zum Scheitern verurteilte Versuch der rationalen Bewältigung eines emotional bedrängenden Befunds. Die Trauer bleibt.

Gerade auch an diesem Text lassen sich auffällige Eigenarten des Benn-Stils festmachen, der die Nachkriegsgeneration der deutschen Lyriker nachhaltig beeinflußt hat: Das lyrische Parlando, ein Sprechton, der an gehobene Konversation erinnert, und im Kontrast dazu die durch Reim und/oder Rhythmus streng gebundene Form, die von faszinierend montierten Substantiven getragene, in ihrem Zusammenhang nur assoziativ erahnbare Aussage auf der einen Seite, die Ausfaltung der Inhalte in vollständigen Sätzen auf der anderen, und schließlich die häufige Verwendung von Zeichen wie Gedankenstrichen und Doppelpunkten.

Es ist der Stil einer Spätzeit, in der laut Benn angesichts des Zerfalls aller Werte nur noch ein nihilistischer Ästhetizismus akzeptiert werden kann; angestrebt wird das formvollendete, artistisch gefügte

Sprachkunstwerk, das keine Botschaft, keinen tieferen Sinn mehr vermittelt, sondern durch seine formale Vollkommenheit fasziniert.

Hans Magnus Enzensberger

1957 – ein Jahr nach dem Tode Benns und Brechts – erschien der erste Gedichtband eines jungen Autors, der wie kein anderer den Typus des (seit John Osbornes Theaterstück ›Angry young men‹) im Wirtschaftswunderdeutschland in Mode kommenden »zornigen jungen Mannes« verkörperte und in seinen Gedichten die Erwartungen der Leserschaft nicht enttäuschte. Die Rede ist von Hans Magnus Enzensberger und seinem Debüt ›verteidigung der wölfe‹.

Der Autor, 1929 in Kaufbeuren geboren, aufgewachsen im Nürnberg der Reichsparteitage, hatte Literaturwissenschaft, Sprachen und Philosophie studiert, mit einer Arbeit zur Poetik des romantischen Dichters Clemens Brentano promoviert und betätigte sich als Redakteur an verschiedenen deutschen Rundfunkanstalten. Er unternahm viele Reisen (USA, Mexiko, Sowjetunion, Südamerika, Japan, Indien, Cuba) und verlegte seinen Wohnsitz immer wieder für längere Zeit ins Ausland.

Enzensberger will seine formal an Benns lyrischem Stil geschulten und inhaltlich Brechts Gebot der politischen Einflußnahme umsetzenden lyrischen Texte verstanden wissen, wie er es selbst formuliert, »als Inschriften, Plakate, Flugblätter, in eine Mauer geritzt, auf eine Mauer geklebt, vor einer Mauer verteilt«. Sie sollen wirken »wie das Inserat in der Zeitung, das Plakat auf der Litfaßsäule, die Schrift am Himmel. Sie sollen Mitteilungen sein, hier und jetzt, an uns und alle, sollen, wo sie »freundlich« sind, von Paradiesen künden, die wir nicht sehen, wo sie »traurig« sind, gegen die Klagemauer tönen, an der wir vorbeieilen, und wo sie »böse« sind, den Zorn der Welt vermehren um ein Gran.« Die gewünschte publizistisch-propagandistische Wirkung zu erzielen, scheint allerdings vor allem der dritte Teil der in »freundliche«, »traurige« und »böse« Gedichte gegliederten Sammlung geeignet, wenngleich es Rezensenten gibt, die in den drei Gruppen keinen Unterschied der kritischen Grundhaltung, sondern nur einen der lyrischen Ausdrucksform sehen.

›verteidigung der wölfe gegen die lämmer‹, das letzte der »bösen« Gedichte, hat der Sammlung den Namen gegeben und muß in seiner Aussage wohl als programmatisch für das Anliegen des Autors angesehen werden. Im Kostüm der Wölfe verteidigen Politiker, Wirtschaftsbosse und Profiteure ihr ausbeuterisches, räuberisches und mörderisches Tun mit dem Hinweis auf das volles Einverständnis signalisierende Verhalten ihrer Opfer, der Lämmer, die, satt und faul, über sich verfügen lassen, auf jegliche Gegenwehr verzichten, der Solidarität der in Rudeln gehenden Wölfe keine eigene Solidarität entgegensetzen und ihre Opferrolle geradezu lustvoll genießen:

gelobt sein die räuber: ihr
einladend zur vergewaltigung,
werft euch aufs faule bett
des gehorsams. winselnd noch
lügt ihr. zerrissen
wollt ihr werden, ihr
ändert die welt nicht.

Der Zorn des Dichters wendet sich nicht so sehr gegen die Wölfe, sondern vor allem gegen die Lämmer, die sich ausgerechnet von ihren Mördern den Spiegel der Selbsterkenntnis vorhalten lassen müssen:

seht in den spiegel: feig,
scheuend die mühsal der wahrheit,
dem lernen abgeneigt, das denken
überantwortend den wölfen ...

Mit solchen Lämmern ist die notwendige Änderung der Welt, nicht im Sinne eines sozialistischen Umsturzes, sondern lediglich mit dem Ziel, eine humane Gesellschaft zu verwirklichen, nicht realisierbar.

Auffällig am Stil des Autors, der seine Ablehnung der Spielregeln der Konvention schon durch die konsequente Kleinschreibung dokumentiert, ist die Häufung von Präsenspartizipien, die seinem erbosten Angriff auf die Opfer – nicht auf die Täter – die fast feierliche Note einer sendungsbewußten Mahnung verleihen.

Damit sich die jungen Lämmer in der wirtschaftlich prosperierenden, aber für restaurative Tendenzen auffälligen Bundesrepublik nicht zu kapitalen Schafen entwickeln, schreibt Enzensberger der künftigen Elite des Landes ein paar gute Ratschläge ins Stammbuch:

ins lesebuch für die oberstufe

lies keine oden, mein sohn, lies die fahrpläne:
sie sind genauer. roll die seekarten auf,
eh es zu spät ist. sei wachsam, sing nicht.
der tag kommt, wo sie wieder listen ans tor
schlagen und malen den neinsagern auf die brust
zinken. lern unerkannt gehn, lern mehr als ich:
das viertel wechseln, den paß, das gesicht.
versteh dich auf den kleinen verrat,
die tägliche schmutzige rettung. nützlich
sind die enzykliken zum feueranzünden,
die manifeste: butter einzuwickeln und salz
für die wehrlosen. wut und geduld sind nötig,

in die lungen der macht zu blasen
den feinen tödlichen staub, gemahlen
von denen, die viel gelernt haben,
die genau sind, von dir.

Enzensberger greift in diesem Text auf ein Gedicht Brechts aus dem Jahr 1940 zurück, in dem ein junger Sohn seinen Vater befragt, was er denn lernen solle, und von diesem geraten bekommt, sich den angebotenen Unterrichtsgegenständen zuzuwenden, obwohl sie für das tägliche Leben und Überleben sinnlos scheinen. Von den Fragen des Sohns ist in diesem Gedicht nur die Anrede »mein sohn« geblieben, als Sprecher läßt sich kein Vater ausfindig machen; es wendet sich vielmehr ein skeptischer Analytiker der Nachkriegszeitläufe an seine jüngeren Zeitgenossen und diktiert ihnen einen Verhaltenskanon angesichts der Bedrohung durch eine nicht näher definierte Macht, der man sich durch Flucht entziehen oder die man vom Verborgenen, vom Untergrund aus bekämpfen soll.

Am Anfang des Textes steht das mehr als befremdliche Gebot, anstatt von Oden Fahrpläne zu lesen, verbunden mit einem deplaziert wirkenden Tertium comparationis: »sie sind genauer«. Die Begründung für diesen Rat, auf Oden, auf Gesang zu verzichten, schält sich erst allmählich aus dem Textzusammenhang heraus, angedeutet durch den Temporalsatz »eh es zu spät ist« und dann zugespitzt durch die in unbezweifelbar konstatierendem Präsens gehaltene Feststellung »der tag kommt«, an dem es wieder Proskription und diskriminierende Brandmarkung unerwünschter Personengruppen geben wird. Die nähere Bestimmung der beiden im Konflikt befindlichen Parteien bleibt in der Schwebe: Eine anonym wirkende sie-Gruppe steht für die Macht, ihre Opfer werden als »neinsager« oder später als »wehrlose« bezeichnet.

Eine zweite Reihe von Imperativen bezieht sich auf das richtige Verhalten im Falle des Mißlingens einer Flucht oder des Verzichts auf sie: Gesichtslos, ohne Identität nach außen hin, unauffällig in der Masse schwimmend und sich selbst und andere verleugnend sollen die jungen Wirtschaftswundersöhne und -töchter an ihre eigentliche Aufgabe gehen, nämlich – vorausgesetzt, sie verfügen über hinreichend »wut und geduld« – »in die lungen der macht zu blasen / den feinen tödlichen staub«. Ein solches Tun setzt Bildung und Wissen voraus, wenn der Moloch Macht beinahe unbemerkbar an einer sehr empfindlichen Stelle, an seinen Lungen, getroffen werden soll, verspricht doch ein direktes offenes Anrennen kaum einen Erfolg.

Ein böses Gedicht? Ein gefährliches oder gar staatszersetzendes Gedicht? Ein Gedicht ins Handbuch der einige Jahre später aktiv werdenden Stadtguerillas? – Wohl kaum, da es in seiner Aussage zu vage, in der Begründung des empfohlenen Verhaltens zu apodiktisch ist. So bleibt letzten Endes nur der Eintrag ins Stammbuch, mit dem der künftigen Elite statt wirklichkeitsfremder Bildungsbeflissenheit rege Wachsamkeit gegenüber den aktuellen politischen Entwicklungstendenzen, vor allem aber gegenüber einer sich hinter verantwortungsloser Anonymität verschanzenden Macht angeraten wird, »eh es zu spät ist«. Damit bietet Enzensberger nur eine Variante von Eichs Geheiß: »Seid Sand, nicht das Öl im Getriebe der Welt!«.

Wut und Geduld sind auch die Leitbegriffe eines anderen der bösen Gedichte mit dem Titel ›anweisung an sisyphos‹, in dem sich der Autor an einen der großen Frevler des griechischen Mythos wendet, eben Sisyphos, dem die von ihm genasführten Götter die ewige Strafe auferlegt haben, einen schweren Stein auf einen Berg zu wälzen, und der, am Ziel angekommen, hilflos mit ansehen muß, wie der Stein wieder in die Tiefe rollt, so daß die Mühe von neuem beginnt. Sisyphos galt für die französischen Existentialisten, vor allem für Albert Camus (vgl. sein Buch ›Mythos von Sisyphos‹) als Symbolgestalt für das Schicksal des modernen Menschen, den sie in seinem alltäglichen Leben zu einer ebenso sinnlos scheinenden Sisyphosarbeit verurteilt sahen wie den mythischen Heros.

anweisung an sisyphos

was du tust, ist aussichtslos. gut:
du hast es begriffen, gib es zu,
aber finde dich nicht damit ab,
mann mit dem stein. niemand
dankt dir; kreidestriche,
der regen leckt sie gelangweilt auf,
markieren den tod. freu dich nicht
zu früh, das aussichtslose
ist keine karriere. mit eigner
tragik duzen sich wechselbälge,
vogelscheuchen, auguren. schweig,
sprich mit der sonne ein wort,
während der stein rollt, aber
lab dich an deiner ohnmacht nicht,
sondern vermehre um einen zentner
den zorn in der welt, um ein gran.
es herrscht ein mangel an männern,
das aussichtslose tuend stumm,
ausraufend wie gras die hoffnung,
ihr gelächter, die zukunft, rollend,
rollend ihren zorn auf die berge.

Inhaltlich läßt sich dieses Gedicht in zwei etwa gleich lange Sinnabschnitte gliedern: Im ersten akzeptiert der den Mann mit dem Stein beratende Sprecher, daß Sisyphos sein Schicksal durchschaut hat, sich im Grunde nicht mehr der trügerischen Hoffnung hingibt, irgendwann einmal könnte sein kräftezehrendes Tun von Erfolg gekrönt sein. Bei dieser Erkenntnis und dem aus ihr resultierenden Gefühl selbstmitleidiger Tragik darf es jedoch nicht bleiben: Statt resignativer Einsicht ist – und das ist die Quintessenz des zweiten Sinnabschnitts – Zorn vonnöten, Zorn auf das eigene Schicksal und auf die, die es verhängt haben. Der Zorn in der Welt, und damit wird Sisyphos' Schicksal verallgemeinert und aktualisiert, muß von den Männern, die das Aussichtslose tun, nicht unbedingt um einen Zentner vermehrt werden, ein Gran, ein Körnchen Gewicht reicht bereits aus, auch wenn der Zorn, symbolisiert im Gelächter, im Lachen über das eigene Schicksal, ebenso aussichtslos erscheinen mag wie die eigene Zukunft, wenigstens zunächst. So rät hier ein zorniger junger Mann, die aussichtslose Hoffnung durch einen möglicherweise ebenso aussichtslosen Zorn zu ersetzen, der aber vielleicht eine Signalwirkung bekommen könnte, wenn einmal kein Mangel an Männern mehr besteht, »rollend ihren zorn auf die berge«.

Eines der bekanntesten und markantesten Gedichte dieser Sammlung nimmt die beliebteste, meist geschmähte, weil am geschicktesten manipulierende Meinungsbildungsinstitution der Republik, die Bildzeitung, und noch mehr diejenigen, die sich dieser Manipulation aussetzen, mit ätzender Kritik aufs Korn:

bildzeitung

du wirst reich sein
markenstecher uhrenkleber:
wenn der mittelstürmer will
wird um eine mark geköpft
ein ganzes heer beschmutzter prinzen
turandots mitgift unfehlbarer tip
tischlein deck dich:
du wirst reich sein.

manitypistin stenoküre
du wirst schön sein:
wenn der produzent will
wird dich druckerschwärze salben
zwischen schenkeln grober raster
mißgewählter wechselbalg
eselin streck dich:
du wirst schön sein.

sozialvieh stimmenpartner
du wirst stark sein:
wenn der präsident will
boxhandschuh am innenlenker
blitzlicht auf das henkerlächeln
gib doch zunder gib doch gas
knüppel aus dem sack:
du wirst stark sein.

auch du auch du auch du
wirst langsam eingehn
an lohnstreifen und lügen
reich, stark erniedrigt
durch musterungen und malz-
kaffee, schön besudelt mit straf-
zetteln, schweiß,
atomarem dreck:

deine lungen ein gelbes riff
aus nikotin und verleumdung
möge die erde dir leicht sein
wie das leichentuch
aus rotation und betrug
das du dir täglich kaufst
in das du dich täglich wickelst.

Das Thema Bildzeitung wird aus zwei Perspektiven angegangen: In den ersten drei schon durch den gleichartigen Aufbau als eng zusammengehörig ausgewiesenen Strophen wendet sich die personifizierte Zeitung an typische Vertreter aus ihren bevorzugten Leserschichten, an den in bescheidenen Verhältnissen lebenden Arbeitnehmer, an das unscheinbare Bürofräulein oder die kleine Kosmetikerin und an den sich in einer anonymen Masse verloren fühlenden Einzelnen, und lockt sie unter Bezug auf das Grimmsche Märchen vom Tischleindeckdich, Goldesel und Knüppel aus dem Sack mit den Versprechen von Reichtum, Schönheit und Macht, knüpft aber die Einlösung an gewisse Vorbedingungen. Hinter der vierten Strophe versteckt sich das lyrische Ich: es behält ironisch nachäffend die du-Anrede bei, greift die Versprechungen verfremdend wieder auf und entlarvt ihr Medium als »leichentuch aus rotation und betrug«.

Man hat die Meisterschaft des Autors bei der Montage dieses Gedichts immer wieder gerühmt: Um die Austauschbarkeit der beruflichen Zugehörigkeit der Bildzeitungsleser augenfällig werden zu lassen, trennt Enzensberger die beiden Bestandteile der Berufsbezeichnungen und fügt sie neu zusammen, so daß aus Markenkleber (d.h. einem, der regelmäßig seine Marken für die Rentenversicherung in sein Buch klebt) und Uhrenstecher (d.h. dem Arbeitnehmer, dessen

Arbeitszeit sich durch die Betätigung einer Stechuhr genau kontrollieren läßt) »markenstecher uhrenkleber« wird und aus Stenotypistin und Maniküre »manitypistin stenoküre«, ohne daß man diese Manipulation als Blödelei empfände. Aber nicht nur einzelne Substantive werden neu zusammengesetzt, der Autor hält auch die Syntax für verschiedene Kombinationsmöglichkeiten offen und setzt zudem Zitate aus Grimms Kinder- und Hausmärchen, bevor er die Versprechungen jeweils noch einmal wiederholt.

Die männliche Leserschaft träumt (wohl nach den Markterhebungen der Bildzeitung) vor allem vom Reichtum, um dem dürftigen markenstecher-uhrenkleber-Dasein zu entfliehen, und wird dementsprechend mit Geschichten über Leute gefüttert, die das geschafft haben. Reichtum verspricht – das gewinnträchtigere Lotto gibt es zur Entstehungszeit des Gedichts noch nicht – ein Hauptgewinn im Fußballtoto zum Einsatz von einer Mark: es muß nur noch der Mittelstürmer wollen, dann wird geköpft, d.h. das gewinnentscheidende Kopfballtor erzielt. In Kombination mit dem Hinweis auf »turandots mitgift« gewinnt dieses »geköpft« allerdings noch eine weitere Bedeutungsvariante: Die chinesische Prinzessin Turandot wollte nur den Mann heiraten, der ihre Rätsel lösen konnte; gelang es dem Bewerber nicht, wurde er geköpft. Ein ähnliches Mißgeschick droht dem Totospieler des 20. Jahrhunderts nicht, im Gegenteil, die Bildzeitung bietet den unfehlbaren Tip und berichtet immer wieder ausladend von Leuten, die durch den Toto mühelos zu Reichtum gelangt sind; so suggeriert sie, daß jeder andere es ebenso schaffen könne, es muß nur noch der Mittelstürmer wollen.

Der große Traum der weiblichen Leserschaft des Massenblatts kreist um das Stichwort Schönheit und um das, was sich daraus machen läßt beim Film und in Mißwahlen. Die Bildzeitung gaukelt in ihren Stories die leichte Erfüllbarkeit dieses großen Traums vor, es muß nur der Produzent wollen. Mit etwas Freizügigkeit bei pikanten Photos, die anstandshalber an empfindlichen Stellen grob gerastert veröffentlicht werden, läßt sich aus Schönheit auch viel Geld machen: »eselin streck dich« heißt es in feiner, anspielungsträchtiger Abwandlung des Zauberworts »Bricklebrit«, mit dem im Märchen der Goldregen ausgelöst wird.

Schließlich verspricht die Bildzeitung auch dem sich seiner unbedeutenden Rolle in der Gesellschaft bewußten Einzelnen, an den man sich nur wendet, wenn man bei Wahlen (Stimmvieh) oder bei Tarifverhandlungen (Sozialpartner) seine Stimme benötigt, baldige Abhilfe, »wenn der präsident will«. Der Traum von Macht und Stärke – die einschlägigen Berichte der Zeitung künden davon – muß nicht nur ein Traum bleiben, augenfällig gemacht durch den »boxhandschuh am innenlenker« oder per Bild dokumentiert durch »blitzlicht auf das henkerlächeln«; auch der anonyme kleine Mann kann unversehens über einen »knüppel aus dem sack« verfügen, und sei es nur in Form des Gaspedals seines Autos.

Der Bezug auf den Märchenstoff in den drei ersten Strophen des Gedichts ist nicht nur ein besonderer Gag des literaturbeflissenen Autors (Bezüge auf Märchen finden sich häufig bei Enzensberger), sondern entspricht auch durchaus der Funktion der Boulevardpresse, die Leserschaft durch die Vorspiegelung der Realisierbarkeit eines Märchenglücks über die Frustrationen des Alltags hinwegzutrösten. Schließlich erinnert die Personifikation der Zeitung, die zum hilfreichen und ratschaffenden Gesprächspartner wird, an gewisse Praktiken in Werbetexten, in denen das persönliche Glück mühelos durch den Kauf einer bestimmten Ware erreichbar scheint.

Brutal schneidet der Sprecher der vorletzten Strophe der Märchenstimme der Bildzeitung das verlogene Wort ab: »auch du/ auch du/ auch du/ wirst langsam eingehn«. Nicht von Aufstieg, Reichtum und Ruhm ist mehr die Rede, sondern vom langsamen Eingehen, von den persönlichen Beeinträchtigungen der Existenz bis hin zu einem unwürdigen Tod: Reich? Ja, aber »an lohnstreifen und lügen«, wobei durch die Assonanz ein innerer Bezug der Begriffe anklingt. Die beiden übrigen Wunscheigenschaften werden von Adjektiven zu Adverbien degradiert und mit »stark erniedrigt« und »schön besudelt« in ihr Gegenteil verkehrt, bis sich die Person des um seine Märchenträume Betrogenen auf seine Lungen reduziert, seine lebenswichtigen Atmungsorgane, mit denen nicht nur die Atemluft, sondern auch die täglichen Bildzeitungshoffnungen eingesogen werden. Durch den Vergleich der Lungen mit einem gelben »riff aus nikotin und verleumdung« ergibt sich die Vorstellung von Zerklüftung, Zerfall, Krankheit und Untergang, bedingt ebenso durch die Droge Nikotin wie durch die Droge Bildzeitung. So bleibt dem Sprecher nur noch der fromme Wunsch »möge die erde dir leicht sein«, als sei der Angesprochene schon so gut wie tot und begraben. Eine weitere Desillusionierung des »leichentuch[s] aus rotation (Bezug auf die Herstellungsweise) und betrug (Bezug auf den Inhalt)« ist nicht mehr nötig, ebenso erübrigt sich Kritik an den Käufern und Lesern dieses Machwerks; sie wirkt in ihrer impliziten Darbietungsform umso beißender und paßt so besser in die Reihe der bösen Gedichte in ›verteidigung der wölfe‹.

Der Hang des Lyrikers Enzensberger zur Zeitkritik ist freilich auch in den »freundlichen« Gedichten des Bands unverkennbar, selbst wenn sich der Autor z. B. in seinem Gedicht ›candide‹ mit einer literarischen Gestalt aus einer fernen geistesgeschichtlichen Epoche auseinandersetzt:

während die hellschreiber knattern,
ordnest du in der vase den mohn,
während pompeji untergeht in der lava,
lobst du meinen tabak,
während drei kanzler das land verkaufen,
gießt du mit sorgfalt den tee auf,
während die stadt zerschmettert wird,
holst du blaufelchen aus dem bach.
während das weltall explodiert,
schleuderst du gern deinen honig.

nichts ist gewaltiger als der mensch;
d. h.
spiralnebel, kulturkrisen, weltkriege
sind ephemere belanglosigkeiten,
stroh der zeit,
kindereien.

wichtig ist, daß du auf knirschender scheibe
sorgsam den lehm führst (sela):
wenn dann die pest einschaut,
kommt sie zu spät;
ein paar jahrhunderte gehn, und die mädchen
freun sich an den farbigen schalen.

wichtig ist, daß du um deine schulter
das passende tuch legst (sela):
wenn dann das schiff zerbricht,
bricht es zu spät;
ein paar kulturen gehn, und, wer dich liebt,
freut sich der anmut deines profils.

wichtig ist, daß du den richtigen reiser
auf den richtigen baum setzt (sela):
wenn dann die henker klingeln,
kommen sie schon zu spät;
einige eiszeiten gehn, und die kinder
freun sich der lieblichen aprikosen.

dämonie? ist gewöhnlich dilettantismus.
katastrophen? kaffeeklatsch der geschichte,
überdauert von tonkrügen, von profilen,
und von deinen aprikosen, candide. (1957)

Candide ist die Hauptgestalt eines Romans von Voltaire mit dem Titel: ›Candide ou l'optimisme‹. In diesem Werk, das den Optimismus als wesentlichen Grundzug der Epoche der europäischen Aufklärung kritisch-satirisch aufs Korn nimmt, erzählt der Verfasser das Schicksal des westfälischen Adeligen Candide, der einen wechselvollen Weg durch die große Welt geht, immer wieder scheitert, aber immer wieder neuen Mut faßt, bis er am Ende zum Aussteiger wird und das Leben eines Gärtners führt: »Il faut cultiver notre jardin« – es kommt darauf an, unseren Garten zu bestellen – das ist die Maxime seines neuen Lebens. Nichts anderes als eine Zwiesprache mit diesem liebenswerten Aussteiger Candide ist der Gegenstand dieses Gedichts.

In der Struktur des Textes lassen sich vier Sinneinheiten unterscheiden. Die Eingangsstrophe beinhaltet eine Gegenüberstellung der großen Welt der Geschichte quer durch die Zeiten und der kleinen Welt des mit du apostrophierten Candide in seinem Garten. In einem zweiten Abschnitt erfolgt eine zunächst thesenhafte Wertung der Bedeutsamkeit der beiden Bereiche, die in den folgenden, streng parallel gebauten drei Strophen in hohem Stil veranschaulicht wird. Den Abschluß bildet eine Zusammenfassung der Aussage der drei vorausgehenden Bilder in provozierendem Schlagwortstil.

Die Gegenüberstellung der beiden Bereiche zu Beginn erfolgt in streng parallel gebauten adversativen bzw. temporalen Satzgefügen. In den immer mit »während« eingeleiteten Adverbialsätzen ist von »hellschreibern« (Fernschreibern) die Rede, die als Vehikel der gewichtigen, Vergangenheit, Gegenwart und Zukunft der Menschen umfassenden Nachrichten dienen, angefangen beim Untergang Pompejis bis hin zu einer möglichen Explosion des Weltalls. In den zugeordneten Hauptsätzen tauchen die beschaulichen Aktivitäten des von den großen, spektakulären Ereignissen nicht berührten Candide auf, der sich Mühe gibt, sogar die vergänglichste der Blumen, den Mohn, in der Vase zu ordnen, den Tabak zu beurteilen, den Tee sorgsam zelebrierend aufzugießen oder – in einer Art grotesker Antithese – den Honig zu schleudern, während das Weltall explodiert.

Richtschnur der Wertung dieser beiden Bereiche ist das berühmte Zitat aus dem ersten Chorlied des Dramas ›Antigone‹ von Sophokles: »(Gewaltig ist vieles,) nichts ist gewaltiger als der Mensch.« So erscheinen in provokanter Aufzählung die weltbewegenden Phänomene, wie »spiralnebel, kulturkrisen, weltkriege« plötzlich als »ephemere (d.h. nur für einen Tag aktuelle) belanglosigkeiten«, als »stroh der zeit«, das ausgedroschen ist und keinen Nutzen mehr abwirft, oder als »kindereien«, Spiele ohne tieferen Sinn und Zweck.

Was in Wahrheit wichtig ist, darüber berichten die nicht nur durch das anaphorische »wichtig ist« verbundenen Stophen 3, 4 und 5, sie liefern auch eine Begründung für die hohe Wertschätzung der jeweils knapp beschriebenen Tätigkeiten, und zwar aus dem Überdauern des Geleisteten über die Zeiten hinweg. Angesprochen als du ist offenbar immer noch Candide, doch läßt sich diese Anrede ohne Probleme im Sinne eines wohlgemeinten Rats auf alle Menschen übertragen, die zu einer ähnlichen Lebensauffassung gekommen sind wie Voltaires Titelheld.

»wichtig ist, daß du ... sorgsam den lehm führst ... daß du um deine schulter das passende tuch legst ... daß du den richtigen reiser (d. h. das richtige Pfropfreis zur Veredelung eines Baums) auf den richtigen baum setzt ...«: es geht um die sorgfältige, gewissenhafte und liebevolle Erledigung urtümlicher und elementarer Aufgaben, wie der des Töpfers oder des Gärtners, in deren Ergebnis sich Nutzen und hohe ästhetische Anmut paaren. Der fast sakrale Ernst der Ausübung dieser Tätigkeiten wird durch die Setzung des »sela«, des Pausenzeichens in der Psalmendichtung (das zumeist noch mit kleinen kultischen Verrichtungen kombiniert war), vorsichtig angedeutet.

Natürlich bleiben die in den drei Strophen erwähnten schöpferisch tätigen Menschen bedroht, bedroht von der Pest, von Katastrophen oder von Henkern als Schergen eines menschenverachtenden politischen Systems, aber der physische Untergang bewirkt nichts Entscheidendes mehr, denn die Leistungen bleiben der Menschheit erhalten, sie überdauern Jahrhunderte, Kulturen oder gar Eiszeiten und bereiten denen noch Freude, die fähig sind, spontan zu reagieren, den Mädchen, dem, der dich liebt, den Kindern.

In der letzten Strophe lesen wir das Fazit dieses lyrischen Essays über das Sophokleswort: »nichts ist gewaltiger als der mensch«: Die Vorstellung von der Dämonie der Gewalt, der gewaltsamen Vernichtung des Menschen, wird als »dilettantismus« abgetan, Katastrophen haben als belangloser »kaffeeklatsch der geschichte« zu gelten.

Nach der überwiegend positiven Rezeption der ›verteidigung der wölfe‹ widmete sich Enzensberger zunächst publizistischen Aktivitäten; er zog u. a. gegen die Atomwaffenstationierung in der Bundesrepublik zu Felde und mokierte sich über die innige Liebe der Deutschen zu Warenhauskatalogen, publizierte aber dann doch bereits 1960 von seinem – wie er es nannte – »freiwilligen Exil« in Italien aus seinen zweiten Lyrikband ›landessprache‹. In einer Art Beipackzettel hielt er es für angebracht, dem Käufer eine knappe Leseanweisung mit auf den Weg zu geben: »Diese Gedichte sind Gebrauchsgegenstände, nicht Geschenkartikel ... Der Leser wird höflich ermahnt, zu erwägen, ob er ihnen beipflichten oder widersprechen möchte.« Zu einer solchen kritischen Auseinandersetzung provoziert bereits das Titelgedicht, in dem ein zwischen Zuneigung und Haß schwankender Sprecher mit der geschundenen und mißbrauchten Sprache seines Landes ins Gericht geht. »Freundliche Gedichte« finden sich in diesem Band nicht mehr, Zorn artikuliert sich gelegentlich, öfter aber noch eine nahezu elegische Resignation, für die ein Text aus der Gruppe der ›gedichte für die gedichte nicht lesen‹ als Beispiel dienen kann:

das ende der eulen

ich spreche von euerm nicht,
ich spreche vom ende der eulen.
ich spreche von butt und wal
in ihrem dunkeln haus,
dem siebenfältigen meer,
von den gletschern,
sie werden kalben zu früh,
rab und taube, gefiederten zeugen,
von allem was lebt in lüften
und wäldern, und den flechten im kies,
vom weglosen selbst, und vom grauen moor
und den leeren gebirgen:

auf radarschirmen leuchtend
zum letzten mal, ausgewertet
auf meldetischen, von antennen
tödlich befingert floridas sümpfe
und das sibirische eis, tier
und schilf und schiefer erwürgt
von warnketten, umzingelt
vom letzten manöver, arglos
unter schwebenden feuerglocken,
im ticken des ernstfalls.

wir sind schon vergessen.
sorgt euch nicht um die waisen,
aus dem sinn schlagt euch
die mündelsichern gefühle,
den ruhm, die rostfreien psalmen.
ich spreche nicht mehr von euch,
planern der spurlosen tat,
und von mir nicht, und keinem.
ich spreche von dem was nicht spricht,
von den sprachlosen zeugen,
von ottern und robben,
von den alten eulen der erde. (1960)

In diesem Gedicht geht es – lange, bevor sich die Öko-Bewegung des Themas bemächtigt hat – um die Zerstörung der Erde, hier durch die atomare Hochrüstung der beiden Supermächte USA und UdSSR. Das Anliegen des Autors, dem, »was nicht spricht«, sein Wort zu leihen und ihm so die gebührende Wertschätzung angedeihen zu lassen, wird in dreimaligem Zugriff, feierlich vergegenwärtigt durch das dreimalige anaphorische »ich spreche«, an den Anfang gestellt. Dabei werden die, die das Ende der Eulen verursachen, unmittelbar angesprochen, aber als der Rede nicht wert abgetan. Doch erweist sich diese Ankündigung der ersten Zeile als irreführend, da in der letzten Strophe sehr wohl über die Schuldigen an der Katastrophe gesprochen wird, ja das lyrische Ich bezieht sich sogar selbst mit ein, wenn auch mehr als betroffene denn als verantwortliche Person. Das, wovon sie zu sprechen ankündigt, findet sich in der Mittelstrophe, wo das Ende der Eulen augenfällig gemacht wird, und im Eingangsteil, in dem es um »butt und wal« geht, um die Natur, die belebte ebenso wie die unbelebte. In die Aufzählung der Naturphänomene mischen sich bereits Andeutungen einer Veränderung, wenn von den Gletschern gesagt wird: »sie werden kalben zu früh«, wobei das Verb kalben weniger wie der korrekt gewählte glaziologische Fachterminus (für einen Gletscherabbruch) wirkt, sondern vielmehr das Bild einer gigantischen Frühgeburt aus bislang noch unerwähntem Grund evoziert. Auch die Bezeichnung von »rab und taube« als »gefiederten zeugen« stellt die Frage nach dem Vorgang, zu dessen Zeugen sie werden. Aber noch beeinträchtigen diese versteckten Hinweise auf einen ungeheuerlichen Vorgang nicht das grandiose Spektrum der Natur, das der Autor mit einer Vielzahl dichterischer Mittel in hymnischem Ton vor uns aufbaut. Diese Natur ist für den Menschen jedoch nicht Gegenstand des Staunens und der Bewunderung, sondern Aktionsfeld für machtpolitische Operationen: Die Häufung der Partizipia des Präsens und des Perfekts veranschaulicht, daß ein Prozeß eingesetzt hat und am Ablaufen ist, der ebenso wenig zu einem guten Ende kommen kann wie das Ticken der Uhr einer Zeitbombe. Zweimal taucht das Adjektiv »letzt« auf; die Brutalität der Zerstörung der Natur gewinnt besondere Plastizität durch die metaphorische Gleichsetzung der Verantwortlichen mit Mördern, die sich nicht nur an Tieren, sondern auch an Landschaften (»tödlich befingert floridas sümpfe«) und sogar an Gestein (»...schiefer erwürgt«) vergreifen. Das Ende der Eulen ist nach der Aussage der zweiten Strophe bereits gekommen, und mit diesem Ende – das besagt die erste Zeile der dritten Strophe – auch das Ende derer, die diese Zerstörung geplant haben. Die Menschen haben eine Entwicklung in Gang gesetzt, die sich verselbständigt hat und die Initiatoren überrollt. Was sollen angesichts dieser Sachlage die gängigen Sicherungen des Daseins? Fürsorge für die Waisen, die Schwächsten in der Gesellschaft, erübrigt sich, Gefühle werden in sarkastischer Abwertung mit dem Adjektiv »mündelsicher« in die Nähe gut angelegter, inflationssicherer Pfandbriefe gerückt, auch auf die »rostfreien psalmen«, metaphorisch für eine religiöse Sinngebung des Lebens mit einem Seitenhieb auf die geschickte Mixtur des Materials, so daß es von Rost verschont bleibt, kann getrost verzichtet werden. Aber auch Ratschläge dieser Art, ja jedes weitere Wort ist der Mühe zu viel: »ich spreche nicht mehr von euch«, lohnt es sich doch nicht, zu oder von den »planern der spurlosen tat« zu sprechen, einer Tat, die keine

Spuren mehr hinterlassen wird und deren Täter niemand auf die Spur kommen kann. Auch die an der Entwicklung unschuldigen Menschen sind der Rede nicht wert. In ebenfalls wieder drei durch die Anapher »von« verbundenen und in eine Klimax hin auf die »alten eulen der erde« gefügten Zeilen spricht der Autor von den »sprachlosen zeugen«, also Augenzeugen des Geschehens, die als Tiere der Sprache, der Artikulation eines Protests nicht mächtig sind, oder aber auch in dem Sinne, daß es ihnen in Analogie zu einer typisch menschlichen Reaktion angesichts der Katastrophe vor Entsetzen die Sprache verschlagen hat.

Wieso aus der Gruppe der sprachlosen Zeugen ausgerechnet die Eulen dem Gedicht den Titel gegeben haben, läßt sich unschwer begründen. Eulen gelten dem Volksglauben gemeinhin als Unglücksboten, aber auch die symbolische Bedeutung der Eule als des Vogels der Wissenschaft und Weisheit ist seit der griechischen Antike geläufig. Was bedarf es noch der Unglücksboten, wenn die Zeituhr des Ernstfalls bereits tickt? Und mit dem Ende der Eulen haben auch die alten Symbolwerte, die man mit ihnen verbindet, ausgedient.

Auch im dritten und für längere Zeit letzten Gedichtband Enzensbergers mit dem Titel ›blindenschrift‹ setzt sich der Trend des Lyrikers weg vom lauten, beißenden Spott über Mißstände hin zur leisen, mitunter elegischen Betrachtung der einfachen Dinge fort. Konsequenterweise monierte man von der linken Seite des Kritikerspektrums her die fehlende programmatische Orientierung des mittlerweile mit dem Büchner-Preis (1963) dekorierten und durch seine publizistische Arbeit fast zum kritischen Gewissen der Nation avancierten Autors.

Deutlich wird Enzensbergers Kritik am sozialistischen Fortschrittsoptimismus in seiner Replik auf den dritten Teil des berühmten Brechtgedichts ›An die Nachgeborenen‹, in dem das lyrische Ich als einer der Vorkämpfer für eine sozialistische Gesellschaftsordnung die Nachgeborenen bittet, gegenüber der Vätergeneration Nachsicht walten zu lassen:

Ihr, die ihr auftauchen werdet aus der Flut
In der wir untergegangen sind...
...wenn es soweit sein wird
Daß der Mensch dem Menschen ein Helfer ist
Gedenkt unsrer
Mit Nachsicht.

Auf den hier zitierten Anfangs- und Schlußteil des Brechtgedichts nimmt Enzensberger in ›weiterung‹ Bezug:

wer soll da noch auftauchen aus der flut,
wenn wir darin untergehen?

noch ein paar fortschritte,
und wir werden weitersehen.

wer soll da unsrer gedenken
mit nachsicht?

das wird sich finden,
wenn es erst soweit ist.

und so fortan,
bis auf weiteres

und ohne weiteres
so weiter und so

weiter nichts

keine nachgeborenen
keine nachsicht

nichts weiter

Mit diesem Gedicht unterzieht Enzensberger die Aussage Brechts einer »weiterung«, d.h. er setzt die Aussagen seiner Vorlage in eine immer weitere, fernere Zukunft fort, da er, einer der von Brecht apostrophierten Nachgeborenen, den Zeitpunkt noch immer nicht gekommen sieht, zu dem es »soweit sein wird / Daß der Mensch dem Menschen ein Helfer ist«.

In den ersten beiden der vier inhaltlich zusammengehörigen Blökke des Gedichts greift der Sprecher zu Beginn jeweils anaphorisch mit einem skeptischen »wer soll da« Brechts Zuversicht an, es werde einmal Nachgeborene, also Menschen, die dank des Einsatzes der Vorkämpfer in das nunmehr entstandene Paradies auf Erden hineingeboren werden, und damit auch Nachsicht mit den Schwächen der Wegbereiter geben. Nicht genug damit, daß die beiden Fragen nach den auftauchenden Nachgeborenen und nach der Nachsicht unschwer als rhetorisch zu identifizieren sind, d.h. als in Fragen gekleidete Behauptungen; Enzensberger wartet sogar noch jeweils mit einer Antwort auf und verweist zunächst auf die Fortschritte, die (angeblich, wie das abwertende »ein paar« signalisiert) erzielt worden sind und noch erzielt werden, im Grunde aber nichts gebracht haben außer einer »weiterung«: erst in der Zukunft wird man »weitersehen«, also über die weitere Zukunft Klarheit gewinnen können. Dadurch, daß die erwarteten Nachgeborenen noch immer nicht aus der Flut der Zeit aufgetaucht sind, wird auch ein Gedenken mit Nachsicht illusionär: »es wird sich finden, / wenn es erst soweit ist«; dabei wird bewußt offengelassen, *was* denn soweit ist, ein Seitenhieb auf die reichlich unklaren Vorstellungen von einem Paradies auf Erden.

Das Verb »weitersehen« und das Adverb »soweit« animieren das lyrische Ich zur »weiterung«, indem es Wendungen und Zusammensetzungen mit dem Adjektiv »weit« zusammenmontiert: bis auf weiteres, ohne weiteres, so weiter, und so/weiter, weiter nichts, nichts weiter. Diese Montage ist nicht artistischer Selbstzweck, sondern ätzender Spott auf die ständigen Vertröstungen, mit denen man auf die Klagen derjenigen reagiert, die es nicht hinnehmen wollen, daß trotz gegenteiliger Beteuerungen der gesellschaftliche Idealzustand noch immer in weiter Ferne liegt.

Die chiastische Stellung von »weiter nichts« und »nichts weiter«, den zwei Zeilen, von denen der endgültige Abschied von allen Hoffnungen (»keine nachgeborenen/keine nachsicht«) eingerahmt wird, signalisiert eine feine Bedeutungsnuancierung: »weiter nichts« heißt, das ist alles, mehr ist nicht zu sagen. Dagegen liegt der Ton der Aussage von »nichts weiter« auf weiter, womit generell jeder Fortschritt hin zu einer humanen Gesellschaft in Abrede gestellt wird. Daß diese desillusionierende Feststellung auf den real existierenden Sozialismus vor allem in der DDR bezogen werden konnte und mußte, in der man immer wieder auf die erzielten Fortschritte pochte, bedarf keines besonderen Nachweises.

Nach dem Erscheinen der ›blindenschrift‹ stockte Enzensbergers lyrische Produktion für längere Zeit. Der Autor verlegte den Schwerpunkt seines Schaffens auf die Essayistik und hatte bereits mit den Vorplanungen zur Herausgabe des ›Kursbuchs‹ begonnen, der Zeitschrift, die in den 60er und 70er Jahren zu einem der wichtigsten Publikations- und vor allem Diskussionsforen werden sollte.

Paul Celan

»Sind diese Gedichte noch sprechbar, nicht zu esoterisch, um unmittelbar zu wirken, Hieroglyphen, die sich erst nach langem Betrachten enthüllen, Gedichte der vollkommenen Einsamkeit, hinter schalldichten Glasscheiben gesprochen, Gedichte ohne Zeit und Ton, schwarze Sprachlöcher, Wortalchemie?« – Der Schreiber dieser Zeilen, kein anderer als Friedrich Dürrenmatt in ›Turmbau‹, dem zweiten Teil der Geschichte seiner ungeschriebenen Stoffe, faßt in dieser rhetorischen Frage seine Empfindungen beim Anhören einer Schallplatte zusammen, auf der Paul Celan aus seinen Gedichten liest. Es habe ihn, so Dürrenmatt weiter, die gleiche Hilflosigkeit überfallen, die er bei einem Treffen in Paris dem Dichter persönlich gegenüber empfunden habe wegen der Traurigkeit, die er verbreitet habe: »Er war schwermütig, verzweifelt, dumpf, glaubte sich verfolgt.« Allerdings bekennt

Dürrenmatt, Gedichte seien für ihn erst wichtig geworden, seit er Celan kennengelernt habe, der dann bei einem Gegenbesuch in der Schweiz seinem Gastgeber freilich einen ganz anderen Eindruck vermittelte: »Wir spielten stundenlang Tischtennis, er war von einer ungeheuren bärenstarken Vitalität, er spielte meine Frau, meinen Sohn und mich in Grund und Boden... Er dichtete in das bauchige Glas hinein, dunkle improvisierte Strophen, er begann zu tanzen, sang rumänische Volkslieder, kommunistische Gesänge, ein wilder, gesunder, übermütiger Bursche.«

Wer war dieser Paul Celan, von dem die rätselhaftesten, dunkelsten, verschlossensten Verse der deutschen Lyrik nach 1945 stammen, der als *der* Meister der sogenannten hermetischen Dichtung gilt, einer Dichtung, deren Metaphern und Chiffren sich dem interpretatorischen Zugriff immer wieder entziehen?

Der Lyriker, der sich in einem Anagramm seines ursprünglichen rumänischen Namens Ancel (in deutscher Schreibung Antschel) Celan nannte, ist 1920 in Czernowitz in der Bukowina geboren und entstammte einer deutschsprachigen jüdischen Familie. Seine Mutter war eine glühende Verehrerin deutscher Literatur. 1942 kamen seine Eltern in einem Vernichtungslager um, er selbst wurde in ein rumänisches Arbeitslager gesteckt. Nach Kriegsende betätigte sich Celan als Verlagslektor in Bukarest, siedelte 1948 nach Paris über, um Germanistik und Sprachwissenschaft zu studieren. Er nahm die französische Staatsbürgerschaft an und wurde Lektor an der Universität Paris. 1970 suchte er den Freitod in der Seine.

Aus dieser knappen Biographie ergeben sich einige für das Verständnis der Gedichte hilfreiche Fakten: Celan steht von Jugend an fest in der Tradition des osteuropäischen Judentums, das den lebendigen Umgang mit der Bibel pflegte und im Chassidismus eine Erneuerung des Glaubens anstrebte. Autoren des Expressionismus (Trakl, Lasker-Schüler) vermittelten seinem Schaffen ebenso wichtige Impulse wie die französischen Surrealisten oder die Bilderwelt russischer Autoren, die er sich durch seine zahlreichen Übersetzungen angeeignet hatte. Unauslöschliche Spuren hinterließen das Erlebnis des Weltkriegs und vor allem die Vernichtung der Juden.

In diesem Zusammenhang ist das bei weitem bekannteste Gedicht Celans zu sehen, die ›Todesfuge‹, die bereits vor 1945 entstanden ist und in das 1952 erschienene Bändchen ›Mohn und Gedächtnis‹ aufgenommen wurde.

Schwarze Milch der Frühe wir trinken sie abends
wir trinken sie mittags und morgens wir trinken sie nachts
wir trinken und trinken
wir schaufeln ein Grab in den Lüften da liegt man nicht eng

Ein Mann wohnt im Haus der spielt mit den Schlangen der schreibt
der schreibt wenn es dunkelt nach Deutschland dein goldenes Haar
Margarete
er schreibt es und tritt vor das Haus und es blitzen die Sterne er pfeift
seine Rüden herbei
er pfeift seine Juden hervor läßt schaufeln ein Grab in der Erde
er befiehlt uns spielt auf nun zum Tanz

Schwarze Milch der Frühe wir trinken dich nachts
wir trinken dich morgens und mittags wir trinken dich abends
wir trinken und trinken
Ein Mann wohnt im Haus der spielt mit den Schlangen der schreibt
der schreibt wenn es dunkelt nach Deutschland dein goldenes Haar
Margarete
Dein aschenes Haar Sulamith wir schaufeln ein Grab in den Lüften da
liegt man nicht eng

Er ruft stecht tiefer ins Erdenreich ihr einen ihr andern singet und spielt
er greift nach dem Eisen im Gurt er schwingts seine Augen sind blau
stecht tiefer die Spaten ihr einen ihr andern spielt weiter zum Tanz auf

Schwarze Milch der Frühe wir trinken dich nachts
wir trinken dich mittags und morgens wir trinken dich abends
wir trinken und trinken
ein Mann wohnt im Haus dein goldenes Haar Margarete
dein aschenes Haar Sulamith er spielt mit den Schlangen

Er ruft spielt süßer den Tod der Tod ist ein Meister aus Deutschland
er ruft streicht dunkler die Geigen dann steigt ihr als Rauch in die Luft
dann habt ihr ein Grab in den Wolken da liegt man nicht eng

Schwarze Milch der Frühe wir trinken dich nachts
wir trinken dich mittags der Tod ist ein Meister aus Deutschland
wir trinken dich abends und morgens wir trinken und trinken
der Tod ist ein Meister aus Deutschland sein Auge ist blau
er trifft dich mit bleierner Kugel er trifft dich genau
ein Mann wohnt im Haus dein goldenes Haar Margarete
er hetzt seine Rüden auf uns er schenkt uns ein Grab in der Luft
er spielt mit den Schlangen und träumet der Tod ist ein Meister aus
Deutschland

dein goldenes Haar Margarete
dein aschenes Haar Sulamith

Der Blick auf die zahlreichen Deutungen dieses in seiner Hauptaussage unmißverständlichen Gedichts läßt die Unsicherheit der Interpreten im Umgang mit Celanscher Lyrik bereits offenkundig werden. Welches Verfahren empfiehlt sich? Soll man sich um ein unmittelbares, spontanes Verständnis der Bilder und Metaphern bemühen und sich in einer Kette freier Assoziationen z.B. dem Sinn des Bildes »schwarze Milch der Frühe« anzunähern versuchen? Oder soll man in akribischer philologischer Arbeit nach Einflüssen forschen, die den Autor, der belesen war wie kaum einer, zu dieser Chiffre inspiriert haben? Soll man sich in den zumeist vergessenen Werken der literarischen Zeit- und Weggenossen Celans kundig machen? Oder soll man durch Auflistung und Vergleich der im Gesamtwerk verwendeten Metaphern so etwas wie die Entzifferung einer Geheimsprache betreiben? Eine Lösung dieser Frage nach dem richtigen Zugang zu Celans Gedichten soll und kann hier nicht geboten werden; sinnvoll scheint es jedoch, sich den Texten ohne die Gängelung durch eine mit sehr unterschiedlichen, ja widersprüchlichen Ergebnissen aufwartende Sekundärliteratur zu stellen; man sollte versuchen, die Aussagen des Dichters zunächst aus dem Wortlaut selbst zu verstehen, und sie dann erst in zeitgeschichtliche, geistesgeschichtliche und biographische Zusammenhänge einordnen.

Die Faszination der ›Todesfuge‹ geht primär vom Verfahren des Autors aus, ein musikalisches Kompositionsprinzip auf das Material Sprache zu übertragen. Wie in der musikalischen Fuge (mindestens) zwei Themen angespielt und dann erweitert, gekürzt und in verschiedener Weise miteinander verflochten werden, so setzt Celan hier als Wortfugenthemen zwei Aussagen: »Schwarze Milch der Frühe« und »Ein Mann wohnt im Haus« an den durch Großbuchstaben markierten Beginn der beiden Sinnabschnitte der ersten Strophe und kombiniert sie im folgenden auf immer wieder neue Weise. So kehren wie in einer musikalischen Fuge die Themen unverändert oder in leichter Abwandlung wieder, lediglich das durch die Regeln der Kontrapunktik mögliche Miteinander der Stimmen ist hier durch ein Nacheinander ersetzt. Eine harmonische Auflösung des Gegenspiels der Themen findet sich in der ›Todesfuge‹ freilich nicht; sie endet in einer Dissonanz.

Eine Gliederung des Gedichts in vier nahezu gleich lange Abschnitte ergibt sich durch die Wiederholung der beiden Themenanfänge (»Schwarze Milch der Frühe« – »Ein Mann wohnt im Haus«), wodurch gleichzeitig die Personenkonstellation festgelegt ist: Einer Wir-Gruppe, die als Sprecher fungiert und die Perspektive auf die Seite der Opfer verlagert, tritt als Täter ein Mann gegenüber, der in einem nicht näher identifizierbaren Haus wohnt. Erst aus dem zweiten Teil der ersten Strophe ist der Zusammenhang zwischen den beiden Themenaussagen zu erkennen, das Schaufeln eines Grabs, zu dem die Wir-Gruppe der zur Tötung bestimmten Juden von diesem Mann gezwungen wird. Der Mann verbleibt nicht in der gesichtslosen Anonymität eines Henkers, sondern eine Aufzählung seiner Aktivitäten erlaubt Rückschlüsse auf seine Person: er schreibt nach Deutschland, er schreibt einen Liebesbrief an eine Margarete mit goldenem Haar und weckt so Reminiszenzen ebenso an den Goetheschen Doktor Faust und seine Liebe zu Gretchen wie auch an die Rassenideologie des Dritten Reichs mit ihrer Präferenz für die Blonden und Blauäugigen. Zudem spielt der Mann mit den Schlangen und provoziert dadurch Assoziationen mit Satan, Verführung und Tod. Der Mann tritt nächtens vors Haus »und es blitzen die Sterne«: dieses wörtliche Zitat des Beginns der berühmten Tenorarie aus Puccinis ›Tosca‹ suggeriert ein Opernszenario, das den Mann zur Aktion animiert: Er pfeift nicht nur seine (Schäferhund-)Rüden her*bei*, er pfeift auch wie weiland der sagenumwobene Rattenfänger die Juden, *seine* Juden, aus ihren Schlupflöchern her*vor* und läßt sie nicht nur ein Grab in der Erde schaufeln, sondern auch zum Tanz aufspielen, zu einem makabren Totentanz.

Erst vom Tun dieses Mannes her erschließt sich der Sinn der Chiffre »Schwarze Milch der Frühe«, des Leitmotivs des ganzen Gedichts. Milch ist *das* elementare Nahrungsmittel, das Lebensmittel schlechthin, das hier jedoch durch das Adjektiv schwarz in sein Gegenteil verkehrt ist und zum Sterbensmittel geworden zu sein scheint. Die fünfmalige Verwendung des Verbs trinken in Verbindung mit dieser schwarzen Milch und die komplette Aufzählung der Tageszeitadverbien läßt die permanente Fixierung der Gruppe der Sprecher auf den allzeit allgegenwärtigen Tod augenfällig werden. Tag und Nacht sind die Verbrennungsöfen in Betrieb, ihnen entströmt der Rauch als »schwarze Milch«. Dem wenigstens als Minimalform einer Befreiung, einer Erlösung noch erhofften »Grab in den Lüften« steht in schroffem Kontrast das »Grab in der Erde« gegenüber, das der Mann schaufeln läßt.

Die schaurige Inszenierung des Totentanzes vollzieht sich ab dem zweiten Abschnitt des Gedichts (Verse 10 bis 18), in dem durch die Apostrophe »dich« die Beziehung der Wir-Gruppe zur schwarzen Milch noch intensiviert wird. Im zweiten Thema erscheint als neues Aussageelement »Dein aschenes Haar Sulamith«; es ergänzt die Wiederholung der vierten Zeile und steht chiastisch zum goldenen Haar Margaretes. So entspricht dem Briefschreiben des Mannes an Margarete das Schaufeln des Grabs für eine Sulamith, ein Name, den auch die Braut aus dem Hohen Lied des Alten Testaments trägt. Dabei verweist das Adjektiv »aschen« nicht nur auf die Haarfarbe der Frau, sondern auch auf ihr drohendes Todesschicksal.

Der Mann beschleunigt das Tempo des Geschehens (»stecht tiefer...ihr einen ihr andern singet und spielt«), indem er seine Waffe zieht und seine Anweisungen wiederholt und präzisiert: »spielt süßer den Tod.../streicht dunkler die Geigen«. Als letztes neues Aussageelement ist dem ersten der beiden Imperative die Erläuterung beigegeben: »der Tod ist ein Meister aus Deutschland«; damit wird die Inszenierung des Totentanzes zu einer ästhetischen Meisterleistung hochstilisiert, die noch durch die Meisterleistung des Todesschützen ergänzt und zugleich abgeschlossen wird:

> der Tod ist ein Meister aus Deutschland sein Auge ist blau
> er trifft dich mit bleierner Kugel er trifft dich genau

Wie ein Hohn mutet der einzige Reim dieses Gedichts an, mit dem ein Zusammenhang zwischen dem blauen Auge und der Treffsicherheit des Schützen hergestellt wird.

Am Ende des Gedichts bleibt als Dissonanz in streng paralleler Fügung »dein goldenes Haar Margarete« als letzte Transformation des zweiten Fugenthemas (»Ein Mann...«) und »dein aschenes Haar Sulamith« als letzte Reminiszenz an die Trinker der schwarzen Milch der Frühe.

Man hat gelegentlich gegen dieses Gedicht Celans eingewendet, das Thema Judenmord eigne sich doch wohl nicht für Formexperimente, für Spielereien, es sei geschmacklos, den verzweifelten Totentanz der Juden als kunstvolle Fuge zu instrumentieren; damit hat man aber gewiß die Aussageabsicht des Autors verfehlt, der ja auch persönlich so sehr von den Geschehnissen betroffen war, daß er an ihrer inneren Bewältigung scheiterte.

Celans ›Todesfuge‹, die in der vor allem in der bildenden Kunst weit verbreiteten Tradition des Totentanzes zur Veranschaulichung der Allgewalt des Todes und zur Mahnung der Menschen an ihre Vergänglichkeit steht, greift die in der deutschen Literatur- und Musikgeschichte häufige Vorstellung von einer Verbindung von Tod und Musik auf; man denke nur an die Todesmystik des frühen Hugo von Hofmannsthal (»Das ist der Tod...der ist Musik geworden«). Darüber hinaus tritt die Schrecklichkeit des geschichtlichen Geschehens in der ›Todesfuge‹ durch den Versuch des oder der Schuldigen, das Töten ästhetisch zu verbrämen, besonders kraß in Erscheinung. Das Gedicht ist wohl nur zu deuten als eine herzergreifende Klage der unglücklichen Opfer über ihr unverdientes Schicksal und als eine bittere Anklage der Täter und ihres Perfektionismus bei ihrem unmenschlichen Tun, obwohl sich im gesamten Text nirgends auch nur die Andeutung einer Anschuldigung findet. Das Gedicht »hält die Paradoxie aus – man kann das Wahnsinn nennen oder Poesie«, wie Peter von Matt in seiner Deutung der Todesfuge in der Frankfurter Anthologie schreibt.

In den meisten Gedichten dieses ersten der Öffentlichkeit zugänglichen Bändchens mit dem Titel ›Mohn und Gedächtnis‹ zeigt sich Celan noch ganz der Tradition hoher deutscher Lyrik von Hölderlin über Rilke hin zu Trakl verpflichtet; es lassen sich aber auch Einflüsse des französischen Symbolismus und Surrealismus ausmachen. Die meist in reimlose Langzeilen gefaßten Texte sind oft getragen von einer melancholischen Grundstimmung, wirken durch die Bevorzugung daktylischer Metra sehr musikalisch und zeichnen sich durch feierliche Wortwahl und kunstvollen Satzbau aus. Mit ihrer erlesenen Metaphorik kreisen sie um die Themen Traum, Tod und Zeit, wobei durch die Antithese des Sammlungstitels »Mohn« (als Symbol für Vergänglichkeit und Vergessen) und »Gedächtnis« Celans Vorstellungen von Wesen und Wirkung der Dichtung auf eine kurze Formel gebracht sind. Die Entwicklung, die Celans Lyrik im folgenden nimmt, ist gekennzeichnet durch eine Verkürzung und Verknappung seiner Sprache bis hin zur Grenze des Verstummens.

Die Thematik der ›Todesfuge‹, das Schicksal des jüdischen Volkes im 20. Jahrhundert und die damit verbundenen Fragen und Folgerungen, begegnet auch im weiteren Werk des Lyrikers immer wieder, so in dem 1957 entstandenen und in den Band ›Sprachgitter‹ übernommenen Gedicht ›Tenebrae‹, in dem Celan Verse seines Vorbilds Hölderlin aufgreift und ihre Aussage im Blick auf die jüngste Vergangenheit umdeutet; es handelt sich dabei um den Beginn der berühmten Hymne ›Patmos‹:

Nah ist
Und schwer zu fassen der Gott.
Wo aber Gefahr ist, wächst
Das Rettende auch...

In diesem Gedicht, in dem ein Genius das lyrische Ich auf die Ägäisinsel Patmos entführt, wird aus der Sicht des Evangelisten Johannes die Heilsgeschichte vom Abendmahl über den Kreuzestod Christi und die Sendung des Heiligen Geistes bis hin zur Niederschrift der »Geheimen Offenbarung« eben auf Patmos vergegenwärtigt. Dieser heilsgeschichtlich-optimistische Zusammenhang wird in ›Tenebrae‹ (ein lateinisches Wort, das so viel wie Dunkelheit, aber auch Todesnacht bedeutet) mit der unheilvollen Geschichte der Judenverfolgung kontaminiert:

Nah sind wir, Herr,
nahe und greifbar.

Gegriffen schon, Herr,
ineinander verkrallt, als wär
der Leib eines jeden von uns
dein Leib, Herr.

Bete, Herr,
bete zu uns,
wir sind nah.

Windschief gingen wir hin,
gingen wir hin, uns zu bücken
nach Mulde und Maar.

Zur Tränke gingen wir, Herr.

Es war Blut, es war,
was du vergossen, Herr.

Es glänzte.

Es warf uns dein Bild in die Augen, Herr.
Augen und Mund stehn so offen und leer, Herr.

Wir haben getrunken, Herr.
Das Blut und das Bild, das im Blut war, Herr.

Bete, Herr.
Wir sind nah.

Auffällig an diesem Text, in dem eine Wir-Gruppe sich an den in 22 Zeilen elfmal namentlich angesprochenen Herrn wendet, ist zunächst die Umkehrung von Hölderlins Eingangsaussage: »Nah sind wir...« statt: »Nah ist.../der Gott«, sodann die Substituierung der Wendung »schwer zu fassen« durch »greifbar« und »gegriffen« und schließlich die zweimal wiederkehrende blasphemisch wirkende Aufforderung: »Bete, Herr, (bete zu uns)«. Der Erlöser und die Erlösten haben also ihre Rolle getauscht; was ist der Grund? Zur Klärung dieser Frage bedarf es zunächst einer Ermittlung des Inhalts.

Das Gedicht gliedert sich in zwei Sinnabschnitte, in deren erstem durch die Verwendung des Präsens eine Gegenwart, der Ist-Zustand der Sprechergruppe, beschworen wird: ineinander verkrallte Leiber, vom Tod gezeichnet. Ab Strophe 4 wird im Präteritum die Vorgeschichte, der Weg dieser Leute in den Tod, nachgetragen, bis das Ende des zweiten Sinnabschnitts durch die Verwendung des Perfekts »Wir haben getrunken« in die Gegenwart zurückblendet. Der Schlußvers variiert den Eingangsvers und wiederholt, um eine Zeile verkürzt, die dritte Strophe mit der dramatischen Aufforderung: »Bete, Herr!«

Daß es in diesem Gedicht, ebenso wie in ›Patmos‹ von Hölderlin, um Abendmahl, Tod und Erlösung geht, ist klar, unser Augenmerk muß denjenigen gelten, die hier um Erlösung flehen: »Windschief gingen wir hin«, der Einleitungssatz des Berichtteils, geradezu penetrant durch das fünfmalige »i«, vermittelt die Vorstellung von einer Gruppe gebeugter Gestalten und erinnert an die langen Züge der deportierten Juden auf dem Weg in die Vernichtungslager. Das Ziel des Marsches sind »Mulde und Maar«, eine durch Wortwahl und Assonanz ins Erhabene gewandelte Bezeichnung für die Bodenvertiefungen, in denen vor Zeiten das Blut von Opfertieren gesammelt wurde. Mulde und Maar werden in zynischer Pervertierung des Sachverhalts als Tränke bezeichnet, als Ort der lebenserhaltenden Flüssigkeitsaufnahme. Das anstelle des Wassers in der Tränke angetroffene Blut lenkt die Gedanken der Gruppe auf den Opfertod Christi; gleichzeitig aber begreifen die Sprecher, daß sie selbst die Opfertiere sind und daß das Trinken des Bluts ihre eigene Opferung bedeutet. Dieses Bild der zur Opfergrube (vielleicht gar zum selbstgeschaufelten Grab) ziehenden Juden endet mit dem Hinweis auf den Vollzug des Unvermeidlichen: »Wir haben getrunken«, das Ergebnis dieses Tuns ist in der zweiten Strophe in der Vision von den ineinander verkrallten Leibern bereits vorweggenommen: in ihrer Todespein klammern sich die Menschen aneinander, da die kreatürliche Anwesenheit des Nächsten die einzige Hilfe verspricht, so als wäre der Leib des Anderen der Erlösung verheißende Leib Christi. Leib und Blut des Herrn sind hier nicht verklärt und mystifiziert in den Gestalten von Brot und Wein des Abendmahls, sondern werden als Leib und Blut des Nächsten im gemeinsamen Untergang erfahren. Zwar evoziert das Blut der Tränke fast gewaltsam (»Es *warf* uns dein Bild in die Augen«) das Bild des Erlösers, aber dieses Bild – »Augen und Mund stehn so offen und leer« – erweist sich als das Bild eines Toten, des toten Christus am Kreuz, dem in paradoxem Wechselspiel Erlösung durch Anbetung der Wir-Gruppe zuteil werden kann. »Der Augenblick des Opfertodes«, so Ruth Lorbe in ihrer Deutung des Gedichts, »wandelt diese Menschen so vollkommen, daß sie zum Ziel der Anbetung werden können... Indem die Menschen den Opfertod Christi nachvollziehen, verliert die Tat des Erlösers ihre Wirkung.« Damit wird die Zuversicht Hölderlins, wie sie aus den Worten spricht: »Wo aber Gefahr ist, wächst/Das Rettende auch«, widerlegt, ein Licht der Hoffnung, ein rettender Gott wird in der Not nicht sichtbar, es herrschen Dunkel und Finsternis, Tenebrae.

Daß sich Celan intensiv nicht nur mit der Dichtung, sondern auch mit der Biographie Friedrich Hölderlins befaßt hat, dokumentiert ein Gedicht aus der Sammlung ›Die Niemandsrose‹ mit dem Titel ›Tübingen, Jänner‹, in dem das plötzliche Verstummen des großen Hymnendichters und sein weiteres Leben in geistiger Umnachtung im berühmten Turm zu Tübingen zum Anlaß für eine Reflexion über die Möglichkeit dichterischen Sprechens heute genommen werden.

Tübingen, Jänner

Zur Blindheit über-
redete Augen.
Ihre – »ein
Rätsel ist Rein-
entsprungenes« –, ihre
Erinnerung an

schwimmende Hölderlintürme, möwen-
umschwirrt.

Besuche ertrunkener Schreiner bei
diesen
tauchenden Worten:

Käme,
käme ein Mensch,
käme ein Mensch zur Welt, heute, mit
dem Lichtbart der
Patriarchen: er dürfte,
spräch er von dieser
Zeit, er
dürfte
nur lallen und lallen,
immer-, immer-
zuzu.

(»Pallaksch. Pallaksch«)

Das Gedenken an Hölderlin in der ersten Strophe entzündet sich am Bild des Hölderlinturms in Tübingen, wahrgenommen im Januar, im Winter, jener Jahreszeit, vor der der Dichter in einem der letzten vor seiner Umnachtung verfaßten Gedicht ›Hälfte des Lebens‹ seine Angst bekundet. Es entzündet sich aber auch an Zitaten aus Hölderlins großer Hymne ›Der Rhein‹ und an inhaltlichen Verweisen auf sie. Die Person Hölderlins ist nicht das eigentliche Thema des Gedichts, sie ist nur Anlaß zu einer vorsichtigen Spekulation darüber, wie ein neuer Hölderlin heute, wie ein moderner Dichter mit der visionären Kraft Hölderlins in heutiger Zeit wohl spräche: er dürfte nur lallen, Unverständliches reden, wie Hölderlin im Turm, wo er immer wieder das Wort »pallaksch« verwendete, ohne daß den Besuchern klar geworden wäre, was er damit sagen wollte.

Celan beginnt das Gedicht in hohem lyrischen Ton und in Annäherung an die kunstvoll gebrochene Syntax Hölderlins, wenngleich Verben als Prädikate fehlen. In den ersten beiden Zeilen klingt eine Aussage der ›Rhein‹-Hymne an: »Die Blindesten aber/Sind Göttersöhne.« Das ist eine dem griechischen Mythos geläufige Überzeugung, daß nur, wer blind ist, sieht, die Wahrheit erkennt, der Vision fähig ist. Der Seher Tiresias ist blind, Ödipus wird erst zum Sehenden, nachdem er sich die Augen ausgestochen hat, Homer soll blind gewesen sein. In diesem Sinne ist die befremdliche Aussage von den zur Blindheit überredeten Augen zu verstehen: der Dichter heute überredet sich zur Blindheit, Blindheit wird ihm zum Raum seines Sehens. Die zur Blindheit überredeten Augen erinnern sich an Gesehenes, an den im Wasser des Neckars sich spiegelnden Hölderlinturm, winterlich umschwirrt von Möwen. Diese optische Erinnerung an den umnachteten Dichter wird in der Parenthese überlagert durch die Erinnerung an den Wortlaut einer Textstelle: »ein/Rätsel ist Rein-/entsprungenes«. Auffällig ist die Zerstücklung und Aufteilung der zitierten Hölderlinzeile auf drei Verse, jedes einzelne Wort gewinnt durch die zusätzlichen Betonungen an Gewicht, die Worte Rätsel und rein bekommen eine eigene Zeile und nähern sich einander an. Wie es im Kontext der Hymne heißt, darf auch der Sänger dieses Rätsel des Reinentsprungenen nicht enthüllen, der Ursprung, die Geburt, ja auch die Geburt eines Stroms bestimmt das weitere Schicksal. So wird der Charakter des Rheins aus dem Glück seiner Geburt »aus günstigen Höhn...und so aus heiligem Schoße« gefolgert.

In der zweiten Strophe werden die Erinnerungen des lyrischen Ichs an Bilder, also den sich im Wasser spiegelnden Turm, und an Textstellen aus der Hymne an den gottähnlich gesehenen Rheinstrom vom Wasser gewissermaßen überflutet; in den Besuchen ertrunkener Schreiner findet sich die Person des Tischlers Zimmer wieder, der mit dem umnachteten Hölderlin Kontakt hielt und später den Freitod im Wasser suchte. Die Besuche des in den Plural gesetzten Tischlers gelten »diesen/tauchenden Worten«. Dabei bleibt bewußt offen, ob sich das Demonstrativum »diese« auf die Zitate aus Hölderlins Werk bezieht oder ob es, wie der Doppelpunkt zu signalisieren scheint, auf das Gedankenspiel des dritten Sinnabschnitts verweist. Jedenfalls ähnelt die Situation, die hier durchgespielt wird, dem von Unverständnis geprägten Umgang des Tischlers mit dem Unverständliches von sich gebenden Hölderlin.

Dreimal hebt die dritte Strophe mit dem Irrealis »käme« an, gewissermaßen die Unerhörtheit der Spekulation über die Geburt eines neuen Hölderlin in unserer Zeit nachvollziehend, erst im dritten Anlauf ist die Aussage voll entfaltet: »Käme ein Mensch zur Welt, heute, mit / dem Lichtbart der / Patriarchen«, käme also ein Mensch in unsere Welt, der Licht, Majestät, Autorität und höhere, gottgegebene Weisheit besäße, so müßte er beim Sprechen über diese Welt die hochgeschraubten Erwartungen enttäuschen, er dürfte nur lallen, Worte zerstückeln, unverständliche neue bilden, kurz: Er müßte umgehend das Schicksal des der Umnachtung verfallenen Hölderlin erleiden, der immer wieder ohne erkennbaren Sinn das Wort »Pallaksch« artikulierte. Große Hymnen wären von einem solchen lichtbärtigen Patriarchen erst gar nicht zu erwarten. Was bleibt, ist das Rätsel des Reinentsprungenen, das bittere Schicksal Hölderlins, des Sehenden, der in der Mitte seines Lebens in die Umnachtung stürzte. Es bleibt aber auch der uneinlösbare Auftrag an den Dichter der Gegenwart, mit dem Mittel Sprache Wirklichkeit, welcher Art auch immer, zu erfassen. In Hölderlins Los sieht Celan seine eigene Not.

Denn als großes und beherrschendes Thema der Lyrik Celans kristallisiert sich immer mehr die Sprache heraus, die Möglichkeit sprachlicher Verständigung mit einem Du, einem Weggefährten oder einer Geliebten, und der immer wieder mißlingende Versuch, die Wirklichkeit mit dem Mittel Sprache zu erfassen. Celan sagt: »Gedichte sind...die Bemühungen dessen, der....mit seinem Dasein zur Sprache geht, wirklichkeitswund und Wirklichkeit suchend.« Obwohl er seine Gedichte als auf Mitteilung angelegt bezeichnet (»Das Gedicht ...braucht ein Gegenüber. Es sucht es auf, es spricht sich ihm zu«), werden die Texte immer dunkler, rätselhafter und wirken oft nicht mehr als Mitteilungen, sondern als Selbstgespräche am Rande des Verstummens. Der Dichter sucht nach einer Sprache, die nicht wie die Alltagssprache verdorben ist, weil diese angereichert ist mit so vielen historischen Erfahrungen, weil sie belastet ist mit allen Greueln und Schrecknissen, die sich z.B. im Gefolge der Kriege und Völkermorde in ihr niedergeschlagen haben. So formuliert Celan in einem nachgelassenen, Brecht gewidmeten Gedicht:

Was sind das für Zeiten,
wo ein Gespräch
beinah ein Verbrechen ist,
weil es soviel Gesagtes
mit einschließt?

Aus dieser vielfältigen Verstricktheit der Sprache, die wir sprechen, gibt es nur den einen Ausweg: eine neue Sprache zu entwickeln, die jener ursprünglichen Sprache gleichkommt, die nach biblischer Vorstellung im Paradies gesprochen wurde oder in Urzeiten, als die Menschen noch mit *einer* Zunge redeten. In immer neuen Dingsymbolen und Metaphern versucht sich Celan dem Wesen dieser Sprache und der Sprache überhaupt anzunähern; ein Beispiel dafür ist das Wort »Sprachgitter«, das nicht nur einem Gedicht, sondern einer ganzen Sammlung von Gedichten den Titel gegeben hat.

Sprachgitter

Augenrund zwischen den Stäben.

Flimmertier Lid
rudert nach oben,
gibt einen Blick frei.

Iris, Schwimmerin, traumlos und trüb:
der Himmel, herzgrau, muß nah sein.

Schräg, in der eisernen Tülle,
der blakende Span.
Am Lichtsinn
errätst du die Seele.

(Wär ich wie du. Wärst du wie ich.
Standen wir nicht
unter *einem* Passat?
Wir sind Fremde.)

Die Fliesen. Darauf,
dicht beieinander, die beiden
herzgrauen Lachen:
zwei
Mundvoll Schweigen.

Abgesehen davon, daß dieser Text dem Verständnis zunächst schier unüberwindbare Schranken setzt und daß nicht einmal eine Beziehung zwischen Überschrift und Inhalt erkennbar wird, hat das Titelwort selbst eine zwischen wörtlicher und übertragener Verwendung schillernde Bedeutung. Sprachgitter bezeichnet ganz konkret in Frauenklöstern das vergitterte Fenster, durch das allein eine Nonne mit weltlichen Personen sprechen kann; es ermöglicht also Kommunikation und schränkt gleichzeitig die Verständigung ein, indem es die Sprechenden durch ein Gitter trennt. Sprachgitter kann sodann in übertragenem Sinn besagen, daß die Sprache selbst die Funktion eines Gitters hat, das den Blick auf anderes, auf Außersprachliches gleichzeitig ermöglicht und beschränkt. Und schließlich läßt sich Sprachgitter auch in dem Sinne deuten, daß Sprache wie ein Gitter, dessen Drähte kunstvoll und stabil miteinander verflochten sind, Verbindungen und Zusammenhänge herzustellen vermag. Aus allen diesen Deutungsmöglichkeiten muß man jedenfalls den Schluß ziehen, daß es in diesem Gedicht um Sprache geht, um Möglichkeiten und Grenzen des Sprechens eines Ichs zu einem Du.

Die erste Zeile läßt in ihrer Abstraktion (Rundes zwischen Geradem) der Interpretation ein weites Feld. Die Vorstellung vom sehnsüchtigen Blick eines Gefangenen durch das ihm seine Freiheit raubende Gitter liegt nahe. Aber das Interesse des Sprechers richtet sich nicht auf die äußere Situation des auf sein Augenrund reduzierten Menschen, sondern in weit überproportionaler Nahaufnahme auf den Vorgang in diesem Auge. Das Auftun des Auges wird in der Metapher des nach oben rudernden Flimmertiers Lid veranschaulicht. Das Augenlid gerät hier in die Nähe eines primitiven Urtierchens, das sich mit seinen Flimmerhaaren nicht nur fortbewegt, sondern sich auch an seine Beute herantastet. Mit dem Öffnen der Lider wird die Iris, die Regenbogenhaut, auch sie schwimmend wie das Lid, sichtbar. Der bis dahin noch mögliche Traum bei geschlossenem Auge hat ein Ende, die Realität, der Himmel, »herzgrau« und damit mit der trüben Iris korrespondierend, durch das Wort »Herz« jedoch Anteilnahme und Emotion auslösend, tritt an die Stelle des Traums. Das, was dem geöffneten Auge jedoch tatsächlich ins Blickfeld kommt, ist nicht der herzgraue Himmel, sondern ein blakender, d.h. ein rußig qualmender Kienspan, wie er vor der Erfindung des elektrischen Lichts als bescheidene Beleuchtung diente. Dieser Span steckt schräg in einer Tülle, also einer Halterung aus Eisen, und weckt wieder Vorstellungen von einem spärlich durch schwaches, aber gespenstisch flackerndes Licht erhellten, altertümlichen Raum, von einem herrschaftlichen Gebäude, einem alten Kloster oder gar einem unentrinnbaren Kerker. Wie dem nun auch sei, der Sprecher wird sich angesichts des blakenden Spans seiner Seele bewußt, einer tieferen Dimension seines Daseins: sein »Lichtsinn«, seine Reaktion auf das als Reiz empfundene Licht, führt zu dieser als Sentenz an ein Du (oder aber auch an sich selbst) gerichteten Aussage.

Die folgende fünfte Strophe ist von Celan in Klammern gesetzt, über deren Funktion sich nur spekulieren läßt. Auf jeden Fall entfernt sich dieser Abschnitt aus dem Bildzusammenhang des restlichen Gedichts. Durch die Du-Ansprache der vorausgehenden Sentenz und durch das Bewußtwerden der eigenen Seele wird die Gedankenbewegung des Gedichts auf ein nicht näher bezeichnetes konkretes Du gelenkt, Erinnerungen an Gemeinsames tauchen auf: »Standen wir nicht/ unter *einem* Passat?« Der Passat, ein regelmäßig wehender Tropenwind – im Gegensatz zu den jahreszeitlich wechselnden Winden – steht für das Geregelte, Geordnete, Berechenbare der vergangenen Begegnung. Aber dieses Verbindende der gemeinsamen Situation hat nur zur nach wie vor gültigen Erkenntnis der Fremdheit geführt. Es bleibt der unerfüllbare Wunsch: »Wär ich wie du. Wärst du wie ich.«

Im letzten Abschnitt schlägt die Reflexion wieder in die Beschreibung (und Deutung) des Orts um, an dem sich der Sprecher befindet und der, wie schon zuvor, durch die Verwendung des bestimmten Artikels (»*Die* Fliesen«) als bekannt vorgegeben wird. Auf diesen Fliesen, die ebenso wie die Stäbe vom Anfang des Gedichts durch die Gitterstruktur ihrer Fugen auf den Titel Sprachgitter verweisen, finden sich »die beiden/ herzgrauen Lachen«, Relikte eines höchstens erahnbaren Geschehens und durch das Attribut »herzgrau« auf das in Zeile 6 angesprochene sichere Gefühl von der Nähe des Himmels bezogen. Alles, was dem Menschen an Mitteilung möglich ist, ist im Bild dieser beiden dicht beieinander liegenden Wasserflecke enthalten. Diese Lachen sind »zwei/ Mundvoll Schweigen«.Eine sprachliche Fixierung ist nicht möglich, es bleibt nur das schweigende Betrachten, das Schweigen des Ich genauso wie das des Du, zwei Mundvoll, wie es in paradoxer Fügung heißt.

So nähert sich das Gedicht ›Sprachgitter‹ in seiner Struktur selbst einem Sprachgitter an, d.h. einer Darstellungsweise der Wirklichkeit, in der mehr ausgespart als festgehalten wird, und durch die hindurch der Blick auf Wahrheiten möglich ist, angesichts derer die Sprache verstummt.

Die Auseinandersetzung mit den Möglichkeiten und Grenzen der Sprache beherrscht auch Celans 1967 erschienenen Gedichtband ›Atemwende‹. Hier macht der Dichter eine Metapher zum Titel seiner Sammlung, die er bereits in seiner Büchner-Preis-Rede 1960 vorgeprägt hatte: »Dichtung: das kann eine Atemwende bedeuten. Wer weiß, vielleicht legt die Dichtung den Weg ... um einer solchen Atemwende willen zurück.« Zur Erläuterung des Begriffs zitiert der Redner aus der Eingangspassage von Büchners Novellenfragment ›Lenz‹, wo es von dem am 20. Jänner durchs Gebirg gehenden Dichter Lenz heißt, es sei ihm manchmal unangenehm gewesen, daß er nicht auf dem Kopf habe gehen können, und fährt fort: »Wer auf dem Kopf geht, der hat den Himmel als Abgrund unter sich.« Ein solches Erlebnis einer Umkehrung der gewohnten Perspektive bezeichnet Celan als den Augenblick der Atemwende, als den Augenblick des furchtbaren Verstummens, wenn es einem den Atem und damit auch das Wort verschlägt, wenn plötzlich das Ich freigesetzt und auf sich selbst allein zurückgeworfen wird. In jedem Gedicht werde heutzutage versucht, meint Celan, einer solchen Erfahrung einer Atemwende eingedenk zu sein und sie auch einem Anderen zu vermitteln: »Gewiß, es (d.h. das Gedicht) spricht immer nur in seiner eigenen, allereigensten Sache. Aber ... ich denke, daß es von jeher zu den Hoffnungen des Gedichts gehört ... gerade auf diese Weise in eines Anderen Sache zu sprechen.«

Die Besonderheit des (wie häufig im Spätwerk) titellosen Gedichts ›Weggebeizt‹ am Ende des ersten Teils von ›Atemwende‹ liegt darin, daß Celan hier das Wesen einer dichterischen Sprache nicht nur in negativen Wertungen und Einschränkungen umschreibt, sondern ihr in der Schlußmetapher »Atemkristall« auch eine Zeugnis und Wirklichkeit stiftende Kraft zugesteht, freilich nur unter bestimmten Voraussetzungen.

Weggebeizt vom
Strahlenwind deiner Sprache
das bunte Gerede des An-
erlebten – das hundert-
züngige Mein-
gedicht, das Genicht.

Aus-
gewirbelt.
frei
der Weg durch den menschen-
gestaltigen Schnee.
den Büßerschnee, zu
den gastlichen
Gletscherstuben und -tischen.

Tief
in der Zeitenschrunde,
beim
Wabeneis
wartet, ein Atemkristall,
dein unumstößliches
Zeugnis.

Das Gedicht umreißt in knappen Andeutungen den Weg – den Weg des Dichters? – den Weg der Sprache? – fort aus einer gewohnten Umgebung in eine gemeinhin als unwirtlich empfundene Region der Hochgebirge und der Gletscher, in deren geheimnisvoller Tiefe den Wanderer mit dem »Atemkristall« so etwas wie die Erfüllung und Bestätigung seines Strebens und Hoffens erwartet. Der Grund, die Voraussetzung für den Aufbruch in die Gletschereinsamkeit ist Gegenstand der ersten Strophe, die provozierend aggressiv mit dem Perfektpartizip »weggebeizt« beginnt und damit einen Reinigungs- und Läuterungsprozeß anspricht, der durch den »Strahlenwind« einer Sprache an sprachlichem Material vollzogen wird. Dieses der Säuberung unterworfene sprachliche Material ist Dichtung: »das hundert-/ züngige Mein-/ gedicht, das Genicht«. Beide Celanschen Neuprägungen »Meingedicht« (gebildet unter Verwendung des mittelhochdeutschen Adjektivs mein, das – wie etwa in dem Wort Meineid sinnfällig wird – soviel wie falsch bedeutet) und »Genicht« (im Sinne von Gedicht, das *nicht* als Gedicht akzeptiert werden kann) dienen der rigorosen Disqualifikation einer auf konventionellem Wege gefertigten Dichtung, vor allem der eigenen Dichtung des Sprechers, wie in gewollter semantischer Doppelbedeutung aus »Mein-/ gedicht« herauszuhören ist.

Die Begründung für dieses harte Verdammungsurteil ergibt sich aus dem Subjekt des vorausgehenden Hauptsatzes: »das bunte Gerede des An-/ erlebten«. Dichtung wird als Gerede, Wortgeklingel, Geschwätz abgetan, das bunt ist, also farbig, auf oberflächliche Wirkung bedacht, und das nicht Erlebtes, sondern An-erlebtes zum Inhalt hat, also gewissermaßen aus zweiter Hand Übernommenes, vielfältig Vermitteltes, Manipuliertes. Damit sind wir wieder bei Celans Grundüberzeugung vom Ungenügen der konventionellen Sprache für Dichtung.

Aber es gibt Hilfe, und sie liegt im »Strahlenwind deiner Sprache«. Daß sich die Anrede »dein« hier nicht im Sinne eines Selbstgesprächs auf den Sprecher selbst beziehen kann, erscheint klar. Wer aber ist der Sprecher dieser Sprache, was ist das für eine Sprache, die wie ein Strahlenwind, wie ein scharfstrahliges Gebläse das traditionelle Gedicht vom Gerede, vom Hundertzüngigen, vom Nichtigen reinigt gleichsam wie von häßlichen Farbflecken? Es ist die Sprache, die vor der babylonischen Sprachverwirrung von allen Menschen auf Erden gesprochen und verstanden wurde. Hermann Burger hat in seiner ausführlichen Deutung dieses Gedichts auf die Spuren verwiesen, die der Strahlenwind dieser Ursprache auch im vorliegenden Text hinterlassen hat: »Verzicht auf den Titel, starke Segmentation in der Syntax, zerhackte Kurzverse, Wort-Aufsplitterung und Wort-Enjambement, Ambivalenz einzelner Silben, stockender Rhythmus und Hypertrophie der Nominalkomposita.« Das ist, so Burger, der von Celan in ›Atemwende‹ angestrebte neue Gedichttyp, nämlich »das offene, zerstückelte und asketische Gedicht ..., das fragmentarischen Charakter hat, und zwar nicht im Sinne von ›unfertig‹, sondern von ›unvollendbar‹.«

Die zweite Strophe spricht von den Konsequenzen, die der Dichter nach der Erfahrung der Wirkung des Strahlenwinds, nach dem Erlebnis der Atemwende also, zieht: der Weg zu einer neuen Realität ist frei, »ausgewirbelt«, der Schneesturm hat sich gelegt. Der Weg führt »durch den menschengestaltigen Schnee,/ den Büßerschnee«, d.h. durch eine schweigende, verhüllte, aber Assoziationen und Vermutungen freisetzende Winterlandschaft, an Büßer gemahnend oder gar vom Wanderer selbst als Buße empfunden. Die Juden, deren sterbliche Überreste zu weißgrauer, zu schneefarbener Asche geworden sind, fordern Trauerarbeit; das über sie Gesagte, zu Sagende bereitet immer wieder Schmerz, der auf diesem Weg aber ertragen werden muß.

Der Weg führt nicht ins Leere, er führt »zu / den gastlichen/ Gletscherstuben und -tischen«. Dabei verbietet es der Kontext, hier an Hochgebirgsgastronomie und Hüttenzauber zu denken, vielmehr bezeichnen die Gletscherstuben (eine Metapher, in der die bergende Gastlichkeit eines wohnlichen Raums mit der gefährlichen, lebensabweisenden, urzeitlichen Monumentalität eines Gletschers verbunden wird) Öffnungen und Hohlräume im ewigen Eis; ebenso bezeichnet der glaziologische Fachterminus Gletschertische Felsplatten, die auf Eisfüßen auf dem Gletscher liegen und das Eis vor Abtragung schützen. Diese Gletscherstuben und -tische werden als Ortsbestimmung in der letzten Strophe wieder aufgegriffen: »Tief/ in der Zeitenschrunde,/ beim Wabeneis.« Eine Schrunde ist ein Riß, eine Spalte im Eis, die sich im Laufe von Jahrhunderten durch die Bewegung des Gletschers aufgetan hat, ein Ort also, an dem das Wirken der Zeit konkret erfahrbar wird, an dem sich Vergangenheit und Gegenwart treffen. Es ist der Ort des Wabeneises, des in der Form von Bienenwaben strukturierten Eises; an diesem Ort findet sich ein »Atemkristall«, kristallisierter Atem, Lebensodem, Zeugnis einer aufs äußerste verdichteten Existenz. Im Possessivpronomen dein (»dein unumstößliches/Zeugnis«) kommt die vom Strahlenwind ausgelöste Bewegung zum Stillstand. Der Strahlenwind, der das »bunte Gerede« weggebeizt hat, fördert als letztes Ergebnis des Reinigungsprozesses nicht ein Wort, nicht ein sprachliches Zeichen, sondern einen »Atemkristall«, materialisierten Atem, zutage, das Zeugnis ablegt von einem höheren Sein jenseits allen Geredes, allen Dichtens. Dieser Atemkristall ist die einzige Spur, die sich von der unverdorbenen Ursprache ausfindig machen läßt; dennoch bleibt die hoffnungsvolle Gewißheit, daß es ein unumstößliches Zeugnis vom Geist dieser Sprache gibt.

So endet dieses Gedicht zuversichtlich und beweist, wie Burger schreibt, »daß es auch im dunklen, auf tragische Weise zu Ende gegangenen Leben dieses großen Dichters Augenblicke gab, in denen Licht war, ›Rettung‹ «.

4. Experimente mit Sprache

Schon früher war es vorgekommen, daß man die Sprache, die täglich von so vielen für so viele Zwecke gebraucht und verwendet wird und aus der zugleich dichterische Meisterwerke gemacht sind, plötzlich mit Argwohn betrachtete. Sprachskepsis befiel einige Empfindliche auch in den fünfziger Jahren. Ein banaler Anlaß brachte 1958 den Wiener Gerhard Rühm dazu, sich über sich selbst zu wundern. Er hat die Begebenheit aufgezeichnet und zieht den Leser ins Gespräch:

mir fallen die zerdrückten frösche ein, die selbst bei tageslicht unter der staubschicht kaum vom boden zu unterscheiden sind, wenn man nicht genauer hinschaut. frösche. werden überfahren, wenn sie über die strasse hüpfen. bei tag ist da ein so starker verkehr, dass es nur kurzer zeit bedarf, bis sie ganz flachgewalzt sind. flach, wie ein lesezeichen (echtes froschleder!). habe soetwas gestern oder vorgestern photographiert. photographisch festgehalten. schaut komisch aus. könnte viel darüber sagen. denke. mein bewusstsein. das photo. beweis von beachtung (: das gibt es auch). für dich, lieber leser, genügt, was du dir beim lesen dieser zeilen gedacht hast (es bleibt immer noch zeit, nebenbei seine eigenen gedanken zu haben, man weiss oft gar nicht, was man liest. jeder macht sich so seine gedanken. oder sie machen sich ihm. war gerade die aufmerksamkeit, die gedanken erregt). deine gedanken jetzt. es macht mir spass, deine gedanken zu lenken. auf etwas zu lenken. auf frösche zum beispiel, [...]

schau dir einmal folgende buchstaben an: f... r... o... schon hast du sie zusammengefügt und, wetten, zu »frosch« ergänzt! ha, könnte doch ebensogut »froh« daraus werden! spass beiseite. leicht schwankt das rohr. der wind bewegt die schmalen äste. zitternde blätter. blatt. bewegung. be-weg-ung. ung: sinnlos. hat aber wahrscheinlich einmal etwas bedeutet. eigenes wort. verkümmert zur blossen endung. auch die sprache. ich bediene mich hier der sprache. der deutschen sprache. der sprache, die ich erlernt habe, die man mir beigebracht hat, eingeredet. mama und papa. leben noch. schweife ab. sprache. meine sprache? meine gedanken? wo beginne eigentlich ich? nicht einmal mein name ist von mir (ich habe einen namen, komisch). ich bediene mich hier also der sprache. der schrift. buchstabenzeilen von links nach rechts untereinandergesetzt auf einem blatt papier. zeichen. schon lange, lang schon bevor ich sie verwendete geprägt mitgeteilt. dies bedeutet das. dies das, dies das. fast, fast, fast schon dasselbe. langer gebrauch. gewohnt. kaum noch da. schon unbewusst. unsere sprache. wir denken in dieser sprache. [...] kann »natürlich« nicht alles hier festhalten, was ich gedacht habe, da-mals. da-bei. da-. erstens denkt man zu rasch, oft auch zu unbestimmt, da-her konnte ich mir nicht alles merken, auch nicht die genaue reihenfolge (und die ist wichtig, wegen der assoziationen, dem »weg der gedanken«) – was merkt man sich schon? erinnerung. gnädiges gedächtnis. –; zweitens kommen mir, während ich mich zu erinnern versuche (ich versuche mich!), eine unzahl neuer, das heisst anderer gedanken, die ich allerdings meist nicht berücksichtige (ist aber wohl nicht ganz zu vermeiden); und schliesslich zwingen mich die spielregeln der sprache eine bestimmte ordnung zu wahren, schon in dem bestreben mich verständlich zu machen, eine auswahl aus dem vorhandenen material (der erinnerung ebenso als des »wortschatzes«) zu treffen, für dinge, zustände, ereignisse worte zu setzen. so wird mein spaziergang vom sonntag, den 27. juli 1958, der etwa um halb 10 Uhr nachts begann, schon durch meinen versuch ihn zu beschreiben, nach einer richtung hin festgelegt, nämlich der, in der ich beschreibe und somit von der sprache, derer ich mich doch nur bedienen wollte, offensichtlich aufgesaugt.

Die so oft gestellte Frage nach dem Zusammenhang und dem Verhältnis von Bewußtsein, Denken und Sprache wird hier wieder aufgeworfen; das Ergebnis einer Selbstbeobachtung anderen vorlegt. Gerade hat der Sprecher noch geglaubt, sich der Sprache bedienen zu können, schon fühlt er sich, wenig später, von ihr »aufgesaugt«. Ein unheimlicher Vorgang?

Solche Überlegungen einzelner waren natürlich nicht dazu angetan, eine Verunsicherung der Allgemeinheit hervorzurufen, die zur Forderung nach einer Generaluntersuchung des Vielzweckinstruments Sprache führen konnte. Doch im kleinen Kreis gab man sich nicht zufrieden. In Wien schlossen sich Schriftsteller und Dilettanten, interessierte Laien, zur Wiener Gruppe zusammen. Sie experimentierten mit Sprachmaterial. Was darunter zu verstehen war, hätte jeder der höchst sprachsensiblen und meist tüftlerisch veranlagten Experimentatoren wohl anders definiert.

Eugen Gomringer
schweigen

Eugen Gomringer, eher ein Einzelgänger, der auch gern theoretisierte, hatte schon 1953 eine Art Manifest formuliert. Nicht bei vielbändigen Werken, nicht bei Satzgebilden – ob wohlgebauten, kunstvoll gedrechselten Perioden oder auch verunglückten Schachtelsätzen – wollte er ansetzen, sondern beim Elementaren, bei den Elementen Laut und Buchstabe – und beim Wort, das im Mittelpunkt von Gomringers Denken steht.

das wort: es ist eine größe. es ist – wo immer es fällt und geschrieben wird. es ist weder gut noch böse, weder wahr noch falsch. es besteht aus lauten, aus buchstaben, von denen einzelne einen individuellen, markanten ausdruck besitzen. es eignet dem wort die schönheit des materials und die abenteuerlichkeit des zeichens. es verliert in gewissen verbindungen mit anderen worten seinen absoluten charakter.

Hier wird das Wort von den umfangreicheren und komplexeren Strukturen abgekoppelt, alle Wörter werden als gleichwertig betrachtet und deshalb kleingeschrieben. Auch wird das Wort gewissermaßen für unschuldig erklärt. War vergessen, was an bösem Wollen in Wort und Sprache eingegangen war und immer wieder eingehen konnte? Andere sahen diese Gefahr deutlicher. Gomringer ging es ums handwerkliche Gestalten. Er wollte Neues schaffen, es sollte »als ganzes und in den teilen einfach und überschaubar sein«, er nannte das »Neue Konstellation«. »mit der konstellation wird etwas in die welt gesetzt. sie ist eine realität an sich und kein gedicht über.« Die folgende »Konstellation« entspricht dem Programm, sie wurde zu einem exemplarischen Text der konkreten Poesie.

schweigen schweigen schweigen
schweigen schweigen schweigen
schweigen   schweigen
schweigen schweigen schweigen
schweigen schweigen schweigen

Der Text nimmt fast eine geometrische Form an, man glaubt ihm anzusehen, daß Gomringer viel mit bildender Kunst und Architektur zu tun hatte und von dort Anregungen und Leitvorstellungen bezog. »schweigen« erscheint nur als Wort, Anordnung und Wiederholung bannen den Blick, doch noch besser als das Wort, das ja auch gesprochen werden kann und dann zu »schweigen« in Widerspruch träte, wird der Zustand durch die leere, weiße, sprachlose Fläche im Zentrum ausgedrückt. Schon der expressionistische Maler Wassily Kandinsky hat in seiner Schrift ›Über das Geistige in der Kunst‹ bemerkt, daß »Weiß auf unsere Psyche als ein großes Schweigen« wirke.

Ernst Jandl
Ohne Titel; epigramm

1925, im gleichen Jahr wie Gomringer, ist Ernst Jandl geboren. Er schrieb noch in den fünfziger Jahren Lyrik im herkömmlichen Sinn, fand aber in den Sechzigern zu einem neuen Stil, der sich der Freude am kühnen Experimentieren mit Sprache verdankt und zu Jandls Markenzeichen wurde. Hier ein Beispiel:

st
   und
         en
   und
st
   und
         en
   und
st

und
en
und
st
und
en

Das Gedicht hat keinen Titel, die begrenzte Zahl von Wörtern, »stunden« und »und«, erinnert an Gomringer. Das Wort »stunden« ist in Buchstabengruppen zerschnitten, die keine Silben sind. Es entstehen gleiche Gruppen, die vertikale Reihen bilden. Visuell hat man das Bild einer Treppe vor Augen, Blick und Bewegung gehen von oben nach unten. Alles zusammen mag das langsame, nervenbelastende Vergehen von Zeit suggerieren; beim Sprechen müßte die Stimme auf jeder »Stufe« verhalten.

epigramm

brrrrrrrrrrrrrrrrrrrrrrrrrrr
imäääääääa
imäääääääa
imäääääääa
imäääääääa
–
affe
–
kt

Man sollte zunächst nicht über den Zusammenhang von Überschrift und Text rätseln, sondern davon ausgehen, daß Jandl ein Klangbild verschriftlicht hat. Das gesprochene Wort ist gar nicht so leicht zu erkennen. Es heißt »Primäraffekt« und bezeichnet einen Krankheitsherd, der durch das Eindringen von Erregern in den Körper entstanden ist.

Dieser Begriff mag sich im Mund verschiedener Sprecher auch recht verschieden anhören: sachlich-nüchtern und auch verständlich, wenn ein Arzt der Sekretärin eine Krankengeschichte diktiert, genuschelt, wenn der Professor bei der Visite am Krankenbett beflissenen Studenten einen kurzen Hinweis geben will. Dem Sprecher des Jandlschen Lautprodukts war das Wort womöglich bis vor kurzem unbekannt, jetzt scheint Beunruhigung in ihm mitzubrummen. Kommt er vom Arzt? Das Wort kam vielleicht in der Diagnose vor, jetzt raunzt es der Wiener halblaut vor sich hin. Daß dieser Sprecher wie der Autor des Texts ein Wiener ist, erkennt man an dem gequetschten a-Vokal, der für ein »r« steht; vier Zeilen enden mit ...äàa.

Die Sprechwerkzeuge haben Mühe mit dem fremden Wort. Der

Mann setzt mehrfach an, unterwegs geht ihm fast die Luft aus. Er muß erst wieder durchatmen – die Zeilen mit den Querstrichen deuten es an –, dann wird der Rest ausgestoßen. »affe« nimmt eine eigene Zeile ein, man weiß aber nicht, ob irgendwer gemeint ist. Verraten die gepreßten harten Verschlußlaute am Ende, daß er einen Primäraffekt im Leib und eine Wut im Bauch hat?

Zum Epigramm, dem kurzen geschliffenen Sinnspruch, scheint nur die Knappheit zu passen. In einem Wort ist hier ein Zustand, eine Gemütsverfassung aufgeschrieben. »Jandl-gemäß« wäre nun eine Rückverwandlung des Geschriebenen in gesprochene Sprache. Der Dichter spricht bei öffentlichen Auftritten seine Texte selbst, und aus dem meisterhaften Vortrag ist oft herauszuhören, daß die Sprechanweisung im Text enthalten ist.

Da Jandls Dichtung manchmal mit dem Ratespiel des Drudelns verglichen wird, mag das Raten erlaubt oder sogar empfohlen sein.

Hans Carl Artmann
Ulrich, der muntere Metzger

Mit Sprachspielen mehr fürs Auge als fürs Ohr wartet ein anderer Sprachartist aus Wien auf, Hans Carl Artmann (geb. 1921). Artmann, der durch Gedichte im Wiener Dialekt bekannt und berühmt wurde, war Mitglied der Wiener Gruppe und Weggenosse Gerhard Rühms und Ernst Jandls. 1967 kam eine Sammlung von Berufeporträts heraus, die durch ihre eigenwillige poetische Form überraschten. Artmann nannte den Zyklus ›Fleiß und Industrie‹, wobei »Industrie« in einer älteren Bedeutung als »Gewerbe« zu verstehen ist. Porträt Nummer XXVI ist überschrieben ›Ulrich, der muntere Metzger‹.

1. Eine ordentliche fleischspeise ist was gescheites, gemüse in ehren, aber ein gekochtes stück rindfleisch ist die krönung eines spinats, man müßte ja von gestern sein, diese erkenntnis hirnlos zu leugnen.

2. Eine ladung hornvieh wird aus dem güterbahnhof getrieben, jetzt gehts in die weite, grüne welt, sagt die leitkuh, und stampfend folgt ihr die herde.

3. Mein konkurrent aus der anderen straße, sagt der metzger, nährt sich fast ausschließlich von stierhoden, und dennoch bringt er nicht halb soviel fertig wie ich, also was solls? Ich bediene meine kundschaft mit einer leichtigkeit sondergleichen, wie ein engel im flug erfülle ich die wünsche der hausfrauen, kein warten gibts da, kein unnötiges anstehen, und punkt sieben mache ich tag für tag meinen laden dicht.

4. Ulrich zerteilt mit starker hand die schweineschulter, aller augen sind auf ihn gerichtet, ja, der kanns! seine weiße schürze ist blütenrein, kein spritzer blut darauf, da ist er achtsam – herr meister, sagt der lehrjunge, wenn ich immer flink bin und mich sonst auch umtue, bringe ich es dann auch so weit wie sie?

5. Die frau will sülze machen, der mann ißt sie zum abendbrot mit essig, öl und feingehackter zwiebel. Wozu diese unnütze arbeit, sagt der metzger, ich habe alle arten hausmachersülze im kühlraum.

6. Vom lande her ziehet das rind, der muntere metzger nimmts auf (Klopstock).

7. Es gibt keinen metzger, der hummern schlachtet, zu sowas gibt er sich nicht her, ist er doch ein ausgelernter professionist und kein x-beliebiges fischweib.

8. Ulrich kommt aus der toilette, er wäscht sich in solchen augenblicken stets die hände, denn fachliches wissen und körperliche sauberkeit sind vorbedingungen für einen metzger, der auf sich hält.

Der Text besteht aus acht Teilstücken, die aus Sprachmaterial verschiedenster Herkunft geformt sind. Der Satz »... fachliches wissen und körperliche sauberkeit sind vorbedingungen für einen metzger, der auf sich hält« könnte z.B. einer Berufsbildbeschreibung entstammen, die eine Fleischerinnung in Auftrag gegeben hat.

Den Titel liefert ein ausgewiesenes Zitat aus dem Werk eines Großen des 18. Jahrhunderts, einer Zeit, in der die Dichter für fleißige, bescheidene und »muntere« Handwerker, Seifensieder etwa, eine Schwäche hatten. Was Artmann auswählte, mag ein etwas banales Zeugnis Klopstockscher Poesie sein; ihm paßte es in den Kram. Andere Blöcke sehen aus wie Zitate, man muß aber wissen, daß H. C. Artmann Sprachstile täuschend ähnlich nachahmen kann, er »adoptiert und adaptiert« (J. Drews) mit großer Kunstfertigkeit. So könnte die anschaulich-lebendige Schilderung einer Metzgertätigkeit im vierten Abschnitt, in der soviel pädagogische Begeisterung mitschwingt, einem Lesebuch der guten alten Zeit entnommen sein. Hat Artmann zitiert oder »adaptiert«, d.h. hat er als Bastler und Tüftler etwas »hergerichtet«, das wie ein Lesebuch-Auszug aussieht?

In den Blöcken 1 und 7 ist wohl gesprochene Sprache aus Genießer- und aus Metzgermund in Schrift übertragen; die Herren, beide an der Sprachfärbung als Österreicher zu erkennen, setzen sich gegen Zumutungen zur Wehr; jeder trägt auf seine Art zum guten Ruf des Metzgerstandes bei.

Im Block 2, der inhaltlich zum siebten Abschnitt in loser Verbindung steht, zwingt Artmann Kontraste in einen Satz: Die beiden Teile »beißen sich« auch in sprachlich-stilistischer Hinsicht. Der erste Teil widerlegt nüchtern die Idylle, die sich die »dumme Kuh« und ihre Herde erträumen. Andererseits: Ohne das, was am Güterbahnhof vor sich geht, würden Metzger Ulrich und seine Kunden bald nicht mehr so munter und zufrieden sein.

Wie hängen schließlich die Teile 3 und 5 zusammen? Der muntere Metzger ist auch pfiffig, er weiß seine Ware und sich selbst vorteilhaft zu verkaufen. Die nach altem »Hausmacher«-Rezept kommerziell hergestellte gebrauchsfertige Sülze wird dem Mann schmecken, als wäre sie zu Hause zubereitet, und der Frau gefällt der adrette Ulrich, der so gar nichts Grobschlächtiges an sich hat. Er ist auch nicht angewiesen auf starke Stimulanzien aus dem eigenen Betrieb.

Der Dichter-Zauberer H. C. Artmann – dies und nicht weniger wollte er immer sein – hat dem Metzger aus allerlei Sprache ein Gewand geschneidert, das ihm gut steht.

Peter Handke
Der Rand der Wörter 1 und 2

Den Experimenten mit Sprache, die der zwanzig Jahre jüngere Peter Handke (geb. 1942) anstellte, merkt man nicht gleich an, daß auch Handke ein Dichter ist. In den sechziger Jahren erschien von ihm in der auflagenstarken edition suhrkamp ein Bändchen mit dem Titel ›Die Innenwelt der Außenwelt der Innenwelt‹.

Wenn es sprachlich »geäußert« wird, begibt sich menschliches Innenleben in die Außenwelt. Handke nun interessiert die Innenwelt dieser Außenwelt: die Sprache, das Gemeingut aller Sprechenden. Wie funktioniert Sprache? Handke dachte sich Versuchsanordnungen aus.

Der Rand der Wörter 1

Der Stadtrand : Der Rand der Stadt
Der Gletscherrand : Der Rand des Gletschers
Der Grabenrand : Der Rand des Grabens
Der Schmutzfleckrand : Der Rand des Schmutzflecks
Der Feldrand : Der Rand des Feldes
Der Wegrand : Der Rand des Weges
Der Trauerrand : Der Rand der Trauer

Der Text ›Der Rand der Wörter I‹ kann als Ergebnisprotokoll eines Experiments gelesen werden. Ein zusammengesetztes Substantiv wird in seine beiden Bestandteile, Grundwort und Bestimmungswort, aufgelöst; das Bestimmungswort tritt regelmäßig in den Genitiv. Das Experiment scheint auf ein Gesetz zu verweisen; Sprachbenutzer und Sprachbetrachter lassen sich täuschen, liefern sich der Sprache aus – und tappen in die Falle. Die Struktur »Der Rand der Trauer« erklärt nicht in gleicher Weise das Kompositum wie »Rand der Stadt« »Stadtrand« erklärt. Handke gibt sich mit diesem Ergebnis nicht zufrieden, In ›Der Rand der Wörter 2‹ ändert er die Versuchsanordnung.

Der Rand der Wörter 2

Wir sitzen am Rand des Feldwegs und reden.
Die größte Not ist lange vorbei, denn am Gletscherrand lagern die Leichen ab.
Wer steht am Rand des Feldes, am Rand des Highway? – Cary Grant!
Am Grubenrand liegt, vom Spaten gespalten, ein Engerling.
Der Rand des Schmutzflecks trocknet schon.
Es wird bitter kalt, und dem Captain Scott fängt die Wunde vom Rand her zu eitern an.
Am Rand der Erschöpfung reden wir alle in Hauptsätzen.
Von den schmutzigen Taschen des Toten haben die Fingernägel des Plünderers einen Rand.
Wir sitzen am Rand des Feldwegs, am Rand des Feldes, und reden, und reden.
Wo der Rand der Wörter sein sollte, fängt trockenes Laub an den Rändern zu brennen an, und die Wörter krümmen sich unendlich langsam in sich selber:
»Diese Trauerränder!«
Dieser Rand der Trauer.

Wie in einer fremdsprachlichen Lektion kommt im Text die grammatikalische Erscheinung mehrfach vor. Außerdem wird das Wort »Rand« in verschiedene Kontexte gesetzt, die meist auch bestimmte Szenen vor Augen treten lassen.

Der Trauer geht der Tod voran. Tote gibt es im Text genug. Da sind die Toten einer Lawinenkatastrophe, aber auch – Cary Grant löst diese Assoziation aus – die Statisten in einem Western, die so tun müssen, als seien sie tot. Schließlich ein Toter, dessen Taschen durchwühlt wurden. Die »Trauerränder« unter den Nägeln des Leichenfledderers stellen wieder eine Falle: Trauerrand ist hier eine scherzhafte Metapher für Schmutzrand – und nicht mehr.

Trauerrand heißt im normalen Sprachgebrauch der schwarze Rand um Karten oder Briefbogen. Suggeriert der Text die Frage, wie ernst die Konvention der Trauerränder und das von ihnen eingerahmte Gedruckte oder Geschriebene zu nehmen ist? In dem ›Innenwelt‹-Band findet sich ein Text, der ›Um den Toten trauern:‹ überschrieben ist. Darunter führt Handke die Namen von 39 Firmen, Institutionen und Korporationen auf, die wohl nur zum geringeren Teil wirklich existierten. In dieser Liste spiegeln sich verkürzt die zahlreichen Traueranzeigen, die in den großen Tageszeitungen mehrere Seiten füllen, wenn eine prominente und einflußreiche Persönlichkeit verstorben ist.

Viele Male werden da Ableben und Trauer mit ähnlichen Worten angezeigt. Es braucht sich also keine »innere« Trauer einzustellen, wenn Kondolenzschreiben abgefaßt werden; man kann es mit »diesem Rand der Trauer« genug sein lassen. Es scheint also mit der Genitiv-Verbindung doch seine Richtigkeit zu haben.

Peter Handke will der Sprache auf den Grund kommen und führt dazu eigenwillige »Sprachspiele« durch. Für die besondere Art der »poetischen Sprachprüfung« kann ›Der Rand der Wörter 2‹ ein Beispiel abgeben.

Jürgen Becker, Ränder

1969 schrieb der Kritiker Heinrich Vormweg über ›Ränder‹, das zweite Buch des damals noch wenig bekannten Kölners Jürgen Becker:

> Ein junger Autor der neuen Literatur, der herkommt vom Experiment, hat mit einem schmalen Buch das, was man Erfolg nennt. Nicht allein jene Art Erfolg, die sich ausweist in der Aufmerksamkeit der Kollegen, in der Wirkung auf andere Schreibversuche, in der mehr oder weniger internen Diskussion. Er hat Erfolg beim Publikum. Bei einer Lesung in einer Stadt, die für ihr Desinteresse an Literatur bekannt ist, hören ihm die Leute, junge und ältere, in einem gedrängt vollen kleinen Saal fasziniert zu; das ist nicht jene Aufmerksamkeit, die von den exklusiven Soireen der Avantgarde her bekannt ist, sondern ein spontanes, sozusagen naives Gebanntsein, die Hörer sind »unmittelbar angesprochen«. Der Beifall der literarischen Kritik ist fast einhellig, auch und gerade auf mittlerer Ebene. Der Schriftsteller erhält nicht nur den Preis der »Gruppe 47«, obwohl schon das einiges besagt, sondern kurz darauf auch den Literaturpreis der Stadt Köln, der durchaus nach den Aspekten von Repräsentanz und Repräsentation vergeben wird. Es ist da etwas geschehen.

Was war geschehen?

Der fünfunddreißigjährige Becker hatte den Ehrgeiz, ein aus experimenteller Prosa komponiertes größeres Werk zu schaffen. Daß die Textmengen vom Rand 1, dem ersten Kapitel, zur Mitte hin abnehmen, und von dort auf den anderen Rand, Rand 2, zu wieder einen größeren Umfang erhalten, mag den Titel mit erklären. Daß Becker in der Mitte drei Seiten leer ließ, war ein Kunstgriff, über den viel gerätselt worden ist. Ging es Becker wie Handke? Glaubte er, daß Sprache nicht mehr zur Mitte, zum Kern der Dinge vordringen kann? Das Verhältnis von Sprache und Wirklichkeit ist für Becker problematisch. »Unkenntlich und banal doch vorhanden, monströs und dabei durchorganisiert, in Redewendungen verfestigt und in keinem Satz drin: eher wird so die Wirklichkeit erfahren, und so widersteht sie zäher noch ihrer Formulierung.« Auch Becker stimmt in das Klagelied der Experimentellen ein: Sprache verfehlt und verfälscht die Wirklichkeit.

Jürgen Becker hält sich für einen repräsentativen Zeitgenossen und weiß sich den Mitmenschen verbunden.

Wo in meinen Texten mein »Ich« sich äußert, ist es immer ein vielstimmiges, multiples Ich, das gewissermaßen zum jedermann verfügbaren Medium werden kann. Und damit hat auch das Schreiben aus privaten Erfahrungen heraus nichts Isoliertes, Monologisches mehr. Denn es greift über in die Privatheit des Lesers, macht ihn sensibel für die eigene Umgebung, läßt ihn hören auf das, was in seinem Kopf und um ihn herum durcheinander redet, aktiviert seine Sinne und sein Gedächtnis und legt am Ende vielleicht einiges von den Verschüttungen frei, unter denen seine Identität verschwunden ist. Ich stelle mir jedenfalls vor, daß ein Leser meiner Texte so reagieren kann, wenn er nämlich begreift, daß das, was ich aufschreibe, vergleichbar ist mit seinen Erfahrungen, Illusionen, Verstörungen, Wahrnehmungen und Verdrängungen. Dabei denke ich, daß ich ziemlich beispielhaft lebe, also wie viele andere Zeitgenossen auch: Großstädter und Landmensch zugleich; in einem Straßendorf, das längst Vorstadt ist, in gesellschaftlichen Mischbezirken; abwechselnd im Lärm und in der Stille; dem Telefon, Vertretern und Stadtplanern ausgesetzt; zwischen gleichgültigen Leuten; zwischen Einflüssen noch des neunzehnten und bereits des einundzwanzigsten Jahrhunderts; mit Familienproblemen und in konventionellen Gewohnheiten befangen; mit Geldsorgen und doch kein Sozialfall; wütend und kritisch; gleichgültig und begeisterungsfähig – kurz, so lebe und schreibe ich, daß ich denke für jeden mit zu schreiben, der nicht das Talent, oder anders, nicht das lächerliche Privileg hat, seine Erfahrungen in Worte setzen zu können.

Becker schreibt, wie er mitteilt, »die Sprache seiner redenden Umgebung«. Wenn er an sich selbst und auch bei anderen häufiger Zeichen von Resignation bemerkt, so gilt es, Passivität, achselzuckendes Hinnehmen, Sich-Abfinden mit den Gegebenheiten Sprache werden zu lassen. Ein Block von Redensarten und Sprachklischees ohne weiteren Kommentar macht eine Stimmungslage spürbar.

Da müssen wir uns eben langsam dran gewöhnen. Da läßt sich nämlich sowieso nicht mehr viel machen. Da kommt man auch anders gar nicht mit zurande. Da läßt man besser lieber gleich die Finger von. Da kann man nämlich werweißwas mit erleben. Da redet man besser erst gar nicht drüber. Da hat man auch nichts von. Da haben wir sowieso nichts am Hut mit. Und warum auch immer ewig? Da sind wir nämlich inzwischen ganz anderer Meinung. Da gibt es nämlich noch ganz andere Sachen.

Die Sprache der redenden Umgebung kann auch anders klingen. Die folgende Montage läßt vermuten, daß Becker aus dem Repertoire der Festredner der fünfziger Jahre geschöpft hat.

Rückständiges stabilisiert und in Umlauf gebracht für den Nachholbedarf regiert das Museale mit Erleichterung begrüßt die Neuerweckung des Wiederauflebens der überzeitlichen Gefühle von Allen das Vertraute empfunden und was man endlich wiedererkennt als Melodie der höheren Ordnung unterworfen einer Deutung ins Positive strebt aus dem Abgrund heraus zur Neuorientierung in die Besinnung auf den rehabilitierten Inhalt bezieht sich das Bedürfnis der Allgemeinheit bleibt schließlich ein ausschlaggebendes Moment der Gestaltung mit Rücksicht auf die ausschlaggebenden Interessen empfangen wir den Auftrag immer noch mit Raum für selbst das Schockierende bleibt in diesem Rahmen eine zu integrierende Botschaft auf der Grundlage freimütigen Meinungsaustausches notwendige Rücksichten nicht übersehen das einhellige Votum für Applaus von vereinzelten Buhern unterbrochen am Ende.

Mit Genugtuung, ja mit Stolz wird Bilanz gezogen, ein Redner wirft sich in die Brust und spart nicht mit Gewichtigem und Bedeutungsvollem. Erst auf den zweiten Blick mag man die Bedeutung von »rückständig« und »museal« ganz erfassen und das Arrangement aus herausgeschnittenen und neu zusammengesetzten Redephrasen als Kritik am »Jargon der Eigentlichkeit« (Theodor W. Adorno) erkennen. In solchem Stil wurde Restauration gefeiert und verschleiert. Die Redner spendeten reichlich, was guttat und gewünscht war: sie gaben die »Deutung ins Positive« und ließen »die Melodie der höheren Ordnung« erklingen.

Becker wagte noch Kühneres; kurz vor dem Ende des ersten Teils, also vor den leeren Seiten, findet sich dieses Textstück:

hier noch, wies war
denn dieses
blieb nicht
außerhalbzeitverlustverlorengingimmeram
randlangsamweilinmittentrafanzeichengabes
warschönheiterkeitundzynischerweisheitam
endemitunruhestörenfriedenszeithälfte

Der Autor löst gewohnte Zusammenhänge in Text und Satz auf, Wörter und Satzfragmente stoßen aufeinander, überlagern sich; in den neu formierten Zeilen sind die Grenzen nicht mehr so eindeutig zu bestimmen.

Angesprochen ist das Vergehen der Zeit und der Dinge, welches angesichts der kurzen Lebenszeit des Menschen immer auch Verlust bedeutet. »hier noch, wies war«, das kann auf Landschaft und Wohnort, aber auch auf menschliche Beziehungen gemünzt sein, auf den *Rand* der Stadt etwa, wo es sich noch besser leben läßt. »inmitten« scheint sich Unerfreuliches anzubahnen, das abweist und das man scheut. Darf, soll man auch an die leeren Seiten »inmitten« des Buches denken?

Aus dem zusammengekoppelten, ineinander verschobenen Wörtergemenge artikuliert sich wohl auch die Frage: Geht ein erträglicher Lebenszustand (»war schön«, »Heiterkeit«) zu Ende? In der letzten Zeile läßt sich kombinieren: »... mit unruhe stören friedenszeithälfte«. Kommt die Unruhe aus dem eigenen Inneren oder von außen?

War das Erträgliche zu teuer erkauft? Ob es einen, einzelne oder alle angeht: die Zukunft läßt nichts Gutes ahnen.

Der Autor und seine Zeitgenossen sind bald wieder am Ende eines Jahrzehnts angelangt. Der Beckerschen Sprachverschlüsselung ist zu entnehmen: Die Stimmung ist melancholisch gedämpft.

Helmut Heißenbüttel
Friede auf Erden

Helmut Heißenbüttel (geb. 1921), studierter Architekt und gelehrter Germanist, begleitete seine Arbeit an Literatur stets mit Reflexion. Aus grundsätzlichen Überlegungen erwuchsen Theorie und Programm, eine Sammlung von Aufsätzen »zur Tradition der Moderne« ließ erkennen, daß der Fachmann Heißenbüttel weit und kritisch in die Runde blickte. Als Theoretiker gab er sich radikal. Er wollte nichts mehr wissen von einer Literatur, wie man sie kannte und schätzte; er verwarf die Gattungen und die traditionellen poetischen Mittel. Von sich könne er gar nichts sagen, bemerkte Heißenbüttel anläßlich einer Preisverleihung. Er wolle aber so in der Sprache leben, daß sie ihm antworten müsse. Wie sollte »die« Sprache dazu gebracht werden zu antworten? Forscher-Dichter Heißenbüttel erläutert sein Vorgehen so: »... Wenn die überkommene Sprechweise sich entzog, galt es, sozusagen ins Innere der Sprache einzudringen, sie aufzubrechen und in ihren verborgensten Zusammenhängen zu befragen.« Heißenbüttel war überzeugt, daß solche Verfahren zur Literatur hin oder zu ihr zurückführen könnten. In einer Schrift mit dem bezeichnenden Titel ›13 Thesen über Literatur und Wissenschaft als vergleichbare Tätigkeiten‹ stellt er 1970 fest: »Sprachaufschlüsselnde und sprachreproduzierende Methoden bilden eine neue Fähigkeit des Literarischen aus.«

Wie Heißenbüttel beim Sprachaufschlüsseln und -reproduzieren zu Werke ging, kann der Text ›Friede auf Erden‹ aus dem Textbuch 5 (1964/65) zeigen.

I

wenn alle alle lieben plötzlich lieben alle alle alle lieben plötzlich alle wenn plötzlich alle alle lieben lieben alle alle alle lieben alle

II

	der (die) liebt (lieben)	den (die)
liebt (lieben)	der (die)	den (die)
wenn	der (die)	den (die) liebt (lieben)

III

entweder sie lieben sich oder nicht darüber läßt sich nichts anderes sagen als man kann nicht damit rechnen ob aber man sollte damit rechnen daß denn schließlich muß es ja mal irgendwo anfangen damit man aufhört nicht damit zu rechnen irgendwo muß es ja schließlich mal anfangen wenn wenigstens die einen die andern oder einer einen irgendeiner sollte ja schließlich mal damit anfangen nun fangt mal an

IV

o wenn der (die) doch den (die) liebte (liebten)

V (Personenverzeichnis)

alle General de Gaulle Linke Ludwig Erhard Rechte Gamal Nasser Meinungsforscher Moise Tschombe Meinungsmacher Willi Brandt Nonkonformisten Fernsehteilnehmer Führungskräfte Gerhard Schröder Franz Josef Strauß Rudolf Augstein Bildungsplaner Arbeitgeber Siegfried Unseld Günter Grass Normalverbraucher Soraya Gastarbeiter Liz Freddy Schlafwagenschaffner

VI (Gebrauchsanweisung)

anstelle von der (die) den (die) setze man beliebig Namen aus dem Personenverzeichnis ein und verbinde sie durch die passende Verbform dabei stellt das Personenverzeichnis nur einen Vorschlag vor der ergänzbar ist

VII (einige Vorschläge)

persönlicher Bekanntenkreis veränderte historische oder politische Situation Berufskollegen Berufskonkurrenten spezielle Personenverzeichnisse wie etwa Schweizerische experimentelle theologische militärische ethnologische pädagogische usw.

Die Engelsverheißung aus dem Lukas-Evangelium, die längst zur oft gebrauchten und deshalb verbrauchten Wunschformel geworden ist, wird in I mit anderem Wortmaterial umschrieben und definiert.

II variiert die Kombination in I auf individueller Ebene. In der letzten Zeile von II läßt das Wörtchen »wenn« offen, ob eine Bedingung (wenn = falls) oder eine Zeitangabe (immer dann, wenn) formuliert ist.

Der Stil in III spiegelt Zerfahrenheit und Hilflosigkeit. Angefangene Sätze werden abgebrochen, die umgangssprachlichen Partikeleinschübe (»irgendwo muß es ja schließlich mal«) signalisieren kraftloses Gefuchtel. Die Wirkung solcher Appelle verpufft.

Der Optativ in IV scheint aus einer lateinischen Schulgrammatik entlehnt. Ist hohles Pathos der letzte Rettungsanker?

Richtet man sich nach der Gebrauchsanweisung in VI, so scheinen die in V genannten Personen und Gruppen nicht viel gemeinsam zu haben, nur wenige Paarungen lassen positive Ergebnisse erwarten. Auch wenn die Vorschläge in VII in das Erprobungsspiel einbezogen werden, dürfte sich am Ergebnis wenig ändern. Die von Heißenbüttel inszenierte Sprachbefragung hat ergeben, daß es mit dem Frieden auf Erden schlecht bestellt ist. Ein unbefriedigender Zustand wurde auf ungewöhnliche Weise auffällig gemacht, aber er wird hingenommen. Wie es zu einer Änderung der zur Last gewordenen Verhältnisse kommen könnte, bleibt außer Betracht. Heißenbüttel, der von der Leistungsfähigkeit seiner Methoden überzeugt war, ging seinen Weg weiter, erprobte seine Verfahren an immer neuen Themen und Materialien. Er hatte am Ende der sechziger Jahre Weggefährten, erzielte jedoch keine Wirkung in die Breite.

Franz Mon
Ohne Titel

Ein leidenschaftlicher Verfechter experimentellen Schreibens war Franz Mon (geb. 1926). Der Rahmen seines Programms und seines Werks ist weitgespannt.

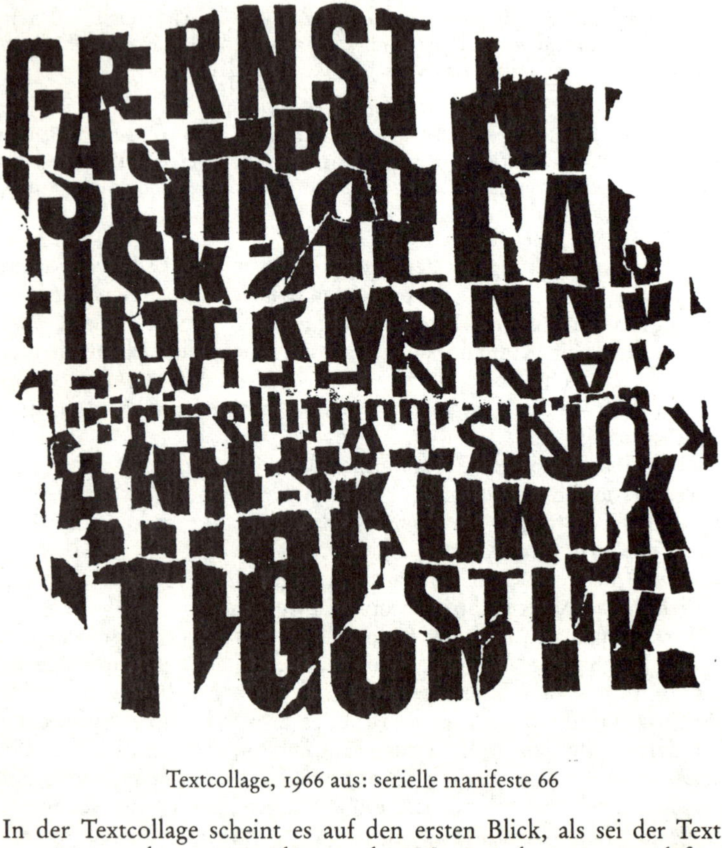

Textcollage, 1966 aus: serielle manifeste 66

In der Textcollage scheint es auf den ersten Blick, als sei der Text zerstört, geradezu verunstaltet worden. Mon würde entgegnen, daß er »stumpf lesbare« Texte zerstören will: Sprache als Schrift soll nicht

Zeile für Zeile mit der erworbenen Leseroutine aufgenommen werden, vielmehr soll die Schrift als Körper hervortreten und im eigentlichen Sinn des Wortes konkret werden. Mon schreibt, daß das neue Konkrete uneindeutig sei, man soll es nicht entziffern können, denn die Collage sei ein Kunstwerk, das es noch nie gegeben hat. Originalität ist auch für Mon ein Qualitätskriterium.

Anderes kommt heraus, wenn Mon mit Wortmaterial arbeitet.

man muß was tun
muß man was tun
was muß man tun
tun muß man was

man hätte was getan
hätte man was getan
was hätte man getan
hätte man was getan

tun was man muß
was man tun muß
tun muß man was
was muß man tun

1967

Das verwendete Sprachmaterial ist auf wenige Wörter reduziert. Durch die Permutation, die Umstellung, und dadurch, daß »was« Fragepronomen und unbestimmtes Pronomen (etwas) sein kann, wird ein beträchtlicher Bedeutungsradius eröffnet. Feststellung, Aufforderung, Frage und nachdrückliche Mahnung wechseln sich ab; so wirkt der Text dialogisch. Im zweiten Block wird durch den Irrealis die Vergangenheit einbezogen. Die Lage, das sagt die Sprachform, war vergleichbar, Versäumnisse sollten sich nicht wiederholen.

Gleichgebaute Sätze können doppel- und mehrdeutig sein. So kann »hätte man was getan«eine zweifelnde Frage sein, wie sie in Zeile 2 des ersten Blocks gestellt wird. (Anders ausgedrückt: Bringt es etwas?) Nimmt man den Satz aber als Irrealisstruktur mit der nächsten Zeile zu einem Satzgefüge zusammen, so erschließt sich eine andere Bedeutung, nämlich die, daß eine Tat von großer Tragweite versäumt wurde.

Die Aussagen in Block 1 bleiben bei deutlichem Gegenwartsbezug unentschieden, unbestimmt und eher lau. In Block 3 ist der Entscheidungsprozeß weiter fortgeschritten. Der Rhythmus verlangt in allen Zeilen die starke Betonung von »tun« und »was«, der Appell erhält imperativischen Charakter. Handeln wird auch Gewissenspflicht (»was man muß«).

Der Leser hat mit Franz Mon ein Experiment durchgespielt. Der Text lädt dazu ein, das »was« mit Inhalt zu füllen, sich also seinen Teil hinzuzudenken. Rasch kann dann etwa ein Aufruf zu politischem

Handeln herausgelesen werden; das sprachimmanente Spielen erhält eine neue Dimension.

Peter Handke
Die drei Lesungen des Gesetzes

Ohne daß es die Autoren direkt darauf anlegten, konnte sich experimentelle Literatur in den späten sechziger Jahren dem aktuellen politischen Geschehen soweit nähern, daß Funken übersprangen. Als Beispiel diene ein weiterer Text von Peter Handke.

Die drei Lesungen des Gesetzes

1.
Jeder Staatsbürger hat das Recht –
Beifall
seine Persönlichkeit frei zu entfalten –
Beifall
insbesondere hat er das Recht auf:
Arbeit –
Beifall
Freizeit –
Beifall
Freizügigkeit –
Beifall
Bildung –
Beifall
Versammlung –
Beifall
sowie auf Unantastbarkeit der Person –
starker Beifall

2.
Jeder Staatsbürger hat das Recht –
Beifall
im Rahmen der Gesetze seine Persönlichkeit frei zu entfalten –
Rufe: Hört! Hört!
insbesondere hat er das Recht auf:
Arbeit entsprechend den gesellschaftlichen Erfordernissen –
Unruhe, Beifall
auf Freizeit nach Maßgabe seiner gesellschaftlich notwendigen Arbeitskraft –
Zischen, Beifall, amüsiertes Lachen, Unruhe
auf Freizügigkeit, ausgenommen die Fälle, in denen eine ausreichende Lebensgrundlage nicht vorhanden ist und der Allgemeinheit daraus besondere Lasten entstehen würden –
schwacher Beifall, höhnisches Lachen, Scharren, Unruhe
auf Bildung, soweit die ökonomischen Verhältnisse sie sowohl zulassen als auch nötig machen –

starke Unruhe, Murren, unverständliche Zwischenrufe, Türenschlagen, höhnischer Beifall
auf Versammlung nach Maßgabe der Unterstützung der Interessen der Mitglieder der Allgemeinheit –
Pultdeckelschlagen, Pfeifen, allgemeine Unruhe, Lärm, vereinzelte Bravorufe, Protestklatschen, Rufe wie: Endlich! oder: Das hat uns noch gefehlt!, Trampeln, Gebrüll, Platzen von Papiertüten
sowie auf Unantastbarkeit der Person –
Unruhe und höhnischer Beifall.

3.
Jeder Staatsbürger hat das Recht,
im Rahmen der Gesetze und der guten Sitten seine Persönlichkeit frei zu entfalten,
insbesondere hat er das Recht auf Arbeit entsprechend den wirtschaftlichen und sittlichen Grundsätzen der Allgemeinheit –
das Recht auf Freizeit nach Maßgabe der allgemeinen wirtschaftlichen Erfordernisse und den Möglichkeiten eines durchschnittlich leistungsfähigen Bürgers –
das Recht auf Freizügigkeit, ausgenommen die Fälle, in denen eine ausreichende Lebensgrundlage nicht vorhanden ist und der Allgemeinheit dadurch besondere Lasten entstehen würden oder aber zur Abwehr einer drohenden Gefahr für den Bestand der Allgemeinheit oder zum Schutz vor sittlicher und leistungsabträglicher Verwahrlosung oder zur Erhaltung eines geordneten Ehe- Familien- und Gemeinschaftslebens –
das Recht auf Bildung, soweit sie für den wirtschaftlich-sittlichen Fortschritt der Allgemeinheit sowohl zuträglich als auch erforderlich ist und soweit sie nicht Gefahr läuft, den Bestand der Allgemeinheit in ihren Grundlagen und Zielsetzungen zu gefährden –
das Recht auf Versammlung nach Maßgabe sowohl der Festigung als auch des Nutzens der Allgemeinheit und unter Berücksichtigung von Seuchengefahr, Brandgefahr und drohenden Naturkatastrophen –
sowie das Recht auf Unantastbarkeit der Person:
Allgemeiner stürmischer, nichtendenwollender Beifall.

(1968)

Der erste Eindruck könnte sein, daß Handke aus Bestand- und Fertigteilen der Verfassungs-, Gesetzes- und Protokollsprache parlamentarische Praxis nachgebildet hat. Bei der 1. Lesung sind die Menschen- und Bürgerrechte auf den allgemeinsten Begriff gebracht; es fällt leicht zuzustimmen und Beifall zu klatschen. Der Text über die 2. Lesung ist länger geworden. Die Neuformulierung soll gewährleisten, daß das Gesetz allen Eventualitäten des politischen und juristischen Alltags Rechnung trägt. Die Rechte werden durch Klauseln genauer definiert und zugleich eingeschränkt, was durch mehrfache Berufung auf das Gemeinwohl begründet wird. Erregung kommt auf, Mißfallen wird geäußert. Soll man solche Reaktionen als Zeichen eines lebendigen Parlamentarismus deuten, der ja Dissens und Konfrontation nicht ausschließt?

In der 3. Lesung wird das Gesetz als Ganzes verkündet. Mögen die Begriffe und Formeln aus der juristischen Fachsprache im einzelnen noch klar und definierbar sein – ihre abermalige Vermehrung verwirrt. Jeder persönliche Rechtsanspruch scheint hinter der Vielzahl von Bedingungen zu verschwinden, er wird sich kaum gegen die wahrscheinlich widersprüchlichen Auslegungen durch viele gewichtige Instanzen behaupten können. Auch werden die Werte und Rechte einer übergeordneten und mächtigen Allgemeinheit immer wieder eher gegen den einzelnen ins Feld geführt.

Würde Handkes Text auch folgende Deutung zulassen? Was im ersten Teil in lapidaren Sätzen als Grundrecht gewährt ist, wird im zweiten überwuchert von vielen Wenns und Abers. Was wie eine sachgebundene Notwendigkeit aussieht, ist in Wirklichkeit Vorwand und Verbrämung zur Tarnung übler Absichten. Ist das häufig bemühte Sittliche nicht längst in Ideologieverdacht geraten? Auf das Sittengesetz und seine humanitätsfördernden Gebote beruft sich die bürgerliche Klasse, während es ihr in Wahrheit um die Erhaltung der Besitzverhältnisse und der erworbenen Privilegien geht.

So hätten wohl viele »Achtundsechziger« Handkes Text gelesen und ausgelegt. Sie hätten sogleich auf die Große Koalition und die jüngst verabschiedeten oder noch bevorstehenden Notstandsgesetze verwiesen, mit denen man der Demokratie endgültig den Garaus machen konnte. Und von der Protokollnotiz über den Beifall nach der 3. Lesung wäre wohl auf die Rückkehr diktatorischer Machtausübung geschlossen worden: es empfahl sich wieder einhellige Akklamation.

War die Literatur der Sprachexperimente politisch? Wurde sie in unangemessener Weise politisiert, wenn man ihr die zuletzt skizzierte Interpretation abgewinnen wollte?

Handke verwahrte sich bereits 1967: »Ein engagierter Autor kann ich nicht sein, weil ich keine politische Alternative weiß zu dem, was ist, hier und woanders ...«. Der Text ›Die drei Lesungen des Gesetzes‹ erschien 1969 in dem erwähnten edition suhrkamp-Bändchen ›Die Innenwelt der Außenwelt der Innenwelt‹ (Auflage: 44000) und im gleichen Jahr in einem Handke-Sammelband; beide Bücher verkauften sich gut. Die Jahre der Protestbewegung waren auch Jahre des Lesens. Mißverständnisse waren nie auszuschließen.

III. Die Literatur in der DDR

1. Einführung: Ein hoffnungsvoller Neuanfang?

Im Jahr 1945, zwei Monate nach Kriegsende, schlossen sich die von der sowjetischen Militäradministration in Deutschland in ihrer Besatzungszone zugelassenen Parteien zu einer antifaschistisch-demokratischen Einheitsfront zusammen. Im gleichen Monat wurde der ›Kulturbund zur demokratischen Erneuerung Deutschlands‹ gegründet. Auch dieser Bund bekannte sich in seinem Programm zu Antifaschismus, Demokratie und zu einem ungeteilten Deutschland. Die in Berlin ansässige Organisation konnte auch in den Westzonen Fuß fassen. Präsident des Kulturbundes wurde der aus sowjetischem Exil zurückgekehrte Johannes R. Becher, ein Sozialist bürgerlicher Abkunft, der sich als expressionistischer Lyriker einen Namen gemacht hatte. Becher und der Vorstand des Kulturbundes befürworteten eine breite Öffnung und eine großzügig-tolerante Auslegung des Programms; viele, denen an Kultur und geistiger Erneuerung gelegen war, setzten ihre Hoffnung auf diese Gründung. Es schuf Vertrauen, daß soviel Wert auf das humanistische Erbe gelegt wurde, man blickte zurück auf Goethe, Lessing und Schiller, suchte Orientierung in ihrem Werk. Der KPD-Vorsitzende Wilhelm Pieck ließ 1946 vernehmen, daß »die Ideen tiefgefühlter, kämpferischer Humanität und wahrer Freiheit zu den beherrschenden Mächten in unserem Kulturleben werden« müßten.

Auf Bechers Initiative entstand der Aufbau-Verlag, der sich später auf seine Leistungen viel zugute hielt. Dieser Verlag nahm sich ebenso der jungen DDR-Literatur wie der Großen der Weltliteratur an. So erschien die erste zusammenfassende Ausgabe der Werke Thomas Manns im Aufbau-Verlag. Ehrfürchtig und pathetisch schrieben die Verlagsleiter dem greisen Schriftsteller: »Wir wünschen Ihrem Genius auf den Hochgraden der Weisheit neue Triumphe ...«

1947 zählte der Kulturbund 120000 Mitglieder in Ost- und Westdeutschland. Schon des längeren hatten die Verantwortlichen beim Freien Deutschen Gewerkschaftsbund, der für Kulturelles zuständig war, und bei der sowjetischen Militäradministration darauf gedrängt, einen gesamtdeutschen Schriftstellerkongreß nach Berlin einzuberufen. Der Kongreß, der vom 4. bis 8. Oktober 1947 in der noch ungeteilten ehemaligen Hauptstadt tagte, sollte sich auch zur demokratischen Einheit Deutschlands bekennen. Es kamen 250 Teilnehmer aus Ost und West: ehemalige Emigranten, Exilschriftsteller, noch unprofilierte jüngere Autoren, Verleger und Journalisten. Viele Reden und Referate wurden gehalten, Gedenkveranstaltungen waren angesetzt, man traf sich nach Jahren und Jahrzehnten auch gern zu geselligem

Zusammensein. Bei der Planung und Organisation des Kongresses halfen russische Kulturoffiziere, die fließend Deutsch sprachen und meist gute Kenner der deutschen Literatur waren. Die sowjetische Besatzungsmacht wollte den Eindruck vermeiden, daß ihre Zone »sowjetisiert« werde, und lud an einem Abend zu Wodka, Kaviar und russischer Folklore. Johannes R. Becher sprach zum Motto des Kongresses: der Wille zum Frieden.

Und auf ebendiesem Kongreß brach der Kalte Krieg auch unter den Schriftstellern aus. Der amerikanische Journalist Melvin Lasky bemerkte in seinem Referat, daß die sowjetischen Autoren immer unter dem Druck einer offenen oder geheimen Zensur stünden. Die Antwort gab prompt der russische Schriftsteller Katajew: Er habe soeben einen »lebendigen Kriegsbrandstifter« gesehen. Der Kongreß wurde zu Ende geführt, aber es war von nun an zu spüren, daß es um den Willen zum Frieden nicht mehr gut bestellt war.

2. Bertolt Brecht in Ost-Berlin

1947 verließ Bertolt Brecht zusammen mit seiner Frau Helene Weigel das ungeliebte Exilland USA. Beide reisten nach einem Zwischenaufenthalt in Zürich, wo man seit Jahren Brecht-Stücke spielte, über Prag nach Berlin. Brecht war nicht sofort eine Durchreiseerlaubnis durch die Westzonen erteilt worden. Er mochte gezögert haben, wo er sich niederlassen sollte, schließlich sagte ihm aber seine marxistische Grundüberzeugung, daß er wohl eher nach Berlin-Ost gehöre. Von Bedeutung war sicher auch, daß man ihm dort ein eigenes Theater in Aussicht stellte.

Bertolt Brecht prüfte sich oft, wollte sich selbst gegenüber ehrlich sein. Eine Selbstprüfung nimmt er auch in dem Gedicht ›Ein neues Haus‹ vor, das bereits in Berlin entstand.

> Zurückgekehrt nach fünfzehnjährigem Exil
> Bin ich eingezogen in ein schönes Haus.
> Meine Nō-Masken und mein Rollbild, den Zweifler zeigend
> Habe ich aufgehängt hier. Fahrend durch die Trümmer
> Werde ich tagtäglich an die Privilegien erinnert
> Die mir dies Haus verschafften. Ich hoffe
> Es macht mich nicht geduldig mit den Löchern
> In denen so viele Tausende sitzen. Immer noch
> Liegt auf dem Schrank mit den Manuskripten
> Mein Koffer.

Er wohnt in einem Haus, das Privilegien ihm »verschafften«. In dem Wort »verschaffen« schwingt, wenn nicht gerade Ungesetzliches, so doch vielleicht Ungehöriges mit. Wenn »verschafft« wird, dann spielen gewöhnlich Beziehungen, Einflußnahme von Mächtigen mit. Andere kommen nicht in den Genuß des Vorteils.

Kann sich Brecht im neuen Haus heimisch fühlen? Er hat alles mögliche getan, um in der Nähe und vor Augen zu haben, was ihm wichtig war, was Teil seiner selbst geworden ist: die japanischen Masken, das Rollbild, die Manuskripte im Schrank. Masken und Rollbild stehen in enger Beziehung zu Brechts Werk. Über die Maske eines bösen Dämons hat er ein Gedicht geschrieben, ebenso über den Zweifler. Dieser warnt angesichts eines neuen Vorhabens vor schnellen und glatten Lösungen.

> [Das Geschriebene] ... kann auch eindeutig sein
> Und den Widerspruch aus den Dingen entfernen; ist es zu eindeutig?
> Dann ist es unbrauchbar, was ihr sagt.

Widersprüchlich ist, wie so oft, Brechts eigene Position. Er, der Privilegierte, will schreiben für die in den »Löchern«, deren Alltagsnöte ihm erspart bleiben. Er hat diese Nöte »tagtäglich« vor Augen. Ist es genug, darüber zu schreiben?

Brechts Gedicht ›Ein neues Haus‹ liest sich wie ein Brief, eine Mitteilung über Befund und Befindlichkeit in einfachen Sätzen der Alltagssprache. Und doch: Sätze und Wortwahl sind nicht von ungefähr so, wie sie dastehen. »Zurückgekehrt«, »eingezogen«, »aufgehängt«, das sind Verbformen, die Abgeschlossenes, vielleicht Endgültiges bezeichnen. Eine Pause nach dem »hier« erscheint angebracht. Doch mit dem Partizip »fahrend« kommt wieder Bewegung, Unruhe in die Aufzeichnung. Auch der Ausdruck »geduldig mit den Löchern« ist ungewöhnlich. Ist man »geduldig mit den Löchern«, so ist Geduld keine Tugend mehr; hat man den von Brecht gefürchteten Grad des Duldens erreicht, so findet man sich ab, wird schläfrig und träge, ist vielleicht auch bereit zur Willfährigkeit gegenüber den Machthabern, die Privilegien »verschaffen« können. Der Koffer, so lesen wir, liegt auf dem Schrank, »mein Koffer« aber steht in einer Zeile allein. Er war dabei im »fünfzehnjährigen Exil«, er gehört zum Inventar, gemahnt aber auch immer noch an Aufbruch und Flucht. Bei der Bestandsaufnahme hat er sich wohl als nützliches Stück in Erinnerung gebracht.

1948 beendet Brecht das ›Kleine Organon für das Theater‹, eine Schrift, in der er die Theorie *seines* Theaters darlegt. Er ordnet das ›Organon‹ der Ästhetik zu, es geht ihm also um Grundsätzliches und Gesetzhaftes der Kunst. Wie Francis Bacon, von dessen ›Novum Organon‹ er den Titel entlehnte, geht Brecht von der Beobachtung des Bekannten, vom Besonderen aus und sucht von da den Weg zum Neuen, in dessen Dienst er sein Theater stellt.

Das Theater, wie wir es vorfinden, zeigt die Struktur der Gesellschaft (abgebildet auf der Bühne) als nicht beeinflußbar durch die Gesellschaft (im Zuschauerraum). Ödipus, der sich gegen einige Prinzipien, welche die Gesellschaft seiner Zeit stützen, versündigt hat, wird hingerichtet, die Götter sorgen dafür, sie sind nicht kritisierbar. ...

Gesellschaftsbezug ist eine unabdingbare Forderung an das »Theater des wissenschaftlichen Zeitalters«. Die Gesellschaft ist in ständigem Wandel begriffen, die Kunst muß diese Bewegungen mitvollziehen und dem Publikum für die darin wirkende Dialektik die Augen öffnen. Es muß gezeigt werden, wie Positionen zueinander in Widerspruch geraten, sich schließlich aufheben, und wie aus solchen Prozessen Neues entsteht: neue Erkenntnisse, neue Gegenstände, neue Einstellungen. Nun geht es nicht mehr um allmächtige Götter, es geht um Gesellschaften in der Geschichte.

Bewegen wir unsere Figuren auf der Bühne durch gesellschaftliche Triebkräfte und durch verschiedene, je nach der Epoche, dann erschweren wir unserm Zuschauer, sich da einzuleben. Er kann nicht schlechthin fühlen: »So würde ich auch handeln...« Die historischen Bedingungen darf man sich freilich nicht denken ... als dunkle Mächte, sondern sie sind von Menschen geschaffen und aufrechterhalten (und werden geändert werden von ihnen) ...

In Brechts Theater kommt Schauspielern, Bühnenbildnern, Musikern und Choreographen die gleiche Bedeutung und der gleiche Rang zu. In seinem Reich, dem Theater am Schiffbauerdamm, hatte Brecht Handlungsfreiheit; er konnte sich ein Starensemble zusammenstellen und die eine oder andere Rolle mit Gastschauspielern besetzen. Durch langes und häufiges Proben und durch vieles Probieren gelangen ihm ausgefeilte Inszenierungen seiner eigenen Stücke aus der Exilzeit. Brecht führte Regie; »angetan mit einem grauen sackartigen Anzug und einer Sportmütze auf dem Kopf, schien er auf den ersten Blick eine Mischung von Arbeiter und Sträfling, ein Eindruck, der sich erst verflüchtigte, wenn er genießerisch an seiner Zigarre saugend, aufmerksam, heiter, eingreifend und verbessernd, fragend und vormachend, den Vorgängen auf der Bühne folgte«, so schildert ihn Marianne Kesting in ihrer Brecht-Monographie.

Brecht wurde dem DDR-Regime niemals hörig, obwohl er wußte, wie stark er in der stalinistischen Ära von Regierungsstellen und Parteioberen abhängig war. Einem Auftrag, wie ihn der Erste Sekretär der SED formulierte, »die Helden unseres Volkes so realistisch darzustellen, daß sie jeder Jugendliche als Vorbild betrachtet«, konnte Brecht wenig abgewinnen.

1951 erließ das Zentralkomitee der SED auch für Kultur und Kunst einschränkende und reglementierende Richtlinien. Für die Literatur sollten die Vorstellungen und Forderungen des sowjetrussischen Theoretikers Shdanow und des in Ungarn lebenden Georg Lukács ab sofort auch in der DDR gelten.

Shdanow verwarf mit dem Kapitalismus auch die moderne Literatur des Westens und die neuen Formen des Ausdrucks, die von ihr gefunden und entwickelt wurden; Formalismus wurde zum Schmäh- und Bannwort. Vorgeschrieben war nun der *Sozialistische Realismus:* das Kunstwerk mußte alle objektiven Bestimmungen, die auf »ein Stück Leben« wirken, »widerspiegeln«; im Besonderen sollte das Allgemeine und Typische erkennbar sein. Die Doktrin forderte den Schriftsteller auf vorzuführen, wie irgendwo eine Strecke auf dem Weg zu einer sozialistischen Menschengemeinschaft zurückgelegt wurde, wie sich nach Überwindung von Widrigkeiten und Widerständen das Richtige und Bessere durchsetzt. Positive Helden, die sich bewährten und manchmal auch erst bekehrten, waren erwünscht.

Auch Brecht hing der Verdacht an, ein Formalist zu sein. Die Art, wie er sein Publikum zum Mit- und Nachdenken bringen wollte, war den Verkündern und Hütern des neuen Dogmas nicht geheuer. Es kam mehrfach zu Kraftproben zwischen ihm und dem Regime.

Das Brecht-Ensemble bescherte seinem Publikum noch manche spektakuläre Inszenierung früherer Brecht-Stücke; ein neues, großes dramatisches Werk schrieb Brecht in den Jahren, die er in der DDR zubrachte, nicht mehr. Er bearbeitete ältere Texte und Stücke, gab ihnen eine Brechtsche Fassung und brachte sie in seinem Theater auf die Bühne. Vielen gilt als bedeutendste Leistung seiner letzten Jahre eine Sammlung von 21 Gedichten, die ›Buckower Elegien‹. Sie sind in seinem 1950 bezogenen Domizil in der weiteren Umgebung von Berlin, in Buckow, im »Haus unter Bäumen am See«, entstanden oder haben doch mit diesem Ort zu tun. Der Name Elegien könnte vermuten lassen, es werde in diesen Gedichten über Vergangenes oder Verlorenes geklagt; dies trifft aber nicht zu.

Brecht ist zu Hause, nicht im Gespräch mit anderen, sondern allein mit sich und seinen Gedanken, vielleicht mit einer Lektüre, öfter noch mit der Natur in seiner nächsten Umgebung. Er schreibt ein Gedicht, wenn der Anlaß es wert ist, und Anlaß kann eine Stimmung, eine Erinnerung oder ein Gedanke sein. Auch ist bei Brecht nicht neu, daß Anschauen, Genießen und Denken zu einer »schönen widersprüchlichen Einheit« verschmelzen. Das hat er einmal von Goethes Lyrik gesagt, die ihm imponierte. Es gab Stunden der Ruhe und Ausgeglichenheit, in denen Brecht mit der Welt, die sich seinem Auge darbot, einverstanden war.

Der Blumengarten

Am See, tief zwischen Tann und Silberpappel
Beschirmt von Mauer und Gesträuch ein Garten
So weise angelegt mit monatlichen Blumen
Daß er vom März bis zum Oktober blüht.

Hier, in der Früh, nicht allzu häufig, sitz ich
und wünsche mir, auch ich mög allezeit
In den verschiedenen Wettern, guten, schlechten
Dies oder jenes Angenehme zeigen.

Natur ist hier nicht Gewachsenes, das man eben wachsen ließ. »Weise angelegt«, also nicht ohne menschliches Zutun, bietet der Garten soviel Augenweide, soviel »Dauer im Wechsel«. Doch das schöne Naturbild ergibt noch kein Brechtsches Gedicht. Das Geschaute wird reflektiert und dann, fast etwas zögernd, probeweise auf ein menschliches Miteinander übertragen. »In den verschiedenen Wettern, guten, schlechten« wird nun zur Metapher. Die Zeile »Dies oder jenes Angenehme zeigen« nimmt zwar auch noch Bezug auf das immer wieder neue und andere Blühen im Garten, Brecht ist sich aber auch im klaren, daß er sich seinen Wunsch im Umgang mit Menschen nicht »allezeit« erfüllen kann. Hängt einer zu lange und zu sehr dem Angenehmen nach, kann es ein böses Erwachen geben. Was sich in »schlechten Wettern« ereignete, hat Brecht in dem Gedicht ›Böser Morgen‹ mitgeteilt, das, ebenfalls zu den Buckower Elegien gehörend, als Gegengedicht zu ›Der Blumengarten‹ gelesen werden muß.

Böser Morgen

Die Silberpappel, eine ortsbekannte Schönheit
Heut eine alte Vettel. Der See
Eine Lache Abwaschwasser, nicht rühren!
Die Fuchsien unter dem Löwenmaul billig und eitel.
Warum?
Heut nacht im Traum sah ich Finger, auf mich deutend
Wie auf einen Aussätzigen. Sie waren zerarbeitet und
Sie waren gebrochen.

Unwissende! schrie ich
Schuldbewußt

Es darf als nahezu sicher gelten, daß das Gedicht im Sommer 1953 entstand, also kurz nach den Geschehnissen des 17. Juni, in die Brecht verwickelt war. An ebendiesem 17. Juni schrieb er einen Brief an Walter Ulbricht, in dem er ihm seine Verbundenheit mit der SED versicherte. Diese Reaktion könnte Brecht als Opportunismus ausgelegt werden. Der Fall ist komplizierter.

Wie Brecht der 17. Juni zusetzte, davon spricht auch das Gedicht ›Böser Morgen‹. Wir sehen den Dichter vor der gleichen Kulisse wie im Gedicht ›Der Blumengarten‹; doch die Landschaft hat sich verändert, ist häßlich geworden. Sie hat sich mit den Menschen »gemein gemacht« und von ihnen angenommen, was Mißfallen erregt. Wer sieht gern »eine alte Vettel«, wer rührt gern im kalten Abwaschwasser, wer ärgert sich nicht über das Benehmen dummer und eingebildeter Puten? Die Verwandlung hat nicht nur mit schlechter Laune aus geringem Anlaß zu tun. Im ›Arbeitsjournal‹ schrieb Brecht: »Der 17. Juni hat die ganze Existenz verfremdet.« Der Traum enthüllt – verfremdet – Brechts innere Verfassung und sein Dilemma. Was dem Finger anzusehen ist, sind Spuren der Ausbeutung, der Unterdrückung unter Anwendung von Gewalt. Sicher, so wurden seit Jahrtausenden Menschen von Menschen behandelt, warum aber richtet sich der anklagende Finger auf einen, der für diese Menschen eintritt und den Kampf gegen die Besitzenden und Mächtigen zu seiner Sache gemacht hat?

Unwissende! schrie ich
Schuldbewußt

Ein Wort der Verteidigung, zornig und schnell hinausgeschleudert, so scheint es, und zugleich ein Schuldbekenntnis. Wie erklärt sich dieser Umschlag?

Man kann die Frage zunächst grundsätzlich stellen. Dann ist der Angeklagte ein Intellektueller, der seinen Marx gelesen und verstanden hatte, für den das Proletariat ein Posten in einer Rechnung, ein Machtfaktor in einem Operationsplan war, nach dem die Gesellschaft grundlegend verändert werden konnte. Dieser Intellektuelle wußte von den Lebensbedingungen der Proletarier, hatte aber selbst nie unter diesen Bedingungen gelebt, gearbeitet und gelitten. Konkreter und komplexer, noch widersprüchlicher stellt sich die Situation dar, wenn man die Folgerungen mitbedenkt, die Brecht aus dem gescheiterten Arbeiteraufstand vom 17. Juni gezogen hat. Die Aktionen der Arbeiter richteten sich ja gegen die Regierung eines Arbeiter- und Bauernstaats. Für Brecht war der Aufstand, wie er im ›Arbeitsjournal‹ bemerkt, ein »Faustschlag«, mit dem »die aufsteigende Klasse« den Kontakt zu den Genossen Funktionären wieder herstellte. Zugleich erwuchsen die Demonstrationen »in ihrer richtungslosigkeit und jämmerlichen hilflosigkeit« nicht aus einer nüchtern durchgeführten Reflexion der Gesamtlage. Dazu waren die »Unwissenden« noch nicht fähig, sie verfügten nicht über Mittel, Zeit und Kraft, um Denken und Handeln wirkungsvoller zu verbinden.

Brecht erhält keinen »Faustschlag«, aber einen »Fingerzeig«. Das Dilemma ist nicht behoben. Das im Gedicht angestrengte Blitzverfahren, das ganze zwei Zeilen beansprucht, endet damit, daß Ankläger und Angeklagter gleichermaßen recht und unrecht haben.

Unwissende! schrie ich
Schuldbewußt

Dieser ärgerliche oder auch verzweifelte Ausruf könnte mit Blick auf die Situation, in die Brecht in den Tagen um den 17. Juni geraten war, auch eine andere Bedeutung erhalten. »Unwissende«, das konnte auch nach oben gerichtet sein, die Funktionäre der Partei meinen, die vor den Empörten auf den Straßen eine schlechte Figur machten. »Spitzbart, Bauch und Brille, ist nicht Volkes Wille« tönten die Sprechchöre der Arbeiter in der Berliner Stalinallee. Gemeint waren Ulbricht und Grotewohl, der Erste Parteisekretär und der Ministerpräsident. Und dann gab es – wie es in der DDR-Sprache hieß – »einen Fakt«, etwas, das sich wirklich zugetragen hat. Der parteitreue Dichter und Sekretär des Schriftstellerverbands KUBA (Kurt Barthel), der Hymnen auf Stalin geschrieben und eben noch die Bauarbeiter in der nach dem sowjetischen Diktator benannten Prachtstraße in den höchsten Tönen gelobt hatte, kanzelte nun die Mörtelmischer, Maurer und Verputzer ab. Auf einem Flugblatt schrieb er: »Da werdet ihr sehr viel und sehr gut mauern und künftig sehr klug handeln müssen, ehe euch diese Schmach vergessen wird.«

Brecht hielt es zwar in diesen Tagen mit der Regierung, solcherart Appelle allerdings hielt er für ausgemachte Dummheit. Unverzüglich schrieb er einen berühmt gewordenen Gegentext.

Die Lösung

Nach dem Aufstand des 17. Juni
Ließ der Sekretär des Schriftstellerverbandes
In der Stalinallee Flugblätter verteilen
Auf denen zu lesen war, daß das Volk
Das Vertrauen der Regierung verscherzt habe
Und es nur durch verdoppelte Arbeit
Zurückerobern könne. Wäre es da
Nicht doch einfacher, die Regierung
Löste das Volk auf und
Wählte ein anderes?

In sieben Zeilen teilt Brecht »den Fakt« mit, doch noch in der siebten, der letzten Zeile faßt er sogleich nach. Erst danach fällt auf, daß er nicht wie KUBA von Bauarbeitern sprach, sondern vom »Volk«. Was mit gewissermaßen unschuldiger Miene als Frage und Vorschlag formuliert ist, beleuchtet die Lage. An der Macht ist eine Regierung, deren Mitglieder eingesetzt oder von der Partei ausgesucht und ergänzt wurden, das Volk war nicht beteiligt. Was von unten nach oben normal wäre – das Volk wählt die Regierung –, ist umgekehrt absurd. Einen Reichstag oder eine Volkskammer mag man auflösen, aber »das Volk«?

Brecht hatte es den Oberen wieder einmal gesagt, auf seine unnachahmliche Art. War das genug angesichts dessen, was am 17. Juni geschehen war? Trug auch er Mitschuld, wenn das, was durch gut gemeintes Wollen und Tun zustande kam, in diesem Staat immer wieder Schaden nahm durch menschliche Unzulänglichkeit und menschliches Versagen? Er mußte weiterhin mit unbehaglichen Träumen rechnen und mit Widersprüchen leben.

Im Februar 1950 war im offiziellen Regierungsblatt ›Neues Deutschland‹ ein »Volkskorrespondentenbericht« über einen »Helden der Arbeit«, den Ofenbauer Hans Garbe, zu lesen.

– Garbe hatte in einem Berliner Werk mit einer Maurerkolonne einen für die Produktion wichtigen Brennofen überholt, ohne daß eine Stillegung notwendig wurde. Die Männer arbeiteten »bei großer Hitze, Staub und Dreck« unter schwersten Bedingungen.

– Der Ofen wurde nach den Berechnungen Garbes in der Hälfte der vorgesehenen Zeit und zu halben Kosten repariert.

– Trotzdem hatten Garbe und die Kolonne gut verdient, sie profitierten auch von den ausgesetzten Prämien.

– Ein Gewerkschaftler des Betriebs beklagte, daß der tüchtige Ofenbauer angesichts der Zwangslage für Betrieb und Gesamtproduktion nicht noch mehr Geld gefordert hatte; man hätte ihm keine Forderung abschlagen können.

Die Partei hatte den Schriftstellern ans Herz gelegt, »Stoffe aus der Produktion« zu gestalten. Lag im Fall Garbe nicht ein bedeutendes Stück sozialistischer Literatur verborgen? Auch Brecht dachte nach, er wußte, daß man von ihm ein Stück über die Arbeitswelt der DDR erwartete. Noch war in diesem Land das Stadium des »real existierenden Sozialismus« nicht erreicht, aber, das war seine Überzeugung, man war auf dem Weg zu diesem Ziel. Wie nahm sich der Fall Garbe unter diesem Aspekt aus? Brecht notierte am 11. Juli 1951 in sein Arbeitsjournal:

> ... dieser Arbeiter richtet sich auf, indem er produziert. Zu untersuchen, was alles sich für ihn und bei ihm ändert, wenn er vom Objekt der Geschichte zu ihrem Subjekt wird – unter der Bedingung, daß dies nicht ein rein persönlicher Vorgang ist, da er ja die Klasse betrifft.

Der Vorgang betraf die Klasse, alle Arbeiter also; deren Verhalten aber, nahm man sie als Summe von einzelnen, ließ den Schluß zu, daß sie »Unwissende« waren. Die Ausbildung eines sozialistischen Bewußtseins war unterschiedlich weit fortgeschritten. Für die allermeisten war Garbes Heldentat tatsächlich »ein rein persönlicher Vorgang«.

Das alles war als Problemkomplex schon in einem »Produktionsstück« enthalten, das sich im Kopf eines anderen Autors zu formen begann. Auch er hatte die »Garbe-Geschichte« in der Zeitung gelesen. Der junge Mann hieß Heiner Müller.

1951 hatte es den Zweiundzwanzigjährigen, der gern las und Lust zum Schreiben hatte, aus der sächsischen Provinz nach Berlin gezogen. Müller war der Sohn eines Sozialdemokraten, der 1933 verhaftet und für einige Zeit ins KZ gesteckt worden war. Nach 1945 erhielt der Vater als ausgewiesener Antifaschist leitende Posten in der Verwaltung, wurde in der sowjetischen Besatzungszone Bürgermeister. Sohn Heiner wurde in diesen Jahren mit Gelegenheits- und Verlegenheitsarbeiten beschäftigt, daneben schrieb er Kurzprosa und Hörspiele. Nachdem sein Talent bemerkt worden war, schickte man ihn ein paarmal zu Schriftstellerseminaren, wo er mit anderen begabten jungen Leuten zusammentraf, von denen man noch hören sollte. Am stärksten war Müller von Brecht angetan; er tat alles, um als Assistent in dessen Nähe zu gelangen. Brecht nahm von vorgelegten Arbeiten Notiz, ein für Müller ersprießliches Lehrer-Schülerverhältnis entwikkelte sich aus der flüchtigen Bekanntschaft aber nicht.

3. Der Lohndrücker
Heiner Müllers Stück »aus der Produktion«

1956 hatte Heiner Müller sein »Produktionsstück« abgeschlossen, es erhielt den Titel ›Der Lohndrücker‹. Zu Zeit und Schauplatz heißt es in der Vorbemerkung: »Das Stück spielt 1948/49 in der DDR.« Eine Regieanweisung umreißt das Typische der damaligen Lage.

Kantine. Mittagspause. In der hinteren Wand eine Klappe, durch die das Essen gereicht wird. Links ein HO-Stand*, daran ein Spruchband aus Pappe mit dem Text: »Vorwärts zu neuen Erfolgen!« Die Arbeiter sitzen auf Kisten und Stühlen an rohen Tischen, oder stehen vor dem HO-Stand. Die Verkäuferin baut die Waren auf, befestigt Preisschilder (Butter: Kilo 60 Mark usw.)

Im Werk ist die Stimmung schlecht. Immer wieder sind Brennöfen ausgefallen, die Werkleitung und Parteisekretär Schurek sind beunruhigt. Pausieren und eine Reparatur zu den gewöhnlichen Bedingungen kann die Planerfüllung gefährden. Ein Zeitungsreporter spricht mit Ingenieur Kant.

KANT: Wir sind knapp mit Öfen durch die Bombenangriffe. Wir können einpacken, wenn einer ausfällt. Das Material taugt nicht viel. Vor kurzem sind in einem Ofen drei Deckel gerissen, eine Woche nachdem wir zwei Maurer verloren hatten; einer ging ins Sanatorium, der andre über die Grenze. Für die Reparatur war drei Tage Zeit.
REPORTER: Sabotage, was?
KANT: Ich sagte schon: Das Material taugt nichts.
SCHUREK: Sie haben gesagt: nicht viel.
REPORTER: Verstehe. Objektive Schwierigkeiten.
KANT: Der Brigadier, ein alter Facharbeiter, erklärte: In drei Tagen ist die Reparatur unmöglich. Richtig ist: Die Norm sieht für einen Deckel drei Tage vor.
REPORTER: »Die Facharbeiter brechen sich kein Bein./Wenn das Haus auch einfällt, ihnen fällt nichts ein.« Von mir.
KANT: Zwei nicht so alte Facharbeiter machten eine neue Norm. Das ist alles.
REPORTER: Grandios.
Herein Lerka, eine Schramme im Gesicht. Er bleibt an der Tür stehn.
LERKA *zu Kant:* Der Deckel ist hin. *Pause.*
SCHUREK: Du hast ihn gemauert, Lerka.
KANT: Sie haben feuchte Steine vermauert, was?

* Handelsorganisation des sozialistischen Einzelhandels. Hier erhielt man Begehrtes, zahlte aber höhere Preise.

LERKA: Nicht direkt. Herr Ingenieur, ich war immer ein guter Arbeiter, aber wenns schneller gehn soll, als es geht. Zehn Stunden Arbeit und zum Frühstück trocken Brot, und vier Kinder und eine kranke Frau.

KANT: Wissen Sie, was Sie da gemacht haben, Lerka?

LERKA: Werden Sies mir vom Lohn abziehn? Mit der Prämie ist es aus, das weiß ich.

SCHUREK: Das ist Sabotage. Dafür wirst du bezahlen.

DIREKTOR: Jemand verletzt?

LERKA: Nein.

KANT: Sie bluten.

LERKA *wischt sich mit dem Handrücken Blut aus dem Gesicht:* Eine Schramme. *Kant ab, ihm nach der Reporter. Wenn Lerka folgen will, spricht ihn der Direktor an.*

DIREKTOR: Lerka, ich weiß nicht, warum du das getan hast. Aber ich kann nicht so tun, als hättst dus nicht getan. Ich sitz hier nicht für mich und nicht zum Vergnügen.

LERKA: Ihr könnt mir nicht den Kopf abreißen für ein Versehn. Denkt ihr, ich hab gewollt, daß der Deckel reißt?

SCHUREK: Du hast dir ins eigne Fleisch geschnitten. Jetzt schrei nicht, daß es weh tut. *Pause.*

LERKA: So ist das also. Da schindet man sich krumm, ins Kreuz getreten dreißig Jahre, fressen wie ein Hund und in Trab wie ein Gaul. Und jetzt heißt es: ein Saboteur! Das ist also euer Arbeiterstaat. Ihr seid nicht besser als die Nazis.

DIREKTOR *gepreßt:* Sag das noch mal.

LERKA: Ich hab gesagt, ihr seid nicht besser als die Nazis.
Direktor schlägt Lerka ins Gesicht. Pause.
Das kostet dich die Stellung, Direktor. Das ist nicht wie bei Hitler. *Ab.*

Dem »nicht so alte [n] Facharbeiter« Lerka, der sich eine fette Prämie verdienen wollte, wird Sabotage zur Last gelegt. Die Auseinandersetzung verschärft sich, erreicht ein neues Stadium. Lerkas wütend geäußerter Vorwurf muß den Direktor, der – früher selbst ein Arbeiter – im Arbeiter- und Bauernstaat zu einer hohen Position aufgestiegen ist, erzürnen, denn er vertritt die neue Ordnung. Dann allerdings reagiert er wie ein Fabrikherr der Feudalzeit. Lerka behält das letzte Wort und benennt den neuen Stand der Entwicklung.

Müller bringt das gleiche Szenario ein zweites Mal auf die Bühne, diesmal freilich mit anderem Personal. Wieder konstruiert er eine Abfolge von Ereignissen, die Widersprüche offenlegen, auf die es ihm ankommt. Der Aktivist Balke will die Reparatur durchführen und zugleich die Norm neu festsetzen lassen, denn mehr produzieren heißt besser leben. Die anderen Arbeiter weigern sich mitzumachen, Balke hat Widerstand und Anfeindungen zu gewärtigen.

Zunächst richtet die unbewältigte Vergangenheit Schranken auf. Parteisekretär Schorn macht Balke den Vorwurf, er habe ihn im Hitlerreich denunziert, was unter klassebewußten Proletariern als äußerst verwerflich galt.

Straße, Abend.

SCHORN: Wir haben zusammen in der Rüstung gearbeitet, Balke. Vierundvierzig haben sie mich eingesperrt: Sabotage. Dich haben sie nicht eingesperrt. Du warst der Denunziant.

BALKE: Was heißt da Denunziant. Ich war in der Prüfstation. Da hatten sie mich hingestellt, weil sie mich hereinlegen wollten, zwischen zwei Aufpasser. Bei den Handgranaten aus eurer Abteilung waren die Schlagstifte zu kurz. Ich ließ sie durchgehn oder legte sie zum Ausschuß, je nachdem, wo die Spitzel standen. Das riß aber nicht ab. Ich war auch dafür, daß man den Krieg abkürzt, aber mir hätten sie den Kopf abgekürzt, wenns ohne mich herauskam.

SCHORN *kalt:* Vielleicht. *Schweigen.* Was war da für ein Streit in der Kantine heute mittag?

BALKE: Das ging gegen mich. Lohndrücker, Arbeiterverräter und dergleichen. *Pause.*

SCHORN: Sag es mir, wenn sie dir Schwierigkeiten machen. *Pause.*

BALKE: Was gewesen ist, kannst du das begraben?

SCHORN: Nein.

Derselbe Schorn, nun Sekretär der sozialistischen Einheitspartei, fordert Balke auf, den zu nennen, der die Arbeit am Ofen sabotiert hat. Balke nennt den Namen, daraufhin wird der Saboteur verhaftet.

Am Ofen. Balke, Schorn.

BALKE: Steine im Gaskanal. Das heißt: drei Tage Aufenthalt. Der Plan fällt ins Wasser. *Pause.* Ich frage mich, wie lange steht der Ofen noch. Ich höre auf, ehe sie ihn in die Luft jagen. Sie haben gelacht über den blöden Aktivisten. Steine haben sie mir nachgeschmissen. Sie haben mich zusammengeschlagen auf der Straße. Ich werd ihnen was scheißen.

SCHORN: Wem? *Schweigen.* Weißt du, wer die Steine in den Gaskanal geschmissen hat? *Schweigen.*

BALKE: Was passiert, wenn ich den Namen sage?

SCHORN: Du mußt wissen, was du willst, Balke.

BALKE: Ich bin kein Denunziant.

SCHORN: Du mußt wissen, was du willst. Uns gehören die Fabriken und die Macht im Staat. Wir verlieren sie, wenn wir sie nicht gebrauchen. *Schweigen.*

BALKE: Der Brillenträger wars.

Die Dialektik wird aus dem Begriff Denunziant entwickelt. Kann Balke auch diesmal so genannt werden, wo es um die Sache der Arbeiterklasse und ihres Staats geht?

In der letzten Szene kommen weitere Widersprüche hinzu. Stehen sich Arbeiter und Arbeiterpartei schon als Feinde gegenüber? Die Arbeiter beschweren sich, weil sie die Verhältnisse, so wie sie sind, und die Finessen der Auslegung durch die Funktionäre nicht begreifen.

GESCHKE *zu Schorn:* Du hast die Politik gefressen, Sekretär. In Amerika gibts keinen Sozialismus, aber Arbeiter, die im eignen Auto fahren. Im Sozialismus gibts Schuhe auf Bezugschein. Erklär mir das.

SCHORN: Das Auto gehört dem Arbeiter. Aber wem gehören die Arbeiter? Unsre Schuhe gibts auf Bezugschein. Aber die Autofabriken gehören uns.

EIN ALTER ARBEITER: Reden kannst du. Aber wer sagt uns, daß es stimmt?

Herein Schurek, hängt ein Spruchband mit Text »Die Werktätigen fordern die Erhöhung der Norm« auf.

SCHORN: Wenn ihrs nicht begreift, gehn wir alle drauf.

KARRAS: Geschke fragt nach Schuhen. *Er hebt Geschkes Fuß an, den löchrigen Schuh zeigend.* Hier. Draußen 10 Grad Frost. Du willst ihm das Maul mit Autofabriken stopfen. Wir beschweren uns, daß ihr die Norm hochsetzt über unsren Kopf weg. Ihr hängt uns ein Schild vor die Nase: »Die Werktätigen fordern die Erhöhung der Norm«. Der Sozialismus bleibt links liegen.

SCHUREK: Wir nehmen eure Interessen wahr, wenn wir die Norm hochsetzen.

KARRAS: Ein Maurer jagt einen Ofen in die Luft. Ihr sagt: Saboteur. Weg mit Schaden. Habt ihr ihm erklärt, warum der Aktivist 400 Prozent kriegt und er ein Taschengeld? Warum wird Schurek fett, seit er unsre Interessen wahrnimmt? [...]

Eine andere Mannschaft soll in den Ofen.

DIREKTOR *zu Balke, Bittner und Kolbe:* Wie lange braucht ihr, bis der Schaden behoben ist?

BALKE: Drei Tage.

DIREKTOR: Und der Termin?

BALKE: Wir schaffens, wenn wir schnell arbeiten.

Bittner nickt.

KOLBE: Mit dem Saboteur will ich nichts zu tun haben, aber mit einem Denunzianten arbeite ich nicht. *Pause.*

BALKE: Dann dauert es fünf Tage, und wir können den Termin nicht einhalten.

KOLBE: Die Arbeit im Ofen 4 ist freiwillig. *Er bleibt an der Tür stehn.*

DIREKTOR: Karras, was ist mit dir? Du bist Ofenmaurer.

KARRAS *Balke ansehend, der sich wegwendet:* Balke hat die Suppe eingebrockt, soll er sie auslöffeln.

SCHORN: Balke ist nicht für sich selber in den Ofen gegangen.

Pause.

KARRAS: Wann soll ich anfangen?

Kolbe ab.

BALKE: Ihr habt euch das Maul zerrissen über den Lohndrücker, ihr wolltet nicht begreifen, worum es geht. Ihr habt mir Steine nachgeschmissen. Ich hab sie vermauert. Ihr habt mich zusammengeschlagen, du und Zemke, als ich aus dem Ofen kam. Und wenn ich mit den Zähnen mauern muß, mit dir nicht. *Schweigen.*

KARRAS: Vielleicht ist er doch für sich selber in den Ofen gegangen. *Ab.*

Schweigen.
SCHORN: Du wirst nicht mit den Zähnen mauern, Balke.
BALKE: Mit Karras kann ich nicht arbeiten.
SCHORN: Wer hat mich gefragt, ob ich mit dir arbeiten kann?

Fabriktor. Morgen. Karras kommt, hinter ihm Balke.
BALKE: Ich brauch dich, Karras. Ich frag dich nicht aus Freundschaft. Du mußt mir helfen.
KARRAS *bleibt stehn:* Ich dachte, du willst den Sozialismus allein machen. Wann fangen wir an?
BALKE: Am besten gleich. Wir haben nicht viel Zeit.
Sie gehn durch das Fabriktor. Nach ihnen kommt Kolbe.

Haben die drei »es begriffen«, wenn sie schließlich private Gefühle, Prinzipien und Zweifel zurückstellen und sich gemeinsam an die Arbeit machen? Hat Schorn den nun widerstrebenden Balke überzeugen können? – Oder hat Müller diesen Schluß gebraucht, um vor der Zensur bestehen zu können?

Die Aufführungsgeschichte des »Lohndrücker«-Stücks gibt auch Auskunft über die Kontroll- und Zensurpraktiken in den »stalinistischen« fünfziger Jahren. Eine Probeaufführung vor einem Funktionärsgremium wurde angesetzt. Was dabei geschah, entbehrt nicht einer komischen Note. Bereits zu den Proben hatte man den echten Hans Garbe eingeladen, die Partei brauchte und mißbrauchte das offenbar schlichte Gemüt als Vorzeigeaktivisten; »er hatte seine Identität an den Staat abgegeben«, äußerte Müller, »ein volkseigener Mensch«. Vor den Funktionären fiel Garbe dann aus der Rolle. Müller berichtet:

Garbe stand ... bei der Diskussion nach der Versuchsaufführung auf und sagte: »Also, Genossen, ich möchte mal sagen, es war noch viel schlimmer.« Dann erzählte er wüste Geschichten. Wie er nicht nur von seinen Kollegen, sondern auch vom Parteisekretär fast gekillt worden war wegen seiner Aktivistentat, wie ihn die Partei behindert hat und alles mögliche, dagegen war das Stück harmlos. Die Funktionäre waren peinlich berührt ...

Die Aufführungserlaubnis wurde nicht erteilt; die Uraufführung fand erst zwei Jahre später, 1958, in Leipzig statt. Der renommierte Literaturwissenschaftler Hans Mayer, der die Aufführung besucht hatte, schrieb, das Stück sei für ihn »das erste Beispiel für eine offene Dialektik nach Brecht und über Brecht hinaus«. Brecht hatte ja Zweifel, ob Garbes Aktivistentat als Beweis für eine neue Qualität der gesellschaftlichen Entwicklung tauge. Und Heiner Müller ließ eben »viele Fragen offen«; der junge Dramatiker hat sich in einer Vorbemerkung salomonisch-brechtisch aus der Affäre gezogen, wenn er verkündete: »Das Stück versucht nicht, den Kampf zwischen Altem und Neuem, den ein Stückschreiber nicht entscheiden kann, als mit dem Sieg des Neuen vor dem letzten Vorhang abgeschlossen darzustellen; es versucht, ihn in das neue Publikum zu tragen, das ihn entscheidet.« Das mag man in der Tat offene Dialektik nennen. Im übrigen war Müller 1958 froh, daß das Stück erst einmal »gegessen« war. Schwierigkeiten mit anderen Versuchen zu einem sozialistischen Theater standen an.

Im Jahr 1959 wurden die Schriftsteller der DDR von der Leitung der Einheitspartei auf den »Bitterfelder Weg« geschickt. Was von ihnen verlangt wurde, hatte immer noch mit der stalinistischen Wende in den frühen fünfziger Jahren zu tun. Der Ex-DDR-Autor Werner Söllner bemerkt rückblickend: »Der Bitterfelder Weg. Von Moskau hat er in den 50er und frühen 60er Jahren durch ganz Osteuropa hierher geführt.« Hierher, das war in den Kulturpalast des Chemie-Kombinats Bitterfeld, gelegen in der von der Industrie ökologisch am schwersten belasteten Region Sachsens. In dem Renommierbau faßte die Ideologische Kommission beim Politbüro des Zentralkomitees der SED wichtige Beschlüsse, die die Literatur betrafen. Ein Jahr vorher war auf dem SED-Parteitag stolz verkündet worden: »In Staat und Wirtschaft ist die Arbeiterklasse bereits der Herr, jetzt muß sie die Höhen der Kultur erstürmen, von ihnen Besitz ergreifen.« Die Schriftsteller sollten in den Betrieben und Genossenschaften die Arbeitsbedingungen der Werktätigen kennen- und verstehen lernen, womöglich selbst mitarbeiten und dann eine Literatur schaffen, in der Wirklichkeit und Kunst zu einer Einheit verschmelzen. Andererseits wurden die Arbeiter mit der Parole »Kumpel, greif zur Feder, die sozialistische Nationalliteratur braucht dich!« ermutigt und ermuntert, über ihre Erfahrungen bei der Arbeit und über ihr Leben zu schreiben. Als richtungweisend, ja verpflichtend galt immer noch die Doktrin des Sozialistischen Realismus.

4. Drei Romane aus den sechziger Jahren

Christa Wolf
Der geteilte Himmel

Es war wohl Teil des Erfolgsgeheimnisses der gerade dreißigjährigen Christa Wolf, daß sie in ihrem ersten Roman zunächst einmal die Bitterfelder Gebote erfüllte. Ihre Heldin macht in einer Waggonfabrik mit der Welt kollektiver Arbeit Bekanntschaft und wird nach der »Lehrzeit« voll angenommenes und anerkanntes Mitglied ihrer Brigade und ihres Betriebs. Die junge Autorin wagte sich aber auch noch an ein zweites, heikleres Thema: sie schrieb über die Versuchung zur »Republikflucht«.

Als erster hatte wohl Uwe Johnson dieses Thema behandelt. Schon in seinem postum veröffentlichten frühen Roman ›Ingrid Babendererde‹ bleiben nach Differenzen mit der Schule und dem Jugendverband der Partei zwei junge Menschen nach einem Berlinbesuch im Westen. In ›Mutmaßungen über Jakob‹ (1959) wird eine Republikflucht zum auslösenden Moment des unheilvollen Geschehens.

Johnson selbst verließ die DDR, ließ sich in West-Berlin nieder und wird seitdem als Literat der Bundesrepublik angesehen. Als 1963 ›Der geteilte Himmel‹ erschien, wurde in der DDR schon unter anderen Umständen und Bedingungen geschrieben. Seit der Errichtung der Berliner Mauer am 13. August 1961 war die DDR nach Westen hermetisch abgeschlossen. Die Autorin Christa Wolf war Bürgerin dieses Staats und hatte sich selbst nicht mit Fluchtgedanken getragen. Die Heldin ihres Romans hätte eine Woche vor dem 13. August die DDR verlassen können, zusammen mit dem geliebten Mann, der bereits in die Bundesrepublik übergewechselt ist. Sie verzichtet und kehrt in ihr Land zurück. Die Trennung löst bei ihr eine schwere seelische Krise aus.

Hier setzt das Romangeschehen ein. Wir treffen die zwanzigjährige Rita Seidel in einem Sanatorium. Tastend nimmt sie bereits wieder Kontakte von Menschen an, die ihr etwas bedeutet haben. In einer Art Selbsttherapie überläßt sich Rita ihrer Erinnerung, die jüngst Erlebtes in die Gegenwart holt. Sie reflektiert diese Erinnerungsstücke, arbeitet die Erfahrungen durch und zeigt dabei den Willen zu ergründen, wie alles, was sie betroffen hat, zusammenhängt.

Ein zusammenhängender Handlungsverlauf ergibt sich daraus nicht; Christa Wolf findet vielmehr eine Struktur, die sich an Verfahren der Psychologie und Psychoanalyse zu orientieren scheint. Mehr oder weniger intensiv nacherlebte Ereignisse fügen sich, häufig als Szenen, aneinander. Sie sind zeitlich nicht geordnet und spielen sich an unterschiedlichen Schauplätzen ab, bilden aber ein Mosaik, das sowohl den Menschen Rita Seidel wie die Verhältnisse in der Deutschen Demokratischen Republik immer kenntlicher werden läßt.

Der rasche und große Erfolg des Romans – in einem Jahr wurden 160000 Exemplare gedruckt – ist wohl darauf zurückzuführen, daß viele Menschen in der DDR sich und ihre Probleme im ›Geteilten Himmel‹ wiederfanden. Die im Westen, denen das Buch auch bald zugänglich war, konnten aus ihm viel über die oft apostrophierten »Brüder und Schwestern im Osten« erfahren, die nun ja schon seit mehr als zehn Jahren im zweiten, ganz anderen deutschen Staat lebten. Kein Wunder, daß sie nicht mehr über das Gemeinsame, sondern über anderes, ihnen Fremdes, ins Bild gesetzt wurden.

Das Leben der Rita Seidel, die in ländlicher Umgebung aufgewachsen ist und eine behütete, kaum bemerkenswerte Jungmädchenzeit verbracht hat, ändert sich von Grund auf, als sie dem einige Jahre älteren Chemiestudenten und angehenden Doktoranden Manfred Herrfurth begegnet. Bald beginnt sie Manfred zu lieben, was dieser ohne Erstaunen zur Kenntnis nimmt; er selbst ist, wenn es um Gefühle geht, zurückhaltender. Bisher, so sagt er, habe ihm in seinem Leben wenig Spaß gemacht. »›Bloß mein Beruf, der ist gut. Gerade genug Exaktheit, gerade genug Phantasie. Und du, du bist auch gut.‹ ›Gerade genug Exaktheit, gerade genug Phantasie«, sagte Rita, mit kleiner Stimme. Manfred nahm es ernst. ›Ja, braunes Fräulein‹, sagte er. ›Genau so.‹« Rita ist es ernst mit ihrer Liebe, und auch Manfred merkt, daß er das Mädchen braucht. Beide wissen, daß sie es nicht leicht miteinander haben werden. Nach eingehenden Gesprächen mit einem Bevollmächtigten für Lehrerwerbung entschließt sich Rita zum Studium an der Pädagogischen Hochschule der nächsten größeren Stadt, einer häßlichen Industriestadt. Vorher muß sie ein Praktikum in der bereits erwähnten Waggonfabrik ableisten.

Als Manfreds Verlobte erhält sie Unterkunft mit losem Familienanschluß im Elternhaus Herrfurth. Sie kann mit Manfred zusammen sein, findet aber bei den alten Herrfurths keine zweite Heimat. Herr Herrfurth hat sich bisher stets auf »unentwegt funktionierende Wahrheitsummünzung« verstanden. In der Hitlerzeit machte er Karriere, war in der SA, wurde Prokurist in einer Firma und wollte seinem Chef durch die autoritäre Erziehung seines Sohnes imponieren. Nach dem Krieg trägt er das Abzeichen der neuen Partei, kann als Fachkraft seinen Status einigermaßen halten und sich privat einen gepflegten bürgerlichen Lebensstil leisten. Seine Frau, die immer noch die Dame aus besseren Kreisen spielt, haßt ihren Mann, geradezu abgöttisch liebt sie Manfred, das einzige Kind. Sie gibt leicht und oft ihren Launen nach, ihr Sohn hält sie für hysterisch. Manfred haßt seine Eltern und verletzt sie bei jeder Gelegenheit mit zynischen Bemerkungen. Rita ist befremdet und beklommen. Tagsüber, in der Fabrik, ist sie in einer anderen Welt, ist mit Menschen zusammen, die ihr auch fremd sind, denen sie sich aber mehr und mehr zugehörig fühlt.

Größere Gegensätze als die kochende Unruhe in der Fabrikhalle und die ständig bedrohte, aber um so deutlichere Stille an Herrfurths Abendbrottisch waren nicht zu denken. Beides erregte Rita, weder die Betriebsamkeit der Menschen im Werk, noch das spannungsreiche Schweigen der Familie Herrfurth waren ihr durchschaubar. Als Zuschauer saß sie vor einer Bühne mit wechselnder Beleuchtung und Szenerie, sie sah die Spieler agieren, und der Gedanke verfolgte sie, daß alle diese Bruchstücke am Ende ein Schauspiel ergeben müßten, hinter dessen Sinn sie allein kommen sollte.

Hier ist das Mosaikmuster, Christa Wolfs formales Prinzip, im Roman selbst angesprochen. Hinter den Sinn zu kommen, ist Rita von der Autorin aufgegeben, sie ist auf einen Weg geschickt, an dessen Ende sie in der DDR-Gesellschaft »ankommen« soll. Die Konzeption weist den ›Geteilten Himmel‹ schon recht früh als »Ankunftsroman« aus, der sich zu Anfang der sechziger Jahre als sozialistische Spielart des Entwicklungsromans herausbildete und der, wie man sieht, mit den Bitterfelder Forderungen durchaus zu vereinbaren war.

Im Werk findet Rita einen Ratgeber und Helfer in Gestalt Rolf Meternagels. Er wird dem jungen Mädchen ein väterlicher Freund; für die Autorin verkörpert er wohl auch ein Stück DDR-Geschichte. Der Arbeiter- und Bauernstaat hat Meternagel ein schweres Schicksal bereitet. Der gelernte Tischler und Genosse steigt nach seiner Rückkehr aus russischer Gefangenschaft im Partei- und Planungsapparat rasch auf, muß Aufgaben übernehmen, für die er nicht vorbereitet und vorgebildet ist. Als ihm Fehler unterlaufen, wird er als Meister in den Waggonbau versetzt. In dieser Funktion merkt er zu spät, daß Lohn- und Materialkosten nicht richtig abgerechnet wurden. »Ein Schaden von 3000 Mark. Meternagel flog von seinem Posten«, kommentiert Manfred kühl, der über seinen Vater von den Vorgängen weiß. Meternagel ist nun einfacher Waggonbauer in der Brigade, der Rita zugeteilt ist. Trotz seiner Degradierung setzt er sich mit ganzer Kraft für den Betrieb ein. Er weiß Pannen in der Produktion zu analysieren, macht sich dadurch aber bei Kollegen und Vorgesetzten nicht beliebt. Meternagel hat keine persönlichen Interessen. Es geht ihm um die Sache: Der Betrieb soll mehr in besserer Qualität produzieren. Rita sieht ihn so:

Vor ihren Augen hatte ein Mensch einen schweren Packen auf sich genommen, von niemandem gezwungen, nicht nach Lohn fragend, hatte einen Kampf begonnen, der fast aussichtslos schien, wie nur je die bewunderten Helden alter Bücher; hatte Schlaf und Ruhe geopfert, war verlacht worden, gehetzt, ausgestoßen. Rita hatte ihn am Boden liegen sehen, daß sie dachte: Der steht nicht mehr auf. Er kam wieder hoch; gerade da traten ihm selbst beinahe unerwartet, andere neben ihn, sagten, was er gesagt hatte, taten, was er vorschlug. Rita hatte ihn aufatmen und schließlich siegen sehen, und das alles blieb ihr unvergeßlich.

Die letzten Sätze erinnern an Müllers ›Lohndrücker‹. Aber Meternagel ist kein Aktivist und auch kein politisch agierender und argumentierender Mann der Partei. Seine Arbeitsbesessenheit hätte auch Befremden, Kopfschütteln oder mitleidiges Lächeln hervorrufen können. Daß dies nicht geschieht, hat zunächst mit der Person Ritas zu tun, aus deren Perspektive erzählt wird. Es ist aber auch daran zu denken, daß die DDR-Ideologie Arbeit zum eigentlichen Lebensinhalt erklärt hat; sie trug Wert und Lohn in sich.

Betriebsleiter Wendland kommt neu ins Werk; er soll Rückstände aufholen, Fehler entdecken, Mängeln abhelfen. Auch er arbeitet über seine Kraft, hält trotz Rückschlägen aus. Als »Kader«, Spezialist in höherer Position, fühlt er sich für das Werk und die darin arbeitenden Menschen verantwortlich; mit dem System muß man sich abfinden. Wendland ist kein Kumpeltyp, er ist einsam. Einmal und dann öfters sucht er das Gespräch mit Rita. Themen sind sofort wieder das Werk und die Arbeit.

Er sagte, diesmal habe *er* so eine Art Prüfung hinter sich. Er sei noch knieweich davon. Und besonders tapfer habe er sich, im Gegensatz zu ihr, wohl nicht gehalten.

Rita fiel ein, daß das Werkgelände tagsüber von fremden Autos gewimmelt hatte. Eine große Werkleiterkonferenz hatte im Kultursaal getagt. War er kritisiert worden?

Das auch, sagte Wendland. »Ich vertrage Kritik schlecht – weißt du das? Ich sehe selbst, daß wir seit Wochen nicht vorankommen. Aber wie das so ist: Die mich kritisierten, wußten von allem nur die Hälfte, vom Schlechten und vom Guten. Das Lob war auch nicht recht verdient, es war kein Trost. Später kamen die schweren Brocken, da hab ich das andere vergessen.«

Meternagel und Wendland widmen sich mit voller Kraft der einzelnen und nächsten Aufgabe, das Grundlegende und Grundsätzliche, das Ganze des Systems DDR ist zu weit weg oder zu hoch darüber; die großen Fragen werden ausgespart oder auch weggeschoben.

Deshalb wird für Rita eine andere Bezugsperson wichtig: Schwarzenbach, der Lehrerwerber und Dozent an der Pädagogischen Akademie. Dort nimmt er ein Mädchen, eine Freundin Ritas, deren Eltern der DDR den Rücken gekehrt haben, in Schutz gegen einen ehrgeizigen und eifernden Mitstudenten, der sich auf Kosten einer Schwächeren profilieren will. Das Mädchen soll Selbstkritik üben und durch regelrechten Terror dazu gebracht werden, sich dieser Prozedur zu unterziehen. Und so klang die Sprache der Vernehmer:

Eine nette Verschwörung! Ein Arbeiter verläßt seinen Staat, die Republik. Seine Tochter belügt diesen selben Staat. Ihre Freundin, die genauso vom Stipendium der Arbeitermacht studiert, hilft ihr dabei. Na, darüber wird zu reden sein.

Schwarzenbach beklagt das vergiftete Klima in Gruppen, Kollektiven und in der ganzen Gesellschaft, wenn einer den anderen belauert und Einigkeit mitheuchelt, und er nennt Nachsicht und Geduld revolutionäre Eigenschaften. Doch auch Schwarzenbach kann nur punktuell eingreifen, anmahnen, muß sich selbst vorsehen. Nicht von ungefähr ist er Ritas letzter Besucher im Sanatorium. Der Prozeß der inneren Stabilisierung ist bei ihr nun soweit fortgeschritten, daß sie sich zutraut, Schwarzenbach zu berichten, wie es zwischen ihr und Manfred zu Bruch und Trennung kam. Aus der Erzählung, die Schwarzenbach durch gelegentliche Fragen behutsam steuert, erwächst Ritas Bekenntnis zu ihrem Land.

Die Erinnerungsfragmente werden nun von der Autorin so gefügt, daß auch Manfred Gerechtigkeit widerfährt. Er erscheint nicht als der kalte Zyniker und schnöde Abtrünnige, um den es nicht schade ist. Manfred weiß, was in der DDR im argen liegt. Immer wieder übernimmt man sich. »Diese sinnlosen Schwierigkeiten. Diese übertriebenen Eigenlobtiraden, wenn eine Kleinigkeit glückt. Diese Selbstzerfleischungen.« Rita glaubt, die Wahrheit über Manfred zu wissen: Er konnte weder Geduld noch Nachsicht aufbringen, urteilte emotional, schroff und pauschal.

»Die Tatsachen sind: Der Mensch ist nicht dazu gemacht, Sozialist zu sein. Zwingt man ihn dazu, macht er groteske Verrenkungen, bis er wieder da ist, wo er hingehört: an der fettesten Krippe. Dein Wendland kann mir leid tun, tatsächlich, das kann er!«

»Warum bist du so wütend auf ihn?« fragte Rita leise. Die Frage brachte ihn soweit, daß er sie am liebsten geschlagen hätte. Diese wilde Verzweiflung hatte sie noch nie an ihm gesehen. In dieser Sekunde begriff er: Das Leben, das er hinter sich gelassen hatte, das er beschimpfte, verließ ihn nicht mehr. Es machte ihn rasend. Es ging jetzt nur noch darum, die schale Enttäuschung über sich selbst – dem Druck des härteren strengeren Lebens nicht standgehalten zu haben – loszuwerden an einen anderen.

Die Parallel- und zugleich Kontraststelle findet sich schon am Anfang des Romans. Kurz nach ihrem Eintritt in die Waggonfabrik hat Rita mit Manfred über ihre ersten Erfahrungen gesprochen.

Manchmal war sie abends so müde und ausgelaugt, daß sie ihm leid tat und er eine Wut bekam auf diese sinnlose Vergeudung ihrer Kraft. »Steig doch aus da«, sagte er. Aber sie schüttelte den Kopf. »Da kann man nicht einfach aussteigen«, sagte sie. Man kann alles, was man will, hielt er ihr vor. »Dann will ich's nicht!«

Ritas Antwort braucht um kein Wort geändert zu werden, wenn es um das Ansinnen geht, ihr Land zu verlassen.

Christa Wolf wurde 1964 der Nationalpreis für Kunst und Literatur der DDR verliehen. Hatte sie es recht gemacht? Hatte sie einen »Ankunftsroman« nach dem Geschmack der Kulturfunktionäre geliefert? Man war im ganzen mit ihr zufrieden. Es muß aber wohl noch eine andere Frage gestellt werden: Kommt Rita im Staat DDR an oder in einer Gemeinschaft von Anständigen, die mit vielerlei Zwängen leben müssen und die es sich schwer machen? Sie stehen ein für jenes »härtere strengere Leben«, an das Rita dachte. Vielleicht ist bezeichnend, was der Autorin von der DDR-Kritik vorgehalten wurde: die Partei kommt in dem Roman nicht vor. Es fehlt überhaupt die offizielle DDR. Christa Wolfs ›Der geteilte Himmel‹ kann aber erklären helfen, warum diese offizielle DDR und das sie vertretende Regime sich so lange halten konnten. Denen, die geblieben waren und weiter bleiben mußten, lag meist wenig an der »Deutschen Demokratischen Republik«, die nicht einlöste, was ihr Name verhieß. Aber »dies alles hier« war ihnen, wie Rita, »heiß und nah«. Die anderen, tüchtige Leute und kritische, unruhige Geister wie Manfred Herrfurth, verachteten solche Gefühle oder hatten sie abgeschüttelt. Sie waren meist bald in die Gesellschaft des anderen deutschen Staats integriert und kamen vielleicht nach Jahrzehnten als »Wessis« zu Besuch. Und da trafen sie immer noch oder wieder auf die Vorstellung vom »härteren strengeren Leben«, das sie sich erspart hatten.

Erwin Strittmatter
Ole Bienkopp

Der zweite sehr beachtete Roman aus dem Jahr 1963 stammte von einem Autor, dem bereits der Ruf vorausging, ein bedeutender Erzähler zu sein. Erwin Strittmatter war für die neue Ordnung und glaubte, daß jene, die jetzt die Geschicke des Landes bestimmten, besser waren als frühere Herrschaften und Herren. Manchmal waren sie auch nur das geringere Übel, ein Übel aber schon. Fehler wurden ganz oben immer wieder gemacht, und die kleinen Leute, die Strittmatter kannte und denen er zugetan war, mußten sie ausbaden. Wenn schwarz auf weiß auf einem Papier stand, von heute auf morgen werde oder solle alles anders sein, so wußte Strittmatter es besser. Wenn der Sozialismus in den weiten Ebenen und entlegenen Dörfern der ländlichen DDR Wurzeln schlagen und gedeihen sollte, brauchte es Leute wie Ole Bienkopp, den Strittmatter zum Helden seines Romans macht und den er einen »vom Leben gewalkten Beackerer der Zukunft« nennt. In Erwin Strittmatters Roman kommt die Partei vor, und sie kommt nicht sehr gut weg. Die Leser hatten ihr Vergnügen daran.

Den Roman eröffnet und beschließt ein kurzer Abschnitt mit einem Bild, das auf das Folgende einstimmt, es bleibt auch nach dem Schluß weiterhin gültig.

Was ist ein Dorf auf dieser Erde? Es kann eine Spore auf der Schale einer faulenden Kartoffel oder ein Pünktchen Rot an der besonnten Seite eines Apfels sein.

Im Dorf Blumenau war es wie anderswo.

Das erste Jahr nach dem Großen Kriege war für die Dorfleute wie das Jahr Null. Es sah so aus, als begännen alle ihr Leben von vorn.

Das Land des geflohenen adeligen Großgrundbesitzers wird aufgeteilt.

Auf dem Tisch stand ein Hut ... Im Hut waren Zettel, Ränder von Zeitungspapier. Manchmal griffen mehr als sechs Hände zugleich in den Hut, und die Öffnung war zu klein. Die Ländereien des Barons wurden zerschnitten wie Hochzeitskuchen. Jeder Neubauer erhielt ein Stück mageren, ein Stück mittleren und ein Stück guten Acker.

Schon bald zeigt sich, daß sich soviel nicht geändert hat. Es gibt noch alteingesessene, wohlhabende und einflußreiche Vollbauern wie den dicken Serno. Da die Neubauern oft nicht gut wirtschaften, gründet man die »Gegenseitige Bauernhilfe«.

Ihr Vorsitzender ist derzeit Ole Bienkopp, dem nicht jeder wohlgesinnt ist. Bei einer Wirtshausrauferei zieht ihm der Sägemüller Ramsch, ein selbständig gebliebener freier Unternehmer mit Herrenallüren, einen mit einer Metallstange verstärkten Ochsenziemer über den Kopf und spielt ihm dadurch übel mit. Schlimmer ist noch, daß Bienkopps eigenwillige Frau Anngret ein Auge auf den großmäuligen Sägemüller geworfen hat. Bald weiß das Dorf, daß sie Bienkopp verlassen hat und ihn mit Ramsch betrügt.

In dieser Zeit läuft es nicht gut für Bienkopp, es war besser, als er zum erstenmal seinen »Findergeist« unter Beweis gestellt hatte. Damals war er auch zu seinem Namen gekommen.

Er fing einen wilden Bienenschwarm, fütterte, mehrte und teilte ihn, erntete Honig und verkaufte ihn in der Kreisstadt ... In seinem vierten Honigsommer baute der junge Waldarbeiter aus dem Werkstattabfall des Dorfstellmachers einen Wagen. Es war ein Reisewagen für Bienen, denn Ole wollte mit ihnen von Blütenfeld zu Blütenfeld ziehen und sie fleißiger machen.

Bienkopp kann es nur schwer ertragen, daß er Anngret verloren hat, sie fehlt nicht nur im Haus und bei der Wirtschaft. Einmal gerät Ole vor Eifersucht außer sich, tobt, bricht sich das Bein und zieht sich, weil es Winter ist und er im Freien liegenbleibt, eine Lungenentzündung zu. Im Krankenhaus hat der »Finderkopf« eine Idee: er will eine Bauerngemeinschaft von neuem Typus gründen. Die kleinen Bauern sollen ihr Land zusammenlegen und es gemeinsam bewirtschaften. In Blumenau kommt eine solche Bauerngemeinschaft zustande, und Ole ist sich nicht bewußt, daß er gegen die Richtlinien der SED verstoßen hat und »eine unerlaubte Institution hinter dem Rücken der Partei aufzieht«. Als der zuständige Parteisekretär namens Wunschgetreu auf einer Fahrt über Land im Westrundfunk hören muß, daß in Blumenau ein »Kolchos nach sowjet-russischem Muster« besteht, kann er nicht länger zusehen: Ole wird in einer Versammlung zur Rechenschaft gezogen. Er kann seine Bauerngemeinschaft zwar nicht retten, hat aber einen großen Auftritt und schlägt sich wacker. In seiner Rechtfertigungsrede vergleicht er die ungerechte Gegenwart in Blumenau mit einer besseren Zukunft. So sieht die Utopie des Ole Bienkopp aus:

»Solln eure Enkel auf ein Grab zeigen und sagen: Da liegt der Großvater? Oder sollen sie auf eine große Viehherde zeigen: Dort grast die Herde! Ihre Stammutter zog der Großvater auf. Seht den Park! Der Großvater und seine Genossen legten ihn an, und sie waren weder Gutsbesitzer noch Sklaven. Ihr habt's in der Hand, wie man von euch reden wird! ...

Der Kreissekretär ist beeindruckt. Etwas verflucht Wahres hinter diesen Bauernworten. Eigenwillige Ansichten. Wunschgetreu hat nichts dagegen, aber stiften sie nicht Verwirrung, wenn sie in die Welt posaunt werden? ...

Wunschgetreu lächelt. »Gestatte eine Frage, Genosse Bienkopp: Hätte die Partei nicht längst zum Sammeln geblasen, wenn sie das wollte, was du tust?«

Emma Dürr meldet sich ... »Hat Bienkopp bisher Schaden gemacht?«

Bienkopp bleibt ruhig, obwohl ihn das große Zittern bis in die Stiefel hinein gepackt hat. »Ich habe alles überdacht. Mir deucht, ich such nach vorwärts, nicht nach rückwärts!«

Wunschgetreu: »Was vorwärts und was rückwärts ist, bestimmt, dächt ich, noch immer die Partei. Willst du sie belehren?«

Bienkopp zitternd: »Ich stell mir die Partei bescheidener vor, geneigter anzuhören, was man liebt und fürchtet. Ist die Partei ein selbstgefälliger Gott? Auch ich bin die Partei!«

Es zuckt in vielen Gesichtern; Köpfe werden eingezogen. Bienkopp bringt sich um!

[...]

Wunschgetreu: »Das kann man klären. Schlimmer ist: Genosse Bienkopp hat dem Gegner Fraß gegeben. Der Feind hetzt. Er besudelt unseren Kreis im Rundfunk! Wie stehn wir beim Bezirk da?«

Bienkopp wühlt in seiner Rocktasche. Er legt sein Parteibuch mit zitternder Hand vor Wunschgetreu auf den Tisch. »Wenn du der Meinung bist, ich helf dem Gegner ...«

Wunschgetreu springt auf und hält Bienkopp am Ärmel fest. Bienkopp reißt sich los. »Du hast mir nicht ein gutes Wort gesagt. Ist die Partei so?« Er geht zur Tür.

Trotz seiner Gummistiefel hört man jeden seiner Tritte. Die Tür klappt. Die Genossen starren. [...]

Strittmatter tut viel dafür, daß die Sympathie der Leser Bienkopp gehört, und er äußert erhebliche Zweifel, ob die Partei, wie es in einem bekannten Lied hieß, immer recht hat. Doch die Genossen in Berlin sind nicht blind und halsstarrig. Bald beschließt die Parteiführung offiziell, was Bienkopp vorweggenommen hat. Jan Bullert, ein erfolgreicher selbständiger Bauer, Blumenaus neuer Parteisekretär, wird als Delegierter nach Berlin geschickt, er soll dort gegen die Idee der dörflichen Produktionsgemeinschaften vom Leder ziehen. Bullert wird von den laufenden Ereignissen überholt und eines Besseren belehrt.

Reden sollte Bullert in Berlin. Du meine Güte! In was für ein Wagnis hatte er sich drängen lassen. Er kann zwar reden, aber erst nach fünf, auch sieben Glas Wodka. Wird es den geben auf einer so heiligen Konferenz?

Beim nächsten Umsteigen kaufte sich Bullert zur Vorsicht zwei Fläschchen geistigen Motorsprit. In seinem unbeleuchteten Abteil probierte er ein bißchen davon. Das Frösteln verließ ihn. Er trank noch zwei Hieb, und der geistige Motor sprang an. Kleine Gedanken schoben sich zusammen und dichteten sich zu einer Proberede: Wenn man die Sachen richtig betrachtet, Genossen, die ihr hier sitzt, wenn man die Fragen scharf ventiliert, so muß man doch sagen, Genossen, man muß auch monieren. Ich hätte was zu monieren, Genossen, und was ich monieren müßte, wär das: Es gibt doch Genossen, Genossen, die sind so von Gott verlassen und schmeißen das mühsam verteilte Land der Gutsherrn wieder zusammen! Nein, »Gutsherrn« schien Bullert zu zahm. »Die Junker«, wollte er sagen. Das hörte sich politisch bewußter an. Jetzt werdet ihr fragen, Genossen: Wer schmeißt denn das Land der Junker zusammen? Da kann ich nur sagen, das kann ich nicht sagen. Ich nenne hier keine Namen. Bloß soviel hätte ich noch zu sagen: Unter normalen Verhältnissen wäre derjenige welcher schon längst für verrückt erklärt, denn er ist, das übernehm ich als Selbstverpflichtung, von allen guten Geistern verlassen, und so ruf ich euch auf, man muß ihm den Riegel vors Loch schieben, auf daß wir wieder zur Einheit des Dorfes und somit zur Einheit des Vaterlandes beitragen bis an unser Ende!

Die letzten Sätze erschienen Bullert besonders eindrucksvoll. Er sah die Delegierten sich von den Plätzen erheben und hörte den Beifall tosen. Aber dann pfiff jemand grell dazwischen. Es handelte sich um die Lokomotive.

Jan Bullert saß auf der Parteikonferenz. Er hörte sich die Reden an; ihr Sinn ging ihm nicht auf. Er war in eigener Sache beschäftigt und saß wie auf einer Wiese, in der statt Gräser Wörter sprossen. Bullert suchte sich Wortblumen für den Strauß seiner Rede zusammen. Wörter, die ihm besonders gefielen, kritzelte er sich auf die Fingernägel; zum Beispiel das Wort *Obstrukteur.* Bullert fand es gelungen und für seine Rede geeignet: Genossen, klopft auf die Finger der *Obstrukteure* in den Fragen betreffs der Freiheit der Bauern!

Noch schöner fand Bullert das Wort *Eklektizismus.* Eine Löwenzahnblüte von Wort! Es schien ihm das gewöhnliche Wort Kleckerei vornehm und stubenrein zu ersetzen. Sehr fein! Bullert schrieb sich das süffige Wort auf den Daumennagel.

Die Arbeit strengte an. In der Pause hielt Bullert sich ans kalte Büfett. Er trank drei Schnäpse auf eigene Rechnung, für den Fall, daß die Diskussion, früher als erwartet, heranreifen würde.

In einer Ecke der Wandelhalle entdeckte Bullert Kreissekretär Wunschgetreu. Endlich ein Bekannter, ein bißchen Heimat!

Bullert wollte den Kreissekretär begrüßen, aber es standen so viele Menschen im Wege, redende Menschen, in Diskussionen verwurzelt wie Bäume im Humus. Es rauschte in der Halle, Bullert suchte sich bemerkbar zu machen, hob sein Schnapsglas, schwenkte es und prostete.

Endlich nahm Wunschgetreu Bullert wahr, hob sein Glas und prostete mit Selterswasser zurück.

Bullert schob sich entschlossen durch das Gedränge. Die Schnäpse hatten ihn mutig gemacht. »Ich werde hier reden, mein Lieber!«

Wunschgetreu hörte sich den Redeentwurf Bullerts an. Die Granatennarbe in seinem Gesicht hielt das überlegene Lächeln zusammen wie eine Brosche.

Bullert begeisterte sich am eigenen Redeentwurf. Er zeigte dem Kreissekretär sogar die klangvollen Worte auf seinen Fingernägeln.

Ein Zeitungsmann schickte sich an, Bullert und Wunschgetreu zu photographieren. Wunschgetreu legte Bullert die Hand auf die Schulter. »Du solltest vielleicht abwarten mit deiner Rede, Genosse Bummert!«

»Bullert, bitte, aber ich bin beauftragt.«

Wunschgetreu lächelte fein: Die Welt entwickelt sich. Was gestern falsch war, kann morgen richtig sein.

Bullert ließ sich belehren. Die Schnapswirkung verflog. Seine Redeangst kam wieder nach vorn. [...]

Wie ein Hölzchen im Wasserstrudel kreiselte er in den Saal und hakte sich an seinem Platz fest. Wieder flatterten Neuwörter vom Rednerpult. Ein langes Wort wehte hernieder und verfitzte sich fast in der Konferenzluft: LANDWIRTSCHAFTLICHE PRODUKTIONSGENOSSENSCHAFT. Bullert versuchte, seinen Sinn zu ergründen. Es konnte wohl nicht sein, daß in diesem Riesenbegriff etwas Ähnliches steckte wie das, was sein leider verrückter Freund, der Bienkopp, nun schon seit dem Winter betrieb und betrieb!

Bullert lauschte noch eine Weile, dann wurde ihm klar, daß LANDWIRTSCHAFTLICHE PRODUKTIONSGENOSSENSCHAFT oder ELLPEGE wirklich nur ein gelehrtes Wort für Bienkopps NEUE BAUERNGEMEINSCHAFT war: »Sind jetzt alle von Gott verlassen?« Bullert sagte es laut, sehr laut sogar. Die Genossen Platznachbarn zischten. Bullert duckte sich. Sein Nebenmann richtete ihn auf. »Was ist dir, Genosse?«

»Ich muß mal raus.«

»So geh schon und stör nicht!« Jan Bullerts Nachbar erhob sich; der Nachbar des Nachbarn erhob sich, so weiter und weiter, bis eine Reihe Genossen für Bullerts Bedürfnis Ehrenspalier standen.

Was wollte Bullert machen? Er zog den Bauch ein und wuselte sich durch die Reihe. Schwitzend erreichte er den Gang und ging gesenkten Blickes hinaus. Er sah sich nach den Türwärtern um und verschwand verabredungsgemäß auf dem Abort. Er wußte nicht, was er dort anstellen sollte, und um nicht ganz umsonst hineingegangen zu sein, wischte er sich vor dem Spiegel den Schweiß von der Stirn.

Bullerts rhetorische Probeläufe, der Seitenhieb auf das »Parteichinesisch«, die Verspottung eines ernst-würdigen Ereignisses, wie es die Verkündung einer neuen Politik nun einmal ist – hier hat Strittmatter eine Satire geschrieben, und das konnte höheren Orts, wo man in solchen Dingen keinen Spaß verstand, übel vermerkt werden. Die Kritik warf Strittmatter denn auch mangelndes Vertrauen in die Parteiführung vor; eine strenge offizielle Maßregelung blieb dem populären Schriftsteller aber erspart. Bienkopp wird rehabilitiert, die nun legale LPG legt sich den Namen »Blühendes Feld« zu.

Strittmatter malt gern Schwarz-Weiß-Bilder. Bienkopp packt mit seinem Kollektiv die Dinge richtig an, die Vertreter der Planungs- und Parteibürokratie pfuschen, versagen und müssen sich mit krummen Machenschaften durchhelfen. Ein Beispiel liefern die beiderseitigen Bemühungen um die Entenzucht. Die LPG »Blühendes Feld« hat eine junge Geflügelzuchtgehilfin namens Märtke eingestellt, ein freundliches, anstelliges und einsatzfreudiges Mädchen, das alle gern haben. Die Gehilfin verehrt Bienkopp wegen seiner Tüchtigkeit, und der ältere Mann, der so wenig Glück mit Frauen hatte, entdeckt seine Liebe zu Märtke. So kümmert er sich auch angelegentlich um die Nachzucht von Enten, wofür eigentlich das Mädchen zuständig ist.

Die Enten sind jetzt sechs Wochen alt und tummeln sich auf dem Kuhsee. Sie schwimmen, gründeln, sind gesund bis über die Bürzel, filtern das Seewasser durch die Schnäbel, verschlingen grammweis Krebschen und Larven und beweiden die schwimmenden Wasserpestwiesen. Bald kommt der Tag, da Märtke den Mitgliedern der Genossenschaft sagen kann: So und so viel tausend Mark Reingewinn für das »Blühende Feld« aus dem Wasser geholt!«

Parteiagronom Kraushaar will eine Kreisentenfarm einrichten und schanzt den Auftrag einem dafür nicht befähigten Taubenspezialisten zu.

Die Enten wurden sieben Wochen alt und kränkelten. Den ersten Tag waren's zwanzig und den zweiten Tag waren's vierzig. Die Tiere saßen matt vor den Futtertrögen, fraßen wenig und waren knickerig auf den Beinen. Drei, vier Tage, dann fielen sie um und starben ... Hatte der Feind seine Hand im Spiel?

Tauben-Schulz sicherte sich. Her mit dem Tierarzt! der Tierarzt kam. Den Enten fehlte Vitamin E, die Futtermittelmischung war zu einseitig. Muskelentartung.

Tauben-Schulz sagte schüchtern: »Enten brauchen vielleicht doch Wasser?«

»Komm mir nicht reaktionär!« ...

Um diese Zeit fragte die Redaktion der Kreiszeitung bei Kraushaar an: »Die Mastzeit läuft ab. Was ist mit den fünftausend Sonderenten für Muttis Bratpfanne?«

Kraushaar war's nicht zum Tanzen zumute. Er ließ Tauben-Schulz kommen. Wieviel Verrecker sind abgeschmiert?«

Tauben-Schulz wagte die Zahl kaum zu nennen.

Kraushaar verfluchte den Reklameartikel mit den Vorschußlorbeeren für Initiative.

Zur Initiative von Kraushaarscher Art gehört Glück ...

Fischer Anken stand in voller Breite vor Kraushaars Schreibtisch. »Ich werde mein Fischsoll nicht erfüllen!«

Kraushaar war streng, wie sich's gehörte. »Komm mir nicht so, Anken-Fischer. Hast wohl Fische verschoben?«

Fischer Anken, immer noch breit, doch beleidigt: »Muß ich mir das sagen lassen? Die Fische werden von Bienkopps Enten gefressen.«

Bei Kraushaar fielen mehr als drei Groschen. Hier wurde ihm sozusagen die amtliche Befugnis geliefert, Bienkopps uneingeplante Enten seiner Kreisentenfarm einzuverleiben und die Verluste dort zu decken.

Der langsam und schwerfällig arbeitende bürokratische Apparat ist schließlich mitschuldig an Bienkopps Tod. Der LPG-Vorsitzende hat unter seinem Grund und Boden Mergelschichten vermutet und will den Mergel zur Bodenverbesserung fördern. Als der angeforderte Bagger wegen säumiger Bearbeitung des Antrags nicht eintrifft, macht sich Ole mit Pickel und Schaufel selbst daran, den Mergel freizulegen. Eine im Freien verbrachte kalte Nacht überlebt der Erschöpfte nicht.

Bienkopp hat geschaufelt, geschuftet, geschwitzt und gescharrt. Immer wieder drückte das Moor in das Loch. Bienkopps Herz pochte; es war schon mehr ein Getöse. Er machte sich Mut, wenn er müde wurde. Das hält kein Pferd aus, pochte sein Herz. Aber ich! sagte Bienkopp.

Am zweiten Tag sah Bienkopp das Mergelflöz grau durch die Moorschicht dringen, und er wies sein Herz zurecht: Still doch! Halt dich zusammen, jetzt, kurz vor dem Ziel!

Er legte ein Mergelstück frei; es war so groß wie ein Tisch. Die Zähne klapperten ihm. Das ist die Freude.

Es war schon Nacht. Er schlang einen Kanten Brot hinunter, holte Wasser vom See und trank es. Dann raufte er trockenes Schilf vom Seerand, trug eine Bürde zusammen und hatte ein raschelndes Bett.

Er wühlte sich ein und schlief, bis der Nachtfrost ihn packte, da sprang er auf und schürfte und scharrte.

»Eigensinn ohne Eigennutz – dafür gibt's noch kein Wort«, sagt einer von der Genossenschaft »Blühendes Feld«.

Strittmatter erzählt in einer Sprache, die alle verstehen, und weiß seine Leser zu packen. Vergleicht man die beiden Romane aus dem Jahr 1963, so mag verwundern, daß sie im gleichen Jahr erschienen sind. Woran liegt es, daß man Strittmatters ›Ole Bienkopp‹ leicht früher datieren würde? Es hat wohl mit den unterschiedlichen Generationserfahrungen der beiden Autoren zu tun, die die Schreibweise geprägt haben. Christa Wolf wirkt »moderner«, bei ihr sind Erzählperspektive und Erzählerstandpunkt personengebunden, alles wird aus der Sicht Ritas erzählt, die sich mit ihrem früheren Selbst auseinandersetzt. Das scheinbar auf Abstand bedachte Erzählen in der 3. Person täuscht, ›Der geteilte Himmel‹ ist ein verhüllter Ich-Roman. Strittmatter holt weiter aus, er integriert in die Lebensgeschichte seines Titelhelden eine Dorfchronik. Er läßt sich nicht auf komplizierte Erzählverfahren ein, geht souverän mit Figuren, Ereignissen, Zeiten und Schauplätzen um, erregt sich wenig über die Welt und die Menschen. Strittmatters Sprache ist gewissermaßen durchgegoren; er bevorzugt das Herbe und Derbe.

Bis heute hat Erwin Strittmatter seine Leserschaft in den neuen Ländern; in der Bundesrepublik wurde sein Name genannt, das Werk blieb weithin unbekannt. Ganz anders verhielt es sich mit Christa Wolf, die von Anfang an im Westen zahlreiche Leser und auch Anhänger fand.

Fritz Rudolf Fries
Der Weg nach Oobliadooh

Einen dritten Roman der sechziger Jahre konnten in einer »West-Ausgabe« nur Leser in der Bundesrepublik kennenlernen, in der DDR erschien das Buch nicht. ›Der Weg nach Oobliadooh‹ von Fritz Rudolf Fries wurde erst 1989, also nach 20 Jahren, zur Veröffentlichung freigegeben. Ein anstößiges, unwillkommenes Buch, das der Zensur zum Opfer fiel? Fries blieb im Lande, er publizierte später andere Arbeiten. Auf die Frage, warum gerade für ›Oobliadooh‹ keine Drucklizenz erteilt wurde, soll der Roman selbst Antwort geben.

Ungewöhnlich war der Titel, ungewöhnlich war auch der Anfang. War es erwünscht, wenn in den sechziger Jahren ein DDR-Roman auf den allerersten Seiten mit sichtlichem Vergnügen das ganz private Glück eines jungen Pärchens schilderte? Isabel, eine rassige Spanierin, ist Tochter eines Generals, eines Veteranen aus dem Bürgerkrieg, der natürlich fanatischer Republikaner war. Arlecq, Bürger der DDR, ist dreiundzwanzig und »bringt die ganze Skala eines Liebenden mit«.

Die beiden tändeln miteinander, necken, lieben sich. Die Zeitung liegt unbeachtet unterm Bett, das für Angenehmeres gebraucht wird; das »Geraune weltpolitischer Alpträume« stört die jungen Leute nicht.

Arlecq wird Isabel bald verlieren; in Paris, wohin er nicht reisen darf, oder sonstwo in einer verlockenden Fremde. Er lebt in Leipzig bei der Mutter, übersetzt spanische Literatur und arbeitet während der Messe als Dolmetscher. Dabei hat er Umgang mit exotischen Originalen aus fernen Ländern, die ihn »Wanderjahre« daheim, im eigenen Land, erleben lassen.

Doch die Fremden reisen nach der Messe wieder ab; Arlecq muß mit seinen Freunden Abel Paasch und Stanislaus vorliebnehmen; Paasch ist Werkzahnarzt in einem volkseigenen Betrieb, Stanis Buchhändler in einem gleichfalls volkseigenen Laden. Trotz einer gewissen Melancholie sind die drei vergnügt, weil sie das Leben nicht so ernst nehmen, wie es sich nach der Auffassung von Regierung und Partei eigentlich gehören würde. Man feiert gern im kleinen, vertrauten Kreis, dazu braucht man einen Grund und ein paar volle Flaschen. Als Paasch nach mehreren gescheiterten Versuchen endlich das Examen bestanden hat, gibt es wieder einen Anlaß. In seiner Laudatio nimmt Stanis nicht nur Paasch, sondern auch die Staatsideologie auf die Schippe.

Hochwohllöbliche Freunde, Freundinnen, hebt Stanislaus an, auf Paasch nun denn, den Ritter zur Plombe.

Paasch reinigt die Brillengläser mit dem Taschentuch und sieht blind verkniffen zu Stanislaus.

Im Zuge der Kollektivierung der Landwirtschaft, fängt Stanislaus ein zweites Mal an, wurde dem Volke hart aufs Maul geschaut, dem Landvolke, wie ich sagen muß, daß auch Zähne, nicht nur Zähren fielen. Ähren in Ehren, aber so geht es nicht, Freunde, so nicht.

Stanis öffnet sich das Hemd, um den Tonfall des kleinen Funktionärs, in den er geraten, besser zu veranschaulichen. Wir haben Fehler gemacht, gewiß, wer macht keine Fehler. Also müssen wir sagen, daß wir Fehler gemacht haben. Aber gestützt auf die Erfahrungen der großen, der ruhmreichen glorreichen unbesiegbaren des Vaterlandes aller Werktätigen, der großen unbesiegbaren sozialistischen ruhmbedeckten an der Spitze der Menschheit stehenden den Fortschritt auf einem Sechstel der Erde verwirklichenden großen unbesiegbaren Soffjetunion – charascho. Also Freunde, wie lautet doch gleich die Parole: Zahnärzte aufs Land! (Und noch einmal im Falsett eines Kinderchors) Zahnärzte aufs Land. So hat denn unser von allen geschätzter staatsbewußter Kollege, Freund der Soffjetunion – bist du ein Freund der Sowjetunion? – (Stanislaus steigt auf einen Stuhl) für den Fortschritt auf dem Lande – Zähne schenken, Freude schenken ...

Häufig und unerbittlich vollzogene Rituale und Bräuche wie die Prozedur der öffentlichen Selbstkritik und die Berufung auf das große Vorbild Sowjetunion werden hier ebenso lächerlich gemacht wie die Inflation politischer Parolen und die angeblich freiwilligen, in Wahrheit staatlich verordneten Aktionen und Einsätze. Der Zensor mag die Parodie mit Stirnrunzeln gelesen haben.

Die drei Freunde teilen auch ein nicht gern gesehenes Hobby: sie sind Jazzfans und stehen mit den US-Stars auf du und du. Mit Jazz hat auch der Titel des Romans zu tun. Der Song von der Prinzessin im Lande Oobliadooh entstammte dem Repertoire des Trompeters Dizzy Gillespie. Jazz versetzt besonders Paasch in eine wilde oder auch nur milde Ekstase, mit Jazzrhythmen im Kopf und in den Gliedern vergißt er die öde Alltagsrealität.

Paasch schritt heiter aus, lallte sein SALT PEANUTS zwischen den Zeilen, stieß bei PEA links das Bein hoch, ließ die Häuser der Lindenauer Vorstadt hinter sich, Stadtbad, Markt und Haferkasten. ... Paasch sang: I knew a wonderful Princess in the land of Oobliadooh. ... [Das] Lied von der Prinzessin, elle est partie, zwischen Gaumen und Zunge blieb [er] am defekten Zaun des Sportplatzes hängen. Sah ins Tor am Fußballplatz, trat ein, unbemerkt, lief einmal auf dem Hufeisen der Aschenbahn, lief als Fußgänger, langsam, schleppend, aber akzentuiert, der Wind stieß ihn in den Rücken, ohne ihn aus seiner zivilen Gangart bringen zu können.

Bei einem Ausflug nach West-Berlin dürfen Arlecq und Paasch, die beiden Provinzler aus Sachsen, Westluft und internationales Flair schnuppern. Höhepunkt ist ein Konzert des berühmten Count Basie, bei dem die beiden live erleben, was sie zu Hause bestenfalls auf Platten hören können. Sie sind vom Westen angetan und scheinen einer Republikflucht nicht abgeneigt.

Rasch entschließen sie sich dann auch, in den Westen zu gehen: Das Durchgangslager Marienfelde hält freilich nicht, was die West-Berliner City versprochen hat. Reumütig würden sie zurückkehren, wenn man ihnen nicht die Ausweise abgenommen hätte. Zum Glück begegnen sie einem ehemaligen Schulkameraden, der die verlorenen Söhne in die ungeliebte – oder doch halbgeliebte – Heimat zurücklotst. Die Presse erfährt, sie seien entführt worden.

Nach der Rückkehr muß Paasch eine Stelle als Werkzahnarzt in einem Industriekombinat in der nordöstlichen Provinz antreten. Er hat, weil er mußte, geheiratet, ist eben Vater geworden und verspürt Lust, Freund Arlecq in Leipzig eine Botschaft zukommen zu lassen. Er spricht sie auf Tonband und wird dabei zum älteren Bruder des nachmals berühmten Edgar Wibeau, der erst einige Jahre später das Licht der DDR-Literatur erblicken sollte.

Edgar Wibeau ist die Hauptfigur von Ulrich Plenzdorfs Roman ›Die neuen Leiden des jungen W.‹ (1973). Edgar wollte von einem geregelten Arbeitsleben und einer biederen DDR-Karriere nichts wissen und scherte aus.

Paasch bespricht sein Band wie folgt:

... beten und arbeiten immer meine devise gewesen und abends in den krug heißt hier zum pappelwirt putziger name wo keine pappeln vorm haus stehn die hunde gehn woanders pissen was ich dir noch sagen wollte komme um den fünfzehnten heim ins reich hoffe wir können uns dann austauschen kennst du die geschichte von dem manne der auszog das saufen zu lernen bohre immer den verkehrten zahn an peter von zahn hatte neulich prima kommentar was du nicht hörst nur was fürs volk. Hier gibt es wie überall solche und solche aber mehr solche alles kumpels die lieber die hand verrenken als dem staat was schenken sagt mein wirt kann ich mir lebhaft vorstellen wie das so lang geht mit unsrer volkswirtschaft sagt mein wirt meine jetzt diesen vom pappelkrug pappelwirt prima pappelbier oobliadooh im kleinen gästezimmer zum männerskat hoffe du hast es endlich gelernt und verpimpere dich nicht hab mich vor augen gieß es ins taschentuch wie es bei van de velde heißt möchte dich mal sehen als ehemann windelscheiße aufs butterbrot geschmiert haut dich glatt vom stuhl. (Ein Glas klirrt.) Übrigens toronto konzert endlich aufgenommen, parker, dizzie bud powell geht gleich los mit salt peanuts herrlich da gerätst du außer rand bringe das band mit du seele eines literaten sonntags lese ich was mir mein chef borgt der es von seiner schwiegertochter hat studiert in westberlin franz kafka zum beispiel komme ich nicht mit. Das mit rosa und dem knecht zwei zahnreihen in des mädchen wange du vieh schreie ich wütend schön und gut oder wie die tür meines hauses unter dem ansturm des knechtes birst und splittert noch gut aber dann geht es los legt sich der arzt ins bett des patienten wo es feucht ist wie nach dem coitus nur hier von der suppenden wunde und den würmern ist mir ehrlich gesagt zu hoch. [...]

Am wichtigsten sind für die beiden die Jazz-Novitäten, daneben und dazu läßt Paasch aufs Band gehen, was ihm gerade einfällt. Satzgrenzen werden überflutet, und wenn ein Wort eine Assoziation auslöst, hält der Sprechende sie nicht zurück. Von seinen schlecht gebohrten Zähnen kommt er auf den Westkommentator Peter von Zahn und kann damit zugleich boshaft-ironisch auf die Popularität (»... nur was fürs volk«) des Westfernsehens in der DDR anspielen. Zitiert der Zahnarzt aufmüpfige Sprüche, so wird mit einem Augenzwinkern der Pappelwirt als Quelle angegeben, man kennt sich aus mit Tarntaktiken. Auch liebt Freund Paasch starken Tobak, Sexuelles und Fäkalisches sind keineswegs tabu. Zwar paßt es zum Sprechanlaß, daß die Romanfigur einen inneren Monolog abspult, Autor Fries aber bedient sich damit einer Darstellungstechnik der als dekadent verrufenen westlichen Moderne. Im Bewußtseinsstrom fließen und mischen sich Gedanken, Sprachspielereien, Lektüreeindrücke aus Kafkas Erzählung ›Der Landarzt‹ und »Schweinkram«. Wie hält es der Autor mit Kafka? Wird er in und durch Paaschs Monolog als abartig vorgeführt, wie es der offiziellen Auffassung entspräche, oder liegt der Akzent auf dem Einschmuggeln kapitalistisch-dekadenter Literatur aus West-Berlin?

Es ist jedenfalls nicht zu verkennen, daß Fries den bösen Buben Abel Paasch nicht ohne Sympathie gezeichnet hat. Literatur war oft als Versteckspiel inszeniert, Leser und Zensoren suchten sich dann aus, was sie finden wollten.

Sind Paasch und auch Arlecq, die männlichen Hauptfiguren, liebenswerte Schelme, so sind ihre in der DDR geborenen und aufgewachsenen Gefährtinnen mit Namen Anne und Brigitte anders geartet. Anne hält Arlecq die Berliner Eskapaden vor:

Sehr schön finde ich das nicht, sagte Anne und wurde rot im Gesicht, da sie widersprechen mußte. Ich möchte nicht drüben wohnen, sagte sie. Wenn ich meine Großmutter in Spandau besuche, komme ich mir vor wie im Ausland. Ich kann mir nicht vorstellen, daß ich drüben mit jemand gehen könnte, ich meine, eine Freundin hätte.

Ich bin nicht dein FDJ-Sekretär, sagte Arlecq.

Dich hätten wir schon nicht gewählt, sagte Anne, aber ich meine es wirklich so. Ihr seid ja schließlich auch nicht drüben geblieben.

Nein, sagte Arlecq. Wir haben für die Deutsche Demokratische Republik optiert.

Warum kannst du nicht ernsthaft bleiben, sagte Anne, die das Fremdwort nicht verstanden hatte. Das ist ein wichtiges Thema. Für uns beide, mein ich.

Du hast recht, sagte Arlecq und dachte nach. Paasch hatte nicht bleiben wollen. Er hätte vielleicht für die freie Konkurrenz nicht das Zeug gehabt. Hier war er sicherer in seiner Labilität. Schule, Studium, Beruf: andere hatten für ihn vorgesorgt. Und daß er wegen Anne zurückgekehrt wäre, das stimmte wohl nicht. Eher hätte er bleiben mögen. Wegen Isabel. In Paris. ...

Wäre ich eine große Begabung gewesen, überlegte Anne, ich weiß nicht, vielleicht würde ich dann anders denken. Oder auch nicht: ich finde es nicht richtig, daß so viele nach drüben gegangen sind. Dann wundert man sich, wenn wir Mühe haben, hier etwas zustande zu bringen.

Ich wundere mich nicht, sagte Arlecq.

Du, sagte Anne. Du weißt ja gar nicht, wie das in der Tanzgruppe ist. Wo der kleinste Fortschritt sich sogleich auf alle überträgt. ...

Arlecq legte die Bananen auf den Tisch. Ich will sie mir lieber aufheben, sagte Anne, auch sie ein Kriegskind. ... Bei ihr zu Hause war man genau in kleinen Dingen. Du mußt dir die Schuhe gut einfetten, hatte sie an einem Regentag gesagt. Da bekommst du keine nassen Füße.

Da ist wieder, was schon im ›Geteilten Himmel‹ als Besonderheit der DDR-Mentalität aufgefallen war: die Ernsthaftigkeit, die Freude über den kleinen Fortschritt im vertrauten Kollektiv, die Mittelmäßigkeit, das Leiden unter dem Spott eines Überlegenen, der sich die Schuhe nicht einfetten und nicht dazugehören will.

Am Ende des Romans treiben es Paasch und Arlecq dann nochmals bunt. Wieder einmal sitzen sie in der auf »Weltniveau« getrimmten Halle des Hotels International und spielen tief in der DDR-Provinz große Welt.

Paasch und Arlecq tranken ihren Kaffee, ihren Courvoisier in der Vorhalle des International, saßen in tiefen Sesseln, der Bart rahmte ihre Gesichter. Wie immer ... flimmerten die Zierfische in ihren wassersprudelnden grünen Behältern, gab es wächserne Torten in der Vitrine, dämpfte der weinrote Plüsch alle Gespräche und Hantierungen mit den silbernen Bestecken.

Paasch las die Speisekarte, erbaute sich an Namen wie Sauce béarnaise.

Berauschen will ich mich an allen Tagen, sagte Arlecq und goß Cognac in die Kaffeetasse.

Wieviel Alkohol danach noch geflossen ist, bleibt ungesagt; jedenfalls finden sich die beiden Freunde am nächsten Tag in einem Haus, dessen Einrichtung es unverkennbar als »Klapsmühle« ausweist. Arlecq und Paasch spielen buchstäblich verrückt; sie vertauschen ihre Namen, vor den Ärzten gibt sich A als P und P als A aus. Es bedarf dann aber gar nicht der vorher entnommenen Blutprobe, um die Identität zu klären. Zwei entschlossene und nüchterne Frauen, Anne und Arlecqs Kusine, identifizieren die beiden Abgängigen. Die nächste gemeinsame Juxtour wird wohl auf sich warten lassen, denn die Freunde werden getrennt. Abel Paasch, der 60 Prozent Alkohol im Blut hat, muß in der Anstalt bleiben, Arlecq darf an Annes Seite das Irrenhaus verlassen. In die Freiheit führt sein Weg freilich nicht.

Wieder kann die Fahrt in die Vorstadt stattfinden, Schule, Rathaus, Standesamt, die Kirche mit den Paradiesäpfeln, die Wellblechbude. Die Bahn schleift die Schienen, Annes Hand schiebt sich in die seine ...

Der letzte Abschnitt beginnt mit »Wieder«, das zusammen mit dem Adverbiale »wie immer« das Zeitmuster des Romans bestimmt. Man könnte den Schluß als Persiflage sowohl auf den Aufbau-wie auf den Ankunftsroman lesen. In der DDR, die sich so gern als sozialistisch-fortschrittliches Land darstellte, war vieles beim alten geblieben. Das betraf nicht nur Stadt- und Straßenbilder, Gebäude und Landschaften, sondern auch Lebensformen und Verhaltensmuster. Daß dem so war, machte es auch leichter, sich mit den Zuständen zu arrangieren. Immerhin war ›Oobliadooh‹ in kleinen Portionen und in landesüblicher Qualität auch in der DDR zu haben, und in einer »Nische« konnte sich einer, der Wert darauf legte, eine persönliche Note leisten und erhalten. Arlecq und Paasch machen gewissermaßen vor, wie es geht. Für sehr viele freilich stand das Angenehme und das Unangenehme schwerlich im rechten Verhältnis.

Mit den drei Romanen von Wolf, Strittmatter und Fries hatte die DDR-Literatur eine Variationsbreite und Qualität erreicht, die nach der Verpflichtung der Autoren auf eine stalinistische »Literaturproduktion« kaum zu erwarten war. Von den dreien hatte jeder auf seine

Art das Bitterfelder Programm hinter und unter sich gelassen. Formalismus war immer noch ein Schmähwort, stillschweigend war man sich aber unter den Autoren einig, daß das Repertoire formaler Mittel der Erweiterung bedurfte und je nach den Bedürfnissen des Stoffes elastisch zu handhaben war. In aller Namen forderte die Literaturpreisträgerin Christa Wolf 1964 die »Autonomie des Künstlers vor dem Stoff«.

Bald war jedoch zu spüren, daß man die Rechnung ohne die Partei gemacht hatte. Beim 11. Plenum des Zentralkomitees der SED im Dezember 1965 wurde das den Künstlern wieder schmerzlich bewußt. Walter Ulbricht verkündete lautstark, wichtig sei allein der politische Kampf zwischen zwei Systemen. Fast von einem Tag zum anderen hatte sich das Klima verschlechtert. Nach dem Frosteinbruch blieb nur die Hoffnung auf das nächste Tauwetter. Es ließ einige Jahre auf sich warten.

Anhang

Absurdes Theater: Diese Theaterform stellt mittels einer »verrückten« Bühnenwelt dar, daß ein Sinn des Lebens letztlich nicht auffindbar ist. Die Menschen bewegen sich wie an Drähten, die von unbegreiflichen Mächten bewegt werden. Die Welt ist nicht nur in Teilaspekten, sondern in ihrer Ganzheit absurd.

Allegorie: Etwas Abstraktes bzw. ein Begriff wird durch Personifikation und/oder eine Kombination von Bildern oder bildhaften Zeichen wiedergegeben.

Alliteration: Mehrere aufeinanderfolgende Wörter beginnen mit dem selben Laut, meist einem Konsonanten.

Anagramm: In einem Wort werden die einzelnen Buchstaben so umgestellt, daß ein Wort mit ganz anderer Bedeutung entsteht. (Janos – Sonja)

Analytisches Drama: Das die Handlung auslösende oder bestimmende Ereignis liegt vor Beginn des dramatischen Geschehens, durch das Zusammenhänge oder wahre Ursachen und Motive aufgedeckt werden.

Anapher: Wiederkehr eines Wortes oder mehrerer Wörter am Anfang einer Zeile oder Strophe.

Ankunftsroman: Sozialistische Version des Entwicklungsromans. Ein Mensch wächst nach Überwindung von Schwierigkeiten, die oft durch Herkunft oder Charakter bedingt sind, in ein Kollektiv der sozialistischen Gesellschaft hinein.

Apostrophe: Ein Redner oder Dichter wendet sich Personen oder personifizierten Mächten (Göttern, Musen) zu und ruft sie an.

Apposition: Nachgestelltes Attribut (Beifügung) im gleichen Kasus.

Bewußtseinsstrom: Darstellung von unkontrollierten Bewußtseinsvorgängen, in die Gedanken, Wahrnehmungen, Vorstellungen und Unbewußtes einfließen können.

Blende: Ursprünglich filmisches Gestaltungsmittel, mit dem sich ein fließender Übergang von einer Einstellung zur anderen schaffen läßt. An die Stelle optischer Blenden (z. B. Farb- oder Helligkeitsregulierung) treten beim Hörspiel klangliche (geringere Lautstärke, Kennmelodie).

Chassidismus: Religiöse Bewegung des osteuropäischen Judentums, das strenge Gesetzesbefolgung durch mystische Gefühlsfrömmigkeit ergänzen oder ersetzen will.

Chiastisch: In der Gestalt des griechischen Buchstabens chi symmetrisch über Kreuz gestellte Wörter oder Satzglieder.

Chiffre: Sprachliches Bildsymbol, das verkürzt für eine schwierige oder komplexe Aussage steht und oft nur aus dem Zusammenhang des Kunstwerks erschlossen werden kann.

Daktylus: Versfuß, bei dem einer betonten zwei unbetonte Silben folgen, was einen bewegten Rhythmus ergibt. Er wurde in der Antike den Gliedern eines Fingers (griech. daktylos) verglichen.

Dokumentartheater: szenische Reportage, in die dokumentarisches (authentisches) Material unverändert übernommen wird; dem Autor obliegt nur Auswahl und Arrangement. Thema sind oft politische Ereignisse und deren Hintergründe.

Dreierfigur: Dreigliedrigkeit bei Wortwiederholungen in Form einer steigernden Abfolge (Klimax).

Einheiten (drei): Einheit des Ortes, der Zeit und der (nicht unterbrochenen) Handlungsabfolge.

Elegie: Gedichttyp der Gefühlslyrik. Das lyrische Ich reflektiert in nachdenklicher oder trauriger Stimmung über sich selbst; häufig werden Verluste beklagt, oder es wird eine bessere Vergangenheit beschworen.

Entwicklungsroman: Ein Roman, in dem dargestellt wird, unter welchen unterschiedlichen Einflüssen ein junger Mensch zu sich selbst findet und seine Persönlichkeit ausbildet.

Episches Theater: Im wesentlichen von Bertolt Brecht entworfenes und gestaltetes Theater, das nicht – wie das aristotelische Theater – die emotionale Anteilnahme des Zuschauers an der Bühnenhandlung anstrebt, sondern das vorgeführte Geschehen kritischer Beurteilung durch den Zuschauer aussetzen will. Brecht hat in seiner Dramaturgie verschiedene Mittel ausgebildet, um diese reflektierende Haltung zu erreichen (z.B. Unterbrechen der Handlung durch Songs, Einführung eines Erzählers oder Kommentators, Zerstörung der zeitlichen Kontinuität).

Erlebte Rede: Wiedergabe von Gedanken einer handelnden Person in der dritten Person des Präteritums. Der Berichtcharakter der Erzählung bleibt erhalten, der Leser rückt aber näher an die Figur heran.

Feature: Radiosendung, die aus Reportagen, Original-Tondokumenten und Kommentar zusammengestellt ist.

Grotesk: verzerrt. Im Schrecklichen oder in einer turbulenten Situation zeigt sich plötzlich auch eine komische Seite. Der Charakter des Unheimlichen überwiegt aber.

Hermetismus: Literarisches Verfahren, das die Aussage einer Dichtung verschließt oder verschlüsselt und so oberflächlichem Lesen Widerstand entgegensetzt.

Heroine: Darstellerin einer tragenden weiblichen Rolle im Theater.

Innerer Monolog: Literarisches Dokumentieren eines inneren Vorgangs; ein Stück weit wird der Rhythmus bewußten Denkens sprachlich nachgebildet.

Inversion: Veränderung der üblichen Wortstellung zum Zweck einer Hervorhebung.

Irrealismus: Eine Aussage oder Behauptung trifft in Wirklichkeit nicht zu. (Wenn ich dabeigewesen wäre ...; ich war aber nicht dabei)

Jambus: klanglich-rhythmische Einheit, die als wiederkehrender Versfuß das Versmaß (Metrum) prägt: einer unbetonten Silbe folgt jeweils eine betonte. Vgl. auch: *Trochäus:* einer betonten, »schweren« Silbe folgt eine unbetonte; *Daktylus:* zwischen zwei betonten Silben stehen zwei unbetonte.

Kahlschlagliteratur: Der Begriff findet sich im Nachwort zu einer ›Sammlung neuer deutscher Geschichten‹ aus dem Jahr 1949. Es wird festgestellt, die deutsche Prosa habe noch nicht »aus einem ... Dickicht herausgefunden«, Kahlschlag tue not, um die Augen der Autoren zu öffnen. Heute wird mehrfach in Anlehnung an Heinrich Bölls Begriff von »Trümmer- und Kahlschlagliteratur« gesprochen.

Klimax: Rhetorisches Mittel, um stärkere Wirkung zu erzielen: stufenweise, steigernde Reihung von Wörtern, Satzgliedern und Sätzen.

Kolportage: Literaturprodukt, das auf niedrigem Niveau durch Spannung und Sensationen unterhalten will.

Kothurn: In der antiken Tragödie Bühnenschuh der Schauspieler mit hoher Sohle.

Lakonismus: Knappe, pointierte und treffende Redeweise. In der Antike galt diese Ausdrucksform bei den im Umkreis von Sparta lebenden Lakoniern als Sprachtugend.

Laudatio: Lobrede aus öffentlichem Anlaß (etwa auf einen Preisträger).

Legende: 1) Geistliche Erzählung, die das Leben und Sterben eines Heiligen zum Thema hat. 2) Was erzählt wird, aber nicht den Tatsachen entspricht.

Leitmotiv: Der Begriff stammt aus der Musik und bezeichnet eine Melodie, die immer dann wiederholt wird, wenn eine bestimmte

Gestalt oder ein wichtiges Thema erscheint. In der Literatur können bestimmte Ausdrücke, Naturdinge oder Gegenstände Leitmotive sein; sie gehören dann gewissermaßen zu einer Figur oder lösen eine Haltung oder Stimmung aus.

Lyrisches Ich: Das Ich im Innenraum des Gedichts, das Geschehnisse oder Gefühle kundtut. Das lyrische Ich ist nicht mit dem Autor gleichzusetzen.

Metapher: Ein Wort wird in übertragener Bedeutung zu einem bildhaften Ausdruck.

Montage: Literarische Technik, bei der Texte oder Textteile verschiedener Herkunft zu einem neuen Ganzen verbunden werden. Die Komposition aus montierten (Fertig-)teilen kann bewußt unharmonisch oder widersprüchlich angelegt sein.

Mysterienspiel: Seit dem 14. Jahrhundert geistliche Schauspiele, die aus der Liturgie entstanden sind.

Novelle: Der Held der Novelle steht vor einem äußeren oder inneren Konflikt, die Spannung richtet sich auf die Lösung. Dingsymbole sind des öfteren in den Schicksalsablauf eingeflochten (in ›Katz und Maus‹ der Ritterkreuzorden), sie betonen Wende- und Höhepunkte.

Ode: Wie schon der Name (griech. Gesang) sagt, ist die Gedichtform antiken Vorbildern verpflichtet. Ihr ist ein getragener, feierlicher Ton angemessen, was sie zur Aussage starker und tiefer Gefühle tauglich macht.

Optativ: Modus des Verbs, der einen Wunsch bezeichnet oder angibt, was möglicherweise geschieht.

Oratorium: Ursprünglich mehrteiliges Musikstück geistlichen Inhalts für Solostimmen, Chor und Orchester.

Oxymoron: Zwei sich ausschließende Begriffe werden zu einer neuen Sprachfigur zusammengesetzt; z. B. in »kalte Glut«.

Parabel (griech. das »Nebeneinanderwerfen«): Ein konkretes Geschehen ist auf eine geistige Ebene zu übertragen; dabei sind wesentliche Einsichten zu gewinnen.

Parlando: Leichtes, flüssiges, aber gleichwohl präzises Sprechen.

Parodie: Nachahmende Abwandlung von Ernsthaftem ins Komische. Meist werden Form und Ton beibehalten, der Text geändert.

Picaroroman: Eine in Spanien entwickelte Form des Abenteuerromans. Der Held, ein junger Mann einfacher oder dunkler Abkunft, gerät in viele gefährliche und widrige Situationen; er muß sich eher schlecht als recht durchschlagen.

PS: Abkürzung für Postskriptum, nachträglich Dazugeschriebenes (etwa zu einem abgeschlossenen Brief).

Rhetorische Frage: Frage, auf die keine Antwort erwartet wird. Rhetorisches Mittel, mit dem sich der Redner direkt an die Zuhörer wenden kann.

Satyrspiel: Spiel, das im griechischen Theater der Tragödientrilogie folgte. Satyrn (Fruchtbarkeitsdämonen) treiben ihre derb-heiteren Späße.

Schaubudendramaturgie: Die Schaubudendramaturgie übernimmt Elemente des Theaters, das auf Jahrmärkten gespielt wird, z.B. des Kasperletheaters.

Sekundärliteratur: Wissenschaftliche Literatur über einzelne Autoren, Werke, Epochen; auch Gesamtdarstellungen kunst- oder kulturgeschichtlicher Art.

Sentenz: Lebensweisheit, die im Kontext eines literarischen Werks vorkommt und sich im außerliterarischen Gebrauch meist schon verselbständigt hat.

Showdown: Entscheidungskampf auf Leben und Tod (ursprünglich in Wildwestfilmen).

Solipsist: Ist ganz auf das eigene Ich bezogen; alles, was außer ihm ist, wird niedriger eingestuft.

Sozialistischer Realismus: Bis zum Umbruch in Osteuropa um 1990 offizielle und verbindliche Literaturdoktrin in den sozialistisch-kommunistischen Ländern. Wirklichkeit ist unter den Aspekten sozialer Kampf und Veränderlichkeit darzustellen; die Lösung von Problemen und Konflikten muß auf eine bessere Zukunft deuten. Ein sogenannter »positiver Held« muß als Vorbild wirken.

Stationendrama: Typus des Dramas ohne Akte. Das Stück besteht aus einer Folge von Einzelszenen, die sich aber dennoch zu einer Handlung fügen.

Synonym: Bedeutungsgleiches Wort. Feine Unterschiede sind zwischen S. fast immer festzustellen.

Tableau (frz. Bild): Ein Personenarrangement auf der Bühne, bei dem die Schauspieler in betont malerischer Ordnung verharren, vor allem am Akt- oder Dramenschluß.

Tertium Comparationis: Das Gemeinsame (gemeinsame Dritte), in dem zwei verschiedene Dinge übereinstimmen.

Tragödie: Untergattung des Dramas: Ein tragischer Held muß sich zwischen Prinzipien oder Werten entscheiden, die sich ausschließen, oder – wie in der antiken Tragödie – ein ihm vorbestimmtes

Schicksal annehmen. Er trifft eine bewußte und klare Entscheidung, auch wenn sie ihm Leid und Tod bringt.

Utopie: Darstellung eines noch nicht verwirklichten, meist besseren Zustands, der für irgendwann erwartet wird und hoffen (oder fürchten) läßt.

Verfremdungseffekt: Spielweise im Epischen Theater, durch die Vorgänge als »auffällig« oder »erklärungsbedürftig« (Brecht) erscheinen. Der Schauspieler ist gewöhnlich nicht mehr voll mit seiner Rolle identisch, er tritt neben sie.

Volksstück: Typus des Dramas, dessen Handlung der Welt und dem Leben kleiner und einfacher Leute entnommen ist. Deren Daseinsprobleme, Nöte und Konflikte sind Themen einer meist nicht aufdringlich parteiischen Darstellung. Die milieugerecht gezeichneten Figuren sprechen dialektgefärbte Umgangssprache. Das Geschehen kann komische oder traurig-tragische Züge aufweisen.

Wochenschau: Teil des Kinoprogramms früherer Jahrzehnte. Knapper Filmbericht über wichtige und kuriose Ereignisse in aller Welt.

Wortspiel: Beim Wortspiel wird die Doppeldeutigkeit oder Klangähnlichkeit von Wörtern genutzt, um komische Wirkungen zu erzielen.

Personenverzeichnis

Literatenleben

Maurice Lever
Marquis de Sade
Die Biographie
dtv 30645

André Maurois
Das Leben der George Sand
dtv 30456

Donald A. Prater
Thomas Mann
Deutscher und Weltbürger
Eine Biographie
dtv 30660

Erich Mühsam
Tagebücher 1910–1924
dtv 19030

Martin Meyer
Ernst Jünger
dtv 4613

Klaus Völker
Brecht-Chronik
Daten zu Leben und Werk
dtv 30651

Annemarie Schwarzenbach – »Das Leben zerfetzt sich mir in tausend Stücke«
Biographie
Von Areti Georgiadou
dtv 30662

Marcel Reich-Ranicki
Mehr als ein Dichter
Über Heinrich Böll
dtv 11907

Volker Hage,
Mathias Schreiber
Marcel Reich-Ranicki
Ein biographisches Porträt
dtv 12426

Volker Neuhaus
Schreiben gegen die verstreichende Zeit
Zu Leben und Werk von Günter Grass
dtv 12445

Literaturwissenschaft im dtv